일본근대사

일본근대사

구 태 훈

책을 내면서

 이 책은 에도 막부江戸幕府가 해체되고 메이지 정부明治政府가 수립된 1867년경부터 일본이 태평양전쟁에서 패망한 직후까지 약 80년간의 역사를 통관한 역사서이다.
 필자는 일본근대사를 크게 일곱 시기로 구분하였다. 제1기는 변혁기로, 1867년 메이지 정부의 수립부터 1871년 폐번치현廢藩置縣이 단행되기까지이다. 제2기는 확립기로, 1871년 중앙집권체제 성립부터 1880년대 말 기도 다카요시木戸孝允, 사이고 다카모리西郷隆盛, 오쿠보 도시미치大久保利通 등 소위 메이지 삼걸三傑이 잇달아 사망한 시기까지이다. 제3기는 발전기로, 1880년 제국헌법 제정과 국회개설 논의가 본격적으로 시작된 때부터 1893년 청일전쟁 직전까지이다. 제4기는 도약기로, 1894년 청일전쟁부터 1910년 한일합병까지이다. 제5기는 재편기로, 한일합병 이후부터 1925년 정당정치가 뿌리를 내리고 보통선거가 실시된 시기까지이다. 제6기는 위기의 시대로, 1926년 심각한 경제위기가 시작된 쇼와昭和 원년부터 1937년 중일전쟁이 개시된 때까지이다. 제7기는 붕괴기로, 1937년 국가총동원체제가 성립한 때부터 1946년 일본에 진주한 연합국군이 일본제국을 해체한 시기까지이다.
 필자는 다음과 같은 시각이나 방법, 그리고 주제 의식이 각 장을 관통하면서 일본근대사의 전체상이 입체적으로 드러나도록 집필하였다. 무엇보다도 세계사와 일본의 정치·경제가 상호 관련성을 갖고 전개되는 과정을 설명하려고 노력하였다. 일본근대사는 일본이 서구 열강, 특히 영국·미국의 정치적 후원과 경제적 지원 아래 동북아시아를 침략하면서 발전한 역사라고 할 수 있다. 일본이 빠른 시간 내에 제국주의적 침략을 감행할 수 있었던 배경에는 영국·미국이 있었던 것이다. 영국·미국은 1894년의 청일전쟁, 1904년의 러일전쟁, 1905년의 을사보호조약, 1910년의 한일합병 등 일본의 동북아시아 침략에 언제나 직접 또는 간접으로 개입하였다. 이런 부분이 서술 과정에서 드러나도록 하였다. 또 일본근대사는 식민지에 대한 착취와 수탈, 그리고 민족적 저항을 배제하고 설명할 수 없다. 그래서 필자는 한국·중국을 비롯한 동아시아 여러 민족의 입장에서 일본근대사를 조명했고, 특히 식민지 조선·조선인과 관련된 부분을 가능하면 상세하게 기술하였다. 근대 일본이 한국·한국인에게 어떠한 존재였는지 밝힐 필요가 있었기 때문이다.

필자는 일본근대사의 여러 이미지를 계급적 존재의 상호작용이라는 측면에서 서술하였다. 민중의 움직임을 배제하고 일본근대사 발전 과정을 설명할 수 없기 때문이다. 메이지 정권 초기에 일어난 농민의 반란은 물론, 일본 자본주의 발달 과정에서 노동운동, 농민운동, 사회주의운동 등을 가능한 상세하게 기술함으로써 일본근대사의 기초 구조를 밝히려고 노력하였다. 식민지 민중의 민족해방운동 실태와 역사적 성격을 밝히는 것도 필자의 중요한 의무 중의 하나였다.

문화 분야는 전통적인 문화사 시대구분에 따라 서술하였다. 메이지 문화와 다이쇼 문화의 서술에 한정하였다. 해석 위주로 큰 흐름만 잡아 서술하는 방식을 가급적 자제하고 사실 위주로 설명하는 방식을 취하였다. 그런 의미에서 문화를 사회와 정치에서 분리해 분야별 설명으로 일관한 종래의 문화사 서술방식과 크게 다르지 않을 것이다.

이 책은 다음과 같은 서술방식을 취하였다. 장과 절은 시간을 축으로 전개하면서도 가능하면 문제별, 주제별로 배열하였다. 같은 시기에 일어난 사건을 같은 절에 배치하는 것도 매우 유용한 방식일 것이다. 이러한 서술방식은 사건이나 사실의 연관관계를 보다 쉽게 이해할 수 있게 한다. 하지만 이러한 방식은 일본의 인명, 지명, 사건명 등에 익숙하지 않고, 또 일본의 역사에 대한 기초지식이 축적되지 않은 한국인 독자들을 오히려 혼란스럽게 할 수 있다. 그래서 필자는 제3장「제국헌법 체제와 근대 천황제」, 제4장「기업의 발흥과 자본주의 발달」, 제5장「청일・러일전쟁과 일본제국」, 제6장「러일전쟁 후의 내정과 외정」등과 같이 문제별, 주제별로 배열해 독자들이 마치 한편의 완결된 글을 읽듯이 학습할 수 있도록 배려하였다.

필자는 2008년에『일본근세・근현대사』(재팬리서치21)라는 제목의 통사를 출간한 적이 있다. 그런데 근세・근대・현대의 역사를 한 권에 담다보니 근대사 부분이 소략하게 다루어진 감이 없지 않았다. 그래서 이번에『일본근대사』를 독립시켜 출간하게 되었다. 내용을 보완하고, 그동안의 연구 성과를 반영해 신간으로 출간하게 되었다. 이 책이 일본사를 본격적으로 공부하기를 원하는 독자에게 조그만 보탬이 되었으면 더 바랄 것이 없겠다.

2017년 2월

구 태 훈

차례

책을 내면서 ··· 5

제1장 메이지 정권의 성립 ··························· 23

[1] 유신 정부 수립 ······································· 23
1. 막말의 정치와 사회 / 23
2. 왕정복고 쿠데타 / 26
3. 에도 막부의 멸망 / 28
4. 메이지 정부의 시정방침 / 32

[2] 중앙집권체제 강화 ································ 35
1. 메이지 초기의 내외정세 / 35
2. 번제의 폐지 / 37
   1) 판적봉환 / 37
   2) 폐번치현 / 39
3. 관제개혁 / 42
4. 병제개혁 / 43
5. 교육개혁 / 45

[3] 봉건유제 폐지와 초기의 경제정책 ············· 48
1. 신분제도 철폐와 사족 / 48
   1) 사민평등 / 48
   2) 질록처분 / 49
   3) 사족의 운명 / 51

2. 지조개정과 지주제 확립 / 52
       1) 지조개정 / 52
       2) 농촌의 동요 / 57
   3. 기관의 설립과 제도의 정비 / 59
       1) 봉건유제 폐지와 상법사 설립 / 59
       2) 화폐 · 금융제도 정비 / 60
       3) 공부성 설치 / 62

 [4] 서양문화 수용 ··· 63
   1. 문명개화 / 63
       1) 산발과 폐도 / 63
       2) 일상생활의 변화 / 65
   2. 국제교류 / 68
       1) 외국인 교사 · 고문 초빙 / 68
       2) 해외유학생 / 69
   3. 사상과 언론 / 71
       1) 외국사상 소개 / 71
       2) 계몽사상 단체 / 73
       3) 신문 · 잡지의 발행 / 74

제2장 메이지 정권의 확립 ····························· 77

 [1] 정한론과 국가건설 방향 ································ 77
   1. 일본과 조선 / 77
       1) 조선통교 / 77
       2) 정한논쟁 / 80

2. 서구 견문 / 82
    1) 이와쿠라사절단 / 82
    2) 미국에서의 경험 / 84
    3) 영국에서의 경험 / 88
    4) 비스마르크와의 만남 / 89

[2] 이와쿠라 · 오쿠보 정권과 동북아시아 ·············· 91

1. 타이완 침략과 영토 확장 / 91
    1) 타이완 침략 / 91
    2) 영토 확장 / 94
    3) 동화정책 / 97
2. 조선침략 개시 / 98
    1) 계획적인 도발 / 98
    2) 위압적인 협상 / 103
    3) 강화도조약 / 106

[3] 민중의 저항과 반란 ······························· 110

1. 민중의 저항 / 110
    1) 사족의 반란 / 110
    2) 농민의 봉기 / 114
2. 세이난 전쟁 / 117
    1) 사이고 다카모리의 동향 / 117
    2) 내전의 발발과 전개 / 119

제3장 제국헌법시스템과 근대 천황제 ······ 123

[1] 자유민권운동의 전개 ······ 123

   1. 자유민권운동의 발생 / 123
   2. 자유민권운동의 발전 / 125
   3. 메이지14년 정변 / 129
   4. 임오군란과 자유민권운동의 변질 / 132
   5. 자유민권운동의 쇠퇴 / 134

[2] 제국헌법 제정과 의회 개설 ······ 139

   1. 근대적 국가기구 정비 / 139
   2. 제국헌법 체제의 성립 / 142
      1) 헌법의 제정과 공포 / 142
      2) 헌법의 내용과 성격 / 145
   3. 초기 의회와 정쟁 / 147
   4. 번벌·정당·관료 / 151
      1) 번벌과 민당 / 151
      2) 입헌정우회 / 153
      3) 관료와 정당 / 155

[3] 천황과 천황제 ······ 157

   1. 전근대의 천황 / 157
   2. 근대의 천황 / 159
   3. 천황과 군대 / 164

[4] 조약개정 외교 ······ 169

   1. 이노우에 가오루의 조약개정 교섭 / 169

    2. 오쿠마 시게노부의 조약개정 교섭 / 172
    3. 아오키 슈조 · 에노모토 다케아키의 조약개정 교섭 / 175
    4. 열강의 일본 접근과 조약개정 성공 / 178

제4장 기업의 발흥과 자본주의 발달 ·············· 180

[1] 식산흥업과 민간기업의 육성 ························· 180
    1. 관영사업의 추진 / 180
    2. 마쓰카타 재정 / 183
    3. 민간기업의 발달 / 185

[2] 자본주의 경제의 발달 ····························· 188
    1. 일본의 산업혁명 / 188
      1) 경공업의 발달 / 188
      2) 중공업과 광업의 발달 / 191
    2. 교통 · 통신의 발달 / 194
    3. 무역의 발전 / 197
    4. 독점자본의 확립 / 200

[3] 사회문제의 발생과 싹트는 사회주의운동 ·········· 202
    1. 초기의 사회문제 / 202
    2. 노동운동의 전개 / 205
    3. 사회주의 발흥과 사회운동의 전개 / 209

제5장 청일 · 러일전쟁과 일본제국 ················ 213

[1] 청일전쟁 ··· 213

1. 조선사정과 일본의 전쟁준비 / 213
　　2. 전쟁의 개시와 전개 / 218
　　3. 시모노세키조약과 삼국간섭 / 223

　[2] 조선을 둘러싼 동북아시아 정세 ················· **226**
　　1. 일본의 조선내정 간섭 / 226
　　2. 민 왕후 시해 / 229
　　3. 일본의 군비확장 / 232
　　4. 열강의 중국침략과 일본 / 235

　[3] 러일전쟁 ·· **237**
　　1. 한반도를 둘러싼 일러의 대립 / 237
　　2. 전쟁의 개시와 전개 / 239
　　3. 포츠머스조약과 일본인 / 243

제6장 러일전쟁 후의 내정과 외정 ················· 247

　[1] 게이엔 시대의 내정과 외교 ···················· **247**
　　1. 제1차 사이온지 내각의 정치 / 247
　　2. 제2차 가쓰라 내각의 정치 / 251
　　3. 군부의 만행과 제1차 호헌운동 / 254

　[2] 식민지 경영과 일본경제 ························ **258**
　　1. 식민지 경영과 일본제국주의 / 258
　　2. 만주와 일본제국주의 / 260
　　3. 러일전쟁 후의 일본경제 / 263

[3] 한일합병 · 266

    1. 한국의 보호국화 / 266

    2. 한국 지배권 확립과 항일투쟁 / 271

    3. 조선총독부 설치 / 279

제7장 메이지 문화 · 284

[1] 교육과 학술 · 284

    1. 교육 / 284

        1) 교육의 국수화와 황민화 교육 / 284

        2) 교육의 보급 / 287

    2. 학술 / 289

        1) 인문과학 / 289

        2) 자연과학 / 290

[2] 사상과 종교 · 293

    1. 국수주의 / 293

    2. 신도 / 294

    3. 불교 / 296

    4. 크리스트교 / 297

[3] 문학과 예술 · 299

    1. 문학 / 299

        1) 메이지 초기의 문학 / 299

        2) 사실주의 / 300

        3) 낭만주의 / 302

        4) 자연주의 / 304

5) 모리 오가이와 나쓰메 소세키 / 305
　2. 예술 / 307
　　　1) 미술 / 307
　　　2) 음악 / 309
　　　3) 연극 / 310

제8장 제1차 세계대전과 일본제국 ················ 312

[1] 일본제국주의의 대륙침략 강화 ·················· 312
　1. 조선총독부와 식민지 조선 / 312
　2. 제국주의의 중국침략과 신해혁명 / 316
　3. 일본의 중국 침략정책 / 319

[2] 제1차 세계대전과 일본 ················ 323
　1. 대전의 발발과 일본의 참전 / 323
　2. 일본의 산둥 반도 공략과 독일령 남양제도 점령 / 326
　3. 일본의 중국 내정간섭과
　　　　　　제2차 만주·몽고 독립운동 / 329
　4. 러시아혁명과 시베리아 출병 / 331

[3] 독점자본의 강화와 민중의 저항 ················ 335
　1. 전쟁특수 경기 / 335
　2. 독점자본의 확립 / 338
　3. 물가 급등과 쌀소동 / 341

제9장 국제협력 체제하의 일본········345

[1] 다이쇼 데모크라시 시대의 정치 ········ 345
1. 다이쇼 데모크라시 / 345
2. 하라 내각의 성립 / 348
3. 선거법 개정과 총선거 / 350
4. 하라 다카시의 정치 / 352

[2] 제1차 세계대전의 종결과 일본 ········ 356
1. 제1차 세계대전 전후의 국제환경 / 356
2. 파리강화회의와 베르사유조약 / 358
3. 워싱턴체제의 성립 / 360

[3] 정당정치의 발달 ········ 363
1. 1920년대 전반의 정치와 사회 / 363
2. 제2차 호헌운동과 호헌3파 내각의 성립 / 367
3. 보통선거법과 치안유지법 / 371

제10장 사회운동과 민족해방운동········375

[1] 사회운동의 전개 ········ 375
1. 학생운동과 사회주의운동 / 375
2. 노동운동과 농민운동 / 379
3. 여성운동과 해방운동 / 382

[2] 조선인의 해방운동과 재일조선인 ········ 384
1. 3·1독립운동과 그 영향 / 384

    2. 재일조선인 사회의 형성 / 388

    3. 관동대진재와 조선인 학살 / 391

  [3] 조선·조선인과 일본인 ·· 393

    1. 조선·조선인을 바라보는 일본인의 눈 / 393

    2. 3.1독립운동과 일본의 지식인 / 396

    3. 3.1독립운동 이후 조선통독부의 통치 / 398

제11장 다이쇼 문화 ·· 402

  [1] 교육과 학문 ·· 402

    1. 교육 / 402

    2. 학문 / 404

  [2] 문학과 예술 ·· 407

    1. 문학 / 407

      1) 시라카바파 / 407

      2) 신시초파 / 409

      3) 프롤레타리아문학 / 410

      4) 시가 / 411

      5) 대중문학 / 412

    2. 예술 / 413

      1) 일본화 / 413

      2) 서양화 / 414

      3) 연극 / 416

[3] 문화의 대중화와 생활의 근대화 · · · · · · · · · · **417**

    1. 출판계의 발전과 문화의 상업화 / 418
    2. 여성과 잡지 / 419
    3. 도시화의 진행과 생활의 변화 / 421
    4. 영화와 음악 / 423
    5. 신문의 대중화와 라디오의 보급 / 425

제12장 1920년대 후반의 정치와 쇼와공황 · · · · · · · **428**

[1] 다나카 내각과 동방회의 · · · · · · · · · · · · · · · **428**

    1. 시데하라의 협조외교 / 428
    2. 다나카 내각의 강경외교와 장쭤린 폭살 사건 / 432
    3. 위기에 직면한 협조외교 / 438

[2] 공황과 일본의 사회경제 · · · · · · · · · · · · · · · **441**

    1. 1920년대 일본의 경제동향 / 441
    2. 금융공황과 은행법 / 444
    3. 세계공황과 일본의 사회경제 / 448

[3] 공황의 여파와 파시즘의 대두 · · · · · · · · · · · **451**

    1. 중국의 동향과 만주청년연맹 / 451
    2. 이시와라 간지의 전쟁사관 / 453
    3. 우익세력과 청년장교의 동향 / 456

제13장 대외 위기와 군부의 대두 · · · · · · · · · · · · **460**

[1] 만주사변과 만주국 · · · · · · · · · · · · · · · · · · **460**

    1. 만주사변의 개시 / 460
    2. 관동군사령부의 독주 / 464
    3. 만주국 건국과 일본의 국제연맹 탈퇴 / 468

  [2] 일본의 우경화와 정당내각의 종언 ………………… **472**
    1. 상하이사변 / 472
    2. 혈맹단사건과 5·15사건 / 474
    3. 학문 자유의 탄압 / 476
    4. 정당내각의 종언 / 479

  [3] 군부파시즘의 확립 ……………………………………… **481**
    1. 육군 내부의 파벌 대립 / 481
    2. 2·26사건과 히로타 내각의 성립 / 484
    3. 준전시체제 구축 / 488

제14장 중일전쟁과 일본제국 ……………………… 491

  [1] 중일전쟁의 개시 ………………………………………… **491**
    1. 국공합작과 소련의 동향 / 491
    2. 고노에 후미마로의 등장 / 494
    3. 중일전쟁의 개시 / 497

  [2] 일본인의 일치단결 ……………………………………… **499**
    1. 국가총동원 체제 성립 / 499
      1) 국민정신총동원운동 / 499
      2) 국가총동원법의 시행 / 500
    2. 언론의 선동과 일본인 / 502

3. 전쟁의 장기화와 일본의 중국 분열공작 / 504

[3] 제2차 세계대전의 개시와 고노에 신체제 …………… 508

1. 세계정세의 변화와 일본의 대응 / 508
2. 정당의 쇠퇴와 신체제운동 / 511
3. 대정익찬회와 민중지배의 강화 / 514
4. 경직되는 일미관계 / 517

제15장 태평양전쟁과 일본제국 …………………… 522

[1] 일미교섭과 태평양전쟁의 개시 ……………………… 522

1. 제3차 고노에 내각과 일미교섭 / 522
2. 개전 결심과 고노에 내각의 퇴진 / 524
3. 도조 내각의 성립과 개전 / 527

[2] 태평양전쟁의 전개 ………………………………… 530

1. 일본의 진주만 기습과 초기의 전국 / 530
2. 미군의 주도권 장악과 일본군의 전력 저하 / 533
   1) 미드웨이 해전 / 533
   2) 전선의 확대와 일본군 / 537
3. 연합군의 반격 / 539
4. 궁지에 몰린 일본군 / 545

[3] 전쟁과 민중생활 …………………………………… 552

1. 전시체제의 강화와 민중생활 / 552
2. 전쟁과 조선 · 조선인 / 555
3. 대동아공영권의 실상 / 560

제16장 일본제국의 해체 ····· 565

[1] 연합국군의 점령통치 ····· 565
    1. 일본의 무조건 항복 / 565
    2. GHQ의 점령정책 / 571
    3. 극동국제군사재판 / 575
    4. 천황의 '인간선언'과 군국주의 해체 / 577

[2] 민주화 정책 ····· 580
    1. 제도의 개혁 / 580
    2. 경제구조의 개혁 / 583
    3. 헌법과 법률의 제정 / 585

[3] 전후의 일본사회 ····· 587
    1. 식량난과 인플레이션 / 587
    2. 「경제안정 9원칙」과 독점자본의 부활 / 590
    3. 노동조합의 결성 / 591
    4. 내각의 변천 / 593

참고문헌 ····· 596

연표 ····· 603

색인 ····· 607

□□□제1장

메이지 정권의 성립

[1] 유신 정부 수립

1. 막말의 정치와 사회

1866년 12월 도쿠가와 요시노부德川慶喜가 에도 막부江戶幕府의 15대 쇼군에 취임하였다. 쇼군 요시노부는 조슈번長州藩과 휴전하였다. 그리고 군사제도를 근본적으로 개혁하였다. 막부에 직속한 무사의 봉록을 반감해 군사비로 충당하였다. 막부 기구도 대대적으로 정비하였다. 또 유력한 다이묘大名와 조정朝廷 귀족들의 신뢰를 이끌어냈다. 쇼군 요시노부는 능력을 유감없이 발휘하였다. 그러나 쇼군의 지도력만으로 무너져가는 막부를 일으켜 세우기에는 역부족이었다. 무엇보다도 막말의 사회가 너무 혼란스러웠다.

19세기 말 일본사회는 매년 흉년이 들었을 뿐만이 아니라, 조슈長州 정벌을 이유로 다이묘가 쌀을 영외로 유출하는 것을 금지했고, 상인이 매점매석해서 쌀값이 폭등하였다. 이런 상황에서 막부는 조슈 정벌의 군비를 조달하기 위해 도시 상공인에게 어용금 상납을 명령하였다. 민심이 흉흉해졌다. 설상가상으로 오사카와 에도에서 빈민들이 폭동을 일으켰다. 각지에서 농민봉기가 잇달았다. 1866년 농민봉기와 도시폭동의 발생 건수는 역사상 최고를 기록하였다.

1867년 신령의 부적이 하늘에서 이세신궁伊勢神宮으로 떨어졌다는 소문이 퍼지면서 말세적인 분위기가 확산되었다. 많은 남녀가 "에에쟈나이카ええじゃないか"를 외치며 열광적으로 춤추는 소동이 전염병처럼 번졌다. 이 소동은 주로 농민봉기와 도시폭동이 극심했던 지역에서 발생하였다. "에에쟈나이카" 소동은 서민들이 집단을 이루어 여행하며 유명한 사원과 신사에 참배하던 전통과 봉건적 질서에서 해방되기를 갈망하는 염원이 사회가 극도로 혼란한 시기에 동시에 폭발한 것이었다. 에에쟈나이카 소동은 전국적으로 확산되었다.

1867년 정월 9일 메이지 천황明治天皇이 14세의 나이로 즉위하였다. 정치의 주도권은 막부를 타도하고 천황 정부를 세우기로 뜻을 모은 토막파討幕派가 장악하였다. 그들은 이전에 추방되었던 급진파 귀족들을 조정으로 속속 불러들여 세력을 강화하였다. 토막파 세력의 태도가 보다 명확해졌다.

1867년 8월 사쓰마번薩摩藩이 거병 계획을 수립하였다. 그 계획은 다음과 같았다. 교토京都 천황 궁성에 군대를 진입시키고, 토막파 귀족이 결집해 궁성을 장악한다. 그리고 아이즈번会津藩 저택과 막부군 진영을 급습해 불태운다. 천황을 교토 인근으로 피신시키고 막부를 토벌하라는 포고령을 내린다. 사쓰마번 병사 3,000명으로 오사카성을 제압하고 오사카 앞바다에 정박 중인 막부의 함대를 격파한다. 간토關東 방면으로는 고후성甲府城을 지킨다. 이 계획은 시마즈 히사미쓰島津久光·사이고 다카모리西鄕隆盛·오쿠보 도시미치大久保利通·고마쓰 다테와키小松帶刀만이 아는 극비사항이었다. 다음 달에 사쓰마번과 조슈번이 군사행동 '조약서'를 체결하였다.

이 무렵 도사번土佐藩에서는 막부의 쇼군이 선수를 쳐서 정권을 천황에게 반환해야 한다는 의견이 설득력을 얻고 있었다. 도사번 출신 무사 고토 쇼지로後藤象二郎가 15대 쇼군 요시노부에게 건백서建白書를 제출하였다. 건백서에는 통치권을 일단 천황에게 반환한 후에 다이묘들의 합의제로 정권을 수립하는 것이 상책이라는 내용이 담겨져 있었다. 요시노부도 쇼군의 직위를 사임하고 신정부의 수반이 된다면 도쿠가와 가문의 권력과 지위를 보전할 수 있다고 판단하였다. 쇼군 요시노부는 건백서를 전격적으로 채택하였다. 쇼군은 먼저 귀족들에게 정권을 반환한다는 뜻을 밝혔다. 그리고 1867년 10월 14일 천황에게 정권을 반환한다는 상주문을 제출하였다. 조정은 상주문을 수리하고, 국가의 방향을 정하기

메이지 천황

위해 여러 다이묘가 상경할 때까지 쇼군의 지위는 종래와 같이 유지하면서 정무를 보도록 지시하였다.

한편, 조정에서 토막파를 이끌던 이와쿠라 도모미岩倉具視는 사쓰마번의 사이고·오쿠보와 모의해 사쓰마번과 조슈번에 각각 막부를 토벌할 것을 명령하는 밀칙을 내렸다. 그런데 그날은 기묘하게도 쇼군이 천황에게 정권을 반환한다는 상주문을 제출한 날이었다. 천황이 쇼군이 제출한 상주문을 수리하자 막부를 토벌하라는 밀칙이 곧 취소되었다.

2. 왕정복고 쿠데타

토막파의 계획은 일단 유보되었다. 하지만 토막파가 무력으로 막부를 타도한다는 계획을 포기한 것은 아니었다. 사이고 다카모리·오쿠보 도시미치를 비롯한 토막파는 쇼군 요시노부의 계획이 막부세력을 유지시키기 위한 방법에 지나지 않는다고 보았다. 쇼군 요시노부의 뜻대로 된다면 천황을 중심으로 국가권력을 강화하려는 자신들의 뜻이 좌절된다고 생각하였다.

토막파는 일단 막부 측을 안심시켜 놓고 더욱 치밀하게 계획을 추진하였다. 토막파는 이와쿠라 도모미를 비롯한 급진파 귀족들과 모의해 무력으로 막부를 타도하기로 결정하였다. 때마침 교토·오사카 일대로 '에에쟈나이카' 소동이 번졌다. 사회가 혼란스러운 틈을 타서, 토막파는 사쓰마번·조슈번 병력을 교토로 집결시켰다. 천황을 호위한다는 명분을 내세웠다.

1867년 12월 9일 토막파가 쿠데타를 감행하였다. 사쓰마·도사·아키安芸·오와리尾張·에치전越前의 5개 번 병사들이 교토의 천황 궁성을 삼엄하게 경비하는 가운데, 토막에 동조하는 친왕親王과 귀족들을 소집해 왕정복고王政復古를 선언하는 「대호령大號令」을 발포하였다. 「대호령」은 일본인이 초대 천황으로 받드는 진무神武가 일본을 건국한 정신으로 공의정체公議政體의 창출을 지향한다는 선언이었다. 천황을 중심으로 하는 새로운 정부의 수립을 선언한 것이다.

　신정부는 에도 막부를 폐지하였다. 아울러 막부의 제도와 조정 내의 섭관제도攝關制度를 폐지하고, 총재總裁·의정議定·참여參與의 3직을 두어 정치를 관장하게 하였다. 또한 막부에 동조하는 천황의 일족·귀족 등 조정의 수뇌를 일시에 파면하였다. 참여에는 왕정복고 쿠데타에 가담한 5개 번에서 각각 세 명의 무사를 추천해 임명하였다. 사쓰마번의 사이고 다카모리·오쿠보 도시미치, 도사번의 고토 쇼지로, 조슈번의 기도 다카요시木戶孝允, 그리고 귀족 이와쿠라 도모미 등이 실권을 장악하였다. 이로써 정권은 막부에서 조정으로 옮겨졌고, 토막파 공경과 위에 열거한 5개 번의 연합정권이 성립되었다. 그동안 조적朝敵으로 규정되었던 조슈번이 사면되었다. 조슈번은 정예 군사를 교토로 급파하였다.

　천황 궁성에서 어전회의가 열렸다. 총재·의정·참여가 참가하였

어전회의 광경
그림 / 쇼토쿠聖德회화관 소장

제1장 메이지 정권의 성립 27

다. 회의가 시작되자 도사번 다이묘大名이며 온건파인 야마노우치 도요시게山內豊信가 종래의 막부 정치를 옹호하면서 쿠데타를 비판하였다. "어린 천황을 옹립해 권력을 훔치려고 한다."고 강경파를 몰아세웠다. 그리고 쇼군 요시노부를 의정에 참가하도록 해 줄 것을 요구하였다. 이때 군사권을 쥐고 있던 사이고 다카모리가 "칼 한 자루면 없애 버린다."며 야마노우치 도요시게를 비롯한 온건파를 노골적으로 협박하였다. 사이고의 부릅뜬 눈은 이미 살기를 띠고 있었다. 생명의 위협을 느낀 온건파는 적극적인 발언을 삼갔다. 그 결과, 강경파가 온건파의 공의정체론을 누르고, 쇼군 요시노부에게 관위를 사퇴하고 영지를 반납할 것을 요구하기로 결정하였다. 쇼군에게 무조건 항복을 하라는 것이었다.

당시 천황은 아직 성년식도 치르지 않은 소년이었다. 야마노우치 도요시게의 비판에 일리가 있었다. 더구나 쿠데타 당일 어전회의는 국가 건설 방향을 결정짓는 중요한 회의였다. 외교문제는 물론 국내외 정치 현안에 대해 현실적이고 합리적인 결론을 이끌어냈어야 하였다. 그런데도 사이고를 비롯한 강경파는 천황의 권위와 사쓰마번의 무력을 배경으로 정당한 논의를 방해하였다. 당당했던 야마노우치 도요시게가 한발 물러난 것은 도사번을 압도하는 사쓰마번 군대의 무력을 두려워했기 때문이다.

3. 에도 막부의 멸망

막부에 동정적이던 온건파는 어전회의 결과에 격분하였다. 쇼군 직위를 박탈당한 요시노부는 결정을 유예해 달라고 조정에 요청하였다. 요시노부는 충돌을 피해 일단 오사카성으로 물러났다. 온건파와 막부파 다이묘가 숫자상으로 우위였고 토막파는 열세였다. 온건파는 요시노부 측근과 협의해 영지 반환의 조건을 완화하고, 요시노부를 임시혁명정부의 의정議定으로 임명하는 안을 제시하였다. 요시노부가 전쟁을 회피하는 태도를 취했기 때문에 강경파가 수세에 몰렸다.

자칫 일이 잘못될 수도 있다고 판단한 강경파는 막부 세력을 도발하였다. 사이고 다카모리는 에도에 있는 사쓰마번 무사들에게 부랑배들을 동원해 혼란을 조장하라고 명령하였다. 사이고의 공작은 적중하였다. 신정부가 요시노부의 의정 취임을 거의 결정하고 온건파가 우세를 점한 바로 다음 날, 막부에 충성하는 쇼나이번庄内藩 무사들이 에도에 있는 사쓰마번 다이묘 저택을 포위하고 불을 질렀다.

1868년 1월 1일 오사카에서도 막부에 충성하는 세력이 사쓰마번의 단죄를 외치며 무력시위를 하였다. 막부에 직속한 군대와 아이즈번·구와나번桑名藩의 군대를 주력으로 하는 1만5,000명이 교토로 진군하였다. 사쓰마번의 군대는 약 4,500명이었으나 정예군이었다. 강경파가 간절히 원했던 무력충돌 국면은 이렇게 만들어졌던 것이다.

1월 3일 신정부는 막부 편을 드는 군대를 조적으로 규정하고 사쓰마번 군대에 천황의 깃발을 수여하였다. 그런데 신정부군의 무력대결 방침은 정식 회의를 거쳐 채택된 것이 아니었다. 오쿠보·사이고·이와쿠라 등의 비공식적인 회합에서 결정되었다. 야마노우치를 비롯한 온건파는 이에 항의해 사직했으나 토막파의 결속을 와해시키지 못하였다.

막부군은 사쓰마번 군대를 중심으로 하는 신정부군과 교토 근교에서 교전하였다. 보신전쟁戊辰戰爭이 시작된 것이다. 전쟁은 처음부터 사쓰마번 군대가 우세하였다. 격전 끝에 막부군이 신정부군에 패배하였다. 1월 4일 신정부는 천황의 일족을 정토대장군征討大將軍으로 삼아 막부군을 토벌할 것을 명하였다. 1월 7일 새벽 쇼군 요시노부는 군함을 타고 에도로 도주하였다. 전쟁터에 버려진 막부군은 사방으로 흩어졌다.

주도권을 장악한 신정부는 도쿠가와 요시노부 토벌령을 내렸다. 신정부는 1개월도 채 되지 않아서 교토·오사카 지역과 서부 일본의 막부 세력을 일소하는 데 성공하였다.[1] 막부의 영지와 조적으로 규정된 막부 측 다이묘가 지배하던 영지는 모두 신정부의 직할령으로 편입되었다. 신정부는 교토·오사카의 호상豪商 수백 명을 천황 궁성으로 불러 전비로 사용할 기금 300만 냥을 내라고 명령하였다. 미쓰이三井, 오노小野, 시마다島田 등 은행업을 겸하는 호상 가문이 33만 냥을 냈고, 어용상인을 비롯한 교토·오사카의 상인들이 모금해서 총액 285만 냥을 냈다.

남겨진 과제는 에도의 막부 세력을 군사적으로 해체하는 것이었다. 신정부는 2월 9일 황족을 동정대총독東征大總督으로 삼아 동정군을 에도로 보냈다. 동정군은 사쓰마·조슈·도사번 군대를 중심으로 1만 명이 편성되었다. 겉으로는 동정군 5만 명이라고 칭하였다. 동정군의 사령관은 사이고 다카모리였다. 신정부군은 에도로 진격하였다. 막부군의 저항은 미미하였다. 신정부군은 3월 중순에 에도성 총공격 준비에 들어갔다.

전의를 상실한 도쿠가와 요시노부는 항복할 뜻을 내비쳤다. 동정군 사령관 사이고 다카모리는 막부 측 사령관 가쓰 가이슈勝海舟와 담판하였다. 신정부는 도쿠가와 요시노부를 사면하고, 에도성 총공격을 중지하고, 도쿠가와씨 종가의 존속을 허락하였다. 요시노부에게 미토水戶에

---

[1] 1월 4일 신정부는 황족을 진무총독鎭撫總督에 임명해 기나이畿內와 서부 일본 각 지역을 장악하기 시작하였다. 1월 14일 신정부는 농민들의 환심을 사기 위해 구막부 직할령의 연공을 2분의 1로 감면한다는 연공반감령年貢半減令을 공포하였다. 신정권의 구막부 세력 일소 작업은 큰 혼란 없이 실현되었다. 오사카에 체재하던 정토대장군은 1월 28일 교토로 개선하였다. 이미 약속을 지킬 필요가 없어진 연공반감령은 1월 27일에 폐지되었다.

서 조용히 여생을 보내도록 하는 관대한 처분이 내려졌다.

사이고와 가쓰의 회담을 중재한 것은 영국 공사관 관리였던 어네스트 새토우E. Satow였다. 영국은 전면적인 내전으로 확대되어 무역의 발전에 악영향을 끼치는 것을 경계하였다. 그래서 신정부군이 무력을 앞세워 에도성을 공격하는 것에 반대하였다. 영국의 뜻을 알아차린 사이고는 에도성을 총공격하려던 계획을 바꾸어 평화적으로 에도성을 접수하는 길을 모색하였다. 막부군의 일부가 결사 항전을 외치며 농성에 들어갔으나 곧 신정부군에 진압되었다.

아이즈번을 비롯한 도호쿠東北 지방 여러 번이 신정부군에 저항하였다. 신정부군은 막부에 동조하는 다이묘의 거성을 차례로 점령하였다. 1868년 9월 신정부군이 아이즈번의 거성을 점령하면서 도호쿠 지방이 완전히 평정되었다.

신정부군이 에도성에 입성하자, 막부의 해군 부총재 에노모토 다케아키榎本武揚가 군함 여덟 척을 이끌고 에도를 벗어났다. 에노모토는 도중에 1,600명의 보병을 태우고 홋카이도北海道로 향하였다. 에노모토는 홋카이도에 공화국을 수립하려고 하였다. 에노모토의 뜻에 동조하는 막부 관료들이 속속 홋카이도로 모여들었다.

1869년 2월 신정부는 군대를 홋카이도로 파견하였다. 신정부군은 4월 상순 홋카이도에 상륙해 전투를 벌였다. 5월 18일 에노모토가 항복하면서 보신전쟁이 끝나고 통일이 달성되었다. 보신전쟁 중에 전사한 자는 신정부군 측이 약 3,300명, 막부군 측이 약 7,000명에 달하였다.

4. 메이지 정부의 시정방침

　신정부는 에도 막부 시대의 구습을 일신하고 새로운 정치를 추진한다는 결의를 보여주었다. 이와 같은 정치적·사회적 대변혁을 당시 고잇신御一新이라고 했는데, 오늘날에는 메이지 유신明治維新이라고 한다.
　에도성 총공격을 앞둔 1868년 3월 14일 메이지 천황은 신정부의 방침 5개조를 발포하였다. 이것을 「5개조 서문五箇條の御誓文」[2]이라고 한다. 5개조 서문의 발포는 천황과 여러 다이묘가 서로 맹세한 것을, 천황이 귀족·다이묘를 거느리고 역대 천황 영전에 고하는 형식으로 진행되었다. 5개조 서문의 발포는 정국의 동요를 막고 공경·제후·무사를 신정부의 기치 아래 결집시키기 위한 목적도 아울러 지니고 있었다.
　5개조 서문은 공의와 여론의 존중, 개국화친, 인심의 일신 등을 골자로 하면서 천황이 국가의 중심이라는 것을 국내에 선포한 것이었다. 특히 주목되는 것은 제5조 "지식을 세계에 구해 널리 황기皇基를 진기振起할 것"이라는 내용이었다. 신정부는 서양 문명을 받아들여 천황제 근대국가의 기초를 다질 것이라는 방침을 선언했던 것이다.
　신정부는 「5개조 서문」을 공포함과 동시에 일본 국민에게 「5방의 게시五榜の揭示」를 제시하였다. 이것은 오륜五倫의 준수, 법질서의 준수, 도당·강소強訴의 금지, 크리스트교의 금지, 외국인 폭행금지 등을 내용으로 하고 있었다. 신정부가 크리스트교를 금지한 것이 주목된다. 신정부는 외국 공사들의 반대에도 불구하고 크리스천 탄압 방침을 정하였다. 그것은 신정부가 신도神道를 국교로 하는 국가를 구상했다는 것을 의미하였다.

---

[2] 5개조 서문은 유리 기미마사由利公正가 초안을 잡고, 후쿠오카 다카치카福岡孝弟가 수정을 하고, 기도 다카요시가 재수정을 가하였다. 천황 주권과 공의를 존중할 것을 표명하였다.

같은 해 윤4월에는 5개조 서문의 취지를 구체적으로 밝히는 「정체서政體書」를 발표하였다. 이것은 오쿠보, 기도, 고토 등 5개번 무사들이 2개월에 걸쳐 머리를 맞대고 구상한 것이었다. 최종적으로 도사번 출신 무사 후쿠오카 다카치카福岡孝弟가 공의정체론의 관점에서 가필하고 수정하였다. 정체서는 각 번이 태정관太政官에 종속한다고 규정하였다. 태정관이 지방 권력을 장악하는 구도는 한문으로 번역된 미국 헌법 제1조 10절 "연방의회와 권한"의 내용을 참조해 작성하였다.

오쿠보를 비롯한 신정부 실권자들이 제도를 정할 때 참고했던 것은 근대 국제법인 『만국공법萬國公法』이었다. 『만국공법』은 근대적 국가제도를 설명한 것이었다. 『만국공법』 내용 중에는 미국 헌법과 국가제도를 소개한 부분이 있었다. 신정부 실권자들은 『만국공법』과 함께 미국 헌법을 참조하였다. 정체서 이곳저곳에 미국 헌법 내용이 인용되었고, 헌법의 정신과 법리도 도입되었다.

정체서를 발표함으로써 모든 권력을 태정관으로 집중시키는 중앙집권화를 꾀함과 동시에, 그 권력을 입법·사법·행정의 3권으로 분리하였다. 형식적으로 3권 분립 체제가 수립되었던 것이다. 이 또한 서양의 삼권분립 정신을 도입한 것이었다. 행정권은 행정관·외국관·회계관·군무관, 사법권은 형무관, 입법권은 의정관이 각각 장악하는 제도였다. 삼권의 분립을 위해 관직을 겸하는 것을 금지하는 규정도 도입되었고 관료 공선제도 채택되었다.

7월에는 수도를 교토에서 에도로 옮기고, 지명도 에도에서 도쿄東京로 바꿨다. 신정부의 수도 선정을 둘러싸고 의견이 분분하였다. 수도는 당연히 교토에 그대로 두어야 한다는 주장도 만만치 않았다. 새로운 수도 후보지로 오사카, 에도, 교토 인근의 후시미伏見 등이 제기되었다. 제도 개혁의 실권을 쥐고 있던 오쿠보 도시미치는 일단 천황을 오사카로 행행하게 한 다음 최종적으로 도쿄 천도를 결심하였다. 1868년 7월

17일 신정부는 메이지 천황의 도쿄 행행을 발표하였다. 오쿠보는 천도를 실행하면서 천황의 측근·귀족·궁녀를 철저히 배제하였다. 또 천황을 교토 문화에서 완전히 벗어나게 하려고 하였다. 물론 격렬한 반대와 혼란이 있었다. 하지만 오쿠보는 급진적인 개혁의 고삐를 늦추지 않았다.

1868년 9월에는 연호를 메이지明治로 정하고, 천황이 재임하는 기간에 연호는 하나만 쓰기로 하는 일세일원제一世一元制를 채택하였다. 10월에는 에도성을 천황 거소로 정하였다. 12월에는 서양 열강이 신정부를 일본의 유일한 정부로 승인하였다. 1869년 3월에는 천황이 도쿄로 행행하였다. 천황은 교토로 돌아가지 않았다. 천황이 도쿄에 정착하면서 자연스럽게 정부도 이전하게 되었다. 사실상의 천도를 단행한 것이다.

신정부는 '국위만회'를 목표로 정권을 장악했지만, 당면한 외교 문제도 제대로 매듭짓지 못하고 있었다. 외국 대표단은 여전히 고압적인 자세로 신정부 관료들을 대하였다. 러시아가 사할린 남부 지역으로 진출하는 정책을 취하고 있었지만 신정부는 속수무책이었다. 같은 시기에 일본에 신정부가 수립되었음을 통보하는 사신을 조선에 파견했으나 조선 관리는 공문서 수리를 거부하였다. 반정부 세력은 신정부의 유약한 외교를 강도 높게 비난하였다.

신정부는 명실상부한 왕정복고를 실현하기 위해 제정일치를 선언하였다. 제사를 담당하는 기관을 설치하고 국학자國學者와 신도神道 가문 출신을 많이 등용하였다. 1870년에는 대교선포大教宣布의 조칙을 내려서 신도의 보급에 힘을 기울였다. 국민에게는 천황이 태고부터 일본을 통치하였다고 선전하였다. 천황의 신격화도 진행되었다. 천황의 생일인 천장절天長節이나 기원절紀元節이 일본의 가장 중요한 국경일로 정해졌다. 기원절은 일본인이 초대 천황으로 받드는 진무神武의 즉위일이라고 알려진 날이었다.

[2] 중앙집권체제 강화

1. 메이지 초기의 내외정세

정부는 명실상부한 중앙집권 국가를 건설한다는 계획을 세웠다. 그러나 국내 통일이 달성된 뒤에도 권력이 태정관으로 집중되지 않았다. 정부는 실질적으로 각 번을 지배하는 다이묘들을 통제할 수 없었다. 여러 번이나 민간에서 위조화폐를 주조하였다. 심지어 정부를 세우는 데 앞장섰던 사쓰마번도 다량의 위조화폐를 주조하는 형편이었다. 위조화폐가 유통되면서 서민 경제는 혼란을 겪었다. 각지에서 민중봉기가 잇달았다. 하지만 정부는 효과적으로 대응하지 못하였다.

1868년 겨울 오쿠보 도시미치와 기도 다카요시는 각 번의 영토와 인민을 천황에게 반환하게 해 권력을 중앙으로 집중시키기로 합의하였다. 거의 효력을 발휘하지 못하는 정체서의 정신을 다시 확인했던 것이다. 오쿠보와 기도는 중앙집권 권력을 확립하는 것이야말로 에도 시대의 구습을 타파하고 "만국과 어깨를 나란히 하는" 유일한 길이라고 믿었다.

1869년 3월 서양 여러 나라 사정에 밝은 오쿠마 시게노부大隈重信가 정부의 회계관으로 취임해 재정의 실권을 장악하였다. 오쿠마를 추천한 것은 기도 다카요시였다. 기도는 오쿠마를 중심으로 급진적인 개혁과 중앙집권 정책을 추진하는 조직을 만들었다. 그 조직에 이토 히로부미伊藤博文와 이노우에 가오루井上馨도 참가시켰다.

기도의 뜻을 따르는 개혁 추진 세력은 각 번을 강력하게 통제하기 시작하였다. 중앙에 통상사通商司를 설치하고 각 번이 직영하던 전매사업을 금지하였다. 각 번은 크게 반발하였다. 오쿠보는 강력한 중앙집권체제를 지향했지만 기도보다는 온건한 성향이었다. 오쿠보는 각 번의 실질적인 지배권을 인정하면서 점진적인 개혁을 추진하는 것이 효과적이라고 주장하였다. 기도와 오쿠보는 개혁에 대한 관점은 달랐지만 종국적인 목표는 같았다.

1869년 2월 러시아가 사할린 남부를 전격적으로 점령하였다. 오쿠보는 이 사건을 민감한 영토 문제로 인식하였다. 그는 러시아의 도발에 대응하면서, 극단적인 경우, 러시아와의 전쟁에 대비해야 한다고 역설하였다. 기도 다카요시도 강경외교 자세를 취하고 있었다. 기도는 노골적으로 조선을 침략하자는 소위 정한론征韓論을 주장하였다. 기도의 주장은 1869년 12월 조슈번에서 군사 소동이 일어나면서 잠시 보류되었지만, 정부는 기도의 주장을 받아들여 조선·중국을 침략한다는 방침을 정하였다.

오쿠보와 기도는 '국위만회'를 위해서 강경외교 자세를 취하였다. 하지만 일본은 '만국대치' 상황에 정면으로 대응할 수 있는 경제력과 군사력을 갖추지 못하고 있었다. 영국 공사도 일본의 국력으로는 러시아에 대적할 수 없으니 신중하게 대응하라고 조언하였다. 영국 공사는 장래 러시아와 대결하려면 한반도가 전략적으로 매우 중요하다고 강조하였다. 군사력을 증강하는 것이 가장 중요한 문제라는 것을 깊이 깨달은 기도 다카요시는 신중한 태도로 돌아섰다. 일본의 강경외교 자세와 대외침략론은 일관성을 결여하고 있었다.

2. 번제의 폐지

1) 판적봉환

왕정복고라는 말이 상징하듯이, 정부의 목표는 중앙집권적 정치질서를 확립하는 것이었다. 그러기 위해서는 지방분권적 정치질서를 부정하지 않을 수 없었다. 하지만 정부가 성립된 후에도 각 번의 번주藩主들은 여전히 무사단을 거느리고 자신의 영지領地를 지배하고 있었다.

정부는 단계적으로 왕정복고라는 목표에 접근하려고 하였다. 1869년 정부는 사쓰마·조슈·도사·히젠肥前의 번주가 연명해 판적봉환版籍奉還 청원서를 정부에 제출하게 하였다. 판적봉환은 토지와 인민을 천황에게 바치는 것이었다. 청원서는 막부의 정치를 폐지하고 새로운 정치질서를 세우는 커다란 변혁의 기회를 유명무실하게 해서는 안 된다고 하면서도 번주의 영지 지배권은 인정해 줄 것을 은근히 바라는 내용을 담고 있었다. 그것은 다른 번주들을 안심시키는 효과가 있었다. 청원서를 접수한 정부는 서두르지 않았다. 공론을 살펴서 천천히 시행할 것이라고 선언하였다.

사쓰마·조슈·도사·히젠의 판적봉환 문제는 1869년 5월 정부 회의 안건으로 상정되었다. 정부는 공의소公議所에도 자문을 구하였다. 관리들은 청원서의 취지에 동의하면서도 곧바로 군현제郡縣制로 전환하는 것은 염려하는 분위기였다. 공의소에서는 분권적인 봉건제로 할 것인가 집권적인 군현제로 할 것인가를 놓고 의견이 대립하였다. 결국 봉건제와 군현제의 절충안이 채택되었다.

정부 회의에서 오쿠보 도시미치는 군현제를 강력하게 주장하였다. 히로사와 사네오미広沢真臣는 봉건제냐 군현제냐 하는 문제보다도 중요한 것은 정부의 지배력을 강화하는 것이라고 말하였다. 판적봉환 문제는 같은 해 6월에 확정되었다. 기도는 훗날 판적봉환은 '모략'이었다고 실토하였다. 처음부터 지방분권적 정치질서를 부정하면 번주들이 크게 반발할 것이기에 그 목표에 도달하기 위한 제1단계 전략으로 판적봉환이라는 수순을 밟았다는 것이다. '모략'은 의외로 쉽게 성공하였다. 10일도 채 되지 않아서 274명의 번주가 판적을 봉환하였다.

판적을 봉환한 번주들은 번지사藩知事에 임명되었다. 그러나 세습은 부정되었다. 정부는 번지사에게 번정藩政 개혁을 명령하고, 아울러 각 번의 조세, 산물, 지출, 직제, 무사와 병졸의 수, 인구, 호수 등 자세한 자료를 제출하도록 명령하였다. 정부의 통제력을 강화하기 위해서였다.

정부는 각 번의 직제를 통일하였다. 각 번에는 집정執政・참정參政・공의인公議人이 두어졌고 의회도 설립되었다. 공의인은 각 번을 대표해 중앙의 공의소 의원이 되었다. 집정과 참정은 각 번의 정치를 담당하였다. 신분이 낮은 무사라도 유능하면 고위직에 등용하도록 하였다. 각 번의 행정과 번주 개인의 일을 분리하도록 하였다.

에도 시대에는 가격제도家格制度를 두었다. 그 제도에 의해 가문의 지위・서열이 정해져 있었다. 가격제도에 따라서 신분이 높은 가문 무사는 높은 관직에 나아가고, 신분이 낮은 가문 무사는 낮은 관직에 나아갔다. 정부는 가격제도를 폐지하고, 무사를 사족士族과 졸족卒族의 2계급으로 나누었다.

번지사의 가록家祿은 실수입의 10분의 1로 정하였다. 번사藩士의 가록은 봉록을 기준으로 이전 수입의 4분의 1 내지 10분의 1로 정하도록 하였다. 같은 '10분의 1'이라도 번지사가 실수입의 10분의 1을 받는 것과 번사가 이전 가록의 10분의 1을 받는 것은 사정이 전혀 달랐다. 번사를 대상으로 한 가록 삭감은 가혹한 것이었다. 실제로 대다수 번의 번사가 일괄적으로 가록이 삭감되어 겨우 목숨을 부지할 정도로 빈곤해졌다. 하지만 번지사에게는 충분한 보상이 이루어졌다. 막말幕末에는 각 번 번주의 실제 수입은 조세의 10분의 1에 미치지 못하는 경우가 대부분이었다. 요컨대 정부는 번지사들에게 이전 수입보다 높은 가록을 보장했던 것이다. 정부가 번지사를 넉넉하게 대우한 데에는 그럴만한 이유가 있었다. 정부는 번지사를 통해 사족들을 억압하는 방법을 택하였다. 여기에 판적봉환과 사족의 가록 삭감이 성공한 '비밀'이 숨어 있었다.

2) 폐번치현

정부는 지방분권적 정치질서의 해체를 목표로 했지만, 일거에 폐번廢藩을 단행할 엄두를 내지 못하였다. 폐번이라는 혁명적 전환을 시도하려면 정책을 추진하는 정부 내부의 의견이 조율되어야 하는데, 출신이 다르고 정치적인 이해가 반드시 일치한다고 할 수 없는 관료들이 의기투합하기란 쉽지 않은 일이었다.

오쿠마 시게노부의 회상에 의하면, 오쿠보 도시미치와 기도 다카요시는 폐번을 단행하기로 했지만 사이고 다카모리가 어떤 태도를 취할지 몰라 불안하였다. 그래서 오쿠마와 이노우에 가오루가 마음을 굳게 먹고 사이고를 방문하였다. 만약 사이고가 폐번치현廢藩置縣에 반대하면 일전을 불사할 각오였다. 그런데 두 사람의 설명을 들은 사이고는 폐번치현에 흔쾌히 동의하였다.

정부의 실력자들이 폐번치현에 합의했더라도 분위기가 성숙되지 않은 시점에서 그것을 단행하는 것은 어려운 일이었다. 각 번은 여전히 번지사가 다스리고 있었다. 폐번이 되면 번지사를 주군으로 섬기던 무사들이 크게 동요할 가능성이 있었다. 폐번은 곧 무사들이 누리던 신분적 특권의 폐기를 의미했기 때문이다.

메이지 초기는 농민봉기와 도시폭동이 집중되었던 시기였다. 특히 양잠과 제사업이 발달했던 신슈信州 지방에서 농민봉기가 빈발하였다. 1869년 8월부터 다음 해 12월까지 확인된 것만도 20여 회였다. 1870년 11월 마쓰시로번松代藩에서도 봉기가 일어났다. 조세의 환산을 둘러싸고 농민의 불만이 일시에 폭발하였다. 봉기 세력은 번의 전매소와 상인·지주의 집을 불태우고 전매 책임자의 사형을 요구하였다. 사태가 심각하게 전개되자 번지사가 직접 봉기 세력과 면담하고 그들의 요구를 거의 수용해서 사태를 수습하였다.

1869년 가을 조슈번에서 병사들이 반란을 일으켰다. 번사의 가록 삭감과 병제개혁이 하급 사족과 졸족에게 불리하다고 여긴 병사들이 분노한 것이었다. 병사들이 반란을 일으키자 농민들이 호응하였다. 농촌 지도자의 부정과 무거운 조세에 시달리던 농민들의 불만이 폭발하였다. 농민들은 반란을 일으킨 병사들과 연대해 조슈번을 위기로 몰아넣었다. 조슈번 출신 무사들이 정부의 핵심 관료였던 만큼 반란의 영향력은 매우 컸다.

각 번의 재정은 날로 악화되고 있었다. 정부가 수립된 이래 13개 번이 자발적으로 폐번을 신청하였다. 그중에서 가장 규모가 큰 번은 생산량이 20만 석이 넘는 모리오카번盛岡藩이었고, 나머지 번은 1만 석에서 5만 석에 이르는 규모의 번이었다. 심각한 재정난이 자발적으로 폐번을 신청한 근본적인 이유였다. 그러나 표면적으로는 번주가 일본의 통일을 위해 폐번을 신청했고, 그러한 요구를 정부가 수용하는 형식을 취하였다.

각 번의 정치적 변화가 정부의 의도를 벗어나 진행되었던 점도 폐번을 재촉한 이유의 하나였다. 각 번의 상황이 정부가 통제할 수 없는 방향으로 진행된다면 큰일이었다. 폐번을 재촉한 또 하나의 이유는 정부 내부에서 제기된 재정 문제였다. '만국대치' 상황에서 통일국가의 내실을 다지는 일이 시급했는데, 그것은 충실한 재정의 확보를 전제로 하였다. 정부 내부의 분위기는 점진적 폐번론에서 급진적 폐번론으로 급변하였다.

  1871년 7월 14일 폐번치현이 단행되었다. 폐번치현은 기도, 오쿠보, 사이고 등 사쓰마·조슈 출신 실권자들이 일으킨 쿠데타였다. 폐번치현 계획은 최고지도자 이와쿠라 도모미에게도 겨우 이틀 전에 알렸다. 다른 번 출신 유력자에게는 일체 비밀로 하였다.

  폐번치현은 판적봉환 때와는 전혀 다른 방식으로 단행되었다. 판적봉환 때는 밑으로부터의 청원을 천황이 승인하는 형식을 취하였다. 정부는 서두르지 않고 공의소에도 자문을 구해 자유롭게 토론하게 하였다. 그러나 폐번치현은 전격적으로 단행되었다.

  번지사가 열석한 가운데 천황이 담담하게 조서를 읽었다. 안으로는 일본 국민을 보호하고 밖으로는 여러 나라와 대치하자면 명실상부하게 통일국가를 이루어야 한다는 취지의 말이었다. 조서는 200자도 되지 않았다. 천황은 일방적으로 폐번치현을 선언하였다. 회의장은 조용하였다. 이의를 제기하는 번지사는 없었다. 역사의 한 획을 긋는 혁명이라고 할 수 있는 폐번치현은 이렇게 달성되었다. 기도·오쿠보·사이고는 만약의 사태에 대비해 군대를 비상대기 시켰는데, 예상외로 쉽게 목적이 달성되자 오히려 허탈한 심정이었다.

  정부는 261번을 폐지하고 전국에 1사使·3부府·306현을 두었다. 번지사는 면직되었다. 1872년에 1사·3부·72현으로 통합되었고 개척장관, 부지사, 현령이 임명되었다. 정부는 지방행정도 완전히 장악하였다.

  12월 10일 부현의 서열이 정해졌다. 도쿄, 교토, 오사카의 서열이 정해지고, 가나가와神奈川, 효고兵庫, 나가사키長崎, 니이가타新潟 등 주요 항구가 있는 4개 현이 다음 서열로 정해졌다. 그 다음에는 도후쿠東北, 호쿠리쿠北陸, 산인山陰, 산요山陽, 시코쿠四国, 규슈九州 등으로 서열이 정해졌다. 부현의 경계가 완전히 확정되기까지는 10여 년의 세월이 걸렸다.

정부는 각 현의 명칭을 정할 때에 정부에 협조적인 번과 적대적인 번을 분류해 놓고 작업을 진행하였다. 정부 관료들은 전자를 충근번忠勤藩, 후자를 조적번朝敵藩으로 구분하였다. 충근번으로 분류된 규모가 큰 번 명칭은 그대로 현의 명칭이 되었으나, 조적번이나 태도가 애매했던 번은 그 번 명칭을 사용하지 않았다. 가고시마鹿兒島, 야마구치山口, 고치高知, 사가佐賀, 후쿠오카福岡, 돗토리鳥取, 히로시마廣島, 오카야마岡山, 아키다秋田 등은 번명을 그대로 현명으로 확정한 경우였다.

3. 관제개혁

정체서에 입각해 관제개혁이 실시되었다. 입법기관의 성격을 지닌 의정관議政官에는 천황의 일족, 귀족·제후, 의정·참여 등으로 구성된 상국上局과 각 지역 사족 중에서 선발된 공사貢士로 구성된 하국下局이 두어졌다. 하지만 의정관은 진정한 입법부로서의 기능을 수행하지 못하였다. 의정관의 상국은 1869년에 폐지되었다. 하국도 공사대책소貢士對策所에서 공의소公議所로, 그리고 집의원集議院으로 변천해 가는 동안에 입법부적 성격은 희미해졌고 순전한 자문기관으로 전락하였다. 하국은 1873년에 좌원左院에 흡수되었다.

정권의 핵심인 보상輔相·의정·참여는 호선을 원칙으로 하였다. 유력한 번 출신의 무사들이 천황의 관료로 발탁되었다. 고급관료들이 원했던 것은 절대군주 천황을 앞세우고 소수 관료가 전제권력을 행사하는 정치체제였다. 실제로 고급관료들은 무소불위의 권력을 행사하였다. 권력은 고급관료에 집중되었다. 관료의 공선은 1회에 그쳤고, 입법기관과 행정기관의 관계도 불명확해졌다.

1869년 7월 태정관과 나란히 신기관神祇官이 설치되었고, 민부성民部省, 대장성大藏省 등 6성이 설치되었다. 1871년에는 태정대신·좌대신·우대신·참의가 천황의 임석 하에 정무를 총괄하는 정원正院, 입법을 관장하는 좌원, 각 성의 연락기관 성격을 지닌 우원右院 등 삼원제가 성립되었다. 같은 해 8월 신기관이 신기성으로 격을 낮추어 개편되었다. 이 단계에서 복고조의 관제가 청산되고 정부의 기구가 강화되었다.

관제개혁의 결과 사쓰마·조슈·도사·히젠번, 특히 사쓰마·조슈번 하급무사 출신 관료들이 실권을 장악하였다. 귀족 출신자들은 산조 사네토미三条実美·이와쿠라 도모미 등 극소수의 인물을 제외하고는 정부 내에서 세력을 잃었다. 다이묘 출신도 극소수의 인물을 제외하고는 중요한 지위에서 배제되었다. 번벌정부藩閥政府가 형성된 것이다.

4. 병제개혁

1869년 7월 병부성兵部省이 설치되었다. 1870년 11월 「징병규칙」이 제정되었다. 1871년 8월 전국의 성곽·병기·탄약이 접수되었다. 1872년 2월 가고시마번鹿兒島藩 보병 4개 대대·포병 4개 대대, 야마구치번山口藩 보병 3개 대대, 고치번高知藩 보병 2개 대대·기병 2개 소대·포병 2개 대대를 친병親兵으로 병부성 관할 하에 두었다. 병력은 약 1만 명이었다. 친병은 다음해 3월 근위병으로 개칭되었다.

1872년 4월 일본의 동부와 서부에 진대鎭臺를 설치하였다. 동부 진대의 본영은 이시노마키石卷에 두고, 후쿠시마福島와 모리오카盛岡에 각각 분영을 두었다. 서부의 본영은 고쿠라小倉에 두고, 하카타博多과 히다日田에 각각 분영을 두었다. 같은 해 8월에는 도쿄와 오사카에도 진대를 설치하였다.

1872년 11월에 「징병조칙」이 발표되고, 1873년 1월에 「징병령」이 공포되었다. 사족과 평민의 차별 없이 만 20세 된 남자가 병역의 의무에 복무하는 새로운 군제가 확립되었다. 징집된 장병은 서양식 장비를 갖추고 서양인 교관에게 신식 군사훈련을 받았다.

처음에 성립된 「징병령」은 예외 규정이 많았다. 호주는 면역되었다. 또 실제로 호주의 역할을 하는 자, 집안의 혈통을 이어야 하는 자, 양자, 관리, 학생 등은 「징병령」의 대상에서 제외되었다. 당시 화폐로 270엔을 납부하면 면역이 되는 규정도 두었다. 1879년, 1883년, 1889년 3회에 걸쳐서 「징병령」이 개정되면서 면역 규정이 축소되고, 국민개병 의무가 강화되었다.

「징병령」이 공포되자 국민의 저항에 부딪혔다. 사족들은 무사의 특권이 박탈되었다고 분노했고, 평민들은 조세 부담이 늘어났다고 비난하였다. 폭동이 일어나기도 하였다. 소위 혈세血稅 반란도 일어났다. 1872년 태정관 징병고유에 '혈세'라는 문구가 포함되어 있었다. 민중은 그것을 정부가 실제로 젊은이들의 피를 짜내는 것이라고 오해했고, 급기야 걷잡을 수 없는 징병반대 폭동으로 발전하였다.

「징병령」 공포 후, 정부는 히로시마広島와 나고야名古屋에도 진대를 설치해 6진대를 두었다. 군대의 정비에도 힘을 기울였다. 육군은 처음에 프랑스식 병제를 취했으나 후에는 독일식으로 변경하였다. 1885년 독일에서 파견된 장교가 일본 육군의 교육을 담당하였다. 육군은 보병·기병·포병·공병·치중병輜重兵의 5병과 6진대의 편제를 취하였다. 평시에는 3만2,000명, 전시에는 4만6,000명의 병력을 보유하게 되었다.

에도 막부의 군함을 인수해 겨우 체제를 갖추었던 해군은 1872년에 해군성海軍省이 설치되면서 근대식으로 정비되었다. 해군은 영국식 병제를 채용하였다. 하지만 1879년이 되어도 일본이 보유한 함정은 목제함을 포함해 17척, 총 배수량은 1만3,800톤에 지나지 않았다. 해군은 도쿄만과 나가사키항에 각각 해군구를 두는 편제를 취하였다. 해군은 너무 빈약해서 육군에 종속된 것처럼 보였다. 해군의 전력증강은 좀처럼 실현되지 못하였다.

1878년에 참모본부參謀本部가 설치되었다. 참모본부는 정부와 육군성에서 독립해 작전에 관한 사항을 전담하였다. 참모본부는 천황에 직속하는 기관이었다. 이것을 통수권의 독립이라고 하였다. 통수권의 독립은 훗날 군부의 독주를 막지 못하는 요인이 되었다. 1888년에는 진대를 확장해 사단師團이라고 하였다.

5. 교육개혁

1869년 소학교 설립 방침이 정해졌다. 교토에 처음으로 소학교가 개설된 것을 시작으로 64개 소학교가 개교하였다. 1870년 도쿄의 사원 건물을 개조해 6개 소학교를 세웠다. 1872년에는 근대적 학교법규인 「학제學制」가 반포되었다. 교육의 목적을 개인의 완성에 두고, 평등과 기회균등을 지향하는 의무교육 방향이 정해졌다.

「학제」는 전국을 8개 대학구로 나누었다. 한 대학구를 32개 중학구로, 한 중학구를 210개 소학구로 나누어 각기 중학교와 소학교를 두기

소학교 학습 풍경(1870년대)

로 하였다. 이 규정대로라면 전국에 대학 8개소, 중학교 256개소, 소학교 5만3,760개소가 설립되었을 것이다. 인구 6백 명에 소학교 한 곳씩 세운다는 계획은 프랑스의 학제를 모방한 것이었다. 하지만 계획은 실현되지 않았다. 학제가 너무 이상에 치우쳐 있었기 때문이다.

정부는 교육비용을 국민에게 전가하였다. 교육은 국민 스스로를 위한 것이니 비용을 부담해야 한다는 원칙을 세웠다. 소학교 학비는 50전이었다. 수업료를 전부 징수할 수 없을 경우에는 지방세를 증액하고 기부금을 할당하기로 하였다.[3] 기부금이라고 해도 실제로는 학교 자본금이라는 명목으로 주민에게 강제적으로 부과되었다. 학부모들은 큰 부담을 느꼈다. 전국에서 취학 반대 폭동이 일어났다.[4]

---

[3] 1875년도 소학교 재정의 세입총액은 623만8,096엔 정도였다. 그 중에서 문부성 보조금은 9퍼센트, 학구 내 모금이 30퍼센트, 기부금이 18퍼센트, 수업료가 6퍼센트, 그 밖에 이자 등의 수입이었다.

[4] 농민들은 아동이 하등 소학과정, 상등 소학과정 이렇게 8년간이나 학교에 다닌다는 것이 불만이었다. 아동들은 평상시에 가정에서 부모의 일을 돕고 있었다. 아동이 학교에 다닌다는 것은 농촌에서 노동력을 빼앗는 것이었다. 농민들은 자식을 공립소학교에 보내는 것을 꺼려하였다. 예전과 마찬가지로 사숙에 보내는 경우가 많았다.

하지만 학교는 빠른 속도로 증가하였다. 1873년 이미 공립 소학교가 8,000개소, 사립 소학교가 4,500개소에 달했고, 아동의 취학률도 31퍼센트에 달하였다. 1878년에는 아동의 취학률이 41퍼센트를 넘었다. 그러나 획일적인 학제는 지방의 실정에 맞지 않았을 뿐만 아니라 교육 내용도 문제가 많았다. 교과서는 주로 외국 교과서를 번역한 것으로 서양 사정을 소개하는 내용이 많았고 문장도 어색하였다.

1879년에 결국 「학제」가 폐지되고 새로운 「교육령」이 마련되었다. 이번에는 미국의 제도를 모방하였다. 지방자치를 존중하고, 지방의 실정에 맞춘 민주주의 교육제도를 채용하였다. 그런데 교육 내용이 너무 서양적이고 전통을 무시한다는 비판이 많았다. 정부 내부에서도 불만이 터져 나왔다. 진보적인 성향이었던 기도 다카요시 조차도 비판하였다. 오쿠보 도시미치는 전통적인 도덕교육의 중요성을 강조하였다. 1880년 정부는 개정교육령을 반포하였다. 교육 내용에 대한 통제도 강화되었다. 교육은 국가주의적인 경향을 띠게 되었다.

1872년 도쿄에 소학교 교원양성을 목적으로 하는 사범학교가 설립되었다. 미국인 교육자를 초빙해 교원양성을 전담하게 하였다. 사범학교는 순차적으로 전국에 설치되었다. 1874년 도쿄에 여자사범학교가 개설되었고, 1886년 도쿄에 중등교원 양성을 목적으로 하는 고등사범학교가 설립되었다.

정부는 에도 막부가 운영하던 학교를 통합해 1877년에 도쿄대학東京大学을 설립하고, 의학·법학·문학·이학과를 두었다. 정부는 전문학교도 설립하였다. 전문학교에도 외국인 교사를 고용해 교육하였다. 1872년에는 여학교가 설립되었다.

사립학교도 설립되었다. 1869년 후쿠자와 유키치福沢諭吉가 게이오대학의 전신인 게이오기주쿠慶応義塾를 설립하였다. 1875년 니이지마 조新島襄가 교토에 도시샤同志社를 설립하였다. 1881년 메이지대학明治

大學의 전신인 메이지법률학교가 개교하였다. 1882년에 와세다대학早稻田大學의 전신인 도쿄전문학교가 개교하였다. 사립학교는 관립학교에 비해 설비와 조건이 열악했지만 창립자의 인격과 자유로운 정신은 관립학교가 미치지 못하는 독자적인 교육을 가능하게 하였다.

[3] 봉건유제 폐지와 초기의 경제정책

1. 신분제도 철폐와 사족

1) 사민평등

정부는 봉건제도를 잇달아 폐지하였다. 판적봉환에 즈음해 신분제도도 폐지되었다. 공경公卿·제후諸侯의 칭호를 폐지하고 에도 시대 다이묘大名와 상층 귀족을 화족華族이라고 칭하였다. 일반 무사를 사족士族, 서민을 일괄해 평민平民이라고 하였다.

에도 시대 서민은 성을 사용할 수 없었다. 무사만이 성을 사용할 수 있었다. 서민은 이름으로만 불렸다. 신분제도가 폐지되면서 평민에게도 성을 사용할 수 있는 권리가 부여되었다. 누구나 신분의 차별 없이 자유롭게 결혼할 수 있게 되었고, 거주 이전이나 직업 선택의 자유도 보장되었다. 관리 이외에는 화족·사족도 농업이나 상업에 종사할 수 있게 되었다. 평민도 관리가 될 수 있었다. 소위 사·농·공·상의 신분 질서는 소멸되었다. 적어도 이론적으로는 모든 국민이 법 앞에 평등하게 되었다. 정부는 천황의 이름으로, 호적을 통해 국민을 지배하게 되었다.

화족·사족·평민의 인구 구성을 살펴보면, 1873년 총인구 3,330만 명 중에서 93퍼센트인 3,110만 명이 평민이었다. 화족은 2,800명, 사족은 약 200만 명이었다. 그 밖에 승려·신관이 있었다. 평민의 80퍼센트가 농민이었다. 직인·상인은 전 인구의 10퍼센트 정도였다.

1871년 8월 정부는 신분해방령을 내려 에타穢多·히닌非人의 칭호를 폐지하였다. 피차별민도 평민에 포함되었다. 하지만 피차별민에 대한 사회적 차별은 여전히 존재하였다. 일본인들은 피차별민이 거주하는 지역을 '부락部落'이라고 하고, 그곳에 사는 사람들을 '부락민'이라고 차별하였다. '부락민'은 거주·교육·직업·결혼에서 차별을 받았다. 피차별부락민은 '신평민新平民'으로 불렸다. 그것은 새로운 차별의 조건이 되었다. 피차별부락민은 여전히 평민의 집에 들어갈 수 없었다. 평민이라도 피차별부락민들이 만든 공예품을 살 때 돈을 던져주었다. 피차별부락민은 농번기에 고용되어 일을 할 때에도 자신이 지참한 그릇에 음식을 받아먹지 않으면 안 되었다.

피차별부락민에 대한 차별을 제외하면, 사회전반에 걸쳐서 봉건조직과 신분질서는 급속하게 해체되었다. 그에 수반되는 각종 특권과 관습도 폐지되었다. 인신매매·고문·복수 등의 금지는 물론, 신분이 높은 사람이 지나갈 때 땅바닥에 엎드려 절하는 도게자土下座 풍습도 폐지되었다. 천황이 행행할 때조차 서서 예를 표하면 되었다. 승려가 성을 사용하고, 처를 거느리고, 육식을 할 수 있게 된 것도 이 무렵이었다.

2) 질록처분

무사의 특권은 소멸되었으나 사족은 큰 세력을 형성하였다. 일본 근대국가는 시민혁명에 의해 성립된 것이 아니었다. 무사 계급이 변혁을 주도하였다. 그래서 사족이 여전히 일본사회를 이끌고 있었다. 사족은 관리가 되어 평민보다 우월한 지위를 누렸다. 메이지 초년에 약 40만 호, 약 200만 명으로 추산되는 사족이 존재하였다.

정부는 화족이 된 다이묘에게 에도 시대의 고쿠다카石高를 기준으로, 일반 사족은 봉록을 기준으로 원래 수입의 4분의 1 내지 10분의 1에 해당하는 금액을 가록家祿으로 지급하였다. 또 보신전쟁에서 공을 세운 자들에게 상전록賞典祿을 주었다. 그로 인해 지출되는 비용은 정부 세출의 2분의 1 내지 4분의 1을 점하고 있었다.

사족에게 지급되는 비용은 정부의 재정난을 가중시켰다. 판적봉환 이후에 가록이 점차로 삭감되거나 정리되었지만, 정부가 사족에게 지급하는 가록의 총액은 무려 500만 석에 달하였다. 그것은 국가재정의 약 30퍼센트에 해당하는 액수였다. 정부는 질록처분秩祿處分, 즉 사족에게 지급하는 가록을 정리하는 작업에 착수하였다.

1873년 12월 정부는 가록과 상전록 등의 질록을 국가에 반납하기를 희망하는 자에게 반액은 현금으로, 반액은 질록공채증서秩祿公債證書로 4~6년분의 질록을 일시에 지급하기로 결정하였다. 그러나 질록을 반납한 사족은 4분의 1에 지나지 않았다. 정부가 사족에게 질록 포기를 유도했지만 그들의 호응을 얻지 못했던 것이다. 이 제도는 1875년에 폐지되었다.

정부는 질록을 완전하게 폐지하는 방안을 강구하였다. 1875년에는 미곡으로 지급하던 가록과 상전록을 현금으로 지급하였다. 이때부터 사족에게 지급되는 비용은 일괄해 금록金祿이라고 불리게 되었다. 1876년 8월 정부는 금록공채증서를 교부하고 질록제도를 폐지하였다. 사족에게는 5~14년분의 봉록에 준하는 금록공채증서가 지급되었고, 5~7퍼센트의 이자를 수령할 수 있는 권리가 주어졌다. 그러나 사족은 일체의 특권을 상실하였다. 금록공채는 6년째 되는 해부터 원금이 상환되기 시작해 30년에 걸쳐서 전액 반환하도록 되어 있었다. 정부는 연간 경상세입의 약 3배에 가까운 1억 7,000만 엔의 공채증서를 발행하고, 그 이자로 매년 1,000만 엔을 지불하였다. 그리고 8만 5,000정町의 토지를 반액으로 불하하였다. 하지만 재정을 압박하던 질록을 완전히 처분할 수 있었다.

3) 사족의 운명

공채증서를 수령한 화족과 사족의 운명은 명암이 엇갈렸다. 예를 들면 생산량이 고쿠다카 18만 석의 다이묘에게는 액면가 30만 8,000엔, 연이율 5퍼센트의 공채증서가 교부되었다. 화족들은 금리생활자로 여유로운 생활을 하면서 지주나 자본가의 길을 걸을 수 있었다.[5] 드물지만 실업계의 지도자로 성공한 사족도 있었다. 일본 금융계의 거물이었던 시부사와 에이이치渋沢栄一와 미쓰비시三菱의 설립자 이와사키 야타로岩崎弥太郎가 대표적인 인물이었다.

그러나 대부분의 하급 사족에게는 평균 548엔의 공채증서가 교부되었다. 그들은 새로운 직업으로 관리·군인·순사·교원·간수 등의 길을 선택하였다. 그들의 대다수가 신정부의 지배기구 말단에 편입되었다. 농업에 종사하는 사족도 있었다. 둔전병屯田兵으로 홋카이도에 정착한 자들과 시즈오카현静岡県 마키노하라牧の原에서 차밭을 일구기 시작한 자들이 대표적인 존재였다. 하지만 귀농한 사족들의 대부분이

---

5) 예를 들면, 일본 굴지의 제사·방적 공업지대인 후쿠시마현福島県에서는 금록공채나 사족을 대상으로 한 정부의 대출금이 공장이나 은행, 또는 대출전문회사에 투자되었다.

실패하였다. 특히 후쿠시마현 아사카하라安積原에 정착한 하급사족 약 3,000명은 중노동을 견디지 못하고 겨우 목숨을 연명하다가 개척지의 80~90퍼센트를 고리대금업자에게 넘겨주었다. 정착에 실패한 사족들은 광부가 되거나 해외로 이민을 떠나는 처지가 되었다. 1884년에는 공채증서의 약 80퍼센트가 고리대금업자의 손에 들어갔다.

몰락한 사족들 중에는 정부에 불만을 품고 반란을 일으키거나 반정부운동에 가담하는 자들이 많았다. 정부는 사족의 구제책을 마련하지 않을 수 없었다. 1870년에 개간을 장려하는 방책을 제시하였다. 1874년에는 관유지 8만5,000정보町步를 사족들에게 불하하고, 불모지 2만정보를 무상으로 지급하였다. 1876년에는 국립은행조례를 개정해 금록공채를 은행자산으로 전환하기도 하였다. 1879년에는 사족에게 원산자금援産資金을 대여하기도 하였다. 이와 같이 정부는 식산흥업을 겸해 불평사족의 진무책을 추진하였다. 하지만 사족의 빈곤문제는 근본적으로 해결되지 않았다. 사족과 그 가족들 중에는 임금노동자로 전락하는 자가 많았다. 빈곤한 사족층의 증가는 자유민권운동의 원인이 되기도 하였다.

2. 지조개정과 지주제 확립

1) 지조개정

메이지 정부의 당면과제는 재정의 안정이었다. 그것은 서구열강의 침략에 대항하고 국내의 반정부파를 억압하기 위해서 절대적으로 필요하였다. 폐번치현 전후, 정부는 조세징수권을 장악하고 농민이 납부하는 연공미年貢米를 매각해 재정에 충당하였다. 하지만 그것은 보신전쟁을 비롯한 내란의 군사비를 지출해야 하는 신정부에게 매우 부족한 재원이었다. 정부는 공채와 불환지폐를 발행해 부족분을 충당하지 않을 수 없었다.[6)]

폐번치현이 달성된 후, 지조地租의 비율이 향상되어 세입의 합계가 40~50퍼센트를 점하게 되었지만,[7)] 여전히 공채와 불환지폐의 비중이 높았다. 정부의 재정은 여전히 부채로 유지되는 구조였다. 정부는 재정을 안정시키기 위해서 가능한 모든 수단을 강구하였다. 봉건시대의 제도를 폐지하였다. 농민도 미곡을 직접 판매할 수 있도록 하였다. 경제의 자유로운 발전을 저해하는 여러 제도를 과감하게 폐지하였다. 하지만 이런 정책만으로는 재정을 근본적으로 재건할 수 없었다. 중앙집권적 근대국가에 적합하도록 조세체제를 확립하지 않으면 안 되었고, 그러기 위해서는 조세제도를 통일하고, 토지제도를 근본적으로 개혁하지 않을 수 없었다.

조세제도의 개혁 구상은 공의소公議所 부의장 간다 다카히라神田孝平가 1869년 4월에 제출한 「세법개혁안」과 1870년 6월에 제출한 「전조개혁건의田租改革建議」에 의해 제시되었다. 거기에는 종래의 겐치檢地, 즉 토지조사와 고쿠모리石盛, 즉 토지조사에 의해 확정된 표준수확량, 게미檢見, 즉 쌀을 수확하기 전에 관리가 작황을 조사해 징수액을 정하는 일, 조세를 납부하는 일 등에 폐해가 많다는 점이 지적되어 있었다.

---

6) 신정부 재정을 분석해보면, 총세입은 약 2,096만 엔이었다. 그중에서 조세 수입이 약 932만 엔으로 총수입의 44.5퍼센트였다. 공채와 불환지폐의 발행에 의한 수입은 약 1,014만 엔으로 48.4퍼센트에 달하였다. 조세 수입 중에서 연공미를 계승한 지조는 약 822만 엔으로 88.1퍼센트였다. 나머지는 해운세 등 잡세의 수입이었다.

7) 조세 수입의 증가는 신정부가 수탈을 강화한 결과였다. 지조의 징수방법이 중앙집권적인 근대국가에 걸맞게 개혁된 결과는 아니었다. 하나의 번藩이 여러 개의 현縣으로 분할되거나, 하나의 현이 여러 영지를 합병해 성립되기도 하였다. 그래서 같은 현 내에서도 징세의 기준이나 징세의 방법이 다른 경우가 많았다. 또 종래의 관행을 존중하자면, 풍작과 흉작 그리고 미곡가의 변동에 따라 세입이 일정하지 않았다.

지조개정을 위한 경작지 실측 장면(그림)

그리고 토지의 자유로운 매매를 허용하고, 소유자에게 고켄沽券, 즉 토지의 매각증서를 교부하고, 소유자의 신고에 의해 지가地價를 정하고, 정해진 지가에 따라 세금을 화폐로 징수하는 방식이 제시되어 있었다.

1871년 8월부터 와카야마 노리가즈若山儀一, 오쿠보 도시미치大久保利通, 이노우에 가오루井上馨 등이 차례로 세법, 토지매매법, 내국세법, 관세법 등의 개혁안을 마련하였다. 거기에서 토지의 자유로운 매매를 허용해 고켄을 교부하고, 전국의 지가를 확정한 다음 그것을 기준으로 조세를 부과한다는 방침이 명확하게 제시되었다.

정부는 지조개정地租改正을 위한 사전 개혁을 단행하였다. 1871년 12월 태정관포고太政官布告에 근거해 지권地券을 교부하기 시작하였다. 지주와 자영농의 토지소유권을 인정하였다. 토지 소유자의 신고에 따라서 지가를 정하였다. 작물의 재배를 통제하던 에도 시대의 정책을 폐기하였다. 농민이 경작지를 매매할 수 없도록 했던 제도도 폐지하였다. 지권에는 토지 소유자의 성명, 토지의 위치, 지종, 면적, 가격 등이 기재되었다. 그 결과, 토지는 경작지·산림·주택지의 구별 없이 매매가 가능하게 되었다.

　1872년 6월 가나가와현령 무쓰 무네미쓰陸奧宗光가 조세담당자로 발탁되었다. 7월에는 지조개정국이 설치되었고, 조세·재정 전문가 안도 나리타카安藤就高, 이치카와 마사야스市川正寧 등이 직원으로 영입되어 지조개정안 준비 작업에 착수하였다. 1873년 4월 오쿠라성大蔵省은 지방관회의를 개최해 세법개혁안을 심의하였다. 이 회의에서 지조개정 방법 초안이 가결되었다. 7월에 지조개정 관련 법령[8]을 공포하고 본격적으로 지조개정에 착수하였다. 지조개정 관련 법령의 골자는 다음과 같다. (1) 과세의 기준을 수확고에서 지가로 변경한다. (2) 토지조사를 실시해 토지의 면적과 지가를 확정하고 토지 소유자에게 지권을 교부한다. (3) 지방관은 토지 소유자가 지가를 적절하게 신고했는지 조사한다. (4) 지가의 30퍼센트를 지조地租로 정한다. (5) 그동안 현물로 납부하던 지조는 화폐로 납부하게 한다. (6) 장래 물품세 수입이 늘어나면 지가를 조정해 농민의 부담을 줄인다. (7) 경작의 유무에 상관없이 토지소유자를 납세자로 정한다.

　지조개정사업에서 가장 중요한 일은 토지를 조사·측량하는 일과 지가를 산정하는 일이었다. 토지조사는 농민들의 적극적인 협조로 순조롭게 진행되었다. 문제는 지가를 산정하는 일이었다. 당시의 토지 매매가를 인정하는 방법과 소작료를 기준으로 지가를 환산하는 방법이 검토되었다. 하지만 이런 방법은 지주제의 성숙도나 지역차가 심해 일률적으로 적용하기 어려웠다. 결국 전체 경작지의 수익을 기준으로 지가를 환산하는 방법이 채택되었다. 지가를 결정할 때 단위면적당 수확량·쌀값·이자율을 종합적으로 참고하였다.

　1874년 말까지 전국 부현府縣의 약 2분의 1이 토지조사를 시작했

---

[8] 조유上諭·태정관포고·지조개정조례地租改正條例·지조개정시행규칙地租改正施行規則·지방관심득地方官心得 등이었다.

지만 실적이 부진하였다. 세수가 감소할 수도 있다고 판단한 정부는 1875년 3월 지조개정사무국을 신설하고, 5월에 내무경內務卿 오쿠보 도시미치가 직접 총재로 취임하였다. 오쿠보는 전국 부현에 관리를 파견해 지조개정사업을 지휘감독하게 하였다. 오쿠보는 지조개정조례세목을 정하고 1876년 말까지 지조개정사업을 완료하라고 독려하였다. 지방관은 반강제적으로 관내管內의 면적당 평균 생산량을 미리 정하고 촌락별, 지역별 생산량을 할당하는 방식을 취하였다. 정부는 농민의 처지를 고려하지 않고, 오로지 재정기반을 확립하기 위한 목적으로 농민에게 고액의 지조를 강요했던 것이다. 그러자 전국에서 농민봉기가 일어났다. 1876년 11월 이바라키현茨城県에서 봉기가 일어난 것을 시작으로 미에현三重県・아이치현愛知県・기후현岐阜県에서 농민들이 봉기하였다. 정부는 농민봉기가 사족 반란과 합류하는 것을 극도로 경계하였다. 1877년 1월 정부는 지조를 지가의 2.5퍼센트로 인하하고, 지방세의 지조율도 지조의 3분의 1에서 5분의 1로 인하하였다.

지조개정사업으로 봉건적인 토지지배 질서가 해체되었다. 그전까지 각 지역별로 달랐던 조세부과율이 통일되었고, 풍년이나 흉년에 구애되지 않고 세금을 일률적으로 징수할 수 있게 되었다. 세금도 화폐로 납부하는 근대적인 조세 방식이 정비되었다. 당시 국가세입 중에서 지조가 점하는 비율이 매우 높았고, 국가재정의 대부분이 농민의 부담으로 유지되고 있었다. 지조개정으로 국가의 재정이 안정되었다.

지조개정 결과, 토지의 소유권이 확립되었다. 지권을 교부받은 자가 토지소유자로 확정되었다. 에도 시대 영주의 소유권은 인정되지 않았다. 토지소유권은 원칙적으로 종래 조세를 납부하던 자에게 부여되었다. 소작을 주었던 토지의 소유권은 지주에게 부여되었다. 정부는 지권으로 토지를 매매・저당할 수 있게 하였다. 지조개정으로 근대적 토지소유가 성립되었던 것이다.

2) 농촌의 동요

 우여곡절 끝에 통일적 조세로서의 지조가 성립되었지만, 농민의 부담은 여전히 과중하였다. 농민의 조세 부담률은 지조만으로도 3공7민三公七民, 즉 생산량의 30퍼센트였다. 거기에 지조의 3분의 1인 지방세를 가산하면 4공6민, 즉 농민의 부담률은 40퍼센트였다. 에도 시대 막번체제幕藩體制 하의 연공 부담률과 큰 차이가 없었다.[9] 더구나 현지에서는 지가산정의 수익이 현실적인 수익보다도 더 높게 결정되는 경우가 많았다. 어떤 지역에서는 농민의 부담이 오히려 늘어났다. 지주와 소작인의 관계는 에도 시대와 다름이 없었다.

 소작인은 여전히 고율의 현물로 소작료를 냈다. 소작농은 수확의 60~70퍼센트를 지조와 소작료로 납입하였다. 거의 완전수탈에 가까웠다고 할 수 있다. 이런 구조 하에서는 지주와 자작농은 쌀값이 오를수록 이익이 늘어났다. 쌀값이 내리면 소작료를 인상해 그 부담을 소작인에게 전가시키거나 토지를 회수했기 때문에 소작인이 고통을 겪었다. 지가 산정법에 의한 수확물 배분 비율을 보면, 국가가 수취하는 비율이 34퍼센트, 지주가 수취하는 비율이 34퍼센트, 소작농이 취득하는 비율이 32퍼센트였다. 결국 소작농은 생산량의 68퍼센트를 국가와 지주에게 납입했던 것이다.

 메이지 정부는 모든 토지의 소유권을 확인한다는 구실로, 이리아이치入会地라고 해 농민이 공동으로 이용하던 산림이나 목초지와 같은 용지를 대지주나 호농에게 불하하였다. 예부터 산림이나 목초지를 민중이 공동으로 사용하던 관습을 부정했던 것이다. 또 토지조사 과정에서 상

---

[9] 메이지 정부는 에도 시대 연공年貢에 의한 수입을 유지하는 방침을 정하였다. 당시 지조는 국가 재정의 중요한 재원으로 경상세입의 약 80퍼센트를 점하고 있었다. 정부는 지조를 삭감할 수 없었던 것이다. 결과적으로 농민의 부담은 종래와 다름이 없었다.

모내기하는 농민들(1880년대)

당한 면적의 토지를 관청이 몰수해 국유지로 확정하기도 하였다. 일단 국유림이 되면 나뭇가지 하나만 꺾어도 엄벌에 처해졌다. 그 가혹함은 에도 시대의 산림정책을 훨씬 능가하였다.

에도 시대에는 소작인의 권리도 보장되었다. 특히 장기간에 걸쳐서 소작을 하던 에이코사쿠永小作라고 하는 농민은 경작지에 대해 거의 소유권에 가까운 권리를 지주와 공유하였다. 그러나 지조개정이 실시되면서 그러한 권리는 인정되지 않았다. 그뿐만이 아니라 소작 기간도 단축되었다. 에도 시대의 에이코사쿠는 50년 소작이었고, 보통 단기 소작은 1년마다 계약을 갱신하였다. 정부는 전통적인 소작 관습을 무시하고 오로지 실정법에 근거해 토지 소유권자의 권리를 보호하였다. 토지는 더욱 지주의 손에 집중되었다. 직접 경작하지 않고 소작료로 이윤을 챙기는 기생지주제寄生地主制가 확립되었다.

메이지 유신의 '실체'는 농민에게 가혹하였다. 가혹한 착취가 농민이 그렇게 기대했던 '고잇신御一新', 즉 새로운 세상의 현실이었다. 소설 『요아케노마에夜明の前』의 주인공인 아오야마 한조青山半蔵가 "고잇신이 이래도 좋은가?"라고 울부짖는 모습은 바로 새로운 세상을 갈망했던 농민의 허탈한 뒷모습이었다.

3. 기관의 설립과 제도의 정비

1) 봉건유제 폐지와 상법사 설립

식산흥업殖産興業은 부국강병의 목적을 달성하기 위한 정책이었다. 정부는 취약한 산업구조를 재편하고 경쟁력을 갖춘 사업가를 육성하기 위해 강력한 지도력을 발휘하였다. 식산흥업은 자본주의를 보호하고 육성하는 데 초점이 맞춰져 있었던 것이다.

정부는 전국적인 유통기구를 정비하기 위해 봉건유제를 과감하게 폐지하였다. 먼저 가부나카마株仲間와 자座의 특권을 폐지하였다. 각 번의 전매사업도 폐지하였다. 1869년에는 자유로운 상품유통과 여행을 제한하던 관소関所와 덴마伝馬 제도도 폐지하였다. 특히 각 번의 영주가 물자의 이동과 인원의 출입을 금지하거나 제한하던 제도인 니도메荷留를 폐지하였다. 1872년에 화족과 사족은 물론 농민도 상업에 종사 할 수 있게 하였다.

1872년에 스케고야쿠助郷役 제도를 폐지하였다. 스케고야쿠는 에도 시대에 슈쿠에키宿駅 인근의 농민들에게 부과했던 부역이었다. 슈쿠에키에는 항상 규정에 따라 정해진 근무자와 마필이 보충되어야 하였다. 메이지 정부는 농민에게 부담이 되었던 이 제도를 과감하게 폐지했던 것이다. 농민과 농업생산을 규제하던 각종 제도도 폐지하였다. 농지도 자유롭게 매매할 수 있게 하였다.

1868년 윤4월 정부는 상법사商法司를 설립하였다. 상법사에서는 봉건적 경제기구나 제도를 폐기하고 유통구조를 원활하게 하는 일을 전담하였다. 1869년 2월 외국무역을 관할하는 통상사通商司가 설치되면서 상법사가 폐지되었다. 통상사 업무는 회계관會計官 부지사副知事 오쿠마 시게노부大隈重信가 관장하였다.

  통상사는 3도三都, 즉 교토·오사카·도쿄와 개항장에 지부를 두고, 그 산하에 금융을 담당하는 가와세회사為替会社와 상업을 담당하는 통상회사를 설립하도록 하였다. 3도에 본부를 둔 가와세회사와 통상회사는 여러 도시의 특권상인에게 상사를 결성하게 하고, 그들에게 자금을 융통해주었다. 또 특권상인에게 해운회사를 설립하게 해 공조미公租米 수송을 독점하게 하였다. 가와세회사는 해운회사에 자금을 융자하였다. 또 정부는 해운회사가 관유선官有船과 각 번에서 위탁한 선박을 이용해 도쿄·오사카를 정기적으로 운항하게 하였다. 통상사는 특권상인을 보호하고 감독하면서 정상政商을 육성하려고 하였다. 하지만 이러한 정책은 외국의 강력한 항의로 좌절되었다.

2) 화폐·금융제도 정비

  에도 시대의 막부는 화폐로 금화·은화·철화를 발행하였다. 그 밖에 각 번에서 발행한 1,800여 종류의 한사쓰藩札가 유통되었다. 개국 후에는 외국에서 유입된 양은洋銀까지 유통되었기 때문에 금융시장이 매우 혼란스러웠다. 1868년 정부는 한사쓰의 유통을 금지하고 다이조칸사쓰太政官札를 비롯한 새로운 지폐 발행을 시도하였다. 1869년 2월 화폐사貨幣司를 폐지하고 조폐국造幣局을 설립하였다. 조폐국은 같은 해 7월에 조폐료造幣寮로 명칭이 변경되었다.

1871년 정부는 오사카에 조폐료를 설치하고 화폐를 제조하기 시작하였다. 화폐에는 엔円·센錢·린厘의 10진법이 채용되었다. 같은 해 미국에 체류하던 이토 히로부미의 건의로 신화조례新貨條例를 발포하고 1엔금(순금 1.5그램)을 원화原貨로 하는 금본위제를 채용하였다. 보조화폐로 은화와 철화를 발행하였다. 그것의 통용은 각각 10엔과 1엔까지 제한되었다.

그러나 금본위라는 이상주의는 양은洋銀이 지배하는 현실 앞에서 무력하였다. 유럽 여러 나라가 금본위제를 채용하면서 금값이 상승하고 은값이 하락하였다. 매년 수입초과로 거액의 금화가 해외로 유출되었다. 그러자 정부는 1875년 새로운 무역은貿易銀(420그램)을 주조하고, 무역은 100매를 금화 100엔으로 교환하도록 하였다. 하지만 정부의 이러한 정책으로 새로운 무역은마저 해외로 유출되었다.

1872년 4월부터 새로운 지폐를 발행하였다. 화폐는 독일에서 제조하였다. 그 전에 사용되던 태정관찰太政官札·민부성찰民部省札·한사쓰는 새로운 지폐로 교환되었다. 재정을 보전하기 위해 1871년에 태환兌換을 보증하고 발행한 오쿠라성大蔵省 태환증권, 1872년에 발행한 개척사開拓使 태환증권도 새로운 화폐로 교환되었다.

1872년 11월 이토 히로부미의 건의로 국립은행조례를 제정하였다. 이것은 유력한 상인층의 신용을 이용해 태환제도를 실현하려는 정책으로 미국의 내셔널뱅크 제도를 모방한 것이었다. 시부사와 에이치渋沢栄一의 고유告諭로 도쿄에 제1국립은행이 설립되었다. 이 은행은 국립은행이라는 명칭을 사용했지만 실은 정상政商인 미쓰이三井·오노小野 가문이 공동으로 출자해 설립한 것이었다. 이어서 같은 형식으로 제2(요코하마橫浜)·제4(니이가타新潟)·제5(오사카大阪) 국립은행이 설립되었다. 1876년에 조례가 개정되면서 은행 수가 증가하였다. 1879년에는 요코하마쇼킨은행橫浜正金銀行을 비롯한 153개 은행이 설립되었다. 1876년부터는 17세기 말부터 금융 업무를 담당하던 일본 제일의 호상 미쓰이三井 가문이 미쓰이 은행을 설립하면서 사립은행이 영업을 개시하였다.

3) 공부성 설치

정부는 에도 막부나 각 번이 경영하던 공장과 광산을 접수하였다. 또 영국에서 외자를 도입해 철도건설에 착수하였다. 1870년 윤10월 국가사업을 통괄하는 기관으로 공부성工部省을 설립하였다. 그동안 민부성이 관장하던 광산·제철·철도·통신 등의 업무가 공부성으로 이관되었다. 그중에서 가장 중요한 업무는 역시 철도와 광산이었다. 초대 공부경工部卿에 이토 히로부미가 취임하였다.

막말幕末의 로주老中였던 오가사와라 나가미치小笠原長行가 미국의 공사관원 포트맨A.C.Portman에게 에도江戶와 요코하마橫浜를 연결하는 철도부설권을 부여하였다. 하지만 메이지 정부는 그 권한을 인정하지 않았다. 외채 100만 파운드를 도입하고, 외국인 기사를 고용해 직접 철도를 건설하였다. 1872년 9월 도쿄의 신바시新橋와 요코하마 간의 철도가 개통되었고, 1874년 5월에 오사카와 고베神戶 간의 철도가 개통되었다. 또 군사적·정치적 필요성에 의해 전신과 등대의 건설도 추진되었다. 1873년에 도쿄와 나가사키長崎, 도쿄와 아오모리青森, 하코다테函館와 삿포로札幌를 연결하는 전신이 개통되었다.

정부는 광산의 관영화를 추진하였다. 사도佐渡·이쿠노生野 광산을 비롯한 에도 막부가 직영하던 광산을 접수하였다. 폐번치현 후에는 아니阿仁·인나이院內를 비롯한 각 번의 다이묘가 소유하던 광산을 공부성이 관할하였다. 광산 국유화의 목적은 화폐를 주조하는 데 필요한 양질의 금·은을 확보하고 구리를 수출해 재원을 확충하기 위해서였다. 관영 광산은 금·은·동 광산에 집중되었다. 광산에 막대한 자금이 투입되었다. 하지만 큰 성과를 올리지 못하였다.

석탄업에 외국회사가 진출하였다. 1868년 사가번佐賀藩과 네덜란드 무역회사인 글로버Glover 상회가 다카시마高島 탄광을 공동으로 경영하였다. 그런데 메이지 정부는 외국회사에게서 이권을 회수하고 다카시마 탄광을 접수하였다. 정부는 「일본갱법日本坑法」을 제정해 모든 광물을 토지소유권과 관계없이 국가가 소유하였다. 채굴권은 정부가 개별적으로 허가해 세금을 징수하였다. 채굴권은 일본인에 한해 허가되었다.

[4] 서양문화 수용

1. 문명개화

1) 산발과 폐도

상투를 자르는 단발을 일본에서는 산발散髮이라고 하였다. 일본에서는 19세기 후반부터 이미 산발하는 사람들이 적지 않았다. 일본이 개항하면서 산발 풍조가 확산되었던 것이다. 당시 산발은 반발半髮 또는 잔기리라고 불리기도 하였다.

1871년 8월 정부는 산발탈도령散髮脫刀令을 공포하였다. 이 법령은 강제성이 없었다. 무사가 에도 시대와 같이 반드시 사카야키月代, 즉 머리를 정수리까지 면도하듯이 밀어올리고 상투를 틀거나, 도검을 차지 않아도 된다는 취지의 법령이었다.

산발령은 큰 저항 없이 관철되었다. 당시 상투를 자른 머리 모양을 잔기리 머리라고 하였다. 관리들은 일본에도 개화의 바람이 불고 있다는 것을 서양인에게 보여주고 싶었다. 그런데 서양인이 상투를 틀고 있는 일본인을 보면 "일본이 아직 봉건시대를 벗어나지 못했다."고 생각할 것 같았다. 그래서 잔기리 머리를 장려하였다.

잔기리 머리는 문명개화의 상징이었다. 당시에 유행한 노래 가사 중에 "잔기리 머리를 두드리면 문명개화의 소리가 들린다."라는 내용이 있을 정도였다. 요코하마에서는 이미 1868년에, 도쿄에서는 1869년에 각각 이발소가 개업하였다.

에도 시대 무사는 대도帶刀, 즉 크고 작은 두 자루의 도검을 허리에 차고 다녔다. 대도는 무사의 신분을 상징하는 것이었다. 일본 무사에게 대도가 무엇이었는가는 메이지 시대 초기에 불붙었던 폐도론廢刀論을 둘러싼 논쟁에서 극명하게 드러났다. 「폐도에 관한 건의서」는 1869년 5월 외국관권판사 모리 아리노리森有礼가 당시의 국회에 해당하는 공의소에 제출하였다. 이 의견서에서 모리는 본래 도검이란 호신을 위한 무기로서 나라가 매우 어지러웠을 때는 필요한 것이었으나 이제 새 시대가 되었으니 대도의 의미가 없어졌다고 주장하였다.

하지만 무사들이 대도의 의미를 중요하게 생각하는 관념은 메이지 초기까지 뿌리 깊이 남아 있었다. 무사가 생각하는 도검은 단순한 무기가 아니었다. 도검은 오랜 세월동안 무사의 인격과 동일시되었다. 도검은 무사의 혼이라고 일컬어졌다. 메이지 시대까지도 도검을 차지 않으면 무사의 자존심을 손상하는 것이라고 생각하는 자들이 많았다. 이러한 분위기에서 모리의 건의가 수용될 리 만무하였다. 각 번을 대표하는 의원들은 폐도에 적극 반대하였다. 「폐도에 관한 건의서」는 출석의원

만장일치로 부결되었다. 분노한 사족들이 모리를 암살하려고 하였다. 모리는 한동안 몸을 숨기지 않으면 안 되었다.

산발탈도령이 공포되었어도 사족들은 여전히 대도를 고집하였다. 후쿠자와 유키치福沢諭吉는 당시의 분위기를 다음과 같이 회고하였다. "사실 흉기를 소지하지 않은 것이니 사람들이 기뻐할 것 같았으나 결코 그렇지 않았다. 내가 대도를 하지 않고 오쿠다이라번奧平藩 다이묘 저택을 방문했을 때, 그 가문 무사들이 크게 놀라서, 대도하지 않고 다이묘 저택에 출입하는 것은 불경한 일이라고 힐난하였다. 한 번은 대도하지 않고 산보하다가 어떤 사족에게 밉게 보여 큰일날 뻔한 일도 있었다."

그러나 신분 철폐를 단행한 정부는 무리를 해서라도 봉건시대의 상징인 대도 관행을 부정하려고 결심하였다. 야마가타 아리토모山県有朋는 "문명의 시대에 도검은 흉기에 지나지 않는다."고 주장하며 폐도의 불가피성을 역설하였다. 1876년 3월 정부는 사족들의 반대를 무릅쓰고 폐도령을 공포하였다. 폐도에 반대하는 사족들의 반란이 전국에서 일어났다. 하지만 정부는 반란을 진압하고 폐도령을 관철시켰다.

2) 일상생활의 변화

1868년 도쿄의 외국인 거류지인 쓰키지築地에 호텔이 세워졌다. 이 호텔은 메이지 초기의 대표적인 서양식 건축물이었다. 1874년 정부는 도쿄 긴자銀座에 기와로 지붕을 덮은 이층집 300호를 건설해 상인들에게 불하하였다. 이것을 시작으로 서양식 건물이 잇달아 세워졌다. 당시 세워진 서양식 건물의 대부분은 관청과 학교였다.

1867년 군복이 도입되었다. 군인은 평상복으로서 양복을 입었다. 군

문명개화의 상징 도쿄 긴자銀座 거리
그림 / 아사이 浅井컬렉션 소장

인이 양복을 입으면서 민중도 양복을 입기 시작하였다. 관청에서 양복을 예복으로 정하였다. 전통적인 일본 옷은 제례 때나 입는 옷이 되어버렸다. 양복이 개화기에 어울린다고 여기는 사람들이 많았다. 아예 법으로 일본 옷을 입지 못하도록 하자는 의견이 있을 정도였다. 양복을 입으면 당연히 구두를 신어야 하였다. 1870년부터 도쿄의 제화공장에서 구두가 생산되기 시작하였다.

문명개화로 일본인이 육식을 즐기게 되었다. 그렇다고 전근대 일본인이 육식을 하지 않았다는 것은 아니다. 일본인들도 닭, 토끼, 사슴 등의 고기는 먹었다. 하지만 가축을 식용하는 것을 매우 꺼렸다. 네발 달린 짐승을 먹는 것을 꺼리는 불교의 영향이 컸다. 그런데 문명개화 바람이 불면서 육식이 유행하였다. 1870년대 일본에서 유행했던 것은 소고기 냄비요리였다. 냄비에 소고기를 넣고 간장이나 된장으로 간을 해 끓여 먹었다.

문명개화의 첨단을 달리는 사람은 잔기리 머리를 하고, 양복을 입고, 구두를 신고, 소고기 냄비요리를 먹었다. 젊은 나이에 안경을 쓰고 단장을 짚고 거리를 활보하는 것조차 문명개화를 상징하는 것으로 비쳐졌던 시대였다.

 정부는 종래의 태음력을 태양력으로 바꾸었다. 태음력이 태양력으로 바뀌면서 1872년 12월 3일을 1873년 1월 1일로 정하였다. 달력에서 26일이 사라진 것이다. 태양력을 도입하면서 시각의 표시도 1일 24시간제로 통일하였다. 관청에서는 일요일을 휴일로 정하였다. 음력으로 기리던 명절이나 절기도 그대로 양력 날짜로 바꾸었다. 예를 들면 음력 정월 초하룻날 쇠던 설은 양력 1월 1일에 쇠면 되고, 음력 4월 8일 석가탄신일은 그대로 양력 4월 8일에 기리면 된다는 식이었다. 천황이 정하면 일본인은 따랐다.

 옛것을 타파하는 것이 곧 문명사회로 나아가는 지름길이라고 믿는 사람이 늘어나면서 부작용이 나타났다. 전통적인 일본문화가 극단적으로 경시되었다. 나라奈良의 고찰 고후쿠지興福寺의 5층탑이 25엔에 매물로 나왔으나 매수자는 그것을 파괴하는 데 더 많은 비용이 든다고 매입을 취소하였다는 풍문이 돌 정도였다. 일본인은 전통적인 풍속화 우키요에浮世絵를 수치스럽게 생각하였다. 많은 미술품과 문화재가 헐값에 해외로 유출되었다.

2. 국제교류

1) 외국인 교사 · 고문 초빙

정부는 재정난에 시달리면서도 고등교육 중시 정책을 일관되게 추진하였다. 일본 고등교육의 기반을 다진 인물은 메이지 초기 미국에서 초빙된 프리도린 베르벡H.Fridolin Verbeck이었다. 네덜란드 출생으로 미국에서 신학교를 졸업한 베르벡은 1869년 4월에 일본 최초의 관립 대학이라고 할 수 있는 가이세이학교開成学校10)의 교수로 임명되었다. 베르벡은 오쿠마 시게노부大隈重信에게 구미사절단의 파견을 건의했고, 다이가쿠大学 동교에 독일 의학을 도입하라고 진언하였다. 그의 건의로 1871년에 외과의 뮬레르Leopold Muller와 내과의 호프만Eduard Hoffman이 내일해 다이가쿠 동교의 교수가 되었다

정부는 새로 제정한 학제를 실시하기 위해 머레이David Murray를 초빙하였다. 그는 문부성 외국인 고문의 자격으로 1873년에 내일하였다. 머레이는 1811년 귀국할 때까지 일본 교육제도의 확립, 외국인 교사의 선발 등에 공헌하였다. 그는 특히 여성교육의 필요성을 역설했고, 여성교사 양성이 시급하다고 주장하였다. 1874년에 도쿄에 여자사범학교가 설립되었다.

1871년 8월에 3년 기한으로 초빙된 미국인 스콧Marion M. Scott은 미국식 사범교육 도입에 공헌하였다. 1878년에 초빙된 미국인 리랜드George A. Leland는 일본의 체육 발전에 기여하였다. 1879년에 문부성

---

10) 가이세이학교는 1868년 에도 막부의 양학 교육기관인 가이세이조開成所를 메이지 정부가 접수해 설립한 관립 학교였다. 1869년에는 에도 막부가 직영하던 쇼헤이코平昌黌와 이가쿠조医学所를 합병하였다. 쇼헤이코를 본교로 하고 이가쿠조와 가이세이학교는 각각 분교가 되었다. 1869년 12월 가이세이학교를 다이가쿠大学 남교로 개명하였다. 이때 이가쿠조도 다이가쿠 동교로 개명하였다. 다이가쿠 남교에는 보통과와 전문과를 두었고, 전문과는 다시 법과 · 이과 · 문과로 나누었다.

음악담당 외국인으로 초빙된 미국인 메이슨Luther W. Mason도 일본 음악교육의 기반 확립에 기여하였다.

도쿄대학이 성립되었을 당시 교수진은 모두 외국인이었다. 의학부는 전부 독일인 교수가 교육을 담당하였다. 그들은 의학뿐만 아니라 약학·동식물학·이화학·수학 등도 강의하였다. 다른 학부의 교수는 영국·미국·프랑스·독일에서 골고루 초빙되었다. 도쿄대학의 외국인 교수를 중심으로 전문분야의 학회가 잇달아 결성되었다. 정부는 외국인 교수의 학회활동을 적극 지원하였다.

문부성 이외에 태정관·공부성·사법성을 비롯한 관청에서도 외국인 교사나 고문을 초빙하였다. 초빙된 외국인 교사나 고문은 1875년 당시 530여 명에 달하였다. 그들은 건축, 인쇄 분야의 기술자, 화학·물리 분야의 이론과학자, 동물학자, 의학자, 법률가 등 다양한 분야의 전문가들이었다.[11] 그들은 각 분야에서 일본의 근대화에 지대한 공헌을 하였다. 초빙된 외국인에게는 당시로서는 파격적인 봉급이 지급되었다.

2) 해외유학생

1869년 정부는 해외유학을 공인하였다. 다음 해에는 「해외유학생규칙」을 제정해 유학을 장려하는 방침을 정하였다. 정부는 유학생에게 언행을 각별히 조심하고, 일본인의 자긍심을 훼손하는 행위를 엄금하

---

[11] 물리학 분야에는 중력의 측정, 지구 밀도의 측정, 기상관측대의 설치 등 일본의 물리학 발전에 광범위하게 영향을 미친 미국인 메덴홀T. C. Medenhall이 있었고, 지질학 분야에는 지질조사소의 설립에 공헌을 한 독일인 나우만J. F. Nauman이 있었다. 미국인 동물학자 모스E. Morse는 진화론을 소개했고, 독일인 의학자 베르츠E. Baelz는 30년간이나 일본에 체재하면서 일본 의학의 발전에 기여하였다. 그는 특히 쓰쓰가무시병을 연구하였다.

라고 지시하였다. 일본인이 가장 많이 유학했던 국가는 미국이었고 영국·프랑스가 그 뒤를 이었다. 유학생 업무는 문부성 소관이었다.

「해외유학생규칙」은 학제學制에 세세히 규정되었다. 유학생에는 관비유학생과 사비유학생이 있었다. 관비유학생은 중학 졸업을 자격으로 하는 초등유학생과 대학 졸업을 자격으로 하는 상등유학생으로 분류되었다. 유학생의 선발, 유학 기간, 유학생 수, 유학중의 마음자세, 귀국 후의 의무 등에 대해서도 세밀하게 규정하였다. 1873년 당시 해외 유학생은 373명이었고, 그중에서 250명이 관비유학생이었다.

1871년 10월 이와쿠라사절단岩倉使節團이 서양의 여러 나라를 순방하기 위해 떠날 때, 미국으로 유학을 떠나는 화족과 사족이 54명, 여자 유학생 5명이 동행하였다. 가장 나이가 어렸던 여자 유학생은 8세인 쓰다 우메코津田梅子였고, 그 밖에 10세인 나가이 시게코永井繁子, 12세인 야마카와 스테마쓰山川捨松, 14세인 요시마스 료코吉益亮子, 16세인 우에다 데이코上田梯子 등이었다.

천황은 유학생들 중에서도 특히 화족 자제들에게 지식을 쌓고, 재능을 연마하고, 실용적인 학문을 배워서 귀국라고 당부하였다. 황후는 여자 유학생들에게 몸소 서신을 전하고, 기념촬영을 하면서 귀국한 후에 부녀의 모범이 되라고 당부하였다. 봉건적 전통을 배경으로 한 화족에게 새로운 시대의 지도자가 될 것과 여자 유학생들에게 모범적인 개화 여성이 될 것을 요구한 천황과 황후의 기대 속에 메이지 유신의 성격이 상징적으로 표출되었다.

해외유학생이 증가하자 정부는 유학생 수를 엄격하게 제한하는 방침을 정하였다. 1873년 3월 「해외유학생규칙」이 정비되었다. 같은 해 12월 문부성은 해외유학생 전원을 귀국시켰다. 문부성은 새로운 규칙에 따라 제1회 유학생 11명을 가이세이학교 학생 중에서 선발하였다. 미국으로 9명, 프랑스와 독일로 각각 1명씩 유학하게 하고, 유학 기간은 5년으로 정하였다. 이 기준에 따라 1875년에 유학을 떠난 자들 중에는 하토야마 가즈오鳩山和夫, 고무라 주타로小村壽太郞, 마쓰이 나오기치松井直吉, 후루이치 고이古市公威 등 메이지 중기 이후 일본사회 각 방면에서 지도자로 활약했던 인물이 포함되어 있었다. 유학생들은 대부분 관비를 지급받았다.

정부가 선발한 유학생은 주로 도쿄대학 등 관학 출신자에 한정되었다. 관학 졸업생 중에서 선발된 유학생은 귀국 후에 관계에 진출하는 것이 보장되었다. 그래서 유학생들은 열심히 서양의 행정지식과 학문을 습득하였다. 메이지 정부의 정치력이 강력했던 이유의 하나는 유학생을 확보했기 때문이라고 할 수 있다.

3. 사상과 언론

1) 외국사상 소개

문명개화와 함께 외국의 사상도 도입되었다. 초기에는 영국의 공리주의와 프랑스의 공화주의가 일본에 소개되었고, 이어서 미국의 크리스트교 사상을 중심으로 하는 인도주의와 독일의 국권주의가 차례로 소개되었다. 이러한 사상을 소개한 계몽사상가들이 활약하였다.

아담 스미스, J. S. 밀, 맬서스, 리카도 등 자유·평등을 외쳤던 영국의 공리주의 사상은 후쿠자와 유키치福沢諭吉와 나카무라 마사나오中村正直, 그리고 다쿠치 우키치田口卯吉 등에게 영향을 미쳤다. 후쿠자와 유키치는 일본 최고의 계몽사상가로『세이요지조西洋事情』,『가쿠몬노스스메學問のすすめ』,『분메이론노가이랴쿠文明論之概略』등의 책을 저술해

일본인에게 큰 영향을 미쳤다. 나카무라 마사나오는 J. S. 밀의 『On Liberty』를 번역해 『지유노리自由之理』라는 제목으로 출간했고, 또 스마일즈의 『Self Help』를 번역해 『사이고쿠릿시헨西國立志編』이라는 제목으로 일본인에게 소개하였다. 『니혼카이카쇼시日本開化小史』를 저술해 역사학의 발달에 기여한 다쿠치 우키치도 영국의 공리주의 사상을 일본에 소개한 사상가였다. 이러한 사상가의 저술은 일본인들이 봉건사상을 타파하는 데 영향을 미쳤다.

루쏘·보르테르·몽테스키외 등의 천부인권사상을 주류로 하는 프랑스의 공화주의는 가토 히로유키加藤弘之·이타가키 다이스케板垣退助·오이 겐타로大井憲太郎·우에키 에모리植木枝盛 등이 일본에 소개하였다. 나카에 조민中江兆民은 루쏘의 명저 『민약론』의 해설서인 『민야쿠얏카이民約訳解』를 저술하였다. 급진적인 인민주권주의 사상에 근거한 『민야쿠얏카이』는 번벌정치를 공격하고 자유민권운동 사상을 고취하는 데 영향을 미쳤다. 가토 히로유키는 『신세이다이이真政大意』와 『고쿠타이신론国体新論』을 저술하였다.

크리스트교 정신에 입각한 미국의 사회·인도주의 사상은 도시샤대학同志社大學의 설립자인 니이지마 조新島襄에 의해 일본에 소개되었다. 사회·인도주의 사상은 도시샤에서 공부한 언론가이며 역사가인 도쿠토미 소호德富蘇峰와 도시샤 졸업생으로 1901년 사회민주당을 창립한 정치가인 아베 이소오安部磯雄 등에게 영향을 미쳤다. 또 니시카와 고지로西川光二郎와 우치무라 간조内村鑑三[12] 등에게 감화를 주었다.

비스마르크와 슈타인 사상의 영향을 받은 독일의 국권주의도 일본에 소개되었다. 국권주의는 정부가 방침을 정하는 데 큰 영향을 미쳤다.

---

12) 삿포로농학교札幌農學校에 재학할 때 크리스트교에 귀의하였다. 1891년 제일고등중학에서 교편을 잡고 있을 때 교육칙어에 대한 예배를 거부해 해직되었다. 그 후 「요로즈초호万朝報」의 기자로 아시오 광산 광독사건을 비판했고, 러일전쟁에 반대해 비전론을 펼쳤다. 무교회주의를 주창하였다.

프랑스의 공화주의를 일본에 소개한 적이 있는 가토 히로유키는 1876년 무렵부터 독일의 국권주의 사상의 영향을 받아서 국가유기체설을 주창하였다. 그는 1882년 이전의 저작을 절판하고, 천부인권론을 부정하는 『진켄신세쓰人權新說』를 저술해 민권주의 사상과 대립하였다. 이 책에서 가토는 적자생존과 자연도태는 국제간의 원리이기 때문에 강한 나라는 발전하고 약한 나라는 멸망한다고 하면서 민권 운운하지 말고 우선적으로 국권을 강화해야 한다고 역설하였다. 후쿠자와 유키치도 기본적으로 민권의 확대는 국권을 약화시킨다는 입장이었다. 후쿠자와 유키치는 대내적으로 일치단결해 안정을 확보하고, 대외적으로 치열하게 경쟁해야 한다고 주장하였다. 또 대외적인 경쟁은 무력을 전제로 하기 때문에 우선 군비를 충실히 해야 한다고 하였다.

2) 계몽사상 단체

사상계에서는 자유주의와 개인주의가 유행하였다. 문명개화를 사상 면에서 주도했던 것은 계몽사상 단체인 메이로쿠샤明六社였다. 메이로쿠샤는 1873년 미국에서 귀국한 모리 아리노리森有礼[13]를 중심으로 선구적인 지식인들이 결성한 단체였다. 후쿠자와 유키치도 이 단체의 결성에 참여하였다. 그 밖에 니시 아마네西周·쓰다 마미치津田真道·나카무라 마사나오·가토 히로유키·간다 다카히라神田孝平·미쓰쿠리 린쇼箕作麟祥·니시무라 시게키西村茂樹 등 계몽사상가들이 참여하였다.

그들은 기관지인 『메이로쿠잣시明六雜誌』[14]를 통해 서양근대사상을

---

13) 모리 아리노리는 1875년 자택에서 결혼식을 올리면서 부부 상호간에 3개조의 서약을 주고받았던 개명된 지식인이었다. 이 서약의 증인으로는 후쿠자와 유키치가 참석하였다.
14) 1873년 2월에 창간되었다. 매월 2호를 발행하다가 같은 해 11월에 3호로 증간하였

소개하였다. 그중에서도 후쿠자와 유키치는 『분메이론노가이랴쿠』 등의 교양서를 저술해 문명의 발달에 따라 국가의 독립이 달성되는 것이니 일본인은 합리적인 정신과 자연과학을 배워서 자주독립의 정신을 함양해야 한다고 역설하였다. 궁내성의 관리였던 가토 히로유키는 천황을 신과 같이 받들고 무비판적으로 복종하는 것은 노예나 다름이 없다고 하였다. 병부성의 관리로 육군군제의 수립에 기여한 니시 아마네는 콩트와 밀의 철학을 소개하였다. 그는 일본어를 로마자로 바꾸자고 주장하기도 하였다.

메이로쿠샤의 구성원 대부분이 관리였다. 그들은 '우매한' 민중을 가르치고 인도하려고 하였다. 그들은 문명개화로 나아가기 위해서는 정부가 강한 지도력을 발휘해야 하며 국민은 그에 따르는 것이 당연하다고 생각하였다. 가토 히로유키는 처음에 의회정치의 필요성을 역설했던 인물이었다. 하지만 국회의 개설을 요구하는 자유민권운동이 일어나자 아직까지는 국민의 의식수준이 낮기 때문에 시기상조라고 반대하였다.

1875년에 언론을 통제하는 법률이 성립되었다. 그러자 메이로쿠샤 구성원이 정치적인 발언은 삼가는 것이 좋겠다는 의견이 대두되었다. 그래서 잡지의 발행이 중지되었다.

3) 신문·잡지의 발행

일본에서 처음으로 발행된 근대적인 신문은 1862년 막부의 요쇼시라베쇼洋書調所가 네덜란드에서 입수한 동인도총독부의 기관지를 번역

다. 1873년에 총 간행 책 수는 10만6,000부에 달하였다. 매호마다 3,200권 정도가 발매되었다.

한 『바타비야신분バタビヤ新聞』과 중국의 신문을 번역한 『리쿠고소단六合叢談』이었다. 민간에서도 미국에 표착했다 귀국한 하마다 히코조浜田彦蔵가 『카이가이신분海外新聞』을 발행하였다.

메이지 정부가 수립되기 이전의 신문은 목판 또는 목판활자 조판으로 한 장씩 인쇄한 것을 여러 장 모아서 책으로 편찬한 것으로 주로 해외의 사정을 알고자 하는 사람들에게 보급되었다.

신문을 발행할 때 납활자를 처음으로 사용한 것은 1870년에 발행된 『요코하마마이니치신분横浜毎日新聞』이었다. 그 후에 신문은 발행부수를 늘려갔고 영향력을 행사하기 시작하였다.

메이지 정부가 수립된 직후에 발행된 신문은 문명개화를 선도하였다. 그러나 정부에 대해서는 대체적으로 비판적이었다. 정부는 신문을 단속하는 법령을 제정하였다. 메이로쿠샤의 구성원 대부분은 정부의 관리가 되었던 사족 양학자들이었다. 하지만 신문인들은 정부의 관리가 되지 않았던 사족들이거나 후쿠자와 유키치가 설립한 게이오기주쿠慶応義塾를 졸업한 인재들이었다. 당시의 기자가 사족이었던 것처럼 독자 또한 사족이나 지식인들이었다. 아직까지 신문은 일반 민중과는 거리가 먼 읽을거리였다.

그러나 차츰 도쿄의 여러 곳에 신분챠야新聞茶屋가 등장하였다. 그곳은 신문을 읽어주고 차를 파는 곳이었다. 1877년경부터 농촌의 지주나 상인도 신문을 구독하였다. 당시 대표적인 반정부 신문이었던 『조야신분朝野新聞』의 한 달 구독료는 1원10전이었다. 민중은 신문을 통해 정치의 움직임, 풍속의 유행을 일찍 알 수 있었을 뿐만이 아니라 쌀값을 비롯한 물가의 변동을 알 수 있었다. 신문은 다양한 방면의 필요한 지식을 독자들에게 제공하였다.

잡지는 학술잡지나 문학잡지 이외에도 다양한 전문지가 간행되었다. 그리고 『다이요太陽』, 『주오코론中央公論』 등과 같은 종합잡지도 발행되었다. 1880년경부터 활자 인쇄가 발달하였다. 큰 규모의 출판사가 설립되면서 일본고전이 복간되었다. 각종 서적도 간행되었다.

제2장

메이지 정권의 확립

[1] 정한론과 국가건설 방향

1. 일본과 조선

1) 조선통교

　메이지 정부는 침략외교의 길을 선택하였다. 그 첫 대상으로 이웃나라 조선을 골랐다. 조선은 지리적으로 가까웠을 뿐만 아니라 한반도는 일본이 대륙으로 진출하기 위해서 반드시 손에 넣어야 하는 중요한 곳이었다. 때마침 미국이 조선을 개국시키려고 획책했는데, 일본은 그러한 분위기에 편승하는 것이 유리하다고 판단하였다.

일본의 실권자 기도 다카요시木戶孝允가 주변 인물들에게 보낸 편지에 다음과 같은 내용이 있다. "병력을 동원해 조선의 부산을 개방시키고 싶다. 천황 국가를 흥기시켜 만세에 길이 발전하는 데 다른 방책이 없을 것이다."

일본은 조일수교를 회복한다는 명목으로 1868년 12월 조선에 외교문서를 보냈다. 그동안 일본에 정변이 있어서 에도 막부는 붕괴되었고 메이지 정부가 수립되었으니 새로운 외교관계를 맺자는 내용이었다. 그런데 외교문서의 형식은 물론 내용도 종래와 달랐다. 특히 문서에 "황皇" "칙勅" 등의 문자가 보였다. 조선 관리의 눈으로 보았을 때 "황"이나 "칙"은 중국 황제만 사용할 수 있는 용어였다. 관례상 교린관계를 맺었던 일본이 조선에 그런 용어를 사용할 수는 없는 일이었다. 일본이 보낸 문서를 받아들인다면 국가체면이 크게 손상되는 중대한 문제였다. 조선 관리는 외교문서 수리를 거부하였다. 대일 교섭은 3년간이나 단절되었다. 일본 사절은 1872년 1월에 귀국하고 말았다.

수모를 당한 일본 사절은 귀국하자마자 조선을 쳐야 한다고 목소리를 높였다. "조선은 일본에 치욕을 주었다. 실로 불구대천의 도적이다. 우리가 조선을 토벌하지 않는다면 황국皇國의 위신은 서지 않을 것이며, 우리는 황국의 신하가 아닐 것이다. (중략) 10개 대대는 강화도를 거쳐 한성을 직접 공격하되 대장大將이 이끌 것이며, 한 소장小將은 6개 대대를 이끌고 경상·전라·충청도로 진입하고, 한 소장은 4개 대대를 이끌고 경기도를 공격하고, 한 소장은 10개 대대를 이끌고 함경·평안·황해를 공격하면 불과 50일 안에 조선 국왕을 포로로 잡을 수 있다."

조선이 일본의 외교문서를 수리하지 않았다는 소식이 전해지자, 일본의 고관들은 물론 사족들도 불쾌한 감정을 숨기지 않았다. 쓰시마번쳐馬藩 영주는 조선침략을 부추기는 상신서를 중앙정부에 올렸다. 상신서에는 다음과 같은 내용이 있다. "일본은 옛날 조선 땅에 일본부日本府을 세웠던 적이 있습니다. 그렇다면 조선은 우리의 영토와 다름없는 나라입니다. (중략) 현재 진행 중인 홋카이도 개척사업과 같이, 조선에 관한 사업을 널리 공론을 조성해 전략적으로 속히 그 기초를 다져야 할 것입니다."

"현재 진행 중인 홋카이도 개척"이라는 말은 1869년 일본이 홋카이도에 개척사開拓使를 설치하고, 홋카이도와 주변 여러 섬들을 일본 영토로 편입한 것을 말한다. 당시 일본은 러시아와 교섭해 국경을 확정하고, 일본인을 홋카이도로 이주시키는 정책을 추진하고 있었다. 쓰시마 영주는 일본 정부가 홋카이도를 영토로 개척한 것처럼, 조선도 일본 영토의 확장이라는 관점에서 접근할 필요가 있다는 의견을 개진했던 것이다. 고대 임나일본부 문제를 거론한 점이 주목된다.

일본은 청국과 먼저 외교관계를 맺었다. 일본은 열강이 중국에 요구했던 것과 같은 내용의 불평등조약을 중국에 요구하였다. 중국은 거절하였다. 그러자 일본은 중국과 일본이 서로 영토를 인정하고, 원조하며, 치외법권을 인정하는 내용의 「청일수호조규淸日修好條規」를 체결하였다.

일본은 청국과 조선이 대등한 외교관계를 맺고 있다고 생각하지 않았다. 조선은 청국에 조공하는 나라였다. 그렇다면 청국과 대등한 외교관계를 맺은 일본이 조선을 어떻게 대우해야 하는가? 일본은 "청국과의 관계를 고려해 조선 국왕을 다소 격하시키는 것은 어쩔 수 없는 일"이라고 생각하였다. 그래서 일본이 우월한 입장에서 조선과 외교관계를 맺는다는 대조선 통교방침을 정하였다.

2) 정한논쟁

이와쿠라 도모미岩倉具視는 청국·조선·일본은 "동문同文의 나라"이니 서로 친목해야 한다는 생각을 갖고 있었다. 그러나 기도 다카요시는 조선을 무력으로 침략해야 한다고 주장하였다. 기도는 조선이 일본의 외교문서를 수리하지 않고 사신을 돌려보내는 "무례"를 범했다고 분노하였다.

정한론이 급격하게 대두된 배경에는 사족들의 반정부 감정이 있었다. 신분제 철폐로 사족이 된 무사는 실업자 신세가 되었다. 그 숫자는 60여 만 명이었고, 가족까지 합하면 200만 명이 넘었다. 사족들은 은근히 전쟁이 일어나기를 기대하였다. 본래 전투원인 사족들이 있을 곳은 전쟁터였다. 이러한 분위기를 감지한 일본은 대외전쟁을 일으켜 사족들의 불만을 외부로 돌리려고 하였다. 그래서 조선과의 외교마찰을 좋은 구실로 이용하였다.

1871년 이와쿠라사절단岩倉使節團이 구미 12개국 순방길에 올랐다. 정부의 핵심 요인들로 사절단이 구성되었다. 그들이 자리를 비운 동안 정부는 산조 사네토미三条実美·사이고 다카모리西鄕隆盛·이타가키 다이스케板垣退助 등 국내잔류파가 운영하였다. 국내잔류파는 조선과의 관계개선을 모색했지만 조선은 배타적인 태도를 고수하였다.

조선은 1872년부터 왜관倭館에 대한 통제를 강화하였다. 일본 관리가 조선의 법을 지키지 않고 왜관을 멋대로 점거하거나 왜관을 벗어나는 행동을 했기 때문이다. 일본인 밀무역에 대한 단속도 강화하였다. 1873년 6월 왜관의 일본 관리는 이러한 사실을 본국에 보고하였다. 보고 내용은 일상적인 것이었다. 하지만 일본은 이 '사건'을 이용해 정한론에 불을 지피려고 하였다.

사이고 다카모리는 직접 조선으로 건너가 목숨을 던져 전쟁을 일으키려고 작정하였다. "내란을 바라는 마음을 밖으로 돌려서 나라를 일으키는 원략"을 세웠던 것이다. 1873년 8월 17일 일본 각의에서 사이고를 조선에 파견하기로 결정하였다. 사이고가 사절로 간다고 해서 교섭이 급진전된다고 기대하지는 않았다. 그러나 그런 정도의 인물이 나서도 조선이 교섭을 거부한다면 일본은 체면상 물러설 수가 없게 될 것이고, 자연스럽게 전쟁으로 연결될 수 있다고 판단

사이고 다카모리−대표적인 정한론자

하였다. 사절 파견 문제는 이와쿠라사절단이 귀국한 후에 다시 논의하기로 하였다.

1873년 9월 이와쿠라사절단이 귀국하자 정한론을 둘러싼 논쟁이 일어났다. 오쿠보를 비롯한 구미순방파는 조선침략을 연기한다는 방침을 정하였다. 국내 정치를 정비하는 것이 우선이라고 판단하였다. 하지만 오쿠보는 사이고가 조선침략에 집착한다는 것을 알았다. 사이고와 결별하는 것은 군대의 분열로 이어질 수 있는 중대한 문제였다. 두려움을 느낀 오쿠보는 사이고에게 한발 양보하였다. 조선으로 사신을 보내되, 러시아와 국경을 확정하는 문제를 해결한 다음으로 미루자고 제안하였다. 하지만 사이고는 오쿠보의 제안을 받아들이지 않았다.

1873년 10월 14일 각의에서 사이고 다카모리는 조선에 사신을 즉시 파견할 것을 주장하였다. 회의는 벽에 부딪혔다. 결국은 다음 날의 각

의에서 태정대신太政大臣 산조 사네토미의 결단으로 즉시 조선에 사신을 파견하자는 의견이 채택되었다. 그러나 각의가 끝난 후, 이와쿠라 도모미를 비롯한 구미순방파는 산조 사네토미에게 결단을 취소하라고 압력을 가하였다. 그 충격으로 산조 사네토미는 정신착란을 일으켰다. 정권을 장악한 우대신右大臣 이와쿠라 도모미는 10월 23일에 14일 각의에서 결정한 내용과는 다르게, 조선에 사신을 파견하는 것이 불가하다는 의견을 메이지 천황에게 상주해 재가를 얻었다. 그러자 정한을 주장했던 사이고 다카모리를 비롯한 국내잔류파는 사직하지 않을 수 없었다.

구미순방파는 조선을 침략하기 전에 먼저 국력을 신장할 필요성이 있다고 판단하였다. 그러나 사족의 동향이 심각하다고 판단한 국내잔류파는 조선을 침략해 국론을 통일하려고 하였다. 구미순방파와 국내잔류파 사이에 조선침략 자체에 대해 이견이 있었던 것이 아니었다. 다만 침략 시기에 대해 생각이 달랐던 것이다. 실제로 정권을 장악한 구미순방파는 1874년에 타이완臺灣을 침략했고, 1875년에 조선의 강화도를 침략하였다. 요컨대 국내잔류파가 조선침략으로 정국을 주도할 것을 우려한 구미순방파의 반발로 정한론이 분열되었던 것이다.

2. 서구 견문

1) 이와쿠라사절단

1871년 11월 이와쿠라사절단이 서양 순방길에 올랐다. 우대신 이와쿠라 도모미를 특명전권대사로, 기도 다카요시, 오쿠보 도시미치大久保

利通, 이토 히로부미伊藤博文, 야마구치 나오요시山口尚芳 등을 부사로 하는 사절단은 1년 10개월 동안 구미 12개국을 순방하였다. 사절단이 세계 각국을 순방한 목적은 조약개정을 위한 예비교섭을 하고, 선진국의 제도와 문물을 시찰하는 것이었다.

11월 12일 사절단 일행은 요코하마에서 태평양회사의 4,500톤급 외륜선 아메리카호에 승선하였다. 축포가 울려 퍼지는 가운데 배는 닻을 올렸다. 사절단은 4명의 부사 이외에도 일등서기관 4명, 이등서기관 3명, 3등서기관 2명, 4등서기관 2명, 이사관 7명 등 정부 고급관리 약 2분의 1 이상의 인물로 구성되었다. 일행에는 미국으로 유학을 떠나는 남자 54명, 여자 5명이 포함되어 있었다.

사절단이 요코하마를 출발한지 24일째 되는 12월 6일 아메리카호는 태평양을 횡단해 미국의 샌프란시스코에 도착하였다. 일본인들은 그렇게 동경하던 문명세계를 처음으로 접하였다. 사절단의 가슴 설레는 문명체험은 구메 구니타케久米邦武를 비롯한 수행원들이 기록하였다. 그 기록은 1878년에 『특명전권대사미구회람실기』라는 제목으로 간행되었다.

순방한 여러 나라의 상황을 차례로 서술한 이 『실기』는 당시 서양 문명의 실상을 극명하게 기록한 견

요코하마 항을 출발하는 이와쿠라 사절단

제2장 메이지 정권의 확립

문기였다. 방문한 12개국 중에서 미국·영국에 대한 기술이 전체의 40퍼센트를 차지하였다. 이어서 독일, 프랑스, 이탈리아, 러시아 등의 순서로 분량이 줄었다. 사절단이 구미 각국 중에서 어느 나라에 특히 관심을 갖고 있었는지 알 수 있다. 벨기에, 네덜란드, 덴마크, 스웨덴, 오스트리아, 스위스 등 소국의 기록은 비록 양은 적었지만 일본의 장래를 모색하는 관점에서 기술되었다. 소국에 대한 관심이 대국에 비해 결코 소홀하지 않았다.

2) 미국에서의 경험

사절단 일행은 샌프란시스코의 그랜드호텔에 여장을 풀었다. 그랜드호텔은 5층 건물로 객실이 300개였다. 120평 규모의 식당에서는 한꺼번에 300명이 식사를 할 수 있었다. 1층에는 목욕탕, 이발소, 당구장 등 휴게시설이 있었다. 사절단 일행은 현관에서부터 고급스럽게 단장된 호텔의 화려함에 압도되었다. 특히 식당의 규모에 놀랐다.

사절단은 호텔에 들어서는 순간부터 아주 신기한 체험을 하였다. '노비'들이 사절단 일행을 객실로 안내하였다. '노비'는 먼저 사절단 일행을 '작은 방'으로 데리고 갔다. 그곳에는 이미 서양인 남녀 2~3명이 있었다. 문이 닫히자 방이 끌려 올라갔다. 방이 멈추고 문이 열리자 서양인들이 밖으로 나갔다. 두 번째 멈췄을 때 내렸더니 객실 앞이었다. '작은 방'은 엘리베이터였던 것이다.

객실에 들어가니 방에는 카펫이 깔려 있고, 그 위에 소파와 침대가 놓여 있었다. 별도로 샤워 시설, 수세식 변소, 세면대 등이 있었다. 방에는 가스등이 걸려 있었다. 세면대에서 얼굴을 씻었는데 '기계'를 돌리면 물이 나왔다. 방에서 '노비'를 부를 수도 있었다. 전선이 연결되어 있었기 때문이다. 장치를 약간 누르면 소리가 백보 밖에서 울리고 '노비'가 달려왔다. 방에는 책상이 있어서 쓸 수 있고, 거울이 있어서 비출 수 있었다. 비누·수건·성냥·소반·화로·스토브·꽃병까지 방에 비치되어 있었다.

사절단 일행 중에는 언어가 통하지 않아 불편해 하는 자들도 있었다.[15] 하지만 그보다도 사절단을 불편하게 했던 것은 미국의 남녀 풍속이었다. 남자는 여자에게 너무 연약하게 행동하였다. 부부가 호텔의 복도를 걸을 때는 반드시 손을 잡고 걸었을 뿐만 아니라 남편이 부인을 대하는 태도는 마치 시녀나 급사가 주인에게 시중드는 것과 같았다. 마차를 탈 때는 부인의 허리를 안아서 태워주고, 장갑을 낄 때 끼워주고, 앉을 때는 의자를 당겨서 잘 앉을 수 있도록 도와주었다. 일본에서는 하인이 하는 일을 아무 "부끄럼 없이" 남자가 하였다. 사절단은 "비천하고 저급한 풍속"은 샌프란시스코가 금광이 개발되면서 몰려든 비천한 서양인들의 소굴이기 때문일 것이라고 생각하였다. 설마 동부의 "문명지"에서는 이런 황당한 일이 있을 리 없다고 생각하였다. 서양 풍속의 진상에 대한 판단은 잠시 보류하기로 하였다.

샌프란시스코에서 사절단은 매일 열렬한 환영을 받았다. 12월 14일 환영회에서 이토 히로부미가 유명한 연설을 하였다. 이토는 다음과 같은 취지의 말을 하였다. 일본 정부와 국민이 가장 희망하는 것은 서양 문명의 정점에 도달하는 것이다. 그래서 일본은 개혁을 추진하고 있다.

---

[15] 한번은 이런 일도 있었다. 한 수행원이 외출했다 돌아오면서 '노비'에게 설탕과 냉수를 부탁하였다. 그는 일본에서 피곤할 때는 냉수에다 설탕을 타서 마시는 습관이 있었다. 그는 '노비'를 불러 근엄하게 "슈가 안도 와타"라고 말하였다. 그 소리를 들은 '노비'는 매우 당황한 듯이 머리를 갸웃거리다가 시거와 버터를 들고 왔다. "슈거 앤드 워터"라고 발음했더라면 설탕과 물을 가지고 왔을 터인데, '노비'의 귀에는 "슈가"가 시거로 "와타"가 버터로 들렸으니 어쩔 수 없는 일이었다. 그러나 일본인은 매우 자존심이 상하였다. '노비'가 감히 신분이 고귀한 무사를 모욕하였다고 생각하였다. 일본에서라면 그 자리에서 무례를 범한 '노비'의 목을 베었을 터인데, 외국인지라 분을 삭이는 수밖에 없었다.

일본은 한 개의 탄환도 쏘지 않고, 단 한 방울의 피도 흘리지 않고 봉건제도를 타파하고 폐번치현廢藩置縣 개혁을 달성하였다. 이러한 일은 동서고금에 없는 일이다. 일본이야말로 떠오르는 태양과 같은 나라다. 이토의 당당한 연설에 청중은 뜨거운 박수를 보냈다.

바쁜 일정을 마친 사절단은 샌프란시스코를 떠나 동부로 향하였다. 그들은 2년 전에 개통된 대륙횡단열차에 몸을 실었다. 사절단은 새크라멘토, 솔트레이크, 시카고 등 철도 연변의 도시들을 지나면서 다양한 체험을 하였다. 그들이 워싱턴에 도착한 것은 1872년 1월 18일이었다. 사절단은 알링턴호텔에 여장을 풀었다.

1월 25일 사절단은 화이트하우스로 율리시스 그랜트 미국 대통령을 예방해 국서를 봉정하였다. 그리고 며칠 휴식을 취하면서 국회의사당, 사법부, 행정부 등 각 부처를 방문하였다. 2월 6일 사절단은 호텔에서 미국 고위 관리와 상공인 1,000여 명을 초대해 리셉션을 개최하였다. 식장에는 일장기와 37개의 별이 새겨진 성조기가 나란히 걸렸다. 이와쿠라 대사를 비롯한 사절단 일행은 예복을 갖추어 입고 복도에서 내빈을 맞이하였다. 내빈들은 부부가 손을 잡고 만찬장으로 들어왔고, 곧이어 성대한 만찬행사가 열렸다. 하지만 미국인의 "비천하고 저급한 풍속"은 샌프란시스코와 하나도 다르지 않았다.[16]

사절단은 2월 3일부터 국무성에서 조약개정을 위한 예비교섭을 시작하였다. 미국은 예비교섭이 성공리에 끝나면 조약을 개정할 의사가 있음을 내비쳤다. 무엇보다도 그랜트 미국 대통령이 다음과 같이 말하였다. "이번 기회에 조약의 내용을 잘 검토해 교역의 규정을 수정할 수

---

16) 아이를 데리고 오는 "몰상식한" 사람도 있었다. 뷔페식 파티가 시작되자 남자는 음식을 처자에게 나누어 주고, 여자는 의자에 앉아서 "명령"하였다. 음악이 연주되자 내빈 처녀들은 외간 남자와 서로 껴안고 춤을 추었다. 사절단 일행은 놀라서 벌어진 입을 다물지 못할 지경이었다. 구메는 그의 일기에 다음과 같이 썼다. "미국인들은 자제력이 미약한 성품으로, 욕망과 감정을 노골적으로 표현하는 매우 보기 흉한 습속을 지니고 있었다."

있기 바란다."모리 아리노리森有礼와 이토 히로부미는 미국에서 일거에 조약개정을 달성하고 그것을 근거로 유럽에서도 조약개정 교섭을 진행하자고 주장하였다. 그런데 정식으로 조약을 개정하려면 천황이 사절단에 전권을 위임한다는 문서가 필요하였다. 위임장 문제를 협의한 사절단 수뇌부는 오쿠보 도시미치와 이토 히로부미를 귀국시키기로 하였다. 오쿠보와 이토는 2월 12일 귀국길에 올랐다.

사절단의 구미 순방 목적에는 조약개정을 위한 예비교섭이 포함되어 있었다. 하지만 사절단의 중요한 임무는 어디까지나 국제친선을 도모하고 구미 여러 국가의 실정을 조사하는 것이었다. 실제로 조약개정 협상을 서두르자는 모리와 이토의 의견에 비판적이었던 일행도 있었다. 그들은 구미 시찰의 목적은 어디까지나 서양 국가들의 장점을 수용하고 일본의 단점을 보완하는 데 있는 것이지 조약개정을 서두르는 데 있는 것이 아니라고 역설하였다. 그러나 이와쿠라와 기도는 모리와 이토의 의견에 따랐다.

사절단은 시간이 지나면서 조약개정이 그리 간단하지 않다는 것을 깨달았다. 오쿠보와 이토가 천황의 전권위임장을 가지러 귀국한 후, 이와쿠라와 기도는 미국 국무장관 해밀턴 피시와 여러 차례 조약개정을 위한 예비회담을 가졌다. 하지만 미국과 교섭하는 것이 생각보다 쉽지 않다는 것을 절감하였다. 무엇보다도 이와쿠라와 기도는 일미수호통상조약의 최혜국조항 의미조차 알지 못하였다. 뒤늦게 최혜국조항의 의미를 이해한 이와쿠라와 기도는 국가별 교섭이 일본에 불리하다는 것을 깨달았다. 기도 다카요시는 자신이 경솔했음을 한탄하며 다음과 같이 말하였다. "이제 모든 일을 해결할 수 있는 기회를 단번에 상실하였다. 미국이 원하는 것을 다 들어줘야 하고, 일본이 바라는 것은 하나도 얻을 수 없다." 오쿠보와 이토가 전권위임장을 지참하고 워싱턴으로 돌아오기 전에 이미 조약개정을 위한 교섭이 사실상 중단되었다. 그 후 다른 나라와의 교섭은 예비교섭에 한정되었다.

3) 영국에서의 경험

　미국에서 7개월이라는 시간을 허비한 사절단은 1872년 7월 3일 보스턴에서 배를 타고 영국으로 향하였다. 리버풀에서 기차를 타고 런던에 도착한 것은 7월 14일 이었다. 그런데 빅토리아 여왕은 휴가를 떠나고 없었다. 사절단은 여왕이 휴가에서 돌아올 때까지 여러 곳을 시찰하기로 하였다.
　사절단은 먼저 런던을 돌아보았다. 버킹검 궁전, 동물원, 웨스트민스터 의사당, 런던탑, 우편국, 조폐창, 대영박물관, 재판소, 병원, 학교 등의 시설을 관람하였다. 런던 교외의 조선소, 무기고, 포탄제조창, 가스회사, 군함기계제작소 등도 시찰하였다. 8월 27일부터 10월 9일까지는 영국 북부를 돌아보았다. 리버풀, 맨체스터, 뉴캐슬, 세-필드, 버밍엄 등의 공업도시를 시찰하였다. 사절단은 상업국 영국이 가는 곳마다 크고 작은 공장을 보유한 공업국이기도 하다는 사실에 놀랐다. 영국이 부강하게 된 것은 산업혁명에 의한 기술혁신이었고, 그것을 밑받침하는 것은 철·석탄이라는 것을 실감하였다. 사절단은 영국과 일본의 경제 격차를 통렬하게 인식하였다.
　사절단은 영국과 조약개정을 위한 예비회담에 임하였다. 그러나 이미 미국에서 그 한계를 인식했기에 회담은 3일 만에 끝났다. 11월 5일 왕궁으로 빅토리아 여왕을 예방하였다. 사절단은 영국에 체류하는 동안에 군주정치와 의회제도에 큰 관심을 보였다. 그러나 영국의 군주정치에는 많은 문제점이 있다고 생각하였다.

4) 비스마르크와의 만남

　1872년 11월 16일 사절단은 프랑스에 도착하였다. 파리는 역시 예술의 도시였다. 그러나 프랑스의 공화정치는 불안정하기 이를 데 없었다. 사절단의 눈에 비친 "저항하는 시민"은 치안을 어지럽히는 폭도일 뿐이었다. 사절단은 1873년을 프랑스에서 맞이하고, 2월 17일 파리를 출발해 벨기에와 네덜란드를 거쳐 3월 9일에 독일의 베를린에 도착하였다.
　독일은 비스마르크의 영도 아래 소국에서 대국으로 발전한 신흥국가였다. 일본은 정치·군사·사회·경제 체제 모든 면에서 독일에게 배울 것이 많았다. 특히 사절단이 감격한 것은 황제의 위엄이 민중을 압도하고 있다는 점이었다. 민중은 황제를 두려워하면서 존경하였다. 국민은 정부를 믿고 따랐다. 사절단은 독일에서 일본 실정에 적합한 정치 체제를 발견하였다.
　3월 11일 황제 빌헬름 1세를 예방하였다. 15일에는 비스마르크가 주최하는 만찬에 참석하였다. 이날 행해진 비스마르크의 연설은 기도와 오쿠보에게 강렬한 인상을 남겼다. 비스마르크는 서양이 약육강식의 국제정치 하에 놓여있다고 전제하면서 다음과 같이 말하였다. "소국은 만국공법을 지키려 하나 대국은 스스로에 이익이 되면 그것을 고집하지만 일단 불리하게 되면 군대를 배경으로 그것을 짓밟는다." "나는 소국의 비운을 몸소 체험하고 분해서 견딜 수 없었다. 국력을 강화할 것을 다짐하고 수십 년간 각고의 노력 끝에 뜻을 이룰 수 있었다." "영국·프랑스를 비롯한 여러 국가들이 해외에 식민지를 건설해 국위를 떨치고 있고, 호시탐탐 다른 나라를 노리고 있다." 비스마르크는 국가를 발전시키려면 군사력이 필수임을 거듭 강조하였다.
　비스마르크의 연설은 "만국공법"에 따라서 국가의 독립과 자립을 달성하고, 나아가 "만국공법"을 참고해 일본의 헌법과 법률을 마련하는 것이 문명국가로 가는 지름길이라고 생각하고 있었던 사절단을 충격에 빠뜨렸다. 사절단은 비스마르크의 연설에서 문명의 추악한 실상을 뼈저리게 느꼈던 것이다.

사절단은 일본의 문명개화가 얼마나 피상적이었는지 절감하였다. 뒤늦게 등장한 소국 독일을 영국·프랑스와 같은 대국으로 발전시킨 비스마르크로부터 문명국이 때에 따라서는 전혀 다른 얼굴을 하고 있다는 것을 배웠다. 사절단은 신흥국가 독일의 국가체제에 관심을 갖기 시작하였다.

사절단은 독일에 이어 러시아, 덴마크, 스웨덴, 이탈리아, 오스트리아, 스위스 등 여러 나라를 순방하였다. 그런데 7월 9일 일본으로부터 급히 귀국하라는 전보가 왔다. 사절단은 포르투갈·스페인 순방을 취소하고 귀국길에 올랐다. 7월 20일 프랑스 마르세유에서 배를 탄 사절단은 수에즈 운하·아라비아·사이공·홍콩·상하이를 거쳐 요코하마에 도착하였다. 1873년 9월 13일이었다.

사절단 수뇌부는 귀국길에 비스마르크의 말을 되새겼다. 비스마르크의 말 속에 이미 일본 국가건설 방향이 담겨져 있었다. 기도·오쿠보는 독일이 그랬던 것처럼 마땅히 대국을 지향하는 것이 바람직하고, 그러기 위해서는 경제력과 군사력을 기르는 것이 필요하다고 확신하였다. 또 부국강병과 문명개화를 달성하기 위해서는 법률과 제도를 정비하는 것이 필요하다는 것을 절감하였다.

[2] 이와쿠라 · 오쿠보 정권과 동북아시아

1. 타이완 침략과 영토 확장

1) 타이완 침략

정한론이 분열된 후 오쿠보 도시미치가 정국의 주도권을 장악하였다. 그러나 오쿠보 정권은 매우 불안정하였다. 정부 내에서 위기상황이 발생하였다. 사이고 다카모리가 사직하자 사쓰마薩摩 · 도사土佐 출신 군인 · 경찰이 동반 사직하였다. 정부의 기둥이나 다름없는 군대 · 경찰이 붕괴 직전이었다. 정부 밖에서도 불안한 정세가 확산되었다. 정한론을 주장하던 인물들이 사직하면서 반정부 세력에 유능한 지도자를 넘겨준 꼴이 되었다. 1874년 1월 이타가키 다이스케는 자유민권운동을 개시하였다. 사이고 다카모리는 이 운동에 가담하지는 않았지만, 그가 고향 가고시마鹿兒島에 있는 것만으로도 정부를 불안하게 하였다.

오쿠보 정권이 직면한 과제는 조선에 사신을 파견하는 것이었다. 오쿠보는 오직 전쟁을 일으킬 목적으로 사신을 파견하는 데에는 동의하지 않았지만, 이미 사신 파견을 연기하자고 주장하였다. 그것은 사신 파견을 공약한 것이나 마찬가지였다. 그런데 사신 파견 연기론의 중요한 이유로 제시한 러시아와의 국경 교섭이 결말이 나고 있었다. 반정부파는 조선에 사신을 파견하라고 오쿠보를 압박하였다.

궁지에 몰린 오쿠보는 타이완 침략을 결심하였다. 1871년 타이완에서 지금은 오키나와沖繩가 된 유구琉球 표류민 살해사건이 발생했는데, 일본은 유구 표류민을 습격한 원주민을 징벌한다는 구실로 타이완을 침략하려고 하였다.

일본의 타이완 침략은 유구의 일본 귀속을 청국이 승인하게 만들려는 속셈이 있었다. 또 타이완 침략은 정한론 대용이라는 성격도 지니고 있었다. 타이완 침략의 사령관이 사이고 다카모리의 동생 사이고 쓰구미치西鄕從道였으며, 사이고의 고향 사쓰마에서 모집한 사족을 침략군에 포함시켰다는 것에서도 알 수 있다. 즉 사쓰마 출신 사족의 반정부 감정을 무마하기 위한 정치적 의도가 있었다.

오쿠보는 타이완 침략이 큰 어려움 없이 성사될 것이라고 믿었다. 타이완은 동아시아의 요충지였지만, 영국과 러시아가 대립하는 상황에서 일본의 타이완 침략에 반발할 서구 열강은 없을 것이라고 낙관하였다. 타이완 침략은 엄연히 중국의 영토를 침략하는 도발이었다. 더구나 청일수호조규의 상호 영토 인정 조항을 위반하는 행위였다. 그럼에도 오쿠보가 타이완 침략을 강행한 것은 청국의 대응력을 얕보았기 때문이다.

정부 내에서도 타이완 침략에 반대하는 여론이 만만치 않았다. 기도 다카요시, 야마가타 아리토모山県有朋, 이토 히로부미 등 조슈 출신 관리들은 타이완 침략에 소극적이었다. 특히 기도는 오쿠보의 독주에 반발해 관직을 사퇴할 정도였다. 외국 공사들도 일본의 타이완 침략에 반대하였다. 영국・미국 공사는 일본이 청국과 대립하는 것은 환영했지만, 중국・타이완 무역에 악영향을 미치지 않을까 염려하였다.

반대 여론이 비등하자, 오쿠보도 타이완 침략 중지를 진지하게 검토하였다. 그러나 침략군은 이미 나가사키長崎에 집결해 있었고, 지휘관 사이고 쓰구미치는 타이완 침략에 집착하고 있었다. 1874년 4월 오쿠보는 결국 타이완 침략을 명령하였다.

타이완에 침략한 일본군은 무자비한 작전을 전개하였다. 가는 곳마다 촌락을 불태우고 원주민을 무참하게 살해하였다. 6월에 들어서면서 침략군의 작전은 사실상 종결되었다. 타이완 침략은 생각보다 참담한 결과를 낳았다. 타이완 원주민의 저항도 만만치 않았지만, 풍토병이 일본군을 괴롭혔다. 일본군 전사자는 12명이었지만, 3,000명의 병사 중 561명이 말라리아에 걸렸다.

청국은 오쿠보가 예상했던 것보다 신속하게 대응하였다. 일본군의 조속한 철군을 강력하게 요구하였다. 일본은 타이완이 중국에 속하지 않은 땅이라고 주장하였다. 하지만 청국은 물론 구미 열강도 일본의 주장을 지지하지 않았다. 오쿠보도 청국과 충돌하는 것을 원하지 않았다. 그러나 국내의 대외강경론이 부담스러웠다. 청국이 요구한다고 즉시 철군하면 반정부파가 공격할 것이라고 여긴 오쿠보는 청국에게서 무엇인가 얻을 때까지 철군하지 않는다는 방침을 정하였다.

오쿠보는 같은 해 8월 스스로 전권대사가 되어 청국으로 향하였다. 9월부터 시작된 교섭은 난항에 부딪쳤다. 청국 대표는 청일수호조규의 정신을 강조하면서 오쿠보를 몰아붙였다. "청국이 당연한 것을 요구한다고 생각하는가? 아니면 무리한 것을 요구한다고 생각하는가?" 오쿠보는 "무익한 논의는 피하자."고 맞받았지만 궁지에 몰렸다. 이미 전쟁을 불사하겠다고 선언한 일본은 스스로 교섭의 여지를 없애버렸다. 교섭은 일시 결렬 직전까지 갔다. 그러나 양국의 사정은 복잡하였다. 청국은 아직 서양식 군제개혁이 결실을 맺지 못하고 있었다. 일본과 싸울 능력이 없었다. 일본도 재정이 넉넉하지 않았다. 장기전에 돌입할 수 없는 형편이었다. 오쿠보가 진퇴양난에 처했을 때, 청국 주재 영국공사가 중재에 나섰다. 영국은 청국에 압력을 가하였다. 타협은 성립되었고 10월에 협정이 체결되었다. 협정에서 청국은 일본의 침략을 '의거'라고 인정하고 배상금을 지급하였다. 일본은 체면을 세우고 철군할 수 있게 되었다.

일견 일본의 승리는 전쟁을 불사하겠다고 중국을 협박하면서 은밀히 교섭을 추진한 외교의 승리인 것처럼 보인다. 그러나 교섭이 타결된 것은 그야말로 요행이었다. 더구나 일본의 타이완 침략은 청일수호조규의 정신을 무시한 행동이었다. 하지만 일본과 중국이 연대하는 것을 경계했던 영국·미국은 내심 일본과 중국의 대립을 환영하였다. 청국 주재 영국공사는 오쿠보를 추켜세웠다. "일본의 위세가 중국에 떨쳤다. 일본다운 명예는 유럽에서도 빛날 것이다." 또 그는 오쿠보에게 일본이 조선에 진출한다면 영국이 원조할 것이라고 약속하였다.

당시 영국은 유럽·중동·중앙아시아·동아시아에서 러시아와 대립하고 있었다. 특히 러시아가 한반도에 진출하는 것을 경계하고 있었다. 하지만 영국은 불황으로 진입하는 길목에 있었다. 세계 각지에서 러시아를 직접 견제하기에는 역부족이었다. 영국은 일본의 야욕을 부추겨서 러시아를 견제하려고 하였다. 영국은 일본을 세계 전략의 틀에 포함시켰던 것이다.

어쨌든 오쿠보의 '도박'은 대성공이었다. 오쿠보는 체면을 세웠으며 지도력을 확립하였다. 오쿠보 정권은 권위를 회복함과 동시에 국민을 보호했다는 신뢰도 얻었다. 군인과 관료에게 자신감을 주었고, 그들과 사족이 손을 잡는 매우 우려스러운 사태로 발전하는 것을 사전에 차단할 수 있었다. 조선을 어렵지 않게 침략할 수 있다는 자신감도 얻었다. 청국의 외교·군사적 역량, 조선에 대한 청국의 대응 자세, 침략에 사족을 어떻게 동원할 것인지 등에 대해서도 명확하게 전망할 수 있게 되었다.

2) 영토 확장

국제법에 눈을 뜬 일본은 서둘러 영토를 확정하는 일이 중요하다고 인식하였다. 먼저 러시아와 잦은 마찰을 빚고 있던 홋카이도 인근 여러 섬들의 영유권을 확정하는 작업에 들어갔다. 특히 사할린과 지시마千島는 18세기 말 이래 러시아와 분쟁이 끊이지 않던 지역이었다. 그 지역을 영토로 확정하는 일이 시급하였다.

19세기 중기 에도 막부와 러시아가 맺은 통상조약에 의하면, 지시마 열도의 에도로프 섬 이남은 일본 땅, 이북은 러시아 땅, 사할린은 일본인과 러시아인이 같이 거주하는 "잡거" 지역이었다.

사할린에는 아이누 민족을 비롯한 북방 선주민이 독자적으로 수렵·어로·채집·교역 활동을 하면서 살고 있었다. 러시아는 1860년 베이징조약北京條約으로 연해주를 손에 넣자 사할린 경영에 착수하였다. 경비병을 두는 것은 물론 많은 죄수들을 이주시켰다. 메이지 정부도 1870년 사할린에 개척사를 두었지만 성과를 거두지 못하였다. 홋카이도 개척사 구로다 기요다카黑田淸隆는 사할린을 포기하고 홋카이도 개척에 전념하자고 정부에 상신하였다. 영국·미국 공사도 러시아의 남하를 경계하면서 홋카이도 개척에 전념하라고 충고하였다. 1874년 일본은 사할린 포기 방침을 정하고, 1875년 5월 러시아와 사할린·지시마 교환조약을 체결하였다. 일본은 사할린을 포기하는 대신 지시마 열도를 영토로 확보했던 것이다.

사할린·지시마 교환조약을 체결할 때, 일본·러시아는 사할린·지시마에 살던 아이누 민족을 비롯한 북방 소수민족의 권리를 무시하였다. 1875년 겨울 사할린에 거주하던 아이누 민족 중에서 814명이 홋카이도 내륙으로 강제 이주되어 농사를 짓게 되었다. 그런데 그들은 천연두에 걸려 400명 이상이 사망하였다.

남방으로는 오가사와라小笠原 제도를 일본 영토로 확보하였다. 이곳은 역사적으로 일본 영토가 아니었으나 일본이 자신의 영토로 편입시키려는 방침을 정하였다. 1873년 오가사와라 제도 경영에 착수했고, 1876년 일본의 영유권을 선언하였다. 오가사와라 제도는 영국·미국이 영유권을 주장하면 분쟁이 발생할 가능성이 있는 곳이었다. 그런데 의외로 미국·영국이 일본의 영유권 선언에 이의를 제기하지 않았다. 오가사와라 제도는 어려움 없이 일본 영토로 확정되었다.

타이완과 가까이에 있는 유구琉球는 중국에 조공하던 독립 왕국이었다. 그런데 에도 시대 일본의 사쓰마번薩摩藩이 유구 왕국을 침략한 이래, 유구 왕국은 사쓰마번에 협조하며 정권을 유지하였다. 메이지 정부가 수립된 후 영토를 확장하던 일본은 유구를 일본 영토로 편입한다는 방침을 정하였다. 1872년에 유구 왕국을 강제로 류큐번琉球藩으로 편입하고, 유구 왕을 일본으로 연행해 화족華族 신분을 부여하였다. 1875년 일본은 유구가 청국에 조공하는 것을 금지하였다. 1879년 류큐번을 폐지하고 오키나와현沖繩県 설치를 단행하였다. 일본은 400명의 군사와 160명의 경관을 파견해 유구 민중의 저항을 무력으로 제압하였다.

일본이 유구를 강점해도 청국은 별다른 반응을 보이지 않다가 1878년부터 일본을 비난하기 시작하였다. 유구 문제는 일본과 청국 간의 현안이 되었다. 이 분쟁에 당시 세계를 유람하던 전 미국 대통령 그랜트가 조정에 나섰다. 그랜트는 네 섬으로 된 유구를 분할해 두 섬은 청국이 영유하고 나머지 두 섬은 일본이 영유하는 타협안을 제시하였다. 일본은 청국이 청일수호조규를 개정해 일본에 최혜국대우를 한다면 그랜트의 조정안을 수용하겠다는 뜻을 비쳤다. 1880년부터 청일 간에 교섭이 진행되었지만 청국은 일본의 요구를 거부하였다. 일본이 조건으로 제시한 조약개정안은 평등조약을 불평등조약으로 개정하자는 것으로 청국으로서는 도저히 수용할 수 없는 것이었다. 유구는 일본이 실효적으로 지배하는 지역이 되었지만 청국은 이것을 인정하지 않았다. 유구는 청일전쟁에서 일본이 승리한 후 일본 영토로 확정되었다.

3) 동화정책

청일전쟁 후, 일본은 일본 영토로 편입된 타이완을 직접 지배하는 한편, 오키나와 민족, 아이누 민족의 동화정책을 실시하였다.

오키나와에서는 1896년에 군구제郡區制, 1898년에 징병령을 도입하였다. 1899년에는 지조개정사업이 착수되었다. 또 풍속개량이라는 명목으로 오키나와 민족의 전통적인 풍습을 일본식으로 바꾸는 정책을 추진하였다. 오키나와 민족이 사용하던 언어를 방언으로 규정하고 강제로 일본어를 사용하도록 하였다. 또 오키나와 민족이 사용하던 이름도 일본식으로 바꾸는 창씨개명도 추진되었다.

홋카이도는 원래 일본인이 에조치蝦夷地라고 부르던 땅이었다. 18세기 말까지 홋카이도를 일본 영토로 여기는 사람은 거의 없었다. 그곳은 아이누 민족이 거주하는 곳이었고, 에도 막부도 아이누 민족의 자주권을 침해하지 않았다. 아이누 민족은 전통 방식에 따라 어업에 종사하며 생활하고 있었다. 그런 땅이 1869년 메이지 정부가 지명을 홋카이도로 개칭하고 개척사를 설치하면서 본격적으로 개발되었다.

메이지 정부가 급진적인 개화정책을 추진하면서 아이누 민족의 문화와 생활방식은 미개하고 무지몽매한 것으로 매도되었다. 사람이 사망하면 가옥을 불태우는 관습이 금지되었고, 여성이 문신을 하던 풍속이나 남성이 귀고리를 하던 풍속도 금지되었다. 아이누 민족이 쓰던 말 대신에 일본어를 쓰도록 강요하였다.

1872년 메이지 정부는 홋카이도 토지조사사업을 벌여 산림·하천·늪지·해변까지 주인 없는 땅으로 간주해 일본인에게 불하하였다. 원래 그 땅은 토지 소유관념이 없던 아이누 민족이 수렵·벌채·어로·채취에 이용하던 땅이었다. 처음에는 "심산유곡이나 인적이 드문 곳"은 예외로 남겨두었으나 점차로 그 땅조차 일본인에게 불하되었다. 특히 거대한 규모의 국유림·황실림皇室林이 설정되었다. 아이누 민족의 토지 소유는 매우 이례적인 경우에 한해 허용되었다.

1873년에는 아이누 민족 고유의 어로 방식도 금지되었다. 특히 야간에 고기를 잡는 것이 금지되었다. 1876년에는 독화살을 이용해 사냥을 하거나 고기를 잡는 것이 금지되었다. 일본인이 집단으로 홋카이도로 이주하고, 정부가 아이누 민족에게 농경을 강제하면서 아이누 민족 고유의 관습은 더욱 강력하게 규제되었다.

1886년 홋카이도 도청이 설치되면서 홋카이도에 대자본이 집중적으로 투자되었다. 대지주를 위한 정책이 추진되면서 대규모 영농단지가 조성되었다. 홋카이도로 이주하는 일본인이 급증하면서 토지가 난개발 되기 시작하였다. 1896년 홋카이도에도 징병령이 도입되었고, 1898년 홋카이도 「원주민보호법」이 제정되어 아이누 민족에 대한 동화정책이 철저하게 시행되었다. 일본 내 식민지라고 일컬어지는 홋카이도 개척사업과 동화정책은 일본제국이 조선 식민지를 지배할 때 그대로 적용되었다.

2. 조선침략 개시

1) 계획적인 도발

1863년 12월 대원군 이하응의 둘째 아들이 조선의 제26대 국왕이 되었다. 당시 임금의 나이는 열두 살이었다. 대원군이 섭정이 되어 1873년까지 실권을 장악하였다. 대원군은 무너져가는 왕권을 회복해야 한다는 일념으로 과감한 개혁을 단행하였다. 세도정치를 몰아내고,

서원을 철폐하고, 지방 세도가의 착취를 근절하고, 국가의 재정을 충실히 하고, 국방을 강화하는 정책을 추진하였다. 그러나 철저한 천주교 탄압으로 외국과의 교류를 거부한다는 이미지를 고착시켰다.

대원군의 과감한 개혁이 계속되자 양반세력이 저항하였다. 특히 민씨 일파가 대원군 타도에 앞장섰다. 그들의 사주를 받은 유생들이 대원군을 탄핵하였다. 대왕대비를 배경으로 하는 조성하 일파, 철종비를 등에 업은 김병국 일파도 대원군 탄핵에 가담하였다. 심지어 대원군의 친형 이최응까지 국왕의 친정을 지지하며 대원군에 반기를 들었다. 1873년 고립된 대원군은 퇴진하였다. 민씨 일파가 권력을 장악했고, 대원군이 국시로 정한 외국과 대립하는 정책은 폐기되었다.

1873년 12월 조선 국왕은 경직된 외교 자세로 일본과 외교마찰을 빚은 동래부 관리들을 교체하였다. 국왕과 민씨 일파는 일본에 호의적인 태도를 취하였다. 1874년 5월 정세를 탐색하기 위해 조선으로 건너갔던 외무성 관리 모리야마 시게루森山茂는 조선 측과 접촉하면서 비공식적인 외교교섭을 시작하였다.

모리야마는 한국을 잘 아는 외교관이었다. 그는 1869년에 외무부 관리가 된 후 부산의 왜관으로 건너가 조선 사정을 염탐한 경력이 있었다. 모리야마는 정한론자였다. 그는 말하였다. "기회를 틈타서 불평사족을 한반도로 보내는 것은 내란을 밖으로 돌리는 방법이기도 하다. 동시에 국익을 해외에서 개척하는 출발점이기도 하다. 일거양득의 책략인 것이다."

조선 국왕은 심복을 모리야마에게 보내 국교의 기본방향을 협의하였다. 일본의 외교문서에 황제 칭호를 사용해도 조선은 문제 삼지 않겠다고 하였다. 일본이 화친할 의지가 있다면 적극적으로 교류하겠다는 뜻도 밝혔다. 조선의 개방 의지가 명확해졌다. 1874년 9월 국교 재개를 위한 타협안이 마련되었다. 모리야마는 이 안을 가지고 귀국하였다.

타이완 문제가 전쟁의 위기에 직면해 있을 때 조선 문제는 오히려 해결의 실마리를 찾고 있었다. 조선이 적극적인 태도를 보였기 때문이다.

일본 외무성은 모리야마를 부산공관의 이사관으로 임명하였다. 1875년 2월 모리야마는 정식 임무를 띠고 다시 조선으로 건너갔다. 타협안을 기초로 교섭을 진행하기 위해서였다. 3월 말 조선과 일본의 실무자들이 동래부사와 이사관이 대면할 때의 의식 절차를 논의하였다. 일본은 새로운 방식을 제안했고 조선은 구식대로 하라고 통고하였다. 교섭은 벽에 부딪혔다. 화가 난 모리야마는 군함을 파견해 위협을 가하는 것이 유용한 수단이라고 본국에 보고하였다. 무력을 배경으로 조선과의 국교를 성립시키려고 했던 것이다. 조선의 태도도 경직되어 있었지만 모리야마의 대응도 유연성을 결여하고 있었다. 조선의 사정에 밝은 모리야마는 이미 조선을 침략할 수 있는 적기라고 판단했을 가능성이 크다. 그래서 중요하지도 않은 의례 문제를 확대해 조선 침략의 실마리로 삼았다.

일본 대조선 외교는 강경자세로 전환되었다. 1873년 청국에 가서 미국 공사와 조선침략에 관해 상의한 적이 있는 소에지마 다네오미副島種臣의 「조선 문제를 둘러싼 국제정세」에 관한 보고서가 다시 주목을 끌게 되었다. 당시 소에지마는 내각 회의에서 청국은 조선의 자주성을 인정하고 있고, 또 러시아도 조선에 간섭하지 않는다는 원칙을 갖고 있다고 보고하였다. 일본 정부는 청국과 러시아가 조선에 적극적으로 간섭하지 않는다면 일본이 선수를 치는 것이 득책이라고 판단하였다.

조선에서 반일의 기운이 고조되어 외교적으로 조선에 접근하는 것이 어려워지자 일본은 강압적인 수단을 동원하기로 하였다. 일본의 목적은 분명하였다. 미국이 일본에 했던 행동을 그대로 조선에 적용하는 것이었다. 즉 일본이 주도권을 쥐고 조선을 개국시키고, 조선과 불평등조약을 맺고자 하였다. 그래서 장래 지정학적으로 중요한 한반도를 선점하려고 하였다.

　일본은 1875년 5월부터 운요호雲揚號를 비롯한 군함 세 척을 조선 근해에 보내 도발하기 시작하였다. 일본 정부는 운요호 함장에게 한반도 동남 해안을 측량한 다음 서해안으로 가서 뱃길을 조사하라는 지시를 내렸다. 그러나 그것은 표면적인 이유였고, 실제로는 조선을 위협하면서 일본 내의 정한론을 부추기기 위해서였다.

　일본 군함은 먼저 부산 앞바다에서 사격연습을 하였다. 부산·동래 조선인들은 불안에 떨었다. 동래부사는 왜관에 있는 모리야마에게 일본 군함의 불법행위를 중지하라고 요청하였다. 그러나 모리야마는 조선의 요청을 거절하였다. 부산 앞바다에서 무력시위를 한 일본 군함은 함경도 영흥만으로 올라가 3일 동안 시위하였다. 일본 군함은 다시 부산으로 돌아와 정박하였다가 일본으로 돌아갔다.

　1875년 8월이 되어도 조선은 모리야마가 연미복을 착용하는 것이 불가하다는 방침을 굽히지 않고 있었다. 일본의 무력시위가 극에 달했는데도 조선은 동래부사에게 일본 관계자를 알아듣도록 깨우쳐서 의식을 거행하라는 지시를 내리는 것이 고작이었다. 9월 20일 모리야마에게 귀국하라는 명령이 떨어졌다. 이때 운요호는 이미 강화도 앞바다에 있었다.

　9월 20일 바로 그날 일본이 강화도를 침략한 운요호 사건이 일어났다. 일본은 의도적으로 조선의 수도 한성漢城 입구 강화도에 접근했으므로 조선의 응전은 이미 예상된 것이었다. 일본군은 강화도 조선군 진영을 정탐할 목적으로 무장한 소형 배를 띄웠다. 배는 조선군 진영의 제3포대까지 접근한 후, 조선군에 알리지 않은 채 한강을 거슬러 오르려고 하였다. 그러자 조선군은 일본 배에 포격을 가하였다. 일본군도 응사하면서 교전이 있었다. 다음 날 운요호는 함포로 조선군 진영을 공격하고 육전대를 상륙시켜 제2포대를 불태웠다. 22일에는 제1포대가

영종진을 공격하는 일본군
그림 / 일본 국회도서관 소장

있는 영종진에 불을 지르고 조선의 군민 35명을 살상하였다. 3일에 걸친 일본의 침략으로 조선 군인뿐만 아니라 민간인이 죽고 가옥이 파손되었다. 일본군의 사상자는 2명이었다.

강화도 요새는 병인·신미양요 이후 10년 동안 집중 정비되었다. 성을 쌓고, 포대를 설치하고, 병기를 개선하고, 정예 군사를 배치하였다. 그런 요새가 일본 군함 한 척의 공격으로 점령당하고 대포 36문을 약탈당하는 수모를 겪었다. 대원군이 퇴진한 지 불과 2년이 지나서 강화도 방위가 얼마나 허술한지 드러났던 것이다.

일본이 일으킨 강화도 사건은 흔히 미국 페리의 행동에서 배운 것이라고 한다. 그런데 페리는 에도 앞바다에 진입해서 에도 막부 당국자에게 평화 목적의 사절이라고 분명히 말하였다. 막부도 페리가 에도 앞바다에 침입한 것은 엄연한 불법이라고 항의하기를 되풀이 하였다. 일본의 무장한 배를 이용한 도발과 육전대의 작전은 엄연한 국제법 위반이었다.

　강화도 사건은 오쿠보가 정국의 주도권을 장악할 수 있는 절호의 기회였다. 또 이 사건은 기도 다카요시를 자기편으로 끌어들일 수 있는 계기가 되었다. 그리고 오랜 현안이었던 조선 문제를 군사력으로 해결함으로써 일본의 위세를 과시함과 동시에 군부를 안정시켰다. 또 반정부파로부터 국민 결집의 슬로건인 '정한론'을 빼앗아서 폐번치현 이후 미해결 과제로 남아있던 국가와 사족간의 관계를 일거에 해결할 수 있었다. 또 반정부 세력을 정부 조직에서 확실하게 배제할 수 있었다.

2) 위압적인 협상

　강화도를 침략한 일본은 서둘러 모리 아리노리를 청국공사로 보냈다. 모리는 청국 북양대신 리훙장李鴻章과 조선 문제를 놓고 교섭하였다. 리훙장은 「청일수호조규」의 조목을 들어가며 일본이 보다 신중하게 행동할 필요가 있다는 점을 강조하였다. 모리는 「청일수호조규」가 아무런 도움이 되지 않는다고 일축하였다. 리훙장은 일본이 타이완 사건 때와 같이 조선을 침략하고 끝내 조선을 손에 넣으려는 일본의 침략 야욕을 경계하였다. 하지만 일본과 청국은 각서를 교환하였다. 각서의 내용은 청국이 앞으로 조선의 정치에 관여하지 않을 것, 일본은 조선에 사절을 파견해 강화도에서 일어난 운요호 사건의 배상을 청구하고 또 통상조약을 체결하겠다는 것이었다.

　1875년 11월 일본은 조선을 개국시키기 위해 전쟁을 불사한다는 방침을 정하였다. 당시 기도 다카요시는 직접 조선에 가기를 희망하였다. 하지만 그는 병이 들어 사쓰마번 출신 육군중장 구로다 기요타카黑田淸隆를 대사로, 이노우에 가오루井上馨를 부사에 임명하였다. 모리야마 시게루를 비롯한 전문 외교관이 수행원으로 선발되었다. 사절단의 규모는 약 30명이었다. 사절단은 특별히 편성된 혼성여단의 호위를 받았다. 혼성여단은 전국의 진대에서 선발된 병사 800명으로 편성되었다. 사절단은 1876년 1월 함선 다섯 척에 분승해 조선으로 건너갔다. 사절단은 부산에서 휴식을 취한 후 서해안을 거슬러 올라갔다.

구로다 기요타카

조선 정부는 강화도 경계를 엄중히 하는 한편, 중신회의를 열어서 대응책을 논의하였다. 회의에 참가한 인물은 영의정 이최응, 우의정 김병국, 영중추부사 이유원, 판중추부사 홍순목·박규수, 영돈령부사 김병학이었다. 박규수를 제외한 중신들은 일본과 화친하는 것을 반대하였다. 특히 이유원은 민씨 일파와 결탁해 대원군의 쇄국정책을 공격한 장본인이었음에도 일본과 화친하는 것에 반대하였다. 그는 말하였다. "일본은 수호修好를 하기 위해 왔다고 하나 제반사정을 종합하건대 그들이 온 것은 결코 수호가 아니라 침략하기 위해서이다." 그러자 개국론자인 박규수가 말하였다. "일본은 수호를 하기 위해서 왔다고 하고, 또 다수의 군함을 이끌고 온 것을 보면 그 성의를 알고 남음이 있다. 뜻밖의 일이 생길 경우에 병력을 사용해도 무방하다. 일본인이 이미 수호사절을 칭한 이상 조선이 먼저 쳐서는 안 된다." 회의에서 강경파와 온건파가 대립했으나 결국 일본 사절을 맞이하기로 의견이 좁혀졌다.

청국의 리훙장도 강화도 사건 처리에 관한 의견을 조선 정부에 전달하였다. "조선 국왕은 스스로 그 문제를 해결해야 하며, 그와 같은 중대한 국제적 사건은 신중히 고려해 처리해야 한다." 마침 그 무렵 청국은 조선의 왕세자 책봉을 축하하기 위해 사절을 파견하기로 되어 있었다. 리훙장은 그 사절에게도 일본의 개국 요청에 신중히 대응하는 것이 좋겠다는 뜻을 전하였다. 조선 왕세자 축하사절은 국왕의 측근 영중추부사 이유원에게 리훙장의 뜻을 전하였다. 또 청국의 총리아문總理衙門에서도 이유원에게 밀지를 여러 번 전달하였다. 거기에는 타이완을 침략한 일본군이 나가사키에 주둔한 약 5,000명의 군대와 합류해 곧 조선을 침략할 것이라는 내용이 포함되어 있었다. 조선 국왕과 민씨 일파를 더욱 당황하게 한 것은 일본이 조선을 침략하면 병인·신미양요 때 피해를 입은 미국·프랑스도 일본을 도와 침략에 가담할 것이라고 강조한 점이었다. 이유원을 비롯한 강경파는 뜻을 굽히지 않을 수 없었다.

조선 민중도 일본과 수교하는 문제를 민감하게 받아들이고 있었다. 특히 '위정척사'의 원조 격인 유림들이 대원군과 합세해 일본과 화친하는 것에 반대하는 상소를 연이어 올렸다. 민중도 외교 문제에 결코 무관심하지 않다는 뜻을 국왕과 민씨 일파에 전달하기 위해서였다. 민씨 일파는 두려움을 감추지 못하였다.

국왕과 민씨 일파는 결국 일본과 화친하고 개국한다는 방침을 정하였다. 때마침 청국의 왕세자 축하사절이 다시 조선 국왕에게 권고하였다. "귀국은 미리 방어 자세를 취했어야 하였다. 그러나 조약에 관한 일은 회담하는 것이 좋을 것이다." 박규수, 역관 오경석 등도 "일본과 수호하는 일은 부득이하다"는 뜻을 국왕에게 상주하였다. 영의정 이최응도 개국을 주장하였다. 그러자 조선 국왕은 고관들에게 회의에 나서라고 지시하였다.

2월 8일 조선 정부는 회담을 개최하고 조약안을 심의할 의향이 있다는 뜻을 일본 사절에게 전달하고 강화도에 상륙하는 것을 허락하였다. 일본 사절단이 상륙할 때 일본군 400명이 대포와 기관포를 갖고 상륙하였다. 2월 10일 일본 사절단이 상륙해 강화부로 입성하였다. 구로다 전권대사는 모리야마를 비롯한 수행원을 조선 측 접견대관 신헌에게 보내 조약안 심의 일정을 의논하게 하였다.

 당시 일본은 불황에 시달리고 있었다. 국가재정은 이미 파탄에 이르러 전비를 마련하기도 힘든 상황이었다. 그래서 조선을 개국시켜 시장을 확보하려고 하였다. 또 회담이 아무 소득이 없으면 사족들의 반발을 무마하기 어려웠다. 일본은 다급한 심정으로 조선과의 교섭에 나섰다. 일본 정부는 구로다에게 평화적인 조약 체결을 우선으로 하되, 조선이 일본의 요구에 응하지 않을 경우 상황에 따라 적절하게 판단하라는 훈령을 내렸다. 교섭의 전권을 구로다에게 위임했던 것이다.

 조선이 협상에 응하지 않으면 일본은 즉시 전쟁에 돌입할 태세였다. 구로다가 조선으로 건너간 직후에 일본 육군의 실력자 야마가타 아리토모山県有朋가 시모노세키下関로 갔다. 조선이 일본의 요구에 응하지 않을 경우 조선을 침략할 준비를 하기 위해서였다. 야마가타는 히로시마広島・구마모토熊本 진대의 군대를 점검하고, 군대가 조선으로 건너갈 때 필요한 선박을 조달하는 문제도 검토하였다.

3) 강화도조약

 1876년 2월 11일 첫 번째 협상이 강화도 연무당에서 개최되었다. 양국 대표는 서로 인사를 나눈 후 회담 내용과 순서를 정하였다. 논의는 비교적 무난하게 끝나고 조선 측이 연회를 개최하였다. 조선 측은 소다섯 마리, 닭 50마리를 일본 사절단에 보냈다.

　두 번째 회담은 2월 12일 진무영 집사청에서 개최되었다. 이날 일본 사절단은 미리 마련한 수호통상조약 초안을 제시하며 회담에 임하였다. 하루 종일 쌍방에서 고성이 오가는 논쟁이 벌어졌다. 일본 측은 수호의 필요성을 역설하였고, 조선 측은 부정론으로 맞섰다. 화가 난 구로다 전권대사는 조선이 자기들의 요구를 받아들이지 않으면 양국의 교류는 즉시 두절될 것이라고 협박하였다.

　세 번째 회담은 2월 13일 전날과 같은 장소에서 개최되었다. 일본의 구로다 전권대사는 이번에도 협박으로 일관하였다. 구로다는 조선이 일본이 마련한 수호조약안을 신속하게 받아들이라고 압박하였다. 만약 조선이 응하지 않으면 강화도 앞바다에 대기 중인 일본군이 한강 하류를 점령할 것이라고 말하였다.

　강화도에서 회담이 열리는 동안 국왕은 매일 중신회의를 소집해 대책을 협의하였다. 그러나 이렇다 할 대책을 마련하지 못하고 있었다. 세 차례의 회담을 통해 일본이 무엇을 요구하는지 분명해졌고, 일본의 태도가 강경하다는 것을 알고 난 후에도 조선 정부는 여전히 속수무책이었다. 국왕은 2월 14일 다시 중신회의를 소집하였다. 이 회의에서도 여전히 강경파가 목소리를 높였으나 평화적인 방법으로 해결해야 한다는 의견이 많았다. 일본과 개전을 불사할 각오로 그들의 무례한 요구를 거절해야 한다는 의견은 소수였다. 강화도에서 전한 회담보고서 의견도 평화적으로 해결해야 한다는 것이었다. 조선 정부는 2월 19일 협상의 전권을 접견대관 신헌에게 위임하였다. 다만 조약 전문에 "대일본국황제폐하"와 "조선국왕전하"가 병기되는 것이 못마땅하였다. 그래서 수교 문서에 국호를 기재하되 원수의 존호는 삭제하는 것이 좋겠다는 뜻을 전달하였다.

　네 번째 회담은 2월 20일 조선 측의 요청으로 연무당에서 개최되었다. 이 회담에서 일본 측은 조선 측이 제시한 의정부 조회안에 운요호 사건에 대해 사죄하는 내용이 없다는 이유로 수락을 거부했을 뿐만이 아니라 조약의 비준 문제를 제기하며 국가 원수의 존호를 기재해야 한다고 고집하였다. 일본 측의 억지로 회담은 결렬상태에 빠졌다. 일본 측은 비준 문제에 대해 조선 측의 동의를 얻어내기 위해 필사적인 노력하였다. 일본 측은 회담을 백지화하고 사절단을 철수하겠다고 조선 측을 협박하였다. 실제로 구로다 전권대사는 일부 부하들을 인솔하고 일본 군함으로 돌아가는 소동을 벌였다. 구로다는 회담장에서 나가면서 미리 준비한 "절교서"를 조선 측 대표에게 던졌다.

조약안의 본문이 이미 결정되었는데도 구로다는 비준의 형식이라는 지엽적인 문제로 교섭의 결렬까지 거론하며 강경한 태도로 일관하였다. 교섭의 결렬은 전쟁의 개시를 의미하였다. 일본은 교섭 초기부터 군사력을 배경으로 조선을 위협했고, 구로다는 그 태도를 끝까지 유지하였다. 그러나 본심은 교섭의 결렬을 원치 않았다. 일본 측 실무자들은 곧 조선 대표단과 접촉해 비준서에 조선 국왕이 친히 날인하지 않고 "조선국주상지실朝鮮國主上之室"이라는 도장을 찍을 것, 비준은 조인과 동시에 할 것, 강화도 사건에 대해서는 조선 측이 사과하는 대신에 유감을 표할 것 등의 조정안을 냈다. 조선 측 대표단은 일본 측의 요구를 전격적으로 수락하였다. 2월 26일 조선 정부는 일본이 제시안 조약안을 거의 수정 없이 승인하였다. 다음 날 연무당에서 조약식이 거행되었고, 조선 측의 비준서가 교부되었다. 조일수호조규朝日修好條規[17]는

---

17) 조약 제1관에 "조선국은 자주국으로서 일본국과 평등한 권리를 보유한다."는 내용을 두었다. 조선이 자주국임을 선언한 것이다. 이 조항만 보면 마치 평등하고 공정하게 조약이 체결된 것처럼 보인다. 하지만 청국과 조선 사이에 전통적으로 존재하는 종속관계를 부정하려는 일본의 의도가 숨어 있었다. 다시 말하면 조선이 청국의 속국이어서는 일본이 조선을 침략하는 데 장애 요인이 되는 것이다. 따라서 조선의 국제법상 지위를 명백하게 함으로써 청국의 형식적인 종주권을 부정하는 것이 목적이었다. "자주국"의 규정이 쌍무규정이 아니라 조선에만 국한되는 일방적인 규정이었

강화도조약 또는 병자조약이라고도 한다.

던 점에 주목해야 할 것이다. 제2관은 "일본 정부는 15개월 후 수시로 사신을 한성에 파견하고, 조선 정부도 수시로 사신을 도쿄에 파견한다."는 내용이었다. 사신 파견을 "수시"로 정한 것은 조선이 외교관의 상시 주재를 꺼려했기 때문이다. 외교와 무역 업무를 관장하는 조선 정부 책임자는 예조판서로 되어 있었다. 조선에는 외교를 전담하는 부서가 없었다. 제3관은 외교상 공문서 형식을 규정한 형식적인 내용이었다. 제4관 및 제5관은 개항장을 정한 것이었다. 부산은 종래 쓰시마를 통해 교류하던 관례를 개혁한 다음에 새로운 기준을 정해 개방하고, 그 밖에 20개월을 기한으로 경기·충청·전라·경상·함경도 중에서 2개 항을 개항장으로 지정하기로 하였다. 일본인은 개항장에서 토지의 임차, 가옥 조성, 현지 조선인 가옥의 임차 등을 자유롭게 할 수 있게 되었다. 제6관에서는 일본 배가 조선 해안에서 풍파를 만나 연료와 식량이 부족했을 때 아무 항구에나 정박해 물품을 구입하고 배와 장비를 수선할 수 있도록 규정하였다. 그리고 항해 중에 난파한 양국의 선원이 표착했을 때 서로 그 지역 사람이 구조해 지방관에 신고하고, 지방관은 각기 본국에 호송하든가 부근에 주재하는 본국 관원에게 인도하기로 하였다. 제7관은 일본의 항해자가 조선 연안을 마음대로 측량할 수 있게 한 조항이었다. 이 조항은 다른 나라에서는 찾아 볼 수 없는 굴욕적인 것이었다. 제8관은 조선의 개항장에 일본 상인을 관리하는 일본인 관리를 둘 수 있도록 한 규정이었다. 일본인 관리가 조선 관리와 접촉하며 일본 상인의 권리와 이권을 보장하기 위한 조치였다. 제9관은 무제한 자유무역을 용인한 규정이었다. 제10관은 일본의 편무적인 영사재판권을 인정한 규정이었다. 즉 치외법권을 인정한 것이다. 국제법에 무지한 조선 협상단은 이 굴욕적인 조항을 무심하게 용인하고 말았다. 제11관은 "장래 통상장정과 각 관의 세목 또는 금후 필요한 규정은 한성이나 강화부에서 6개월 이내에 개최될 양국 전권위원의 회담에 의한다."라고 되어 있었다. 이 규정에 따라 같은 해 7월 24일 11개 조항에 이르는 수호조약 부록, 역시 11개 세칙에 이르는 통상장정이 체결되었다. 통상장정이 체결됨으로써 일본 화폐가 조선에서 통용되게 되었다. 조선은 일본이 수출하고 수입하는 상품에 관세를 매길 수 없게 되었다. 통상장정은 일본이 구미와 맺은 통상조약보다 불평등한 것이었다. 조선이 편무적 최혜국대우를 용인하지 않은 것이 그나마 다행이었다. 무관세 조치는 1883년에 관세를 부과하는 것으로 회복되었지만, 조선 정부의 무기력함이 천하에 드러난 것이었다. 무관세 규정이 있었던 7년 동안 조선에 대한 일본의 경제적 침탈은 극에 달하였다. 일본 상인은 영국산 면포를 조선에 수출하고 조선에서 미곡을 수입하였다. 일본의 대조선 무역 규모는 청국의 그것을 능가하였다.

[3] 민중의 저항과 반란

1. 민중의 저항

1) 사족의 반란

정부는 빠른 속도로 근대화 개혁을 추진하였다. 서양의 제도를 모방하기에 바빴던 정부 관료들은 일본의 사회구조나 민중생활의 실정을 고려하지 않고 실적 위주의 정책을 추진하는 경우가 많았다. 그러자 소수의 특정 지역 출신 관료가 정치를 좌지우지하는 것에 불만을 품는 자들이 늘어났다. 특히 양이론攘夷論과 침략주의 근성이 몸에 밴 사족들은 정부가 추진하는 서구화 정책에 대해서도 저항감을 갖고 있었다. 폐번치현으로 부지불식간에 실업자로 전락하고, 신분철폐로 봉건적 특권마저 상실한 사족들의 절망감은 컸다. 그들 중에 현실에 불만을 품는 자들이 많았다.

정한론쟁에 패배해 사직한 관료들은 불평사족들의 저항감을 이용해 정치적인 입지를 강화하려고 하였다. 사직한 관료들은 고향으로 돌아가 반정부운동의 중심인물이 되었다. 불평사족들도 한 때 존왕양이파尊王攘夷派 지도자였던 사직 관료들을 추종하였다. 반정부운동이 폭동으로 발전하기도 하였다.

1874년 1월 14일 우대신 이와쿠라 도모미가 고치현高知県의 정한파 사족에게 습격당하는 사건이 일어났다. 1월 17일에는 정한파 전 참의参議 4명이 포함된 반정부운동 인물들이 「민선의원설립건백서民選議院設立建白書」를 제출하였다. 그 무렵 사가현佐賀県의 정한당征韓黨 70여 명이 모여서 전 참의 에토 신페이江藤新平를 당수로 옹립하였다. 그들은 조선침략의 선봉에 서겠다고 선언하고 무장시위를 할 것을 결의하였다. 에토는 이와쿠라 사절단이 서구를 유람할 때 국내잔류파로, 사이고 다카모리와 함께 정한론을 주장했던 인물이었다. 그는 정한론쟁에서 패배해 사직한 후 이타가키 다이스케板垣退助와 함께 민선의원설립건백에 참가하기도 하였다. 에토는 정한당의 요구를 수용해 반란의 우두머리가 되었다.

정한당은 나가사키長崎에서 소총과 대포를 구입해 무장하고, 정부가 즉시 조선을 침략하면 자신들이 선봉에 서겠다는 청원서를 제출하였다. 사가현의 보수파 조직인 우국당憂國黨도 정한당의 움직임에 자극을 받아 시마 요시타케島義勇를 맞아들여 세력을 강화하려고 하였다. 시마는 정한론쟁에서 패배해 사퇴한 소에지마 다네오미副島種臣의 사촌으로 보신전쟁戊辰戰爭 때 대총독부大總督府 군감軍監으로 종군한 인물이었다.

사태가 급박하게 전개되자, 정부는 구마모토에 주둔한 군대를 사가현으로 파견하기로 결정하였다. 2월 15일 사가현령佐賀縣令 이와무라 다카토시岩村高俊가 1개 대대를 이끌고 사가성에 입성하였다. 정부가 강력한 탄압방침을 정하자 보수파 우국당도 정한당에 합류해 항전할 태세를 갖추었다. 정부 측의 산조 사네토미와 이와쿠라 도모미는 우국당의 당수로 추대된 시마 요시타케를 사가현으로 보내 우국당을 설득했으나 실패하였다. 우국당은 결국 에도 신페이 휘하로 들어가 정부에 항전하기로 결의하였다. 2월 16일 3,000명이 넘는 반란군이 사가성을 공격해 정부군을 몰아내고 성을 점령하였다.

정부는 가고시마鹿兒島에 칩거하고 있는 사이고 다카모리가 사가의 반란군에 호응하는 것을 사전에 방지하기 위해 노력하였다. 2월 13일 사이고의 주군이었던 전 사쓰마번薩摩藩 번주 시마즈 히사미쓰島津久光에게 가고시마로 가서 사이고에게 자중하도록 당부해달라고 요청하였다. 사이고 다카모리는 군대를 움직이지 않았다. 그러자 규슈 여러 지역의 사족과 고치현의 사족도 움직이지 않았다. 사가의 반란군은 고립되었다.

한편, 정부는 오쿠보 도시미치大久保利通가 사가현으로 가서 직접 군대를 지휘하도록 하였다. 정부는 오사카大阪에 주둔한 보병 2개 대대와 포병대 1,364명을 사가현으로 보내 구마모토 진대와 합류시켰다. 2월 22일 정부군은 사가성을 공격하였다. 다음 날 반란군의 지휘관 에토 신페이가 사가성을 탈출해 가고시마로 도망하였다. 최고지휘관이 없는 반란군은 2월 27일 완전히 진압되었다. 오쿠보는 에토를 비롯한 반란군 주모자를 극형에 처하였다.

1876년 3월 강화도조약의 성립은 정부 내 정한론쟁에서 오쿠모 도시미치·기도 다카요시·오쿠마 시게노부 등 내치를 우선으로 하자는 구미순방파가 최종적으로 승리하였다는 것을 의미하였다. 일본이 조선을 강제로 개국시킴으로써 정한론은 이미 불평사족들이 구미순방파를 공격하는 구실이 되지 못하였다. 불평사족의 반란 원인이 소멸된 것은 아니었지만, 정한론이 중앙정부를 양분시키는 심각한 쟁점이 되지는 못하였다.

오쿠보 내무경內務卿과 오쿠마 오쿠라경大蔵卿을 중심으로 하는 중앙정부는 빠른 속도로 근대화 개혁을 추진하였다. 1876년 3월 22일에 강화도조약이 비준되자마자 육군경陸軍卿 야마가타 아리토모의 건의로 폐도령을 공포하고, 다음 날에는 질록처분에 관한 의견서를 태정대신에게 제출하였다. 사족의 정신적 특권과 경제적 특권을 박탈하는 정책이 강화도조약 직후에 잇달아 추진되었던 것이다.

오쿠보·오쿠마의 관심은 식산흥업殖産興業 추진에 집중되었다. 식산흥업 정책은 사족의 경제적 특권을 박탈해 공업자금을 조성하는 데 있었다. 정부가 사족을 노골적으로 압박하자 사족들의 불만이 쌓였다. 특히 소수의 특정 지역 출신 관료가 정치를 좌지우지하는 것에 불만을 품는 사족이 늘어났다. 사족들은 번벌정치藩閥政治에 대항하였다.

1876년 10월에 전국에서 불평사족의 반란이 잇달았다. 10월 하순에 구마모토에서 진푸렌의 난神風連の乱, 후쿠오카福岡에서 아키즈키의 난秋月の乱, 야마구치山口에서 하기의 난萩の乱이 연이어 일어났다. 하지만 정부는 이러한 사족의 반란을 어렵지 않게 진압하였다.

이미 불평사족의 결집력이 약화되었다. 예를 들면, 구마모토에서 일어난 진푸렌의 난을 경신당敬神党의 난이라고도 하는데, 경신당은 국학國學・신도神道를 기본으로 하는 교육을 중시하는 사족의 파벌이었다. 그런데 경신당이 폐도령과 사교邪敎가 만연한 현실에 항의해 반란을 일으켰을 때, 같은 구마모토 사족의 파벌인 실학당實学党・학교당学校党・민권당民權党[18]이 반란에 가담하지 않았다. 10월 24일 구마모토 진대鎭臺를 공격한 경신당은 170여 명에 불과하였다. 그들의 작전은 칼과 창으로 무장하고 야밤에 진대사령관과 현령縣令의 저택을 습격하고 병영에 불을 지른 것이 전부였다. 진푸렌의 난은 하루 만에 진압되었다.

10월 27일 진푸렌의 난에 호응해 후쿠오카 사족이 일으킨 아키즈키의 난은 진푸렌의 난보다도 규모가 작은 반란이었다. 더구나 반란자들조차도 자중파와 단행파로 분열하였다. 단행파는 180여 명의 부대를 이끌고 북상해 고쿠라小倉의 진대분소鎭臺分所를 공격한 다음 야마구치 현으로 건너가 그곳의 불평사족 지도자 마에바라 잇세이前原一誠와 합류한다는 계획을 세웠으나 가담하는 사족이 적어서 작전이 불가능할 정도였다. 아키즈키의 난은 고쿠라에 주둔한 정부군 2개 소대가 진압

---

18) 학교당은 조선의 이퇴계의 학풍을 숭상해 치국안민治國安民・이용후생利用厚生・실천궁행實踐躬行의 정신을 지키는 주자학 교육을 중시한 사족의 파벌, 실학당은 교육과 정치를 같이 중시한 사족의 파벌이었다. 민권당은 실학당 출신자가 일반 서민과 함께 활동한 단체였다.

하였다.

10월 28일 야마구치현 하기萩에서도 반란이 일어났다. 반란군의 지도자 마에바라 잇세이는 쇼카손주쿠松下村塾에서 배우고, 토막운동土幕運動과 보신전쟁에 참전한 후 참의參議를 역임한 인물이었다. 그가 이끄는 하기의 난은 진푸렌 · 아키즈키의 난보다 규모가 컸다. 실전 경험이 풍부한 반란군은 사전에 자금 · 무기 · 탄약을 확보하고 10월 31일부터 11월 6일까지 정부군과 격렬하게 교전하였다. 그러나 지조개정을 국체國體에 반한다고 비난하고, 질록처분에 정면으로 반대하고, 조선을 침략해 합병할 것을 주장하는 마에바라에 동조하는 세력은 극소수였다. 더구나 조슈長州 출신 육군 실력자 야마가타 아리토모가 직접 히로시마 · 오사카 진대를 이끌고 반란군을 포위하였다. 반란군은 전의를 상실하였다. 11월 1일 전투에서 반란군이 패배하고 마에바라는 도망하였다. 11월 8일 반란군은 완전히 진압되었다.

2) 농민의 봉기

지조개정사업이 본격적으로 추진되면서 정부와 농민의 충돌은 예견된 일이었다. 토지를 조사하고 측량하는 일은 대체로 순조롭게 진행되었으나 지가를 산정하고 지조地租를 확정하는 과정에서 문제가 발생하였다. 특히 정부는 농민에게 고액의 지조를 강요했고, 농민은 부담이 가중되는 것에 반발하였다. 농민봉기는 1873년경에 많이 발생하였다. 발생 건수를 살펴보면 1872년에 16건, 1873년에 36건, 1874년에 13건이었다. 1874년경부터 광범위하고도 끈질긴 지조개정 반대 농민투쟁이 전개되었다. 농민봉기는 북쪽으로 이와테현岩手県 · 야마가타현山形県에서 남쪽으로는 규슈九州의 오이타현大分県 · 미야자키현宮崎県에 이르기까지 광범위하게 전개되었다.

　정부는 1875년 3월부터 지조개정사업에 박차를 가하였다. 내무경內務卿 오쿠보 도시미치가 지조개정사업을 총괄하였다. 오쿠보는 1년 이내에 지조개정사업을 완료한다는 목표를 정하고, 지조개정을 감독하는 관리를 각 지방으로 파견하였다. 그러자 지방관들은 농민의 처지를 전혀 고려하지 않고 오로지 지조개정사업을 조속히 마무리하고 반강제적인 방법으로 고액의 지조를 확정하는 일에 매달렸다. 그 과정에서 토지 소유자의 신고에 따라서 지가를 산정하고, 그것을 기준으로 지조를 확정한다는 원칙이 지켜지지 않았다. 그러자 농민은 더욱 격렬하게 저항하였다. 1876년 5월 와카야마현和歌山県 나가군那賀郡에서 최초로 농민봉기가 일어났다. 농민들은 지조개정 결과 산정된 지가의 인하를 요구하였다.

　하기의 난이 진압된 직후, 1876년 11월 이바라키현茨城県에서 지조개정에 반대하는 농민봉기가 일어났다. 11월 말부터 마카베군真壁郡의 농민이 조세납부에 반대하는 집회를 잇달아 열었다. 12월 1일 집회에는 수백 명의 농민이 참가하였다. 정부는 우쓰노미야宇都宮에 주둔한 군대를 출동시킬 준비를 하였다. 그러자 12월 6일 분개한 농민 1,000여 명이 봉기하였다. 농민들은 무기를 소지하고 출정하였으나 경찰과 사족士族으로 구성된 병력에게 진압되었다.

　12월 14일 미에현三重県 이이노군飯野郡 농민들이 봉기하였다. 농민들은 조세를 화폐로 납부하도록 정한 정부정책에 반대하였다. 쌀값이 하락하면 상대적으로 부담이 늘어나기 때문이었다. 그래서 예전처럼 미곡으로 납부하게 해 달라고 청원하였다. 2,500여 명의 농민이 일으킨 봉기는 규모가 컸을 뿐만 아니라 파급효과도 컸다. 그 여파는 순식간에 미에현 전역으로 확산되었다. 봉기를 일으킨 농민들은 학교・우편국・관공소를 불태우면서 기세를 올렸다. 농민들은 "사람을 다치게 하거나 집을 불태워서는 안 된다. 그러나 관청에 속한 것은 반드시 부수고 불태운다."라는 행동규율을 정하고 파괴와 방화를 계속하였다.

미에현의 농민봉기는 아이치현愛知県・기후현岐阜県・시가현滋賀県으로 확산되었다. 지조개정에 반대하는 농민봉기가 정부・지방관・호농층에 준 충격은 사족의 반란에 비할 바가 아니었다. 시가현 지사 고테다 야스사다籠手田安定는 농민의 요구를 수용해 미곡으로 조세를 납부하도록 해야 한다고 주장하였다. 그는 다음과 같이 말하였다. "만에 하나 이대로 둔다면 여러 현에서 민중이 봉기하고, 불평사족이 이에 상응해 가담하고, 수많은 사람들이 일시에 들고 일어나 정권을 타도하려 한다면, 인민이 이런 분위기에 휩쓸리는 것은 물이 낮은 곳으로 흐르는 것과 같다. 두려운 일이다." 고테다는 농민봉기가 불평사족 세력과 연계되는 것을 극도로 경계했던 것이다.

지방관과 호농층은 농민의 불만이 전국적으로 파급되기 전에 사태를 수습하는 것이 최선이라고 생각하였다. 하마마쓰현浜松県 현민회의縣民會議 의장 오카다 료이치로岡田良一郎는 오쿠보 도시미치에게 미곡으로 조세를 납부하도록 해 달라고 건의하였다. 연이은 사족의 반란과 농민봉기에 충격을 받은 정부는 1877년 1월에 지조를 지가의 2.5퍼센트로 하향 조정하였다. 1876년 말부터 가고시마의 사이고 다카모리 추종세력이 반란을 준비하고 있는 징후를 감지한 정부는 농민의 요구를 전폭 수용하였던 것이다.

2. 세이난 전쟁

1) 사이고 다카모리의 동향

불평사족의 반란이 연이어 일어나자 사족의 이목은 사이고 다카모리에게 집중되었다. 사이고야말로 정한론쟁의 핵심 인물이었고, 사족의 처지를 대변하는 인물이었다. 실제로 사이고는 불평사족의 인망을 한 몸에 모으고 있었다. 그래서 정부는 반정부 세력의 거점이라고 할 수 있는 가고시마 사족의 동향을 주시하고 있었다.

1873년 10월 정한론쟁에서 패배한 사이고 다카모리는 관직에서 물러났으나 육군대장의 지위를 그대로 유지한 채 고향 가고시마로 돌아왔다. 그를 따르던 육군소장 기리노 도시아키桐野利秋도 사이고를 수행해 고향으로 돌아왔다. 그러자 육군소장 시노하라 구니모토篠原国幹를 비롯한 군대와 경찰 간부 수십 명이 계급을 유지한 채 사이고의 뒤를 따라 귀향하였다. 그 여파로 군대·경찰 조직이 붕괴될 위기에 처하였다. 육군경 야마가타 아리토모는 근무지를 무단이탈한 자들의 해임을 상주하였으나 정부는 메이지 정부 수립과정의 공적을 참작해 처분을 유보하였다. 사이고 다카모리를 따라 귀향한 군대·경찰의 고위직 관리들이 가고시마의 군대·경찰 조직을 통솔하고, 현령縣令 오야마 쓰나요시大山綱良와 협력하며 가고시마현의 정치를 좌지우지하였다.

1874년 6월 사이고는 장교와 경찰 간부를 양성하기 위한 총대학교銃隊學校와 포대학교砲隊學校를 설립하였다. 시노하라 구니모토는 총대학교 교장, 무라타 신파치村田新八는 포대학교 교장으로 취임하였다. 사이고는 유년학교幼年學校도 설립하였다. 이 학교는 주로 사족들의 자제를 교육하는 사관학교의 성격을 지니고 있었다. 여러 지역에 위 세 학교의 분교 100여 개소를 세우고 학과 공부와 함께 무예를 가르쳤다.

학교운영 경비는 가고시마현에서 지출하였다.

사이고 다카모리가 학교를 세운 것은 반란군을 양성하기 위한 목적이 아니었다. 사이고의 소신이기고 했던 정한론과 밀접한 관련성이 있었다. 1874년 5월 타이완 침략 사령관으로 그의 동생 사이고 쓰구미치가 임명되어 가고시마에서 병사 800여 명을 모집했을 때, 다카모리는 적극적으로 협조하였다. 구로다 기요타카 · 가와무라 스미요시川村純義 등 가고시마번 출신 장성들은 일본의 타이완 침략이 청일 간의 전쟁으로 비화될 경우 다카모리를 최고사령관으로 영입하려고 했고, 다카모리도 정권에 복귀할 가능성을 열어두고 있었다. 요컨대 사이고 다카모리가 일종의 군사학교를 설립한 것은 대외침략을 염두에 둔 장기적인 포석이었다.

정부도 대외전쟁이 일어나면 사이고 다카모리에게 지원을 요청할 수밖에 없는 상황이었다. 군부에서 그 누구도 사이고의 권위를 대체할 만한 인물이 없었다. 그런 의미에서 대외전쟁의 발발은 사이고 일파가 정권에 복귀할 수 있는 절호의 기회가 될 수 있었다. 1874년 7월에 열린 각의에서 대청對淸 강경방침이 정해졌다. 타이완 문제 해결과정에서 만약 청국이 일본의 요구를 수용하지 않는다면 전쟁을 불사한다고 결정하고, 8월 초에 오쿠보 도시미치가 전권대사로 청으로 건너갔을 때, 사이고 다카모리 추종자들은 그들이 정권을 탈환할 수 있는 호기가 도래했다고 환호하였다. 사이고 추종자들은 내심 타이완 문제를 둘러싼 청일 간의 교섭이 결렬되어 전쟁으로 치닫기를 기대하였다.

그러나 오쿠보 도시미치는 성공적으로 청일교섭을 타결하였다. 그리고 다시 한 번 대외전쟁을 할 수 있는 기회라고 여겼던 강화도 사건도 일조수호조규가 체결되면서 전쟁으로 비화하지 않았다. 사이고 다카모리의 정권 복귀와 불가분의 관련이 있었던 조일 · 청일 분쟁이 외교적으로 해결되면서 사이고 다카모리와 그 추종자들의 계획이 무산되었다. 이미 외정론外征論은 사족들의 동의를 이끌어 낼 수 있는 동력을 상실한 상태였다. 사이고 다카모리의 최측근이라고 할 수 있는 기리노 도시아키조차 외정론은 이미 '옛일'이라고 생각하고 있었다. 외정론이 효력을 상실하였다면 기리노가 선택할 수 있는 길은 단 하나였다. 내전을 일으켜 승리하는 것이었다.

2) 내전의 발발과 전개

1877년 1월 정부는 가고시마현 육군포병창陸軍砲兵廠 예하 부대가 보유한 대포 및 포탄을 오사카포병창 지대支隊로 이전하기 시작하였다. 사이고 다카모리 추종자들은 정부의 조치가 가고시마를 무장해제시키는 수순이라고 생각하였다. 그들은 1월 하순 사이고 다카모리에게 거병을 촉구하였다. 사이고는 병을 핑계로 직접 모습을 드러내지 않았다. 그러자 1월 말 학교의 급진파 학생들이 행동을 개시하였다. 학생 20여 명이 탄약고를 부수고 소총과 탄약을 탈취하였다. 사태가 진전되자 시노하라 구니모토를 비롯한 사이고의 최측근도 거병의 필요성에 동의하였다.

2월 5일 사이고 다카모리가 모습을 드러냈다. 그는 기리노 도시아키 · 시노하라 구니모토를 비롯한 최측근들을 불러서 협의하였다. 사이고는 끝까지 경거망동을 경계하였다. 하지만 급진파들의 과격한 행동을 저지하지 못하였다. 2월 6일 가고시마현 경찰이 사학교 학생들 수백 명을 거느리고, 때마침 가고시마에 머물던 도쿄경시국東京警視局 소속 경관 19명을 체포해 심문하였다. 도쿄경시국 경관들은 사이고 다카모리와 그 측근뿐만 아니라 전 사쓰마번 다이묘 시마즈 히사미쓰도 살해할 목적으로 파견되었다고 자백하였다. 이 소식을 들은 사이고는 거병을 결심하였다.

　사이고는 지휘부를 구성하고 군대편제를 완료하였다. 2월 14일 가고시마현 현령 오시마 쓰나요시는 사이고가 군대를 이끌고 상경한다고 각 부현에 통고하였다. 즉시 보병 5개 대대 1만5,000명, 포병 2개 대대 약 500명, 거기에 기타 병력을 포함해 총 2만3,000여 명의 병력이 소집되었다. 2월 15일 시노하라 구니모토가 보병 1개 대대와 포병 1개 대대를 이끌고 구마모토성熊本城으로 향하였다. 16일에는 기리노 도시아키가, 17일에는 사이고가 직접 1개 대대를 이끌고 가고시마를 출발하였다. 사이고가 거병하자, 규슈 각지의 사족들이 속속 사이고군에 합류하였다. 세이난 전쟁西南戰爭이 시작된 것이다.

　사이고가 정부에 반기를 들었다는 소식에 접한 정부 수뇌부는 총력을 기울여 사이고군의 진격을 저지하려고 하였다. 세이난 전쟁은 보신 전쟁 이래 가장 규모가 큰 내란이었다. 정부 수뇌부조차도 승패의 행방을 가늠할 수 없는 전쟁이었다. 기도 다카요시木戸孝允는 오히려 이번의 위기가 전국통일의 호기라고 여겼지만, 오쿠보 도시미치는 불안한 심기를 감출 수 없었다. 사이고의 거병을 국가존망의 위기로 인식하였다.

　정부 수뇌부는 작전계획에 대해 의논하였다. 사쓰마 출신 오쿠보 도시미치와 구로다 기요타카는 사이고의 군대가 구마모토성 공략에 집중하고 있을 때, 해상으로 대군을 보내 가고시마를 일거에 제압하자고 주장하였다. 하지만 조슈 출신 육군총사령관 야마가타 아리토모는 가고시마 급습론에 반대하였다. 병력이 양분되는 것은 작전에 불리하다는 이유였다. 결국 2월 26일 정부는 사이고군과 전면 대결하는 방침을 정하였다. 정부는 징병제도에 의해 징집된 군대를 총동원하였다. 정부가 사이고군을 진압하기 위해 투입한 군자금은 정부 1년 예산의 절반 이상이었다.

　한편, 사이고와 그 추종자들은 구마모토성 함락을 자신하고 있었다.

사이고를 존경하고 따르는 정부군의 해군 지휘관 가와무라 스미요시川村純義와 구마모토 진대 참모장 가바야마 스케노리樺山資紀가 정부를 배반하고 사이고군 진영에 합류할 것이라고 굳게 믿고 있었다. 가와무라·가바야마가 1~2개 대대를 거느리고 합류하면, 구마모토의 사족 3,000여 명이 참가할 것이고, 이에 호응해 사가佐賀·후쿠오카福岡·아카즈키秋月·구루메久留米 등의 사족이 일시에 합류한다면 구마모토성은 간단히 함락될 것으로 예견하였다. 그러나 그런 일은 일어나지 않았다.

사이고군의 사기가 충천해 있을 때 정부군은 고전하고 있었다. 2월 22일 도쿄·오사카의 진대 병력이 하카타博多에 상륙했을 때는 이미 사이고군이 구마모토성으로 진입하는 야마가山鹿·다바루田原에 진을 치고 있었다. 사이고군에게 포위된 구마모토성은 고립되었다. 3월 20일이 되어서야 정부군이 가까스로 사이고군의 포위망을 뚫고 구마모토성에 접근할 수 있는 통로를 확보하였다. 하지만 여전히 사이고군의 포위망은 견고하였다.

그러나 4월 15일 구로다 기요타카가 이끄는 후면 공격대가 사이고군의 포위망을 돌파해 구마모토성으로 입성하였다. 그러자 사이고군이 허무하게 무너졌다. 구마모토성을 포위했던 사이고군이 일제히 구마모토 동쪽 방향으로 퇴각하였다. 정부군은 아무런 저항도 없이 구마모토성에 입성하였다. 그 후의 전투는 정부군이 사이고군의 잔당을 소탕하는 작전에 불과하였다.

8월 중순이 되자 사이고군의 패색이 짙어졌다. 궁지에 몰린 사이고 다카모리와 기리노 도시아키는 가까스로 정부군의 포위망을 뚫고 가고시마로 도망해 시로야마城山에서 최후의 결전에 대비하였다. 최후까지 시로야마에서 사이고 다카모리를 따르던 병사는 372명이었다. 9월 24일 정부군은 시로야마를 총공격하였다. 사이고 다카모리·기리노 도시아키・무라타 신파치 등 160명이 전사하고 200여 명이 투항하였다. 7개월에 걸친 세이난 전쟁이 정부군의 승리로 끝났다.

내전으로 많은 희생을 치렀다. 전쟁에 참가한 정부군은 5만여 명이었다. 정부군 중에서 6,300명이 전사하였다. 약 4만 명이 전쟁에 참가한 사이고군 중에서 약 2만 명이 전사하였다. 세이난 전쟁으로 규슈 일원의 반정부 세력이 일소되었다. 징병된 신식 군대의 위력이 다시 한 번 입증되었다.

세이난 전쟁 중인 1877년 5월 기도 다카요시가 병사하고, 같은 해 9월 사이고 다카모리가 전사하고, 그 다음 해인 1878년 5월 오쿠보 도시미치가 암살되었다. 메이지 유신의 최고지도자 세 명이 연이어 세상을 떠났다. 이 단계에서 메이지 유신은 사실상 완성되었다. 정치는 오쿠마 시게노부大隈重信・야마가타 아리토모山県有朋・이토 히로부미伊藤博文 등 다음 세대의 인물들에 맡겨지게 되었다.

□□□제3장

제국헌법시스템과 근대 천황제

[1] 자유민권운동의 전개

1. 자유민권운동의 발생

정부의 고급관료들은 입헌정치의 필요성을 공감하고 일찍부터 그 방법을 검토하고 있었다. 그러나 정한론을 둘러싼 대립 등 정치상황이 복잡하게 전개되어 좀처럼 실행할 수 없었다. 이러한 상황 속에서 정한론에서 패배해 정계를 떠난 이타가키 다이스케板垣退助・고토 쇼지로後藤象二郞 등 전직 고관 8명이 1874년 11월 17일에 「민선의원설립건백서民選議院設立建白書」를 좌원左院에 제출하였다.[19] 좌원은 제출된 건백서

---
19) 이타가키는 고토에게 정부에 국회개설을 건의하고 싶다는 뜻을 표명하고 협조를 요

를 수리하고 다음 날 정원正院에 상신하였다.

「건백서」 전문은 약 2,500자로 구성되었다. 이타가키 등은 「건백서」에서 권력을 장악한 소수의 관료들이 천황도 민중도 안중에 두지 않고 있다고 하면서 '유사전제' 정치가 국가붕괴의 위기를 초래했다고 비난하였다. 위기를 타개할 방법은 공론을 일으켜 민선의원을 설립하는 것이라고 주장하였다. 이타가키는 민중의 참정권을 주장하고[20] 민선의원을 설립해 정부와 민중이 일체화되어야 한다고 역설하였다.

「건백서」를 제출한 인물들의 면면을 살펴보면, 8명 중에 4명이 구 도사번土佐藩 출신, 2명이 구 히젠번肥前藩 출신이었다. 그리고 대부분이 전직 고관이었다. 당시의 세력관계는 사쓰마薩摩・조슈長州 출신자가 실권을 장악한 주류파였고, 도사・히젠 출신자는 비주류파였다. 건백서는 권력에서 소외된 비주류파가 주도한 것이었다.

일본이 구미열강과 어깨를 나란히 하기 위해서는 대국으로 성장해야 하며, 그러기 위해서는 입헌정치의 도입이 필요불가결하다고 하는 점에서는 당시 정권을 장악한 정부수뇌부도 인식을 같이 하였다. 그런 의미에서 「건백서」는 정부가 반대할 수 없는 민선의원설립이라는 명분

청하였다. 고토는 이타가키의 뜻에 동조하였다. 그 자리에서 고토는 영국에서 막 귀국한 아와阿波 출신의 고무로 시노부小室信夫와 도사 출신의 후루사와 시게루古沢滋에게 건의서를 기초하게 하자고 제안하였다. 이타가키는 다시 전 참의였던 소에지마 다네오미副島種臣・에토 신페이江藤新平를 설득해 동의를 얻었다. 유리 기미마사由利公正와 오카모토 겐자부로岡本健三郎도 동지가 되었다. 1874년 11월 12일 국회 개설을 희망하는 동지들이 소에지마 저택에서 회동해 애국공당愛国公党을 조직하고 고무로 시노부가 기초한 「민선의원설립건백서」에 서명하였다. 「민선의원설립건백서」는 고무로가 영문으로 원안을 만들어 일문으로 번역한 것을 회의에서 검토하였다. 원문에는 '군주전제君主専制'를 비판한 내용이 있었는데, 소에지마가 이견을 제기해 '유사전제有司専制' 비판으로 수정하였다. '유사전제'는 당시 정부의 실권을 장악한 소수의 관료들이 반대파의 의견을 누르고 전제적인 정치를 관장한다는 의미였다.

20) 이타가키 다이스케는 조세납부자의 참정권을 주장하면서 다음과 같이 말하였다. "대저 인민으로서 정부에 조세를 납부하는 의무가 있는 자는 즉 그 정부의 일을 알고 의견을 표명할 권리가 있다." 이타가키는 민중이 정치에 참여해야 비로소 강력한 국가, 강력한 정부가 실현될 수 있다는 신념을 갖고 있었다.

을 내세워 비주류파가 주류파를 공격한 것이라고 할 수 있다.

이타가키가 「건백서」를 제출하던 날, 이와쿠라 도모미岩倉具視 암살미수 사건의 범인이 검거되었다. 그런데 공교롭게도 범인은 정부에 불만을 품고 있던 구 도사번 출신 사족이었다. 또 「건백서」가 제출된 지 한 달도 되지 않아서 거기에 서명한 에토 신페이가 고향인 사가佐賀에서 반란을 일으켰다. 그러자 정부는 비주류파가 「건백서」를 제출한 진의가 불평사족의 반란과 연계된 반정부운동이라고 생각하게 되었다. 정부는 「건백서」를 묵살하였다.

「건백서」는 비록 묵살되었으나 그것이 일본사회에 미친 영향은 컸다. 당시 정부에 제출하는 건의서는 비공개를 원칙으로 하였다. 하지만 이타가키는 「건백서」를 영국인이 발행하는 일간신문인 『닛신신지시日新眞事誌』[21]에 공표하였다. 그러자 커다란 반향을 불러 일으켰다. 궁내성의 관리였던 가토 히로유키加藤弘之가 시기상조론으로 반론하면, 오이 겐타로大井憲太郎가 그것에 반박하면서 논쟁이 벌어졌다. 논쟁은 권력을 장악한 소수의 관료와 공론의 대립이라는 구도로 전개되었다.[22]

2. 자유민권운동의 발전

이타가키 다이스케는 고향 도사土佐(지금의 고치현高知県)에 학교를 설립하고 수천 명의 청년들에게 서양의 자유주의 사상을 교육하였

---

21) 『닛신신지시』는 1872년부터 1875년까지 전 265호를 간행하였다. 특별 허가를 얻어서 좌원左院의 활동과 건백서 등을 게재하였다. 또 일본의 풍습·제도·정책을 비판하고 논평하였다.
22) 민선의원설립을 둘러싼 논쟁은 공론을 배경으로 하는 민중이 정치의 주체가 될 것인가, 아니면 공론을 언제까지나 권력자가 위에서부터 조작하면 되는 수준에 머물게 할 것인가를 진지하게 고민하는 계기가 되었다.

다. 이 학교에서 교육받은 학생들은 반정부적인 성향을 띠게 되었다. 1874년 이타가키는 정부의 정책에 불만을 품은 도사 출신 청년들을 중심으로 입지사立志社라는 정치조직을 결성하였다. 입지사는 지방정치의 활성화·의회의 설립·신분의 평등을 주장하였다.

　1875년 2월에는 입지사를 비롯한 지방 정치조직[23]의 대표들이 오사카에 모여서 애국사愛国社라는 전국적인 정치조직을 결성하였다. 애국사에 참가한 인물들은 주로 서부 일본의 사족으로 세이난 전쟁에서 사이고군에 호응했던 자들이 많았다. 애국사는 도쿄에 본사를 두었다. 이 단체에 가맹한 지방의 정사政社에서는 위원을 본사에 파견해 정보를 수집하고 연락을 취하였다.

　정치운동이 점점 확산될 조짐을 보이자 오쿠보 도시미치大久保利通는 불안감을 감추지 못하였다. 그는 오사카에서 이타가키 다이스케와 전격적으로 회동하였다. 그 자리에 타이완 출병 문제로 오쿠보와 대립해 정계에서 축출되었던 기도 다카요시木戸孝允도 참석하였다. 오쿠보는 이타가키에게 점차적으로 헌법을 기초로 하는 정치체제를 만들어 갈 것을 약속하였다. 그리고 이타가키와 기도의 정부 복귀를 보장한다는 약속도 하였다. 이타가키와 기도는 곧 입각하였다. 정부는 1875년 5월에 천황의 조서詔書를 발표하였다. 그 내용은 점차로 민중의 대표를 소집하고 여론을 조성해 법률을 제정하겠다는 것이었다. 아타가키가 권력의 중심으로 복귀하면서 애국사는 사실상 붕괴되고 말았다.

　오쿠보는 이타가키의 협력으로 반정부운동을 와해시키는데 성공하였다. 하지만 1875년부터 격화되기 시작한 지조개정에 반대하는 농민봉기가 새로운 문제로 대두되었다. 아이치현愛知県에서는 43개 촌

---

[23] 1874년경부터 결성된 결사로는 오이타현大分県의 협의사協議社, 오다현小田県의 경운사耕耘社, 구마타니현熊谷県의 칠명사七名社, 후쿠시마현福島県의 석양사石陽社 등이 있었다.

락, 돗토리현鳥取県에서는 159개 촌락의 농민이 지조개정에 반대하는 봉기를 일으켰다. 농민봉기는 호농의 지도하에 전개되었다. 농민봉기와 결부되어 유력한 호농층을 중심으로 하는 자유민권운동이 성장하였다. 후쿠시마현福島県의 호농 고노 히로나카河野広中는 1875년에 석양사石陽社를 결성했고, 후쿠이현福井県의 호농 스기타 데이치杉田定一는 자향사自郷社를 결성하였다. 그들은 존 스튜어트 밀의 『자유론』과 루쏘의 『민약론』을 탐독하고 자유민권운동에 앞장서게 된 인물들이었다.

자유민권운동가들은 신문을 발행해 민중에게 저항권・혁명권이 있다는 것을 역설하였다. 자유민권운동가들은 『효론신분評論新聞』, 『긴지효론近事評論』 등 정치적인 문제를 다루는 신문의 논설을 통해 일본인들을 계도하였다. 위기감이 고조되자 정부는 언론을 탄압하기 시작하였다. 「신문지조례」를 제정해 공포하고, 「참방률讒謗律」이라는 법률을 앞세워 민중이 관리를 비판하는 것을 엄금하였다. 이러한 정부의 민권탄압에 언론이 크게 반발하였다. 1875년 10월 권력에 복귀했던 이타가키 다이스케도 정부에 불만을 품고 사직하였다.

1877년 9월 세이난 전쟁에서 정부군이 승리하였다. 그러자 일부 민권파는 무력을 통한 저항을 단념하고 언론을 통해 저항하려는 계획을 세웠다. 투쟁방식을 전환했던 것이다. 같은 해 6월 입지사 총대總代 가타오카 겐키치片岡健吉가 교토의 행재소行在所에「국회개설건백서國會開設建白書」를 제출하였다. 장문의 건백서는 8항목에 걸쳐서 정부의 실정을 공격하는 내용으로 구성되었다.[24] 가타오카의 건백서는 수리되지 않았지만 민권운동에 큰 영향을 미쳤다.

---

24) 건백서는 우선 관료의 전제정치를 비판하였다. 그리고 정치에 일관된 방침이 없다는 것, 정치가 너무 중앙에 집중되어서 지방정치의 실적이 오르지 않는다는 것, 민중에게는 의무만 있고 정치적인 권리는 없다는 것, 재정이 문란해 일부 계층만 혜택을 본다는 것, 조세가 너무 과중해 민중이 감당하기 어렵다는 것, 외교에도 문제점이 많다는 것 등을 지적하였다.

1878년 4월 이타가키는 입지사의 구성원과 협의해 애국사를 재흥하기로 하였다. 각지의 단체들과 연락망을 구축하였다. 지방에서 유세가 있으면 연사를 파견하였다. 그들은 정부의 경계와 감시 속에서도 활동을 멈추지 않았다. 같은 해 5월에 도쿄에서 오쿠보 도시미치가 암살되었는데, 범인은 도사 출신의 사족이라는 풍문이 돌았기 때문에 활동이 더욱 제약되었다. 자유민권을 주장하는 것만으로도 정부의 감시를 받았다.

이 무렵 세이난 전쟁 후의 인플레이션으로 민중의 생활이 매우 궁핍해졌다. 농민의 지조경감 요구와 민중의 참정권 요구가 맞물리면서 민권운동이 전국적으로 확산되었다. 종래의 민권운동은 사족을 중심으로 전개되었으나 점차로 호농과 상인들이 참가하면서 계층을 초월한 운동으로 확산되었다.

1879년 11월 애국사 제3회 대회가 오사카에서 개최되었다. 이 대회에서 고노 히로나카가 결성한 석양사, 스기타 데이치가 결성한 자향사 등도 가입이 허용되었다. 이리하여 애국사는 서부 일본 사족 중심의 민권운동에서 동부 일본의 사족과 호농을 아우르는 전국적인 민권운동으로 발전하는 터전을 마련하였다. 이 대회에서 국회개설청원을 하기로 결정하였다.[25]

애국사는 국회기성동맹国会期成同盟으로 명칭을 변경하였다. 명칭의 변경은 이 단체가 운동의 목표를 국회개설에 두었다는 것을 의미하였다. 이어서 열린 국회기성동맹 제1회 대회에서 국회개설을 청원하기로 결정하였다.

신문도 국회개설운동에 호응하였다. 1881년 3월 민권운동의 정론 신

---

25) 대회 후 국회개설청원을 위한 서명운동을 전개하였다. 1880년 3월 오사카에서 열린 제4회 애국사 대회 때까지 8만7,000여 명이 서명운동에 참가하였다. 서명한 사람들의 3분의 2가 사족이었고, 서명자의 약 2분의 1은 이타가키 다이스케의 고향인 고치현高知県 사람들이었다.

문이라고 할 수 있는 『도요지유신분東洋自由新聞』이 창간되었다. 이 신문의 사장으로 프랑스에서 10여 년간 유학한 경험이 있는 화족 출신의 사이온지 긴모치西園寺公望가 취임하였다. 주필은 자유민권운동의 선구자 나카에 조민中江兆民이었다. 『도요지유신분』은 급진적인 자유주의 논진을 폈다. 화족인 사이온지가 반정부 운동 대열에 합류하자 이와쿠라 도모미 등이 간섭해 『도요지유신분』은 34호를 발행하고 폐간되었으나 자유민권운동의 발전에 크게 기여하였다.

3. 메이지14년 정변

　1875년 5월 장래 국회를 개설하고 헌법을 제정하겠다는 천황의 조서가 발표된 후, 사법기관이라고 할 수 있는 대심원大審院, 국회에 준하는 기관이라고 할 수 있는 원로원元老院과 지방관회의가 설치되었다. 원로원은 자문기관에 머물렀지만 영국·프랑스·프러시아·벨기에·이탈리아 등의 헌법을 번역했고, 1876년에는 「일본국헌안日本國憲按」 86개조를 작성하였다. "일본제국은 만세일계萬世一系 천황의 혈통이 다스린다."로 시작되는 「일본국헌안」에는 천황의 계승과 즉위 문제 등에 관한 규정은 있었으나 민선의원을 공선한다는 규정은 없었다. 1778년에 「일본국헌안」이 개정되었다. 이때 비로소 국회를 설치하고 부현회府縣會와 지방의회를 둔다는 규정이 마련되었다. 그러나 「일본국헌안」은 빛을 보지 못하고 1780년 7월에 「국헌國憲」이 채택되었다. 「국헌」에는 원로원과 대의원代議院의 이원제가 규정되었다. 법률은 양원의 가결을 거쳐야 하고, 양원에 대신大臣·참의參議 등에 대한 탄핵권, 예산심의권 등이 부여되었다.

하지만 정부 수뇌부는 「국헌」의 내용에 많은 문제점이 있다고 생각하였다. 1779년 12월 이와쿠라 도모미岩倉具視는 여러 참의에게 입헌정체에 대한 의견을 구하였다. 야마가타 아리토모山県有朋·이노우에 가오루井上馨·이토 히로부미伊藤博文 등은 모두 헌법을 제정하고 의회를 개설하는 것은 불가피하다는 의견을 피력하였다. 하지만 민선의원 공선에는 부정적이었다. 의원은 원로원으로 충분하고, 필요하다면 그들을 화족과 사족이 공선하도록 하자는 의견이 지배적이었다.

민권파도 헌법초안 작성에 착수하였다. 1879년부터 1881년 말까지 민권파가 작성한 헌법초안은 20여 개나 되었다. 그중에서 누마 모리카즈沼間守一·다구치 우키치田口卯吉 등이 활동하던 지식인 단체 오메이샤嚶鳴社에서 작성한 것, 바바 다쓰이馬場辰猪를 비롯한 게이오대학慶応大学 지식인 단체 고준샤交詢社에서 작성한 것, 자유당의 우에키 에모리植木枝盛가 작성한 것 등이 가장 유명하였다. 특히 1881년 8월 우에키 에모리가 작성한 헌법초안은 주권재민 사상에 입각해 민중의 집회·결사의 자유 및 국민의 저항권과 혁명권을 규정하였다. 특히 천황의 권한을 행정권에 국한시킨 것이었다.

정부 내에서는 1881년 3월 오쿠마 시게노부大隈重信가 입헌정체에 관한 의견서를 아리스가와 다루히토有栖川熾仁 좌대신에게 제출하였다. 오쿠마는 의견서를 제출할 때 천황이 읽기 전에는 다른 대신·참의에게 보여주지 말라는 조건을 붙였다. 하지만 같은 해 5월 그 내용을 보고 놀란 이와쿠라 도모미가 태정관 서기관 이노우에 고와시井上毅에게 오쿠마의 의견서를 보여주고 그것에 맞설 수 있는 헌법초안을 작성하라고 명령하였다.

오쿠마 시게노부는 "입헌정체의 요체는 정당의 정치"라고 주장하였다. 2년 후에 국회를 개설하고 의원내각제를 실시해 의회중심의 정당정치를 시행하자고 제안하였다. 거기에는 참의·대신은 물론 천황의 시종장까지 정권을 잡은 정당의 의원으로 임명하자는 내용도 포함되어 있었다. 오쿠마의 의견서의 내용이 알려지자, 군주의 권한이 강화된 헌법을 제정해야 한다는 생각을 갖고 있던 이토 히로부미·이와쿠라 도모미를 비롯한 번벌세력은 오쿠마 시게노부와 대립하였다.[26]

 1881년 홋카이도개척사北海道開拓使 관유물 불하사건이 터졌다. 1881년은 홋카이도개척사의 관영사업이 종료되는 해였다. 그때 개척사 장관 구로다 기요타카黑田淸隆가 그 권리를 무리하게 간사이무역회사關西貿易會社에 불하하려고 하는 과정에서 사건이 발생하였다.[27] 구로다 기요타카는 12년간 약 1,400여 만 엔의 거액을 투자한 관유물을 약 39만 엔에, 그것도 무이자로 30년 상환이라는 조건으로 불하하려고 하였다. 1881년 7월 이러한 계획이 신문에 폭로되자 여론이 악화되었다. 정부는 곤경에 처하였다. 민권파는 번벌정부와 정상의 결탁을 공격하며 국회개설의 필요성을 역설하였다.

 이토 히로부미를 비롯한 사쓰마·조슈 번벌세력은 관유물 불하에 관한 정보를 유출한 자가 정부 내에 있다고 생각하였다. '범인'으로 오쿠마 시게노부를 지목하였다. 히젠번肥前藩 출신의 오쿠마 시게노부는 사쓰마번과 조슈번 출신이 주축을 이루고 있던 정부의 참의 중에서도 선임격이었다. 독재 권력을 휘두르던 오쿠보 도시미치가 1878년에 암살된 후에 실질적으로 정부를 이끌고 있던 인물이었다. 하지만 그는 국회의 즉시 개설을 주장하는 급진주의자였다. 그래서 민권파와 내통했다는 소문이 돌았던 것이다.

 관유물 불하사건이 터지면서 오쿠마 시게노부와 더욱 대립하게 된

---

26) 오쿠마의 견해는 영국에서 돌아온 야노 후미오矢野文雄가 기초한 것이었고, 번벌세력의 의견은 독일에서 공부한 이노우에 고와시가 기초한 흠정헌법론欽定憲法論에 근거한 것이었다.
27) 간사이무역회사의 간부는 사쓰마 출신의 정상政商 고다이 도모아쓰五代友厚, 구 야마구치현 현령이었던 나카노 고이치中野梧一 등이었다. 불하를 목적으로 급조된 이익단체였다. 더구나 고다이 도모아쓰, 나카노 고이치 등은 개척사의 관리들이었다.

번벌세력은 이 사건을 기화로 오쿠마와 그 일당으로 분류되던 농상무경農商務卿 고노 도가마河野敏鎌 · 역체총감驛遞總監 마에지마 히소카前島密 · 야노 후미오矢野文雄 · 이누카이 쓰요시犬養毅 · 오자키 유키오尾崎行雄 등을 정부에서 추방하기로 결심하였다. 1881년 10월에 그 계획을 실행하였다. 그와 동시에 정부는 관유물의 불하를 중지하였다. 또 국회 개설에 관한 조서를 발표해 10년 후인 1890년에 국회를 개설하기로 선언함으로써 난국을 정면으로 돌파하려고 하였다. 이것을 메이지14년 정변이라고 한다. 메이지14년 정변으로 이토 히로부미와 이노우에 가오루 등이 정권의 전면에 나섰다. 조슈번벌의 지도력이 강화되었다.

4. 임오군란과 자유민권운동의 변질

1882년 7월 조선에서 임오군란壬午軍亂이 일어났다. 조선 군인이 일으킨 폭동은 단순한 군대의 반란이 아니었다. 조선이 개항한 직후에 일어난 가장 큰 규모의 반일 · 반봉건 폭동이었다.

조선의 군인과 빈민들이 일본공사관을 포위하자, 일본공사 하나부사 요시모토花房義質는 인천으로 도망해 영국 군함을 타고 일본으로 돌아갔다. 같은 해 8월 하나부사는 군함 4척과 1,500여 명의 일본군을 이끌고 조선으로 돌아왔다. 하나부사는 조선 정부를 협박해 막대한 손해배상을 청구하고 일본군이 조선에 주둔할 수 있는 권리를 강요하였다. 그 후 조선에 청 · 일 양국의 군대가 주둔하면서 내정에 간섭하게 되었다.

임오군란이 일어나자, 일본에서는 다시 조선을 침략하자고 주장하는 자들이 급증하였다. 일본 정부도 은근히 전쟁 분위기를 조성하였다. 침략을 선동하는 포스터를 붙이고, 조선과 청국에 대한 적개심을 고취시켰다. 군자금을 헌납하는 자, 의용군에 지망하는 자가 줄을 이었다. 지식인들도 침략정책을 선동하였다. 후쿠자와 유키치福沢諭吉는『지지신포時事新報』의 사설을 통해 정부가 임오군란 사태에 강경하게 대응해야 한다고 주장하였다. 그는 조선에 군대를 파견하는 목적은 조선의 문명을 개화시키기 위한 것이라는 해괴한 논리를 전개하면서 침략전쟁을 선동하였다.

자유민권운동에 참여한 자들도 정부의 침략정책을 지지하였다. 노동운동에 앞장섰던 오쿠노미야 겐시奧宮健之조차 일본의 조선침략에 찬동하였다. 입헌개진당立憲改進黨의 입장을 대변하는『도쿄요코하마마이니치신분東京橫浜每日新聞』과 자유당自由黨의 기관지라고 할 수 있는『지유신분自由新聞』은 군대 파견과 전쟁의 개시에는 찬동하지 않았다. 하지만 임오군란의 원인이 전적으로 조선 측에 있다고 보았다. 특히『지유신분』은 일본이 조선 내 반일세력에 대한 감시를 소홀히 했다고 비난하였다.

1884년 6월 프랑스가 베트남을 침략하면서 야기된 청불전쟁은 자유민권파들의 태도가 크게 전환되는 계기가 되었다. 청불전쟁이 일어나자『지유신분』,『도쿄요코하마마이니치신분』,『유빈호치신분郵便報知新聞』등 자유민권파의 입장을 지지하는 신문은 대외적인 문제에 대해서는 중립을 지키자고 주장하였다. 그러나 자유당 내부에서는 청불전쟁을 조선에서 청국 세력을 몰아내는 계기로 삼아야 한다는 의견이 대두되었다. 즉 일본이 프랑스 편에 붙어야 한다는 것이었다. 지유당을 대표하는 이타가키 다이스케, 고토 쇼지로 등은 조선의 개화파를 지원하기 위해 프랑스 공사관에 차관을 요청하였다. 오이 겐타로, 고바야시 구스오小林樟雄, 이소야마 세이베에磯山清兵衛 등은 프랑스의 지원 하에 중국을 공격할 계획까지 세웠다. 이들의 계획은 실현되지는 못했으나 일본이 조선을 독자적으로 지배하는 구조를 만들려는 야심을 그대로 드러낸 것이었다.

5. 자유민권운동의 쇠퇴

정부가 국회개설을 약속한 직후, 1881년 10월 국회기성동맹을 모체로 하고 이타가키 다이스케를 당수로 하는 자유당이 결성되었다. 1883년까지 자유당에 입당한 자는 2,349명이었다. 간토關東 지방을 중심으로 아키타秋田·나가노長野·시마네현島根県 출신자들이 많았다.

1882년에는 오쿠마 시게노부를 당수로 하는 입헌개진당이 결성되었다. 1883년까지 입헌개진당에 입당한 자는 1,729명이었다. 간토 지방을 중심으로 후쿠시마·이시카와石川·효고현兵庫県 출신자들이 다수를 점하였다.

자유당은 프랑스식 급진주의 성향을 띠고 있었고, 사족·상업자본가·농민을 계급적 기반으로 하였다. 입헌개진당은 영국식 온건주의 성향을 띠고 있었고, 지주·산업자본가·지식인을 계급적 기반으로 하였다. 자유당과 입헌개진당이 결성되자, 정부는 1882년에 후쿠치 겐이치로福地源一郎를 당수로 하고 관리·신관·승려 등을 당원으로 하는 입헌제정당立憲帝政黨을 결성해 대항하였다.

각 정당은 지방을 돌며 유세하면서 당세를 확장하였다. 1882년에 이타가키 다이스케가 기후岐阜에서 유세하던 중에 괴한에게 습격당해 상처를 입었는데, 그때 이타가키는 "이타가키는 죽어도 자유는 죽지 않는다."는 유명한 말을 남겼다. 그래서 이타가키는 자유의 화신이라고 추앙되기도 하였다. 또 기시다 도시코岸田俊子·가게야마 히데코景山英

ƒ 등 여성이 민권운동에 참여하기도 하였다. 민권운동은 왕성하게 전개되었다.

하지만 임오군란을 기점으로 자유민권운동 지도부가 정부의 조선침략 정책에 찬동하였다. 이러한 상황 하에서 자유민권운동의 주도세력이 호농豪農·호상층豪商層에서 중농·빈농층으로 바뀌기 시작하였다. 그리하여 가장 격렬한 자유민권운동 시대를 맞이하게 되었다. 그러자 정부는 집회조례를 개정해 민권운동 탄압을 강화하였다.

정부는 자유민권운동의 거점이라고 할 수 있는 후쿠시마현의 자유당을 집중 공격해 자유민권운동파를 괴멸시킬 계획을 세웠다. 정부의 밀명을 받은 후쿠시마현 현령 미시마 미치쓰네三島通庸는 1882년 봄부터 아이즈会津 인근의 도로공사를 현민의 부역으로 강행해 후쿠시마 민중을 도발하였다. 부역에 나오지 않는 사람에게는 비용을 납부하게 하였다. 미시마는 비용을 납부하지 않는 농가를 강제로 경매 처분하였다. 그러자 수천 명이 봉기하는 후쿠시마 사건이 일어났다. 미시마는 봉기에 참가한 민중 2,000여 명을 검거하고, 자유당원이며 현의회縣議會 의장인 고노 히로나카河野広中를 내란예비죄로 처벌하였다.『지유신문』은 고노의 처벌에 대해 아무런 항의도 하지 않았다. 이 사건으로 후쿠시마현 자유민권운동은 괴멸적인 타격을 입었다. 1883년 2월의 선거에서 미시마 미치쓰네는 압도적인 승리를 거두었다.

후쿠시마 사건을 계기로 자유당 내부는 투쟁방침을 둘러싸고 분열하였다. 자유민권운동의 중심이 중농·빈농층으로 옮겨간 사실을 확인한 중앙과 지방의 간부들이 크게 동요하였다. 정부는 자유당의 반목을 조장하거나 회유해 민권운동의 기반을 약화시키려는 음모를 꾸몄다. 1882년 11월 정부는 이노우에 가오루를 통해 자유당의 중심인물인 이타가키 다이스케와 고토 쇼지로에게 해외여행을 권유하였다. 명분은 프랑스를 비롯한 서구 여러 나라의 의회제도를 연구한다는 것이었고, 여행비용은 육군에 군수물자를 독점 납품하던 미쓰이 물산三井物産이 제공하였다. 정부에 매수된 이타가키와 고토는 후쿠시마 민중의 봉기가 극에 달했던 1882년 가을에 외유에 나섰다.

입헌개진당은 이타가키와 고토의 외유를 정치적으로 이용할 수 있는 절호의 기회라고 판단하고, 이타가키 다이스케의 도덕성을 집중 성토하였다. 그러자 자유당도 미쓰비시三菱의 후원을 받고 있는 입헌개진당의 비리를 폭로하면서 반격하였다. 공동의 적을 앞에 두고 자유당과 입헌개진당은 이전투구 하는 양상을 벌였다. 설상가상으로 자유당은 마쓰카타松方 재정의 영향으로 운동자금이 고갈되었다. 그러자 탈당하는 당원이 늘어났다. 입헌개진당 또한 미쓰비시와의 관계를 청산했기 때문에 자금이 부족하였다. 양당은 함께 세력을 잃게 되었다. 특히 자유당은 이타가키의 외유로 구심점을 잃었다. 그러자 자유당 간부들은 당내 좌파의 급진 성향을 두려워해 1884년 10월에 당을 해산하고 말았다.[28] 입헌개진당도 같은 해에 오쿠마 시게노부가 탈당하면서 구심점을 잃고 표류하였다. 자유당과 입헌개진당이 몰락하자, 어용정당인 입헌제정당도 존재할 필요가 없어졌다. 1883년 9월 정부는 입헌제정당을 해산시켰다.

자유당 좌파는 새로운 모색을 하기 시작하였다. 당시 소작제가 가장 가혹한 곳은 간토関東 지방이었다. 그곳의 농민들은 당국과 지주·고리대금업자에게 채무 감면, 소작료 경감, 지방세 감액 등을 요구하였다. 농민들은 곤민당困民黨·차금당借金黨·부채당負債黨과 같은 조직을 결성하였다. 자유당 좌파는 마쓰카타 재정의 영향으로 불황에 직면한 상인·농민들과 연합해 간토 지방 각지에서 농민봉기를 지도하였다. 자

---

28) 1885년 10월 29일 오사카의 자유당 대회에 제출된 '해당대의解黨大意'에는 모금난에 의해 당의 조직을 유지할 수 없고, 또 집회·언론의 자유가 제약되어서 해당을 결심하게 되었다는 취지와 사회주의 성향이 강한 곤민당을 경계하는 내용이 포함되어 있다.

유당 좌파는 무력에 의한 정부의 전복이라는 목표도 설정하였다.

도호쿠東北・간토・도카이東海 지방 등 자유민권운동이 활발하게 전개되었던 지역에서는 자유당원의 지도로 농민운동이 활성화되었다. 1884년에는 군마 사건群馬事件[29]・가바산 사건加波山事件[30]・지치부 사건秩父事件・이이다 사건飯田事件[31]이 연이어서 발생하였다. 이와 같은 사건의 대부분은 자유당원이 중심이 되어 정부에 항거한 사건들이었다.

1884년 11월에 일어난 농민봉기 중 가장 격렬했던 것은 지치부 사건이었다. 1만여 명에 달하는 농민들은 다시로 에이스케田代栄助를 지도자로 내세웠다. 농민들은 지방세 반감, 소작료 일시 면제, 징병 반대 등의 구호를 내걸고, 대창, 도검, 소총 등으로 무장하고 봉기하였다. 자유당 출신자들은 1885년 1월을 기해 군마群馬・가나가와神奈川・사이타마埼玉・나가노長野 등 여러 현에서 일제히 봉기할 계획을 세우고 있었다. 하지만 농민들은 지도자들의 봉기 연기 요청을 수용하지 않고 서둘러 봉기하였다.

봉기한 농민들은 군대식 규율을 정하고 먼저 고리대금업자・대지주의 주택과 창고를 파괴하였다. 그들은 차용증서와 지권地券을 불태우고, 군청・경찰서・법원을 점령하였다. 농민들은 마에바시前橋에 있는 감옥을 점령하고 다카사키高崎에 있는 병영을 공격할 계획을 세우기도 하였다. 정부는 경찰・군대를 출동시켜 진압하지 않으면 안 되었다. 정부군에 패배한 농민들의 일부는 군마현과 나가노현으로 나아가 고리

---

[29] 1884년 5월에 발생하였다. 농민 3,000여 명이 결집해 시위를 벌였다. 주모자가 체포되었다.
[30] 1884년 9월에 발생하였다. 후쿠시마현 자유당원들이 가바산에서 거병해 경찰대와 교전하였다. 이 사건에 연루된 자 중에서 7명이 사형에 처해졌고, 7명이 무기징역에 처해졌다.
[31] 1884년 12월에 발생하였다. 아이치현愛知県・나가노현長野県의 자유당원에 의한 거병 미수사건이다.

대금업자의 집을 파괴하는 등 기세를 올렸으나 출동한 경찰·군대에 의해 진압되었다. 지도자 다시로 에이스케는 체포되어 사형에 처해졌다. 이러한 과정을 통해 자유당의 지지기반이었던 농민이 몰락하고 급진적인 행동에 반대하는 당원들이 이탈하였다.

지치부 사건 후, 자유민권운동이 침체되었다. 그러나 1886년경부터 부흥의 기운이 감돌기 시작하였다. 당시 이노우에 가오루 외무대신이 조약개정을 추진하고 있었다. 자유민권파는 서양화 정책과 조약개정 방침이 매우 비굴하다고 정부를 공격하였다. 정세를 관망하던 고토 쇼지로는 1887년 10월에 유지간담회有志懇談會를 개최하였다. 고토는 국민은 사소한 다툼을 중지하고, 정치가는 여론을 존중해야 한다고 촉구하였다. 그리고 데이가이클럽丁亥俱樂部을 결성해 분열된 민권운동을 통합하고, 세금감면, 언론·집회의 자유, 조약개정교섭의 쇄신 등을 내세워 정부를 압박하였다.

그러자 제1차 이토 히로부미 내각은 같은 해 12월에 「보안조례保安條例」를 공포해 민권운동을 탄압하였다. 그때 나카에 조민·오자키 유키오를 비롯한 민권운동가 570명이 천황 궁전에서 30리 이내에는 근접하지 못하게 추방되었다. 고토 쇼지로는 다음 해에도 전국을 돌면서 유세를 계속하였다. 하지만 1889년 민권운동의 기초가 확립되는 시기에 고토가 변절하였다. 고토는 정부의 체신대신으로 입각하였다.

그보다 앞선 1887년에는 한때 자유의 화신이라고 추앙되었던 이타가키 다이스케가 백작伯爵을 수여받아 화족華族의 반열에 올랐다. 이타가키는 자유민권운동을 등에 업고 정부를 비판하면서 개인의 입지를 강화해 결국 입신영달에 성공했던 것이다. 그들이 반정부운동을 했던 목적이 어디에 있었는지 생각해 보게 하는 장면이다.

[2] 제국헌법 제정과 의회 개설

1. 근대적 국가기구 정비

1890년에는 국회를 개설하겠다고 약속한 정부는 본격적으로 헌법제정 준비에 착수하였다. 정부는 1880년에 「일본국헌안日本國憲按」을 완성한 적이 있었다. 정부는 1876년 9월에 헌법의 기초에 관한 조칙을 내렸다. 같은 해 10월에 제1차 초안 작성, 1878년 11월에 제2차 초안 작성, 1880년 7월에 최종안이 성립되었다. 하지만 「일본국헌안」은 이와쿠라 도모미를 비롯한 정부 수뇌부의 반대로 폐기되었다.

정부는 1882년이 되자 헌법제정을 본격적으로 준비하기 시작하였다. 같은 해 3월 이토 히로부미를 유럽에 파견하였다. 그때 이토 미요지伊東巳代治·히라타 도스케平田東助가 수행하였다. 이토 히로부미가 출발하기 전, 이와쿠라 도모미를 비롯한 정부 수뇌부는 독일의 헌법을 모범으로 한다는 방침을 정하였다. 독일의 정세가 일본과 흡사하다는 이유였다. 이토 히로부미가 독일에서 헌법이론과 운용 방법을 배우고 1883년 8월에 귀국하였다. 이와쿠라 도모미는 이토가 귀국하기 직전에 사망하였다. 귀국한 이토는 천황 궁전에 제도취조국制度取調局을 설치하고 헌법의 기초와 제도개정 작업에 착수하였다.

정부는 1884년 3월부터 입헌정치의 준비단계로 각종 제도의 개혁을 단행하였다. 1884년 7월 화족령華族令을 제정하였다. 장래 귀족원을 구성하기 위해 화족제도를 정비하였다. 종래 화족으로 지칭되던 공경公卿·다이묘大名에 신정부 수립의 공신들을 추가해 공公·후候·백伯·자子·남男의 5단계 작위로 구분하였다. 화족에게 특권이 부여되고 그 신분은 세습하도록 하였다. 새로 화족에 편입된 자는 83명의 사족이었다. 그들 중에서 사쓰마 출신 사족이 29명, 조슈 출신 사족이 23명을 차지하였다. 처음에 화족제도는 서양에 대해 일본의 체면을 유지하기 위한 목적으로 두어졌지만, 개설된 국회의 상원의원을 주로 화족으로 구성하였다. 화족들은 황실을 보호하면서 중의원에 대항하는 역할을 하였다.

정부는 종래의 태정관제太政官制, 즉 태정대신·좌대신·우대신·참의 등의 직위를 폐지하고 1885년에 내각제도를 창설하였다. 총리대신 이하 각 성省의 대신이 사무를 분담해 처리하면서 천황을 보좌하게 하였다. 총리대신은 각 성의 대신을 통제하며 정무의 통일성과 능률성을 강화하도록 하였다. 초대 총리대신으로 이토 히로부미가 취임하였다. 각료의 대부분이 사쓰마·조슈 출신자였기 때문에 번벌내각藩閥內閣이라는 비난을 받았다. 실제로 총리대신을 포함한 10명의 대신은 조슈번 출신이 4명, 사쓰마번 출신이 4명, 도사번 출신이 1명, 에도 막부 출신이 1명이었다. 귀족과 다이묘 세력은 정치에서 자취를 감췄다.

정부는 궁내성宮內省을 내각에서 분리하였다. 궁내대신을 장관으로 하는 궁중宮中과 정부를 명확하게 구분한 것이다. 또 내각제도의 발족과 함께 내대신內大臣을 두어 국새國璽와 천황의 인감인 어새御璽를 관리하도록 하였다. 내대신은 궁중 사무를 통괄하면서 천황을 보좌하였다. 초대 내대신에 산조 사네토미三條實美가 임명되었다. 내대신은 천황을 보좌하며 차기 수상을 천거하는 등 일본 정치에 큰 영향력을 행사하였다.

입헌제를 확립하려면 황실과 정부를 제도적으로 분리할 필요성이 있었다. 의회가 개설되면 황실의 경비도 예산심의 대상이 되지 않을 수 없었다. 일찍이 전국의 토지를 황실소유지, 국유지, 민간소유지로 분리해 황실재산을 독립시키는 방안이 제시되었다. 이토는 유럽으로 유학하기 직전에 황실소유지 설정의 필요성을 주장하였으나 참사원參事院

에서 부결되었다. 메이지14년 정변 직후에 설치된 참사원은 법률의 작성과 심사, 행정과 사법 등을 조정하는 기관이었다. 참사원 의장 야마가타 아리토모는 토지사유권을 인정하고 입헌제를 채용하려면 국가와 민간의 구별, 정부의 재산과 황실의 재산을 구별하는 것이 당연하다고 주장하였으나 반대의견을 누를 수 없었다. 그러나 법적으로 명확하게 정리되지 않은 채 황실재산은 급속하게 확대되었다. 1884년 이래 정부 소유의 일본은행・일본우선회사日本郵船會社 등의 주식, 350만 정보의 산림과 평야, 사도佐渡・이쿠노生野 등의 금・은 광산이 황실재산으로 편입되었다. 의회가 개설될 즈음에는 천황이 일본 최대의 재산소유자가 되어 있었다.

헌법초안을 심의하기 위해 1888년 4월에 추밀원樞密院이 설치되었다. 추밀원관제에 의하면, 추밀원은 의장과 부의장 각 1명. 고문관 12명 이상과 칙임 서기관장 1명으로 구성되었다. 추밀원은 헌법 또는 헌법과 관련된 법률에 관한 해석 및 개정, 칙령・행정개혁 등에 관해 천황에게 의견을 제시하는 것을 임무로 하였다. 초대 추밀원장에 이토 히로부미, 부의장에 데라지마 무네노리寺島宗則가 취임하였다. 고문관에는 소에지마 다네오미副島種臣・모토다 에이후元田永孚를 비롯한 16명이 임명되었다. 추밀원은 천황의 권력을 옹호하는 데 진력하였다. 그래서 추밀원은 '번벌관료의 본거지'라고 일컬어졌다.

1878년 초대 내무경을 지낸 오쿠보 도시미치大久保利通는 지방자치를 확립하고 민권운동을 분열시킬 목적으로 「군구정촌편성법郡區町村編成法」・「부현회규칙府縣會規則」・「지방세규칙地方稅規則」 등 소위 3신법을 발포하였다. 부현 밑에 군구정촌을 두고, 군에는 군장, 구에는 구장, 정촌에는 선출직의 호장을 두었다. 또 구정촌에 구정촌회를 두고 공공사업비의 의결 등 공동체의 현안을 결정하게 하였다. 1883년 내무경 야마가타 아리토모山縣有朋는 징병령에 의한 국민개병의 목적을 달성하기 위해서 지방자치 개혁에 착수하였다. 이어서 1888년 4월에 「시제市制」와 「정촌제町村制」,[32] 1890년 5월에는 「부현제府縣制」와 「군제郡制」를 공포해 입헌정치의 기초를 다졌다. 지방자치제도 역시 독일의 제도를 모방하였다. 정부는 지방자치단체의 '완전한 자치'를 공언하였다. 하지만 그것은 정부가 위임한 징병·교육 등에 관한 사무를 자발적으로 감당하는 것을 의미하였다.

지방의회는 내무성과 부현의 지시와 간섭을 받았다. 시장과 정촌장은 군장의 지도·감독을 받고, 군장은 다시 지사에 의해 통제되었다. 시장과 정촌장은 무보수의 명예직으로 의회에서 선임되었다. 관선인 지사와 군장이 절대적인 권한을 행사하였다. 시·정촌회 의원은 제한선거에 의해 선출되었다. 부현회·군회의 의원선거는 선거자격이 한층 제한되었다. 국민은 선거권을 가진 '공민公民'과 그 밖의 '주민住民'으로 구별되었다. '공민'은 25세 이상의 남자 거주자로 2엔 이상의 납세자를 의미하였다.

2. 제국헌법 체제의 성립

1) 헌법의 제정과 공포

1886년 가을부터 독일의 법학자 헤르만 뢰슬러K.F.H. Roesler의 지도 하에 이노우에 고와시井上毅가 극비리에 헌법 초안을 기초하기 시작하

---

32) 「시제」는 「군구정촌편성법」 하에서의 구區를 시市로 재편하였다. 1889년 4월 39개 시가 탄생하였다. 「정촌제」는 에도 시대 이래의 무라村을 오아자大字로 하는 여러 촌락을 연합한 행정단위를 설정하였다. 정촌회町村會는 지조 또는 직접세 2엔 이상을 납부한 자들 중에서 선출된 자들로 구성하였다.

였다. 1887년 5월경 이노우에의 헌법초안이 완성되었다. 거의 같은 시기에 헤르만 뢰슬러도 헌법초안을 기초해 이토 히로부미에게 제출하였다. 이토는 이노우에와 뢰슬러가 기초한 헌법초안을 참조해 같은 해 6월부터 8월에 걸쳐서 하나의 헌법초안을 기초하였다. 이때 이토 미요지伊東巳代治, 가네코 겐타로金子堅太郎 등이 이토를 도와 헌법초안의 검토에 임하였다. 이토가 기초한 헌법초안은 다시 이노우에, 뢰슬러, 가네코, 이토 미요지 등이 재검토해 같은 해 10월경에 제3단계 헌법초안이 성립되었다. 헌법초안은 사전에 내용이 누설되지 않도록 철저하게 보안을 유지하였다. 제3단계 초안은 다시 수정작업을 거쳐 1888년 4월에 최종 초안이 성립하였다. 정부는 헌법 초안 내용을 극비에 붙였다.

1888년 헌법초안이 천황에게 봉정되었다. 헌법초안은 1888년 6월 18부터 추밀원의 심의에 붙여졌다. 그것은 국민의 청원수리권을 박탈한 것이었다. 또 국회의 예산심의권은 인정하고 있지만, 만약 국회에서 예산안이 통과되지 않았을 경우에는 천황의 결재로 내각이 집행할 수 있도록 되어 있었다. 국회의 예산심의권을 사실상 무력화시킨 것이었

제국헌법 공포식장으로 가는 메이지 천황

제국헌법 공포 기념식 장면
그림 / 도쿄대학 법학부 소장

다. 그 내용은 뢰슬러조차 반대할 정도였다. 그래서 정부는 천황의 자문기관으로 신설된 추밀원에서 심의를 거쳤다. 추밀원은 1888년 7월 30일까지 10회에 걸친 회의 끝에 헌법초안을 심의하였다. 그러나 특별히 헌법에 대한 지식이 없었던 고문관들의 검토는 약간의 자구를 수정하는 데 그쳤다. 하지만 이노우에의 노력으로 의회를 사실상 무력화시키는 정부 원안에 약간의 수정이 가해졌다. 헌법초안은 다시 추밀원회의에서 재심을 거쳐 1889년 1월 29일부터 3일간 열린 최종심의에서 가결되었다. 같은 해 2월 5일 다시 열린 추밀원회의에서 자구의 대조를 거친 후, 이토 히로부미 추밀원 의장이 헌법안을 천황에게 봉정하였다.

1889년 2월 11일 기원절에 「대일본제국헌법大日本帝國憲法」이 공포되었다. 헌법은 천황이 내각 총리대신 구로다 기요타카黑田清隆에게 수여하는 형식으로 공포되었다. 메이지헌법이라고도 하는 「대일본제국헌법」은 천황이 단독의 의지로 공포하는 형식을 취한 흠정헌법이었다. 제국헌법과 아울러 「황실전범皇室典範」・「중의원의원선거법」・「귀족원령」이 공포되었다. 일본인들은 헌법의 내용을 전혀 알지 못하였다.

하지만 헌법의 공포를 축하하느라고 온 나라가 들떠있었다.

2) 헌법의 내용과 성격

제국헌법은 7장 76조로 구성되었다. 헌법의 기본원칙은 천황주권이었다. 신성불가침한 천황에게 절대적인 권한이 집중되었다. 천황이 어떠한 존재인지를 알 수 있는 헌법의 조목을 들어보면 다음과 같다.

제1조 대일본제국은 만세일계万世一系의 천황이 이를 통치한다.
제3조 천황은 신성神聖해 범할 수 없다.
제5조 천황은 제국의회의 협찬으로 입법권을 행사한다.
제11조 천황은 육해군을 통수한다.
제12조 천황은 육해군의 편제 및 상비병액常備兵額을 정한다.
제13조 천황은 전쟁을 선포하고 평화를 강구하며 아울러 제반의 조약을 체결한다.
제55조 국무대신은 천황을 보필해 그 책무에 임한다.
제57조 사법권은 천황의 이름으로 법률에 의해 재판소가 이를 행한다.

제국헌법은 주권재군주의에 입각하였다. 헌법 제1조에 '만세일계의 천황이 이를 통치한다.'라고 명기하였다. 국민은 '신민臣民'으로 위치되었다. 국민에게는 법률의 범위 내에서 소유권의 불가침, 종교의 자유, 언론·집회·결사의 자유가 인정되었다. 의회를 통해 국정에 참여하는 길도 열어놓았다. 하지만 국민의 기본권은 어디까지나 '신민'으로서 의무를 다했을 때에 한해 '베풀어지는' 것이었다.

천황 대권의 행사는 전시 또는 국가에 위급한 일이 발생했을 때 국민의 기본권에 우선하였다. 천황 대권은 주로 제10조의 행정대권과 제12조의 육해군 통제 및 상비병액에 관한 것이었다. 의회의 소집, 중의원의 해산권을 천황의 대권으로 하였다. 육해군의 통수·선전·강화·조약체결을 천황의 대권에 종속시키고 통수권을 입법·행정에서 독립시켰다. 즉 천황의 권한에 관해 의회가 관여할 수 없었다.

천황은 긴급칙령에 의해 법률의 제정과 개폐가 가능하였다. 헌법은 천황을 통치권의 총괄자로 하고 천황은 행정 각부의 관제를 정하고 관리를 임명하였다. 관리는 국민의 관리가 아니라 천황의 관리였던 셈이다. 국무대신도 천황에 대해 책임을 지는 것으로 되어 있었다. 의회의 찬성 없이 공포할 수 있는 명령의 범위가 매우 광범위하였다. 행정부의 권한을 의회의 상위에 두는 구조였다.

제국의회는 귀족원과 중의원의 양원제로 구성되었다. 귀족원은 황족·화족 그리고 천황이 임명한 의원으로 구성되었다. 중의원은 선거에 의해 선출된 의원으로 구성되었다. 귀족원은 상원, 중의원은 하원으로 했지만 양자의 권한은 거의 대등하였다. 하지만 중의원이 제출한 법안은 귀족원에서 부결할 수 있었다. 그래서 천황 대권에 해당하는 제6조의 천황 법률재가권 法律裁可權 발동을 필요로 하는 사태는 발생할 가능성이 없었다. 설령 중의원에서 감세법안을 성립시켜도 귀족원에서 부결하면 그만이었다. 의회는 법률안과 예산

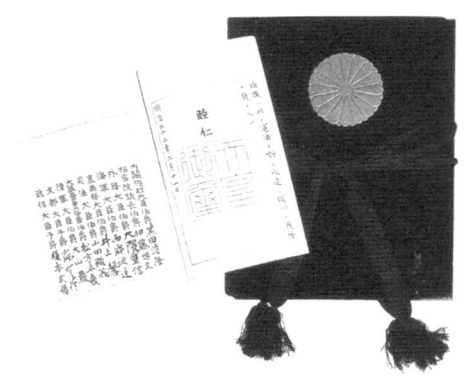

메이지 천황이 날인한 제국헌법

안의 심의 이외에 다른 권한이 없었다. 다만 37조 "모든 법률은 제국의회의 협찬을 거쳐야 한다."는 규정과 제62조 "새로운 조세의 부과 및 세율의 변경은 법률로 정한다."는 규정이 번벌정부藩閥政府의 증세정책을 속박하였다.

일본의 숙원인 조약개정과 자본주의를 발전시키기 위해서는 헌법과 함께 근대법전을 완비해 법치국가 체제를 정비하지 않으면 안 되었다. 정부는 1890년경부터 서양식 법전의 편찬을 서둘렀다. 특히 민법의 친족과 상속 규정에 관한 비판의 소리가 높았다. 서양의 법률을 모방한 민법은 일본의 전통적인 도덕규범을 파괴할 위험성이 있다는 것이었다. 민법의 시행을 둘러싸고 실시론과 개정론이 대립하였다. 이것은 자유주의와 국가주의의 대립을 의미하는 것이기도 하였다. 결국 개정론이 승리해 호주권이 강화되었다. 가산의 상속 외에 가독家督의 상속권이 명기되었다.

3. 초기 의회와 정쟁

1890년 7월 1일 일본에서 처음으로 제1회 중의원 의원선거가 실시되었다. 선거는 25세 이상의 남자로 직접국세 15엔 이상 납입한 남자에게만 자격이 주어진 제한선거였다. 선거권자는 지주계급을 중심으로 하는 45만 명의 남자로 전 인구 4,000만 명의 약 1퍼센트에 불과하였다. 전국에서 약 150명이 입후보하였다. 입후보자는 지방 명망가 출신으로 지방의회 의원을 경험한 자가 대부분이었다. 제1회 총선거의 경쟁률은 전국적으로 2.5배, 투표율은 93퍼센트에 달하였다. 홋카이도北海道와 오키나와沖繩에서는 선거법이 시행되지 않았다.

귀족원 의원은 천황의 일족과 공작公爵・후작侯爵 38명, 백작伯爵・자작子爵・남작男爵 중에서 호선된 의원 105명,[33] 전국의 다액납세자 중에서 선출된 의원 45명,[34] 그리고 관리를 중심으로 천황이 임명한 칙선의원 60명[35]으로 구성되었다.

국회 개설 직전인 1890년 1월 오이 겐타로大井憲太郞가 자유당自由党을 재흥하였다. 자유당은 고노 히로나카河野広中가 이끄는 대동클럽大同俱樂部, 이타가키 다이스케板垣退助가 이끄는 애국공당愛國公黨 등 소위 구 자유당 계파, 그리고 규슈진보당九州進步党과 연합해 제1회 총선거 후인 8월 25일 입헌자유당立憲自由党을 결성하였다. 중의원 선거에서 당선된 입헌자유당 소속 의원은 130명이었다. 민당의 세력은 입헌개진당立憲改進党의 41명까지 합하면 171명이었다. 여당인 대성회大成會는 79명을 당선시키는 데 그쳤다. 민당이 압도적인 우위를 점하였다.

중의원 과반수 확보에 실패한 정부는 7월 25일에「집회 및 정사법政社法」을 제정하였다. 이 법은 1880년 4월에 제정된「집회조례」내용을 수정한 것인데, 정치결사의 지사支社 설치는 물론 다른 정사政社와 연락

---

[33] 제1회 총선거가 끝난 후, 7월 10일 백작・자작・남작의 호선을 위한 회의가 개최되었다. 선거분위기는 과열되었다. 선거 인쇄물이 배포되기도 하였다. 귀족들 중에는 의원에게 지급되는 세비歲費에 욕심내는 자들이 많았다. 전원이 귀족원 의원으로 임명되는 천황의 일족과 공작・후작에게는 세비가 지급되지 않았으나 호선된 백작・자작・남작 의원들에게는 800엔의 세비가 지급되었다.

[34] 제1회 총선거가 실시되기 20일 전인 6월 10일 다액납세자 의원 선출을 위한 회의가 전국의 부현府縣에서 일제히 실시되었다. 당선자 45명 중 지주가 22명, 실업가가 21명이었다. 1인당 납세액은 약 1,500엔이었다. 이 금액은 200헥타아르의 경작지를 소유한 지주만이 납부 가능한 금액이었다. 참고로 당시 자작농은 1가구당 평균 1헥타아르의 토지를 경작하고 있었다.

[35] 9월 29일 칙선의원 명단이 발표되었다. 칙선의원은 내각이 추천하고 천황이 임명하였다. 내각 총리대신은 "국가에 공훈을 세웠거나 또는 학식이 있는 자" 중에서 후보자를 선별하였다. 칙선의원 중에는 제일은행을 설립한 일본 경제계의 대부 시부사와 에이치渋沢栄一, 미쓰비시三菱 회사의 당주 이와사키 야노스케岩崎弥之助 등도 포함되어 있었다. 그리고 제국의회의 개설과 동시에 폐지될 예정이었던 원로원元老院에서 27명의 의원이 선발되었다. 그 밖에 법제국法制局을 비롯한 관청에서도 의원이 선발되었다.

하거나 통신하는 것을 금하는 데 초점이 맞춰졌다. 정부는 민당연합의 성립을 법률적으로 제한하려고 했던 것이다.

1890년 11월 25일 제1회 제국의회가 처음으로 소집되었다. 같은 달 29일에 개회했고 다음 해 3월 7일에 폐회하였다. 제국의회가 활동한 약 90일 동안 양원에서 모두 53건의 법안을 심의하였다. 법안은 정부가 제출한 것이 10건, 중의원 의원이 제출한 것이 41건, 귀족원 의원이 제출한 것이 2건이었다. 그중에서 정부가 제출한 4건, 중의원 의원이 제출한 2건은 폐기되었다.

제국의회에서는 국민생활을 안정시키기 위해서는 경비를 절감해야 한다는 입장을 취하는 민당과 군비확장을 추진하는 정부가 예산안을 둘러싸고 대립하였다. 중의원 예산위원회는 정부가 제출한 세출원안에서 806만3,196엔을 삭감한 사정안을 마련하였다. 민당은 삭감한 금액만큼 지조地租를 경감하는 것이 마땅하다고 생각하였다. 그러나 정부 내에서 지조를 경감하지 말고, 그 금액을 해군 군비확장에 충당해야 한다는 의견이 대두되었다. 1891년 1월 야마가타 아리토모山県有朋 총리대신은 정부의 경비를 절약하는 것은 당연하나 예산위원회에서 삭감한 금액은 해군 확장과 치수사업에 충당되어야 한다고 주장하였다. 하지만 중의원은 최종적으로 651만 엔을 삭감하였다. 같은 해 3월 3일 귀족원에 예산안이 제출되었다. 귀족원은 중의원에서 수정된 예산안을 그대로 통과시킬 수 없다는 분위기가 조성되었다. 그러자 마쓰카타 마사요시松方正義 오쿠라대신大蔵大臣은 예산안이 불성립하면 "국가의 대사가 심히 우려된다."고 귀족원 의원을 설득하였다. 귀족원은 예산안을 승인하였다.

1891년 5월 마쓰카타 마사요시 내각이 성립되었다. 민당은 정부의 예산 650만 엔을 삭감하였으나 그것을 어떻게 사용할 지에 대해서는 결정하지 않았다. 민당이 마련한 지조경감 조례안은 귀족원에서 부결되었기 때문에 삭감한 예산은 국고에 보관되어 있었다. 이노우에 고와시井上毅 법제국장관은 그 자금을 정부가 적극 활용하자고 제안하였다. 이노우에의 제안을 수용한 마쓰카타 내각은 방대한 1892년도 예산안을 편성하였다. 1890년도의 잉여분 650만 엔을 포함해 1166만엔, 그리고 육군 군비, 군함 건조비, 제철소 설립비, 하천 보수비, 홋카이도 토지조사비 등 907만엔을 세출예산안으로 편성하였다.

정부는 1891년 11월 세출예산안을 제2회 의회에 제출하였다. 중의원 예산위원회는 군함 건조비, 제철소 건설비 등 794만 엔을 삭감해 본회의에 보고하였다. 마쓰카타 내각은 예산 삭감에 강하게 반발하였다. 특히 군함 건조비 삭제에 분개한 해군대신 가바야마 스케노리樺山資紀는 12월 22일 중의원 본회의에 출석해 오늘날의 일본이 있는 것은 사쓰마薩摩·조슈長州 출신들의 노력이 있었기 때문이라는 취지의 연설을 하였다. 소위 만용연설蠻勇演說 사건이었다.

마쓰카타 내각 내에서 중의원을 해산해야 한다는 여론이 부상하였다. 메이지 천황은 마쓰카타 총리대신에게 특사를 보내 내각의 분열을 방지하라고 주문하였다. 마쓰카타 총리대신은 중의원을 해산하였다. 입헌개진당은 정부와 항쟁하기 위해서 당의 조직을 개혁할 필요성을 절감하였다. 1891년 입헌개진당은 다시 자유당으로 개칭하였다. 자유당 총리로 이타가키 다이스케가 선출되었다.

1892년 2월 15일 제2회 총선거가 실시되었다. 총선거에 즈음해 조슈 출신 내무대신 시나가와 야지로品川弥二郞와 사쓰마 출신 해군대신 가바야마 스케노리는 민당을 붕괴시키기 위해 전력을 다해야 한다고 주장하였다. 무쓰 무네미쓰陸奧宗光 농상대신과 고토 쇼지로後藤象二郞 체신대신이 입헌정치의 정신을 훼손할 우려가 있다고 반대하였다. 하지만 마쓰카타 내각은 끝내 폭력적인 선거대책을 마련하였다. 중의원을 해산한 직후에 선거대책본부를 설치하고 60만 엔 이상의 경비를 마련해 민당을 탄압하였다. 시나가와 내무대신은 경찰과 헌병을 동원해 민당의 후보자들에게 지나친 간섭을 하였다. 정부의 의도를 간파한 각 부현의 지사도 민당 탄압에 앞장섰다. 선거전은 치열하였다. 선거 기간 중에 25명이 사망하고 381명이 부상하는 유혈참사가 일어났다. 정부의 방해공작에도 불구하고 선거는 민당의 대승리로 끝났다.

 선거 결과 당선자는 자유당 94명, 입헌개진당 38명, 독립클럽獨立俱樂部 31명, 중앙교섭부 95명, 무소속 42명이었다. 민당은 국회에서 선거 기간 중에 정부의 간섭을 성토하면서 마쓰카타 내각을 공격하였다. 유혈참사를 야기한 정부의 선거 간섭은 여론의 비난에 직면하였다. 시나가와 야지로는 사직하지 않을 수 없었다. 이 사건은 마쓰카타 마사요시를 비롯한 사쓰마 출신 정치가와 이토 히로부미를 비롯한 조슈 출신 정치가가 분열하는 계기가 되었다.

4. 번벌 · 정당 · 관료

1) 번벌과 민당

 청일전쟁 후, 일본은 청국에게서 얻어낸 전쟁보상금으로 군비를 확장하고 산업을 진흥시키려는 계획을 세웠다. 그러기 위해서는 번벌내각과 민당이 제휴해 국론을 통일시킬 필요가 있었다. 민당도 다년간에 걸친 정쟁으로 지쳐있었다. 번벌내각과 민당의 제휴가 실현되었다. 초기 의회와는 다른 양상이었다.

 1892년에 성립한 제2차 이토 히로부미 내각은 자유당과 제휴해 이타가키 다이스케를 내무대신으로 영입하였다. 제2차 마쓰카타 마사요시 내각에서는 진보당에서 오쿠마 시게노부를 외무대신으로 영입하였다. 하지만 얼마 지나지 않아서 오쿠마 시게노부가 사직하면서 마쓰카타 내각이 붕괴되었다. 다음에 성립한 제3차 이토 히로부미 내각도 군비확장을 위한 지조증징 정책이 호농을 기반으로 하는 자유당과 진보당의 반대에 부딪혀 겨우 5개월 만에 붕괴되었다. 민당 세력의 성장은 내각의 부침에 커다란 영향을 미치게 되었다.

지조증징안이 부결된 후, 이토 히로부미는 스스로 정당을

제국의회 의사당

조직하려고 하였다. 그러나 이토는 초연주의를 고집하는 야마가타 아리토모를 비롯한 원로들의 반대로 총리대신을 사임하고, 1898년에 자유당과 진보당이 통합해 결성한 헌정당憲政黨 총재 오쿠마 시게노부에게 정권을 물려주었다. 오쿠마 내각에 이타가키 다이스케도 입각하였다. 그래서 이 내각을 와이한 내각隈板內閣이라고 하였다. 불완전하지만 일본 최초의 정당내각이 성립되었던 것이다. 와이한 내각은 내무대신 이타가키 다이스케 · 육군대신 가쓰라 타로桂太郎 · 해군대신 사이고 쓰구미치西鄕從道 이외에는 모든 대신이 헌정당에서 배출되었다.

하지만 와이한 내각은 헌정당의 기초가 튼튼하지 못한 상태에서 조각되었다. 처음부터 약체를 면할 수 없었다. 헌정당은 중의원의 절대

다수를 점하고 있었음에도 자유당계와 진보당계의 대립이 극심하였다. 관료파의 공격도 격렬하였다. 설상가상으로 문부대신 오자키 유키오尾崎行雄가 공화정을 비판한 연설이 구설수에 올라 사직하기도 하였다. 사임한 문부대신의 후임을 둘러싸고 자유당계는 해당을 요구하였다. 자유당계는 따로 헌정당을 조직했고, 진보당계는 헌정본당憲政本黨을 조직하였다. 당이 해체되자 와이한 내각은 불과 4개월 만에 붕괴되었다.

2) 입헌정우회

1900년에는 현안이었던 중의원 의원선거법이 개정되었다. 선거권이 직접국세 10엔 이상 납부한 자에게 부여되면서 유권자가 2배로 증가하였다. 납세액에 의해 제한을 두었던 피선거권도 철폐되었다. 국민의 참정권이 대폭 확대되었다. 투표 방법도 무기명 비밀투표제가 도입되었다.

의회가 정치의 중심으로 부각하자, 이토 히로부미는 정당을 결성하기로 결심하였다. 정당 결성에 천황의 출자금과 미쓰이三井와 미쓰비시三菱의 원조에 힘입었다. 1900년 9월 이토 히로부미는 호시 도오루星亨가 이끌던 헌정당을 기초로 입헌정우회立憲友會를 결성하였다. 당시 헌정당은 오랜 기간에 걸친 정쟁에 지쳐서 거물 총재를 바라고 있었다. 분위기를 간파한 호시 도오루는 헌정당을 해체하고 이토 히로부미와 연합하였다. 이토가 입헌정우회 총재에 취임하였다.

이토 히로부미는 일찍부터 정당 조직의 필요성을 절감하였다. 하지만 종래의 정당에 대해서는 비판적이었다. 이토는 종래의 정당이 국가의 앞날을 걱정하지 않고 오로지 정부를 공격하는 데만 앞장서고, 당리당

락에만 치중하는 것이 유감이었다. 그래서 스스로 모범적인 정당을 결성하려고 하였다. 이토가 생각하는 바람직한 정당이란 당수의 독재체제를 유지하는 것이었다. 즉 당수가 국가의 방침을 실현하기 위해 정부와 협력하는 정당을 조직하는 것이었다. 정권을 담당했을 경우에 각료의 인선은 당수가 결정하고, 각료는 정당원에 한정하지 않는다는 것이었다.

입헌정우회의 구성원을 살펴보면, 헌정당원과 이토 히로부미를 따르는 관료가 주축을 이루었지만, 이토는 당을 결성할 때 실업가·지주층·지방의원 등에게도 입당을 권유해 폭넓은 지지층를 확보하였다. 입헌정우회는 번벌정치가·상업자본가·지주의 연합세력이라고 할 수 있었다. 그것은 혁명적 정당이었던 자유당의 역사가 내리막길에 접어들었다는 것을 의미하였다.

이토 히로부미는 1902년의 총선거에서 190명의 의원을 중의원으로 당선시켰다. 당시 중의원의 정원은 376명이었다. 입헌정우회가 전체 의석의 과반수를 확보했던 것이다. 이토는 입헌정우회를 여당으로 제4차 이토 내각을 조직하였다. 미쓰이가 후원하는 이노우에 가오루井上馨를 오쿠라대신, 미쓰비시가 후원하는 가토 다카아키加藤高明를 외무대신에 등용하였다.

그러나 야마가타 아리토모는 이토 히로부미의 입헌정우회 결성에 비판적이었다. 야마가타의 영향력 아래 있었던 관료들과 귀족원 의원들은 입헌정우회에 협조적이지 않았다. 그들은 오히려 입헌정우회와 이토 내각의 반대세력이 되었다. 그들의 집요한 공격으로 이토 내각은 6개월여 만에 붕괴하였다.

그 후 이토 히로부미와 야마가타 아리토모는 정치의 일선에서 물러나 원로[36]로서 배후에서 정치를 조종하였다. 1901년의 제1차 가쓰라

---

36) 가쓰라 타로가 총리대신이 되면서 메이지 유신 이래의 번벌 출신 원로들은 정치의

타로 내각이 성립된 후, 야마가타 아리토모의 후계자인 가쓰라 타로와 이토 히로부미의 후계자인 사이온지 긴모치西園寺公望가 교대로 내각을 조직해 정치를 담당하게 되었다. 제국의회가 개설되고 10년이 지나자, 정당은 메이지 헌법체제 하에서 커다란 세력을 점하게 되었다. 일본의 정당정치가 뿌리를 내렸다.

3) 관료와 정당

와이한 내각 다음에 제2차 야마가타 아리토모 내각이 성립되었다. 야마가타는 본래 내각은 의회의 밖에 초연하게 존재해야 한다는 생각을 갖고 있던 초연주의자였다. 야마가타는 정당의 역할을 인정하려고 하지 않았다. 그러나 의회의 영향력이 증가하면서 초연주의를 유지하는 것이 불가능해졌다. 야마가타 내각은 초연주의를 수정해 헌정당과 제휴하였다. 그리하여 농민과 보수주의자들이 반대하던 지조증징안을 성립시키는 데 성공하였다.

야마가타 아리토모를 비롯한 번벌관료는 정당 세력이 정부기관 내에 진출하는 것을 여전히 두려워하였다. 1899년 3월에 「문관임용령文官任用令」을 개정해 정당원이 관리가 되는 길을 제한하였다. 시험 임용의 범위를 확대하고 정실 임용의 범위를 축소하였다. 정당원이라도 자격을 갖추지 못했으면 관료에 취임할 수 없도록 하였다. 천황이 자유롭게 임

일선에서 물러났다. 하지만 실제로는 원로들이 정치의 실권을 장악하고 있었다. 군부와 실업가도 정치에 영향력을 행사하였다. 원로들은 메이지 유신을 성공적으로 이끈 원훈들이었으며 천황의 최고 정치고문이었다. 원로들은 이토 히로부미·야마가타 아리토모·구로다 기요타카·이노우에 가오루·마쓰카타 마사요시·오야마 이와오大山厳·사이고 쓰구미치 등이었다. 후에 가쓰라 타로·사이온지 긴모치가 원로 그룹에 합류하였다. 원로들은 후계 총리대신의 결정이나 추천, 중요 정책의 상담 등 내각을 배후에서 조종하였다.

용할 수 있었던 칙임관勅任官 조차도 자격과 실력을 갖춘 자로 임명한다는 방침을 정하였다. 칙임관도 고등문관시험에 합격한 자들 중에서 선발하는 원칙이 성립되었다.

「문관임용령」과 함께 「문관분한령文官分限令」이 제정되었다. 「문관분한령」은 일반 문관의 신분과 징계에 관한 칙령이었다. 「문관분한령」으로 관리의 지위가 보장되었다. 내각이 교체되어도 함부로 관리를 면직시킬 수 없게 되었다. 문관의 자격임용제도가 강화되면서 관리의 신분도 확실하게 보장되었다.

1900년 5월 군부대신은 현역의 대장·중장에 한정한다는 군부대신 현역무관제가 확립되었다. 「치안경찰법」의 발포를 비롯한 일련의 번벌 세력의 지배를 유지하는 정책도 추진되었다. 야마가타 아리토모는 이토 히로부미가 정당을 이끌게 되었을 때에도 여전히 번벌정치가로서 관료세력을 보호하는 데 앞장섰다.

메이지 초기에는 정부의 고급관료는 물론 실무관료들도 신정부를 출범시키는 데 중추적인 역할을 했던 사쓰마·조슈·도사土佐·히젠肥前 출신 무사와 에도 막부의 관료 출신이 높은 비율을 점하고 있었다. 그러나 1880년대 이후에는 관료제도가 확립되고 관료기구가 정비되었다. 임의적으로 채용하던 관리를 정식 시험을 거쳐서 채용하는 제도가 확립되었다. 이와 병행해 도쿄대학東京大学의 전신인 제국대학帝国大学을 비롯한 관료양성기관이 정비되었다. 그 결과, 행정관료 중에서 번벌 출신 비율이 점차로 낮아졌다.

메이지 말기에는 고급관료 중에 제국대학, 특히 도쿄대학 법학부의 전신인 법과대학 출신자가 차지하는 비중이 높았다. 관료는 출신지나 신분 그리고 출신 계급에 관계없이 제국대학이라는 통로를 통해 고급관료의 지위에 오를 수 있게 되었던 것이다. 그들은 전문적인 지식과 기능을 보유한 자로서 국가의 실무적인 정책 결정과 그 집행에 커다란 힘을 발휘하였다. 관료는 귀족원과 추밀원을 배경으로 정당세력과 대항할 수 있는 강력한 정치세력으로 부상하였다.

[3] 천황과 천황제

1. 전근대의 천황

12세기 말 가마쿠라 막부鎌倉幕府가 성립되면서 막부의 수장인 쇼군将軍이 정치·군사·외교 등 일본의 통치권을 장악하였다. 그 후 막부 통치체제는 19세기 말에 근대국가가 성립될 때까지 약 700년 지속되었다. 그동안 천황은 정치에서 배제되었다. 메이지 정권이 선언한 왕정복고王政復古라는 말에 이미 그러한 역사가 고스란히 담겨져 있었다.

7세기 후반에 형성된 고대 천황제는 율령국가 체제를 확립하였다. 천황은 나라 시대奈良時代에서 헤이안 시대平安時代까지 200여 년간 일본을 지배하였다. 그러나 천황의 권력은 섭관정치摂關政治가 확립된 10세기 중반부터 약화되었다. 특히 11세기 후반부터 상황上皇이 정치를 주도하면서 천황이 정치의 일선에 나서는 일은 드물었다.

가마쿠라 시대에는 쇼군에 빼앗긴 권력을 되찾기 위해 막부와 맞섰던 천황도 있었고, 그중에 고다이고 천황後醍醐天皇은 한때 정권을 회복하기도 하였다. 하지만 천황 권력은 단기간에 붕괴되었고, 다시 무로마치 막부室町幕府가 성립되었다. 그 후에도 천황은 여전히 일본의 군주자리를 지키고 있었다. 하지만 권력에서 완전히 배제되었을 뿐만 아니라 권위 또한 실추되었다.

전국시대戰國時代의 천황은 경제적으로 매우 궁핍해 즉위식도 올리지 못할 지경이었다. 전국시대는 군웅이 할거하던 시대였다. 16세기 중엽부터 분열된 일본을 통일하려는 기운이 일어났다. 오다 노부나가織田信長 · 도요토미 히데요시豊臣秀吉 시대를 거치면서 일본이 통일되었다. 통일정권은 자신의 권력을 안정시키기 위해 천황을 받드는 모양새를 취하였다. 에도 막부江戸幕府가 성립되면서 쇼군의 권력은 더욱 강력해졌다. 막부는 천황과 귀족을 철저히 감시하고 통제하였다. 천황은 쇼군 권력에 의지해 겨우 연명할 수 있었다.

하지만 막부의 쇼군은 천황제를 폐지하지 못하였다. 5세기 말 씨성제도氏姓制度가 성립된 이래, 천황과 그 일족은 성이 없는 존재였고, 그 자체가 권위의 원천이었다. 7세기 말 역사서가 편찬되면서 천황은 일본 신화에 등장하는 건국신 아마테라스오미카미天照大神의 자손으로 묘사되었다. 천황은 신격화되어 아라히토가미現人神, 즉 사람의 모습으로 이승에 나타난 신으로 받들어졌다. 아무리 패권을 장악한 자라도 천황의 권위를 넘볼 수 없었다.

막부의 쇼군은 천황의 권위를 효과적으로 이용하는 방법을 선택하였다. 쇼군의 입장에서 천황은 절대적으로 필요한 존재였다. 쇼군의 통치권은 천황의 권위에서 기인하였다. 그래서 쇼군은 천황에게서 세이다이쇼군征夷大將軍에 임명되는 형식을 취하였다. 무가정권 중에서 가장 강력했던 에도 막부의 쇼군조차 그러하였다. 그래서 천황이 일본 최고의 지배자였고 막부의 쇼군은 천황의 신하였을 뿐이라는 설도 있다. 하지만 쇼군을 임명하는 천황에 누구를 취임시킬지 결정했던 것은 바로 쇼군이었다. 쇼군이 허락하지 않으면 누구도 천황에 즉위하지 못했던 것이다.

18세기 중엽부터 천황을 숭앙하는 기운이 일어났다. 소위 존왕론尊王論은 유학의 명분론과 밀접한 관련이 있었다. 18세기 말부터 러시아를 비롯한 외국 세력이 일본에 접근하면서 국방 문제가 현안이 되었다. 그러자 쇼군의 책무이기도 했던 국방 문제는 대정위임론大政委任論, 즉 쇼군은 천황에게서 국방·치안의 책무를 다해야 한다는 조건으로 권력을 위임받았다는 이론이 재조명되었다. 실제로 천황은 19세기 전반에 두 번이나 국방에 전념하라는 칙서를 쇼군에게 내렸다. 그러면서 민중의 기억 속에서 오랫동안 잊혀진 천황의 존재가 서서히 부각되었다.

2. 근대의 천황

천황이 역사의 무대로 등장하기 시작한 것은 막부가 미국의 압력으로 개국하면서부터였다. 지사들은 다시 대정위임론을 거론하였다. 1853년 미국의 페리가 군함을 이끌고 에도만江戶灣에 정박했을 때, 요시다 쇼인吉田松陰은 조슈번의 다이묘에게 「쇼큐시겐將及私言」을 제출하였는데, 그 속에 다음과 같은 말이 있다. "일본은 천조天朝(=천황)의 천하이며 천하의 천하이다. 막부의 것이 아니다. 그러므로 외이外夷가 조금이라도 일본을 얕보면 막부는 당연히 천하의 제후諸侯들을 거느리고 일본의 치욕을 씻어야 마땅하다. 그리하여 천조의 신금宸襟(=천황의 마음)을 위로해야 마땅하다." 막부가 미국의 압력에 무기력하게 개국하자, 양이론攘夷論이 존왕론과 결합하면서 존왕양이론으로 발전하였다. 신비주의적이고 추상적인 천황의 이미지가 오히려 지사志士를 결집시키는 요인이 되었다. 지사들은 막부를 타도하는 운동을 전개하였다. 요시다 쇼인을 비롯한 지사들에게는 천황을 받들고 막부를 타도하는 것 이외에 안중에 없었다. 에도 막부는 페리가 개국한 지 15년 만에 멸망하고, 실로 700년 만에 천황이 정치무대에 화려하게 복귀하였다.

에도만에 정박한 미국 함대
그림 / 니이가타현 흑선관 소장

민중은 천황이 교토京都의 궁전에서 살고 있다는 것은 알고 있었다. 그러나 천황을 의식한 적도 없었고 본적도 없었다. 무엇보다도 천황이라는 용어가 생소하였다.[37] 민중은 다만 교토의 궁전에 있는 천황을 긴리사마禁裏樣, 우에사마上樣 등으로 불린다고 알고 있었을 뿐이다. 메이지 정부는 그런 민중에게 천황이 어떤 존재인지 적극적으로 선전하였다. 1869년 2월 메이지 정부는 다음과 같이 고유告諭하였다. "천자天子는 아마테라스오미카미의 자손으로 이 세상이 열릴 때부터 일본의 주인이셨다. 신령과 관직 등이 나라에 있는 것도 모두 천자가 허락했기 때문이다. 한 자의 땅 한 명의 사람도 천자의 것이다." 메이지 정부는 '천자'가 신성하다는 것과 함께 그의 자비로움을 애써서 선전하였다.

---

37) 천황이라는 중국식 시호諡號는 7세기 말부터 헤이안平安 시대 중기, 즉 10세기 중반까지 약 250여 년간 사용되었다. 그 후로는 원호院號가 사용되었다. 예를 들면, 고미즈노오 천황에게 고미즈노오인後水尾院이라는 시호가 부여되는 식이었다. 그러다가 1788년 고카쿠 천황光格天皇이 자신의 부친에게 태상천황太上天皇 존호를 올리려고 시도하였다. 그러나 고카쿠의 시도는 당시 막부의 로주老中 마쓰다이라 사다노부松平定信의 반대로 좌절되었다. 천황의 시호가 실로 800여 년 만에 부활할 뻔했던 것이다. 천황이 일본 군주의 시호로 부활한 것은 19세기 중엽 이후였다.

천황의 "어진영御眞影"을 관공서에 게시해 예배하도록 하기도 하였다.

그러나 지방의 주민은 여전히 "패부覇府"(=막부)는 알아도 '천자'의 존재를 알지 못하였다. 민중과 유리되어 생활했던 천황 역시 지방의 사정을 알지 못하였다. 산조 사네토미三条実美를 비롯한 메이지 유신의 원훈들은 위기감을 느꼈다. 그래서 추진된 것이 천황의 순행巡行, 즉 천황이 지방을 직접 시찰하게 하는 행사였다. 순행의 목적은 지방의 민중에게 천황을 보여줌과 동시에 천황이 지방의 실정을 직접 살피게 하는 것이었다.

천황은 신비한 존재였다. 궁전에서 귀족과 막부의 요인들을 접견할 때도 주렴珠簾을 사이에 두고 공간이 분리되어 있었다. 아무도 천황을 직접 쳐다볼 수 없었다. 그런 천황이 민중 앞에 모습을 드러내는 것은 당시로서는 파격이었다. 1626년 고미즈노오 천황後水尾天皇이 교토의 궁정에서 가까운 니조성二条城으로 행행한 이래, 에도 시대의 역대 천황은 237년 동안 궁전 밖으로 나온 일이 없었다. 1862년 고메이 천황孝明天皇이 기도하기 위해 신사와 사원으로 두 번 행행하였다. 그때도 가마를 타고 있어서 그의 모습을 본 사람은 아무도 없었다.

1868년 10월 메이지 천황이 교토를 떠나 도쿄로 행행하였다. 행렬이 지나는 도로 연변에는 천황이 탄 수레를 보기 위해 남녀노소가 운집하였다. 민중은 멀리 떨어진 곳에 도열해 박수로 천황의 수레를 맞이하면서 예배하였다. 도쿄로 천도한 메이지 천황은 1872년부터 1885년까지 전국 각지를 순행하면서 자신이 일본 최고의 권력자라는 것을 유감없이 과시하였다. 1876년에 도호쿠東北, 1878년에 호쿠리쿠北陸・도카이도東海道, 1880년에 야마나시山梨・도산도東山道, 1881년에 홋카이도北海道・아키타秋田・야마가타山形, 1885년에 산요도山陽道 등 여러 지방을 잇달아 순행하였다.

천황이 순행하는 지역에는 사전에 고위관리가 파견되어 철저한 조사와 점검을 실시하였다. 천황은 아침 일찍부터 마차를 타고 순행에 나섰다. 마차가 통과할 수 없는 산길은 가마를 타고 지났다. 천황은 각 현의 현청縣廳을 시찰한 다음, 학교, 병원, 재판소, 병영, 박물관, 공장 등을 차례로 시찰하였다. 관리들은 농민들을 동원해 천황이 순행하는 도로 주변에서 모내기를 하거나 김을 매게 하고, 천황이 직접 그 광경을 바라다보게 하였다.

천황은 순행지에서 민중을 직접 대면하기도 하였다. 보신전쟁 때 메이지 정부에 협력한 자, 경제발전에 기여한 자, 다른 사람에게 모범이 되는 행동을 한 자, 80세 이상의 고령자, 재난의 피해를 입은 자 등을 위로하고 하사금을 내렸다. 충성심이 깊고 성실한 관리를 포상하였다. 각 지방의 특산품을 구매하기도 하였다. 천황은 순행하는 지역의 신사나 사원에 고급관리를 파견해 대신 참배하게 하였다. 모든 행사는 현령縣令이 앞장서서 진행하였다. 현령은 천황에게 지방의 실정과 현정縣政의 성과를 직접 보고하였다. 천황이 묵는 행재소行在所와 잠시 머무는 장소는 주로 근대식 시설을 갖춘 학교나 지방 명망가의 저택이었다. 순행에 나선 천황의 동정은 연일 신문에 보도되었다.

천황의 행렬이 지나가는 도로 연변에는 남녀노소가 운집하였다. 정부는 이미 천황의 행렬이 지나갈 때 땅에 엎드리지 않아도 된다고 포고하였다. 민중은 편하게 서서 천황의 행렬을 구경하였다. 그러나 천황에게 예배하기 위해 모든 학교의 학생들이 동원되었다. 사전에 철저하게 훈련된 학생들은 학교명이 써진 표지판이나 깃발 앞에 질서정연하게 도열해 천황의 마차가 지나갈 때 교사의 호령에 따라서 일제히 절을 하였다.

정부는 편하게 천황의 행렬을 맞이하라고 했지만, 민중 속에는 천황을 신성시하는 전통이 살아있었다. 마치 신사에 공물을 바치는 것처럼, 신주神酒와 소나에모치供餅를 차려놓고 천황의 마차를 맞이하면서 예배하는 사람들도 적지 않았다. 천황이 휴식을 취한 장소에 사람들이 몰려들었다. 천황이 앉았던 의자를 손으로 만지고, 그 손으로 자신의 온몸을 쓰다듬으며 무병장수를 비는 사람도 있었다. 천황의 마차가 지나가면 사람들이 몰려들어 길바닥에 깔린 모래를 한줌이라도 더 가져가려고 다투기도 하였다. 천황을 살아 있는 신으로 여기는 천황신앙이 있었던 것이다.

정부는 천황의 역사성을 부각키는 사업을 추진하였다. 정부는 이세신궁伊勢神宮을 성역화하였다. 이세신궁은 천황 가문의 조상신 아마테라스오미카미를 모신 신사이다. 미에현三重県 이세시에 있다. 신궁의 성립 시기에 대해서는 여러 설이 있으나 6세기 이후 성립설이 가장 타당하다. 이세신궁은 오랜 시간 동안 민중의 신앙 대상이었다. 참배객이 많이 모이는 그곳은 민중의 유흥공간이기도 하였다. 유곽, 극장, 여관, 음식점 등이 많았다. 특히 유곽에는 1,000여 명의 유녀가 손님을 맞았을 정도로 번성하였다. 메이지 정부는 이세신궁 주변의 전답은 물론 민가를 포함한 모든 시설을 매수하고, 그곳을 이세신궁의 외역으로 단장하였다. 그 후 이세신궁은 민중이 접근하기 어려운 성지로 변신하였다.

천황 가문의 능묘 정비사업도 추진되었다. 역대 천황릉의 조사와 복구 작업은 에도 시대 말기부터 시작되었는데, 가장 먼저 초대 천황으로 받드는 진무릉神武陵이 결정되었다. 진무릉의 위치에 대해 두 설이 대립했는데, 1863년 고메이 천황이 다니모리 요시오미谷森善臣의 설을 취해 우네비야마畝傍山의 동북쪽 산기슭에 있는 고분을 진무릉으로 확정하였다. 물론 피장자가 누구인지는 명확하지 않다. 1880년대에 13개 천황릉이 일거에 확정되었다. 천황릉의 '창출'은 고분의 외형을 크게 손상하였다. 예를 들면, 지금의 오사카부大阪府 하비키노시羽曳野市에 있는 유랴쿠릉雄略陵은 근접해 있는 두 개의 고분을 하나로 연결해 거대한 전방후원분前方後圓墳으로 '창출'한 것이다. 천황릉에는 예외 없이 사당을 설치해 제사를 드릴 수 있도록 하였다. 특히 진무를 제사하기 위해 가시하라신궁橿原神宮이 창건되었다.

천황 가문의 문장紋章으로 국화 문양이 확정되었다. 국화 문양은 가마쿠라鎌倉 시대 초기 고토바 상황後鳥羽上皇이 특히 그것을 좋아하면서 천황 가문의 문장으로 사용되었다. 하지만 국화 문양은 반드시 천황 가문만 사용한 것은 아니었다. 귀족과 다이묘도 즐겨 사용하였다. 그러나 메이지 정부가 수립되면서 국화 문장은 천황 가문 이외에는 사용할 수 없도록 하였다. 1868년 3월에는 예술품이나 상품으로도 국화 문장 사용을 금지하였다. 그 후 국화잎이 16개 달린 문장은 천황 직계가 아니면 사용할 수 없게 되었다.

의식이 거행될 때 기미가요君が代가 제창되었다. 정부는 천황이 순행할 때도 학생들을 동원해 기미가요를 부르게 하였다. 이때부터 기미가요가 일본의 국가가 되었다. 기미가요는 천황의 치세가 영원하기를 기원하는 찬가였다. 기미가요의 가사는 10세기 초에 편찬된 『고킨와카슈古今和歌集』에 실린 와카였다. 그 내용은 다음과 같다. "천황의 치세는 천대千代 팔천대八千代가 되도록 영원히, 작은 돌이 모여서 바위처럼 커지고, 그 위에 다시 이끼가 자랄 때까지 계속되기를."

3. 천황과 군대

1872년 2월 메이지 정부는 병부성兵部省을 폐지하고 육군성과 해군성을 설치하였다. 일본 육군의 기틀을 마련한 인물은 야마가타 아리토모였다. 조슈번의 하급무사 출신이었던 야마가타는 다카스기 신사쿠高杉晉作가 창설한 기헤이타이奇兵隊의 장교로 근무했던 이력이 있었다.

그는 근대 군대의 장점과 단점을 누구보다도 잘 간파하고 있던 인물이었다. 1873년 1월 야마가타는 육군경陸軍卿에 취임해 징병령徵兵令을 포고하였다.

야마가타는 군제의 개혁에 착수하였다. 그의 목표는 군령기관軍令機關을 독립시켜 통수권統帥權을 확립하는 것이었다. 1878년 12월 참모본부를 설치하였다. 그것은 통수권을 정부에서 독립시켜 천황의 대권에 귀속시키기 위한 조치였다. 다시 말하자면 군령軍令, 즉 군사명령과 군정軍政, 즉 군사행정을 분리해 내각의 정책이나 문관의 간섭에서 완전히 배제된 천황의 군대를 창설하기 위한 것이었다. 그래서 군령권을 천황에 직속시키는 이러한 장치는 통수권의 독립이라고 일컬어졌다.

야마가타 아리토모는 독일식 군제를 채용하였다. 1885년 독일 육군의 크레멘스 메케르Klemens B. Meckel 소좌少佐를 육군대학교 교관으로 초빙하였다. 메케르는 훗날 독일 육군의 참모차장까지 승진한 뛰어난 인물이었다. 메케르가 일본에 체재한 기간은 겨우 3년이었지만, 그동안 그는 일본 육군의 용병과 군제의 기틀을 마련하였다. 훗날 일본 육군의 지도자 또한 메케르에 의해 양성되었다.

야마가타 아리토모는 육군의 독재자로 불렸다. 가쓰라 타로桂太郎와 데라우치 마사타케寺內正毅가 야마가타를 충실하게 보필하면서 조슈 출신이 육군 지휘부를 거의 독점하는 체제를 구축하였다. 사이고 다카모리西鄕隆盛가 사망한 후, 군부에서 사쓰마를 대표하는 인물은 오야마 이와오大山巖였다. 하지만 오야마의 정치적 수완은 야마가타의 적수가 되지 못하였다.

육군은 조슈 출신이 장악했지만 해군은 사쓰마 출신이 장악하였다. 메이지 정부가 출범할 당시 해군의 전력은 빈약하기 그지없었다. 무엇보다도 군함을 건조하기 위한 재정과 기술을 확보하는 것이 해군의 당면과제였다. 1876년에 요코스카橫須賀의 해군조선소에서 처음으로 군함을 건조하였다. 1880년에는 순전한 국내 기술로 군함을 건조하면서 기술력을 확보하였다.

해군은 에도 막부의 관리였던 가쓰 아와勝安房·에노모토 다케아키榎本武揚를 중심으로, 사이고 쓰구미치西鄕從道·가와무라 스미요시川村純義·가바야마 스케노리樺山資紀 등 사쓰마 출신자들이 창시하였다. 해군에서 육군의 가쓰라 타로와 같은 정치력을 발휘했던 인물은 야마모토 곤베山本權兵衛였다. 야마모토는 청일전쟁이 발발하자 대본영에서 작전을 담당했고, 그 후에는 해군대신 부관, 군무국장 등 요직을 거치면서 해군의 발전에 크게 기여하였다.

해군은 영국식 군제를 채용하였다. 1884년 군령을 관장하는 군사부軍事部가 설치되었으나 다음 해에 참모본부에 흡수되었다. 1889년 해군성 소관이 되었고, 1893년 청일전쟁을 준비하면서 해군군령부로 독립하였다. 독자적인 군령체제를 갖춘 해군은 청일전쟁 때 황해해전에서 청국의 북양함대北洋艦隊를 대파하면서 일본군이 승리하는 데 결정적으로 기여하였다.

메이지 정부 성립 초기 육군의 장교 양성은 병학료兵學寮에서 시작되었다. 1874년에 육군사관학교가 설립되면서 체계적인 교육을 받은 장교가 양성되었다. 1887년에는 사관후보생 제도가 성립되었다. 거의 같은 시기에 육군포병사적학교陸軍砲兵射的學校를 비롯한 각 병과 간부 양성 학교가 개교하였다. 하사관은 육군교도단陸軍敎導團에서 양성되었다.

해군의 장교 양성은 해군병학료에서 시작되었다. 해군병학료는 1876년에 해군병학교로 개칭되었다. 1881년에는 누구나 해군병학교에 입학할 수 있도록 문호를 개방하였다. 1888년에는 병학교를 히로시마현廣島縣의 에타지마江田島로 이전하였다.

1882년에 육군대학교가 설립되었다. 이 대학은 고등용병술을 교육하는 참모양성 교육기관이었다. 육군대학교를 졸업하지 않으면 장군으로 진급할 가능성이 거의 없었다. 육군대학교는 군인의 파벌이 형성되는 곳이기도 했던 것이다. 해군대학교는 육군보다 5년 늦은 1887년에 설치되었다.

육군경 야마가타 아리토모는 일찍부터 군인의 통제를 강화할 필요가 있다고 생각하였다. 그런데 1878년 8월 도쿄의 다케바시竹橋에 주둔하던 포병이 소요를 일으키는 사건이 발생하였다. 야마가타는 다케바시 소요 사태를 계기로 군인의 사상교육 차원에서 「군인훈계軍人訓戒」를 정해 육군에 배포하였다. 이것은 군인이 지켜야 할 덕목으로 충실·용감·복종을 강조한 것이었다.

1881년 1월 헌병제도를 창설하였다. 같은 해 12월에는 군형법을 제정하였다. 군형법에 군인이 정치에 관여할 수 없다는 규정이 마련되었다. 1882년 1월 「군인훈계」의 내용을 보다 명확히 적시한 「군인칙유軍人勅諭」가 발표되었다. 「군인칙유」는 "짐은 너희 군인의 대원수이다."로 시작되었다. 「군인칙유」는 "병마兵馬의 대권" 즉 군대를 지휘·통솔하는 대권은 천황이 장악하고 있으며, 군대는 "대대로 천황이 통솔하는" 집단이라는 점을 밝혔다. 군대는 곧 천황의 군대라는 것을 명확히 선언한 것이다. 「군인칙유」는 군인이 정치에 관여하는 것을 금지하는 것은 물론, 충절·무용·신의·예의·질소質素를 군인이 지켜야 할 덕목으로 제시하였다. 충절의 항에 국가의 보호와 국권의 유지라는 군인의 임무가 명기되었지만, 그것은 어디까지나 천황에 대한 충성을 통해서 실현되는 것이었다.

"대원수"라는 칭호가 천황의 존칭으로 제도화된 것은 1898년 천황의 군사상 최고고문기관인 원수부元帥府가 설치되면서부터였다. 원수부는 원수들이 열석해 천황의 자문에 응하기 위한 기관이었다. 원수의 칭호는 육해군 대장 중에서 특히 군공이 뛰어난 인물에게 부여되었다.

원수·원수부가 제도화되면서 천황을 대원수라고 칭하게 되었다.

육해군의 최고위 군인인 대원수가 군대를 지휘·통솔하는 권한을 통수권이라고 하였다. 통수권에 내각이 개입할 수 없었다. 천황에 직속한 육군의 참모본부參謀本部, 해군의 군령부軍令部 등 군령기관만이 천황을 보좌할 수 있었다. 이것을 통수권의 독립이라고 하였다. 특히 작전이 시작되면 내각은 그것에 개입할 수 없었다. 청일·러일전쟁을 거치면서 군인의 정치적 영향력이 강화되었던 배경에는 통수권의 독립이 있었다.

천황의 통수권 행사 중에서 가장 중요한 것은 봉칙명령奉勅命令의 발령이었다. 전시에는 육해군의 최고사령부로서 대본영大本營이 설치되었고, 이곳에서 하달되는 명령을 봉칙명령, 또는 대본영명령이라고 하였다. 봉칙명령은 참모총장이 천황에게 명령안을 제출하면, 천황이 '하문下問'하고 총장이 '봉답'하는 절차를 거쳐 최종적으로 천황이 명령안에 날인하면 발령되었다. 다음으로 천황은 '하문' 등을 통해 전략·작전을 지도指導하였다. 천황의 발언으로 전략·작전이 변경되기도 하였다.

장병의 사기를 고무하는 일도 통수권의 일환이었다. 평시에 천황은 관병식觀兵式, 관함식觀艦式 등의 행사를 주관하였다. 천황은 육군사관학교를 비롯한 군사학교 행사 참석, 군부대 시찰, 군기의 수여, 장군의 진급식, 육해군 특별훈련 점검 등 다양한 행사에 모습을 드러냈다. 특히 천황이 지켜보는 열병식은 군인들이 '천황의 군대'로서의 단결심과 일체감을 실감하는 행사였다. 또 천황은 군수뇌부를 질타해 군기를 다잡기도 하였다.

천황을 그림자처럼 수행하면서 군무를 담당한 것은 시종무관장侍從武官長과 시종무관侍從武官이었다. 시종무관장에는 육군 중장 이상의 장군이 취임하는 것이 관례였다. 특히 시종무관장의 역할은 매우 중요하였다. 대원수의 군사고문으로서 천황의 군사적 판단에 직접적인 영향을 미쳤다.

시종무관장 밑에 소좌 이상 소장 이하 계급에 속한 군인이 시종무관으로 근무하였다. 시종무관은 육군에서 4명, 해군에서 3명이 파견되어 교대로 근무하였다. 시종무관장과 시종무관은 천황의 '하문'에 답하거나 육해군의 중요 인물 및 각 기관의 책임자와 연락하는 일을 담당하였다. 천황의 명령으로 각지를 시찰하고, 천황의 '성지聖旨'를 전달하고, 천황이 직접 갈 수 없는 전쟁터나 식민지로 출장해 장병의 사기를 북돋우는 일도 시종무관의 중요한 임무였다.

[4] 조약개정 외교

1. 이노우에 가오루의 조약개정 교섭

19세기 후반, 아시아의 여러 나라는 구미 열강의 식민지가 되었으나 일본은 서양 열강의 침탈에 적극적으로 대응하면서 식민지가 될 수도 있는 위기에서 벗어났다. 그러나 막말에 외국과 맺은 불평등조약을 개정해 치외법권을 철폐하고, 관세자주권을 회복하는 것이 메이지 정부의 당면과제로 남겨져 있었다.

이와쿠라 도모미·소에지마 다네오미의 뒤를 이어서 외무경에 취임한 데라지마 무네노리寺島宗則는 1876년부터 조약개정 교섭을 시작하였다. 데라지마는 일본의 관세 수입이 세입의 7~8퍼센트에 달하고, 수입도 초과했다는 점에 주목하고, 관세자주권 회복을 우선과제로 선정해 교섭에 착수하였다. 그러나 조약개정 교섭에 미국은 찬성했지만 영국이 반대였기 때문에 성사되지 못하였다. 하지만 일본은 런던에서 개최된 열국회의列國會議에서 조약개정 문제를 제기하는 성과를 얻었다.

1878년 발생한 아편밀수 사건으로 데라지마가 추진하던 조약개정 교섭이 좌절되었다. 아편을 밀수한 영국인이 현장에서 적발되었으나 요코하마橫浜 영국 영사재판소는 범인에게 무죄를 선고하였다. 이 사건의 전말을 지켜본 일본인들은 분노했고, 조약개정보다도 먼저 치외법권이 철폐되어야 한다는 여론이 형성되었다. 여론의 공격을 받은 데라지마는 결국 사직했고, 조약개정을 둘러싼 교섭은 우선순위에서 밀려나게 되었다.

1879년 9월 데라지마 무네노리의 뒤를 이어서 외무경[38]으로 취임한 이노우에 가오루井上馨는 관세자주권 회복에는 소극적으로 대응하고, 그 대신에 치외법권을 완전히 폐지하는 방침을 정하였다. 1882년 1월부터 조약개정을 위한 예비회의가 도쿄에서 개최되었다. 이 회의에서 이노우에는 관세의 세율을 개정해 세수를 늘리는 선에서 만족하고, 치외법권을 완전히 철폐하는 방안을 제시하였다. 그리고 치외법권을 철폐하는 대신에 외국인이 일본 어디에서나 활동할 수 있도록 개방하고, 일본의 재판소에 외국인 법관을 임명하고, 외국인 관련 재판은 외국인 법관이 판결하게 하고, 동시에 사법제도는 물론 형법·민법·상법·소송법을 서양의 법전을 참조해 제정할 것이라고 약속하였다. 하지만 이노우에의 제안은 예비회의에서 채택되지 않았다.

이노우에의 의도는 관철되지 않았으나 일본 전역으로 무역을 확대하려는 외국인들의 욕망을 자극하였다. 외국 측이 조약개정을 전향적으

---

[38] 1885년 12월에 태정관제가 폐지되고 내각제가 설립되면서 각 성省의 장관은 대신大臣으로 호칭되었다. 그러니까 이노우에 가오루 외무경은 1885년 12월부터 외무대신으로 호칭되었다.

로 검토하도록 유도하려는 목적은 달성된 셈이었다. 1884년 영국은 관세율 개정에 동의할 뜻이 있음을 내비치면서 일본에서 외국인이 무역을 할 때나 내지內地로 여행할 때 교통의 편의를 제공해 달라고 요구하였다. 영국은 부동산 소유권을 포함해 일본이 내지를 전면 개방한다면 일본의 관세자주권을 인정할 용의가 있음을 밝혔다. 또 영국은 일본이 민법·상법·소송법을 완비한 뒤에는 영사재판권을 철회하겠다는 뜻도 밝혔다.

이노우에는 관세율 개정을 중심으로 하는 부분적 조약개정을 먼저 추진하면서, 외국인에 대한 내지 전면개방과 치외법권·관세자주권 문제를 점차적으로 해결한다는 방침을 세웠다. 치외법권의 부분적 철회를 내지 개방의 부분적 실현과 연계해 실행할 심산이었다. 영국의 내지 개방 요구가 강해지면 강해질수록 일본이 그들에게 치외법권 철회를 강력하게 요구할 수 있다고 판단하였다. 그러나 이노우에의 구상은 이상에 치우친 면이 있었다. 민법·상법·소송법 등 법전이 마련되기 전에는 여러 나라가 영사재판권 철회에 동의하지 않을 것이기 때문이었다.

1886년 5월 제1회 조약개정 회의가 개최되었다. 이노우에는 전면적 내지 개방과 치외법권의 일부 철회 방침을 정하였다. 각의의 재가를 얻은 이노우에는 영국·독일 양국 공사와 교섭해 본회의에 안건을 제출하였다. 그 내용은 치외법권을 일부 폐지하는 대신에 일본의 재판소에 외국인을 법관으로 임용하고, 외국인이 관련된 재판은 외국인 법관이 재판을 할 수 있도록 하고, 관세율을 올리는 대신에 외국인이 국내 어디서나 자유롭게 거주하도록 하는 것이었다.

이노우에는 조약개정 내용이 민권파에 유출되지 않도록 비밀에 붙였다. 하지만 내각 법률고문 보아소나드G. E. Boissonade는 조약개정안에 이의를 제기하였다. 조약개정안에 따르면 일본인이 원고일 때뿐만 아니라 피고일 때도 외국인 법관의 재판을 받게 된다는 것, 일본의 입법권도 외국의 간섭을 받게 된다는 것 등을 지적하였다. 또 조약개정안은 이제까지 거류지에 한정되었던 불이익을 일본 전국으로 확산하는 것으로 구 조약보다 개악된 것이라고 역설하였다. 보아소나드는 정부 고관에게도 비준을 거부하라고 촉구하였다. 유럽을 시찰하고 귀국한 농상무대신 다니 다테키谷干城도 조약개정안에 극력 반대하였다.

보아소나드와 다니 다테키의 조약개정 반대 의견서는 삽시간에 민간에 유포되었다. 민권파를 중심으로 민중운동이 전개되었다. 전국 각지에서 조약개정에 반대하는 건백서가 원로원으로 쇄도하였다. 신문은 조약개정 반대운동의 실상을 보도하였다. 그 무렵에 의회개설과 제1회 총선거를 앞두고 민권파가 정치적으로 다시 결집하였다. 민권파는 로쿠메이칸鹿鳴館에서 벌어진 추태[39]를 들추며 정부를 공격하던 중이었다. 이노우에의 조약개정안은 민권파가 전국적으로 결집할 수 있는 기폭제 역할을 하였다. 정치적 부담을 견디지 못한 이노우에 가오루는 결국 1887년 9월 18일에 사직하였다.

2. 오쿠마 시게노부의 조약개정 교섭

1888년 2월 오쿠마 시게노부大隈重信가 외무대신에 취임하였다. 오쿠마는 이노우에의 조약개정안 중에서 특히 문제가 된 외국인 법관 임용

---

39) 로쿠메이칸은 1883년에 도쿄 히비야日比谷에 세워진 서양식 건물이다. 외국의 귀빈을 접대하고, 상류사회 인물들이 교류하는 장소였다. 그곳에서는 거의 매일과 같이 내외 고관과 그 부인·자녀들이 모여서 연회·무도회·바자와 같은 행사를 하였다. 가면무도회에서 이토 히로부미가 고관 부인을 성폭행한 사건이 외부로 알려지면서 여론이 악화되었다.

과 법전편찬 문제를 조약개정안 정문正文에서 삭제하고, 같은 내용을 외무대신 선언문 형식으로 대체하였다. 하지만 외무대신 선언문을 포함하면 이노우에의 조약개정안과 기본적으로 동일하였다. 결과적으로 오쿠마는 이노우에의 방침을 계승해 치외법권 폐지를 중요한 과제로 삼았던 것이다.

오쿠마는 외국인의 조약 이행이 불충분하다는 것에 주목해 외국인에게 조약을 충실히 지키라고 요구하였다. 오히려 외국인이 불편함을 느끼게 해 조약개정에 이르도록 한다는 속셈이었다. 오쿠마는 대심원大審院에 외국인 법관을 임용하고, 거류지를 철폐해서 외국인이 국내 어디서든지 생활할 수 있도록 하고, 토지 소유권도 인정한다는 개정안을 준비해 각국별로 교섭을 시작하였다.

오쿠마의 각국별 교섭 방식이란 먼저 영국·독일·프랑스·미국·러시아·이탈리아 6개국과 개별 교섭해 조약을 개정하고, 다른 국가에 대해서는 6개국과 합의한 조약을 맺을 것인지, 아니면 폐기할 것인지 양자택일을 하도록 한다는 것이었다. 오쿠마는 6개국 중에서도 미국·독일·러시아 등 비교적 일본의 입장에 동조하는 국가와 조약개정을 마무리하고, 영국·프랑스와의 교섭은 뒤로 미루는 전략을 세웠다. 그러나 이런 전략은 일본과 영국의 교섭 결과에 따라 무의미해질 수밖에 없는 것이었다. 최혜국조항이 있었기 때문이다.

설상가상으로 오쿠마의 조약개정안은 이노우에의 개정안에는 없었던 문제점을 내포하고 있었다. 대심원에 외국인 법관 임용, 법전편찬 기한의 약속 등이 새로 공포된 제국헌법에 저촉된다는 문제점이 드러났던 것이다. 이런 문제점을 처음 지적한 인물은 주미공사 무쓰 무네미쓰陸奧宗光였다. 법제국장 이노우에 고와시井上毅 또한 외국국적 법관 임용이 헌법 제19조 "일본의 신민은 법률과 명령에 정한 바의 자격에 따라서 동등하게 문무관에 임용되고 기타 공무에 취임할 수 있다."라는 조문에 저촉된다는 의견서를 제출하였다. 제국헌법에 따르면, 외국인이 일본에 귀화하지 않는 한 일본의 법관으로 임용할 수 없었다.

이노우에는 외국인의 귀화법 제정을 제안하였다. 그런데 그 무렵 민간에서 조약개정 반대운동이 일어나기 시작하였다. 정부는 조약개정의 정문은 물론 외무대신 선언문도 비밀에 붙였었다. 하지만 오쿠마의 국가별 교섭 방식에 불만을 품은 영국의 신문을 통해 조약개정안 내용이 일본에 알려졌다. 정부 내에서도 오쿠마의 조약개정안에 저항감을 갖고 있던 자들이 많았다. 천황의 측근 모토다 에이후元田永孚, 이노우에 고와시도 조약개정안에 비판적이었다.

1889년 5월부터 대동클럽大同俱樂部, 대동협화회大同協和會 등 민권파가 단결해 조약개정안 반대운동을 전개하였다. 같은 해 8월에는 다니 다테키를 중심으로 하는 국권파가 반대운동 대열에 합류하였다. 반대운동 단체는 연설회를 개최해 여론을 불러일으켰다. 각 지방에서 원로원에 조약개정 중지를 촉구하는 건백서가 185건 제출되었다. 건백서에 서명한 자는 5만6,000명 이상이었다. 그러자 오쿠마 시게노부가 조직한 입헌개진당에서 조약개정 찬성 건백서 제출을 주도하였다. 120건의 조약개정 찬성 건백서를 올렸으나 서명한 자는 6,700명에 불과하였다.

민간의 조직적인 반대운동, 천황 측근, 원로원 의원 등도 조약개정안에 반대하였음에도 오쿠마 외무대신은 조약개정안 관철 방침을 철회하지 않았다. 정부 내에서 상당한 발언권을 갖고 있었던 이토 히로부미와 이노우에 가오루도 오쿠마 외무대신에게 제동을 걸지 못하였다. 1899년 10월 18일 각의에서 야마가타 아리토모 내무대신이 조약개정을 중지하는 것이 마땅하다는 의견을 내었으나 구로다 기요타카 총리대신은 어떠한 결정도 내리지 못하였다.

전퇴양난에 처한 조약개정안 처리 문제는 의외의 사고로 중지되었다.

10월 18일 각의를 마친 후, 오쿠마 외무대신을 태운 마차가 관저로 향하던 중 현양사玄洋社[40] 사원 구루시마 쓰네키來島恒喜에게 폭탄 테러를 당하였다. 이 사고로 오쿠마가 한쪽 다리를 잃는 중상을 입었다. 구로다 총리대신은 10월 19일 임시각의를 소집해 조약개정 교섭의 중지하고 총사직하였다. 10월 25일 내대신 산조 사네토미三条実美가 내각 총리대신을 겸임하였다. 산조 총리대신은 야마가타・이토・이노우에와 협의해 여러 나라에 조약개정 교섭을 일시 중지한다고 통지하였다.

3. 아오키 슈조・에노모토 다케아키의 조약개정 교섭

1889년 12월 제1차 야마가타 아리토모 내각이 출범하였다. 외무대신에 아오키 슈조青木周蔵가 취임하였다. 야마가타 내각의 당면과제는 그동안 중단되었던 조약개정 협상을 재개하는 것이었다. 야마가타 내각은 본격적인 협상을 앞두고 각의에서 다음과 같이 결정하였다. (1) 외국인 법관의 대심원 임용은 하지 않는 것으로 한다. (2) 법전의 공포를 조약에 명기하지 않기로 한다. (3) 영사재판권 존속 기간 중에 외국인의 부동산 소유를 인정하지 않는다.

야마가타 내각의 결정은 오쿠마 시게노부의 조약개정안의 철회를 의미하였다. 영국은 이미 오쿠마 시게노부의 조약개정안에 대해서도 불만을 표시하였다. 그런 영국이 아오키 외무대신이 새로 마련한 수정안

---

[40] 1881년에 히라오카 고타로平岡浩太郎・도야마 미쓰루頭山満을 비롯한 후쿠오카福岡 사족이 결성한 초국가주의 정치단체였다. 대륙침략을 강령으로 하고 있었기 때문에 항상 대외강경론의 입장에 섰다. 러일전쟁 개전 시에는 대러강경론을 주장하면서 군부와 밀접한 관계를 유지하였다. 1946년 연합군사령부에 의해 해체될 때까지 우익과 정계에 막강한 세력을 형성하고 있었다.

을 수용하는 것은 불가능에 가까운 일이었다. 야마가타 내각도 영국이 수정된 조약개정안을 수용하리라고 생각하지 않았고, 그럴 경우 오쿠마 시게노부의 조약개정안으로 협상을 진행한다는 방침을 정해놓고 있었다.

그러나 영국은 의외로 일본에 호의적인 태도를 보였다. 1890년 9월 아오키 외무대신은 개정된 일영통상 및 항해조약 초안을 마련해 각의에 제출하였다. 아오키 외무대신은 다음과 같은 방침을 정하였다. 치외법권을 철폐하고 관세권을 회복하는 대신에 일본 국내를 외국인에게 개방한다. 하지만 외국인의 부동산 소유는 인정하지 않는다. 외국인의 법관 임용을 철회한다. 협상 상대국에 법전 편찬에 대해 별도로 약속하지 않는다.

그런데 의외로 영국이 향후 4년간 새로운 법전을 시행하고, 1년 후에 외국인에게 일본 국내를 개방하는 것을 조건으로 조약개정 교섭에 동의하였다. 영국이 강경한 입장을 바꾼 것은 때마침 영국과 러시아 사이에 긴장관계가 조성되고 있었기 때문이다. 이미 1880년대에 접어들면서 동북아시아에서 영국과 러시아가 충돌할 수 있는 상황이 전개되고 있었다. 1885년 4월 영국은 조선의 거문도巨文島를 침략해 요새화하였다. 영국은 거문도를 러시아의 블라디보스토크 공격작전의 전진기지로 활용할 계획이었다. 동북아시아에서 영국과 러시아가 주도권을 다투면서 조약개정에 대한 영국의 태도가 달라졌던 것이다. 일본을 이용할 필요가 있었기 때문이다.

1891년 5월 6일 제1차 마쓰카타 마사요시松方正義 내각이 출범하였다. 아오키 슈조는 유임되었다. 영국과의 교섭이 최종적인 단계에 접어들었다. 그런데 5월 11일 오쓰사건大津事件[41]이 일어났다. 이 사건으로

---

41) 1891년 5월 11일 철도기공식에 참석하기 위해 일본을 방문한 러시아 황태자 니콜라이가 오쓰시大津市에서 피습당해 부상을 입는 사건이 발생하였다. 범인은 쓰다 산

아오키 외무대신이 사임하였다. 아오키의 사임으로 영국과의 조약개정 조인이 연기되었다. 아오키는 조약개정 교섭 경과를 상세히 기록해 후임 외무대신에게 인계하였다.

아오키의 후임으로 에노모토 다케아키榎本武揚가 외무대신에 취임하였다. 에노모토 외무대신은 아오키의 조약개정안을 거의 대등한 단계에 접근한 내용이라고 판단하였다. 1891년 10월 에노모토가 각의에 제출한 조약개정안은 아오키의 그것과 거의 동일하였다. 단지 상법·민법의 완전한 실시에 기한을 정하지 않고, 단지 일본 정부가 그것을 완전하게 실시할 수 있다고 판단했을 때 영사재판권을 폐지한다고 명기한 점만 달랐다. 부연하자면, 새로운 조약이 실시된 후 6년이 지나면 민법·상법의 실시 상황에 따라서 언제든지 일본이 영사재판권을 폐지할 수 있었다.

그러나 제1차 마쓰카타 내각은 조약개정 문제에 적극적이지 않았다. 1891년 10월 각의 이후 1892년 3월에 에노모토 외무대신·이토 히로부미 추밀원 의장·아오키 슈조 주영대사 3명이 회의를 열 때까지 마쓰카타 내각은 구체적인 조치를 취하지 않았다. 천황 또한 신중하게 이해득실을 따져보면서 기다리는 편이 낫다는 입장을 피력하였다. 정작 조약개정에 대한 영국의 태도가 변화한 시점에서 일본 정부는 조약의 조인을 망설였던 것이다.

조津田三藏라는 순사巡査였다. 이 사건으로 일러 관계가 악화되는 것을 우려한 메이지 천황은 니콜라이 황태자를 문병하였다. 원로원과 내각의 일부에서 범인을 대역죄로 처형해야 한다는 여론이 비등하였다. 그러나 대심원장은 정부의 간섭을 물리치고 형법 규정에 따라 모살미수혐의죄를 적용해 쓰다 산조를 무기징역에 처하였다. 이 판결은 사법권의 독립을 지킨 것으로 유명하다.

4. 열강의 일본 접근과 조약개정 성공

1892년 8월 제2차 이토 히로부미 내각이 출범하였다. 무쓰 무네미쓰 陸奧宗光가 외무대신에 취임하였다. 1893년 7월 8일 무쓰 외무대신은 각의에 조약개정 원안을 제출하였다. 무쓰는 이전의 조약개정안을 일신한 것이라고 보고하였다. 무쓰가 제출한 조약개정 원안은 이전의 조약개정안과 비교했을 때, 5년간의 유예기간 조항을 제외하면, 완전히 대등한 조약이라고 평가할 수 있는 내용이었다.

7월 8일 각의에서 무쓰의 조약개정안이 승인되었고, 먼저 영국·독일·미국의 3국부터 교섭을 개시한다는 방침이 정해졌다. 영국·독일과의 교섭은 당시 주독공사로 부임한 아오키 슈조가 책임을 완수하도록 하였다. 아오키는 자신이 외무대신 시절에 마련했던 것과 전혀 다른 개정안을 들고 교섭에 나섰다.

조약개정 교섭은 동아시아 국제정세와 밀접한 관련이 있었다. 동북아시아에 뒤늦게 진출한 독일도, 영국과 맞서던 러시아도, 베트남을 식민지로 삼기 위해 노력하던 프랑스도, 각기 자국의 이익을 지키기 위해 일본에 접근하려고 하였다. 그래서 일본의 조약개정 교섭에 적극적으로 응하였다. 하지만 영국이 조약개정에 반대하는 한 다른 나라들이 먼저 조약개정 교섭에 나설 이유는 없었다.

그런데 영국이 태도를 바꾸어 일본에 접근하지 않을 수 없는 일이 일어났다. 1891년 5월 러시아가 시베리아 철도공사를 시작하였다. 러시아는 유라시아 대륙을 가로질러 태평양 해안에 도달하고, 거기에서 청국과 조선으로 이어지는 철도를 건설하려고 하였다. 영국은 러시아의 남하를 경계하지 않을 수 없었다. 영국은 근대국가로 성장하고 있던 일본에 먼저 접근하였다.

일본은 국제적 여건의 변화를 배경으로 상호 대등한 입장에서 영국과 조약개정 교섭을 진행할 수 있었다. 1893년 7월부터 무쓰 무네미쓰 외무대신은 영국과 조약개정 교섭을 시작하였다. 일본 국내에서는 민권파가 주도하는 조약개정 반대운동이 일어났다. 하지만 무쓰 외무대신은 의회를 2번씩이나 해산하면서 단호한 태도로 맞섰다. 일본과 영국의 교섭은 아오키 전 외무대신의 노력과 영국의 파격적인 양보로 급진전되었다. 두 나라는 청일전쟁 직전인 1894년 7월에 새로운 일영통상항해조약에 조인하였다. 치외법권이 완전히 폐지된 새로운 조약은 유효기간을 12년으로 한정한 것이었다.

새로운 일영통상항해조약의 성립으로 일본의 염원이 달성되었다. 최혜국대우는 상호평등하게 되었다. 수입관세도 인상되었다. 거류지의 폐지와 외국인의 국내 자유거주가 실현되었다. 일영통상항해조약은 1899년부터 시행되었다. 영국의 태도와 일본이 청일전쟁에서 승리하는 것을 지켜본 다른 나라도 차례로 일본의 조약개정 교섭에 응하였다.

무쓰 외무대신이 조약개정에 성공한 후, 관세자주권 회복이 남겨진 과제가 되었다. 제2차 가쓰라 타로桂太郎 내각의 외무대신인 고무라 주타로小村壽太郎는 러일전쟁 후에 높아진 일본의 국제적 지위를 이용해 관세자주권 획득을 위한 교섭에 나섰고, 이윽고 일본은 1911년에 관세자주권을 회복하였다. 이리하여 조약개정을 위한 외교적 노력은 종료되었다. 일본은 비로소 조약상으로 구미 열강과 대등하게 되었다. 그러나 구 조약에 의해 외국인이 획득했던 영대차지권永代借地權[42]은 여전히 남아있었다.

---

42) 안세이安政 5개국 조약에 의해 외국인의 토지소유권을 인정하지 않는 대신에 토지의 무기한 임대를 인정한 특권이다. 면세 등의 특권 조항은 사실상 토지소유권보다 강력한 것이었다. 1910년 일본은 외국인의 이러한 권리를 삭감해 토지소유권으로 갱신하려고 노력하였으나 성공하지 못하였다. 이 문제는 1937년이 되어서야 해결되었다.

□□□제4장

기업의 발흥과 자본주의 발달

[1] 식산흥업과 민간기업의 육성

1. 관영사업의 추진

　내무성의 관영사업은 농업·목축업과 농산품 가공업에 초점이 맞춰졌다. 그런 의미에서 재래산업의 개량·육성에 주안점을 두었던 공부성의 식산흥업 정책과 성격이 달랐다. 내무성은 나이토신주쿠시험장內藤新宿試驗場을 설치해 서양에서 들여온 과수·곡식·채소를 시험 재배해 각 지역에 배포하였다. 미타육종장三田育種場을 설치해 각종 식물의 모종을 육성하였다. 고마바농학교駒場農學校를 세워 영국의 농법과 농업기술을 도입하였다. 시모사목양장下総牧羊場을 설치하고 메리노종의 양을 수입해 길렀다.

내무성은 생사·모직·면방직·제당 등 여러 분야의 관영공장을 세웠다. 1872년 군마현群馬県 도미오카에 도미오카제사장富岡製糸場을 세웠다. 프랑스에서 방적기 300대를 수입하고, 프랑스인 기술자를 초빙해 각지에서 모집한 여공들에게 기술을 전수하였다. 1877년에는 신마치방적소新町紡績所, 1878년에는 센주제융소千住製絨所가 연이어 설립되었다. 센주제융소는 모사毛絲와 모직물업을 발전시키고 군복을 자체적으로 생산하기 위한 목적으로 설립되었다. 1881년에는 영국에서 최신 방적기를 수입해 아이치방적소愛知紡績所를 설립하였다. 아이치방적소는 민간공장의 직공 양성기관으로 활용되었다. 1880년에 몬베쓰제당소紋鼈製糖所를 설립하였다.

정부는 에도 막부와 각 번에서 경영하던 광산·공장·탄광을 접수해 관영으로 운영하였다. 특히 중요한 공장으로 육성했던 것은 소총·대포·포탄·탄약·철강을 생산하는 도쿄포병공창東京砲兵工廠과 오사카포병공창이었다. 또 탄약·엔진·군함·강철을 생산하는 요코스카해군공창橫須賀海軍工廠·나가사키長崎에 있던 조선소와 해군조병창海軍造兵廠도 집중 육성하였다. 관영공장의 기술은 민간 공장이 미치지 못하는 높은 수준이었다. 이곳에서 수도관·광산용 기계·철교·광산용 탄약도 생산되었다.

정부가 근대화에 힘을 기울였던 관영 광산으로 이쿠노生野·사도佐渡·고사카小坂·다카시마高島·미이케三池 광산이 있었다. 관영 조선소는 정부의 군사산업 육성정책의 일환으로 설립되었다. 정부는 에도 막부가 창설한 이시카와지마조선소石川島造船所를 접수해 발전시켰다. 1871년에는 고베시神戸市에 효고제작소兵庫製作所를 설립하였다. 이 제작소는 1885년에 효고조선소로 개칭되었다. 1876년에 도쿄에 이타바시화약제작소板橋火藥製作所가 설립되었다. 이 제작소는 도쿄포병창의

산하 공장이었다. 도쿄의 메구로日黒에도 역시 같은 성격의 화약제작소가 설립되었다. 정부는 도쿄의 후카가와深川에 시멘트 공장, 시나가와品川에 유리공장을 설립하였다.

　정부는 러시아에 대한 군사적 방어와 국내 식민지라는 관점에서 홋카이도北海道 개척에 힘을 기울였다. 1869년에 홋카이도에 개척사開拓使를 설치하였다. 정부는 1872년부터 홋카이도 개발 10개년 계획을 세우고 국비 1,000만 엔을 투자하였다. 1877년부터 거액을 투자해 관영사업을 추진하였다. 맥주·제분 공장을 세우고 탄광을 개발하였다. 1874년에는 혼슈本州의 주요 항구와 홋카이도의 하코다테函館를 연결하는 항로가 개통되었다. 1882년에는 항구도시 오타루小樽와 삿포로札幌를 잇는 철도가 개통되었다.

　1871년 정부는 미국인 케프론H. Capron을 개척사 고문으로 영입해 기계식 농법의 이식을 꾀하였다. 케프론은 여러 명의 기사들을 거느리고 일본으로 건너와 홋카이도를 답사하였다. 그는 삿포로의 도시건설, 대농경영의 채용, 삿포로농학교의 설립 등 홋카이도 개발의 기초를 다졌다.

　정부는 홋카이도 개척에 거액의 자금을 투자하였다. 그러나 개척사업의 대부분은 기대했던 만큼 성과를 올리지 못하였다. 1882년 2월에 개척사가 폐지되었고, 홋카이도는 하코다테·삿포로·네무로根室의 3개 현으로 분할되었다. 관영사업은 홋카이도 사업관리국에 의해 계승되었다.

2. 마쓰카타 재정

정부는 식산흥업, 질록처분, 사족원산土族援産, 사족 반란이 일어났을 때 사용한 전쟁비용 등으로 막대한 경비를 지출하였다. 에도 시대 각 번에서 상인에게 빌린 부채도 신정부가 인수하였다. 그 과정에서 정부는 다액의 지폐를 발행하였다. 지폐발행권을 가진 국립은행이 불환지폐를 남발하였다.[43]

화폐의 남발로 일본경제가 위기에 처하였다. 가치가 하락한 불환지폐가 대량으로 유통되면서 물가가 급등하였다. 인플레이션 현상이 해가 갈수록 심화되었다. 특히 세이난 전쟁 후에 인플레이션 현상이 극심하였다. 설상가상으로 수출이 감소하면서 국가재정이 위기에 직면하였다. 농촌의 지주는 쌀값의 급등으로 점점 부유해졌다. 하지만 영세한 자작농과 소작농의 생활은 더욱 곤궁해졌다.

인플레이션이 진행되면서 정부 수입의 3분의 2 이상을 점하는 지조地租의 가치가 하락하였다. 이자율이 상승해 공업자본을 조달하는 데 어려움을 겪었다. 그것은 메이지 정부가 목표로 하는 부국강병 정책을 붕괴시키는 악조건이 되었다. 정부는 이러한 상황을 그대로 방치할 수 없었다.

1880년 9월 이토 히로부미가 재정정리위원에 임명되었다. 참의參議로 재정정책을 총괄하던 오쿠마 시게노부는 이토와 협력하면서 재정을 대폭 정리하는 작업에 착수하였다. 1881년 5월경에 오쿠마는 공채 5,000만 엔을 발행해 중앙은행을 설립하고, 불환지폐를 정리해 태환제도를 수립하려는 계획을 세웠다. 하지만 그해 10월 메이지 14년 정

---

43) 국립은행이 발행한 불환지폐 액수는 메이지 정부가 출범하고 세이난 전쟁이 일어날 때까지 약 10여 년간 1억300만 엔에 달하였다. 특히 1868년과 1869년에 발행한 지폐는 약 4,800만 엔으로 같은 해 정부 수입의 70퍼센트에 해당하는 금액이었다.

변으로 오쿠마가 파면되면서 정부의 계획이 무산되었다.

오쿠마가 파면된 직후, 내무경 마쓰카타 마사요시松方正義가 참의 겸 오쿠라경大藏卿에 임명되었다. 그는 오쿠마가 추진하던 재정정리를 계승·강화하였다. 마쓰카타 오쿠라경은 철저한 지폐정리·재정긴축이라는 디플레이션 정책을 추진해 지폐의 남발로 야기된 인플레이션 현상을 억누르려고 하였다. 이런 정책을 마쓰카타 재정이라고 한다.

마쓰카타는 자신이 시행하는 지폐정리 정책이 민중에게 얼마나 가혹한 것인지 알고 있었다. 그는 참의 겸 오쿠라경에 취임하면서 정책을 도중에 변경하지 않을 것이며, 폭동이 일어나면 진압하는 수밖에 없다는 점을 강조하였다. 마쓰카타는 이토 히로부미를 비롯한 정부 관계자들에게 이해를 구한 후, 불퇴전의 결의로 정책을 추진하였다.

마쓰카타 오쿠라경은 세금을 대폭 올렸다. 특히 주세酒稅·연초세煙草稅와 같은 간접소비세와 지방세에 해당하는 영업세·호구세 등을 인상하였다. 마쓰카타는 민중에게서 세금을 징수해 정부의 수입을 안정시키고, 그 자금으로 지폐를 정리하려고 하였다. 증세 결과 1880년에 589만 엔이었던 간접소비세가 1882년에 1,697만 엔으로 3배나 증가하였다. 조세 총액에 대한 간접소비세 비율이 10퍼센트에서 25퍼센트로 증가하였다. 지방세는 지조의 5분의 1에서 3분의 1로 증가하였다. 살인적인 증세정책으로 1883년까지 약 2,500만 엔의 지폐가 정리되었고, 1885년에는 약 2,500만 엔의 여유자금이 확보되었다.

1882년 마쓰카타 오쿠라경은 중앙은행인 일본은행을 설립하고, 그곳을 유일한 화폐발행 은행으로 지정해 불환지폐를 회수하는 정책을 추진하였다. 1885년부터는 은화銀貨의 교환이 가능한 태환은행권을 발행하였다.[44] 그 결과, 지폐의 신용이 회복되었다. 물가가 하락하고

---

44) 태환은행권은 4종류가 발행되었다. 일본은행권 중심의 화폐경제에 한 걸음 다가간 것이었다. 1889년에는 일본은행권으로 통일되었다.

수출이 증가하면서 정화가 축적되었다. 수출품의 경쟁력이 확보되면서 무역은 수출초과로 전환되었다.

그러나 지나친 긴축재정의 여파는 참혹하였다. 1880년대 전반에 디플레 현상이 발생해 불경기가 지속되었다. 중소기업이 잇달아 도산하였다. 농촌에서는 농민층의 양극분화 현상이 두드러졌다. 호농을 중심으로 추진되던 식산산업이 파탄하였다. 양잠을 장려해 농촌 번영을 이룩하려는 꿈은 물거품이 되었다. 농산물 가격이 반액 이하로 폭락했기 때문이다. 그런데도 정부는 각종 세금을 인상하였다. 농민의 부담이 가중되었다. 세금체납으로 재산이 강제 처분되었고, 빚을 갚지 못해 토지를 빼앗기는 농민이 급증하였다. 몰락한 농민은 소작인으로 전락하거나 농촌을 떠났다. 토지는 대지주에게 집중되었다. 기생지주제가 성립되었다. 몰락한 중소상공업자나 빈농은 도시로 나아가 방대한 빈민층을 형성하였다.

한편, 차입금의 이자율이 하락하면서 금록공채증서는 안정된 재산이 되었다. 그것은 화족이나 정상政商들이 회사를 설립하고 출자를 하는 조건이 조성되었다는 것을 의미하였다. 때마침 정부는 재정을 긴축하기 위해 관영공장을 불하하였다. 상업자본과 금융자본이 공업생산 자금으로 투하되었다. 상업자본이 산업자본으로 전환되었다. 자본주의 경제가 성립할 수 있는 역사적 조건이 무르익었다.

3. 민간기업의 발달

1874년경부터 정부는 민간 기업을 보호 육성하고, 그것을 통해 수출의 증대를 모색하는 식산흥업 정책을 추진하였다. 이와쿠라사절단의 일원으로 서구 여러 나라를 견문하던 오쿠보 도시미치大久保利通는 "인민의 빈부는 물산의 많고 적음"에 달려 있다는 것을 절감했고, 그런 경험이 식산흥업 정책으로 구체화되었던 것이다. 당시 일본의 무역은 수입 초과 방향으로 진행되고 있었다.

정부는 수출을 늘리고 수입을 억제하는 정책의 일환으로 모범공장을 설립하고, 수출을 주도할 수 있는 산업에 대출을 해주고, 자금을 원활하게 공급하기 위해서 금융기관을 정비하였다. 국립은행 조례를 개정해 통화팽창 정책을 추진하였다. 1878년에는 기업공채가 발행되었다. 정부는 특정한 상인·사업가를 선별해 그들을 식산흥업 정책과 원시적 자본축적 정책의 대상으로 삼았다. 정부가 정상에게 재정·금융상의 특권을 부여하면서 자본축적을 개시하기 시작한 것도 이 무렵이었다.

정부는 관영공장을 민간에 불하하는 방침을 정하였다. 1884년부터 관영공장이 순차적으로 민간자본에 불하하였다. 불하 대상이 된 공장은 군수공장을 제외하고 만성적자에 허덕이는 경우가 많았다. 그런 관영공장이 권력과 유착된 정상에게 터무니없이 싼 가격으로 불하되었다. 관영공장의 불하는 민간기업의 발달을 촉진하였다.

정부가 관영공장을 불하하기 시작할 무렵, 민간에서도 근대산업이 발달할 수 있는 조건이 구비되었다. 금융제도의 정비, 금록공채 등에 의한 자본의 축적, 농촌의 계층분화로 인한 임금노동자의 대량 발생, 정부의 식산흥업 정책에 의한 기술수준의 향상 등이 그것이었다.

공업 분야에서는 1873년에 가타쿠라제사片倉製絲, 1874년에 사누키讚岐의 시타쿠제당소支度製糖所, 오사카의 나카노시마제당소中之島製糖所, 1875년에 다나카기계공장田中機械工場, 1882년에 미에방적三重紡績, 1883년의 오사카방적大阪紡績 등이 잇달아 창업하였다.

철도 분야에서는 1881년 화족이 금록공채를 투자해서 설립한 일본

철도회사가 점차로 실적을 올리기 시작하였다. 1884년에는 한카이철도阪堺鐵道, 1886년에는 이요철도伊予鐵道가 설립되었다. 1893년에는 일본철도회사가 도쿄와 아오모리靑森를 연결하는 철도를 개통했고, 1901년에는 산요철도회사山陽鐵道會社가 고베神戶와 시모노세키下関를 연결하는 철도를 개통하였다.

해운업 분야에서는 1870년에 도사번土佐藩 출신 이와사키 야타로岩崎弥太郎가 쓰쿠모상사九十九商社를 설립하였다. 이 회사는 1873년에 미쓰비시상사三菱商社로 개칭하였다. 미즈비시상사는 1874년 타이완 침략 때 일본군을 수송해 막대한 부를 축적하였다. 처음에 일본 정부는 병력 수송을 미국에 의뢰하려고 하였다. 그러나 미국은 일본의 타이완 침략을 지지하지 않고 중립적인 태도를 취하였다. 그러자 정부는 13척의 기선을 구입해 미쓰비시상사에 위탁했던 것이다. 타이완 침략 후 미쓰비시상사는 상하이上海 항로를 개척하였다. 1875년 미쓰비시상사는 미쓰비시우편기선회사三菱郵便汽船會社로 회사명을 변경하였다. 이 회사는 국가의 배를 무상으로 인도받았을 뿐만 아니라 보조금까지 받으면서 운행하였다. 오쿠보 정권은 해운보호 정책을 추진하였다. 특히 미쓰비시를 적극적으로 보호하였다.

1882년에는 미쓰이三井를 중심으로 하는 반관반민의 공동운수회사共同運輸會社가 설립되었다. 미쓰비시우편기선회사와 공동운수회사는 채산을 무시하고 운임인하 경쟁을 했기 때문에 모두 적자가 누적되었다. 그러자 1885년에 정부가 개입하였다. 미쓰비시우편기선회사와 공동운수회사가 합병해 일본우선회사日本郵船會社가 설립되었다. 일본 서부지역에서는 1884년에 세토瀨戶 내해의 소규모 회사가 합병해 오사카상선회사大阪商船會社를 설립하였다. 해운업은 정부의 적극적인 후원 아래 비약적으로 발전하였다.

[2] 자본주의 경제의 발달

1. 일본의 산업혁명

1) 경공업의 발달

　제1차 산업혁명[45]의 중심이 되었던 것은 면사방적업綿絲紡績業이었다. 면사방적업은 종래의 베틀이나 가라방적기ガラ紡績機[46]에서 기계방적기로 기술이 진보하였다. 1870년대 후반부터는 나가노長野 · 기후岐阜 · 야마나시山梨 지역을 중심으로 서양식 기계를 설치한 제사공장이 설립되기 시작하였다. 1894년에는 생산량 면에서 서양식 기계로 생산되는 제사제품이 재래식 제사제품을 웃돌았다.

　제사공장 대부분이 영세하였다. 생산량과 품질은 전국 각지에서 모여든 여공女工의 노동력과 기술에 의존하지 않을 수 없었다. 여공의 대부분이 경제적으로 낙후된 지역의 소작인 자녀들이었다. 그들은 기숙사에서 생활하면서 하루 12시간 이상의 노동과 능률임금제에 시달렸다. 여공들의 노력에 힘입어 생사수출이 증가되었다.

　1882년 오사카방적회사大阪紡績会社가 설립되었다. 이 회사는 시부사와 에이치渋沢栄一를 비롯한 재계의 유력한 인사들이 제일국립은행의

---

45) 기계의 이용이라고 하는 기술적인 변혁을 기초로 국민경제가 자본주의 경제로 편성되는 과정을 말한다. 일본에서는 1880년대부터 공장제 면방직업의 발달이 산업혁명을 주도되었다.
46) 1876년 일본의 가운 도키무네臥雲辰致가 발명한 방적기를 말한다. 베틀에서 진전된 형태의 방적기로 방적기 옆에서 회전판을 돌리면 '가라가라' 소리를 내며 작동했기 때문에 붙여진 이름이다. 가라방적기는 1887년을 정점으로 서양식 방적기에 밀려서 자취를 감췄다. 1897년에는 도요다 사키치豊田佐吉가 도요다식 방적기를 발명하였다.

자금지원을 받아 설립한 것이었다. 오사카방적회사는 증기기관을 원동기로 하고, 중국산 면화를 수입해 원료로 사용하였다. 공장은 24시간 가동해 놀라운 실적을 올렸다. 여공들은 주야 12시간 맞교대 방식으로 투입되었다.

오사카방적회사의 성공은 민간실업가의 투자의욕을 자극하였다. 오사카를 중심으로 아이치愛知·미에三重·도쿄 등에 1만추 규모의 방적회사가 연이어 설립되었다. 그 규모는 오사카방적회사의 1만5,000추에는 미치지 못하였으나 기존의 관영 방적공장이 대부분 2,000추 내외의 규모였던 점에 비추어 보면 회사의 규모를 미루어 짐작할 수 있다. 1884년을 정점으로 유럽에 이어서 미국이 면사의 주요 수출국으로 부상하면서 방적업이 호황을 누렸다. 수출업자는 품질을 향상시키기 위해 자본을 집중 투자해 기계를 개량하였다.

1890년에는 흉년으로 면포 수요가 대폭 감소하였다. 일본의 경제계는 처음으로 공황恐慌을 경험하였다. 방적회사들은 조업을 단축하고 기존의 영국산 방적기를 미국에서 발명된 새로운 방적기로 교체하였다. 미국산 방적기는 생산성이 뛰어났을 뿐만 아니라 힘이 약한 여성도 손쉽게 작동할 수 있었다. 방적기를 신제품으로 교체하면서 값싼 임금을 지불해도 되는 여공을 채용해 채산성을 높일 수 있었다.

원료가 되는 면화도 점차로 값싼 인도산으로 대체되었다. 면사의 수출관세와 수입관세도 철폐되었다. 일본에서 생산된 면사는 가격과 품질 면에서 경쟁력이 한층 강화되었다. 1891

오사카방적 공장

년부터 10년간 면사의 생산량이 4배 이상 증가하였다. 이러한 성장의 배경에는 청일전쟁이 있었다. 청일전쟁 후에 조선과 중국으로 수출되는 면사가 급증하였다. 1897년에는 수출이 수입을 앞지르게 되었다.

면사방적업이 호황을 누리면서 제사업도 발달하였다. 재래의 생사제사법生絲製絲法은 주로 여성노동자의 숙련에 의존하였다. 그러나 서양식 기계가 수입되면서 생산방식이 혁신되었다. 1894년경에는 기계식 제사법이 재래의 수공업식 제사법을 압도하였다. 재래식 제사법은 급속히 쇠퇴하였다. 청일전쟁 후에 수출이 급증하면서 가타쿠라쿠미片倉組·군제제사郡是製絲·오카야제사岡谷製糸 등 대규모 회사가 설립되었다.

면사방적업의 발달은 직물업의 발달을 촉진하였다. 1870년대부터 방직기紡織機가 수입되면서 기계공업이 발달되었다. 그러나 방직업은 방적업과는 사정이 달랐다. 대규모 공장이 생산을 주도한 것이 아니었다. 1880년대 중반에 이르러 방직기가 근대화되었다. 하지만 방직업은 여전히 가내공업적 성격이 강하였다. 견직물 분야에서는 기류桐生의 니혼직물日本織物·교토의 니시진직물西陣織物 등이 고급기술을 보유하였다. 오사카직물大阪織物을 비롯한 회사가 설립되었다.

경기가 호전되고 출판업이 발달하면서 제지업도 호황을 누렸다. 1889년에는 오지제지王子製紙가 목재 펄프를 이용한 종이 생산을 개시하였다. 그 후에 후지제지富士製紙·욧카이치제지四日市製紙 등의 회사가 설립되었다. 청일전쟁 후에는 국내의 수요를 충당하고, 1896년부터는 수출을 개시하였다.

2) 중공업과 광업의 발달

러일전쟁 후에는 중공업 중심의 제2차 산업혁명이 진전되었다. 처음에는 관영 군사공장이 민간산업과 비교가 되지 않을 정도로 높은 기술을 보유하고 있었다. 그러나 청일·러일전쟁을 거치면서 점차로 민간 중공업이 발달하였다. 특히 조선업과 철공업에 대한 발주와 수요가 증가하였다. 민간 중공업은 관영 군사공장의 하청을 맡으면서 발전하기 시작하였다. 민간 중공업은 러일전쟁 전후인 1900년대에 급속하게 발전하였다.

중공업 분야 발전의 기초가 된 것은 야하타제철소八幡製鉄所였다. 일본 최대의 제철소인 야하타제철소는 1897년 후쿠오카현福岡県 야하타무라八幡村(지금의 기타큐슈시北九州市 야하타구八幡区)에 관영으로 건설되기 시작하였다. 1901년에 5,000여 명의 직원이 조업을 개시하였다. 야하타제철소는 가마이시광산釜石鑛山뿐만이 아니라 중국의 대야광산大冶鑛山에서 철광석을 수입하고, 지쿠호탄광筑豊炭鑛에서 석탄을 공급받아 철을 생산하였다. 야하타제철소는 조업 1년 만에 일본 선철銑鐵의 53퍼센트, 강철의 83퍼센트를 생산하였다. 1901년에서 1913년까지 선철 생산은 5배, 강철 생산은 40배로 증가하였다. 야하타제철소는 일본 중공업 발전을 상징하는 곳이었다.

제철업의 발전은 철제제품의 수입률을 낮추었고, 기계류·철도차량·선박·병기의 국산화를 촉진하였다. 민간에서는 가마이시제철소와 영국과 공동으로 출자한 홋카이도 무로란室蘭의 니혼제철소日本製鉄所가 설립되었다. 공작기계 산업도 서서히 성장하였다. 러일전쟁을 계기로 이케가이철공소池貝鐵工所·니이가타철공소新潟鐵工所, 미쓰비시전기三菱電機 등 민간 기계제작소가 설립되었다. 기계공업 분야에서는 규모가 큰 관영공장이 설립되지 않았다.

중공업이 발달하면서 광업도 비약적으로 발전하였다. 관영사업이 민간에 불하되기 시작하면서 수익성이 높은 광산은 대부분이 미쓰이三井・미쓰비시三菱・후루카와古河 등 정상政商에 불하되었다. 일본의 주요 수출품목의 하나인 구리는 후루카와 이치베에古河市兵衛가 경영하던 아시오광산足尾鑛山, 스미토모住友의 벳시광산別子鑛山, 미쓰비시의 아라카와荒川・히사이치日三市 등의 동광산에서 산출되었다. 재벌이 경영하는 동광산에 최신기술이 도입되면서 산출량이 급증하였다. 구리의 생산량은 1870년대에 200톤, 1880년대에 1,000톤, 1900년대에는 3,800톤에 달하였다. 1902년에 새로운 제련법이 도입되면서 구리 뿐만이 아니라 금・은의 생산량도 증가하였다.

석유사업은 1900년에 제정된 광업조례에 따라 외국인도 회사를 경영할 수 있게 되었다. 스탠더드석유회사가 자금을 투자해 채유에 착수하였다. 섬나라 일본은 일찍부터 수력전기 사업이 발달하였다. 동력도 증기에서 전기로 교체되었다. 도쿄의 시가에 전기가 공급되면서 전등이 호롱불을 대신하게 되었다. 1895년에 도쿄에 백열전등제조회사가 설립되면서 전구가 국산화되었다. 하지만 일본에서 생산된 전구는 품질면에서 수입품에 대항할 수 없었다.

군비확장과 더불어 해군공창海軍工廠이 관할하던 요코스카橫須賀・오노하마小野浜 등의 조선소, 도쿄의 쓰키지築地와 구레조병창吳造兵廠을 비롯한 조선소에서 대형 선박을 건조하였다. 한편, 도쿄의 이시카와지마石川島와 고베神戸의 가와사키川崎, 그리고 나가사키長崎 등에 일반기업이 세운 조선소에서도 대형 선박을 건조할 수 있게 되었다. 1898년 미쓰비시가 경영하는 나가사키조선소는 6,000톤급의 히타치마루常陸丸를 건조하였다. 일본의 조선 기술은 이미 세계적인 수준에 달해 있었다.

조선소나 차량제작소 이외의 기계공장은 대부분이 소규모공장이었

나가사키조선소 진수식 장면
사진 / 미쓰비시중공업 소장

다. 노동자 수도 적었다. 그래서 기계류의 상당부분이 조선소에서 제작되었다. 청일전쟁을 전후해 일반기업이 운영하는 조선소에서 소형 군함은 물론 군함용 기관, 탄환 등을 제조하였다. 증기기관도 조선소에서 제작하였다. 시바우라제작소芝浦製作所는 방적기용 증기기관, 미쓰비시조선소는 기선용 증기기관을 제작하였다. 이시카와지마조선소에서는 200킬로와트 이상의 발전기를 제작하였다. 그러나 그것은 시험제작 수준이었으며 본격적인 양산체제를 갖추지는 못하였다. 발전기는 대부분 수입품에 의존하지 않을 수 없었다.

1890년대 후반부터 공업용 연료로 석탄의 수요가 증가하였다. 석탄은 증기기관의 연료로도 대량 소비되었다. 석탄의 수요가 급증하자 전국 각지에 탄광이 개발되었다. 1880년대 전반에는 지쿠호탄광에 증기력을 이용한 배수용 펌프가 등장했고, 이어서 다카시마탄광高島炭鑛과 미이케탄광三池炭鑛에도 증기력을 이용한 석탄운반용 기계가 도입되었다. 기계화가 진전되면서 미쓰이·미쓰비시가 석탄사업에 진출하였다.

그러나 채탄작업은 여전히 광부의 손에 의지하는 수준이었다. 광부는 나야가시라納屋頭라는 작업반장에 의해 철저하게 관리되었다. 탄광회사는 생산을 향상시키기 위해 나야제도를 활용하였다. 나야제도는 나야가시라가 노동자의 모집에서부터 노무관리까지 일체를 책임지는 제도를 말한다. 나야가시라는 채탄량을 늘리기 위해 광부를 가혹하게 관리하였다. 광부의 임금도 나야가시라를 통해 지급되었다.

2. 교통·통신의 발달

전화는 벨G. Bell이 발명한 다음 해에 일본으로 수입되었다. 1877년에는 도쿄와 요코하마를 연결하는 전화가 개통되었다. 고도의 기술을 필요로 하지 않는 전신기는 일본에서 생산되었다. 1881에 메이코샤明工舎가 설립되면서 전신기가 국산화되었다. 그 후 내무성·재판소·경찰서·형무소를 연결하는 전화망이 구축되었다. 1887년에 전화교환국이 설립되면서 전화가 중요한 통신수단으로 자리 잡았다. 1890년에 도쿄와 요코하마 간에 교환국이 설치되면서 민간인도 전화를 이용할 수 있게 되었다.

에도 시대의 히캬쿠飛脚를 대신해서 우편제도가 관영으로 발족되었다. 우편제도는 마에지마 히소카前島密의 건의로 서양식 우편제도가 채용되었다. 마에지마 히소카는 영국에서 유학한 경험이 있었기 때문에 우편제도에 대해 잘 알고 있었다. 1871년 3월부터 도쿄·오사카·교토 간의 우편업무가 개시되었다. 다음 해부터는 거의 전국적으로 실시되었다. 1873년에 균일요금제가 도입되었다. 마을에는 우편국과 우편함이 설치되었고 우편배달부가 편지를 수거하고 배달하였다. 1877년에는 국민 1인당 보통우편 이용 건수가 연간 3.6통에 달하였다. 일본은 이 해에 만국우편연합에 가입하였다.

도시의 중요한 교통수단은 마차였다. 두필의 말이 끄는 마차를 타고 있는 인물은 화족 아니면 정부의 고관들이었다. 1872년에 말이 객차를 이끌고 철로 위를 달리는 마차철도가 개설되기도 하였다. 마차철도는 도쿄의 신바시新橋에서 니혼바시日本橋를 경유해 우에노上野까지 왕복하였다. 민중이 이용했던 것은 합승마차 아니면 인력거였다. 인력거는 1870년에 이즈미 요스케和泉要助가 발명한 것으로 알려졌다. 발명된 지 2년도 채 되지 않아서 전국의 어디에서나 인력거를 볼 수 있게 되었다.

1872년 도쿄의 신바시와 요코하마를 왕래하는 철도가 개통되었다. 철도 공사는 영국의 자본과 기술의 원조로 개시되었다. 레일은 영국이 식민지 인도에 부설한 협궤挾軌였다. 기관차도 영국에서 수입되었다. 부지의 확보·측량·공사·영업의 개시 등은 전적으로 공부성의 철도 책임자였던 이노우에 마사루井上勝의 지도로 추진되었다. 완전한 국영 철도였던 것이다.

도쿄의 신바시와 요코하마를 왕래하는 기차는 오카조키岡蒸氣라고 불렸다. 그것은 그렇게 유용한 교통수단이 아니었다. 기차가 처음 개통되었을 당시에는 오전·오후에 각각 3번씩 왕복하였다. 도쿄와 요코하마를 왕래하는 철도가 개설된 것을 시작으로 일본 각지에 철도가 건설되기 시작하였다. 1874년에는 오사카와 고베神戶, 1877년에는 교토와 오사카를 연결하는 철도가 개통되었다. 1889년에는 도쿄와 고베를 연결하는 도카이도선東海道線이 개통되었다. 1891년에는 일본철도회사가 도쿄의 우에노上野와 아오모리青森를 연결하는 철도를 개통하였다. 1901년에는 국영철도와 민간철도회사를 포함해 아오모리와 시모노세키下關를 연결하는 본토 관통노선이 완공되었다. 또 국영철도와 민간철도회사 29개 회사를 포함하는 화물운임제도가 정비되었다. 1906년에는 철도의 총 길이는 7,646킬로미터에 달하였다.

정부는 철도에 대한 군사적·보안적 통제를 가하려고 하였다. 민간철도가 경영난에 봉착하자, 정부는 1906년에「철도국유법」을 제정해 니혼철도日本鐵道·산요철도山陽鐵道·고부철도甲武鐵道를 비롯한 17개의 민간철도회사와 총 길이 4,300킬로미터, 차량 2만5,000대를 매수해 국유화하였다. 4억8,000만 엔이라는 거액의 매수자금을 마련하기 위해 공채가 발행되었다. 이런 조치는 금융자본이 형성되는 조건의 하나가 되었다. 전국 철도 길이의 90퍼센트가 국유화되었다. 기관차의 국산화도 촉진되었다. 기차시간표도 국가가 관리하게 되었다.

전신은 이미 1869년부터 요코하마재판소와 도쿄의 쓰치지築地에 있던 세관을 연결하는 전신선이 가설되었다. 정부는 전신을 주로 군사적 목적으로 사용하기 위해 주요 지역을 연결하는 전신망 구축을 서둘렀다. 1885년 전신 전국 균일요금제가 실시되었다. 전신은 1877년에 일어난 세이난 전쟁 때 정부군이 승리하는 데 결정적인 역할을 하였다. 러일전쟁을 전후한 시기부터 무선전신이 실용화되었다. 러일전쟁 때 러시아의 함대가 현해탄으로 진입하는 것을 발견한 일본 해군의 정보원이 "날씨는 맑지만 파도는 높다."라는 무선전신을 타전해 일본 해군에게 승리를 안겨주었다.

일본의 상선은 국내항로에서 조선과 중국의 연안까지 진출하게 되었다. 1893년 일본우선日本郵船은 고베神戶에서 인도의 봄베이를 왕래하는 원양항로를 개척하였다. 1896년에는 미국·유럽·오스트레일리아 등을 왕래하는 원양항로를 개척하였다. 1898년 새로 설립된 동양기선東洋汽船도 일본과 미국을 왕래하는 원양항로를 개척하였다. 또 오사카상선은 정부의 보조금을 받으면서 타이완과 중국의 양쯔강 유역, 그리고 동아시아 여러 지역을 왕래하는 항로를 증설하거나 신설하였다.
 일본과 세계를 연결하는 교통·통신기관의 발달로 물자 수송이 편리해졌다. 안으로는 국내산업의 성장을 촉진시키고 밖으로는 해외무역의 발전에 기여하였다. 일본과 세계 각 지역의 문화교류도 활성화되었다. 일본인의 견문과 활동무대가 확대되면서 세계 각지로 진출하는 일본인이 점차 증가하였다.

3. 무역의 발전

 면사가 중요한 수출품으로 자리를 잡았다. 중국의 시장에서 면화의 본산지인 인도의 봄베이 면사를 능가하는 경쟁력을 확보하였다. 면사의 수출이 증가하면서 인도와 미국에서 값싼 면화를 대량으로 수입하였다. 일본은 면화를 수입하고 그것을 가공해 면사와 면포를 수출하는 전형적인 가공무역의 중심지가 되었다. 생사의 수출도 급증하였다. 생사는 주로 미국 시장으로 수출되었다. 그 결과, 농촌에서는 면화의 재배가 쇠퇴하고 양잠업이 성행하게 되었다.
 청일전쟁을 전후한 시기 일본의 무역은 수입과 수출이 동시에 큰 폭으로 증가하였다. 그에 따라서 무역 의존도는 수출이 10퍼센트, 수입이 13퍼센트로 높아졌다. 수출품은 생사와 면사가 가장 높은 비중을 차지했고 석탄과 구리의 수출도 증가하였다. 쌀과 수산물의 수출은 점차로 감소하였다. 수입품으로 면화가 가장 높은 비중을 차지하였다. 모직물·면직물·면사 등 섬유제품과 반제품의 수입은 점차로 감소하였다. 반면에 쌀·콩·콩깻묵 등 식료와 비료의 수입이 급증하였다. 기계류의 수입은 여전히 높은 비중을 차지하였다. 이전에는 수출입국이 주로 유럽과 미국에 집중되어 있었으나 점차로 동아시아 각국의 비중이 높아졌다. 무역액은 서구와 동양이 거의 같은 규모가 되었다.

일본은 면화의 99퍼센트를 수입에 의존했는데, 그중에서 약 13퍼센트를 청국에서 수입했고, 면사의 37퍼센트를 청국으로 수출하였다. 콩·콩깻묵은 대부분이 청국에서 수입되었다. 조선과의 무역에서는 면직물·면사가 수출되고 쌀·콩이 수입되었다. 일본과 청국·조선의 무역관계는 선진공업국과 농업국이라는 관계가 형성되었다. 무역수지는 수출초과였다.

러일전쟁에서 승리한 후, 일본은 조선과 중국, 특히 중국의 만주(동북지방)를 소비시장으로 확보하였다. 일본은 군사력을 앞세워 조선의 시장을 일본 국내와 거의 마찬가지로 독점했고, 만주의 시장도 역시 군사력을 앞세워서 개척하였다. 공업이 발달하지 않았던 조선과 중국은 일본의 공업제품을 소화하는 중요한 시장이 되었다.

1890년경부터 서구 열강의 식민지가 된 동남아시아에서 수입이 급증해 청국·조선의 그것을 상회하였다. 가장 많이 수입되었던 것은 인도산 면화였다. 일본과 인도의 무역관계는 선진공업국과 농업국의 관계였다고 할 수 있다. 그러나 동남아시아 지역으로의 수출은 좀처럼 증가하지 않았다. 수출은 수입의 7분의 1에 불과하였다. 무역수지는 거액의 수입초과였다.

미국은 일본의 주요한 생사生絲 수출국이었다. 1900년경 미국에서 수입하는 생사의 46퍼센트가 일본에서 생산된 것이었다. 일본에서 미국으로 수출되는 상품의 56퍼센트가 생사였다. 한편, 일본은 미국에서 면화를 수입하였다. 1898년 이후에는 미국에서 수입하는 면화가 청국에서 수입하는 것보다 많았다. 미국에서 수입되는 철광석과 기계류도 영국 다음으로 많았다. 미국으로 수출되는 주요 품목으로는 생사·차·면포·석탄 등이었고, 주요 수입품으로는 기계류·면화·석유·

철광석 등이었다.

　무역의 신장에 발맞추어, 1897년 정부는 서구 열강과 같이 금본위제를 채택하였다. 에도 시대 일본의 서부 지역에서는 은본위제, 동부 지역에서는 금본위제가 통용되었다. 하지만 은본위제가 우위를 점하고 있었다. 그러나 1887년경부터 세계적으로 은값이 하락하였다. 정부는 서구와 동등한 제도를 갖추기 위해 1897년에 「화폐법貨幣法」을 제정해 금본위제를 확립하였다. 정부는 금본위제를 채택해 무역의 기틀을 다지고 외자도입의 길을 열었다.

　1882년 정부는 일본은행을 설립해서 금융제도의 기초를 다졌다. 또 여러 기업에 산업자금을 지원하기 위해 특수은행을 설립하였다. 1897년에는 니혼간교은행日本勸業銀行이 설립되었고, 1902년에는 니혼코교은행日本興業銀行이 설립되었다. 또 정부의 보호를 받고 있는 미쓰이·미쓰비시·야스다安田·스미토모住友 등의 정상政商들도 은행을 설립하였다.

　1911년 고무라 주타로小村壽太郎가 외무대신으로 있을 때, 일본은 관세자주권을 완전하게 회복하였다. 오랫동안 일본 무역의 발목을 잡고 있던 낮은 관세 문제가 해결되었다. 정부는 관세 수입을 늘리면서 국내 산업을 보호할 수 있는 조건을 갖추었다. 무역의 주도권은 외국 상인에게서 점차로 일본 상인의 손으로 옮겨지게 되었다. 식민지 조선과 타이완, 반식민지 만주, 그리고 중국을 분할하면서 확보한 광대한 시장으로 일본상품이 수출되었다.

4. 독점자본의 확립

산업혁명의 진행과 더불어 독점과 기업집중 경향이 두드러졌다. 특히 생산의 발전이 전쟁을 통한 수요의 증대를 통해 실현되는 경우가 대부분이었다. 그래서 팽창된 생산력을 국내시장과 수출시장의 구매력이 따라가지 못하는 구조였다. 그 결과, 과잉생산으로 인한 불경기, 즉 공황이 발생할 위험성이 상존하였다. 실제로 1890년에 일어난 일본 최초의 경제공황으로 많은 중소기업이 도산하였다.

중소기업이 도산할 때마다 대기업・대자본으로 생산과 자본이 집중되었다. 그 과정에서 회사조직에 의한 기업, 특히 출자자와 경영자가 분리된 주식회사가 증가하였다. 특히 자본금 100만 엔 이상이 되는 규모가 큰 회사가 일본 전국 자본금 총액의 50~60퍼센트를 점하는 현상을 초래하였다.

20세기에 접어들면서 독점가격을 유지하기 위한 가격협정, 자유경쟁을 배제하기 위한 공동판매, 불경기 때 생산을 축소하는 생산협정 등을 목적으로 하는 동종기업의 연합체라고 할 수 있는 카르텔Kartell이 형성되었다. 대표적인 예로 1902년에 성립한 대일본방적연합회가 있었다. 이 단체에 44개 방적회사가 가맹하였다. 그들은 공황이 발생하였을 때 공동으로 조업을 단축하는 약정을 맺었다. 그들 내부에서는 자본금과 생산량이 방적회사 전체의 2분의 1을 점하는 7대 방적회사의 독점이 진행되었다.

이어서 같은 목적을 추구하기 위한 자본의 비대화와 산업지배를 목표로 하는 동종기업 또는 같은 계열 기업의 합동체라고 할 수 있는 트러스트Trust가 형성되었다. 대표적인 예로 1906년에 2개 제당회사가 합병해 성립된 대일본제당, 1909년에 포경업을 하는 3개 회사를 중심으로 성립된 동양포경東洋捕鯨이 있었다.

러일전쟁에서 제1차 세계대전에 이르는 기간에, 은행자본을 기축으로 다른 직종 다른 기업을 계열화하고, 주식의 보유·주주총회의 지배·감시자의 파견 등을 통해 기업을 완전히 지배하려는 콘체른 Konzern이 성립되었다. 일본에서의 콘체른은 대부분이 메이지 시대 초기에 성립된 정상政商의 일족이 지배하였다. 일본에서는 기업을 지배하는 소수자를 재벌財閥이라고 불렀다. 미쓰이三井 가문의 미쓰이 재벌과 이와사키岩崎 가문의 미쓰비시 재벌을 비롯해 그보다 약간 작은 규모의 스미토모住友 가문의 스미토모 재벌, 야스다安田 가문의 야스다 재벌이 대표적인 것이었다.

미쓰이 가문은 에도 시대 이래 자본가였다. 이 가문이 정상으로 발전하면서 금융·무역을 중심으로 성장하였다. 그러다가 1891년에 미쓰이은행의 이사로 영입된 나카미가와 히코지로中上川彦次郎가 주도하는 근대적 개혁으로 급속하게 산업자본가로 비약하였다. 미쓰이 가문은 주식 보유·매수·융자를 통해 기업의 경영권을 장악하면서 미쓰이광산·가네가후치방적鐘淵紡績·홋카이도탄광철도·오지제지王子製紙·시바우라제작소芝浦製作所 등 일본 굴지의 회사를 거느렸다. 이러한 공업 경영에 자본을 제공했던 은행도 미쓰이은행이었다. 일본 최대의 무역회사인 미쓰이물산三井物産은 미쓰이 재벌의 핵심기업이었다. 미쓰이물산은 수입과 수출을 담당하는 회사로 1911년 당시 일본 생사 수출의 29퍼센트와 면화 수입의 51퍼센트를 점유하고 있었다.

미쓰비시 재벌의 창립자 이와사키 야타로岩崎弥太郎는 메이지 정권과 유착해 전형적인 정상으로 발전하였다. 미쓰비시는 당초에 해운에 주력하면서 성장하였다. 이와사키 야타로와 이와사키 야노스케岩崎弥之助 형제 2대에 걸쳐서 광산과 조선을 중심으로 하는 산업자본가로 비약하였다. 미쓰비시는 미쓰이와 동일한 방법으로 경영권을 장악하면서 도쿄해상화재·니혼우선日本郵船·니혼철도日本鐵道·오사리자와광산

御去沢鑛山・나가사키조선소長崎造船所・사도광산佐渡鑛山・지쿠호철도筑豊鐵道 등 거대한 회사를 거느렸다. 미쓰비시 재벌의 핵심 기업은 미쓰비시합자三菱合資였다. 거기에서 미쓰비시은행과 미쓰비시상사가 독립하였다.

일본은 금융자본이 경제계를 지배하는 구조 아래 놓이게 되었다. 일본 자본주의는 비록 출발은 늦었지만 일본의 산업혁명이 거의 완성되는 단계에서 이미 자본주의가 독점단계로 진입하였다. 일본의 자본주의는 성립기에는 메이지 정권의 보호를 받으면서 발전했기 때문에 경쟁을 경험하지 않았고, 확립기에는 이미 조숙한 독점자본으로 성장해 있었다.

[3] 사회문제의 발생과 싹트는 사회주의운동

1. 초기의 사회문제

외국에서 싼값으로 양질의 공업원료가 수입되면서 농촌에서 면화・마麻・남藍 등의 재배가 쇠퇴하였다. 하지만 수출용 생사의 수요가 증가했기 때문에 양잠이 성행하였다. 그러나 일본경제는 이미 세계 자본주의 경제의 직접적인 영향을 받고 있었다. 생사의 수출도 미국의 경기에 의해 좌우될 정도였다. 농민의 계급분화가 촉진되었고 기생지주제가 더욱 확대되었다. 지방의 실업가로 진출하는 지주가 등장하는 한편, 일당 노동자나 임금노동자로 전락하는 농민이 증가하였다.

지주와 소작인의 대립이 심화되었다. 소작쟁의小作爭議, 즉 소작인이

지주에게 소작 조건의 유지 및 개선을 요구하는 투쟁이 빈발하였다. 소작인은 주로 소작료의 경감을 요구하면서 소작인조합小作人組合을 조직하였다. 1902년 미야자키 다미조宮崎民蔵는 토지복권동지회土地復權同志會를 창설해 농민을 조직화하였다.

1900년 전후 농촌인구의 비율이 총인구의 65퍼센트를 점하였다. 일본의 농촌은 일반적으로 영세한 소작인이 다수를 점하였다. 1900년 전후 전국 경작지의 약 40퍼센트가 소작지였다. 농민의 자녀 중에는 방적공장이나 제사공장에 취직하기 위해 고향을 떠나는 자가 많았다. 공업화가 비약적으로 진전된 데 반해 농업은 여전히 벼농사를 주로 하면서 부업을 하는 소규모 경영형태였다. 농민의 부업으로 양잠업이 성행하였다. 양잠기술이 개량되어 연 3~4회의 양잠이 가능하였다. 양잠은 소작인에게도 중요한 현금 수입원이었다.

공업의 발달로 농촌에서 도시로 유입되는 인구가 증가하였다.[47] 도시의 급격한 변화에 따라서 1890년대부터는 빈민문제, 노동문제 등 각종 사회문제가 발생하였다. 도시에는 수공업에 종사하는 노동자들이 많이 거주하였다. 그들은 일용노동자와 함께 빈민층을 형성하였다. 그들은 경기변동의 영향을 받기 쉬웠다. 수입이 불안정하였으므로 자제를 교육시키는 것조차 어려운 형편이었다.

메이지 시대 초기에는 열악한 생활을 하는 도시 빈민층과 임금노동자들의 실태도 제대로 파악되지 않았다. 또 민중의 지식수준이나 계급의식도 매우 낮았기 때문에 노동운동이 본격화되지 못하였다. 하지만 1888년에 가혹한 노동조건이 『니혼진日本人』이라는 잡지에 게재되면서 사회문제가 되었던 다카시마탄광사건高島炭鉱事件, 1891년에 처음

---

[47] 그중에서 특히 도쿄와 오사카는 청일전쟁 후 인구가 급증하기 시작하였다. 도쿄와 오사카의 인구증가는 대부분 노동자의 도시집중으로 인한 것이었지만 도시로 진학하는 학생도 인구증가의 커다란 요인이 되었다. 시내는 월세집, 하숙집과 함께 음식점이 번영하였다. 도시 근교가 주거지로 개발되기 시작하였다.

으로 제기된 도치기현栃木県 아시오광산足尾鑛山의 광독사건鑛毒事件은 민중이 사회문제에 관심을 기울이는 계기가 되었다.

다카시마탄광은 규슈의 나가사키長崎에서 가까운 조그만 섬(지금의 나가사키현 니시소노기군西彼杵郡 다카사키초高島町)에 있었다. 다카시마는 지금은 주변의 섬과 함께 매립되어 육지로 연결되었지만, 에도江戸 시대에는 외국선에 석탄을 공급하던 섬이었다. 메이지 시대가 되면서 미쓰비시가 다카시마탄광을 경영하였다. 다카시마탄광은 노동력이 부족했기 때문에 죄수를 노동에 투입하는 등 노동조건이 매우 가혹하였다.

미쓰비시는 다카시마탄광에 나야제도納屋制度를 도입하였다. 이것은 나야가시라納屋頭라는 현장감독에게 모든 권한을 부여하는 제도였다. 나야가시라는 노동자의 생사야탈권을 쥐고 있었다. 노동자는 하루 18시간 이상 중노동에 시달렸다. 나야가시라는 조금이라도 게으름을 피운다고 생각되는 노동자를 구타하고 고문하였다. 1884년 콜레라가 유행했을 때 3,000여 명의 광부 중에 1,500명 이상이 병사하거나 살해되었다. 미쓰비시 재벌의 기초는 노동자의 희생 위에 마련된 것이었다.

아시오광산은 에도 시대부터 구리를 채취하던 광산이었다. 메이지 시대 초기에도 구리는 중요한 수출품이었다. 아시오 광산은 경영 규모를 확대하고 있었는데, 그곳에서 아황산가스・산성 폐수・유해 중금속을 포함한 산업폐기물이 대량으로 배출되었다. 특히 광산에서 흘러나온 광독이 인근의 야나카무라谷中村로 흘러들었다. 수질이 오염되고 농경지가 중독되었다. 피해 농민들은 대거 상경해 광산의 조업 중지를 요구하는 청원운동을 되풀이하였다. 1900년에는 3,000명에 달하는 민중이 청원운동을 벌였다.

도치기현 출신 중의원 다나카 쇼조田中正造는 제1회 의회 때부터 피해 농민들과 함께 광산의 개량과 광물의 독성 방지, 그리고 피해자 구제를 위해 힘썼다. 그러나 정부는 충분한 대책을 강구하지 않았다. 1901년 다나카 쇼조는 천황에게 직소하는 비상수단을 취하였다. 아시오 광독 피해자를 구제해야 한다는 여론이 비등하였다. 그러자 정부는 1902년에 제2차 광독조사회를 발족시켰다. 정부는 광산회사에 광독의 처리를 명령하는 한편, 야나카무라의 농민들을 강제로 이주시키기에 이르렀다.

2. 노동운동의 전개

1880년대 일본에서 산업혁명이 일어나고, 교통·통신이 발달하고, 무역이 발전하면서 자본주의가 발달하였다. 하지만 일본 노동자의 생활은 비참하였다. 일본 노동시장에 저임금·장시간 노동이 정착되었다. 30만이 넘는 공장노동자 중에 3분의 2가 방적·제사 부문에 종사하는 여성노동자들이었다. 하루 12시간 노동에 임금은 8전이 보통이었다. 참고로 당시 공장 기숙사의 하루 식비가 6전이었다. 일본 자본주의의 기초는 이와 같은 가혹한 노동조건 아래 형성되었던 것이다. 1880년 정부는 이런 처지의 공장노동자를 탄압하기 위해 「공업방해죄」를 제정해 노동쟁의를 금고형禁錮刑과 벌금형으로 다스렸다.

공장노동자들은 정부의 탄압에 저항하였다. 1886년 6월 야마나시현山梨県 고후甲府의 아마미야제사공장雨宮製絲工場에서 파업이 일어났다. 하루 15시간 노동에 시달리던 나이 어린 여성 노동자들이 임금인하 반대, 작업시간 단축 등을 요구하며 투쟁해 마침내 승리하였다. 이 파업은 고후 시내의 다른 공장에 파급되었다. 그 후 노동운동이 전국 각지의 공장지대에서 일어나기 시작하였다. 노동자들이 단결하기 시작했던 것이다.

1887년경부터 도쿄의 이시카와지마조선소의 철공기술자 오자와 벤조小沢弁蔵가 노동조합 결성 준비작업에 착수해 1889년에 동맹진공조同盟進工組가 결성되었다. 오자와의 노력으로 이시카와지마조선소의 노동자뿐만 아니라 육군·해군 조병창, 기계제작소 등의 철공노동자들도 참가하였다. 이 단체는 철공노동자들이 친목과 기술향상을 목적으로 조직한 일본 최초의 노동조합이었다.

이미 1882년에 인력거 차부車夫들이 차회당車會黨을 결성하였다. 이 조직은 마차철도회사가 설립되면서 생계가 어려워진 인력거 차부들을 사회운동가 오쿠노미야 겐시奧宮健之와 차부 미우라 가메키치三浦亀吉가 앞장서 조직한 단체였다. 하지만 차회당은 오쿠노미야와 미우라가 검거되면서 자연히 소멸되었다. 그리고 다루이 도키치樽井藤吉가 민중의 평등과 복지를 부르짖으며 동양사회당東洋社會黨을 결성한 적이 있었다. 하지만 동양사회당은 단체라고 볼 수 없는 수준이었다. 1892년에 오이 겐타로大井憲太郎가 보통선거·노동·소작 문제를 거론하며 동양자유당東洋自由黨을 결성한 적이 있었다. 하지만 이 또한 본격적인 노동조합이 아니었다.

1897년 4월 전국적인 노동조합의 결성을 선도하는 것을 목적으로 직공의우회職工義友會가 조직되었다. 직공의우회는 미국 샌프란시스코에서 노동자로 생활한 경험이 있는 다카노 후사타로高野房太郎, 조쓰네타로城常太郎, 사와다 한노스케沢田半之助 등이 귀국 후 설립하였다. 직공의우회는 같은 해 7월에 오카야마현岡山県 출신 노동운동가 가타야마 센片山潜과 손을 잡고 노동조합기성회勞動組合期成會를 결성하였다. 노동조합기성회는 노동자에게 직접 호소하는 방식으로 노동운동을 전개하였다. 특히 노동조합기성회가 지원해 일으킨 1898년의 일본철도주식회사 파업은 매우 계획적이고 일사분란하게 통제된 대규모 노동운동

이었다. 사회문제의 연구도 활발하게 진행되었다.[48]

　노동조합이 결성되면서 노동운동이 민중의 관심사가 되었다. 노동자의 비참한 생활을 고발하고 사회개혁의 필요성을 제기하는 언론이 등장하였다. 여러 언론 중에서도 고토쿠 슈스이幸德秋水가 영향력을 행사했던 『요로즈초호万朝報』, 자유주의자 시마다 사부로島田三郎가 관여했던 『마이니치신문毎日新聞』이 대표적인 것이었다. 노동자들과 진보적 언론은 노동자의 처우개선을 위한 공장법을 제정해야 한다고 목소리를 높였다.

　1897년 「공장법」이 마련되었다. 하지만 그것은 10세 이하의 아동노동 금지와 부인을 밤 10시부터 새벽 4시까지 작업에 투입하는 것을 금지하는 것을 규정한 것이었다. 회사는 10세부터 14세까지의 소년공도 10시간까지 일을 시킬 수 있었다. 성인 남자의 노동조건과 권리에 대한 규정은 없었다. 아동과 부인에 관한 규정도 10년간 유예기간을 두었다. 더구나 공장법은 노동자를 15명 이상 고용하는 공장에 한해 적용하였다. 소규모 공장에는 「공장법」이 적용되지 않았다. 요컨대 「공장법」은 노동자의 권리를 보호하기에는 매우 불충분한 것이었다.

　그럼에도 자본가와 공장주들은 「공장법」의 실시를 맹렬하게 반대하였다. 자유주의적 지식인들까지도 「공장법」의 실시에 반대하였다. 경제학자 다구치 우키치田口卯吉는 「공장법」은 공장주가 아동을 자유롭게 사용할 수 있는 권리를 제한하는 것이라고 주장하였다. 심지어 그는 「공장법」이 산업을 파괴하는 것이라고 단언하였다. 제2차 야마가타 아

---

48) 1896년에는 독일의 국가사회주의를 신봉하는 도쿄대 교수 가나이 노부루金井延 · 구와타 구마조桑田熊蔵를 중심으로 하는 사회정책연구회가 성립되었다. 1897년에는 다루이 도키치 등이 사회문제연구회, 정치가인 시마다 사부로 · 경제학자 다구치 우키치田口卯吉 등이 사회학회, 다음 해인 1898년에는 가타야마 센 · 고토쿠 슈스이 · 아베 이소오阿部磯雄 등이 사회주의연구회를 비롯한 단체를 결성하였다. 한편, 1899년에 요코야마 겐노스케橫山源之助는 공업노동자와 소작인의 실태를 조사해 『일본의하층사회日本之下層社會』라는 명저를 저술하기도 하였다.

리토모 내각은 법안의 의회 상정마저 거부하였다. 그래서 법안이 의회를 통과하는 데 상당한 진통을 겪었다. 1911년이 되어서야 겨우 「공장법」이 성립되었다.

　노동운동이 활성화되자 정부의 탄압이 시작되었다. 제2차 야마가타 아리토모 내각은 1900년 3월 「치안경찰법治安警察法」을 공포하였다. 이 법은 정부가 이전에 마련한 치안입법을 집대성한 것이었다. 「치안경찰법」은 농민운동과 노동운동을 근절시킬 목적으로 제정된 것이었다. 이 법에 의하면 파업은 물론 노동조합 결성도 사실상 불가능하였다. 노동자가 노동조건의 개선을 요구하는 것만으로도 6개월 이하의 금고형 또는 30엔 이하의 벌금형에 처해졌다. 이러한 법이 의회에서 아무런 반대도 없이 통과되었다.

　「치안경찰법」이 제정되고 정부의 탄압이 강화되자 노동운동이 큰 타격을 받았다. 노동조합기성회에서 탈퇴하는 사람이 증가하였다. 자진해서 해산하는 철공조합 산하단체도 있었다. 그동안 노동자를 대변하던 잡지『노동세계勞動世界』의 간행도 어렵게 되었다. 노동운동가들 사이에서도 분열이 일어났다. 직공의우회를 결성했던 다카노 후사타로는 현실을 비관하며 중국으로 건너갔다. 하지만 가타야마 센은 노동운동을 정치투쟁으로 발전시켜야 한다고 역설하였다. 가타야마는 정치투쟁의 방법으로 보통선거운동에 앞장섰다.

　정부의 탄압으로 노동운동은 일시적으로 쇠퇴하였으나 1901년부터 다시 활기를 띠었다. 철공조합을 비롯한 노동조합의 회원도 증가하기 시작하였다. 가타야마 센이 주도한 요코하마 대집회에 노동자 2,000여 명이 결집하였다. 1901년 4월 3일 무코지마공원向島公園에서 열린 노동자간친회勞動者懇親會에 4만 명에 가까운 노동자가 참가하였다. 이 행사는 실질적인 노동절 행사였다.

3. 사회주의 발흥과 사회운동의 전개

정부가「치안경찰법」을 앞세워 노동운동을 탄압하자 사회주의에 경도되는 지식인들이 오히려 증가하였다. 그들은 현실문제의 해결방법을 모색하기 위해 사회주의를 연구하였다. 1900년에 사회주의협의회, 1901년 5월 18일 일본 최초의 사회주의 정당인 사회민주당社會民主黨이 결성되었다. 사회민주당은 가타야마 센・고토쿠 슈스이・아베 이소오・니시카와 고지로西川光二郞・가와카미 기요시河上淸・기노시타 나오에木下尙江 등 여섯 명이 발기인으로 결성하였다. 하지만 사회민주당은 신청서를 낸 다음 날에 금지되었다.「치안경찰법」에 저촉되었기 때문이다. 하지만 사회민주당의 결성은 일본 사회주의운동 발전사에 분기점이 되었다.

『노동세계』에 사회민주당의 선언문과 강령이 실렸다. 주요 내용은 다음과 같다. (1) 인종의 차별, 정치의 다르고 같음에 상관없이 인류는 모두 형제이다. (2) 만국의 평화를 달성하기 위해 우선 군비를 폐기할 필요가 있다. (3) 계급사회는 최종적으로 해소되어야 한다. (4) 생산수단에 필요한 토지와 자본은 공유한다. (5) 철도, 선박, 운하, 교량 등 교통기관은 공유한다. (6) 재산은 공평하게 분배되어야 한다. (7) 모든 인민에게 평등한 정치적 권리가 부여되어야 한다. (8) 인민은 평등하게 보통교육을 받아야 하며, 교육비는 전액 국가부담으로 한다. 그 밖에 구체적인 운동 강령으로 귀족원 폐지, 치안경찰법 폐지, 군비 축소, 사형제 폐지, 보통선거법 실시, 노동조합법 제정과 단결권 보장, 8시간 노동제, 소작인 보호법 제정 등이 제시되었다.

러일전쟁이 피할 수 없는 국면으로 접어들자, 민중 사이에서 개전론과 비전론의 비등하였다. 유력한 신문의 대부분이 개전론을 전개하며 정부를 압박하였다. 그런 중에『요로즈초호』의 사주 구로이와 루이코

黒岩涙香는 사회개량단체인 이상단理想團을 조직해 비전론을 주장하였다. 하지만 그는 개전 직전에 변심하였다. 그러자 1903년 『요로즈초호』의 사원이며 이상단의 일원이었던 고토쿠 슈스이·사카이 도시히코堺利彦·우치무라 간조內村鑑三 등이 퇴사하였다.

1903년 고토쿠 슈스이와 사카이 도시히코는 이시카와 산시로石川三四郎·니시카와 고지로·아베 이소오·기노시타 나오에·가타야마 센 등 사회주의자의 협력을 얻어서 헤이민사平民社를 창설하였다. 그들은 주간 『헤이민신분平民新聞』을 발행해 비전운동을 전개하였다. 1905년 1월 정부는 『헤이민신분』을 폐간하였다. 또 독실한 크리스천 우치무라 간조는 인도주의의 입장에서 평화론을 주창하였다. 그러나 민중은 그들의 반전론에 귀를 기울이려고 하지 않았다.

1905년에 헤이민사가 해산되었다. 그 후 사회주의자들은 기노시타 나오에·아베 이소오 등의 크리스트교파와 고토쿠 슈스이·사카이 도시히코·니시카와 고지로 등의 유물론파로 분열되어 활동하였다. 그러나 온건파로 분류되는 사이온지 긴모치 내각이 성립되자, 1906년 1월에 양파가 다시 연합해 일본사회당日本社會黨을 결성하였다. 일본 최초의 합법적인 무산정당이라고 할 수 있는 일본사회당은 국법의 범위 내에서 사회주의를 주장한다는 당칙黨則을 정하였다. 그러나 고토쿠 슈스이는 무정부주의 입장에서 직접 행동해야 한다고 주장하였다. 그는 의회를 통해 사회주의를 실현하자는 의회주의파와 대립하였다. 1907년 2월 일본사회당이 해산하였다.

러일전쟁이 시작되자 대다수의 일본인은 전쟁에서 일본이 승리하면 일본경제가 비약적으로 성장할 것이고, 그러면 당연히 생활도 좋아질 것이라고 확신하였다. 그러나 러일전쟁이 끝난 후, 민중의 생활은 오히려 전쟁 전보다 어렵게 느껴졌다. 민중은 정부를 비난하기 시작했고, 대다수 언론들도 정부를 공격하는 데 앞장섰다. 그러자 정부는 대내적으로 사회주의운동을 탄압하고, 대외적으로는 한국을 빠른 시간 내에 식민지화해 정국을 전환시키려고 하였다. 특히 한국에서 반일 의병투쟁이 전개되고 있었기 때문에 일본 정부는 더욱 조급하였다.

1908년 6월 제1차 사이온지 긴모치 내각은 이른바 적기사건赤旗事件을 일으켰다. 이 사건은 사회주의자들이 출옥한 동지들을 환영하기 위해 도쿄 간다神田에 있는 긴키관錦旗館에 모였을 때 '무정부공산無政府共産'이라고 쓴 적기를 앞세우고, 혁명가를 부르면서 거리를 행진하였다는 이유로 사카이 도시히고 · 오스기 사카에大杉栄 등이 검거된 사건이었다. 그 후에 사이온지 내각에서 가쓰라 내각으로 교체되면서 탄압은 강화되었다.

1908년 7월 출범한 제2차 가쓰라 타로桂太郎 내각은 제생회濟生會를 설립해 빈민구제에 나서는 등 민중의 불만을 잠재우기 위한 정책을 추진하였다. 하지만 제2차 가쓰라 내각은 1910년에 대역사건大逆事件을 일으켰다. 이 사건은 고토쿠 슈스이 · 미야시타 다키치宮下太吉 · 간노 스가管野スガ[49] 등이 천황의 암살을 계획하였다는 죄목으로 1910년 5월에 체포된 사건이었다. 정부는 이 사건을 기화로 전국 각지에서 사회주의자와 고토쿠 슈스이를 비롯한 무정부주의자들을 체포해 26명을 대역죄로 기소하였다. 미야시타 다키치를 비롯한 4명은 천황 암살계획을 인정하였다. 하지만 다른 사람은 명확한 증거가 없었다. 그럼에도 다음 해 1911년 1월 비공개로 진행된 재판에서 24명에게 사형, 2명에게 징역형을 선고하였다. 정부는 24명의 사형수 중에서 12명은 천황이 자비를 베푸는 형식으로 무기징역으로 감형하고, 고토쿠 · 미야시

---

[49] 교토 출신의 여성혁명운동가로 고토쿠 슈스이의 내연의 처였다. 불우한 가정에서 성장했고 한 때 작가를 지망하기도 하였다. 1904년에 사카이 도시히코를 만나기 위해 헤이민사에 들렀다가 사회주의자가 되었다. 1908년에 적기사건으로 검거되었으나 무죄로 석방되었다. 그 후 고토쿠 슈스이와 함께 무정부주의에 경도되었다. 간노 스가는 대역사건으로 사형을 당하였다. 사형수 12명 중에 단 1명의 여성이었다.

타·간노 등 나머지 12명은 사형시켰다. 그 후 사회주의운동과 노동운동은 철저하게 탄압되었다.

□□□제5장

청일·러일전쟁과 일본제국

[1] 청일전쟁

1. 조선사정과 일본의 전쟁준비

조선을 강제로 개국시킨 일본은 서구 열강보다 한발 앞서서 조선에 세력을 넓히려고 하였다. 일본은 조선의 시장을 잠식하는 한편, 내정에도 관여하기 시작하였다. 오랫동안 조선과 밀접한 관계를 유지해 온 청국도 조선에 영향력을 행사하려고 하였다. 일본과 청국은 조선을 둘러싸고 대립하였다.

조선은 진취적인 인물들을 기용해 개화정책을 추진하였다. 행정기구를 개편하고 신식군대를 양성하는 등 근대적인 개혁을 단행하였다. 그러나 대원군을 중심으로 하는 보수파는 이에 반대해 1882년 임오군란을 일으켰다. 폭도들은 정부고관의 저택과 일본공사관을 습격하고, 대원군을 정권에 복귀시켰다. 하지만 국왕과 민씨 일파는 청국에 파병을 요청하였다. 청국은 조선으로 군대를 파견해 반란을 진압하고 대원군을 텐진天津으로 연행하였다. 일본도 군대를 파견해 조선 정부에 배상금을 요구하고, 일본공사관에 군대를 주둔시킬 수 있는 권리를 강요하였다. 조선은 일본에 굴복해 제물포조약濟物浦條約을 체결하였다.

임오군란 이후 청군은 조선에 상주하면서 조선 정부에 영향력을 행사하였다. 한편, 김옥균金玉均을 중심으로 하는 급진개화파는 일본의 지원을 받아 1884년에 갑신정변甲申政變을 일으켰다. 그러나 청군의 출동으로 급진개화파는 축출되었다. 김옥균은 일본으로 망명하였다. 갑신정변 후 일본은 조선에 군대를 파견하였다. 조선은 일본의 강요로 한성조약漢城條約을 체결하였다. 이토 히로부미伊藤博文는 청국의 리홍장李鴻章과 텐진조약天津條約을 맺었다. 청·일 양국은 조선으로부터 동시에 철병하며, 장래 조선에 군대를 파견할 때는 상호 통고하기로 하였다.

1884년 갑신정변이 실패한 후, 조선에서는 민씨 일족을 중심으로 하는 수구파가 개화파를 탄압하고 정권 기반을 굳혔다. 수구파는 외세의 침략을 감지하지 못하였다. 부정부패가 극심하였다. 탐관오리·토호·고리대금업자가 농민들을 가혹하게 수탈하였다.

외세는 호시탐탐 조선을 넘보고 있었다. 청국은 한성 의주 간 전신선을 가설하고, 차관을 미끼로 조선 내정에 간섭하면서 청국 상인에게 특권을 주도록 압력을 가하였다. 미국·영국의 지원을 받으며 급성장한 일본 또한 조선을 위협하는 존재였다. 하지만 당시 청국은 비록 노쇠했으나 일본에 비해 강국이었다. 조선에 대한 영향력도 청국이 일본을 압도하였다. 일본의 조선 무역도 청국 상인에 밀려 후퇴하지 않을 수 없었다.

　1889년 조선의 함경도에 극심한 흉년이 들었다. 지방 관아는 양곡의 해외 반출을 금지하는 방곡령防穀令을 내렸다. 일본은 즉시 항의하며 조선에 거액의 배상금을 청구하였다. 그 후 비슷한 사건이 황해도와 평안도에서도 일어났다. 조선은 일본인이 밀수하던 홍삼을 빼앗고 일본 상인에게 세금을 부과하였다. 이는 조일 통상장정에 따른 조치였으나 일본은 조선에 압력을 가해 방곡령을 해제시켰다. 일본은 조선에 14만 엔의 손해배상을 청구하였다. 조선이 난색을 보이자 일본은 1893년에 최후통첩을 보내어 조선을 협박하였다. 결국 조선은 11만 엔이라는 거금을 배상하였다.

　조선이 개항한 후, 조선의 대외 무역은 외국 상인의 수중에 들어갔고, 점차 국내시장도 잠식되었다. 일본 상인은 밀수품을 유통시키고, 화폐를 위조하고, 고리대금업자가 활동하면서 조선의 경제 질서를 혼란스럽게 하였다. 1890년 1월 서울 종로 상인들이 외국의 경제 침탈에 항

청일전쟁에 즈음해 조선을 둘러싼 국제정세를 풍자한 만화

의해 철시를 단행하였다. 그러나 조선 정부는 청·일 양국의 압력에 굴복해 종로 상인들을 탄압하였다.

1988년에 맺어진 협정으로 일본 어부가 조선 근해에서 어업을 할 수 있게 되었다. 조선 근해까지 진출해 작업하는 일본 어선이 매년 증가하였다. 일본 어선에 비해 낙후된 어선으로 조업하는 조선 어부들은 고기를 제대로 잡을 수 없었다. 조선 어부들의 분노가 폭발하였다. 같은 해 3월에 제주도 어민들이 일본인에게 허용된 조선 근해 어업권을 폐기하라고 외치며 폭동을 일으켰다.

조선인들이 일본의 경제 침탈에 신음했지만, 일본 상인은 더욱 적극적으로 시장을 개척하려고 하였다. 1890년에 시작된 경제공황으로 일본의 경제가 악화되자, 일본 자본가들이 침략 전쟁을 요구하였다. 국내 정세를 보통 수단으로는 진정하기 어렵다고 판단한 메이지 정부도 전쟁의 구실을 찾고 있었다. 영국·미국의 지지만 있으면 언제든지 조선을 침략할 수 있다는 분위기가 조성되었다.

당시 영국은 러시아를 가장 위험한 적으로 간주하였다. 1891년 러시아가 시베리아 철도를 건설하기 시작하자, 영국은 러시아가 동아시아로 세력을 확대하는 것을 경계하였다. 영국은 동아시아에서 러시아에 맞설 수 있는 동맹국을 찾고 있었다. 영국은 급성장하는 일본을 장래 동맹국으로 삼으려고 하였다. 그래서 일본이 그동안 원하던 불평등 조약 개정에 선선히 응하였다. 영국이 조약개정에 응한 것은 곧 일본의 침략전쟁을 승인한 것이나 마찬가지였다.

일본 자본가들도 침략전쟁을 원하고 있었다. 1890년 시작된 경제공황으로 일본 자본주의는 해외시장 개척이 절실하였다. 특히 섬유·조선·해운 분야의 자본가들이 해외시장 개척에 적극적이었다. 경제도 어려웠지만 정치도 소란스러웠다. 일본 지배층 내부의 대립이 격화되었다. 농민·노동자들의 생활이 파탄에 이르렀다. 지배층은 당시 상황을 위기라고 판단하였다. 일본 외무대신 무쓰 무네미쓰陸奧宗光가 영국 공사에게 보낸 편지에 다음과 같은 내용이 있었다. "국내 정세는 더욱 더 긴박해지고 있다. 민심의 동요를 보통 수단으로 진정하기 곤란하다. 그러나 아무런 동기 없이 전쟁을 시작할 수는 없다."

일본인은 야망을 품고 있었다. 일본이 아시아의 맹주가 되어야 한다는 동양맹주론을 내걸었다. 일본이 동양의 맹주가 되려면 중국을 타도해야 한다. 그래서 일청결전론이 제기되었다. 청국과 전쟁을 하려면 명분이 필요하였다. 그래서 유포시킨 것이 기만적인 조선보전론이었다. 이것은 청국의 침략으로부터 조선을 보호하자는 것이었다.

일본은 침략을 위해 군비를 강화하였다. 1885년부터 청국과의 전쟁을 준비하였다. 육군을 독일식으로 재편하고 병력도 20만으로 증강하였다. 군비도 영국·미국의 지원을 받아서 보강하였다. 군사비가 국가 예산에서 차지하는 비중이 1890년에 29.5퍼센트, 1893년에 32퍼센트에 달하였다.

일본의 지배층은 위기감을 조장하였다. 일본과 조선이 합병해야 한다는 의견과 식민지를 확보해야 한다는 의견이 공공연하게 제기되었다. 침략주의 분위기에 편승해 천황제는 더욱 강화되었다. 1892년에 발생한 일본 군함 지시마호千島號와 영국 선박 라벤나호가 충돌한 사건을 계기로 대외강경론이 고개를 들었다. 야당도 단합해 국권 확장을 위한 강경외교를 주장하였다.

일본은 조선과 청국의 기밀을 정탐하였다. 전쟁이 일어났을 때, 전투가 벌어질 것으로 예상되는 지역을 답사하였다. 일본 참모본부의 실권을 장악하고 있던 가와카미 소로쿠川上操六 참모차장이 신분을 숨기고 은밀하게 조선을 정탐하였다. 1893년 5월 오이시 마사미大石正巳 일본 공사가 조선의 국왕을 면담했을 때, 가와카미가 동행해 경복궁 내부를 세밀하게 살폈다. 그동안 부하를 파견해 조선과 청국의 정보를 수집했지만, 최후 단계에서 가와카미가 직접 확인에 나섰던 것이다. 정탐을 마친 가와카미는 청국군과 일본군이 접전한다면 일본군이 승리할 수 있다고 확신하였다.

일본은 러시아가 청국을 지원하는 경우에 대비하는 것도 잊지 않았다. 참모본부는 육군 소좌 후쿠시마 야스마사福島安正에게 러시아의 전투력을 정탐하라고 명령하였다. 후쿠시마는 혼자 말을 타고 러시아 수도 페테르부르크에서 시베리아·몽고·만주를 거쳐 블라디보스토크에 이르는 1만4,000킬로미터를 여행하였다. 후쿠시마는 일본인이 시베리아의 추위를 견딜 수 있는지 실험하기 위해 일부러 얼굴과 귀를 노출시키고 여행하였다. 후쿠시마가 수집한 정보는 훗날 러일전쟁 때 빛을 발하였다.

1894년 3월 갑신정변에 실패하고 일본으로 망명한 김옥균이 중국 상하이에서 암살되는 사건이 일어났다. 김옥균의 사체는 청국의 군함으로 조선에 옮겨져서 능지처참에 처해졌다. 일본의 신문들은 김옥균과 관련한 기사를 대서특필하였다. 조선의 야만스러운 처형방식과 그것에 협력한 청국을 비난하였다. 당시 일본을 대표하는 지식인이었던 우치무라 간조內村鑑三도 훗날 "청국과 조선은 믿을 수 없는 나라"라고 멸시하면서 "문명국인 일본이 응징해야 하는 전쟁, 일본은 동양의 진보주의 전사"라고 했는데, 그중에 김옥균의 암살과 처형을 야만의 예로 들었다. 일본인들은 청국과 조선을 침략하라고 목소리를 높였다.

2. 전쟁의 개시와 전개

1894년에 조선에서 동학농민전쟁이 일어났다. 동학란 또는 동학농민운동으로 부르는 이 농민전쟁은 전라도 고부古阜에서 군수 조병갑趙秉甲의 학정에 견디다 못한 농민이 봉기하면서 일어났다. 지도자는 동학교도인 전봉준全琫準이었다. 그는 악정의 개혁, 반일·반침략 등의 기치를 내걸고 봉기를 이끌었다. 농민군은 순식간에 조선 남부 지역을 장악하였다.

조선침략의 구실을 찾던 일본은 동학농민전쟁의 추이를 예의 주시하였다. 농민군이 전라도 전역을 거의 수중에 넣었을 즈음, 농민군 수뇌부는 전주에서 조정과 화의를 체결하였다. 조정은 농민봉기가 계속되면 조선이 외국군의 전장이 된다고 농민군을 설득하였다. 농민군은 물러났다. 조정은 은밀히 청국에 파병을 요청하였다.

청의 위안스카이袁世凱는 조선의 파병요청을 계기로 조선에 대한 지배력을 강화하려고 하였다. 일본도 동학농민전쟁을 조선침략의 구실로 이용하려고 하였다. 일본의 우익단체 현양사玄洋社 사원들은 가와카미 참모차장과 긴밀히 연락을 취하면서 동학농민군을 지원하였다. 농민군을 부추겨서 청일전쟁의 실마리를 만들기 위한 책략이었다.

청국군 2,400명은 6월 9일에 아산만에 상륙했는데, 청국은 이틀 전인 6월 7일에 톈진조약에 따라서 출병 사실을 일본에 통보하였다. 그런데 일본은 이미 청국의 통보가 있기 이전인 6월 5일에 동원령을 내렸다. 마침 귀국 중이던 오도리 게이스케大鳥圭介 공사가 400명의 육전대를 이끌고 6월 9일에 조선으로 떠났고, 그날 약 1만 명으로 구성된 일본군 제5사단 혼성여단이 일본을 출발해 6월 12일에 인천에 상륙하였다. 일본군이 얼마나 신속하게 대응했는지 알 수 있다.

조선이 청국에 파병을 요청할 때, 그것이 일본의 침략을 유발할 것이라는 것을 예상하지 못한 것은 아니었다. 청국과 일본 사이에 톈진조약이 체결된 것을 알면서 청국군을 불러들인다는 것은 한반도를 전쟁터로 만들자는 것이나 마찬가지였다. 권력을 지키기에 급급했던 조선 정

인천항에 상륙하는 일본군(1894. 9. 20)
사진 / 팬택스 갤러리

부는 스스로 화를 자초했던 것이다.

 일본의 침략이 현실화되자 조선은 크게 당황하였다. 일본의 신속한 대응에 청국도 놀랐다. 청국은 위안스카이를 통해 양국이 동시에 철군하자고 제안하였다. 조선 정부의 부탁을 받은 다른 나라 공사들도 양국이 동시에 철군할 것을 촉구하였다. 그러나 일본은 철군할 의사가 전혀 없었다. 일본은 오히려 오토리 공사에게 개전의 구실을 찾으라는 훈령을 내렸다. 오토리 공사는 일본이 조선의 내정개혁에 간섭하는 데 청국이 동의해 줄 것을 요구하였다. 청국은 일본의 제안을 거절하였다. 그러자 일본은 조선 평화를 위한 근본 원인을 제거하기 전에는 철군하지 않겠다고 선언하였다.

 일본이 개전을 불사하겠다는 태도를 보이자 러시아가 일본에 경고하였다. 영국도 청국과 일본의 관계를 조정하려고 노력하였다. 하지만 청국이 소극적으로 대응해 영국의 노력은 실패로 끝났다. 일본은 오토리 공사에게 "실제행동을 취하라."고 명령하였다.

개전에 즈음해 외무대신 무쓰 무네미쓰는 영국을 비롯한 서양 열강이 간섭하지 않는다는 것을 확인하였다. 정부와 야당은 정쟁을 즉시 중단하였다. 야당은 전쟁에 적극 협력할 것을 선언하였다. 그리고 국가 세입 2년분에 해당하는 1억 5,000만 엔의 임시군사비와 1억 엔이 넘는 공채 발행에 관한 예산안을 겨우 5분 만에 만장일치로 가결하였다. 야당이 앞장섰다.

 7월 20일 일본은 조선에 청국과 맺은 모든 조약을 폐기할 것, 청국 군대를 철수시킬 것, 일본군의 한성 부산 간 군용 전신의 가설을 허용할 것 등을 내용으로 하는 최후통첩을 하고 24시간 내에 응답하라고 요구하였다. 조선은 청국과의 관계는 조선이 해결할 문제이며, 청국군의 출동도 조선의 요청에 의한 것으로 일본이 관여할 문제가 아니라고 답하였다. 일본의 요구를 거절한 것이다.

 전쟁이 임박했음에도 청국은 아무런 준비를 하지 않았다. 최고사령부도 두지 않았다. 청국은 가능한 일본과의 충돌을 피하며 열강이 개입해 주기를 기대하고 있었다. 만주와 조선 문제를 관장하던 리훙장은 일본이 사실상 전쟁을 선언한 후에야 소규모 증원부대를 조선으로 보냈을 뿐이었다. 그러나 그 부대가 조선 땅에 발을 들여놓았을 무렵 일본군은 이미 한성·인천·부산을 장악하고 있었다. 아산에 주둔한 청국군은 사실상 고립되었다.

 7월 23일 새벽 일본군은 불시에 경복궁을 점령하고 조선 국왕을 협박해 모든 정무를 대원군에게 위임하도록 하였다. 7월 25일 대원군은 일본의 각본대로 "조선은 청국의 속국이 아니"라고 선언하고, 오토리 일본 공사에게 청국을 몰아내달라고 요청하였다. 일본군은 즉시 청국군을 공격하였다. 일본 해군은 청국군이 승선한 수송선을 불시에 습격하였다. 청국군 1,000여 명이 물에 빠져 죽었다. 이어서 일본군은 충청도에 흩어져 있는 청국군을 공격하고, 7월 29일에는 성환·아산을 점령하였다. 전투에 패배한 청국군은 천신만고 끝에 평양으로 후퇴해 청국군 증원부대와 합류하였다.

일본이 선전을 포고한 것은 8월 1일이었다. 일본군은 계속 북상해 9월 15일 평양에서 청국군을 무찔렀다. 패배한 청국군은 압록강을 건너서 도망하였다. 9월 17일에는 일본의 연합함대와 청국의 북양함대北洋艦隊가 황해에서 교전하였다. 일본군이 크게 승리하였다. 청국의 북양함대 주력이 괴멸되었다. 제해권을 장악한 일본은 10월 하순에 오야마 이와오大山巖가 이끄는 제2군을 랴오둥遼東 반도에 상륙시켰다.

랴오둥 반도에 상륙한 일본군은 1월 6일 진저우金州를 점령하였다. 무능하고 부패한 청국군 지휘관들은 개인 재산을 챙겨서 도망가기에 바빴다. 일본군이 다롄大連을 함락시키자 청국군은 이미 전의를 상실하였다. 청국군 지휘관은 일본군과 싸우려 하지 않았다. 일본군은 방위선이 약한 곳을 공격하며 전진해 11월 22일 뤼순旅順을 점령하였다. 청국군이 버리고 도망한 대량의 무기와 탄약이 일본군 수중에 들어갔다. 일본군은 뤼순 시내 중국인 약 6만 명을 학살하고 시가지를 불태우는 만행을 저질렀다. 일본군은 나아가 웨이하이웨이威海衛까지 점령하였다.

뤼순이 함락되었을 때 강화의 움직임이 있었다. 후쿠자와 유키치福沢諭吉를 비롯한 일본의 여론을 주도하던 지도자들은 베이징北京을 점령하고 청국이 굴복할 때까지 싸움을 멈추지 말라고 외쳤다. 보불전쟁 때 프러시아가 그랬던 것처럼 일단 베이징을 점령하고 그곳에서 강화조약을 체결하자는 것이었다. 그러나 이토 히로부미는 청국 정부가 붕괴되면 강화의 상대가 없어질 뿐만 아니라, 열강이 거류민단을 보호한다는 구실로 전쟁에 개입해 일본의 승리가 자칫 수포로 돌아갈 위험이 있다고 판단하였다. 그래서 베이징을 공격하지 않았다.

3. 시모노세키조약과 삼국간섭

 1894년 10월 영국·미국이 나서서 청일전쟁을 조정하려는 움직임이 있었다. 이미 전의를 상실한 청국은 일본의 강화조건을 타진하였다. 일본과의 교섭에 열강을 개입시키는 것이 좋다고 판단한 청국은 11월 20일 독일인 구스타프 테이트링을 일본에 보냈다. 테이트링은 톈진조약 체결 때 리훙장을 수행한 경력이 있어서 일본 외교관도 그를 잘 알고 있었다. 그러나 일본은 외국인과 교섭할 수 없다고 하며 테이트링을 돌려보냈다. 일본의 속셈은 가능한 교섭 시기를 늦추면서 점령 지역을 확장하는 것이었다. 그런 다음에 보다 유리한 조건에서 강화를 하려고 하였다.
 당시 일본 내부에서는 강화 조건에 대한 논의가 활발하게 진행되었다. 육군은 반드시 랴오둥 반도를, 해군은 타이완과 펑후澎湖 제도를 빼앗아야 한다고 주장하였다. 정치계와 언론계에서도 빼앗아야 할 영토와 배상금 액수를 놓고 설전을 벌였다. 각료들의 의견도 각각이었다. 배상금은 물론 많은 영토를 빼앗아야 한다는 각료가 많았지만, 오쿠라 대신 마쓰카타 마사요시松方正義는 10억 엔의 배상금만 받고 영토할양 요구는 하지 말아야 한다고 주장하였다.
 일본은 여론을 수렴하고 대본영·내각 합동회의에서 강화 초안을 확정하였다. 주요 내용은 다음과 같았다. 조선의 독립을 승인하게 할 것, 랴오둥 반도·타이완·펑후 제도를 할양하고 일본이 지출한 군사비를 배상할 것, 청국이 구미 제국과 맺은 것과 같은 불평등조약을 일본과 체결할 것 등이었다. 랴오둥 반도 할양 요구는 육군의 주장이, 타이완과 펑후 제도 할양 요구는 해군의 주장이 받아들여진 것이다. 배상금은 전쟁에 소요된 경비와 그 후 사용될 비용까지 합한 금액의 2배에 해당하는 금액을 요구하기로 하였다. 이미 강화 초안을 마련한 일본은 청국이 정식으로 전권대사를 보내지 않는 한 강화 조건을 제시할 수 없다는 말만 되풀이하며 시간을 끌었다.

12월이 되어서 청국은 대표단을 일본에 보냈다. 그러나 일본 대표단은 자신들의 조약 초안은 제시하지도 않고 청국 대표단을 모욕하였다. 권한이 없는 상대와는 협상 테이블에 마주앉을 수 없다고 하였다. 청국 대표단은 귀국할 수밖에 없었다. 청국을 철저하게 짓밟으라고 외치는 여론은 일본 대표단의 무례한 행위를 오히려 추켜세웠다.

다급해진 청국은 리훙장을 전권대사로 파견하였다. 이때 고문으로 존 포스터가 리훙장을 수행하였다. 그러나 포스터는 청국을 위해서 일한 것이 아니라 일본의 이익을 옹호하는 데 힘썼다. 강화회의는 1885년 3월 20일부터 일본의 시모노세키下關에서 열렸다. 강화회의에서 일본 대표단은 그때까지 점령하지 않았던 톈진·산하이관山海關·다구大沽 지역을 일본에 넘기라고 요구하였다. 청국이 승복하지 않을 것이라는 것을 알고 짐짓 제안한 것이었다. 일본의 무례한 행위는 청국 대표단을 심리적으로 압박하기 위한 술책이었다. 일본은 청국 대표단을 모욕하는 행위도 서슴지 않았다. 3월 24일에는 리훙장이 일본인 청년에게 저격당해 중상을 입는 수모를 겪었다.

일본 대표단은 비로소 강화조약 초안을 제시하고 그것을 즉시 수락하라고 요구하였다. 그것은 청국의 예상을 훨씬 뛰어넘는 것이었다. 하지만 리훙장은 이토 히로부미의 협박에 밀려 강화조약에 서명하였다. 1885년 4월 17일이었다. 그 내용은 청이 조선의 독립을 인정하고, 랴오둥 반도·타이완·펑후 제도를 일본에 할양하고, 당시 일본 화폐로 3억6,000만 엔에 상당하는 배상금을 일본에 지불하고, 중국의 사스沙市·중칭重慶·수저우蘇州·캉저우杭州를 개항하는 것 등이었다.

그런데 강화조약 조인 직후인 4월 23일 러시아·프랑스·독일이 랴오둥 반도를 청국에 반환하라고 권고하였다. 러시아는 일본이 랴오둥 반도를 차지하면 자국의 남하정책이 좌절될 것으로 판단하였다. 프랑스는 프러동맹을 맺어서 러시아를 도왔고, 독일은 러시아의 관심을 극동으로 돌리려고 러시아의 행동을 지지하였다. 영국이 군사적 원조를 하지 않을 것이라는 것을 안 일본은 삼국간섭을 받아들였다. 5월 10일 랴오둥 반도를 반환하겠다고 발표하였다.

 일본은 삼국간섭에 굴복해 랴오둥 반도를 반환했지만, 청국이 서양 열강과 맺은 것과 같은 불평등조약을 강요해 관철시켰다. 일본이 실효적으로 지배하고 있었지만, 청국이 영유권을 주장하던 오키나와沖繩 문제도 정리되었다. 일본은 중국에 공장을 짓고 경영할 수 있는 권리도 얻어냈다. 그것은 서양 열강도 얻어내지 못한 이권이었다.

 청일전쟁에서 전사한 일본군은 약 6,000명에 불과하였다. 통계자료를 보면 청일전쟁 중에 사망한 일본군은 1만7,000명으로 집계되었다. 그런데 그중에서 1만1,000명은 1894년 겨울과 이듬해 봄에 만주에서 병과 추위로 사망한 자들이었다. 랴오둥 전투에서만 약 6만 명의 중국인이 일본군에 의해 학살당한 것에 비하면 6,000명은 매우 적은 숫자

청일전쟁 후에 유행한 아이들의 전쟁놀이

라고 할 수 있다.

  비교적 적은 희생으로 일본은 너무나 많은 이윤을 얻어냈다. 광대한 영토를 확보했을 뿐만 아니라 엄청난 배상금을 현금으로 받아냈다. 배상금으로 받아낸 현금만으로도 일본은 전쟁 비용을 탕감하고 남았다. 일본은 중국에서 받아낸 배상금으로 전력을 강화해 다시 중국을 침략하였다. 조선도 일본의 지배 아래 들어왔다.

  강화조약으로 일본의 식민지가 된 타이완 민중은 크게 반발하였다. 1895년 5월 타이완 민주국 수립을 선언하고 일본군과 각지에서 격전을 벌였다. 타이완 민중의 대규모 투쟁은 10월에 타이완의 지도자가 아모이로 도망하면서 끝났지만 일본군의 희생도 컸다. 일본군의 전사·병사자는 5,000명을 넘었다.

  1896년 타이완 총독부가 설치되었다. 주둔군 지휘권도 장악한 총독에는 1919년까지 육군 대장·중장이 임명되는 것이 관례였다. 또 타이완에는 제국헌법과 일본 법률이 적용되지 않고 총독의 명령으로 다스려졌다. 총독 명령 제1호는 반일운동에 가담한 타이완 민중을 사형에 처한다는 것이었다.

[2] 조선을 둘러싼 동북아시아 정세

1. 일본의 조선내정 간섭

  청일전쟁이 사실상 일본의 승리로 끝난 시점인 1894년 10월 20일 이노우에 가오루井上馨 일본공사가 조선에 부임하였다. 그는 외무대신과 내무대신 등 요직을 두루 거친 거물이었다. 그가 조선의 외무대신 김윤식에게 "내무대신인 본인이 특별히 공사로 부임한 것은 조선 문제를 중시하는 천황 폐하의 배려에 의한 것"이라고 한 말은 결코 과장이 아니었다.

일본 세력은 청일전쟁 이전부터 조선의 곳곳에 뿌리를 내렸다. 이미 50여 명의 일본인이 조선 정부의 고문으로 활약하고 있었다. 그들은 사실상 조선의 정무를 감독하면서 그 상황을 본국에 보고하고 있었다. 조선의 군대도 일본인 교관에게 훈련을 받고 있었다. 일본은 바다 건너 조선 사정을 손바닥 들여다보듯 하였다. 이노우에 공사는 그런 조선의 정치를 현장에서 관장하기 위해 파견된 인물이었다.

이노우에는 먼저 대원군을 제거하였다. 그리고 조선의 어전회의에 참석해서 내정개혁안 20개조를 제시하였다. 그것은 행정부의 조직 및 권한을 정비하고, 재정제도·군사제도·왕실제도를 마련하는 실로 광범위한 내용이었다. 내정개혁을 단행하기 위해 12월 17일 제2차 김홍집金弘集 내각이 조직되었다. 일본에 우호적인 인물들이 요직에 포진하였다.

이노우에는 개혁안의 내용 중 국왕의 친재권 조항을 들면서 왕후에게 정치에 간섭하지 말라고 요구하였다. 만약 왕후가 정치에 계속 간섭하면 동학군을 토벌하기 위해 파견한 일본군을 즉시 철수시킬 것이며, 그러면 조선은 다시 위기에 처할 것이라고 협박하였다. 조선 국왕은 왕후가 정치에 간섭하지 못하게 할 것이라고 약속했고, 총리대신 김홍집도 왕후의 정치 간섭을 엄금하겠다고 약속하였다.

청일전쟁 전후로 조선에 거주하는 일본인의 숫자가 급증하였다. 처음에 조선으로 건너온 일본인은 매우 상냥하게 굴었다. 조선인도 친절하고 예의바른 일본인을 좋아하였다. 그러나 일본이 청일전쟁에서 승리하자 일본인은 본성을 드러냈다. 그들은 점령군처럼 으스댔고, 본국에서는 행세할 수 없어서 조선으로 떠밀려온 하찮은 일본인조차 조선인을 함부로 대하였다. 물건을 파는 장사꾼조차 거만하게 굴었고, 심지어 조선인에게 물건을 강매하려다 잘 안 되면 흉기를 휘두르기도 하였다. 어떤 일본인은 자기들이 조선을 독립시켰고 동학당의 난을 평정했는데 조선인은 그 은혜도 모른다고 비난하고 다녔다.

조선인은 일본인에게 피해를 보아도 어디 하소연할 곳이 없었다. 관청은 이미 조선인을 보호하는 곳이 아니었다. 관리들은 패배주의에 젖어 있었고 제 민족의 고난을 애써 외면하였다. 용기를 내어 법원에 제소할라치면 담당 관리가 먼저 일본인들의 털끝하나 건드리지 못한다고 손사래를 쳤다. 조선인은 일본인을 보기만 해도 주눅이 들었다.

일본이 요구한 내정개혁이란 그들의 침략을 실현하기 위한 조건을 마련하는 것이었다. 조선은 일본의 지도로 개혁을 추진하였다. 박영효朴泳孝를 비롯한 개화파가 실권을 장악하였다. 개화파들은 일본의 눈치를 살피기에 급급하였다. 그들은 조선의 장래를 위한 개혁을 단행할 만한 인물이 못 되었다. 민 왕후가 개화파를 일소하고 정치의 주도권을 장악하였다.

민 왕후는 러시아에 접근하였다. 조선의 외교 및 재정 고문을 맡은 미국인 르 장드르Le Gendre도 국왕에게 러시아와 가깝게 지내는 것이 좋다고 건의하였다. 러시아는 조선과 육지로 연결되어 있을 뿐만 아니라 세계에서 가장 강한 나라이기도 하였다. 또 당시 러시아는 일본처럼 한반도를 엿보거나 내정에 간섭할 뜻이 없었다. 러시아 공사 베베르 부부도 매우 공손한 태도로 접근해 국왕과 왕후의 환심을 샀다.

조선은 러시아에 특사를 파견해 서로 관계를 돈독히 하자고 제안하였다. 그러나 러시아는 가능하면 일본과의 충돌을 피하려고 하였다. 시베리아 철도를 완공하기 전에는 조선 문제에 깊숙이 개입하지 않으려고 하였다. 그 대신에 만주로 진출하였다. 조선은 러시아의 방침을 알

까닭이 없었다.

민 왕후는 일본을 점점 멀리하였다. 조선 민중도 노골적으로 한반도를 엿보는 일본을 탐탁찮게 여겼다. 일본도 조선의 반일 분위기에 위기감을 느꼈다. 조선 정부가 러시아에 접근하면서 일본의 입지가 점점 좁아졌다. 일본은 조선의 정치가 러시아 쪽으로 기운 것은 민 왕후의 술책이라고 믿었다. 조선의 분위기를 일신해 일본의 세력을 만회하려는 음모를 꾸몄다.

1895년 9월 1일 육군 중장 출신 미우라 고로三浦梧樓 공사가 부임하였다. 전임 이노우에는 미우라를 대동하고 조선 국왕을 알현하였다. 그때 미우라는 국왕에게 무능한 군인이라고 자신을 소개하면서, 자신은 외교를 잘 모르니 관저에서 사경이나 하고 조선의 풍월이나 즐기겠다고 말하였다. 실제로 미우라는 공사관 2층 거실에 하루 종일 머물면서 좀처럼 밖으로 나오지 않았다. 거실에 부동명왕 불상을 차려놓고 독경을 하거나 사경을 하였다. 조선의 관리나 다른 나라의 외교관도 만나지 않았다.

2. 민 왕후 시해

1895년 10월 8일 새벽 일본의 군대·경찰·외교관원, 그리고 일본군의 사주를 받은 일본인 낭인浪人들이 경복궁으로 쳐들어가 민 왕후를 무참하게 시해하였다. 한국인조차 왕후 시해 사건이 일본인 낭인들이 저질렀다고 아는 사람이 의외로 많다. 그러나 소수의 일본인 낭인들이 조선 수비대가 경비하는 경복궁을 침입해 구중궁궐 깊숙이 있는 왕후를 살해한다는 것은 상상할 수 없는 일이었다. 사건의 연출은 미우라고로가 했고, 주연은 일본군이었고, 일본인 낭인은 그 하수인에 불과하였다.

당시 경복궁으로 진입했던 일본군은 후비보병 제18대대였다. 당일 새벽 1중대는 대원군을 호위해 경복궁으로 향하였다. 2중대와 3중대는 경복궁을 제압하기로 하였다. 작전명령은 사건이 일어나기 이틀 전인 10월 6일에 미우라 공사로부터 제18대대장에게 하달되었다. 미우라 공사의 명령을 받은 다음 날, 대대장은 중대장들에게 구체적인 임무를 부여하였다.

미우라는 왕후 시해 사건에 대원군과 조선 훈련대 병력을 끌어들였다. 미우라는 실제로는 일본인이 왕후를 시해하지만, 표면적으로는 대원군과 그 추종세력이 왕후를 시해한 것으로 꾸미려고 하였다. 일본 일등영사 우치다 사다쓰치內田定槌는 다음과 같이 증언하였다. "처음의 계획은 한밤중에 일본 군대와 경관이 대원군을 앞세우고 왕궁에 들어가 왕후를 살해하기로 되어 있었다. 그런데 대원군이 좀처럼 움직이지 않았다. 오카모토 류노스케岡本柳之助와 영사관보 호리구치堀口가 밤중에 한성 교외의 대원군 저택으로 달려가서 재촉했지만 대원군은 움직일 기색이 없었다. 지체하는 사이에 날이 새기 시작하였다. 초조해진 일본인들이 우르르 달려들어 대원군을 끌어내 가마에 태웠다. 대원군이 탄 가마를 앞세운 일본군은 서둘러 왕궁으로 향하였다."

명성황후가 시해된 옥호루

일본군이 대원군의 저택을 출발한 일시는 10월 8일 새벽 3시였다. 오카모토는 일본인들을 모아놓고 왕궁 안으로 들어가자마자 '여우'를 죽이라고 명령하였다. 일본인들 중 10여 명은 한국인으로 가장하기 위해 한국 군인의 군복을 뺏어 입기도 하였다. 서대문 밖에서 기다리던 조선 훈련대와 일본군이 합류해 잰걸음으로 왕궁을 향하였다. 왕궁을 침입할 때 경비병이 저항했지만 일본군이 제압하였다.

암살단은 왕궁으로 진입하자 미친 듯이 왕후의 처소에 난입하였다. 그리고 왕후를 찾아내어 몸의 여러 곳을 칼로 찌르고 발가벗긴 다음 차마 입에 올릴 수 없이 치욕스러운 방법으로 시해하였다. 암살단은 궁중에 있던 상궁과 대신들도 참혹하게 살해하였다. 피의 향연을 치른 암살자들은 물건을 약탈하였다. 일본인은 민 왕후의 사체를 널판 위에 누인 다음 솜이불로 묶어서 왕궁 뒤뜰 소나무 숲으로 옮겼다. 시신에 석유를 뿌리고 주위에 장작을 쌓은 다음 불을 질렀다. 민 왕후의 나이는 44세였다.

날이 밝자 미국 공사 알렌과 러시아 공사 베베르가 왕궁으로 달려갔다. 국왕 옆에는 이미 일본 공사 미우라가 버티고 서 있었고, 국왕은 겁에 질려 아무 말도 못하고 있었다. 의사 에비슨과 미국인 선교사가 교대로 국왕의 주변을 지켰다. 국왕은 독살당할 것을 두려워하였다. 캔으로 된 연유와 계란으로 허기를 면하였다. 이 소식을 들은 각국 공사관에서 특별히 음식을 만들어 통에 넣고 자물쇠를 채워 궁전으로 들여보냈다. 미국 공사 알렌과 러시아 공사 베베르는 거의 실성해 있는 국왕을 매일 방문해 인사를 올렸다. 헐버트, 언더우드, 아펜젤러 등 외국인들이 교대로 국왕의 침실을 지켰다. 국왕이 믿을 수 있는 것은 이제까지 아부하던 조정의 대신과 측근들이 아니라 이들 외국인들이었다.

우치다는 그날 아침의 상황을 다음과 같이 회상하였다. "사체의 처리에 관해서는 관련자로부터 후에 들었는데 어쨌든 매우 곤란하였다. 공사에게 물어보면 자초지종을 알 수 있을 것 같아서 공사관에 갔다. 공사는 2층에 있는 부동명왕상 앞에서 예불을 드리고 있었다. 나는 예불이 끝날 때까지 1층에서 기다렸다. (중략) 공사를 만났다. 내가 "대단히 혼란스럽게 되었군요."라고 말하자, 공사는 "아니다. 이것으로 조선은 유유히 일본의 것이 되었다. 이제 안심이다"라고 말하였다. 나는 말하였다. "그러나 이것은 보통 일이 아닙니다. 일본인이 피 묻은 칼을 높이 처들고 대낮에 공공연히 경성의 대로를 활보하는 것을 조선인은 물론 외국인도 분명히 보았을 테니 (중략) 일본군, 경찰관, 공사관원, 영사관원 등이 이 사건에 관련되었다는 것을 어떻게 해서든지 감추어야 한다고 생각합니다. 어떠한 방법을 취하는 것이 좋을까요." 공사가 말하였다. "나도 지금 그것을 생각하고 있다."

10월 10일 일본 정부는 외무성 정무국장 고무라 주타로小村寿太郎를 한성으로 파견해 미우라 공사를 비롯한 사건 관련자들을 귀국시켰다. 군인들은 군법회의에 회부되었지만 전원 무죄 판결을 받았다. 사건에 개입한 49명도 지방재판소 예심에서 증거불충분으로 전원 소송이 취하되었다. 재판은 범죄자들에게 면죄부를 주기 위한 형식 절차였던 것이다. 살인자들이 의기양양하게 재판소를 나올 때, 일본인들은 그들을 일본의 국위를 선양한 영웅으로 맞이하였다. 한일합병이 된 후 암살자들은 당시의 상황을 자랑삼아 떠들고 다녔다.

3. 일본의 군비확장

청일전쟁과 삼국간섭은 동아시아 전체에 커다란 파문을 던졌다. 청국이 종이호랑이에 불과하다는 것이 백일하에 드러났다. 전쟁에서 패배한 청국은 일본에 지불할 배상금과 내정개혁에 필요한 자금을 확보해야 하였다. 청국은 1895년 7월 러시아와 프랑스로부터 4억 프랑의 차관을 얻었다. 러시아는 같은 해 12월 청국에 러청은행을 설립하였다. 1896년 6월 러시아는 니콜라이 2세 대관식에 참석하기 위해 페테르부르크에 온 리훙장과 러청비밀협정을 맺었다. 이 협정에서 러시아는 일본의 공격에 대한 공동방위를 청국에 약속하였다.

 청국이 곤경에 처한 때를 이용해 서양 열강은 중국을 본격적으로 분할하기 시작하였다. 독일은 1897년 선교사 살해사건을 구실로 산둥반도山東半島를 점령하고 이듬해 그곳을 조차하였다. 그리고 산둥성山東省의 철도부설권과 광산채굴권을 얻어 냈다. 1898년 러시아는 만주를 횡단하는 동청철도 부설권과 랴오둥 반도의 뤼순과 다롄大連의 조차권을 획득하였다. 영국은 웨이하이웨이와 주룽반도九龍半島의 조차권을 손에 넣었다. 프랑스는 중국의 윈난雲南에서 베트남을 연결하는 안난철도安南鐵道의 연장권을 획득하였다. 그리고 윈난・광시廣西・광둥廣東 3성의 광산채굴권과 광저우만廣州灣의 조차권도 손에 넣었다. 1898년 하와이를 영토에 편입시키고, 필리핀을 식민지로 삼는 데 성공한 미국도 중국에 깊은 관심을 보이기 시작하였다.

 청일전쟁의 승리, 삼국간섭의 굴욕, 그리고 삼국간섭 당사자인 러시아・프랑스・독일 및 영국이 청국 분할경쟁에 혈안이 된 광경을 보면서 일본인이 세계인식이 크게 변하였다. 특히 조선인과 중국인을 노골적으로 멸시하기 시작했고, 그들에 비해 일본인은 우월한 민족이라는 의식이 확대되었다. 일본이 전쟁에 승리하고 식민지를 거느린 제국이 되었다는 자만심이 일본인의 의식 밑바닥에 자리 잡았다. 그것은 천황을 중심으로 하는 일본제국에의 귀속의식인 동시에 메이지 정부明治政府가 강조한 충군애국 사상이 국민에 침투되었다는 것을 의미하였다. 한편, 일본인의 의식 속에는 국제 질서를 지배하는 것은 평화・정의・

공정이라는 가치가 아니라, 군사력을 배경으로 한 국력만이 의미를 갖는다는 생각이 자리 잡았다. 청일전쟁에서 일본이 승리하자 일본의 지식인들도 평화주의를 버리고 제국주의를 찬양하기 시작하였다.

삼국간섭 후 일본의 분위기는 숙연하였다. 극동으로 진출한 러시아에 대항하기 위해서는 와신상담하면서 군사력을 증강해야 한다는 것이 청일전쟁 후 일본의 국시였다. 청일전쟁이 끝나자마자 제2차 이토 히로부미 내각은 전년도에 비해 약 2배로 증가한 1억9,000만 엔의 예산을 의회에 제출하였다. 대규모 군비 확장과 이와 연관된 교통·통신·금융 산업을 육성하기 위해서였다. 육군대신 야마가타 아리토모山県有朋는 의회에서 군비확장의 필요성을 역설하였다. "동양의 맹주가 되기 위해서는 이익선利益線을 확장해 나가야 한다." 이토 히로부미도 언젠가는 3국 간섭을 한 나라에 보복을 해야 한다는 여론을 조성하면서 국민의 불만을 잠재웠다.

이토 내각이 제출한 예산안이 일사천리로 가결되었다. 군사비가 국가예산에서 차지하는 비중이 1896년에 48퍼센트, 1897년에 56퍼센트, 1898년에 51퍼센트, 1899년에 45퍼센트, 1900년에 45퍼센트였다. 청일전쟁으로 중국에서 받은 배상금은 거의 군비확장에 투입되었다. 배상금은 특별회계로 다음과 같이 지출되었다. 청일전쟁 전비 보충에 7,895만 엔, 육군 확장에 5,679만 엔, 해군확장에 1억3,815만 엔, 황실 경비에 2,000만 엔, 수뢰水雷·교육·재해 기금에 5,000만 엔, 타이완 식민지화 사업자금에 3,500만 엔 중 1,200만 엔 등이었다.

방대한 군비 확장에 청국에서 받은 배상금과 공채만으로는 부족하였다. 정부는 대대적인 증세를 계획하였다. 등록세·영업세를 신설하고 담배 전매사업을 실시하였다. 그 결과, 세입이 대폭 늘어났다. 정당의 협력으로 이토 내각의 증세정책은 성공을 거두었다. 전쟁 중에는 야당도 '거국일치'라는 구호 아래 정부의 정책에 적극 협조했고, 전쟁이 끝난 후에는 더욱더 정부에 협력하였다.

정부는 육·해군 군비 확장 계획에 7억8,100만 엔을 책정하였다. 청일전쟁 당시 근위사단 및 6개 사단이었던 육군은 1903년에 13개 사단으로 확대되었고, 거기에 기병·포병 각 2개 여단이 증설되었다. 해군에서도 네 척의 전함과 11척의 순양함을 포함한 103척의 군함을 건조하는 계획이 1902년에 거의 실현되었다. 해군의 증강으로 동아시아 해역에서 가상 적국 러시아를 능가하는 전투력을 보유하게 되었다.

4. 열강의 중국침략과 일본

열강의 중국분할 경쟁이 치열해지면서 중국 농민은 토지를 잃고 몰락하였다. 도시 수공업자와 교통 노동자들도 실업하였다. 중국인들은 침략의 상징이라고 여긴 외국인 선교사와 교회에 반감을 품고 있었다. 산둥성에서 비밀결사 단체인 의화단義和團이 일어나 세력을 넓히면서 제국주의와 크리스트교 반대 투쟁을 전개하였다. 도시 수공업자, 교통 노동자, 광산 노동자, 유민 등 여러 계층의 중국인이 의화단에 가입하였다. 그들은 "부청멸양扶淸滅洋"의 기치를 올리고 반제국주의 투쟁을 전개하였다.

1900년 1월 베이징北京 열국 공사단이 청국에 의화단 진압을 요구하기에 이르렀다. 그러나 의화단 세력은 더욱 확대되었다. 같은 해 5월에는 철도와 정거장을 파괴하거나 방화하기 시작하였다. 의화단은 베이징과 텐진 일대를 제압하고, 크리스트교 교회당과 크리스천의 주택·점포에 방화하였다. 6월에는 베이징에 있는 각국 공사관이 의화단에 포위되었고, 청국이 열국에 선전을 포고하는 사태에 이르렀다. 베이징에 재류하던 외국인은 중국인 크리스천과 함께 각국 공사관에서 농성하면서 의화단과 대치하였다.

　열강은 자국민을 보호한다는 구실로 군대를 파견하였다. 당시 영국은 보아 전쟁으로 발이 묶여있었다. 미국은 필리핀의 독립전쟁을 탄압하느라 청국에 많은 군대를 보낼 수 없는 형편이었다. 러시아의 남하를 두려워한 영국은 일본에 거듭 파병을 요청하였다. 일본은 7월에 대군을 중국에 파견하였다. 8월에 연합군은 베이징 총공세를 펼쳐 고립되었던 외국인을 구출하였다. 연합군은 베이징과 인근 지역에서 약탈·살육·방화를 자행하였다. 연합군의 반격으로 의화단의 저항운동은 실패로 끝났다.

　일본은 열강 중에서 가장 많은 병력을 파견해 중국 침략에 앞장섰다. 영국·미국·러시아 등 서양 열강 7개국이 파견한 군대는 모두 1만 명 정도였으나 일본은 2만2,000명의 군대를 파견하였다. 영국·미국은 중국에서 반제국주의 운동을 진압하기 위해서는 일본군이 필요하다고 평가하고, 일본을 '극동의 헌병'으로 인정하였다.

　1901년 일본, 영국, 미국, 러시아, 프랑스, 독일, 이탈리아 등 11개국은 청국과 베이징 의정서를 조인해 청국에 4억5,000만 냥(6억 3,350만 엔)이라는 거액의 배상금을 강요하였다. 일본에는 배상금의 7.7퍼센트가 분배되었다. 또 청국은 연합국이 베이징 공사관에 경비병을 상주시키고, 요충지를 외국군이 점령하는 것을 승인하였다. 일본도 이 협정에 의해 중국 북부 지역에 군대를 배치하였다. 이것이 훗날 중국 주둔군의 기원이 되었다.

[3] 러일전쟁

1. 한반도를 둘러싼 일러의 대립

1900년 7월 러시아는 15만 군대를 중국에 파견하였다. 의화단의 저항운동으로 러시아가 만주에 부설하던 동청철도가 파괴되자 그것을 지킨다는 명분이었다. 만주는 사실상 러시아군이 점령하였다. 러시아는 계속 만주에 주둔하면서 조선에도 영향력을 행사하였다. 이러한 상황은 러시아와 대립하는 영국을 긴장시켰고, 한반도를 발판으로 만주까지 지배하려는 야심을 품은 일본을 당황하게 하였다.

일본의 정치가들은 열강의 어느 한 세력과 제휴하지 않고서는 침략전쟁을 할 수 없다는 데 의견의 일치를 보았다. 하지만 어느 나라와 결탁할 것인가 하는 문제로 의견이 대립하였다. 야마가타 아리토모을 비롯한 군부의 실력자와 가토 다카아키加藤高明를 비롯한 외교관들은 일영동맹을 주장하였다. 이토 히로부미, 이노우에 가오루, 무쓰 무네미쓰 등은 러시아와 직접 대결을 피하고 협상을 하자고 주장하였다.

협상론자들은 일본이 러시아의 만주 지배를 인정하고, 러시아도 일본의 한반도 지배를 인정하는 이른바 만한교환론滿韓交換論을 내세웠다. 협상론자들은 일영동맹이 러시아와의 협상 가능성을 봉쇄하는 것이라고 주장하였다. 이에 비해 일영동맹론자들은 러시아의 만주 지배를 인정하면 일본의 한국 지배도 실현될 수 없으며, 영국과 동맹을 맺는 것만이 러시아에 대항하고 중국을 침략할 수 있는 가능성을 확보하는 방책이라고 주장하였다. 자본가들은 후자의 의견에 동조하였다.

일본은 러시아와 대결한다는 방침을 정하였다. 1902년에 일영동맹을 맺었다. 당시 영국은 중국에서 기득권을 지키기 위해서도, 중국 민중의 저항을 억압하기 위해서도, 러시아의 남하정책을 저지하기 위해서도 일본과 동맹을 맺지 않을 수 없는 상황이었다. 한편, 일본은 한반도를 손에 넣은 뒤 만주로 권익을 확장한다는 계획을 세우고, 러시아가 만주에 파견한 군대를 철수하라고 요구하였다. 영국과 일본은 동아시아에서 이해가 일치했던 것이다.

일영동맹은 두 나라 중 한 나라가 제3국과 전쟁을 할 경우에는 서로 중립을 지키고, 상대가 한 나라 이상일 경우에는 공동으로 대처한다는 것이었다. 영국은 만약 일본이 러일전쟁에서 승리한다면 만주에 자유롭게 진출할 수 있을 것이라고 믿었다. 일본이 그 역할을 충실히 수행해 줄 것으로 기대하였다. 그래서 일본을 지원하였다. 미국도 일본을 지원하였다.

한편, 러시아는 청국에 만주의 반환을 약속하고 순차적으로 철병할 계획을 세웠다. 그러나 일본이 청국과 교섭해 만주로 진출하려고 하자 철병을 중단하고 오히려 압록강 일대까지 진출하였다. 위기감을 느낀 일본은 러시아와 최후로 교섭을 시도하였다. 일본은 러시아에 만주에서 철병하고 한국에서 일본의 지위를 인정해 달라고 요구하였다. 교섭은 난항이 예상되었다. 그러자 일본은 전쟁을 해서라도 요구를 관철시킨다는 각오를 하였다.

1903년 8월 주러 일본공사 구리노 신이치로栗野愼一郎는 6개조의 협상안을 러시아에 제시하였다. 그 내용은 다음과 같았다. "일본은 한국에, 러시아는 만주의 철도 경영에, 각각 특수 이익을 가지며, 이것을 보장하기 위해 서로 출병권을 인정한다. 러시아는 일본이 한반도 철도를 만주 철도에 연결하는 것을 방해하지 않는다. 러시아는 한국 정부에 대한 원조와 조언의 전권을 일본이 가지는 것을 승인한다." 이 제안에 대해 러시아는 다음과 같이 요구하였다. "한반도를 군사상 목적으로 사용하지 말 것, 한국 해협의 통행을 방해할 수 있는 요새를 구축하지 말 것, 북위 39도 이북은 중립지대로 할 것, 만주와 그 연안을 이익 범위에서 제외할 것."

북위 39도 이북이 중립지대로 설정되면 한국을 지배하려는 일본의 계획은 무산될 수밖에 없었다. 1904년 1월 일본 정부 수뇌부는 전쟁을 결심하였다. 러시아가 일본의 요구를 인정한다고 해도 언젠가는 전쟁을 피할 수 없을 것이고, 그렇다면 일거에 러시아를 격파하는 것이 좋다고 판단하였다.

여론도 강경론이 우세하였다. 언론은 무력으로 러시아를 만주에서 쫓아내라고 떠들었다. 귀족원 의원들도 전쟁으로 일거에 만주 문제를 해결하라고 외쳤다. 주전론이 여론을 지배하였다. 도쿄대학 교수들도 만한교환론으로는 러시아의 침략을 근본적으로 해결할 수 없다는 의견서를 정부에 제출하였다. 반정부 지식인조차도 전쟁불가피론을 폈다. 고토쿠 슈스이幸德秋水·우치무라 간조는 반전론을 폈지만 그들의 의견은 전쟁을 열망하는 여론에 묻혀버렸다.

2. 전쟁의 개시와 전개

1904년 2월 4일 일본은 어전회의에서 러시아와의 교섭을 중단하고 전쟁을 선택한다고 결정하였다. 일본은 즉시 군사행동을 감행하였다. 2월 8일 러시아 군함 두 척이 인천에 정박해 있었다. 일본의 전함이 수송선 3척을 호위해 인천에 입항하였다. 그런데 수송선에서 일본군이 쏟아져 나왔다. 일본군은 러시아 군함에 출항하지 않으면 공격한다고 통고하였다. 러시아 군함은 즉시 출항하였다. 러시아 군함이 인천항 밖으로 나오자 기다리던 일본 군함이 일제히 포격을 가하였다.

같은 시각에 도고 헤이하치로東鄕平八郎 사령관이 이끄는 연합함대의 주력은 은밀하게 뤼순항旅順港에 접근해서 네 척의 러시아 함대에 포격을 가하였다. 그런데도 러시아는 경계태세에 돌입한 함대에 "발포하지 말고, 의심되는 사태가 발생하면 귀환하라."고 명령하였다. 가능하면 전쟁으로 치닫는 것을 피하려고 했던 것이다. 영국에 조정을 요청하기도 하였다. 그러나 일본의 도발은 멈추지 않았다. 기선을 제압한 일본은 2월 10일에야 러시아에 선전을 포고하고, 다음 날 대본영을 설치하였다.

일본이 선제공격을 개시한 것은 러시아가 아직 전쟁 태세를 갖추지 못하였다고 판단했기 때문이다. 일본이 전쟁을 시작했을 때, 러시아 극동군은 12만 명이었다. 시베리아철도는 1903년에 일단 개통되었으나 아직 단선이어서 수송능력에 한계가 있었다. 또 발틱함대가 극동으로 돌아오는 데 상당한 시일이 걸렸다. 일본은 그 사이에 러시아에 큰 타격을 입히면 승산이 있다고 판단하였다.

일본은 뤼순을 기습해 제해권을 장악한 다음, 1904년 3월에 제1군을 인천에 상륙시켜 북상했고, 4월 말에는 압록강을 넘어서 만주로 진격하였다. 제1군이 압록강을 건너자, 제2군을 뤼순 북방에 상륙시켰다. 5월 25일 일본군은 진저우金州 인근 전투에서 4,400명의 사상자를 내며 북진하였다. 대본영은 뤼순을 공략하기가 매우 어렵다는 것을 알고 6월 30일 제2군을 나누어 제3군을 편성하였다. 제3군 사령관은 노기 마레스케乃木稀典였다. 6월 2일에는 만주군사령부를 편성하였다. 총사령관은 오야마 이와오大山巖였다. 오야마는 만주에 파견된 일본군을 통괄하면서 작전을 지휘하였다. 대본영은 새로이 제4군을 편성하였다. 제3군은 뤼순으로 향했고, 제4군은 제1군·제2군을 따라 북상하였다.

일본군이 랴오양遼陽까지 진격하는 과정은 매우 험난하였다. 큰 전투는 없었지만 병기·탄약·식량의 보급이 원활하지 못하였다. 국지 전

펑톈에 입성하는 일본군(1905. 3. 15)

투가 치열해지면서 특히 탄환이 부족하였다. 2~3일분으로 지급된 탄환이 하루 전투에서 모두 소비되기도 하였다. 6월에는 블라디보스토크의 러시아 함대가 나타나 탄환을 수송하던 일본 군함을 격침시켰다. 7월에 예정된 랴오양 공격이 1개월 늦춰질 수밖에 없었다. 8월 29일부터 벌어진 랴오양 전투에서 러시아군이 후퇴하기는 했지만 실제로는 일본군이 더 큰 타격을 입었다. 사상자는 러시아군이 22만 명 중 2만 명이었고, 일본군이 12만 명 중 2만 명이었다. 더구나 일본군은 포탄이 없어서 후퇴하는 러시아군을 추격할 수 없었다.

　일본은 러시아가 발틱함대를 극동으로 보내기로 하였다는 정보를 입수하였다. 해군은 발틱함대가 모습을 드러내기 전에 뤼순을 점령할 것을 육군에 요구하였다. 해군의 압박으로 제3군은 8월 19일에서 21일에 걸쳐서 뤼순 총공격을 감행하였다. 그러나 러시아 수비대의 완강한 저항을 뚫지 못하였다. 총병력 5만 명 중 사상자가 1만5,800명이라는 손실을 내고 물러나고 말았다. 제2차 뤼순 총공격은 10월 26일에 개시되었지만, 이번에도 3,800명의 사상자를 내고 실패하였다. 바로 그때 발틱함대가 이미 10월 15일에 극동으로 향했고 얼마 후에는 극동에 모습을 나타낼 것이라는 정보가 입수되었다. 대본영은 제3군에 반드시 뤼순을 함락시키라고 명령하였다. 제3군은 11월 26일부터 제3차 뤼순 총공격을 감행하였다. 일본군은 1만7,000명의 사상자를 내면서 러시아군 요새 중에서 가장 약한 203고지를 점령할 수 있었다. 12월 5일이었다. 일본군은 203고지에 포대를 설치하고 뤼순 항의 러시아 함대를 공격하였다. 일본군은 1905년 1월 2일에서야 겨우 뤼순을 함락시킬 수 있었다. 그러나 일본군의 피해는 너무나도 컸다. 뤼순을 포위한 155일간 일본군 13만 중 사상자가 5만9,000명에 이르렀다.

1905년 3월 1일 일본의 만주군 24만 명은 펑톈奉天을 향해 공격을 개시하였다. 그중에는 노기 마레스케가 이끄는 제3군도 포함되었다. 일본군의 우익에 포진한 제3군이 진격을 개시해 펑톈을 포위하는 형세가 되었다. 일본군은 펑톈 후방의 러시아 철도를 장악하려고 하였다. 그런데 3월 8일 러시아군이 후퇴하였다. 오야마 사령관은 추격을 명령했으나 러시아군의 반격은 거세었다. 3월 10일 일본군은 펑톈을 점령했으나 더 이상 추격할 여력이 없었다. 펑톈 전투에서 러시아군은 32만 명 중 9만 명의 사상자를 내었고, 일본군은 24만 명 중 7만 명의 사상자를 내었다. 일본의 전력은 이미 한계에 직면했으나 러시아의 전력은 아직 여유가 있었다.

한편, 일본 해군은 대서양에서 아프리카 남단을 돌아 멀고 먼 길을 항해해 온 러시아의 발틱함대를 대한해협에서 맞이해 싸웠다. 러시아 함대의 일본 근해 도착이 예상보다 늦어졌다. 일본의 연합함대는 충분한 시간을 갖고 훈련할 수 있었다. 1905년 5월 27일 새벽 대한해협에서 개시된 해전에서 러시아 함대는 매우 큰 타격을 입었다. 원래 일본의 연합함대는 발틱함대가 블라디보스토크에 도착하기까지 7회에 걸쳐서 공격할 계획이었다. 그런데 5월 27일 새벽 전투에서 전함 4척 등 발틱함대의 80퍼센트를 격파하는 예상 밖의 승리를 거두었다. 다음 날 발틱함대의 잔여 함대 다섯 척도 연합함대에 포위되어 항복하였다. 이에 비해 일본의 연합함대는 수뢰정 3척이 격침되는 데 그쳤다. 일본 해군의 완승이었다.

그러나 일본군은 총체적인 위기에 처하였다. 무엇보다도 더 이상 동원할 병력이 없었다. 현역병은 물론 예비역·보충역까지 동원해 전선으로 보냈다. 바다를 건넌 일본군은 102만 명에 달하였다. 잘 훈련된 장교와 하사관이 사망하거나 부상하였다. 더 이상 전쟁을 수행하기 어려운 상황이었다. 재정도 이미 바닥나 전쟁 물자를 공급할 수 없는 형편이었다. 전쟁을 2개월 이상 끌면 일본은 붕괴될 위기에 직면해 있었다.

일본은 해전에서의 승리를 계기로 전쟁을 끝내는 길을 모색하기 시작하였다. 일본은 미국에 중재를 요청하였다. 미국 대통령 루스벨트Theodore Roosevelt는 러시아 황제를 설득하였다. 때마침 러시아도 혁명의 기운이 고조되어 몹시 혼란하였다. 러시아 역시 재정적으로 곤란한 상황에 처해 있었다. 러시아는 루스벨트의 중재 요청을 받아들었다.

3. 포츠머스조약과 일본인

1905년 8월 10일 미국 포츠머스Portsmouth에서 강화회담이 열렸다. 원래는 워싱턴에서 회담이 열릴 예정이었으나 날씨가 더워서 포츠머스에서 개최되었다. 일본은 첫 번째 회담에서 12조의 강화 조건을 제시하였다. 일본이 양보할 수 없는 조건은 한국의 일본 지배 인정, 러시아 군대의 만주 철퇴, 랴오둥 반도 조차권 및 하얼빈·뤼순 간 철도의 양도 등이었다. 그 밖의 조건으로 배상금 15억 엔, 사할린 할양 등이었다. 강화회의는 일본의 조건을 검토하는 방법으로 진행되었다. 일본의 절대적 조건은 만주 철도 양도 문제의 조정을 제외하고 거의 관철되었다. 하지만 배상금과 사할린 할양 문제의 교섭은 난항을 겪었다.

러시아 황제는 처음부터 단 한 치의 땅도 단 한 푼의 돈도 지불하지 않는다는 분명한 원칙을 고수하였다. 그래서 러시아 대표는 일본의 타협안을 일축하였다. 8월 26일 회의는 결렬될 위기에 처하였다. 최후의 순간에 일본은 각의와 어전회의를 개최해 배상금과 사할린 문제를 해결하지 않더라도 강화를 성립시켜야 한다는 결론을 내렸다. 9월 5일 일본은 배상금 요구를 철회하고, 러시아도 사할린의 남반부를 일본에 양도하기로 합의하였다. 조약의 내용은 다음과 같았다. 첫째 일본이 한국에서 정치·경제·군사적으로 탁월한 이익을 가지는 것과 일본의 대한국 정책에 간섭하지 않을 것을 러시아가 인정한다. 둘째 러시아가 조차했던 랴오둥 반도와 창춘長春 이남의 철도 및 그 부속지를 일본에 이양한다. 셋째 사할린의 북위 50도 이남의 영유권, 연해주의 어업권 등을 일본에 넘겨준다.

러일전쟁에 소요된 전쟁비용은 약 17억 엔이었다. 1903년도의 국가 총예산이 2억6,000만 엔이었으니까, 전쟁 비용은 일본 국가예산의 약 6.5배에 달하였다. 그중 약 8억 엔은 외채에 의존하고 나머지는 국채와 증세로 충당하였다. 해마다 지불해야 할 국채 이자만도 1억1,000만 엔에 달하였다.

일본인의 부담은 평화 시에는 상상할 수 없을 정도로 과중하였다. 일본인은 교전 20개월 동안에 10만 명의 전사자, 17만 명의 부상자, 22만 명의 질병자를 내면서도 아무 불평 없이 젊은이를 전쟁터로 보냈다. 인내하기 힘든 생활을 감수하면서 전쟁에 적극 협력하였다. 러일전쟁에 동원된 109만 명의 병사 중 농촌 출신자가 55만 명에 달했고, 또 우마도 징발되어서 농촌의 노동력 부족 현상은 심각하였다. 게다가 1905년 대흉작이 겹쳐서 농민생활은 극한에 도달하였다. 도시 중소상공업자도 과중한 부담을 감수해야 하였다.

일본 민중이 엄청난 희생을 감수했던 이유는 분명하였다. 전쟁에서 이기면 청일전쟁 때보다 더 많은 배상금을 받아낼 수 있으며, 일본경제는 다시 한 번 비약할 수 있을 것이라고 믿었다. 언론도 일본인의 추악한 욕망을 자극하였다. 유리한 강화조약만 체결되면 생활이 일약 향상될 것이라는 환상을 심어주었다. 배상금도 국민을 위해 사용될 것이며, 사할린 영유는 일본의 발전에 크게 기여할 것이라고 선전하였다.

꿈에 부풀어 있던 일본인에게 강화조약 소식이 전해졌다. 배상금은 한 푼도 없고, 사할린 영유도 남반부뿐이라는 것이 알려졌다. 일본 민중은 왜 그런 강화조약이 성립되었는지 이해하지 못하였다. 민중의 불만은 고조되었다. 신문·잡지는 정부의 연약함을 공격했고, 강화조약을 파기하라고 목소리를 높였다.

1905년 9월 5일 도쿄의 히비야日比谷 공원에서 강화를 반대하는 국민대회가 열렸다. 경시청은 집회를 금지하였다. 공원 앞에 방책을 세워서 공원 진입을 통제하였다. 그러나 약 3만 명의 민중이 대회에 참석하였다. 군국주의자들은 강화조약 반대와 전쟁의 재개를 주장하는 현수막을 걸었다. 오후 1시경에 만세를 부르면서 대회가 끝났지만, 민중은 움직이려고 하지 않았다. 그런 민중을 경찰이 강제로 해산하려고 하였다. 그러자 민중의 분노가 폭발하였다. 순식간에 폭동으로 돌변하였다. 민중은 먼저 정부의 어용신문으로 강화를 지지했던 국민신문사 사옥에 돌을 던지고 기물을 부순 다음 닥치는 대로 파출소를 습격하였다. 이것을 히비야 폭동사건이라고 한다. 이 사건으로 경찰서 2개소, 파출소 364개소가 파괴되었다.

정부는 도쿄와 인근 도시에 계엄령을 선포하고 군대를 동원해 진압작전을 벌였다. 또 신문·잡지를 검열하는 긴급칙령을 내려서 민중을 지지하는 기사나 논설을 싣지 못하도록 하였다. 20여 종의 신문이 발간정지 처분을 받았다. 히비야 폭동사건이 전해지자 교토·오사카를 비롯한 전국의 대도시에서도 강화조약에 반대하는 집회가 열렸다.

러일전쟁은 한국과 만주를 둘러싼 일본·러시아의 제국주의 전쟁이었다. 일본은 러일전쟁에서 청일전쟁 때와 같이 많은 배상금은 받아내지는 못했지만, 러일전쟁은 일본이 세계 7대 강국으로 부상하는 계기가 되었다. 한반도를 완전하게 장악했고, 만주를 사실상 지배하는 권리를 얻게 되었다. 일본은 금액으로 환산할 수 없는 막대한 이권을 손에 넣었던 것이다.

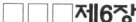제6장

러일전쟁 후의 내정과 외정

[1] 게이엔 시대의 내정과 외교

1. 제1차 사이온지 내각의 정치

러일전쟁 후 일본 정부의 당면과제는 한국을 식민지화하는 것과 민중의 저항을 무마하는 것이었다. 국내 모순이 격화되어 민중운동이 거세지면 이토 히로부미伊藤博文의 후계자로 입헌정우회立憲政友會 총재를 지낸 화족 출신 사이온지 긴모치西園寺公望를 중심으로 하는 온건주의 내각이 등장해 정국을 수습하였다. 정국이 안정되면 야마가타 아리토모山県有朋의 후계자로 조슈長州 육군 군벌인 가쓰라 타로桂太郎를 중심으로 하는 군벌관료 내각이 정치를 담당하였다. 그러면서 일본은 일관되게 대외팽창 정책을 추진하였다. 러일전쟁에서 다이쇼大正 시대 초기까지, 가쓰라 타로와 사이온지 긴모치가 교대로 총리대신이 되어 정치를 담당했던 시기를 게이엔桂園 시대라고 한다.[50]

　1901년에 성립된 제1차 가쓰라 타로 내각은 야마가타 아리토모의 초연주의超然主義를 계승하고 수정했기 때문에 '이류내각二流內閣' '작은 야마가타 내각'으로 일컬어졌다. 가쓰라 총리대신은 입헌정우회 뿐만 아니라 헌정본당憲政本黨 수뇌부와 긴밀하게 협조하면서 러일전쟁을 성공적으로 마무리하였다. 그러나 러일전쟁을 전후로 일본 경제계가 앞장서서 제2차 산업혁명을 추진했지만 막대한 전비 등으로 재정은 매우 어려운 상황이었다. 설상가상으로 1905년 9월 5일에 발생한 히비야日比谷 폭동사건을 시작으로 전국으로 번진 러일전쟁 강화조약에 반대하는 민중의 저항으로 가쓰라 내각이 궁지에 몰렸다. 1905년 12월 가쓰라 내각이 총사직하였다.

　1906년 1월 제1차 사이온지 긴모치 내각이 성립되었다. 총리대신에 사이온지 긴모치, 외무대신에 가토 다카아키加藤高明, 내무대신에 하라 다카시原敬, 육군대신에 데라우치 마사타케寺內正毅, 해군대신에 사이토 마코토斎藤実[51], 법무대신에 마쓰다 마사히사松田正久 등이 임명되었다. 각료 명단을 보면 알 수 있듯이, 제1차 사이온지 내각은 입헌정우회를 여당으로 했지만 입헌정우회 내각은 아니었다. 입헌정우회에서 입각

---

50) 가쓰라 타로를 대표로 하는 관료세력이 귀족원을, 정우회는 중의원의 다수를 장악하였다. 가쓰라와 사이온지는 대립하는 모양을 취하면서도 내면적으로는 긴밀하게 제휴하면서 정권교대를 되풀이하였다. 게이엔 시대는 관료·정당 제휴체제의 전형이었다고 할 수 있다.
51) 해군병학교를 졸업한 군인이며 정치가. 1906년 제1차 사이온지 내각의 해군대신으로 취임한 이래 1913년 제1차 야마모토 곤베에 내각까지 유임하면서 해군 확장정책을 주도하였다. 1919년에는 조선총독으로 부임해 소위 문치정치를 통치방침으로 내세우기도 하였다. 1927년 제네바 군축회의 전권대사를 맡은 후 다시 조선총독을 역임하였다. 1932년 5·15 사건 후에는 거국일치 내각을 조직해 만주국을 건설하고 국제연맹을 탈퇴하는 등 군부 파쇼의 방향으로 정치를 이끌었다. 1936년 2·26 사건이 일어났을 때 암살되었다.

한 각료는 하라 다카시와 마쓰다 마사히사 2명뿐이었다.

제1차 사이온지 내각의 당면과제는 러일전쟁 후의 재정난을 극복하는 것이었다. 사이온지 내각은 가쓰라 내각에게서 러일전쟁 뒤처리라는 무거운 짐을 떠안았다. 가장 큰 부담은 18억 엔이 넘는 공채였다. 내채內債와 외채의 비율은 반반이었다. 공채에 대한 이자만도 매년 1억 엔 이상 필요하였다. 그 밖에도 만주에서 군대를 철수하는 데 필요한 비용, 야하타제철소八幡製鉄所의 확장, 남만주철도회사의 설립, 철도국유화 비용 등 막대한 자금이 소요되는 일이 산적해 있었다.

사이온지 내각은 감채기금減債基金 설립·비상특별세 유지·철도국유화 정책을 마련하였다. 감세기금은 러일전쟁을 전후해 발행한 18억 엔이 넘는 공채의 원리금을 30년간 상환하기 위한 것이었다. 매년 1억 4,000만 엔의 감채기금이 필요하였다. 비상특별세는 러일전쟁이 끝난 후 당연히 폐지했어야 마땅한 것이었다. 하지만 사이온지 내각은 그것을 전후 재정이 안정될 때까지 유지하려고 하였다. 철도국유화는 규슈철도九州鉄道, 산요철도山陽鉄道, 니혼철도日本鉄道 등 32개 철도를 국유화하는 것이었다. 철도 국유화는 막대한 비용이 드는 사업이었다. 러시아로부터 배상금도 받아내지 못한 일본은 재정난에 허덕였다. 하지만 사이온지 내각은 적극정책을 추진하였다.

사이온지 내각은 먼저 군비를 확장하였다. 철도국유화 정책도 결국 병력 이동과 군수품 수송을 원활하게 하기 위해서였다. 사이온지 내각이 추진하는 군비확장 정책에 야당도 이의를 제기하지 못하는 분위기였다. 그동안 일본은 먼저 군비를 확장한 후 청일·러일전쟁에서 승리해 '부국富國'이 되었기 때문이다. 그러나 사이온지 내각의 적극정책은 처음에 기대했던 만큼 성과를 거두지 못하였다. 특히 눈덩이처럼 부푼 재정난을 해결하지 못하였다.

물가고와 중세에 시달리던 민중의 분노는 폭발직전이었다. 소금의 전매, 직물소비세, 통행세 등 소위 3악세 폐지는 공통의 슬로건이 되었다. 중소기업가는 과중한 영업세의 경감과 폐지를 요구하였다. 대자본가도 부담을 경감하고, 생산력을 충실히 해 국력증대를 꾀해야 한다고 주장하면서 정부의 비생산적인 군비확산 정책을 비난하였다. 1908년 2월에는 전국실업조합연합회, 전국상업회의소연합회 등의 단체가 한목소리로 증세에 찬성하는 의원들을 비난하였다.

일본은 이미 1905년 7월 가쓰라桂·태프트Taft 협정을 맺었다. 일본과 미국은 서로 한국과 필리핀 지배를 인정하였다. 정부는 러일전쟁 중인 1905년 8월 일영동맹을 개정하였다. 새로운 일영동맹조약은 일본이 한국을 독점적으로 지배하고, 영국이 인도를 독점적으로 지배하는 것을 상호 승인하는 것이었다. 러시아도 포츠머스조약으로 일본의 한국에 대한 지배를 인정하였다. 가쓰라 내각의 외교를 계승한 제1차 사이온지 내각은 일본이 한국을 식민지화하는 과정에서 발생할 수 있는 장애요인을 없애는 일에 집중하였다.

하지만 러시아가 일본의 한국 지배를 전적으로 승인한 것은 아니었다. 일본이 한국을 식민지화하려면 러시아와 협상을 마무리할 필요가 있었다. 1907년 7월 일본은 한국을 식민지화하기 위해 러시아와 접촉을 시작하였다. 러시아는 한국을 일본에 양보하는 대신에 북만주北滿洲와 외몽고外蒙古를 러시아의 세력범위로 인정하라고 요구하였다. 이토 히로부미 한국통감은 한국을 식민지로 삼을 수 있다면 외몽고를 러시아에 양보해야 한다고 주장하였다. 일본과 러시아는 일러협약을 체결하였다. 일러협약은 외몽고에 대한 러시아의 '특수이익'을 승인하는 대신에 한국에 대한 일본의 독점적 지배를 승인하는 것이었다. 또 북만주를 러시아, 남만주를 일본의 경제상 세력범위로 한다는 비밀협정을 맺었다.

1908년 5월 선거에서 입헌정우회가 중의원 379의석 중 186의석을 차지해 제1당이 되었다. 그러나 사이온지 내각은 난관에 봉착하였다. 야마가타 아리토모를 비롯한 군벌세력이 사이온지 긴모치 총리대신에 압력을 가하기 시작했기 때문이다. 군벌세력은 점점 과격하게 행동하는 사회주의자들을 적극적으로 탄압하지 않는 사이온지 내각에 불만을 품고 있었다. 또 그들은 한국 식민지화 작업을 서둘러야 한다고 주장하였다. 그들의 목표를 달성하기 위해서는 온건파의 이미지가 부각된 사이온지 내각보다 강경파인 군벌관료 내각을 전면에 내세울 필요가 있었던 것이다.

 야마가타 아리토모는 육군대신 데라우치 마사타케에게 제1차 사이온지 내각을 붕괴시켜야 한다는 뜻을 전하였다. 데라우치는 가쓰라 타로를 방문해 협조를 요청하였다. 야마가타·데라우치·가쓰라가 뜻을 모은 후, 야마가타는 자신의 양자로 제1차 사이온지 내각의 운수대신인 야마가타 이사부로山県伊三郎를 시켜 도저히 실현 불가능한 철도 건설 예산을 요청하였다. 오쿠라대신 사카타니 요시로阪谷芳郎는 그것을 거부하였다. 이 사건이 도화선이 되어 1908년 7월 제1차 사이온지 긴모치 내각이 총사퇴하였다.

2. 제2차 가쓰라 내각의 정치

 1908년 7월 제2차 가쓰라 타로 내각이 성립되었다. 오쿠라대신은 가쓰라 타로 총리대신이 겸임했고, 외무대신에 고무라 주타로小村寿太郎, 내무대신에 히라타 도스케平田東助, 법무대신에 오카베 나가모토岡部長職, 문부대신에 고마쓰바라 에이타로小松原英太郎, 농상대신에 오우라 가네타케大浦兼武, 체신부대신에 고토 신페이後藤新平 등이 임명되었다. 제

2차 내각은 전형적인 관료 중심 내각이었다.

가쓰라 타로는 내각을 구성할 때 정책의 기본방침을 천황에게 상주하였다. 가쓰라는 러일전쟁에서 승리하면서 구미 제국과 일본의 관계가 새로운 단계에 접어들었다고 강조하였다. 그럼에도 불구하고 제1차 사이온지 내각의 재정·경제정책 실패로 일본경제는 파탄 직전이라고 지적하였다. 가쓰라는 이러한 모순을 해소하기 위해서 평화 및 국력 신장을 정책 목표로 제시하였다. 가쓰라는 이미 열강의 대열에 합류한 일본에 걸맞은 경제력을 회복하는 것을 정책의 목표로 삼았다.

가쓰라 내각의 교육정책은 초등교육과 실업교육 강화에 주안점을 두었다. 이전의 사이온지 내각의 교육정책과 비교해 소극적이었다. 교육정책뿐만 아니라 교통정책도 사이온지 내각의 그것에 비해 소극적이었다. 사이온지 내각이 공약한 도로·하천·항만의 수축 계획도 축소되었다. 철도도 지방의 발전보다는 전국적인 철도망의 완성에 초점이 맞춰졌다. 주요 간선철도와 연결되는 지선 철도의 개설은 순조롭게 진행되었다. 하지만 간선철도에서 멀리 떨어진 지방의 개발에는 예산을 배정하지 않았다.

국가를 우선하고 효율을 중시하는 교육정책과 교통정책은 국력증강에는 유용하였다. 하지만 러일전쟁 후 일제히 분출한 후진지역의 발전 기대감에 찬물을 끼얹은 것이었다. 가쓰라 내각 성립 후 추진된 지방개량운동은 이러한 지방 민중의 불만을 촌락공동체의 단결과 근면절약운동으로 대처하려는 것이었다. 가쓰라 내각은 정촌장町村長의 권한을 강화하고, 정촌의 재산을 확보해 전쟁으로 피폐한 농촌을 재건하려고 하였다. 1908년에는 상호협조와 사치금지를 주요 내용으로 하는 조서를 발표해 국민을 교화하려고 하였다.

가쓰라 내각은 1909년 7월 제1회 지방개량사업연습회를 시작으로 총 5회에 걸친 강습회를 열어 부현府縣·군시郡市·정촌町村의 관리에게 그 취지를 이해시키려고 노력하였다. 정부가 제시한 모범적인 농촌은 세금조합을 만들어 세금의 체납을 방지하고, 농사를 개량해 미곡의 생산을 늘리고, 지주와 소작인의 대립을 조정하고, 자금이 부족하면 신용조합을 설립해 서로 돕고, 청년회를 조직해 농촌 청소년에게 근면·절약·창의의 정신을 잘 주입하는 마을이었다.

가쓰라 내각이 성립된 후 천황에 상주한 12개조 기본정책 중에 대의회방침對議會方針이 있었다. 소위 일시동인주의 一視同仁主義로 불렸던 이 방침은 당시 중의원 의석을 과반수 점유한 입헌정우회의 견제를 배제하기 위한 것이었다. 가쓰라 총리대신은 65명의 중의원이 소속한 헌정본당憲政本黨, 45명의 중의원이 소속한 보신클럽戊申俱樂部, 중의원 30명이 소속한 대동클럽大同俱樂部을 연합해 새로운 정당을 조직할 계획을 세웠다. 하지만 헌정본당의 분열로 입헌정우회에 맞서는 새로운 정당을 조직하려는 가쓰라의 계획이 무산되었다. 가쓰라 총리대신은 소위 일시동인 정책을 철회하지 않을 수 없었다. 결국 가쓰라 내각은 사이온지 긴모치가 이끄는 입헌정우회와 정치적으로 타협하면서 정책을 추진할 수밖에 없었다.

1908년 9월 제2차 가쓰라 내각의 외교방침이 고무라 주타로 외무대신에 의해 결정되었다. 그 중요한 내용은 다음과 같았다. 첫째, 일영동맹을 엄수한다. 단 영국·독일 사이의 관계가 급변하지 않는 조건이다. 둘째, 일러 협상을 준수해 만주에서 일본의 이익을 확보한다. 셋째, 일본과 청국 사이의 관계는 베이징조약에 의해 정해진 랴오둥 반도 조차租借 기한 연장에 주력한다. 넷째, 일본과 미국의 관계를 개선한다.

가쓰라 내각은 국채 상환을 간접세의 인상으로 타개할 방침을 정하였다. 그러면서 다른 한편으로 적극적인 군국주의화 정책을 추진하였다. 1910년에서 1911년까지 일본의 군사비 지출 비중은 국가 총예산의 34퍼센트에 달하였다. 참고로 같은 시기 독일과 러시아의 국가 군사비는 각각 국가 총예산의 20퍼센트와 14퍼센트를 차지하고 있었다. 가쓰라 내각은 재정난에도 불구하고 1911년에 해군증강 6개년 계획을 세웠다. 국가 예산에서 군사비가 차지하는 비중은 점점 높아졌다.

군사비 증가로 국민의 세금 부담이 과중해졌다. 때마침 민중의 반정부 기운이 점점 고조되고 있었다. 가쓰라 내각은 민중의 불만이 폭발하는 것을 미연에 방지하고, 대외적으로는 한국을 빠른 시간 내에 식민지화한다는 방침을 정하였다. 당시 한국에서는 일제의 침략에 반대하는 의병투쟁이 전개되고 있었다. 국내에서는 사회주의자들이 대외침략 반대운동을 전개하고 있었다. 1910년 5월 가쓰라 내각은 이른바 대역사건大逆事件을 일으켜 사회주의자들을 처형하고, 같은 해 8월에 한국을 합병하였다. 일본 지배층의 숙원을 해결한 가쓰라 내각은 1911년 8월 총사직하였다.

3. 군부의 만행과 제1차 호헌운동

1911년 8월 제2차 사이온지 내각이 성립하였다. 사이온지 내각은 적극정책을 일시 중단하고 행정과 재정을 정비하는 데 주력하였다. 러일전쟁 후의 재정궁핍을 타개하기 위한 정책은 민중이 열망하는 것이기도 하였다. 그런데 군벌은 대륙의 불안한 정세에 대처하기 위해 현안의 2개 사단을 증설해야 한다고 강력하게 주장하였다. 1911년 10월 육군대신 이시모토 신로쿠石本新六와 참모총장 오쿠 야스카타奧保鞏가 천황에게 직접 2개 사단 증설 필요성을 상주하였다. 그러나 사이온지 내각은 그 계획의 실현을 유보하였다.[52]

---
52) 당시 육군은 군대를 만주로 출병시켜 남만주를 완전히 일본의 지배하에 두는 계획

1912년 12월 육군대신 우에하라 유사쿠上原勇作[53]는 일관되게 주장하던 2개 사단 증설안이 받아들여지지 않자 분개하였다. 그는 천황에게 직접 사표를 제출한 후 후임 육군대신을 추천하지 않는 전략으로 사이온지 내각을 붕괴시키려고 하였다. 당시 육군은 육군대신을 역임하고 초대 조선총독을 지낸 데라우치 마사타케를 총리대신으로 옹립하려는 계획을 세우고 있었다. 그러나 육군의 오만함은 민중의 감정을 자극하였다. 벌족 타파·책임 내각의 실현을 목표로 하는 헌정옹호운동이 순식간에 전국적으로 번졌다. 육군은 제2차 사이온지 내각을 붕괴시키는데 성공했지만 원래의 계획을 관철시키지 못하였다.

　1912년 12월 제3차 가쓰라 내각이 성립되었다. 당시 가쓰라 타로는 내대신 겸 시종장의 지위에 있었다. 시종장으로서 천황을 곁에서 모시던 가쓰라 타로는 총리대신에 취임하는 과정에서 천황의 칙명을 이용했고, 유임을 꺼리는 사이토 마코토斎藤実 해군대신에게도 칙명을 내려서 유임시켰다. 그러나 가쓰라 타로의 행위는 위헌의 소지가 있었기 때문에 비난의 대상이 되었다. 특히 긴축재정과 감세를 요구하던 실업가들 사이에서 군벌을 비판하는 목소리가 커졌다.

　가쓰라 내각의 출현은 국민을 매우 격앙하게 하였다. 1912년 12월 도쿄에서 헌정옹호회憲政擁護會가 결성되었다. 헌정옹호회는 헌정옹

　　을 세우고 있었다. 그런데 사이온지 내각은 육군의 2개 사단 증설계획과 남만주 증파 요구를 수용하지 않았다. 그러자 육군은 사이온지 내각과 그 지지자이며 해군 최대의 실력자인 야마모토 곤베에山本権兵衛에 불만을 품었다. 육군은 사이온지 긴모치와 야마모토 곤베에가 일본이 대륙으로 진출하는 것을 원하지 않고 있다고 공격하였다.

53) 일본 육사 출신으로 프랑스에 유학하였다. 그는 신기술을 도입해 공병 전반의 쇄신에 노력하였다. 청일전쟁 때 제1군 참모, 러일전쟁 때에는 제4군 참모장으로 전쟁에 참가하였다. 제2차 사이온지 내각에 육군대신으로 입각하였으나 2개 사단 증설을 강경하게 요구하였다. 그는 끝내 단독으로 사직해 내각을 와해시켰다. 1914년에 교육총감, 1915년에 대장으로 진급해 23년까지 육군참모총장으로 재직하였다. 야마가타 아리토모가 사망한 후에는 사쓰마薩摩 출신 군벌을 대표하는 육군의 원로로 활약하였다.

호·벌족타파의 슬로건을 내걸고 전국적인 운동을 전개하였다. 입헌국민당의 이누카이 쓰요시犬養毅와 입헌정우회의 오자키 유키오尾崎行雄가 진두에서 운동을 지휘하였다. 정세를 관망하던 입헌정우회 간부들도 호헌운동에 참가하기로 결의하였다. 천황은 입헌정우회 총재인 사이온지 긴모치에게 정부에 협력하라는 칙령을 내렸다. 하지만 입헌정우회 간부들은 내각의 해산을 요구하며 운동을 계속하였다. 호헌운동을 두려워한 가쓰라 타로 총리대신은 스스로 입헌동지회를 조직하겠다는 방침을 발표하였다. 그는 의회를 해산시켜 호헌운동에 대항하려고 하였다. 그러자 의회가 재개되는 날인 1913년 2월 10일 민중이 의회를 포위하며 폭동을 일으켰다. 이 사건으로 가쓰라 내각이 53일 만에 총사직하고 말았다. 이 사건을 제1차 호헌운동 또는 다이쇼정변大正政變이라고 한다. 다이쇼정변은 일본 역사상 민중운동으로 내각을 붕괴시킨 첫 번째 사건이었다.

가쓰라 내각이 붕괴된 후, 1913년 2월 20일 사쓰마 해군 군벌의 거두였던 야마모토 곤베에山本權兵衛가 입헌정우회와 제휴해 내각을 구성하였다. 당시 입헌정우회 회원 일부가 탈당해 정우클럽政友俱樂部을 결성하였다. 야마모토 내각은 재정·행정 정리를 단행하였다. 문관임용령을 개정해 정당원이 관직에 나아갈 수 있는 길을 넓혔다. 현역 무관뿐만이 아니라 예비역도 육군과 해군의 대신으로 임용될 수 있도록 하였다. 야마모토 내각은 민중의 요구를 수용하였다. 그러자 헌정옹호운동의 기세가 꺾였다.

그런데 1914년 1월 소위 시멘스사건シーメンス事件이 터졌다. 이것은 해군의 뇌물거래 사건이었다. 해군은 독일의 시멘스사에 발주를 독점하게 하고 계약대금의 3.5~15퍼센트를 커미션으로 챙기고 있었다. 그런데 해군은 시멘스사에는 비밀로 하고 영국의 빅카스사와 25퍼센트의 커미션을 받는 조건으로 계약하였다. 이 사건이 재판으로 비화되면

서 그동안 비밀에 붙였던 사실이 폭로되었다.

사건이 터지자 야당은 의회에서 야마모토 내각을 공격하는 한편, 내각의 붕괴를 목적으로 하는 민중운동을 전개하였다. 이것을 계기로 다시 헌정옹호운동이 확산되었다. 민중은 다시 의회를 포위하였다. 민중과 경관·헌병이 충돌하였다. 이 사건으로 야먀모토 곤베에 총리대신과 사이토 마코토 해군대신은 책임을 지고 현역에서 예비역으로 물러났다. 결국 1914년 3월 24일에 야마모토 곤베에 내각은 총사직하고 말았다.

야마모토 내각이 붕괴하자, 원로들은 구마모토熊本 출신의 정치가인 기요우라 게이고淸浦奎吾를 후계 수반으로 추천했지만 내각 구성에 실패하였다. 그러자 원로들은 메이지 정부의 원훈인 오쿠마 시게노부大隈重信를 추천하였다. 1914년 4월 제2차 오쿠마 내각이 성립되었다.[54] 오쿠마 시게노부는 입헌동지회를 여당으로 하고, 입헌동지회 총재 가토 다카아키加藤高明를 외무대신으로 영입해 내각을 구성하였다.

---

54) 이미 정계에서 은퇴했던 오쿠마 시게노부를 원로가 추천한 것은 오쿠마 시게노부를 중심으로 비정우회 세력을 결집시켜서 입헌정우회 세력을 견제하고, 다이쇼 정변 이래 첨예화되었던 사쓰마와 조슈 세력의 대립 또는 육군과 해군의 대립을 완화시키려고 했기 때문이다.

[2] 식민지 경영과 일본경제

1. 식민지 경영과 일본제국주의

　러일전쟁으로 일본의 식민지가 확대되었다. 일본은 타이완臺灣을 일본경제권에 포함시켜 설탕 공급기지로 삼았다. 한국을 식민지화해 쌀 공급기지와 면포 소비시장으로 삼았다. 또 만주철도 주변 지역을 식민지화해 콩과 콩깻묵 공급기지와 면포시장으로 삼았다. 열강의 대열에 합류한 일본은 만주를 포함한 중국으로 자본을 수출하기 시작하였다.
　1904년부터 일본은 타이완의 화폐제도를 일본과 동일하게 개혁하였다. 화폐를 발행할 수 있는 권한이 부여된 특수은행이었던 타이완은행이 일반은행 업무를 겸하면서 타이완 산업을 지배하였다. 타이완은행은 일본 자본의 도입에도 큰 역할을 했고, 중국과 동남아시아 여러 곳에 출장소를 개설해 일본의 기업과 상인들의 영업을 지원하였다. 또 중국에 차관借款을 제공하기도 하였다.
　1908년에는 타이완을 종단하는 철도가 개통되었다. 철도의 개통으로 타이완 북부에서 생산되는 차茶, 중부에서 생산되는 쌀, 남부에서 생산되는 설탕이 철도의 종착역인 지룽基隆과 다거우打狗로 운반되었다. 1909년에는 일본과 타이완을 왕래하는 정기선이 취항했고, 1911년에는 타이완의 타거우와 중국의 상하이上海를 왕래하는 정기선이 취항하였다. 그 결과, 타이완을 통해 일본으로 들여오는 산물이 급증하였다.
　러일전쟁으로 새로운 식민지가 된 사할린 남부도 개발되기 시작하였다. 일본은 사할린을 가라후토樺太라고 불렀다. 1905년 7월 가라후토 민정장관이 통치를 시작했고, 1907년에는 가라후토청樺太庁을 설치하고, 가라후토 수비대 사령관이 청장을 겸임하도록 하였다. 가라후토 주변 바다는 세계 3대 어장의 하나로 수산자원의 보고였다. 석탄과 유전을 비롯한 지하자원도 풍부하였다.

러일전쟁 후 오쿠라성大蔵省의 관리 메가타 다네타로目賀田種太郎가 한국 정부의 재정고문이 되어 화폐제도와 재정을 정리하였다. 일본의 제일은행이 한국 정부의 자산을 관리하고 화폐를 발행하였다. 그 결과, 한국의 민족자본은행이 파산하고 화폐는 엔円으로 통일되었다. 한국의 식민지 지배가 확립되자, 일본은 1909년에 한국은행을 설립하였다. 한국은행은 한일합방 후에 조선은행으로 개칭되었다.

1905년 일본은 경부선 철도를 완공했고, 다음 해 4월 일본은 한국의 경성과 신의주를 연결하는 경의선京義線 철도를 완공하였다. 1911년에는 일본의 시모노세키下関에서 관부연락선關釜連絡船을 타고 부산으로 와서, 다시 부산에서 기차를 타고 경부선과 경의선을 따라 신의주까지 이동하고, 신의주에서 다시 남만주철도의 지선인 안봉선安奉線으로 갈아타면 만주의 중심부까지 연결되는 대륙진출의 대동맥이 완성되었다.

1908년에 일본 정부가 출자한 동양척식회사東洋拓植會社가 한국에서 7만 정보의 토지를 소유하였다. 이미 시부사와 에이치渋沢栄一의 한국흥업韓國興業, 미쓰비시재벌三菱財閥의 동산농사東山農事, 오쿠라재벌大倉財閥의 오쿠라농장 등을 비롯한 일본인 지주들이 한반도에 진출하였다. 1909년에 한반도에 진출한 일본인 지주 692명이 5만2,436정보의 토지를 소유하고 있었다.

1906년 일본은 「광업법」을 제정해 일본자본이 한국의 광공업에도 진출할 수 있는 길을 열었다. 일본의 제조업이 한반도에 진출하면서 한국의 수공업이 붕괴되었다. 일본상품이 한국의 시장을 독점하였다. 1905년 한국 수입총액의 76퍼센트가 일본상품이었다.

일본이 한반도를 사실상 식민지화하면서 일본경제가 성장할 수 있는 여건이 마련되었다. 1905년에만 대자본을 가진 회사가 180개 이상 설립되었다. 1906년 하반기에 400개 이상의 회사가 10억 엔 이상을 투자해 사업을 확장하거나 새로운 회사를 창립하였다. 민간기업 중에서는 방적업이 가장 발달하였다. 방적업은 러일전쟁 후에 한국 시장은 물론 만주 시장도 장악하기 시작하였다.

2. 만주와 일본제국주의

일본은 중국 본토에도 자본을 수출하였다. 투자의 대부분은 남만주철도회사·요코하마쇼킨은행橫浜正金銀行과 같은 국책회사를 통해서 이루어졌다. 이에 비해 민간자본의 투자액은 많지 않았고, 그것도 무역업에 집중되었다. 국책회사를 앞세운 일본의 중국에 대한 자본수출은 정치적·군사적 색채가 농후한 것이었다. 하지만 일본자본이 중국의 철광·석탄자원을 확보하고, 면제품을 비롯한 일본상품이 중국 시장의 지배를 강화하는 역할을 하였다.

일본은 만주의 펑톈奉天, 하얼빈, 창춘長春 등에 영사관을 두었다. 랴오둥 반도의 조차지租借地를 관동주關東州라고 명명하였다. 1906년 8월에는 뤼순旅順에 관동도독부關東都督府를 두었다. 관동도독부는 랴오둥 반도 조차지와 남만주철도 연변의 군사·행정을 총괄하였다. 관동주 총독은 육군 대장·중장 중에서 임명했고, 총독이 주둔군사령관을 겸임하게 하였다. 1919년에 남만주철도 수비대를 중심으로 하는 군대가 독립해 관동군이 편성될 때까지 관동주 총독의 군정이 실시되었다.

일본은 러시아가 양도한 동청철도를 기반으로 1906년 11월 남만주

철도회사를 설립하였다. 1905년 일본 정부는 남만주철도회사의 주식을 공모하였다. 주식 10만주가 발행되어 2,000만 엔이 확보되었다. 전국의 지주와 실업가들이 공모에 참가하였다. 그 숫자는 무려 1만1,400명에 달하였다. 이 회사의 총재로 타이완 민정장관이었던 고토 신페이後藤新平가 취임하였다. 일본 정부는 남만주철도회사의 자본금 3억 엔 중 절반을 출자하였다. 남만주철도회사는 반관반민의 국책회사였던 것이다.

일본은 국책회사인 만철을 통해 만주를 일본제국주의에 종속시키는 작업을 진행하였다. 만철의 경비를 위해 군대가 철도 연변에 주둔했고, 그 지역의 행정권도 장악하였다. 남만주철도회사는 일본이 만주를 경영하기 위한 발판이었던 것이다. 그러나 이 회사는 운영자금을 외자에 의존하지 않을 수 없었다. 1907년 7월 약 3,900만 엔의 사채를 발행한 것을 시작으로, 1911년까지 총 1억1,700만 엔의 외자를 도입하였다.

만철 설비투자의 50퍼센트 정도가 철도를 부설하는 데 투입되었다. 만주 각지에서 콩·콩깻묵을 비롯한 상품이 다롄大連으로 운송되었다. 다롄에 집하된 상품은 무역선으로 일본까지 운송되었다. 1905년 오사카상선 소속 무역선이 일본과 만주의 다롄을 왕래하였다. 만철은 동양 최대의 탄광인 푸순탄광撫順炭鑛을 직접 경영하면서 질이 좋은 석탄을 일본으로 운반하였다. 석탄도 역시 무순에서 철도로 다롄까지 옮기고, 다롄에서 다시 무역선으로 일본까지 운송하였다. 1907년에는 펑톈 이북에서 다롄까지 철도로 운반되어 무역선에 실리는 상품의 운임을 대폭 할인하였다.

일본은 러일전쟁이 일어나기 전, 만약 일본이 만주를 지배하게 된다면 만주의 문호를 개방하는 방침을 취하겠다는 뜻을 여러 번 천명하였다. 일본이 러일전쟁에서 승리하고 만주 남부지역의 지배권을 손에 넣자, 미국의 상인들은 만주에 진출할 기회가 왔다고 환호하였다. 그들은 만주 시장에 진출하기 위한 상품을 확보하고 기다리고 있었다. 그러나 만주를 점령한 일본은 미국의 진출을 막았다. 상하이上海나 톈진天津에 진출해 있던 미국 상인들 중에 파산하는 자들이 속출하였다.

러일전쟁 후, 만주 북부 지역에는 여전히 러시아군이 주둔하고 있었고, 만주 남부지역에서 군정을 실시하는 일본군은 서구 상인들의 활동을 제재하였다. 일본인들은 일본군의 지원으로 만주 남부 지역 각지에 회사를 설립하였다. 또 일본 상인들은 일본군의 비호를 받으며 영국·미국의 상품을 취급하는 청국 상인들을 내쫓았다.

1906년 미국 정부는 미국 자본의 만주 진출을 요구하였다. 하지만 일본은 미국의 요구를 무시하였다. 그러자 1907년 2월 미국은 일본인이 하와이, 캐나다, 멕시코 등에서 미국 본토로 이주하는 것을 금지하였다. 미국인들은 일본인을 노골적으로 배척하였다. 사태를 방관할 수 없었던 이토 히로부미 한국통감은 원로와 정부 및 군부 수뇌를 모아놓고 회의를 열었다. 이토는 다음과 같이 말하였다. "설령 가까운 장래에 전쟁이 일어나지 않는다고 해도, 영국·미국의 요구를 수용하는 것이 일본의 재정에도 도움이 될 것이다." 이토의 개입으로 일본이 만주를 독점하는 방침이 후퇴하였다. 이토는 러시아에게서 배상금을 얻어내지 못한 일본이 외자를 도입하려면 영국·미국의 도움이 필요하다고 판단했던 것이다. 1907년 11월 일본과 미국은 다카히라高平·루트Root 협정[55]을 체결하였다.

러일전쟁 전의 만주 시장은 영국·미국산 면포가 독점하고 있었다. 1905년 당시 만주로 수출되던 면포의 49.47퍼센트를 영국이, 36.17퍼센트를 미국이 점하고 있었다. 이에 비해 일본산 면포가 차지하는 비

---

[55] 정식 명칭은 '태평양방면에 관한 일미교환공문'이다. 일본이 자발적으로 미국 이민을 제한하고, 청국에서 상공업 기회균등주의의 옹호를 목적으로 하는 협정이었다. 당시 일본과 미국의 첨예한 대립을 피하기 위한 협정이었다. 주미 일본대사 다카히라 코고로高平小五郎와 미국 국무장관 에리후 루트Elihu Root가 체결하였다.

중은 2.12퍼센트에 불과하였다. 그러나 러일전쟁 후 만주로 수출되는 일본산 면포가 급증하였다.

1906년 오사카방적大阪紡績, 가네킨제직金巾製織, 덴마직물天満織物, 오카야마방적岡山紡績, 미에방적三重紡績 등 5개 회사가 일본직물수출조합을 결성하였다. 일본직물수출조합은 요코하마쇼킨은행橫浜正金銀行에서 융자를 얻고, 남만주철도회사로부터 운임할인을 받았다. 5개 회사의 면포는 미쓰이물산에 의해 만주 시장에 공급되었다. 일본산 면포가 만주 시장에 대량 공급되면서 미국산 면포가 시장에서 서서히 자취를 감췄다. 1913년 만주에서 미국산 면포가 차지하는 비중은 7.8퍼센트에 불과하였다. 하지만 고급 면포 시장은 영국이 독점하였다. 당시 일본의 기술로는 영국산 고급품에 대항할 수 없었다.

3. 러일전쟁 후의 일본경제

러일전쟁 후 일본경제는 정부와 민간의 지출이 감소하고 고정자본이 증가하는 추세였다. 수출도 현저하게 증가하였다. 국내 순생산은 8퍼센트 가까이 증가하였다. 부문별로 살펴보면, 도시화와 밀접한 관련이 있는 전력·철도 및 해운을 중심으로 운수·통신·공익사업의 신장이 현저하였다. 광업도 착실히 성장하였다. 공업생산의 증가율은 청일전쟁 후보다 높았다. 특히 정부와 군대의 수요에 의지했던 철강·비철금속·기계 분야가 괄목할만하게 성장하였다.

러일전쟁 후의 일본경제는 기본적으로 군비확대와 한국·만주경영을 중심으로 하는 전후경영을 위한 외자도입 정책이라는 기본 틀 속에서 전개되었다. 일본이 러일전쟁에서 승리하였다고는 하나, 청일전쟁 때와는 달리, 러시아로부터 배상금을 받아내지 못하였다. 일본은 러일전쟁을 치루기 위해 거액의 외채를 도입하였다. 게다가 전쟁 기간 중에 국민에게 과다한 세금을 부과했고, 정부는 전쟁이 끝난 후에도 국민의 과중한 부담을 줄이지 않았다. 일본 국민에게 부과된 과중한 부담은 만성적 수입초과국인 일본 경제의 앞날을 어둡게 하였다.

그러나 1906년 6월 도쿄시東京市 사업공채가 해외에서 성공적으로 판매되었다. 같은 해 9월부터 실시된 남만주철도회사의 주식 발매도 순조롭게 진행되었다. 만철 주식이 인기를 끌면서 주식시장이 달아올랐다. 사업을 확장하거나 새로운 사업을 시작하려는 분위기가 형성되었다. 이 무렵에 특히 광업과 전력 사업에 많은 자본이 투자되었다. 137개 전력회사가 4억 엔이 넘는 자본을 투자해 확장하거나 창업하였다. 18개 석탄회사에 8,200만 엔이 투자되었다. 산업의 동력이라고 할 수 있는 전력과 석탄 생산이 비약적으로 발전하였다.

러일전쟁을 전후해 일본의 전력사업은 화력발전에서 수력발전으로 전환하였다. 수력발전 전문회사가 창립되었다. 대표적인 회사로 도쿄전등東京電燈이 있었다. 1906년에 기소가와木曾川의 수력을 이용하기 위해 나고야전력名古屋電力, 우지가와宇治川 수력을 이용하기 위해 우지가와전력 등이 창립되었다. 수력발전소가 건설되면서 전기를 싼값에 공급할 수 있게 되었다. 러일전쟁 후 일본에서 중공업이 비약적으로 발전했는데, 그것은 전기의 동력화를 전제로 한 것이었다.

1906년 10월부터 다음 해 초에 걸쳐서 기업의 실적이 향상되었다. 특히 민간 기업의 자본금이 증가하였다. 주가가 상승하였다. 1907년에 들어서도 주가의 상승세가 지속되었다. 1월 19일에 거래된 주식은 14만주로 도쿄주식거래소의 신기록을 세웠다. 주식 거래량이 너무 많아서 장부정리도 못할 지경이었기 때문에 20일을 임시휴장일로 정할 정도였다. 그러나 20일의 휴장이 주식투자 열풍에 찬물을 끼얹는 결과를 초래하였다. 21일부터 주가가 폭락하기 시작하였다. 주식투자 열풍의 반동으로 주식거래소에서 공황이 발생했던 것이다. 하지만 기업에 대한 투자는 같은 해 가을까지 꾸준히 늘어났다. 물가도 점차로 상승하였다.

1907년 10월 미국에서 발생한 공황이 세계공황으로 발전하였다. 이것이 러일전쟁 후 일본이 공황을 겪게 된 직접적인 계기가 되었다. 미국의 공황으로 생사와 구리의 수출이 급감하였다. 은값이 폭락하면서 면포와 생사의 중국 수출이 격감하였다. 수입이 수출을 크게 웃돌았다. 서구 금융시장이 동요하면서 외국의 은행이 일본에서 자금을 회수하였다. 요코하마쇼킨은행을 비롯한 일본의 은행이 외국에서 자금을 조달하기 어렵게 되었다. 1907년 11월부터 다음해 5월에 걸쳐서 금리가 급등하였다.

공황은 1909년 초까지 계속되었다. 공황은 전력·가스 산업에는 큰 영향을 미치지 않았다. 하지만 섬유산업을 비롯해 해운·조선·시멘트공업·석탄업 등 거의 모든 산업에 타격을 안겨주었다. 총체적인 공황이 일본경제를 덮쳤다. 이미 일본경제가 무역·해운·금융 등 모든 면에서 세계경제와 밀접하게 연관되어 있었던 것이다. 공황의 내재적 조건도 이미 성숙해 있었다.

1909년에 접어들면서 일본경제가 불황국면에서 벗어났다. 하지만 농촌의 불황이 장기화되었다. 이러한 상황은 1911년까지 계속되었다. 그동안 정부는 저금리로 자금을 대출하는 정책을 추진했고, 이러한 정책으로 경기가 일시적으로 회복되기도 하였다. 특히 전력·철도·가스 산업이 발전하였다. 도시화의 진전과 직접적으로 관련된 이러한 산업은 불황 속에서도 안정적인 시장을 확보할 수 있었다. 그러나 특정한 산업의 단기적인 호황이 총체적인 불황을 근본적으로 해결할 수는 없는 일이었다.

1912년 상반기에 쌀값 상승과 대중국 수출이 회복하면서 일본경제가 조금씩 활기를 띠게 되었다. 정부는 9,000만 엔에 달하는 외채를 도입해 금융 분야를 활성화시켰다. 그러자 방적업을 비롯한 기업이 발흥하면서 일시적으로 경기가 좋아졌다. 기업이 발흥하면서 자금의 수요가 증가하였다. 방적업의 호황으로 면화 수입이 증가하면서 수입초과 현상이 두드러졌다. 때마침 발칸전쟁이 발발하면서 서구 금융시장이 동요했고, 그로 인해 외채의 도입이 곤란하게 되었다. 1912년 9월부터 시중금리가 급등하였다. 일본경제가 다시 침체기에 들어갔다.

정부는 불황을 극복하기 위해 자주 외채를 도입해 일본경제의 실정에 맞지 않게 금리를 인하하는 방식으로 경기를 자극하였다. 그러나 그러한 방식은 도태되어야 마땅한 기업을 겨우 연명하게 할 뿐이었다. 즉 구조조정과 자연도태를 늦춰 일본경제의 본격적인 회복을 지연시키는 결과를 초래하였다. 잦은 외채의 도입은 원리금 상환액을 누적시켰고, 부채를 짊어진 기업의 회생을 더욱 어렵게 만들었다. 또 외채의존도가 높아지면서, 서구 금융시장이 동요하면 그 영향이 일본경제에 직접 미치게 되었다.

[3] 한일합병

1. 한국의 보호국화

1904년 2월 일본은 러일전쟁을 시작하면서 한일의정서韓日議定書를 강제로 체결하였다. 한일의정서 체결은 한국의 부분적 보호국화를 의미하였다. 조선은 이미 일본의 군사적 지배하에 들어갔던 것이다. 같은 해 5월 13일 일본은 각의에서 대조선방침을 결정하였다. 의사록에 다음과 같은 구절이 있다. "그 나라는 정치가 혼란하고 인심이 부패해 도저히 장구히 그 독립을 유지하기 어려움이 명확한 고로, 일본은 정치상·군사상·경제상 점차 그 나라에 있어서 우리의 기반을 확립하고 (중략) 그 나라에 대해 보호의 실권을 확립하고 동시에 경제상의 중요 이익을 취득해 착착 그 경영을 실행하는 것이 급선무이다."

같은 해 8월에는 제1차 한일협약을 체결하였다. 이 협약으로 일본은 그동안 한국이 고용했던 외국인 30여 명을 해고하였다. 그리고 일본인 고문을 두어 한국의 재정권과 외교권을 규제하였다. 1905년 11월경에는 재정, 군부, 궁내부, 경찰 등의 부서에 188명의 일본인이 배치되어 있었다. 한국은 이미 일본의 손아귀에 들어가 있는 형국이었다. 미국·영국도 이러한 현실을 인정하였다.[56] 한국을 지배하는데 대한 국제적 장애요인이 모두 제거된 것을 확인한 일본은 한국을 집어삼킬 계획을 착착 진행시켰다.

1905년 9월 포츠머스조약이 체결되자, 일본 정부는 한국을 보호국으로 삼기로 하고, 10월에 조약안을 각의에서 의결하였다. 일본 외무대신은 이토 히로부미를 한국 황실위문 특파대사로 삼을 것을 천황에게 건의하였다. 천황은 이토에게 역사적인 임무를 부여하였다. 이토는 11월 2일 도쿄를 출발해 일주일 후에 한성에 도착하였다. 그는 개선장군처럼 한국인의 환영을 받으며 한성 땅을 밟았다.

손탁호텔에 여장을 푼 이토는 11월 10일 하야시 곤스케林權介 공사의 안내로 고종를 알현하였다. 이토는 고종에게 일본 천황의 친서를 전달

---

56) 미국은 일본의 필리핀 침략을 우려하였다. 1905년 7월 가쓰라·태프트 협정을 맺었다. 일본과 미국은 상호간에 한국과 필리핀 지배를 각각 인정하였다. 이어서 영국도 영일동맹을 개정하였다. 영국은 한국에서 일본의 특수한 권익을 보장하고, 일본의 한국에 대한 지도·감독·보호권을 인정하였다.

하고 새로운 조약을 맺을 것이라고 말하였다. 그는 일본 정부가 작성한 조약안을 건네면서 5일 내에 검토하라고 말하였다.

11월 15일 이토는 고종을 다시 알현하였다. 고종은 이토에게 조약안을 전적으로 거부한다고 말하였다. 고종은 러일전쟁을 일으킬 때 일본 천황이 동양평화와 한국의 독립을 보장하겠다고 선언했던 점을 상기시켰다. 고종은 그 말을 일본이 한국의 독립을 보장하기 위해 노력한다는 뜻으로 받아들였다. 그런데 이토가 제시한 조약안을 보고 고종은 충격을 받았다.

이토 히로부미는 고종에게 다음과 같이 말하였다. "본안은 일본 정부가 다각도로 검토해 추호도 변통의 여지가 없는 확정안이다. (중략) 결코 움직일 수 없는 일본 정부의 확정안이라면 금일의 일은 단지 폐하의 결심 여하에 달렸다. 이것을 승낙하는 것도 거부하는 것도 자유지만, 만약 거부하는 경우 일본 정부는 이미 결심한 바가 있다. 그 결과는 과연 어떻게 될까? 한국의 지위는 이 조약을 체결하는 것 이상의 곤란한 경우에 처할 것이다. 한층 불리한 결과를 각오하지 않으면 안 될 것이다." 최후통첩이었다.

고종이 말하였다. "우리나라는 예부터 이러한 중대한 문제는 전직·현직의 문무백관과 상의하고, 또 전국의 유생과 백성들의 의견을 물어보기 전에는 어떤 결정도 내리지 않는 것이 군왕의 도리였다. 짐은 이 문제를 혼자서 처리할 수 없다." 이토는 차갑게 말하였다. "각료에게 하문하는 것은 당연한 일이다. 그러나 백성들의 의견을 묻는 것은 어불성설이다. 귀국은 황제가 모든 것을 결정한다. 황제가 백성들의 의견을 묻겠다는 것은 그들을 선동해 일본의 제안에 반대하도록 하려는 것이 아닌가? 만일 그러한 조치를 취해 동학란과 같은 소란이 일어난다면 황제는 그 책임을 홀로 질 각오가 되어 있는가?" 고종이 조약안에 승인할 수 없다고 다시 말하였다. 이토는 고종에게 외부대신 박제순을 불러 협의하라고 말하였다. 그러나 고종은 아무 대답도 하지 않았다. 이토는 고종을 다섯 시간이나 다그쳤지만 아무 성과가 없었다.

11월 16일 이토는 한국 정부의 각료를 손탁호텔로 불렀다. 참정대신 한규설, 법부대신 이하영, 학부대신 이완용, 농상공부대신 권중현 등이 모였다. 이토는 이들에게 조약안에 대해 자세하게 설명하였다. 그리고 대신들에게 차례로 의견을 말하라고 하였다.

이토 히로부미

한규설은 일본이 그동안 한국의 독립을 보장한다고 했고, 한일의정서에도 그렇게 되어있는데 갑자기 한국을 보호국으로 삼겠다는 것은 이해가 되지 않으니 조약안에 반대한다고 말하였다. 이하영도 한규설의 의견에 동조하면서 중대한 일은 공식회의에서 토의해야 한다고 말하였다. 이완용은 당장 결론을 내릴 수 없다고 말하였다. 권중현은 한규설이 한 말을 되풀이 하면서 천황이 보장한 한국 독립을 뒤집는 것은 이해할 수 없다고 말하였다.

대신들은 다시 궁중으로 돌아가서 어전회의를 열었다. 외부대신 박제순이 조약문의 세부사항에 관해 보고하였다. 고종은 각 대신들의 의견을 물었다. 대신들은 결코 승인할 수 없다고 말하였다. 11월 17일 오후 4시에 어전회의가 열렸다. 대신들은 여전히 완강히 반대하였다. 그런데 이때 이완용이 조약안의 수정을 요구하자는 의견을 슬그머니 꺼냈다. 부득이 조약안을 수용하게 될 경우를 대비해서 대책을 마련하자는 뜻이라고 덧붙였다. 몇몇 대신들이 고개를 끄덕였다. 한규설은 수정제의는 있을 수 없다고 말하면서 눈물을 흘렸다. 그는 "이 안을 승인해도 나라가 망하고 거부해도 망한다."라고 외치면서 오열하였다.

오후 7시가 되었다. 고종은 여러 대신에게 일본 측과 다시 한 번 협의해 보라고 말하면서 자리를 떴다. 하야시 공사는 어전회의 결과를 이토에게 보고하였다. 이토는 즉시 궁중으로 달려왔다. 이토는 직접 대신들을 한 사람씩 불러서 찬반을 물었다. 참정대신 한규설, 탁지부대신 민영기, 법부대신 이하영은 반대하였다. 외부대신 박제순은 침묵으로 찬성의 뜻을 표하였다. 이어서 군부대신 이근택, 학부대신

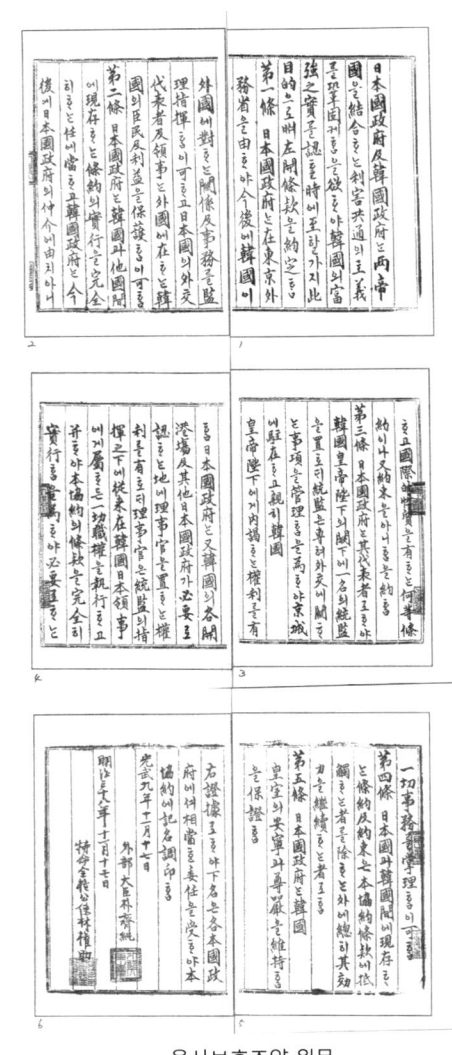

을사보호조약 원문

이완용, 내부대신 이지용, 농상공부대신 권중현이 찬성하였다. 이토는 다수가 찬성했으므로 조약안이 가결되었다고 선언하였다. 밖에서 기다리던 하야시 공사는 박제순 외부대신과 함께 조약안에 서명하였다.

11월 18일 새벽 1시였다.

　을사보호조약 체결은 비밀리에 진행되었다. 한국 민중은 그 사실을 알 수 없었다. 다만 1905년 11월 17일 한성 시내의 경계가 삼엄한 것을 보고 무언가 중대한 일이 벌어지고 있다고 수군거릴 뿐이었다. 조약이 체결된 사실은 11월 20일자 『황성신문』에 보도되면서 세상에 알려졌다. 『황성신문』 사장 장지연張志淵은 『시일야방성대곡是日也放聲大哭』이라는 사설을 썼다.[57] 이 사설로 『황성신문』은 폐간되었고 장지연은 투옥되었다.

2. 한국 지배권 확립과 항일투쟁

　고종은 즉시 국권회복 운동에 나섰다. 1906년 5월까지 5회에 걸쳐서 을사보호조약이 무효라는 의견을 구미 각국에 전달하기 위해 노력하였다. 특히 1905년 11월 24일 고종은 한국 정부의 고문 헐버트에게 서신을 보내 보호조약은 일본이 강요한 것으로 무효이며 자신은 결코 이에 동의한 적이 없다는 사실을 미국 정부에 전달해 달라고 부탁하였

---

57) 중요한 내용을 소개하면 다음과 같다. "슬프도다. 개, 돼지만도 못한 우리 정부의 대신이란 자들은 자기 일신의 영달과 이익이나 바라면서 위협에 겁먹어 머뭇대다가 벌벌 떨며 나라를 팔아먹는 도적이 되는 것을 감수했던 것이다. 아! 사천 년 강토와 오백 년의 사직을 남에게 들어 바치고 2,000만 생령들로 하여금 남의 노예가 되게 했으니, 저 개, 돼지보다 못한 외무대신 박제순과 각 대신들이야 깊이 꾸짖을 가치가 없다 하지만, 명색이 참정대신이라는 자는 정부의 수석임에도 단지 부否자로써 책임을 면해 이름거리나 장만하려 했더란 말이냐. 김청음金淸陰처럼 통곡하며 문서를 찢지도 못했고, 정동계鄭桐溪처럼 배를 가르지도 못해 그저 살아남고자 했으니 그 무슨 면목으로 강경하신 황제 고종을 뵈올 것이며 그 무슨 면목으로 2,000만 동포와 얼굴을 맞댈 것인가. 아! 원통한지고, 아! 분한지고. 우리 2,000만 동포여, 노예된 동포여! 살았는가, 죽었는가? 단군, 기자 이래 사천년 국민정신이 하룻밤 사이에 홀연히 망하고 말 것인가. 원통하고 원통하다. 동포여! 동포여!"

다. 한국은 이미 공식적인 통로를 통해 미국 정부와 접촉할 수 없었다. 보호조약으로 일본이 외교권을 빼앗았기 때문이다. 그래서 고종은 서신을 인편을 통해 헐버트에게 전달하였다. 헐버트는 워싱턴의 국무성으로 가서 고종의 서신을 제출하려고 하였다. 그러나 국무성은 헐버트를 푸대접하였다.[58]

　1905년 11월 26일 대신을 역임한 조병세가 급히 상소를 올렸다. 그는 대신들에게 조약을 체결한 죄를 물어야 한다고 주장하였다. 외부대신 박제순을 사형에 처하고, 그 밖의 대신은 파면한 다음 체포해 법정에 세워야 한다고 말하였다. 그리고 충성스런 신하를 외부대신에 임명해 조약을 파기하고, 조약이 협박에 의해 체결되었을 뿐만 아니라 한국 황제의 재가를 얻지 않은 것이라는 사실을 각국의 공사에게 알리라고 촉구하였다.

　보호조약이 체결되었다는 소식이 널리 퍼지자 각지에서 집회가 열렸다. 평안도 지방 청년들은 한성으로 가서 왕궁 앞에서 자결하자고 결의하였다. 선교사들이 만류해서 일단 사태는 진정되었으나 반일감정은 극에 달하였다. 전국의 유생과 전직 관리들이 왕궁 앞에서 농성에 들어갔다. 그들은 조약을 당장 파기하고 조약 체결에 앞장섰던 대신들을 처형하라고 외쳤다. 한성 시내의 상점들은 일시에 철시해 보호조약 체결을 애도하였다.

　11월 30일 아침 시종무관장 민영환이 자결하였다. 그는 왕궁 앞 농성

---

58) 일본은 고종의 서한을 지닌 헐버트가 미국으로 가는 것을 처음부터 알았지만 그대로 출국시켰다. 일본은 이미 미국 국무장관에게 당부해 두었다. 미국은 이미 일본 편이었다. 보호조약이 체결된 후 일본은 그 사실을 제일 먼저 미국에 알렸다. 같은 해 11월 30일에 재한 영국 공사가 철수했고, 이어서 미국도 한성에 있는 미국 공사관을 폐쇄하였다. 그리고 한국과 관련된 모든 외교업무는 일본의 도쿄에서 처리할 것이라고 선언하였다. 미국 대통령 루스벨트Theodore Roosevelt는 다음과 같이 말하였다. "우리는 자신을 방어하기 위해 적에게 반격을 가할 능력조차 없는 한국인을 돕기 위해 일본에 간섭할 수 없다."

에 참가했는데, 28일 저녁 고종이 이토와 하야시 공사의 압박을 견디지 못하고 해산을 명하자 할 수 없이 물러났다. 민영환은 집으로 돌아가지 않고 친구 집에서 2,000만 동포에게 고하는 유서를 남기고 칼로 목을 찔러 죽었다. 다음 날 상소를 주도한 조병세도 국민과 각국 공사에게 남기는 유서를 남기고 자결하였다. 여러 중신과 지사들이 잇달아 자결을 선택하였다.

1906년 2월 충남 정산의 민종식이 각지의 유지 200여 명을 결집해 의병을 일으켰다. 민종식은 궁중에 출입하는 관리들과 연락을 취하면서 충남 홍성의 읍성에 본거지를 두었다. 그 기세는 자못 강성해서 일본군도 섣불리 다가가지 못하였다. 경북 안동에서도 유생 80여 명이 봉기했고, 전라도 순창에서는 최익현이 조약 반대와 일본 세력의 축출이라는 명분을 내걸고 의병을 일으켰다. 늙은 충신이 깃발을 들자 1,000여 명의 의병이 모였다.

을사보호조약이 체결되자 일본은 한성에 통감부를 설치하였다. 1906년 2월 1일 이토 히로부미가 초대 통감으로 부임해 처음으로 업무를 보았다. 이토는 헌병과 군대를 앞세워 한국인을 탄압하였다. 이토는 사실상 한국의 황제나 다름이 없었다. 이토는 한국의 대신들을 자신의 관저로 불러서 각료회의를 개최하였다. 한국의 대신들도 모든 일을 이토에게 보고했고 그의 허락을 받아야 일이 진행되었다.

전국에서 유생이 조약 파기를 외치고 의병이 일어나면서 한국사회는 큰 혼란에 빠졌다. 그런 와중에 한일관계에 커다란 파문을 일으킨 사건이 터졌다. 헤이그 밀사 사건이다. 1907년 6월 고종은 이상설, 이위종, 이준 등의 밀사를 네덜란드의 수도 헤이그에서 열린 제2차 세계평화회의에 파견하였다. 을사보호조약이 일본의 강압으로 이루어진 것임을 폭로하고 강대국들의 도움으로 그것을 파기하려고 했던 것이다.

한국 황태자 이은(중앙 어린이)과 일본 황태자 요시히토嘉仁

 헤이그에 도착한 밀사[59]들은 각국 위원에게 면회를 요청했으나 러시아·미국·영국은 이들의 면회를 거부하였다. 그러자 특사들은 의장국 러시아 대표에게 한국 황제의 신임장을 제출하고 평화회의에 출석할 수 있게 해 달라고 요청하였다. 하지만 강대국들은 이미 일본 편이었다. 특히 영국이 앞장서 밀사가 회의장에 들어오지 못하도록 방해했고, 다른 강대국들은 밀사를 무시로 일관하였다. 분을 참지 못한 이준 열사는 회의장 밖에서 자결을 시도하였다.

 비밀리에 밀사가 파견되었다는 소식을 들은 이토는 격노하였다.[60] 이토는 본국의 총리대신 사이온지 긴모치西園寺公望에게 전보를 쳤다. "내가 외교상의 관리권만 손에 넣었기 때문에 이런 일이 일어난 것이다. 내정에 관한 감독권을 장악하지 않으면 도저히 화근을 도려낼 수 없다.

---

[59] 이 일에는 처음부터 미국인 고문 헐버트와 고종의 조카 조남승이 관여하였다. 이상설과 이준 두 사람은 고종의 신임장을 휴대하고 먼저 러시아의 수도로 가서 니콜라스 2세에게 친서를 전달하였다. 이때 러시아 주재 공사 이범진의 아들 이위종이 일행에 합류하였다.
[60] 이토는 한국 총리대신 이완용을 불러 말하였다. "평화회의에 위원을 파견한 책임은 전적으로 황제가 져야 할 것이다. 그 행위는 일본에 대한 공공연한 적대행위이며 협약을 위반한 것으로 그 책임을 면할 수 없을 것이다. 일본이 한국에 선전을 포고할 수도 있는 사안이다."

급히 외무대신을 파견해 달라."외무대신 하야시 타다스林董는 7월 18일 한성에 도착할 예정으로 도쿄를 떠났다.

  이 소식을 들은 한국 대신들은 안절부절 못하였다. 일본 외무대신이 한성에 도착하는 7월 18일 이전에 '이토가 원하는 일'을 하기로 하였다. 그래서 7월 16일에 고종의 퇴위를 주청하였다. 그러나 고종은 듣지 않았다. 대신들은 다음 날 다시 고종에게 퇴위를 주청하였다. 고종은 여전히 태평하였다. 그러자 이토가 농상공부대신으로 발탁한 송병준이 큰 소리로 외쳤다. "지금 신들이 폐하의 퇴위를 재촉하는 것은 단지 이번의 밀사 사건 때문만이 아닙니다. 폐하는 신뢰를 잃은 지 오래입니다. 폐하는 여전히 잘못을 되풀이 해 하늘의 뜻을 거스를 작정이십니까?" 고종은 그 말을 듣고 낙담하였다. 고종은 이윤용, 신기선, 민영휘 등 9명의 노신들을 불렀다. 노신들도 퇴위가 불가피하다고 말하였다. 그러자 고종은 7월 20일 오전 1시에 퇴위를 결심하였다. 새벽 2시에 양위의 조칙이 발표되었고, 아침 8시에 양위식이 거행되었다.

  이토 히로부미는 한국 정부에 제3차 한일협약을 강요하였다. 정미7조약이라고도 하는 신협약은 한국에 대한 통제를 강화하는 것이다.[61] 이토는 먼저 총리대신 이완용을 불러 하야시 외무대신과 함께 작성한 협약의 초안을 제시하면서 빨리 처리하라고 다그쳤다. 정미7조약으로 이토 히로부미는 한국 정부가 하는 모든 사업에 관여하게 되었다. 법률 제정과 중요한 행정 처분 등 한국의 모든 내정은 이토가 완전하게 장

---

61) 그 내용은 다음과 같다. 제1조 한국 정부는 시정개선에 관해 총감의 지도를 받을 것. 제2조 한국 정부의 법령 제정 및 중요한 행정상의 처분은 미리 통감의 승인을 받을 것. 제3조 한국의 사법 사무는 보통 행정 사무와 구별할 것. 제4조 한국 고등 관리 임면은 통감의 동의를 얻어 시행할 것. 제5조 한국 정부는 통감이 추천한 일본인을 한국 관리에 임명할 것. 제6조 한국 정부는 통감의 동의 없이 외국인을 초빙하지 말 것. 제7조 메이지 37년 8월 22일 조인한 일한협약 제1항을 폐지할 것. 제7조에 의해 폐지된 조문은 "한국 정부는 일본 정부가 추천하는 일본인 한 명을 재무 고문으로 초빙하고, 재무에 관한 사항은 모두 그의 의견을 들어서 시행할 것"이라는 내용이었다.

악하게 되었다

  정미7조약에는 시행규칙에 관한 비밀협정서가 첨부되어 있었다. 거기에는 한국 군대의 해산, 사법권과 경찰권의 위임, 일본인 차관의 임용 등의 내용이 포함되어 있었다. 이 규정에 따라 일본인이 한국 정부의 관리로 임용되어 실권을 장악하였다. 한국 정부의 고급관리로 임용된 일본인은 1907년 당시 2,080명이었다. 이것은 경관을 제외한 숫자였다.

  정미7조약 제2조에 근거해 한국은 사법 및 감옥 사무를 일본에 위탁하였다. 일본인이 판사나 감옥의 관리로 임용되었다. 단 한국인에게는 한국 법규를 적용하였다. 지방 관청 및 공사의 사법사무는 일본인 관리의 명령을 받았다. 한국의 사법부와 재판소는 폐지되었다. 그 대신에 통감부에 사법청이 설치되고, 사법청 산하에 각급 재판소가 설치되었다. 모든 인사권은 통감이 장악하였다. 한국의 사법권이 완전히 이토의 수중에 들어간 것이다.

  이토는「신문지법」과「보안법」을 마련하였다. 이 제도의 시행으로 당국의 허가 없이 신문을 발행할 수 없었고 기사는 사전에 검열되었다.「보안법」은 항일운동을 탄압하기 위한 목적으로 제정되었다. 집회와 결사를 제한하고 무기 휴대를 금지시켰다.

  이토는「총포 및 화약단속법」,「헌병경찰권 강화법」도 제정하였다. 그 결과, 헌병이 대폭 증원되면서 헌병경찰제도가 성립되었다. 이토가 헌병경찰제도 마련을 서두른 것은 한국 군대를 해산한 후에 발생할 것으로 예상되는 의병투쟁을 와해시키기 위해서였다.

  일본은 드디어 한국 군대를 해산하는 작업에 착수하였다. 1907년 7월 31일 총리대신 이완용은 "군대를 해산할 때 인심의 동요를 예방하고, 또는 명령에 반해 폭동을 일으키는 자가 있으면 진압할 것"을 내용으로 하는 서한을 이토에게 보냈다. 이토 통감과 하세가와 요시미치長

谷川好道 한국주둔군 사령관이 상의해 군대 해산을 위한 구체적인 계획을 마련하고,[62] 8월 1일 군대 해산을 강행하였다.[63]

군대가 해산되자 시위대 제1대대장 박승환朴昇煥이 자결하였다. 이 소식을 들은 병사들이 탄약과 무기를 탈취해 폭동을 일으켰다. 700여 명의 한국군이 남대문과 종로에 주둔한 일본군과 출동하였다. 구식총을 손에 든 한국군은 신식총으로 무장한 일본군을 상대로 처절하게 싸웠다. 하지만 기관총을 앞세운 일본군의 화력을 당할 수 없었다. 한국군이 농성하던 장소가 일본군에 의해 점령되자 한국군은 사방으로 흩어졌다.[64] 이날의 교전으로 남상덕 등 68명이 죽고 100여 명이 부상당하였다. 500여 명이 포로로 잡혔다.

한성의 한국군을 해산시킨 통감부는 지방의 한국군을 해산시키는 작업에 착수하였다. 먼저 각 부대장과 일본인 교관을 한성으로 불러 해산 명령을 내리고, 소란에 대비해 일본군을 각지로 파견하였다. 지방에서도 한국군이 저항했지만 곧 일본군에 진압되었다. 하지만 한국군의 저항은 전국적인 무장 봉기의 출발점이 되었다.

8월에는 대대적인 의병이 일어났다. 서울에서 의병이 일어나자 원주,

---

62) 통감부는 한성에 주둔하는 시위대 5개 대대, 기병대, 포병대, 교육대대 등을 먼저 해산하고, 다음에 지방에 주둔하는 8개 대대를 해산하기로 하였다. 제3차로 나머지 보병대, 군기창, 무관학교, 위생원 등에 근무하는 병력을 해산하기로 하였다.
63) 8월 1일 오전 8시 한성의 각급 부대 장교가 한국주둔군 사령관 관저에 집합하였다. 그 자리에서 하세가와 사령관이 군대 해산을 통고하고, 장교들은 해산하지 않을 터이니 병졸들을 잘 타일러서 큰 소란을 일으키지 말고 해산시키라고 종용하였다. 오전 10시 2,000명의 병사들에게 맨손 훈련을 실시하고 공로금을 지급할 예정이니 훈련원으로 모이라는 명령을 내렸다. 훈련원은 중무장한 일본군이 아침 일찍부터 포위하고 있었다. 일본인 관리는 "나라의 경비가 부족해 더 이상 한국 군대를 유지하기 어려워 해산한다."고 선언하였다. 무장이 해제된 한국 군인은 그야말로 속수무책이었다.
64) 한성 시내로 흩어진 한국군은 민가에 숨거나 성벽을 넘어 창의문 밖에 있는 교회당에 은신하였다. 교회당에 숨은 한국군은 남대문에 주둔한 일본군을 향해 사격하였다. 남대문을 중심으로 치열한 시가전이 벌어졌다. 일본군의 공격으로 도주하던 한국군은 많은 사상자를 냈다.

남산 기슭에 위치한 한국통감부 청사

여주, 강화 등에서 의병이 일어났다. 12월에는 이인영을 총대장으로 하는 13도창의군이 결성되었다. 1908년에는 창의군 1만 명이 서울 동대문 밖 30리 까지 진격하였다. 그러나 총대장 이인영은 부친이 사망하였다는 소식을 듣고 고향으로 돌아갔다. 창의군은 일본군의 공격을 받고 흩어지고 말았다. 이후 의병들은 전국 각지에서 독자적으로 일본군에 저항하였다. 크고 작은 의병 부대가 조직되었다. 함경도에서 홍범도가, 경상도에서 신돌석이 의병을 일으켰다. 일본에 항거한 의병 수는 3만 명에 달하였다.[65]

통감부는 2,000명이 넘는 일본군을 동원해 대대적인 의병 소탕작전을 벌였다. 경찰과 한국인 첩보원도 작전에 투입되었다. 이 작전을 삼광작전三光作戰이라고 했는데, 사람을 죽이고, 마을을 불태우고, 곡식과 가축을 빼앗는 것이었다. 삼광작전으로 아예 흔적이 사라진 마을도 있었다. 1908년 9월 초부터 '남한대토벌작전'을 전개하였다. 무자비한 학살 작전이 전개되면서 의병은 거의 모습을 감추었다.

---

[65] 의병이 보유한 무기는 화승총이었다. 그마저도 충분하지 않았다. 대부분은 활이나 창, 심지어 죽창을 들고 싸우는 사람도 있었다. 반면 일본군은 성능이 뛰어난 개인화기로 무장하고 있었다. 게다가 일본군은 동학군을 학살할 때부터 기관총을 보유하고 있었다.

3. 조선총독부 설치

1907년의 제3차 한일협약으로 일본이 조선을 사실상 직접 지배하게 되었다. 한국은 이 단계에서 사실상 멸망했지만 합병된 것은 아니었다. 일본은 한국의 멸망을 대외에 공표하지 않았다. 러시아의 동의를 얻지 못했기 때문이다. 1907년 1월 미즈노 이치로水野 一郞 주러 일본공사는 러시아가 일본과 새로운 협상을 맺어 러일전쟁 후 경직된 일러 관계를 풀려고 한다는 정보를 입수하였다. 미즈노는 2월부터 러시아와 교섭을 시작하였다. 3월에는 정부의 고문회의에서 4개조로 된 일러협약안이 승인되었다. 일러협약안 제3조에서 일러 양국의 세력 범위를 만주의 남북으로 설정하고, 제4조에서 "금후 일한관계의 발전에 방해하거나 간섭하지 않을 것을 약속한다."고 규정하였다. 일러협약은 제3차 한일협약이 맺어진 6일 후인 1907년 7월 30일에 체결되었다.

1909년 봄에 일본은 한일합병 계획을 세웠다. 일본 최고 실력자들이 한일합병 방침을 결정한 것은 4월 10일이었다. 총리대신 가쓰라 다로와 외무대신 고무라 주타로가 이토 히로부미의 관저를 방문해 한국합병 실행에 관해 협의하였다. 고무라는 이미 작성된 한일합병에 관한 "방침서"와 "시행대강서"를 이토에 보여주고 의견을 물었다. 당시 이 사실은 극비에 붙여져 세상에 알려지지 않았지만, 그때 이토는 한일합병에 흔쾌히 찬성하였다.[66] 7월 6일에 일본 각의에서 '조선합병 실행에 관한 건'을 의결하였다. 그리고 곧 천황의 재가를 얻었다. 한일합병 방침이 정해진 것이다.

각의에서 결정된 '한일합병에 관한 건' 전문에는 "이 시점에 이르러

---

66) 이토는 다음과 같이 말하였다. "그대들은 내가 한일합병에 반대하는 것으로 알고 있었을지 모르나 사실은 그렇지 않다. 나도 진작부터 한일합병을 생각하고 있었다." 고무라는 만일 이토가 한일합병에 반대하면 그를 설득하기 위해 많은 자료를 준비해 갔다. 그런데 "의외로" 이토가 선선히 한일합병에 동의했던 것이다.

서도 일본은 아직 세력을 확고히 하지 못했고, 한국 정부나 국민도 일본을 전적으로 신뢰하는데 이르지 못하였다"는 내용이 있다. 한국인의 저항을 솔직히 인정하면서 제기된 것이 제1항이었다. 제1항은 한국병합의 단행이 "일본의 실력을 확립"하는 가장 확실한 방법이며, 또한 "일본제국 100년의 장구한 계획"이라고 단언하였다. 일본은 합병을 서두르는 것이 최선책이라고 여겼던 것이다. 이렇게 한일합병이 결정되고 구체적인 실행 시기만 남겨두었다.

1909년 10월 26일 한국 의병 참모중장 안중근安重根의 작전으로 이토 히로부미가 하얼빈 역에서 사살되었다. 일본은 이토의 피살을 계기로 한국의 식민지화 작업에 박차를 가하였다. 그런데 근대국가 한국의 멸망을 구미 열강이 쉽게 승인한다는 보장이 없었다. 가장 큰 문제는 러시아의 태도였다. 일본은 1910년 3월 각의에서 만주에 대한 협상을 러시아에 제안하기로 정하였다. 일본은 즉시 러시아와 협상을 시작하였다. 4월 러시아는 일본의 한국합병을 반대하지 않는다는 뜻을 전하였다. 영국과 동맹을 맺은 일본은 영국에 일러교섭 내용을 통지하였다. 영국은 특사를 보내 일영동맹을 근간으로 하는 영국의 방침에 변함이 없다는 뜻을 전하였다. 7월에 제2차 일러협약이 조인되었다. 불과 협상 3개월 만에 일러협약이 체결된 배경에는 미국의 만주 이권개입 시도가 있었다. 일본과 러시아는 만주에서의 권익을 공동으로 방어하는 것이 이익이라고 판단하였다. 러시아는 만주에서 이익을 지키기 위해서 일본의 한일합병에 끝까지 반대하지 못했던 것이다.

일본은 1910년 7월 육군대신 데라우치 마사다케寺内正毅[67]에게 제3

---

[67] 야마구치현山口県 출신. 일본 육군의 아버지라고 일컫는 오무라 마스지로大村益次郎의 추천으로 오사카 병학료兵学寮에 입학하였다. 1871년 소위로 임관하면서 장교 생활을 시작하였다. 1888년에 육군사관학교장, 1892년에 참모본부 제1국장으로 재직하면서 청일전쟁에 대비하였다. 1898에 초대 교육총감이 되어 군대 교육체계를 확립하였다. 1900년에 참모본부 차장, 1902년에 육군대신이 되어 러일전쟁을 수행하면서 남만주철도회사 설립을 주도하였다. 1910년에 한국통감이 되어 한일합

대 한국 통감을 겸임하게 하였다. 데라우치는 평소에 병합을 서둘러야 한다고 생각했고, 격화되는 한국인의 저항을 억압할 수 있는 군사력을 장악하고 있는 지휘관이었다. 그런 데라우치를 한국통감으로 임명한 것은 한일합병이 가까워졌음을 알리는 신호였다. 데라우치는 통감에 취임하자마자 경찰권을 장악하고 헌병 숫자를 대폭 늘렸다.

7월 8일 일본 각의에서 한일합병 후의 시정방침 13개조가 확정되었다. 중요한 내용은 다음과 같다. 첫째, 조선에서는 당분간 일본 헌법을 적용하지 않고 대권으로 통치한다. 둘째, 조선 총독은 천황에 직속해 조선에서의 일체의 정무를 통괄하는 권한을 가진다. 셋째, 조선 총독에게 대권의 위임으로 법률 사항에 관한 명령을 발휘할 수 있는 권한을 부여한다.

8월 22일 일본은 수십 척의 군함을 한국에 파견해 시위에 들어갔다. 그리고 일본군이 한국 왕궁을 포위한 가운데 한일합병조약 조인식이 있었다. 합병조약은 8월 29일 양국『관보』에 동시 공포되었다. "한국 황제폐하는 한국 전부에 관한 일체의 통치권을 완전히 또한 영구히 일본국 황제폐하에게 양여讓與한다." 조약이 조인되면서 국호를 한국에서 조선으로 변경하였다.

8월 29일부터 일본 신문들은 매일 호외를 발행하였다. 호외는 한일합병을 축하하는 연등행사가 있다고 알렸다. 연등행사는 8월 29일 밤에 시작되었다. 도쿄 시내는 빨간 연등으로 가득 찼다. 음악대가 행진곡을 불며 앞장섰고, 일본인들은 만세를 외치며 열광하였다. 그야말로 인산인해였다. 인파가 거리를 뒤덮어 전차가 움직일 수 없을 정도였다. 외무성으로 향하는 행렬도 있었고, 천황 궁전으로 향하는 행렬도 있었다. 연등 행렬은 날이 새도, 9월 1일 밤이 되어도 그칠 줄 몰랐다.

병을 강행하였다. 한일합병 후, 초대 조선총독이 되어 헌병과 경찰을 앞세운 무단통치를 시행하였다.

9월 1일은 일본 학교의 개학식이었다. 일본은 전국의 소학교에 한일합병에 관한 교육을 하도록 지시하였다. 일본인은 영토가 확대된 것을 기뻐하였다. 각 정당은 정파별로 합병 축하회를 개최하였다. 일본 각지에서 한일합병을 축하하는 행사가 열렸다. 신문과 잡지는 한국강점의 정당성을 역설하였다. 사회주의자들도 한국침략에 관해서만은 찬성의 뜻을 분명히 하였다.

8월 29일 한국 신문에도 조약 내용이 보도되었다. 조선통감부는 군대와 경찰을 총동원해 언론과 집회를 철저하게 통제하였다. 통감부는 심지어 일본 신문이 한국으로 수입되는 것도 금지하였다. 한성 시내는 공포분위기가 조성되었다. 공공연히 한일합병에 반대하는 한국인의 모습은 눈에 뜨이지 않았다. 당시 일본에서는 "오키나와는 장남, 타이완은 차남, 조선은 삼남"이라는 말이 유행하였다. 세 아들을 거느린 "어머니"는 일본이었다.

조선총독부는 법률에 대신해 명령을 내리고, 군대 통수권을 보유하고, 정무를 통할하는 권한을 가졌다. 조선총독은 천황이 친히 임명하는 친임관이었고, 육·해군 대장 중에서 임명되었다. 조선은 일본의 제국헌법이 시행되지 않는 지역이었다. 식민지에서만 통용되는 법으로 다스려졌다. 조선총독은 태형을 정식 법령으로 제정하였다. 태형은 일본에서는 이미 폐기된 지 오래인 봉건시대의 형벌이었다. 한국 황제는 조선 왕으로 격하되었다. 조선총독은 조선귀족령을 제정하였다. 조선의 황족과 한일합병에 힘쓴 한국인 '공신'들에게 작위와 은사금이 수여하기 위해서였다. 한국주차군은 조선주차군이 되었다. 조선주차군은 훗날 조선군으로 명칭을 변경하였다. 조선 상비사단이 창설되었고, 전략적인 요충지에 해군도 주둔하였다.

식민지 조선에는 헌병대장이 경관을 지휘하고 감독하는 헌병경찰제도가 도입되었다. 경관뿐만이 아니라 관리·교사까지 금빛 휘장이 달

용산에 위치한 조선군사령부

린 제복을 입고 칼을 차고 근무하였다. 조선인은 일본인 관리·교사가 허리에 찬 쇳소리 나는 칼을 두려워하였다. 한반도 전역에 1만 6,000여 개소의 헌병·경찰기관을 두고, 헌병과 조선인 헌병보조원 및 첩보원을 배치해 조선인을 감시하였다. 전국 어디서나 헌병·순사가 넘쳐났다. 그 살벌한 풍경은 일본의 식민지 통치에 적극 동조했던 법학자 스에히로 시게오末広重雄조차도 눈살을 찌푸리게 하였다. 모든 애국단체는 해산되었고 집회·결사·언론·출판의 자유가 박탈되었다. 무수한 한국인이 체포되어 살해되거나 투옥되었다.

□□□제7장

메이지 문화

[1] 교육과 학술

1. 교육

1) 교육의 국수화와 황민화 교육

    1880년에 공포한 개정교육령은 교육 국수화國粹化의 출발점이었다. 메이지 천황이 민권사상에 대해 우려를 표명하고, 천황의 시강侍講이었던 모토다 에이후元田永孚에게 『유학강요幼學綱要』를 편찬하게 하였다. 그것은 1882년에 초등교육 종사자에게 반포되었고, 충효와 인의를 교육의 지표로 삼았다. 1886년에는 문부대신 모리 아리노리森有礼

가 국가주의 교육을 목표로 해「소학교령」·「제국대학령」·「사범학교령」·「제학교령諸學校令」 등을 공포하였다. 학교령이 발표되면서 소학교·중학교·대학의 제도가 정비되었다. 그 결과, 국가주의 교육체제가 확립되었다. 특히 제국대학帝國大學은 관료양성소의 역할을 하게 되었다.

1890년에는 충군애국과 국민도덕을 기본으로 하는「교육칙어敎育勅語」[68]가 공포되었다. 교육칙어의 내용은 '충군애국忠君愛國'과 '진충보국盡忠報國'을 골자로 하였다. 그것은 국민 스스로가 선조 대대로 천황에게 충성을 다 바친 '충량忠良한 신민臣民'임을 자각하게 해 일단 유사시에 목숨을 바쳐서 천황과 천황제를 수호할 것을 강조하였다.

교육칙어가 발표되자 칙어봉재식勅語奉載式을 거행하고, 문부성은 도쿄대학 교수 이노우에 데쓰지로井上哲次郞가 주석한『조쿠고엔기勅語衍義』를 발행해「교육칙어」의 취지가 민중에게 철저하게 전달되도록 하였다.「교육칙어」는 이후 학교교육의 기본이 되었고 국민도덕의 규범이 되었다.

정부는「교육칙어」를 학생들에게 철저하게 주입시키는 황민화교육皇

---

[68] 이노우에 고와시井上毅가 입안하고, 천황의 시강인 모토다 에이후가 기초한 것이다. 유학의 정신을 기조로 하였다. 특히 충효와 인의를 기본 사상으로 하였다. 교육칙어 원문의 내용은 다음과 같다. "짐朕이 생각하노니, 아마테라스오미카미天照大神 이래 천황의 조상들이 일본을 건국해 덕정을 베풀었다. 내 신민들은 충효를 다하고, 모두 마음을 하나로 모아 대대로 미덕을 발휘하였다. 이것이 국체國體의 매우 뛰어난 점이니, 교육의 근원이 실로 여기에 있다. 너희 신민臣民들은 부모에게 효도하고, 형제간에 우의 있으며, 부부간에 돈독하고, 붕우 간에 신의 있으며, 공검恭儉하고, 박애博愛를 실천하며, 학업에 전념해 지능智能을 계발해 덕기德器를 성취할지라. 나아가 공익을 증진하고, 사회를 위해 일하고, 언제나 국헌國憲을 존중하고, 국법을 지켜 일단 유사시에는 의용을 천황에 바쳐서 천양무궁天壤無窮한 황운皇運을 부익扶翼할지라. 이것은 단지 짐의 충량한 신민일 뿐만 아니라, 너희 조상의 유풍을 현창顯彰하는 것이기도 하느니라. 이 길은 실로 우리 황조황종皇朝皇宗의 유훈이라. 자손도 신민도 함께 준수해야 마땅할지라. 이것은 고금을 통해 옳고, 내외에 펴서 틀리지 않느니라. 짐은 너희 신민들과 함께 잘 지켜서 그 덕을 함양할 것을 원하노라. 메이지明治 23년 10월 30일"

民化教育을 실시하였다. 전국의 모든 학교에 「교육칙어」의 등본이 하사되었다. 학교에서는 그것을 경축일의 의식으로 봉독奉讀하고, 매일 교육칙어에 예배하고, 정신교육의 근간으로 삼았다. 문부성은 1891년에 의식의 형식을 전국적으로 통일하였다. 교장에 의한 「교육칙어」 봉독이 의무화되었다.

학생들에게 충군애국 사상을 주입하는데 「교육칙어」와 함께 천황과 황후의 사진인 '어진영御眞影'이 효과적으로 이용되었다. 메이지 천황의 초상화 사진은 1882년에는 국립학교와 관립학교에 하사되었고, 1887년에는 공립학교에도 하사되었다. 1889년 12월에 정부는 도부현道府縣 지사를 경유해 고등소학교에 '어진영'을 하사하였다.[69]

의식을 거행하는 식순은 전국적으로 동일하였다. 식장의 좌석배치도 획일화되었다. 의식이 시작되면 먼저 '어진영'에 대해 최고의 경례를 하고, 이어서 "천황·황후 양폐하 만세"를 외쳤다. 그때 식장의 정면의 단상에 '다카미쿠라高御座'가 준비되고, 거기에 '어진영'이 안치되었다. 의식의 마지막에는 천황을 찬양하는 '기미가요君が代'가 제창되었다.

황민화교육이 강화되면서 교사들은 황국사관皇國史觀에서 벗어난 내용을 입에 올릴 수 없었다. 역사교사는 아마테라스오미카미天照大神의 자손인 진무神武가 일본의 초대 천황이 되었다는 신화를 사실로 가르치지 않으면 안 되었다. 과학 교사들조차 아마테라스오미카미의 손자가 하늘에서 땅으로 강림하였다는 이야기를 부정해서는 안 되었다.

학생들에게 황민화교육을 시키려면 교사가 모범을 보여야 하였다. 교육칙어를 비롯해 천황과 관련된 내용을 학생들에게 가르치려면 그만큼 교사의 인격도 고결하지 않으면 안 되었다. 소학교의 교사가 훈도訓

---

69) '어진영'은 교육칙어의 등본과 같이 전국적으로 일시에 하사하지 않았다. 우선 각 학교가 자발적으로 신청하면 정부가 "타의 모범이 되는 우등한 학교를 선별"해 순차적으로 하사하는 형식을 취하였다. 경쟁을 유발하기 위해서였다.

導라고 일컬어졌던 것이 상징하듯이, 가르치는 일은 성스러운 직업이라는 점 또한 강조되었다. 교사는 천황제 국가를 지탱하는 국민을 양성하기 위한 국가기구의 일원이라는 점에서 자부심을 갖고 있었다.

2) 교육의 보급

교육의 국수화와 함께 교육제도도 충실하게 보완되었다. 1894년에는 「고등학교령」에 의해 고등중학교를 고등학교로 개편하였다. 1886년 「사법학교령」에 의해 사범학교는 다시 고등사범학교와 심상사범학교尋常師範学校로 나뉘었다. 이때 고등사범학교[70]는 도쿄에만 두었고, 심상사범학교는 각 부현府縣에 두었다. 1897년 「사범교육령」으로 심상사범학교는 그냥 사범학교로 개칭하고, 여자고등사범을 독립시키는 등 제도적으로 확립하였다. 1902년에 히로시마고등사범廣島高等師範, 1908년에 나라여자고등사범奈良女子高等師範이 신설되었다.

1899년에는 「실업학교령」에 의해 농업·공업·상업의 실업학교를 설립하였다. 「고등여학교령」과 「사립학교령」도 공포하였다. 1903년에는 「전문학교령」을 공포해 의학·법학·어학 등의 각종 전문학교를 설치하였다. 1907년에는 의무교육과정인 심상소학교尋常小學校의 교육연한을 4년에서 6년으로 연장하였다. 1911년에는 소학교 아동의 취학률이 98퍼센트에 달하였다.

1886년의 「제국대학령」에 의해 도쿄대학의 의과·공과·문과·이과 등 각 분과대학과 대학원을 통합해 제국대학帝國大學을 설립하였다.

---

70) 사범학교는 오늘날의 교육대학에 해당하였다. 특히 고등사범학교는 일본 최고의 인재들이 진학해 장래 고등학교나 대학의 교원으로 양성되었던 특수 목적대학이었다. 일본 정부는 훗날 제2차 세계대전이 발발하면서 도쿄제국대학을 비롯한 전국의 대학생을 학도병으로 징집했지만, 고등사범학교 학생은 끝내 징집하지 않았다.

제국대학은 국가가 필요로 하는 학술연구·인재양성을 목적으로 하였다. 제국대학 졸업생은 고급관료, 금융·경제계의 지도자, 고급 기술자 등 각계의 지도층을 형성하였다. 1897년에는 교토제국대학京都帝國大學이 설립되면서, 제국대학은 도쿄제국대학東京帝國大學으로 명칭을 변경하였다. 이후 1907년부터 도후쿠東北·규슈九州·홋카이도北海道에도 제국대학이 설립되었다. 식민지 조선에도 경성제국대학이 설립되었다.

도쿄대학 대강당

1900년에 쓰다주쿠대학津田塾大学의 전신인 조시에이가쿠주쿠女子英學塾가 개교하였다. 이 학교는 일본 최초의 여자 유학생으로 1871년 미국으로 건너가 영어를 배운 쓰다 우메코津田梅子가 설립하였다. 조시에이가쿠주쿠는 소수의 인원을 대상으로 고도의 영어·영문학 교육을 특색으로 하는 여자 교육기관이었다. 1903년에는 나루세 진조成瀬仁藏가 본격적인 여자 고등교육기관인 니혼조시대학日本女子大學을 설립해 수많은 여성지도자를 양성하였다.

「소학교령」 공포와 동시에 교과서 검정제도가 실시되었다. 1903년에 소학교에서는 국정교과서가 사용되었다. 정치방침을 교육에 구체적으로 반영하기 위해서였다. 국정교과서는 국가가 학생들의 사상을 통제하기 위한 수단이었다. 국어에서는 일본신화에 등장하는 오쿠니

누시人國主 이야기, 국가주의를 주입하기 위한 야스쿠니신사靖国神社 이야기와 야마토타케루노미코토日本武尊의 이야기 등이 실려 있었다. 일본역사 과목도 원시시대 문화에 대한 기술은 거의 없었고, 그 대신에 일본신화에 대한 내용과 일본인들이 초대 천황이라고 믿고 있는 진무神武의 이야기가 첫 페이지를 장식하고 있었다. 도덕에 해당하는 수신修身 과목에서는 천황에 대한 충성이 강조되었고, 개인의 완성에 대한 내용은 결여되어 있었다. 중학교에서는 검정교과서가 채용되었다.

2. 학술

1) 인문과학

영국과 프랑스 계통의 철학 대신에 독일의 이상주의 철학이 발달하였다. 도쿄대학 교수인 이노우에 데쓰지로도 독일 유학파로 독일의 관념론 철학을 일본에 이식하려고 노력하였다. 그러나 교토대학京都大學 교수인 니시다 기타로西田幾太郎는 1911년에 『젠노켄큐善の研究』를 저술해 동서철학을 융합한 위에 순수 경험이라는 독자적인 체계를 확립하였다.

사학·인류학도 독일과 미국에서 영입한 외국인 교사의 지도에 힘입어 발달하였다. 사학에서는 초기의 문명사 대신에 독일의 실증주의 사학이 주류를 이루었다. 일본사 분야에서는 시게노 야스쓰구重野安繹와 구메 구니타케久米邦武가 도쿄대학 사료편찬소의 전신인 수사국修史局에 근무하면서 『다이니혼시료大日本史料』의 공간에 노력하였다. 구메 구니타게는 1891년에 「신도神道는 제천祭天의 고속古俗」이라는 논문을 발표해 면직되었다. 동양사 분야에서는 나카 미치요那珂通世[71])가 『지나통사支那通史』를 저술해 동양사의 아버지라고 일컫게 되었다. 그는 일본기년日本紀年의 오류를 밝혀내기도 하였다. 서양사 분야에서는 쓰보이 구메조坪井九馬三와 미쓰쿠리 겐파치箕作元八가 창시자가 되었다.

법학도 처음에는 서양인 교사들의 지도로 발달하였다. 법전이 편찬되면서 법학의 연구가 활발하게 진행되었다. 대륙법 계통에서는 우메 겐지로梅謙次郎와 도미이 마사아키富井政章, 영미법 계통에서는 호즈미 노부시게穗積陳重가 배출되었다.

경제학 분야에서는 다구치 우키치田口卯吉·후쿠자와 유키치福沢諭吉 등이 영국의 자유주의 경제학을 일본에 이식하였다. 오시마 사다마스大島貞益·후쿠다 도쿠조福田德三 등은 독일의 보호무역주의를 옹호하는 역사학파의 이론을 일본에 소개하였다. 사회문제가 발생하면서 독일식 강단사회학講壇社會學이 일어났다. 가나이 노부루金井延·구와타 구마조桑田熊蔵 등은 사회정책을 제창하였다. 마르크스주의도 소개되었다.

2) 자연과학

정부가 추진하는 부국강병·식산흥업의 목표를 달성하기 위해서는 자연과학의 발달은 불가결한 것이었다. 정부는 일찍부터 외국인 교사를 초빙해 선진국의 학문을 일본에 이식시키려고 노력하였다. 정부의

---

71) 게이오기주쿠慶応義塾를 졸업하고 1894년에 도쿄고등사범東京高等師範 교수가 되었다. 일본·한국·중국의 고대사를 비교 연구하였다. 그는 일본기년日本紀年을 검토해 「일본상고연대고日本上古年代考」라는 논문을 발표하였다. 그는 일본의 역사가 일본인이 초대 천황으로 알고 있는 진무神武에서 시작된다는 소위 진무기원神武紀元이 후세에 꾸며낸 것이라는 것을 논증하였다.

지원으로 연구기관도 설립되었다.

　근대적인 학문연구는 도쿄대학을 비롯한 관립학교를 중심으로 뿌리를 내렸다. 1890년대가 되자 외국인 학자의 지도를 받은 일본인 연구자들이 각 분야에서 자주적으로 학문을 연구할 수 있을 만큼 성장하였다. 각 분야별로 전문적인 학회가 결성되었고, 전문잡지도 간행되었다. 대학의 강의는 거의 외국어로 진행되던 시대도 있었으나 점차로 유학 생활을 마치고 귀국한 일본인 학자가 외국인 교사를 대신하였다. 일본인 학자가 성장하면서 독창적인 연구가 진행되기 시작하였다.

　의학 분야에서는 독일의 호프만과 벨츠, 네덜란드의 후르베크 등의 외국인 교사가 초빙되어 학생들을 지도하였다. 그 결과, 1890년에는 기타자토 시바사부로北里柴三郎가 파상풍의 혈청요법을 발견했고, 1892년에는 전염병연구소를 설립하였다. 그는 후에 기타자토연구소를 설립하였다. 에르리히에게 배운 시가 기요시志賀潔는 전염병연구소에서 연구하였다. 시가는 1897년에 적리균赤痢菌을 발견했고, 나아가 한센씨병 연구에도 세계적인 업적을 이룩하였다. 전염병연구소 출신으로, 1900년에 도미한 후 미국과 덴마크에서 연구했고, 1904년에 록펠러의학연구소에서 일한 경력이 있는 세균학자 노구치 히데요野口英世도 저명하였다. 그는 훗날 황열병黃熱病의 연구로 세계에 널리 알려지게 되었다. 또 일찍이 독일에 유학해 그곳의 고호연구소에서 면역학을 연구하고, 1910년에 매독의 화학요법제인 살발산을 발명했던 하타 사하치로秦佐八郎도 세계적인 학자로 성장하였다.

　생물학 분야에서는 모스Morse 등의 외국인 학자가 초빙되어 일본의 학생들을 가르쳤다. 모스에게 배운 후, 다시 독일로 유학해 와이즈만에게 배운 이시카와 지요마쓰石川千代松는 생식소生殖素를 연구해『동물학강의』,『진화신론』등을 저술하였다. 이시카와는 일본 동물학의 기초를 확립하였다. 마키노 도미타로牧野富太郞를 비롯한 식물연구자들은 새로운 종류의 식물을 발견하고 분류하는 업적을 세웠다.

물리학은 일찍이 영국과 독일에서 유학한 다나카 다테아이키쓰田中館愛橘에 의해 개척되었다. 그는 일본에서 중력·지자기·지진학을 개척하였다. 특히 일본 전토의 지자기측정을 완성하였다. 또 일본 현대 물리학의 원류로 일컬어지고 있는 나가오카 한타로長岡半太郞가 배출되었다. 그는 자기磁氣의 굴절 연구로 두각을 나타냈다. 1903년에 발표한 유핵원자모형이론有核原子模型理論이 특히 유명하였다.

화학 분야에서는 1884년에 미국으로 건너가서 연구를 했고, 1901년에 아드레날린의 추출에 성공한 다카미네 조키치高峰讓吉가 유명하였다. 1901년에 유럽으로 건너가서 단백질을 연구하고 귀국해 1907년에 도쿄대학 교수가 된 스즈키 우메타로鈴木梅太郞는 1910년에 비타민 B1의 일종인 오리사린의 추출에 성공해 비타민학설의 기초를 확립하였다. 그는 특히 응용화학 분야에서 업적이 많았다.

지진학과 천문학 분야에서도 일본인 학자의 업적이 두드러졌다. 지진학에서는 세키야 기요카게関谷清景와 그의 후계자인 오모리 후사키치大森房吉가 저명하였다. 천문학에서는 지축변동의 새로운 방식인 제트항 Z項을 발견한 기무라 히사시木村栄, 천문대 창설에 진력한 히라야마 신平山信이 있었다. 그리고 지질학 분야에서는 오가와 다쿠지小川琢治가 유명하였다. 그는 『수리지리학』 등의 저서를 남겼고, 일본열도의 구조에 관한 연구를 하였다.

수학 분야에서는 근대 수학의 개척자인 기쿠치 다이로쿠菊池大麓를 비롯해, 후지사와 리키타로藤沢利喜太郞, 다카기 테이지高木貞治 등이 유명하였다. 군사학 분야에서는 시모세下瀨 화약으로 널리 알려져 있는 시모세 마사치카下瀨雅允, 군함 설계의 권위자인 히라가 유즈루平賀讓 등이 유명하였다.

[2] 사상과 종교

1. 국수주의

극단적인 서구주의의 반동으로 사상계에서도 국수주의國粹主義가 대두하였다. 1887년에 교화단체인 니혼코도카이日本弘道會가 창립되었다. 니혼코도카이의 전신은 1876년에 니시무라 시게키西村茂樹가 설립한 슈신가쿠샤修身學社였다. 니시무라는 1873년에 메이로쿠샤明六社에 참가한 경험이 있는 지식인으로 일찍부터 일본 도덕의 진흥을 외쳤던 인물이었다. 그가 『니혼도토쿠론日本道德論』을 저술해 일본 고유의 도덕을 제창하기 시작하면서 니혼코도카이로 개칭하였다. 1890년에 발표한 니혼코도카이 요령要領에는 충효·경신敬神·황실존중 등의 덕목이 강조되었다. 니혼코도카이는 기관지『코도弘道』를 발행하며 교육칙어에 의한 국가주의적인 문교정책을 지지하였다. 1910년경에는 1만여 명의 회원을 거느렸다.

1888년에 국수주의적 문화단체인 세이쿄샤政敎社가 창립되었다. 이 단체의 동인은 미야케 세쓰레이三宅雪嶺·스기우라 주고杉浦重剛·시가 시게타카志賀重昻·이노우에 엔료井上円了 등이었다. 이들은 정부의 서구화 정책을 비판하는 입장에서 국수주의를 제창하며 여론을 선도하였다. 세이쿄샤는『니혼진日本人』이라는 잡지를 발행하였다. 세이쿄샤에서 한때『아세아亞細亞』라는 잡지를 발행하기도 하였다. 또 1889년에 발간된 신문『니혼日本』에서는 구가 가쓰난陸羯南·후쿠모토 니치난福本日南 등이 국가의 자주독립을 내세우며 일본주의를 주창하였다.

한편, 도쿠토미 소호德富蘇峰도 1887년에 민유사民友社를 창립하고 잡지『고쿠민노토모国民之友』와『고쿠민신분国民新聞』을 발행하였다. 그는 평민주의를 주창하면서 진보적인 의견을 개진하기도 하였다. 하지만 청일전쟁 후에는 국수주의 입장으로 돌아섰다. 그리고 『데이코쿠분가쿠帝国文学』를 창간하고, 1897년 하쿠분칸博文館에 입사해 잡지 『다이요太陽』의 주간으로 활동한 다카야마 조규高山樗牛도 일본주의를 외쳤다. 다카야마는 철학자 이노우에 데쓰지로와 함께 크리스트교를 공격하기도 하였다.

독일 관념철학자이며 도쿄대학 교수인 이노우에 데쓰지로는 1891년에 『조쿠고엔기勅語衍義』를 저술해 국민도덕을 강조하였다. 같은 해 제일고등중학교 교사였던 우치무라 간조內村鑑三가 크리스트교 신자의 양심에 따라 교육칙어에 대한 예배를 거부해 해직되는 불경사건不敬事件이 일어났다. 이 사건을 지켜본 이노우에 데쓰지로는 1893년에 「교육과 종교의 충돌」이라는 논문을 발표해 크리스트교가 일본의 국체國體에 부합하지 않는 종교라고 비판하였다. 그 영향으로 크리스트교를 비난하는 여론이 조성되었다.

2. 신도

1868년 에도 막부가 멸망하고 근대국가가 성립되었다. 메이지 정부는 명실상부한 왕정복고를 실현하기 위해 제정일치를 선언하였다. 진기칸神祇官을 설치하고 국학자国学者와 신도가神道家를 등용하였다. 왕정복고王政復古의 사상적 배경이 되었던 히라타 아쓰타네平田篤胤의 국수주의적 신도神道가 부각되었다. 신도가 중에서 오쿠니 다카마사大国隆正, 후쿠하 비세이福羽美静, 야노 겐도矢野玄道 등의 인물이 정부에 등용되었다. 이들은 모두 배타적인 복고신도를 신앙하는 인물들이었다.

메이지 정부는 신불분리神佛分離 정책을 추진하였다. 이 종교정책은 정부가 천황의 신권적 권위를 확립하기 위해 추진한 것이었다. 정부는 신분불리 정책을 추진하면서 천황의 신격화에 힘썼다. 천황의 생일인 천장절天長節이나 초대 천황으로 받들어지는 진무神武의 즉위일을 기념하기 위한 기원절紀元節이 일본의 가장 중요한 국경일로 정해졌다.

1868년 3월 정부는 「신불분리령」을 공포하였다. 이 법령은 불교를 배척하는 신관神官이 신도의 독립성을 강화하기 위한 목적으로 제정한 것이었다. 정부는 여러 신사神社에 소속된 승려를 환속시키고, 불상佛像을 예배의 대상으로 하지 말라고 명령하였다. 전국의 신사에 안치되어 있던 불상과 신사가 구비하고 있던 불구佛具를 모두 없애도록 하였다.

1869년 정부는 진기칸에 신도의 포교를 담당하는 선교사를 두었다. 1870년에는 대교선포大教宣布의 조칙을 내려서 신도의 포교를 선교사에게 명령하였다. 정부는 신도를 국교로 정하고, 불교를 신도에 종속시키고, 크리스트교를 배격하려고 하였다. 그러나 이러한 정책은 성과를 거두지는 못하였다. 특히 신도를 국교로 정하고 크리스트교를 배격하려던 정부의 정책은 서구 열강의 반대로 폐기되었다.

하지만 메이지 정부는 신사를 보호하였다. 전국의 신사를 관사官社와 제사諸社로 나누고, 관사는 다시 관폐사官弊社과 국폐사, 제사는 다시 부사府社 · 현사縣社 · 향사鄕社 · 촌사村社로 구분해 신사의 지위와 서열을 정하였다. 각 신사의 격식에 따라 신관의 직제도 정하였다. 관사의 경비는 국가가 부담했고, 제사의 각종 경비는 지방자치단체에서 지원하도록 하였다. 국민에게 신사에 지원하는 경비를 강제로 부과하였다.

3. 불교

 메이지 정부가「신불분리령」을 내리자 전국 각지에서 주로 신관들이 선동해 사원·불상·불경 등을 불태우고 파기하는 폭거가 일어났다. 민중은 무가정권 시대를 통해 권력의 보호를 받으면서 특권적 지위를 누렸던 승려에 대한 반감과 봉건적 폐단을 타파하는 풍조에 휩쓸려서 불교를 배척하는 폭거에 가담하였다. 이것을 폐불훼석廢佛毀釋이라고 하였다.

 폐불훼석 사건을 계기로 불교계가 각성하였다. 정토진종淨土眞宗의 승려였던 시마지 모쿠라이島地黙雷를 비롯한 승려들이 호법운동을 전개하였다. 승려들은 불교를 신도에 종속시키려는 정부의 대교원大敎院[72] 제도에 반대하였다.「대교원분리건백大敎院分離建白」을 교부성敎部省에 제출하고, 1875년에는 정토진종의 4개파가 대교원에서 이탈하였다.

 불교가 대교원에서 분리되면서 호법운동護法運動이 전국적으로 확산되었다. 호법운동은 크리스트교를 비판하면서 전개되었다. 불교 지도자들은 크리스트교가 사교邪敎라는 점을 신도들에게 알리는 운동을 조직적으로 전개하였다. 1887년경 국수주의가 힘을 얻자, 야마오카 뎃슈山岡鉄舟·도리오 고야타鳥尾小彌太가 대일본국교대도사大日本國敎大道社를 세우고, 오우치 세이란大內靑巒이 존황봉불대동단尊皇奉佛大同團을 결성해 크리스트교를 공격하였다. 불교계는 크리스트교 배격운동을 전개하면서 불교야말로 충군애국忠君愛國을 실천하는 종교라는 점을 부각시키려고 노력하였다. 승려와 불교신자들의 호법운동으로 불교가 다시 종교의 중심으로 부활하였다.

---

[72] 메이지 초기 대교선포운동의 중앙기관이었다. 1872년 9월에 개설되었다. 대교원에서는 일본 천황의 조상신으로 받드는 아마테라스오미카미天照大神에 제사하고, 신관과 승려가 모여서 신도의 교리를 연구하였다. 크리스트교를 탄압하는 것도 대교원의 일이었다. 지방에는 중교원中敎院 소교원小敎院을 두었다.

하라 탄산原坦山·이노우에 엔료井上円了·난조 분유南条文雄 등은 불교의 철학적 연구를 심화시켰다. 조동종曹洞宗의 승려이면서 도쿄대학에 처음으로 인도철학 강좌를 개설한 불교학자 하라 탄산은 『신세이짓켄로쿠心性実験録』를 비롯한 많은 불교 관련 저술을 남겼다. 동양문명은 불교 속에 있다고 주장했고, 교육칙어 보급과 미신타파에 앞장서기도 했던 이노우에 엔료는 국수주의의 입장에서 크리스트교를 비판하였다. 승려이면서 범어학자였고, 또 교육자이기도 했던 난조 분유는 불경 연구에서 선구적 업적을 남겼다.

4. 크리스트교

메이지 정부가 수립된 후에도 크리스트교는 여전히 금지되었다. 정부가 수립된 직후인 1868년 3월 정부가 일반 민중에게 제시한 5개항의 방침이라고 할 수 있는 「5방의 게시」에도 크리스트교는 사교邪教라고 명기되어 있었다. 에도 시대 말기에 우라가미무라浦上村(지금의 나가사키시長崎市)에서 비밀리에 종교 활동을 하던 크리스천을 막부가 체포해 구금한 사건이 있었다. 이 사건을 우라가미쿠즈레浦上崩れ라고 하였다.

메이지 정부는 에도 막부로부터 우라가미쿠즈레 사건으로 체포되어 구금된 크리스천을 인계하였다. 정부는 1871년까지 크리스천 3,400여 명을 34개 번藩에 분산시켜서 감시하면서, 크리스천들에게 신앙을 버리라고 강요하였다. 이 사실이 외국에 알려지자 일본과 외교관계를 맺고 있는 서구 열강이 이의를 제기하였다. 그러자 메이지 정부는 구금한 크리스천들을 고향으로 돌아가게 하였다. 1873년 정부는 「5방의 게시」에서 크리스트교 금지 조항을 삭제하였다.

크리스트교 금지가 해제되자 구교인 천주교와 신교인 기독교 선교사들이 앞을 다투어 일본으로 건너와서 포교활동을 전개하였다. 특히 삿포로농학교札幌農學校・구마모토양학교熊本洋學校 등에서 외국인 교사의 영향을 받은 청년들이 기독교 신자가 되는 경우가 많았다. 구마모토양학교에서 공부한 에비나 단조海老名彈正・고자키 히로미치小崎弘道 등이 크리스트교에 귀의하였다. 그들은 훗날 일본 기독교 지도자가 되었다. 삿포로농학교 출신인 우치무라 간조는 훗날 무교회 신앙을 열었다.

훗날 일본 크리스트교 교회의 대표적인 목사가 되었던 우에무라 마사히사植村正久도 요코하마橫浜에서 신자가 되기를 서약하였다. 우에무라는 1887년 이치반초교회一番町敎會를 세웠다. 그는 평생을 목사로 봉직하면서 합리적 자유주의 신학과 일본주의 크리스트교의 대두에 대해 정통파 복음주의 신앙 확립을 위해 노력하였다.

크리스트교도는 계몽사상가・자유민권운동가 등과 함께 일부다처제 관습에 반대하고, 공창제도의 폐지를 주장하는 등 풍속교정 운동에 힘을 기울였다. 남성의 방종을 용인하는 봉건적 관습은 좀처럼 소멸되지 않았으나 일부다처제가 도덕적으로 부정되었던 데에는 크리스트교의 영향이 컸다.

[3] 문학과 예술

1. 문학

1) 메이지 초기의 문학

메이지 초기에는 에도 시대 이래의 통속 오락 소설인 요미혼読本・기뵤시黃表紙・샤레본洒落本・닌조본人情本 등 게사쿠戲作[73]가 여전히 민중에게 읽을거리를 제공하였다. 에도 시대 말기의 경향에 새로운 시대의 맛을 가미한 것으로 가나가키 로분仮名垣魯文의 『세이요도추히자쿠리게西洋道中膝栗毛』・『아구라나베安愚樂鍋』・『규리즈카이胡瓜遣』 등이 유명하였다. 문명개화 시기의 새로운 풍속을 묘사한 작품도 많이 읽혀졌다. 문학작품이 신문에 게재되고 책자로 간행되었다.

자유민권운동이 일어나자 프랑스 혁명을 주제로 한 정치소설이 일시 유행하였다. 최초로 등장한 정치소설은 1880년에 간행된 도다 킨도戶田欽堂의 『조카이하란情海波瀾』이었다. 이어서 게이오기주쿠慶応義塾 졸업생 야노 류케이矢野龍溪가 1883년과 84년에 걸쳐서 자유민권파의 정치소설 『게이코쿠비단經國美談』을 간행해 선풍적인 인기를 끌었다. 미국 유학파이며 정치가이기도 했던 도카이 산시東海散士는 『가진노키구佳人之奇遇』라는 정치소설을 발표해 호평을 얻었다. 평론가로 『조야신분朝野新聞』의 주필을 지내기도 했던 스에히로 뎃초末広鉄腸는 1886년에 『셋추바이雪中梅』, 1887년에 『가칸오花間鶯』 등의 정치소설을 발표

[73) 에도 시대 중기 이후, 세상・인정 등을 중심으로 한 문학을 총칭한다. 그 의미는 지식인이라고 자인하는 무사와 유자儒者 들이 수준이 낮고 비천한 것이라고 생각하는 작품, 즉 조닌町人의 세상・풍속을 소재로 한 작품을 집필했을 때 자기 작품을 겸손하게 일컫는 말이었다. 소설도 이 장르에 포함되었다.

해 정치열을 고양시켰다.

  1881년 국회개설 조칙이 발표되고 1890년에 국회가 개설되기까지 약 10년간이 정치소설의 전성기였다. 이 시기에 국회개설을 요구하는 자유민권운동이 격렬하게 전개되었다. 이때 등장한 정치소설은 정치를 풍자하고 서구 여러 나라 정치의 실상을 일본인에게 소개해 자유민권 의식을 고취하려는 목적이 있었다. 그러나 정치소설은 문학의 새로운 주류를 생성하는 힘이 없었다. 낡은 권선징악 문학관을 근본으로 하고 있었고, 또 국회개설 후 민권운동가들이 국가주의 방향으로 전향하면서 정치소설도 점차로 대외팽창의 꿈을 그리는 방향으로 선회하였다.

2) 사실주의

  1880년대에는 자연과 인생을 관찰자적 시점에서 있는 그대로 표현하려는 사실주의가 발흥하였다. 사실주의는 근대문학의 출발점이 되었다. 1885년 와세다대학早稻田大學 교수이며 소설가였던 쓰보우치 쇼요坪內逍遙가 『쇼세쓰신즈이小說神髓』를 저술하였다. 그는 이 책에서 종래의 권선징악적인 문학관을 부정하고 문학은 인생을 묘사하는 것이라는 사실주의를 제창하였다. 쓰보우치는 1886년에 소설 『도세쇼세이카타기當世書生氣質』를 발표해 메이지 시대 문단 혁신의 선구가 되었다.

  당시에는 서양문학의 영향으로 언문일치 문장이 보급되면서 인간 감정이 섬세하게 묘사되었다. 쓰보우치 쇼요의 제자 후타바테이 시메이二葉亭四迷는 언문일치 기법을 소설에 도입하였다. 그는 소설 『우키구모浮雲』에서 봉건사상과 근대사상의 틈바구니에서 고뇌하는 인간을 묘사해 사실주의 문학의 선구가 되었다. 후타바테이는 러시아 문학의 영향을 받았다.

　오자키 고요尾崎紅葉와 야마다 비묘山田美妙 등은 사실적인 소설을 세상에 선보였다. 오자키는 후타바테이 시메이의 작품을 계승해 에도 시대 소설의 취향을 가미한 『곤지키야샤金色夜叉』를 발표하였다. 이 소설은 1897년 1월부터 신문에 연재되면서 독자들의 호응을 얻었다. 수재로 소문난 주인공 하자마 간이치間貫一와 미야라는 소녀와의 관계를 묘사한 것이었다. 미야는 간이치를 사랑하면서도 돈이 많은 남자와 결혼하였다. 인간다운 생활보다도 재력을 택했던 것이다. 경제력이 인간을 지배하기 시작한 메이지 시대의 비극이었다. 『곤지키야샤』는 한국에서 『장한몽』이나 『이수일과 심순애』로 번안되어 유행하기도 하였다.

　오자키는 1885년에 이시바시 시안石橋思案·이와야 사자나미巖谷小波, 그리고 구어체 소설을 제창한 야마다 비묘 등과 함께 겐유샤硯友社를 결성하고, 기관지 『가라쿠타문고我楽多文庫』를 발행하면서 활동하였다. 그러나 사실주의의 객관적 태도는 가와카미 비잔川上眉山·히로쓰 류로広津柳浪와 같은 심각하고 비참한 묘사로 이어지기도 하였다. 사실주의는 점차로 한계에 직면하였다.

　시가나 하이쿠俳句 분야에서도 새로운 움직임이 나타났다. 시단에서는 1882년에 도야마 마사카즈外山正一·야타베 료키치矢田部良吉 등이 『신타이시쇼新体詩抄』를 저술해 소위 신체시운동을 전개하였다. 가단歌壇에서는 오치아이 나오부미落合直文가 단가短歌의 혁신을 제창하였다. 그는 1893년에 아사카샤浅香社를 창립했고, 마사오카 시키正岡子規는 에도 시대 중기의 하이진俳人이었던 요사 부손与謝蕪村을 모범으로 한 '사생의 존중'을 제창해 하이쿠 분야에서 새로운 경지를 개척하였다.

3) 낭만주의

　1890년대에 사실주의가 한계에 직면하였다. 이에 대한 반동과 청일전쟁을 거치면서 일본의 국력이 비약하는 분위기에 편승해 일어난 것이 이상주의 또는 낭만주의였다. 낭만주의는 특히 시단에서 꽃을 피웠다. 낭만주의는 주관적이고 정서적이며 또 공상적인 경향이 있었다.

　소설 분야에서는 독일 유학에서 돌아온 모리 오가이森鷗外가 번역한 『숏쿄시진即興詩人』과 그의 창작인 『마이히메舞姬』가 낭만주의의 선구적인 작품이었다. 고다 로한幸田露伴이 독자적인 작풍을 선보인 소설 『고주토五重塔』도 낭만주의를 대표하는 작품이었다. 『고주토』는 동양적 사상을 기초로 하면서 인생의 이상을 추구한 소설이었다.

　시단에서는 문예잡지 『분가쿠카이文学界』의 동인 시마자키 도손島崎藤村이 1897년에 『와카나슈若菜集』에서 청년의 열정을 노래하였다. 쓰치이 반스이土井晩翠는 『덴치우조天地有情』, 모리 오가이는 번역 시집 『오모카게於母影』, 스스키다 규킨薄田泣堇은 환상적인 시집 『하쿠요큐白羊宮』, 우에다 빈上田敏은 번역 시집 『가이초온海潮音』 등을 각각 발표하면서 낭만주의 풍조를 이어갔다.

　가단에서는 1900년에 요사노 뎃칸与謝野鉄幹・요사노 아키코与謝野晶子 부부가 잡지 『묘조明星』를 발행하였다. 뎃칸은 웅장한 가풍을 지니고 있었고, 아키코는 가집 『미다레가미みだれ髪』에서 여성 관능의 해방을 노래하였다. 『묘조』의 동인으로 다카무라 고타로高村光太郎・이시카와 다쿠보쿠石川啄木[74]・요시이 이사무吉井勇・기타하라 하쿠슈北原白秋

---

74) 이와테현岩手県 출신으로 모리오카중학盛岡中學을 중퇴하였다. 처음에는 묘조파의 낭만주의 시인으로 출발하였다. 가정이 빈곤해 고향에서 소학교 임시교사로 근무하기도 했고, 홋카이도로 건너가서 지방의 신문기자로 전전하기도 하였다. 1908년에 작가를 지망해 상경하였으나 빈곤한 생활을 면할 수 없었다. 그 사이에 대역사건大逆事件의 진상을 알게 되면서 고토쿠 슈스이幸徳秋水의 무정부주의 사상을 접하였다. 1912년에 27세의 나이로 요절하였다.

등이 있었다. 그들은 함께 활동하며 새로운 가풍을 개척하였다. 그들을 묘조파明星派라고 한다.

마사오카 시키가 조직한 네기시단가회根岸短歌会에서 아라라기파アララギ派가 형성되었다. 1899년에 마사오카 시키가 『우타요미니아타에루쇼歌よみに与ふる書』를 발표해 단가短歌의 혁신을 제창하였다. 마사오카는 『만요슈万葉集』를 모범으로 하는 사실묘사의 중요성을 강조하였다. 마사오카 시키의 사후에는 그의 문하생 이토 사치오伊藤左千夫・나가쓰카 다카시長塚節・시마기 아카히코島木赤彦・사이토 모키치斎藤茂吉 등이 1903년에 『아시비馬酔木』를 발행해 가단의 주류를 점하였다. 또 사사키 노부쓰나佐々木信綱를 중심으로 하는 지쿠하쿠회竹柏会는 기관지 『고코로노하나心の花』를 중심으로 고코로노하나파를 형성해 보수적인 낭만주의를 계승하려고 노력하였다.

근대 하이쿠의 기초 또한 마사오카 시키에 의해 수립되었다. 하이쿠의 세계에서는 마사오카 시키의 시풍을 잇는 문하인으로 다카하마 교시高浜虛子를 비롯해 가와히가시 헤키고도河東碧梧桐・나이토 메이세쓰内藤鳴雪 등이 기관지 『호토토기스不如歸』를 발간하면서 활동하였다. 그들은 호토토기스파라고 일컬어졌다. 다카하마 교시는 사물을 주관적으로 바라보았다. 하지만 가와히가시 헤키고도는 사물을 객관적으로 바라보았다. 가와히가시는 오기와라 세이센스이荻原井泉水 등과 함께 니혼파日本派라고 일컬어졌다.

소설 분야에서는 『규니쿠토바레이쇼牛肉と馬鈴薯』라는 작품을 쓴 구니키다 돗포国木田独歩, 『데리하쿄겐照葉狂言』・『고야히지리高野聖』・『온나케이즈婦系図』와 같은 작품을 쓴 이즈미 교카泉鏡花 등이 낭만주의를 구가하였다. 또 불우한 여성들의 삶을 조명한 『니고리에にごりえ』・『다케쿠라베たけくらべ』 등의 정서적인 작품을 쓴 히구치 이치요樋口一葉도 유명하였다.

4) 자연주의

 낭만주의의 뒤를 이어서 자연주의가 유행하였다. 자연주의는 프랑스의 에밀 졸라와 모파상의 영향을 받았다. 사실주의가 사실을 있는 그대로 묘사한 것이라면, 자연주의는 인간과 사회를 분석해 그 속에 내재된 진실에 접근하려는 것이었다. 자연주의는 자본주의 사회의 현실을 반영하면서 발달했지만, 당시 일본의 시민사회는 아직 충분히 성숙하지 못한 단계였다. 그래서 자연주의는 점차로 자기의 체험이나 심경을 묘사하는 소설이 되었다. 그들의 체험 묘사는 가족제도 아래서의 인륜, 도쿄의 가난한 생활에 한정되어 있는 경우가 많은 것이 결점이었다. 그래서 자연주의는 사실주의의 연장인 것처럼 보이는 경향이 있었다.
 구니키다 돗포의 『무사시노武蔵野』나 고스기 텐가이小杉天外의 『하야리우타はやり唄』가 선구적인 작품이었다. 자연주의는 낭만주의에서 전환한 시마자키 도손의 『하카이破戒』, 다야마 가타이田山花袋의 『후돈蒲団』 등의 작품에 의해 확립되었다. 그 후 다야마 가타이의 『이나카쿄시田舍教師』·『잇페이소쓰一兵卒』·『쓰마妻』, 도쿠다 슈세이德田秋声의 『아라조타이新所帯』·『가비黴』·『타다레爛』, 나가쓰카 다카시의 『쓰치土』, 마사무네 하쿠초正宗白鳥의 『도코헤何処へ』 등의 작품이 발표되었다. 한편으로 도쿠토미 로카德富蘆花의 『구로시오黒潮』, 기노시타 나오에木下尚江의 『히노하시라火の柱』·『료진노지하쿠良人の自白』 등의 사회소설이나 도쿠토미 로카의 『호토토기스』, 기쿠치 유호菊池幽芳의 『오노가쓰미己が罪』 등의 가정소설도 등장하였다. 그리고 나가이 가후永井荷風는 『스미다가와すみだ川』·『아메리카모노가타리アメリカ物語』 등의 작품에서 풍부한 시정과 관능을 묘사해 새로운 바람을 일으켰다. 다니자키 준이치로谷崎潤一郎도 자연주의에 만족하지 않고 향락적이고 탐미적인 작품을 발표하였다.

시가 분야에서 자연주의적 경향을 지닌 인물로는 오노에 사이슈尾上柴舟와 그 문하인 와카야마 보쿠스이若山牧水, 그리고 마에다 유구레前田夕暮·가네코 쿤엔金子薫園 등이 있었다. 그들은 자연을 관조하면서 독자적인 작품을 발표하였다. 이시카와 다쿠보쿠도『가나시키간구悲しき玩具』·『히토니기리노스나一握の砂』를 비롯한 작품을 발표해 삶의 혹독함을 노래하였다. 고다마 카가이児玉花外는『사회주의시집』을 편찬하였다. 또 낭만주의에서 전환한 소마 교후相馬御風·미키 로후三木露風 등도 시의 혁신을 외쳤다. 한편,「빵노카이パンの会」의 일원인 간바라 아리아케蒲原有明·기타하라 하쿠슈北原白秋·다카무라 고타로高村光太郎·기노시타 모쿠타로木下杢太郎 등이 발표한 상징시象徵詩도 등장하였다. 그들은 기관지『스바루スバル』·『오쿠조테이엔屋上庭園』을 통해서 활동하였다.

5) 모리 오가이와 나쓰메 소세키

문단의 주류에서 어느 정도 벗어나서 독자적인 경지를 개척한 인물은 모리 오가이森鴎外와 나쓰메 소세키夏目漱石였다.

모리 오가이는 독일에서 유학하면서 일본의 예술을 재발견한 인물이었다. 도쿄대학 의학부를 졸업한 모리는 군의관으로 근무하면서도 서양문학을 번역해 소개했고, 낭만주의 작품인『마이히메』를 비롯한 다양한 단편소설을 써서 일약 문단의 거장이 되었다. 그는 문학평론지『시가라미소시しがらみ草紙』, 그리고 그 후신인『메자마시쿠사めざまし草』에 번역 작품과 평론을 발표해 일본문학 발전에 기여하였다. 한때 쓰보우치 쇼요와 몰이상 논쟁을 전개하기도 하였다. 러일전쟁 후에는 깊은 관조를 거친 지적·객관적 작풍을 선보였다.『세이넨青年』·『간

雁』등의 작품이 그것인데, 자연주의가 유행하던 시기에 독자적이고 자유자재한 경지에 도달하였다. 만년에는『아베이치조쿠阿部一族』를 비롯한 역사소설을 쓰기도 하였다.

나쓰메 소세키도 반자연주의로 문단에 새로운 바람을 불러일으킨 인물이었다. 그는 도쿄대학 영문과를 졸업하고 교편을 잡다가 영국에서 유학생활을 하였다. 1905년에는『호토토기스』에『고하이와네코데아루吾輩は猫である』를 발표하며 일약 문단의 중심인물로 떠올랐다. 이어서 세속적인 경향을 비판한 소설『봇창坊っちゃん』을 발표해 명성을 얻었다.

풍부한 서구적 교양을 몸에 익힌 나쓰메 소세키는 영문학에서 배운 간결하고 분석적인 방법으로 민중의 일상생활을 치밀하게 묘사하였다. 그는 서양의 근대적 정신과 일본의 문학적 전통을 기반으로 독창적인 문학을 탄생시켰다. 그는 고답적이고 관조적으로 인생을 조망하는 입장에서 작품활동을 했지만,『산시로三四郎』·『소레카라それから』·『카도門』의 삼부작에서는 인간의 심리를 치밀하게 묘사하였다.『미치쿠사道草』·『고코로こころ』등의 작품에서는 자아를 예리하게 분석해 근대적 교양인의 내면에 숨어있는 이기주의를 세밀하게 그려냈다. 그의 작품들은 일본소설의 수준을 한 단계 향상시켰다는 평가는 받고 있다. 그리고 만년의 작품인『메이안明暗』에서는 자아를 넘어서 운명에 순응하는 윤리를 추구하였다. 그래서 그를 여유파라고 일컫기도 한다.

2. 예술

1) 미술

 메이지 정부가 성립되면서 실용주의와 공리주의 사상을 중시하는 분위기가 팽배하였다. 그래서 메이지 초기에는 예술이 그다지 주목을 받지 못하였다. 특히 문명개화의 바람을 타고 옛 것을 부정하고 파괴하는 것이 유행하였다. 이런 분위기 속에서 일본인들은 전통적인 미술의 가치를 거의 망각하고 있었다.
 그러나 서양풍의 미술은 존중되었다. 훗날 도쿄대학 공학부의 전신이기도 한 공부성工部省 산하의 공부대학교工部大學校에 미술과가 설치되고, 이탈리아의 화가 폰타네지A. Fontanesi, 그리고 역시 이탈리아의 조각가 라게자V. Raguza가 초빙되었다. 그들 외국인 예술가들은 일본 근대 미술의 개화에 큰 영향을 미쳤다. 에도 시대 말기에 막부가 설립한 양학연구기관인 반쇼시라베쇼蕃書調所에서 서양화를 배운 다카하시 유이치高橋由一는 메이지 초기를 대표하는 서양화가로 성장하였다.
 오카쿠라 덴신岡倉天心은 일찍부터 일본 미술의 가치를 인식하고 있던 인물이었다. 그는 일본의 미술에 매료된 미국인 선교사 페노로사 Fenollosa에게 미술을 감상하고 평론하는 방법을 배웠다. 문부성文部省 관리가 된 오카쿠라 덴신은 페노로사와 협력하면서 일본 미술의 부흥에 힘을 쏟았다.
 1887년에 도쿄미술학교東京美術學校가 설립되었다. 학교에는 회화·조각·미술공예 등의 3과가 설치되었다. 도쿄미술학교가 설립되면서 미술계가 이윽고 활기를 띠게 되었다. 일본의 전통적인 어용화가 계열인 가노 호가이狩野芳崖와 하시모토 가호橋本雅邦가 교수로 취임하였다. 가노와 하시모토는 새로운 기법을 개발하면서 일본 미술 운동의 쌍벽을 이루었다.

1890년 오카쿠라 덴신이 도쿄미술학교 교장으로 취임하였다. 오카쿠라 덴신과 교수들의 지도로 요코야마 다이칸橫山大觀・히시다 슌소菱田春草・시모무라 간잔下村觀山 등이 배출되었다. 요코야마는 교토시미술공예학교 교사를 거쳐 1896년 도쿄미술학교 교수로 임용되어 후진을 양성하였다. 히시다는 오카쿠라 덴신과 함께 활동하면서 전통적인 일본화의 혁신에 힘썼다. 시모무라 역시 오카쿠라 덴신과 함께 활동하면서 일본화의 근대화에 진력하였다.

오카쿠라 덴신은 1897년에 일어난 도쿄미술학교 소동으로 교장을 사임하였다. 이때 오카쿠라를 지지하는 교수들이 함께 사직하였다. 1898년 오카쿠라는 하시모토 가호・요코야마 다이칸・히시다 슌소 등과 함께 일본미술원日本美術院을 설립하였다. 그때부터 일본미술원에서 개최하는 전람회를 원전院展이라고 하였다. 한편, 1907년부터 문부성이 미술전을 개최하였다. 문부성이 직접 미술을 통제하고 진흥하기 위해서였다. 그 후 문부성이 개최하는 전람회는 문전文展이라고 불렸다.

오카쿠라 덴신은 스승인 페노로사와 함께 미국으로 건너가 활동하였다. 오카쿠라는 1904년부터 1913년까지 보스톤미술관 동양부장을 겸임하였다. 그는 1903년에『동양의 이상東洋の理想』, 1904년에『일본의 자각日本の目覺め』, 1906년에『차의 책茶の本』(The Book of Tea) 등을 간행하였다. 오카쿠라는 동양의 정신과 일본 문화를 해외에 소개하는 데 앞장섰다.

서부 일본 지역 화단도 발전하였다. 1880년에 교토부화학교京都府畵學校가 창립되었다. 교토에서는 에도 막부 후기 시조파四條派의 전통을 계승하면서 서양화의 기법을 도입한 다케우치 세이호竹內栖鳳와 그 문하생 하시모토 간세쓰橋本關雪・쓰치다 바쿠센土田麦僊 등이 활약하였다. 그리고 에도 시대 중기 이래 사생을 기조로 하는 일본화의 일파인 마루야마파円山派에서 가와바타 교쿠쇼川端玉章 야마모토 슌쿄山元春挙 등이 배출되었다. 특히 가와바타 교쿠쇼는 1909년에 가와바타양학교川端洋學校를 설립해 문하생을 양성하였다.

2) 음악

메이지 시대 초기부터 일본의 전통 음악보다 서양 음악이 널리 연주되기 시작하였다. 처음으로 서양 음악을 배운 것은 궁내성宮內省의 아악부雅樂部 단원들과 군악대 대원들이었다.

학교교육이 실시되면서 문부성은 소학교 교육에 서양의 가요를 모방한 창가唱歌를 도입하였다. 학교에서 창가와 동요를 가르쳤다. 청일전쟁을 거치면서 유행하기 시작한 군가가 창가 보급에 크게 기여하였다.

1887년에 도쿄음악학교東京音樂學校가 설립되면서 전문적인 음악교육이 실시되었다. 1890년 도쿄음악학교 초대 교장에 이자와 슈지伊沢修二가 취임하였다. 미국에서 유학한 경험이 있는 이자와는 문부성 관리로 근무하면서『소학창가집小學唱歌集』을 편찬하는 등 서양음악을 일본 학교에 보급하는 데 힘썼던 인물이었다. 도쿄음악학교에서 미우라 다마키三浦環가 배출되었다. 미우라는 모교의 교수로 재직하면서 일본 최초로 국제 무대에서 가수로 활동했던 인물이었다.

학교에서 창가와 동요가 널리 불려졌다. 청일전쟁과 러일전쟁을 거치면서 유행하기 시작한 군가도 음악 보급에 크게 기여하였다. 당시 일본인이 활동사진이라고 했던 영화와 축음기가 수입되면서 음악의 보급이 더욱 촉진되었다. 1909년에는 히비야음악당日比谷音樂堂이 세워졌고, 1910년에는 도쿄필하모닉이 조직되었다. 서양 음악 정기연주회가 개최되었다. 작곡가로 다키 렌타로滝廉太郎·야마다 고사쿠山田耕筰 등이 활약하였다.

3) 연극

연극 분야에서는 개화주의자들이 연극개량회演劇改良會를 설립해 서양의 연극을 도입하려고 노력했지만 만족할만한 결실을 맺지 못하였다. 그러나 가부키歌舞伎는 국수주의가 발흥하면서 더욱 발전하였다. 에도 시대 말기부터 활약하던 가와타케 모쿠아미河竹黙阿弥가 잔기리모노散切物·가쓰레키모노活歴物 등의 작품을 발표하였다. 1889년에는 도쿄에 가부키자歌舞伎座가 설립되었다. 9대 이치카와 단주로市川團十郎·5대 오노에 기쿠고로尾上菊五郎·초대 이치카와 사단지市川左團次 등의 명배우가 출현하면서 가부키 전성기를 구가하였다.

가와카미 오토지로川上音二郎가 소시시바이壯士芝居라는 연극을 선보였다. 쇼세이시바이書生芝居라고도 하는 소시시바이는 주로 정치소설을 극화해 무대에 올렸다. 소시시바이는 신파新派라고 일컬어졌다. 가와카미에 이어서 이이 요호伊井蓉峰가 출현해 신파극新派劇을 확립하였다. 러일전쟁 때는 전쟁극을 상연했고, 그 후에는 『곤지키야샤金色夜叉』·『호토토기스不如帰』와 같은 가정극을 상연하였다. 신파극은 러일전쟁 후에 전성기를 구가하였다.

1906년 유럽에서 귀국한 시마무라 호게쓰島村抱月의 제안으로 문학·미술·연극 등의 개선과 보급을 목적으로 문예협회文藝協會가 설립되었다. 1909년에는 문예협회의 부속기관으로 연극연구소가 개설되었다. 문예협회는 1911년에 조직을 정비해 순수한 연극단체로 재출발하였다. 쓰보우치 쇼요가 회장으로 취임해 배우 양성에 힘썼다.

문단에서 자연주의가 유행하면서 신극新劇이라고 하는 서양 연극이 뿌리를 내렸다. 자유극장自由劇場이라는 극단이 신극 운동의 선구가 되었다. 자유극장은 유럽에서 유학하고 돌아온 가부키 배우 2대 이치카와 사단지와 극작가 오사나이 가오루小山內薰가 창립하였다. 자유극장은 1909년 11월 일본에서 처음으로 서양 연극을 상연하였다. 그 후 자유극장은「햄릿」·「인형의 집」등을 무대에 올려 신극 발전에 공헌하였다.

제8장

제1차 세계대전과 일본제국

[1] 일본제국주의의 대륙침략 강화

1. 조선총독부와 식민지 조선

한국을 식민지로 삼은 일본은 역사적으로 형성된 한국인의 특징을 완전히 말살하는 정책을 추진하였다. 조선총독부 설치와 동시에 무단통치武斷統治를 실시하였다. 일본제국주의의 무단통치는 한국인의 반일투쟁을 철저하게 탄압하는 한편, 식민지 통치의 경제적 기반을 구축하기 위해 한국의 생산기반과 산업기반을 수탈하는 폭력적인 통치체제를 말한다.

일본은 전국 각지에 헌병·경찰 제도라는 폭력장치를 설치하였다. 또

「조선민사령朝鮮民事令」, 「조선형사령朝鮮刑事令」, 「조선보안법朝鮮保安法」을 제정해 조선인을 탄압하였다. 애국 단체를 강제로 해산하고, 모든 집회・결사・언론・출판의 자유를 박탈하였다. 헌병과 경관은 수상하다고 생각되는 조선인을 현장에서 체포하고 구금할 수 있었다. 1912년에 검거된 조선인은 5만2,000여 명에 달하였다.

식민지 조선의 통치는 토지정책으로 시작되었다. 일본은 이미 1906년에 「토지가옥증명규칙」을 비롯한 일련의 법률을 공포하였다. 등기제도가 도입된 것이다. 등기제도의 도입은 봉건적인 토지제도 아래서 관습적으로 유지되던 토지소유 관계를 분명히 하는 계기가 되었다. 하지만 통감부統監府가 서둘러 등기제도를 도입한 데에는 다른 목적이 있었다. 당시 한국에 진출한 일본 회사와 일본인이 토지 매집에 광분하고 있었는데, 그들의 토지소유권을 법적으로 보장할 필요가 있었던 것이다.

한국통감부는 1910년 3월에 토지조사국을 설치하고, 1912년 8월에는 「토지조사령」을 공포하였다. 토지조사사업은 세금의 공평한 부과, 소유권 보호, 생산력 증강을 명분으로 내세웠지만, 사실은 한반도를 일본의 식량・원료 공급기지로 만들기 위한 것이었다.

토지조사사업과 일본인의 토지매수가 병행되었다. 일본인 지주는 해가 갈수록 늘어났다. 토지조사사업은 1910년부터 1918년까지 시행되었는데, 토지조사사업이 완료될 즈음 100정보 이상의 대지주는 조선인보다도 일본인이 많았다. 특히 일본인은 곡창지대를 점유하였다. 조선총독부는 일본인・조선인 지주의 권리를 법으로 보호하였다. 특히 조선인 지주는 일본이 한반도를 지배하는 기반이 되었다. 지주 밑에 예속된 농민들은 소작인으로 몰락하였다.

1910년 이후 일본에서 한반도로 이주하는 일본인이 급증하였다. 그들의 유입으로 경성京城은 물론 부산・인천・목포 등 지방 도시의 인구가 증가하였다. 조선의 쌀을 일본으로 수출하기 위한 항구도시로 진출하는 일본인들도 증가하였다. 예를 들면 곡창 지대인 금강 하류에 위치한 군산群山에 대규모 경작지를 소유한 일본인 지주가 정착하였다.

도시로 진출한 일본인은 대부분이 집단을 이루어 거주하였다. 부산과 같은 대도시에는 일본인 수만 명이 일본인 마을을 형성하고 상업에 종사하였다. 도시 변두리에는 농촌을 떠나 도시로 내몰린 조선인 빈민들이 거주하였다. 그들은 소작인으로 몰락한 농민들이 대부분이었다. 도시 변두리에 거주하는 조선인 빈민 중에 일본어로 소통할 수 있는 자들은 일본인 집단거주 지역으로 출근하며 노동자로 일하였다. 그들은 하루 12시간 이상 노동에 시달렸으나 임금은 일본인 노동자의 2분의 1에 미치지 못하였다.

농촌에서 쫓겨난 조선인 빈민 중에는 간도, 연해주, 하와이 등 해외로 이주하는 자들도 있었다. 일본 자본주의의 조선 진출로 파산하거나 몰락한 중·소 상공업자, 또는 연구와 문화 활동의 자유를 박탈당한 청년, 학생, 지식인 등도 낯선 이국땅으로 삶의 터전을 옮기지 않을 수 없었다. 일본 열도로 건너가 일용노동자로 일하는 조선인이 날이 갈수록 증가하였다. 일본에서 일하는 조선인 노동자 또한 일본인 노동자의 2분에 1에도 미치지 못하는 저임금으로 일하면서 일상적인 차별을 받았다. 현재 일본은 물론 만주와 러시아에 살고 있는 조선인들의 대부분이 일제 지배하에 해외로 떠난 사람들의 후손이다.

1910년 12월「조선회사령」이 공포되었다. 이 법령은 조선인 자본가의 활동을 제한하고 일본인 자본가의 한반도 진출을 촉진하기 위한 목적으로 제정되었다. 조선 최대의 지주는 국책회사로 1908년에 설립된 동양척식회사東洋拓植會社였다. 이 회사는 일본 정부가 대주주였고 조선의 일부 왕족도 참여하였다. 동양척식회사는 특수한 지위를 누렸다. 회사 설립 목적은 "한국에서 척식사업을 하는 것"으로 되어 있으나 실제로는 토지사업 이외에 농업경영, 수리관개사업, 척식금융 등 폭넓은 사업을 벌였다. 그중에서도 조선으로 진출한 일본인 이민자와 기업가에게 토지와 자금을 제공하는 것에 가장 큰 힘을 기울였다. 말하자면 동양척식회사는 일본 식민지 경영의 첨병이었던 것이다. 1917년 이후에는 영업 범위를 만주·몽고·중국에까지 확대하였다.

「조선회사령」이 공포된 후, 일본 회사와 일본 자본가들이 대거 한반도로 건너왔다. 일본 회사가 조선의 대외무역을 독점하였다. 이미 일본이 한국을 식민지화하기 이전부터 한반도에 진출해 있었던 미쓰이三井·미쓰비시三菱·스미토모住友·야스다安田·오쿠라大倉 등 재벌들이 총독부의 비호 아래 무역의 이권을 독점하고 경작지를 매수해 광대한 농장을 경영하였다. 1910년 이전부터 한국의 주요 도시에 진출한 일본인 상공인들은 안정적인 사업기반을 마련하였다. 역시 일찍부터 한국의 농촌에 진출해 토지를 확보하고 경작에 종사하던 일본인 지주들도 대지주로 성장하였다.

조선인이 토지를 점유하고 있어도 법에 따라 신고하지 않은 토지는 국유지로 정하였다. 국유지의 일부는 동양척식회사 비롯한 일본인이 설립한 토지회사에 불하되었다. 그 밖에 철도부설 용지, 도로 용지, 군사시설 용지, 학교 부지 등을 기부 형식으로 강제 수용하였다.

1911년 6월에는 「삼림령」을 공포해 전통적으로 농민이 자유롭게 삼림을 이용하던 관행을 부정하였다. 임야조사사업도 실시되었다. 이 사업으로 임야 총넓이 1,600만 정보 중 1,300만 정보를 국유림으로 확정하였다. 즉 임야의 80퍼센트 이상이 국유림으로 정해져 총독부 소유가 되었던 것이다. 20퍼센트의 민유림 중에서도 상당 부분이 일본인 소유가 되었다.

1911년 8월 「조선교육령」이 공포되었다. 총독부는 조선인을 천황의 신민으로 육성하기 위해 일본어를 '국어'로 가르친다는 방침을 정하였다. 도쿄의 중류 남자의 말을 표준어로 정하였다. '국어'교육을 통해 식민지 민중을 '일본인'으로 만들려고 하였다. 조선에서는 의무교육이 실시되지 않았다. 경성이나 지방 도청소재지에 일본인이 다니는 학교를 별도로 설립하였다. 일본인 학생이 다니던 학교는 해방 후에도 명문 중·고등학교로 명성을 떨쳤다.

조선총독부가 식민지 조선을 경영하면서 창출한 이윤은 일본제국주의가 만주·중국에 진출하는데 이용되었다. 예를 들면 조선은행은 만주 각지에 지점을 개설했는데, 1918년경에는 만주 각 지점의 예금·대출 규모가 식민지 조선보다 오히려 컸다. 일본은 대륙 침략을 위한 기지로 식민지 조선을 십분 활용했던 것이다.

2. 제국주의의 중국침략과 신해혁명

러일전쟁 후, 일본의 만주 독점 정책에 미국이 반발하면서 한때 일미관계가 악화되었지만 다카히라·루트 협정으로 파국만은 면하게 되었다. 하지만 만주를 둘러싼 일본과 미국의 대립이 완전히 해소된 것은 아니었다. 1909년 미국 대통령이 된 윌리엄 태프트William Taft는 소위 '달러 외교' 정책을 추진하였다. 이것은 만주에 미국 자본을 침투시키는 정책이었다. 1909년 11월부터 미국 국무장관 녹스P.C.Knox는 영국·프랑스·독일에 차례로 남만주철도와 동청철도를 국제화하거나 중립화하자고 제안하였다. 영국에는 진저우錦州와 아이훈愛琿을 연결하는 철도를 공동으로 건설하자고 제안하였다. 하지만 미국의 계획은 일본의 노력으로 무산되었다.

1910년 11월 미국은 다시 미국·영국·프랑스·독일 4개국 차관단

借款團을 구성해 청국 정부에 차관을 제공하자고 제안하였다. 청국이 화폐제도를 개혁하고, 만주의 공업을 개발할 수 있도록 한다는 구실이었다. 그러나 일본과 러시아가 공동으로 대응해 미국의 정책을 무산시켰다. 1912년 6월 4개국 채권단에 일본과 러시아가 참가하면서 6개국 채권단이 구성되었다. 6개국 채권단은 남만주와 동부 내몽고內蒙古에서 일본의 특수이익을 인정하였다. 만주를 둘러싼 미국과 일본의 힘겨루기는 일단 일본의 승리로 귀결되었다.

만주 시장에 대한 미국의 이권 참여 요구는 일본과 러시아를 접근시키는 요인의 하나가 되었다. 일본과 러시아는 1907년부터 3차에 걸쳐서 일러협약을 체결해 만주와 몽고에 경계선을 긋고 양국의 세력범위를 정하였다. 1907년 7월 일본과 러시아는 일러협약과는 다른 비밀협약을 체결하였다. 이 협약에는 철도노선 개선을 위한 우호적 협력과 만주에서의 현상유지, 양국의 특수권익을 제3국이 침해할 경우 상호 원조한다는 내용이 포함되어 있었다.

일본과 러시아는 중국의 영토를 제멋대로 분할하면서 표면적으로 평화를 유지하였다. 하지만 일본이 가장 경계했던 적국은 역시 러시아였다. 일본은 미국도 가상적국으로 상정하였다. 육군은 러시아를, 해군은 미국을 목표로 각각 군비를 확장하는 데 힘썼다. 그러나 당시 일본의 경제력으로 세계 2대 강국과 맞설 수 없었다. 그래서 일본은 먼저 만주를 독점한 다음 중국을 침략하려는 계획을 세웠다.

서구 열강과 일본이 중국에 진출할 때, 부패하고 무능한 청국 정부를 압박하기만 하면 목적을 달성할 수 있었다. 그래서 서구 열강과 일본은 중국인의 반발에 대해서 그다지 신경을 쓰지 않았다. 그러나 의화단義和團의 저항운동을 경험한 후, 서구 열강과 일본은 시간이 지날수록 중국인의 저력을 실감하게 되었다.

1905년 미국이 모든 중국인의 이민을 영구히 금지하자, 중국에서 미국상품 불매운동이 전국적으로 전개되었다. 중국에서 미국 상품의 판매가 급감하였다. 중국인의 분노에 당황한 미국은 의화단의 저항운동에 대한 배상금을 감액하는 등 중국과의 관계를 개선하지 않을 수 없었다. 중국인은 상인을 중심으로 단결해 청국 정부였다면 도저히 불가능한 외교적 성과를 쟁취했던 것이다.

1908년에는 일본이 중국인의 저항에 부딪혔다. 같은 해 2월 밀수품인 무기를 실은 일본의 무역선이 마카오에서 청국 군함에 적발되었다. 일본 정부는 적반하장으로 청국 정부에 항의하고 사죄와 손해배상을 요구하였다. 청국 정부는 일본의 위세에 굴복하였다. 그러자 중국인이 일본 상품 불매운동을 시작하였다. 1908년 말까지 전개된 이 운동으로 일본의 대중국 수출은 8,500만 엔에서 6,000만 엔으로 감소하였다.

중국인의 각성을 외치는 쑨원孫文이 정치지도자로 부상하였다. 쑨원은 삼민주의를 제창하였다. 중국인의 독립을 위한 민족주의, 인민주권 국가를 위한 민권주의, 인민의 생활을 안정시키고 향상시키기 위한 민생주의가 그것이었다.

1900년 의화단의 저항운동이 일어난 후, 쑨원은 혜주惠州에서 청조 타도를 목표로 거병하였으나 실패하였다. 1905년 8월 일본에 체재중인 쑨원은 중국혁명동맹회를 결성하였다. 당시 일본에는 중국 각지에서 건너온 1만 명의 유학생이 있었다. 중국혁명동맹회 대회에 17성省의 대표자가 참가하였다. 중국혁명동맹회는 중국의 청조 반대세력을 결집하였다. 혁명파는 여러 번 봉기에 실패했지만, 1911년 신해년辛亥年 10월 10일 무창武昌에서 일으킨 무장봉기가 성공하였다. 신해혁명이었다. 혁명의 물결은 순식간에 전국 각지로 전파되었다. 승리를 쟁취한 혁명파는 급거 귀국한 쑨원을 임시 대총통大總統으로 추대하였다. 1912년 1월 1일 쑨원은 난징南京에서 중화민국中華民國의 성립을 선언하였다.

청조는 위안스카이袁世凱에게 전권을 부여하고 혁명군 토벌을 명령하였다. 하지만 위안스카이는 영국의 지원을 받으며 혁명의 성과를 가로채려고 획책하였다. 위안스카이는 혁명파에게 자신을 대총통으로 추대하면 민권을 인정하겠다고 제안하였다. 쑨원은 위안스카이의 제안을 수락하였다. 위안스카이의 제안을 거절하기에는 중국혁명동맹회 세력이 약하다고 판단하였다. 위안스카이는 1912년 2월 12일 청조 최후의 황제 선통제宣統帝를 퇴위시켰다. 청조가 멸망한 후, 2월 15일 위안스카이가 임시 대총통에 취임하였다. 같은 해 8월 중국혁명동맹회가 국민당으로 개칭하였다.

3. 일본의 중국 침략정책

쑨원이 신해혁명에 성공하는 것을 지켜본 일본 정부는 즉시 청국 정부를 원조한다는 방침을 정하였다. 1911년 10월 16일 일본은 청국 정부에 혁명군을 토벌하기 위한 무기를 제공하겠다고 통고하였다. 10월 23일 일본은 청국 정부와 병기 매매계약서를 체결하였다. 다음 날 제2차 사이온지西園寺 내각은 청국에 대한 정책을 결정하고 원로의 동의를 얻었다. 정책의 핵심은 "일본에 가장 유리하고, 또 성공률이 높을 때를 노려서, 만주 문제를 근본적으로 해결"한 다음 중국에서 일본의 우위를 서구 열강이 승인하게 하자는 것이었다. 신해혁명으로 중국이 분열하자, 일본 정부는 중국에서 일본의 입지를 강화할 절호의 기회라고 판단했던 것이다.

일본의 위정자와 군부는 군주국인 일본의 이웃나라에 공화제가 수립되면 천황제에 악영향을 미칠 수 있다는 점을 두려워하였다. 이미 혁명파에게도 무기를 공급하고 있던 일본 군부는 첩보장교를 중국 각지로 파견해 정보를 수집하면서 중국 내정에 간섭할 기회를 엿보고 있었다. 일본 육군은 러시아에 유학한 경험이 있는 다나카 기이치田中義一 육군성 고급장교를 통해 러시아에 중국 내정 공동간섭안을 제시하기도 하였다. 하지만 러시아는 일본의 제안을 거절하였다.

1911년 11월 일본은 영국·미국에 중국의 내정에 공동으로 간섭해 입헌군주제를 수립하자고 제안하였다. 영국·미국은 일본의 제안을 거절하였다. 당시 영국과 미국은 이미 위안스카이와 접촉하고 있었다. 영국·미국은 중국에 민주적인 공화국이 수립되고, 그것을 기반으로 중국이 발전하는 것을 가능한 억압하려고 하였다. 하지만 영국·미국은 중국이 어떤 정치체제를 갖추든 자신들의 제국주의에 반대만 하지 않으면 상관이 없다고 생각하고 있었다. 그래서 위안스카이의 야망을 이용해 신해혁명을 무력화시키려고 하였다. 영국·미국은 이미 청조淸朝에 대한 미련을 버렸던 것이다.

일본이 중국의 내정에 간섭할 기회를 엿보는 중에도 중국의 혁명은 순조롭게 진행되었다. 그러자 일본의 대중국 정책이 혼란에 빠졌다. 일본 정부는 혁명파와 관계를 돈독히 유지해야 한다고 판단하였다. 미쓰이물산을 비롯한 기업은 일찍부터 혁명파에 무기를 판매하면서 자금을 대출하고 있었다. 그러나 일본 군부의 대부 야마가타 아리토모山県有朋를 비롯한 정치계 원로들은 어떤 일이 있어도 청국이 군주제를 유지하게 해야 한다는 생각을 버리지 못하고 있었다. 한편, 일본의 군부는 만주와 몽고를 중국에서 독립시켜 일본이 실질적으로 지배하려고 하였다.

이미 러일전쟁이 일어나기 전부터 일본 군부가 파견한 일본인 첩자들이 중국에서 활동하고 있었다. 그들은 대륙낭인大陸浪人으로 불리는 존재들로, 주로 중국인과 친밀한 관계를 유지하면서 일본의 세력을 확대하는 데 주력하였다. 1901년 전형적인 대륙낭인 가와시마 나니와川島浪速가 중국에 경무학당警務學堂을 세우고 중국인과 폭넓게 교류하였다. 가와시마가 친밀하게 교류하던 중국인 중에 청조 황실의 황자 숙친왕肅親王도 있었다.

신해혁명이 일어났을 때, 가와시마 나니와는 중국의 내분을 조장하고 나아가 만주를 중국에서 분할하려는 일에 앞장섰다. 일본 육군과 조선총독 데라우치 마사타케寺內正毅가 가와시마를 후원하였다. 가와시마는 먼저 위안스카이를 암살해 중국의 정치를 혼란스럽게 하려고 획책했으나 실패하였다. 그러자 가와시마는 숙친왕을 베이징北京에서 탈출시켜 만주에 독립정부를 수립하고, 동시에 몽고의 객라심왕喀喇沁王을 비롯한 지도자를 앞세워 거병하려고 계획하였다. 참모본부는 가와시마를 지원하기 위해 다카야마 기미미치高山公通 대좌를 중국에 파견하였다. 1912년 2월 숙친왕이 베이징을 탈출해 뤼순旅順으로 도망하였다. 관동도독부는 숙친왕을 민정장관 관사에서 지내게 하고, 기회를 엿보아 펑톈奉天에서 거병하도록 지원할 계획을 세웠다. 이것이 제1차 만주·몽고 독립운동이었다.

한편, 남만주철도회사는 혁명파와 긴밀하게 연락하고 있었고, 일본 육군의 미하라 다쓰지三原辰次 대좌가 이끄는 스파이 조직 또한 혁명파를 지원하고 있었다. 중국인들은 일본 정부와 군부의 진심을 알 수 없었다. 마적 출신으로 군벌의 지위에 올랐던 장쭤린張作霖은 일본 관헌에게 일본의 진의가 무엇인지 타진할 정도였다. 펑톈 주재 일본총영사는 가와시마 나니와와 다카시마 기미미치 대좌의 음모를 외무성에 보고하고 그들의 계획을 중지시켜달라고 요청하였다. 일본 정부는 가와시마 나니와를 도쿄로 소환하고, 참모차장 후쿠시마 야스마사福島安正와 협의해 만주를 중국에서 분리하려는 계획을 중지시켰다.

하지만 일본 육군에서는 여전히 몽고를 독립시켜 일본의 지배하에 두려는 움직임이 있었다. 만주에 주둔한 일본의 소장파 장교들이 몽고인의 거병을 부추기기 위해 병기와 탄약을 몽고의 산악지대로 옮기려고 하였다. 1912년 5월 일본 육군의 장교들이 50대의 자동차를 동원해 병기와 탄약의 운송을 개시하였다. 그러나 운송 도중에 중국의 수비대에게 발각되어 마쓰이 기요스케松井清助 대위가 중상을 입고 민간인 13명이 사살되었다. 그리하여 몽고의 거병계획이 실패하였다. 하지만 그후에도 일본 군부는 만주·몽고 문제를 거론하며 침략근성을 노골적으로 드러냈다.

한편, 임시 대총통의 지위에 오른 위안스카이는 국회를 무시하고 독재정치를 했기 때문에 국민당과 대립하였다. 1913년 봄 위안스카이는 국민당을 비롯한 중국의 민족주의 세력을 일제히 탄압하기 시작하였다. 그러자 같은 해 장시江西·광둥廣東·푸젠福建·후난湖南을 비롯한 지방에서 혁명파가 반란을 일으켰다. 이른바 제2혁명이었다. 이때 일본 정부는 재빨리 위안스카이를 지지하였다. 하지만 일본 군부는 혁명파를 지지하였다. 위안스카이는 혁명파의 반란을 진압하고 1913년 10월 정식으로 중화민국의 대총통이 되었다. 일본을 비롯한 서구 열강은 위안스카이의 중화민국을 승인하였다. 그러나 일본 정부는 은밀히 혁명파를 지원하면서 위안스카이 정권에 반대하는 음모를 꾸몄다.

[2] 제1차 세계대전과 일본

1. 대전의 발발과 일본의 참전

19세기 말이 되면서 제국주의 열강은 이해를 같이 하는 국가끼리 동맹을 맺거나 협정을 맺어 세력 균형을 유지하였다. 러일전쟁 후에는 독일·오스트리아·이탈리아가 삼국동맹을 맺었다. 이에 대응해 러시아·프랑스가 러불동맹을 맺었다. 러시아가 러일전쟁에서 패배하자, 영국은 세계 정책을 추진하던 독일에 대항하기 위해 프랑스·러시아와 협정을 맺었다. 그래서 삼국협정이 성립되었다.

독일은 범게르만주의를 내세우며 민족문제가 복잡하게 얽혀있는 발칸 반도에 진출하려고 하였다. 이에 대항해 러시아는 범슬라브주의를 앞세우고 남하정책을 추진하려고 하였다. 1914년 6월 28일 국제정세가 긴장감을 더해가고 있을 때, 오스트리아 황태자가 보스니아의 수도 사라예보에서 세르비아인 청년에게 암살당하였다. 이 사건이 실마리가 되어 제1차 세계대전이 일어났다.

1914년 7월 28일 오스트리아와 세르비아가 전쟁에 돌입하였다. 그것을 신호로 러시아·프랑스·독일이 각각 총동원령을 내렸다. 같은 해 8월 1일 독일은 오스트리아를 지원하는 러시아에, 다음 날에는 프랑스에 선전을 포고하였다. 4일에는 영국이 독일에 선전을 포고하였다. 서양은 순식간에 전쟁의 소용돌이에 휘말리게 되었다.

일본에게 세계대전은 먼 곳에서 일어난 싸움이었다. 긴장감은 거의 없었다. 정치가들은 전쟁 책임을 놓고 한가하게 토론하고 있었다. 전쟁의 최대 원인은 독일의 세계정책이라고 성토하는 학자도 있었고, 유럽 열강이 모두 평화를 무시해서 일어난 매우 드문 사례라고 개탄하는 평론가도 있었다. 간혹 일본도 전쟁에 적극적으로 관여해야 한다는 의견도 있었다. 세계대전이 오래 지속될 것 같으니 일본은 기회를 놓치지 말고 중국으로 세력을 확장해야 한다는 의견이 가장 많았다.

제1차 세계대전이 일어났을 때, 일본에서는 제2차 오쿠마 시게노부 大隈重信 내각이 집권하고 있었다. 독일은 전통적으로 우호관계를 맺고 있는 일본의 움직임을 주시하였다. 당시 베를린에서는 일본이 러시아의 배후를 침략한다는 소문이 돌았다. 신문에는 일본이 러시아의 배후를 치는 것이 유리하다는 논설이 실렸다. 실제로 일본이 러시아에 선전을 포고하였다는 호외가 발행되었고, 그 소식을 들은 독일인이 일본 대사관 앞으로 몰려가서 만세를 부르는 광경이 벌어지기도 하였다. 독일에 거주하는 일본인들은 독일인에게 환대를 받았다. 그러나 8월 8일 일본의 가토 다카아키加藤高明 외무대신은 "일본은 일영동맹조약에 따라 중립을 선언하지 않을 것이다"라는 담화를 발표하였다. 그러자 일본인을 바라보는 독일인의 시선이 싸늘해졌다. 독일은 일본에 최후통첩을 보냈다.

8월 4일 주일 영국대사가 가토 외무대신을 방문해 영국이 참전하는 경우 전쟁의 영향이 동북아시아에도 미칠 것이라고 우려하면서, 그럴 경우에 영국이 확보한 식민지 홍콩과 웨이하이웨이威海衛를 일본이 지켜줄 것을 요청하였다.

마침 각의를 개최하던 오쿠마 내각은 하늘이 준 기회라고 환호성을 올렸다. 원로들도 기꺼이 참전에 동의하였다. 원로 이노우에 가오루井上馨는 세계대전이 일본의 국운을 떨칠 수 있는 천우신조의 기회라고 말하였다. 실제로 세계대전은 러일전쟁 후 냉각되었던 영국·미국과의 관계를 호전시킬 수 있는 절호의 기회였다. 여론도 일본의 참전을 지지하였다. 신문은 대체로 일영동맹의 의무를 다하고 "동양평화"를 지키기 위해 참전해야 한다는 논조였다. 논설은 일본의 참전이 "정당한 자위권"을 행사하는 것이라는 말을 덧붙이는 것도 잊지 않았다.

8월 7일 영국은 중국 연안에서 영국 선박을 공격하는 독일 군함을 감시해 줄 것을 일본에 정식으로 요청하였다. 그날 밤 오쿠마 총리대신은 총리관저에서 임시각의를 개최해 일본의 참전을 의결하였다. 총리대신은 각의 결과를 휴양 중인 다이쇼 천황大正天皇에게 보고하고 결재를 받았다. 8월 8일 밤에 개최된 원로·대신의 합동회의에서 참전이 결정되었다. 다음 날 일본은 영국에 그 뜻을 통보하면서, 일본의 참전 목적이 독일 군함을 격파하는 것에 그치지 않고 아시아에서 독일 세력을 일소하는 데 있으니 영국도 일본의 개전 이유에 동의하라는 각서를 전달하였다. 일본은 이미 중국 산동 반도에 있는 독일의 이권을 빼앗으려려는 계획을 세우고 있었다.

일본의 야망을 간파한 영국은 8월 9일 일본에 요청한 모든 내용을 취소한다고 통고하였다. 영국은 아시아에서의 권익을 보호하기 위해 단지 일본의 군사력을 이용하려고 했던 것이지 일본이 독일을 대신해 더욱 위험한 세력으로 등장하는 것을 원하지 않았다. 더구나 일본이 태평양 전역에서 무제한으로 활동하게 된다면 오스트레일리아와 뉴질랜드까지 위험해질 수 있다고 판단하였다. 중국·미국도 일본의 참전을 원하지 않았다.

하지만 전쟁 상황이 급박해지자, 영국은 점차 일본의 참전을 저지하기보다는 전투지역을 한정하는 쪽으로 생각을 정리하였다. 영국이 최종 결정을 내리기도 전인 8월 15일 일본은 독일에 동북아시아에서 물러갈 것, 중국의 조차지를 일본에 양도할 것 등을 내용으로 하는 최후통첩을 보냈다. 회답 기한이 끝난 8월 23일 일본은 독일에 선전을 포고하였다. 가토 외무대신은 "동아시아에서 일본·영국의 이익에 손해를 끼치는 독일 세력을 파멸시키기 위해" 참전한다고 발표하였다.

2. 일본의 산둥 반도 공략과 독일령 남양제도 점령

　일본이 연합국의 일원으로 전쟁에 참가하기는 했지만, 일본은 연합국의 승리에는 관심이 없었다. 일본의 참전 목적은 우선 독일이 중국에서 조차한 지역과 산둥 반도에서 독일이 누리던 이권을 빼앗는 것이었다. 그것을 기회로 본격적인 중국 침략을 모색하려고 하였다. 남태평양 지역에 산재한 독일령 섬을 빼앗는 것도 중요하였다. 그것은 일본의 활동 영역을 태평양으로 확대할 수 있는 절호의 기회였다. 일본의 군사행동은 단지 아시아에서 독일 세력을 몰아내고 일본이 그 자리를 차지하는 것이 아니었다. 그것을 발판으로 대제국을 건설한다는 원대한 꿈을 꾸고 있었다.

　독일의 근거지는 중국의 산둥 반도에 있는 쟈오저우만膠州灣 조차지와 남태평양 제도였다. 쟈오저우만 조차지의 중심에는 칭다오青島가 있었다. 인구 5만5,000명으로 광대한 화북 지방을 배후지로 하는 칭다오는 상하이와 톈진에 이어서 중국에서 세 번째로 큰 무역항이었다. 남태평양 제도는 1899년 전후에 독일이 영토로 편입한 섬들이었다.

　독일은 칭다오에 요새를 건설하였다. 개전 당시 칭다오에는 5,000명이 넘는 독일 병력이 집결해 있었다. 일본은 제18사단을 주력으로 하는 부대를 동원하였다. 육군이 약 5만 명, 해군이 4척의 전함과 다수의 순양함을 투입하였다. 일본군은 영국군과 함께 쟈오저우만을 공격하였다. 중국이 중립을 선언했지만 일본군은 군사행동 지역을 확대해 1914년 9월 2일에 산둥 반도에 상륙했고, 11월 7일에 칭다오를 함락하였다. 2개월의 전투 기간에 일본군은 394명이 전사했고, 1,458명이 부상하였다.

　승리한 일본군은 11월 10일 칭다오에 입성해 군정을 실시하였다. 우선 시가지의 명칭을 마이쓰루초舞鶴町, 오무라초大村町, 시즈오카초静岡

중국 칭다오를 점령하고 축하연을 여는 일본군

町 등으로 바꾸었다. 산의 이름이나 지명도 일본식으로 바꾸었다. 칭다오는 마치 일본을 옮겨다 놓은 것 같은 풍경이었다. 군정의 목적은 일본의 지배를 정착시켜서 일본 자본주의가 진출할 수 있는 기반을 구축하는 것이었다.

산둥 철도가 완성되자 일본군은 철도 연변을 경계하였다. 철도를 통해 철광석과 석탄이 칭다오로 집결되었다. 독일의 권익이 일본으로 이전되면서 산둥 반도에 거주하는 일본인은 2만 명으로 늘었다. 칭다오와 일본을 왕래하는 배가 줄을 이었다. 1917년 칭다오의 무역액이 1억2,342만 엔에 달했는데, 그중에서 일본 본토와의 무역은 4,941만 엔이었다. 칭다오에서 소금, 석탄, 땅콩 등이 수출되었고, 면사, 면포, 목재, 설탕, 잡화 등이 수입되었다. 칭다오는 일본 자본주의가 중국으로 진출하는 기지였다.

영국은 일본의 참전에는 동의했지만, 일본의 전투지역으로 중국 연안에 한정하고, 일본이 남태평양의 독일령 여러 섬을 점령하지 말라고 촉구하였다. 영국뿐만 아니라 미국, 오스트레일리아, 뉴질랜드 등도 일본이 남태평양에 진출해 해상교통로를 차단하는 것을 염려하였다. 하지만 일본은 1914년 8월 23일 일방적으로 독일에 선전포고하였다.

9월 3일 일본의 해군은 남태평양으로 파견할 함대를 편성하였다. 사령관에 야마야 다닌山屋他人 중장이 임명되었다. 남태평양에 진출한 일본 함대는 독일의 주력 함대를 격멸하는 작전을 전개하였다. 9월 21일 일본은 남태평양의 여러 섬의 점령을 결정하였다. 일본 해군은 9월 29일에 마셜 제도Marshall Islands의 일부를 점령하는 것을 시작으로 10월 5일 쿠사이 섬Kusaie Island, 이어서 본페이 섬Pohnpei Island, 11일에는 트럭 섬Truk Island, 사이판 섬Saipan island 등을 점령하였다. 일본 해군은 10월 14일까지 칼로린 제도Caroline Islands, 마리아나 제도Mariana Islands의 주요 섬들을 점령하였다.

 일본의 적도 이북의 독일령 남양제도(지금의 미크로네시아Micronesia 연방)를 점령함으로써 일본이 남서 해양으로 진출할 수 있는 거점을 확보하였다. 요컨대 남양제도는 이미 타이완을 식민지로 삼은 일본이 경제적 '남진南進'과 군사적 '남진'을 가능하게 한 영토의 확장이었다.

 육군이 중국에서 독일의 조차지를 점령하고, 해군이 남태평양에서 성공적으로 작전을 수행하고 귀환했을 때, 일본 정부는 전쟁이 사실상 끝났다고 보았다. 더 이상 세계대전에 개입할 뜻이 전혀 없었다. 그러나 제1차 세계대전이 예상보다 장기화되었다. 독일의 잠수함과 무장한 상선의 통상파괴 행위는 연합국에 고통을 안겨주었고, 급기야 미국도 전쟁에 참가하게 되었다. 1917년 1월 영국은 일본에 연합국 선박을 호위하기 위한 함대를 지중해에 파견해 달라고 요청하였다. 일본 해군은 지중해에 특무함대를 파견하였다. 지중해에 파견된 일본 함대는 영국과 협동작전을 전개하면서 연합국 군함과 수송선을 호위하는 임무를 수행하였다.

3. 일본의 중국 내정간섭과 제2차 만주 · 몽고 독립운동

1913년 중국에서 제2차 혁명이 일어났다. 그때 난징南京에서 일본인 3명이 살해당하는 사건이 발생하였다. 일본의 여론이 격앙되었다. 일본은 중국에 손해배상과 책임자 처벌을 요구하였다. 하지만 위안스카이 정부는 일본의 요구를 거절하였다. 그러자 일본은 중국 연안에 군함을 파견해 무력시위를 하면서 난징을 침공하였다. 당황한 위안스카이 정부는 일본이 요구하는 남만주와 내몽고에 새로운 철도를 부설할 수 있는 권리를 부여하였다.

일본이 제1차 세계대전에 참전한 후, 일본군이 칭다오靑島로 진격할 때 산둥 철도를 강제로 점거하였다. 중국은 일본군의 만행에 항의하였다. 중국은 미국에 도움을 요청하는 한편, 일본군의 철수를 요구하였다. 1915년 1월 7일 중국은 재차 일본군의 철수를 요구하였다. 그러자 1월 18일 일본은 중국의 위안스카이 정부에 5개호 21개조의 요구사항을 제시하였다. 일본은 유럽 열강이 전쟁의 수렁에 빠졌을 때, 그 틈을 이용해 허약한 중국을 압박해 이권을 챙기려고 하였다.

일본의 요구한 내용은 대략 다음과 같았다. 산둥山東에서 독일이 보유하던 권리를 일본이 승계하도록 할 것, 남만주 · 내몽고에서 일본의 특수한 권익을 인정하고 뤼순旅順 · 다롄大連의 조차 기간을 99년으로 연장할 것, 중국 최대의 제철기업을 일본과 공동으로 경영할 것. 일본의 요구는 주로 중국에서 독일이 보유하던 권리를 일본이 승계하는 것과 일본이 러일전쟁 후에 차지했던 권리를 연장하고 추가하는 것이었다. 그런데 일본이 요구한 제4호의 "중국 연안을 다른 나라에 양도하거나 대여하지 말라."는 것과 제5호의 여러 조항은 중국의 내정에 노골적으로 간섭하는 내용이었다. 제5호에는 정치 · 군사고문으로 일본인을 초빙할 것, 필요한 지역에서 중국과 일본이 공동으로 경찰권을 행사할 것, 청국과 일본이 합작으로 무기공장을 설립할 것, 중국은 일본에서 일정량 이상의 무기를 공급받을 것, 철도부설권을 일본에 양도할 것 등 7개조가 열거되었다. 만약 제5호가 승인된다면 중국은 실질적으로 일본의 보호국이 되는 것이었다. 일본의 요구는 거의 강탈적 성격을 띠고 있었다. 명백한 주권침해였다. 그래서 일본도 제5호의 내용을 다른 나라에는 비밀로 하였다.

베이징 정부는 일본의 요구에 반발하였다. 위안스카이는 제5호의 내용을 미국 공사에게 알려주었다. 미국과 영국도 일본의 요구에 반대하였다. 중국 신문은 제5호의 내용을 보도하였다. 중국인은 분노하였다. 상하이를 중심으로 항일운동이 전개되었다. 그러나 일본은 강경한 자세로 일관하였다. 일본은 25번이나 중국을 압박했으나 교섭은 난항에 부딪혔다. 그러자 일본은 5월에 최후통첩을 보내어 베이징 정부를 협박하였다. 최후통첩에는 제5호의 내용 중에서 몇 개 조는 철회했으나 여전히 16개조의 내용이 담겨져 있었다. 베이징 정부는 16개조를 모두 승인하였다. 1915년 5월 9일의 일이었다. 이 날은 중국의 국치일이 되었다.

1916년에 러시아는 탐욕스러운 일본의 중국정책을 승인하였다. 제4차 러일협약을 통해서였다. 미국은 일본이 중국으로 세력을 확대하는 것을 우려하였다. 하지만 미국은 1917년 11월 2일 일본과 이시이石井·랜싱Lansing 협정을 맺었다. 이 협정에서 미국은 일본이 중국에서 특수한 이익을 보유하는 것을 승인하였다. 1917년 4월 독일에 선전포고를 한 미국은 중국정책에 소극적일 수밖에 없었다. 일본은 이러한 기회를 절묘하게 이용하였다. 서양 각국도 전쟁 중이어서 일본을 공식적으로 비난하지 않았다. 최후통첩의 단계에서 영국만이 자국의 권익과 충돌하는 것에 우려를 표명했을 뿐이었다. 오쿠마 내각의 강경 외교는 일본인의 전폭적인 지지를 얻었다.

한편, 위안스카이는 전제권력을 행사하였다. 그는 황제가 되려는 야심을 품었지만 뜻을 이루지 못하고 1916년에 사망하였다. 그러자 북방에서는 군벌인 또안치루이段祺瑞를 중심으로 하는 정부가 성립되었고, 남방에서는 쑨원을 중심으로 하는 정부가 성립되었다.

　1916년 10월　데라우치 마사타케寺內正毅 내각이 성립되었다. 데라우치 내각은 중국의 정치에 간섭하지 않겠다는 성명을 냈다. 하지만 은밀하게 베이징의 또안치루이 정부에 다액의 차관을 제공하였다. 이런 정치 공작은 데라우치 내각의 사설 비서였던 니시하라 가메조西原龜三가 주도했기에 니시하라 차관이라고 한다. 이 차관은 1억4,500만 엔에 달하였다. 니시하라 차관은 경제원조 명목으로 제공되었으나 사실은 중국의 내란을 조장하기 위한 것이었다. 중국 침략을 위한 사전포석이었던 것이다.

4. 러시아혁명과 시베리아 출병

　제1차 세계대전 때 러시아는 독일에 연전연패하였다. 1916년 가을 러시아는 더 이상 전쟁을 수행할 수 없을 정도로 피폐하였다. 국민은 굶주림에 지쳤다. 1917년 3월 12일 노동자들이 수도 페테르부르크 거리로 나섰다. 병사들도 병영을 이탈해 시위대열에 합류하였다. 노동자와 병사는 소비에트협의회를 구성하였다. 군대는 시위를 진압하라는 정부의 명령을 거부하였다.

　황제의 권력은 허무하게 붕괴되었다. 노동자·병사 소비에트Soviet가 정치의 주도권을 장악하고 임시정부를 세웠다. 그러나 11월 7일 레닌이 볼셰비키Volsheviki, 즉 사회민주노동당의 다수파를 거느리고 봉기하였다. 레닌은 임시정부를 무너뜨리고 소비에트 정부 수립을 선언하였다. 레닌은 농민에게 토지의 분배를, 노동자에게는 평화의 보장을 약속하였다. 사회주의 혁명이 일어난 것이다.

소비에트 정부는 자본주의를 부정하고 제국주의를 거부하였다. 1918년 3월 3일 소비에트 정부는 독일·오스트리아와 아무 조건 없이 단독으로 강화조약을 맺었다. 사회주의 정권의 성립은 자본주의에 위협적이었다. 일본은 소비에트 정부를 타도하려는 음모를 꾸미기 시작하였다. 일본 육군과 외무성이 시베리아 출병을 심각하게 검토하기 시작하였다. 마침 러시아 국내에서 반혁명파가 들고 일어났다. 일본이 시베리아에 출병할 수 있는 유리한 조건이 조성되었다.

1918년에 들어서자 영국·프랑스가 일본에 시베리아 출병을 요청하였다. 독일과 전쟁 중이던 영국·프랑스는 러시아 정세에 간섭할 여력이 없었다. 일본은 시베리아 출병이 대륙정책을 실현할 수 있는 절호의 기회라고 판단하였다. 하지만 시베리아에 출병하려면 미국의 경제적 원조가 필요하였다. 그래서 일본은 미국의 태도를 지켜보고 있었다.

일본의 참모본부는 출병에 적극적이었다. 1917년 11월 참모본부는 시베리아 거류민을 보호한다는 구실로 파병계획을 세웠다. 1918년 1월에 연해주를 침략할 계획이었다. 2월에는 외무성도 파병계획을 마련하였다. 하지만 야마가타 아리토모山県有朋가 다음과 같이 경고하였다. "많은 병사를 멀리 보내려면 문명전쟁의 이기인 비행기·자동차·총포 그리고 군량을 준비해야 한다. 그런데 지금도 쌀이 부족해서 매우 비싼 값에 거래되고 있다. 막상 출병할 때 식품 공급에 차질이 없는가?" 원로들도 일본이 단독으로 출병하는 것을 꺼렸다. 임시외교조사위원회가 열렸을 때 원로들은 파병에 반대하였다. 데라우치 총리대신도 원로들의 뜻에 따라 출병을 허락하지 않았다.

1918년 2월 일본은 시베리아 출병계획을 미국·영국·프랑스에 알렸다. 3월 5일 미국은 일본의 시베리아 출병에 반대한다는 뜻을 밝혔다. 일본의 시베리아 출병을 사실상 묵인한다는 방침도 철회하였다. 일본 국내의 출병론도 단독출병론과 협조출병론으로 분열되었다. 3월 19일 여론의 지지를 얻지 못한 단독출병론이 폐기되었다.

민간에서도 시베리아 출병을 둘러싸고 논쟁이 벌어졌다. "9명의 박사"들이 나서서 시베리아 출병은 "우리 제국의 흥폐에 관한 아주 중요한 문제"라고 말하며 단독출병론을 강력하게 주장하였다. 대외 강경론자들은 보수적인 신문의 지면을 통해 출병 여론을 일으켰다. 출병에 반대하는 지식인도 있었다. 도쿄대학 교수 요시노 사쿠조吉野作造는 잡지를 통해 시베리아 출병을 비판하였다. 신문·잡지의 사설·논설에도 출병 반대 의견이 실렸다.

1918년 6월이 되자 상황이 급변하였다. 레닌과 대립한 체코슬로바키아 군대가 시베리아에 고립되어 있었는데, 그 군대를 구출하는 문제가 급부상하였다. 7월 6일 미국이 시베리아 출병을 결정했고, 7월 8일에는 일본에 시베리아에 공동으로 군대를 파견하자고 제의하였다. 단 시베리아 깊숙이 출병하는 것이 아니라 블라디보스토크 일대를 점령하자고 하였다.

7월 12일 일본은 각의에서 출병을 결정하였다. 야마가타를 비롯한 출병반대론자들도 입장을 바꾸었다. 미국과 공동으로 출병한다면 문제가 없을 것이라고 생각하였다. 8월 2일 일본은 드디어 시베리아 출병을 선언하였다. 8월 4일에

시베리아에 출병하는 일본군(1918. 8)

는 블라디보스토크 파견군 사령부가 설치되고 제2・제3 사단이 블라디보스토크를 점령하였다. 일본 이외에 미국이 9,000명, 영국이 5,800명, 중국・이탈리아・프랑스가 각각 1개 대대를 파견하였다. 일본은 1만2,000명의 군사를 파견하였다. 연합군은 바이칼 호 동쪽을 제압하였다.

 일본은 시베리아 출병에 앞서 베이징北京의 돤안치루이段祺瑞 정부에 차관을 제공하면서 세계대전에 연합국의 일원으로 참전할 것을 권유하였다. 돤안치루이 정부는 참전을 결정하였다. 1918년 5월 일본은 중국과 공동방위협정을 맺었다. 협정의 내용은 다음과 같았다. 일본・중국은 시베리아 출병을 공동방위를 위한 군사행동으로 규정한다. 일본군이 바이칼 호・헤이룽강黑龍江 방면으로 진출할 때 중국은 일본군이 중국 영토를 통과・주둔할 수 있도록 편의를 제공한다. 만주의 중국군은 일본군 사령관의 지휘 하에 편입된다. 이 협정에는 시베리아 출병이 성공하면 일본이 사실상 만주를 지배하겠다는 의도가 숨어 있었다. 돤안치루이 정부는 일본의 야심을 간파하지 못하였다.

 시베리아에 진지를 구축한 일본은 연이어 군대를 파병하였다. 시베리아에 주둔한 일본군은 7만3,000명에 이르렀다. 일본의 전략은 대륙침략의 거점인 조선과 만주의 배후를 확보하는 것이었다. 연합군의 침략 목적은 시베리아에 반혁명정부를 수립하는 것이었다. 그러나 소비에트 정부군의 끈질긴 반격으로 연합군은 침략 목적을 끝내 달성하지 못하였다.

 연합군은 시베리아 반혁명정부 수립에는 실패했으나 시베리아 출병의 명분으로 내세운 체코슬로바키아 군대를 구원하는 데 성공하였다. 그러자 미국은 1920년 1월 시베리아에서 철군하기로 결정하였다. 연합국은 같은 해 6월까지 단계적으로 철군을 완료하였다. 하지만 일본은 거류민을 보호한다는 구실로 계속 주둔하였다. 일본은 시베리아 동부를 지배하려는 야심을 품고 있었다. 조선・만주로 사회주의 혁명이 파급되는 것을 방지하기 위한 목적도 있었다.

[3] 독점자본의 강화와 민중의 저항

1. 전쟁특수 경기

제1차 세계대전이 일어나자 일본의 수출이 호황을 누리기 시작하였다. 모든 산업생산이 급속하게 증가하였다. 미국의 호황도 수출이 증가하는 요인이 되었다. 전쟁 중인 국가로 수출하는 품목이 증가하였다. 특히 아시아 시장은 일본이 독점하였다. 서구 열강에 대신해 일본 상품이 중국은 물론 인도네시아, 인도 등 동남아시아 각국으로 수출되었다. 연합국인 러시아, 영국, 미국 등에서 주문하는 군수물자의 생산도 급증하였다. 주문이 밀려서 일본이 러일전쟁 때 사용한 구식무기까지 수출하는 상황이었다. 유럽에서 들여오던 각종 제품의 수입이 단절되었던 것도 일본경제가 발전할 수 있는 기회가 되었다.

세계 각국으로 일본상품이 수출되면서 조선업과 해운업이 발전하였다. 일본우선日本郵船은 제1차 세계대전 중에 13개 원양항로를 개척했고, 오사카와 아오시마青島를 왕래하는 근해항로를 열었다. 오사카상선大阪商船은 요코하마橫浜에서 영국의 런던을 왕래하는 원양항로를 개척하였다. 남만주철도회사에서 분리된 다롄기선大連汽船을 비롯해 우치다기선內田汽船, 다이요기선太洋汽船, 야마시타기선山下汽船, 니혼기선日本汽船 등 많은 해운회사들이 설립되었다.

경공업 부문의 발전이 두드러졌다. 특히 방적업과 제사업이 약진하였다. 대전 중에 10인 이상의 직공이 일하는 공장 노동자수가 100만 명을 넘었다. 노동자는 1914년에서 1919년까지 1.6배 증가하였다. 작업량이 늘어나면서 생산량도 2배 이상 증가하였다. 방적기는 1913년에 2백42만 추였으나 1918년에는 3백22만 추로 증가하였다. 생사의 미국 수출도 증가하였다. 1919년 미국에서 수입하는 생사의 96퍼센트가 일본산이었다. 일본 국내의 면직물업이 호황을 누리면서 1919년에는 제사업이 1914년의 2.1배 성장하였다. 그 영향으로 양잠농가가 번영하였다. 면포 생산도 1913년에 1억6,500만 엔에서 1919년에는 10억 3,300만 엔으로 증가하였다.

철강업이 비약적으로 발전하였다. 중화학공업의 상징이던 야하타제철소八幡製鉄所는 세계대전 중에 크게 확장되었다. 1913년에 440만 엔의 이윤을 냈으나 1918년에는 5,800만 엔의 이윤을 냈다. 야하타제철소의 자본과 기술은 민간 제철소의 발전에 큰 영향을 미쳤다. 제1차 세계대전 전에 22개였던 민간 제철소가 1918년에는 209개로 급증하였다. 그중에서 32개 회사가 5,000톤 이상을 생산하였다. 1914년과 1917년에는 만주와 식민지 조선에도 제철소가 설립되었다. 1914년에 약 13만 톤이던 일본의 철 생산량은 1917년에 약 60만 톤에 달하였다.

제철업의 성장은 조선업의 발달을 촉진하였다. 1913년에 100톤 이상 선박을 제조할 수 있는 조선소는 5개소에 불과했지만, 1918년에는 그런 능력을 갖춘 조선소가 41개소로 급증하였다. 조선업이 호황을 누리자 미쓰비시합자三菱合資에서 미쓰비시조선三菱造船이 분리되어 주식회사를 설립하였다. 1916년 오사카철공소가 증자하면서 일본기선日本汽船 산하에 편입되었다. 1916년 스즈키상점鈴木商店이 하리마조선播磨造船을 매수했고, 같은 해 아사노조선소浅野造船所가 설립되었다. 1917

년 미쓰이물산이 조선부造船部를 신설하면서 조선소를 건설하였다. 재벌이 조선업에 속속 진출하면서 1913년에 5만 톤에 지나지 않았던 일본의 선박 건조량이 1917년에는 73만 톤으로 급증하였다. 일본의 선박 건조량은 미국과 영국에 이어서 세계 3위로 부상하였다.

제1차 세계대전은 불모지나 다름없었던 일본의 화학공업이 비약적으로 발전할 수 있는 계기가 되었다. 독일에서 화학제품 수입이 단절되면서 국내 산업이 독립하였다. 일본질소日本窒素는 미나마타공장水俣工場을 설립하고 암모니아를 대량 생산하였다. 호도가야소다保谷曹達가 전해법으로 소다를 생산하였다. 1917년 아사히가라스旭硝子가 마키야마공장牧山工場을 설립하고 암모니아소다를 생산하였다. 전량 독일에서 수입하던 합성염료도 일본에서 생산되기 시작하였다. 1915년 미이케염료공업소三池染料工業所에서 알리자린 염료 개발에 성공하였다. 일본 정부는 「염료의약품제조장려법」을 제정해 화학공업을 육성하였다. 1616년에 일본염료제조회사가 설립되어 각종 고급염료 생산을 개시하였다.

공업화의 진전과 아울러 전력사업도 발달하였다. 히타치제작소日立製作所가 1만 마력의 발전기 제작에 성공한 것을 비롯해 전력업・전기화학공업에 필요한 대용량 기기가 국산화되었다. 시바우라제작소芝浦製作所는 선풍기와 전열기의 생산을 개시했고, 미쓰비시조선소三菱造船所도 나고야名古屋에 전기제작소를 개설하였다. 전구를 생산하던 도쿄전기東京電氣는 사업을 전기기계로 확장하였다. 각종 전기기기 대부분이 국산화되었다. 1914년에 110만 킬로와트였던 전력생산량이 1919년에는 918만 킬로와트로 증가하였다. 특히 공장의 전력 사용량이 증가하였다. 세계대전 중에는 전력이 증기력을 앞질렀다.

제1차 세계대전 직전의 일본경제는 수입초과 상태였다. 그런데 세계대전이 일어나면서 극동에 위치해 있던 일본은 전쟁의 피해를 전혀 입지 않았을 뿐만이 아니라, 일본 정부가 자본주의를 집중적으로 육성할 수 있는 기회를 얻었다.

제1차 세계대전으로 일본은 전쟁특수경기를 누렸다. 미쓰이물산의 거래액과 이윤의 변천을 통해 그 실상을 살펴보면 다음과 같다. 세계대전이 일어난 해인 1914년의 거래액은 약 4억5,000만 엔이었고, 이윤은 약 400만 엔이었다. 그런데 3년 후인 1917년에는 거래액이 약 11억 엔, 1918년에는 16억 엔, 1919년에는 약 21억 엔으로 증가하였다. 이윤도 1917년에 3,200만 엔, 1918년에 3,600만 엔으로 증가하였다. 1919년부터는 이윤이 감소했으나 전쟁 전에 비하면 막대한 금액이었다.

제1차 세계대전 전까지 수입초과국이던 일본이 전쟁특수 경기의 영향으로 수출초과국으로 전환되었다. 1913년에 일본의 수출은 약 6억3,000만 엔, 수입은 약 7억3,000만 엔이었다. 세계대전이 끝난 1918년에는 수출이 약 19억6,000만 엔, 수입이 약 16억7,000만 엔이었다. 무역외 수입도 급증하였다. 다량의 금이 일본으로 유입되었다. 1914년에 11억 엔의 채무국이었던 일본이 1920년에는 27억7,000만 엔의 채권국이 되었다. 일본은 영국·프랑스·러시아·중국에 차관을 제공하는 경제 선진국이 되었다.

2. 독점자본의 확립

전쟁은 일본 독점자본의 이윤을 급증시켰다. 군사예산의 대부분은 미쓰이三井 재벌의 일본제강, 미쓰비시三菱 재벌의 나가사키병기제작소 등 대재벌이 경영하는 회사에 분배되었다. 러시아·영국·미국 등 연합국이 일본에 주문한 군수물자의 이윤도 대재벌에 집중되었다. 전쟁 시기에 미쓰이물산·미쓰이은행이 비대해졌고, 미쓰비시 재벌이 미쓰비시은행을 설립했고, 스미토모住友 재벌도 군수산업에 뛰어들어 제철소를 설립하였다. 대재벌을 중심으로 하는 독점자본이 비약적으로 발전하였다.

일족이 소유한 자본으로 사업의 다각화를 모색하던 재벌은 제1차 세계대전의 호경기에 힘입어 사업을 더욱 확장하였다. 재벌의 총수는 거느리는 사업체를 주식회사로 전환하고, 그 주식을 소유하며 각종 사업을 총괄하는 지주회사持株會社를 설립해 콘체른 형태를 강화하였다. 그것을 가능하게 했던 것은 러일전쟁 시기에 제정된「비상특별세법」, 1913년에 제정된「소득세법」이었다. 이러한 법에 따라 개인보다는 법인, 특히 주식회사가 세제상 우대를 받았다. 또 대재벌이 사업을 다각화하고, 거액의 자본을 필요로 하는 중화학공업에 진출할 때, 타인 자본을 동원하기 쉬운 기업형태의 도입을 촉진했던 측면이 있었다.

일본의 재벌 콘체른을 대표하는 기업은 미쓰이와 미쓰비시였다. 미쓰이 재벌은 제1차 세계대전 전에 이미 미쓰이합명三井合名을 지주회사로 하는 콘체른 형태를 갖추었다. 미쓰비시 재벌은 1917년에 미쓰비시조선·미쓰비시제강, 1918년에 미쓰비시광업·미쓰비시상사·미쓰비시창고, 1919년에 미쓰비시은행·미쓰비시해상화재보험을 각각 주식회사로 독립시켰다. 미쓰비시 계열의 7개 주식회사는 미쓰비시합자三菱合資라는 지주회사가 지배하였다.

미쓰이 재벌의 산하 기업 중에서 상사商社·광산·은행 계열이 가장 높은 이윤을 창출했고, 미쓰비시 재벌의 핵심 사업은 조선·광산·은행 계열이었다. 그런데 러일전쟁에서 제1차 세계대전에 이르는 시기에 두 재벌의 사업 분야가 다각화되었다. 특히 중화학공업에 적극적으로 진출하였다. 미쓰비시는 내연기內燃機·전기기계, 조선, 제철소 등으로 사업을 확대하였다. 1918년에는 식민지 조선의 겸이포兼二浦에 제철소를 설립하기도 하였다. 미쓰이는 1913년에 홋카이도탄광기선北海道炭鑛汽船 산하에 일본제강소·와니시제철소輪西製鐵所를 포함시켰다. 1915년에는 전기화학공업을 설립하였다. 1917년에는 미쓰이물산에 조선부造船部를 설치하고, 미쓰이광산이 석탄화학 분야에 진출하였다.

미쓰이·미쓰비시 재벌은 1919년부터 직계 회사 주식 일부를 공개하기 시작하였다. 방계 회사의 주식 중 재벌 일족이 소유한 주식 보유율이 점차로 낮아지는 경향이 있었다. 대재벌이 자기자본의 기조를 유지하면서도 타인자본을 동원하기 시작했던 것이다. 이것은 최소한의 자기자본으로 상대적으로 많은 타인자본을 지배하는 콘체른의 형태가 확립되었다는 것을 의미하였다.

1910년대 말 미쓰이·미쓰비시 재벌의 투자자본은 전체 기업의 12퍼센트를 점하였다. 1928년에 발생한 금융공황 후의 13퍼센트에 필적하는 비율이었다. 사업 부문별로 살펴보면, 상사·창고·보험·조선·광업·금속기계·제지·화학비료 등에서 20퍼센트 이상을 점하고 있었다. 미쓰이·미쓰비시 재벌의 투자자본 비율은 중화학공업에서 20퍼센트를 점하고 있었지만, 철도·전기·면방직 등에서 차지하는 비율은 매우 낮았다.

제1차 세계대전 시기에 미쓰이·미쓰비시보다 규모가 작은 재벌도 사업의 다각화를 모색하면서 주식회사를 설립하였다. 시멘트·해운·석탄 사업에 주력했던 아사노浅野 재벌은 야스다安田 재벌의 후원에 힘입어 조선·철강·상사·은행 사업에 진출하면서 아사노동족浅野同族이라는 지주회사를 설립하였다. 구하라久原 재벌은 구하라산업과 히타치제작소日立製作所 등의 주식을 공개하고, 거액의 자금을 확보해 해운·조선·상사 사업에 진출하였다. 구리 가공업에서 출발한 후루카와古河 재벌은 상사·해운·금융·고무 등의 사업으로 진출하면서 후루카와합명古河合名이라는 지주회사를 설립하였다. 상사·토목을 중심으로 발전한 오쿠라大倉 재벌은 대중국 투자를 강화하면서 제철·광업·토목·상사 등을 독립시키고 합명오쿠라구미合名大倉組가 총괄하는 체제를 구축하였다. 상사를 중심으로 발전한 스즈키鈴木 재벌은 해운·조선 그리고 신흥사업에 진출하였다. 그러나 스즈키상점鈴木商店은 자본금 50만 엔의 합명회사에 지나지 않았다.

　제1차 세계대전의 전쟁특수와 1920년의 전후 공황을 거치면서 독점자본 체제가 확립되었다. 미쓰이·미쓰비시·다이이치第一·야스다安田·스미토모住友의 5대 재벌은행이 독점적 지위를 점하였다. 독점자본은 스스로 정치조직을 만들었다. 제1차 세계대전 전의 상공회의소와 같은 단체만으로는 불충분했던 것이다. 1919년 3월 일본공업클럽이 창립되었다. 이 단체는 대자본 경영자들의 모임으로 오늘날 한국의 전경련과 같은 성격의 단체였다. 일본공업클럽의 초대 이사장으로 미쓰이합명회사 이사장 단 다쿠마團琢磨가 취임하였다.

3. 물가 급등과 쌀소동

　제1차 세계대전 중에 일본경제가 발전하면서 물가가 급등하였다. 노동자의 임금도 상승하였다. 1914년에 60전 하던 활자공의 일급이 1918년에는 82전으로, 44전 하던 방직공장 직공의 일급이 69전으로 올랐다. 하지만 물가상승이 임금상승을 훨씬 앞질렀다. 실질임금은 1912년을 100이라고 했을 때 1918년에는 78까지 하락하였다.

　물가 중에서도 노동자 가계 지출의 약 40퍼센트를 차지하는 쌀값이 가장 많이 올랐다. 산업이 발달하고 도시 인구가 증가하면서 일본에서 생산되는 쌀만으로 자급할 수 없었다. 600만 석 정도가 부족하였다. 하지만 미곡시장을 장악한 지주계급은 쌀값 상승을 기대하면서 쌀의 방출을 조절했고, 미곡상은 사재기를 하였다. 쌀값이 계속 올랐다.

1917년에는 흉년이 들었다. 쌀값이 급등하기 시작하였다. 1917년 1월 한 가마니에 14엔40전 하던 쌀값이 같은 해 12월에는 22엔74전으로 급등했고, 1918년 7월에는 31엔29전까지 올랐다. 8월 2일 정부가 시베리아 출병을 선언하자 쌀값은 상식을 벗어난 수준으로 급등하였다. 조선에서 쌀을 독점 수입하던 미쓰이물산과 스즈키 상점이 방출을 미루고 있었기 때문에 쌀값이 폭등하였다. 8월에는 쌀 한 가마니 값이 41엔6전까지 올랐다.

1918년 8월 3일 도야마현富山県 나카니이카와군中新川郡에서 여성 300여 명이 무리를 지어 관청과 창고로 몰려갔다. 쌀의 선적을 저지하기 위해서였다. 남성들은 먼 바다로 고기를 잡으러 나갔기 때문에 여성들이 직접 행동에 나섰다. 관청으로 몰려간 여성들은 쌀을 다른 곳으로 이송하지 말 것, 쌀값을 인하할 것 등을 요구하였다. 미곡상을 협박하기도 하였다. 소동이 격렬해지자 경관이 출동하였다.

도야마현에서는 이미 1915년부터 쌀값이 오르기 시작하였다. 1918년에 들어서면서 쌀값이 급등했고, 그 해 여름이 되자 쌀을 구할 수가 없었다. 시베리아 출병 소문이 돌자 미곡상이 쌀을 사재기했기 때문이다. 도야마현 여성들은 분노하였다. 여성들은 생존권을 지키기 위해서 과격한 행동에 나섰던 것이다.

도야마현 여성들이 소동을 일으켰다는 소식이 전해지자, 전국 각지에서 집단시위가 연이어 일어났다. 농민들이 무리를 지어 지주에게 몰려가 항의하는 사례가 급증하였다. 광산 지대에서도 쟁의와 폭동이 일어났다. 8월 8일에는 오카야마현岡山県 오치아이초落合町에서 주민들이 관청으로 몰려갔다. 주민들은 쌀의 반출을 금지하고 쌀값을 내리라고 요구하였다. 이 사건을 계기로 쌀소동은 오카야마현 전역으로 확대되었다. 신문은 사실을 연일 보도하였다.

8월 10일이 되자 소동은 대도시로 비화되었다. 교토京都에서는 부락민 수천 명이 쌀값 인하를 요구하며 폭동을 일으켰다. 다음 날에는 소동이 교토 전역으로 확대되었다. 대소동은 나흘이나 지속되었다. 육군 제16사단이 출동해 겨우 소동을 진압하는 상황으로 발전하였다. 도쿄東京에서도 시민대회가 열렸다. 8월 13일 히비야日比谷 공원에 민중들이 모여 소동을 일으켰다.

소동은 전국의 대도시로 파급되었다. 오사카大阪에서는 8월 11일 국민당이 주최한 시민대회가 열렸다. 대회에서 항의문이 낭독되고 연설이 행해졌다. 민중은 큰길을 행진하였다. 3,000명이 넘는 사람들이 큰길 옆에 있는 미곡상을 습격하였다. 양동이나 자루를 들고 쌀을 담아가는 사람도 있었다. 소동은 더욱 확대되었다. 시위대는 시내 곳곳에서 미곡상을 습격하였다. 신문은 "오사카 전 시가지가 거의 붕괴상태"라고 보도하였다. 정부는 야간에 통행을 금지하는 조치를 취하였다.

8월 12일 고베神戸에서는 수천 명이 모여 쌀을 수입하는 스즈키상점을 에워싸고 습격하였다. 전기시설이 파괴되어 암흑과 같은 세상이 되었다. 석유를 뿌리고 불을 지르는 사람도 있었다. 미쓰비시조선소 노동자 8,000여 명이 폭동을 일으키면서 회사와 관공서 30여 곳이 파괴되거나 방화되었다. 도시는 무법천지가 되었다.

8월 17일 이후에는 소동이 지방 중소도시와 농촌으로 확산되었다. 지방에서도 성난 군중이 미곡상과 부유한 상인의 상점을 부수거나 불을 질렀다. 8월 17일 이후에는 쌀소동 발생 건수가 약간 줄어들었다. 하지만 쌀소동은 전국적으로 확산되었다. 홋카이도北海道, 규슈九州 지방, 도호쿠東北 지방까지 확산되었고 점점 과격화되었다. 군대가 출동해서 폭동을 진압하면서 많은 사상자를 낸 지역도 있었다.

서부 일본 지역에서는 탄광노동자의 폭동이 연이어 발생하였다. 8월 16일 우베宇部 탄광에서 폭동이 일어나 약 4,000명의 노동자가 미곡상을 비롯한 상점을 습격하였다. 성난 노동자는 경찰서를 파괴하고, 전화선을 끊고, 탄광사무소·탄광주택에 불을 지르고, 심지어 유곽까지 불을 질렀다. 다이너마이트를 사용하였다는 신문 기사도 보였다. 쌀소동에 많은 피차별민들도 참가하였다.

9월 중순까지 계속된 폭동은 전국의 49개 시, 217개 도시, 231개 마을, 29개 탄광에서 발생하였다. 쌀소동에 참가한 자는 전 인구의 4분의 1에 달하였다. 정부는 소동을 진압하는데 경찰력뿐만이 아니라 군대도 동원하였다. 34개 시, 49개 정, 24개 마을에 군대가 출동하였다. 동원된 병사는 10만1,718명에 달하였다. 25,000명 이상이 검거되었고 8,253명이 투옥되었다. 투옥된 자 중에서 7,786명이 기소되었다. 소동을 일으킨 자들 중에는 피차별민들이 많았는데, 그들 중에 사형에 처해진 자가 2명, 징역에 처해진 자가 2,645명이었다. 특히 10년 이상의 징역에 처해진 자가 80명이었고, 무기징역에 처해진 자가 12명이었다. 소동에 참가한 자들은 대부분이 도시의 가난한 노동자들이었다.

쌀소동의 원인은 여러 가지가 있겠으나 가장 직접적인 원인은 쌀값의 급등과 정부의 안일한 대책에서 찾아야 할 것이다. 생활고에 시달린 민중의 불안감이 일시에 폭발한 것이라고 할 수 있다. 자본가와 지주의 과도한 착취에 대한 울분이 폭발한 경우도 있었다. 광부·소작인의 폭동이 그것이었다. 그리고 사회적 차별에 대한 평소의 굴욕감이 폭발한 경우도 있었다. 피차별민의 폭동이 그것이었다.

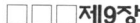제9장

국제협력 체제하의 일본

[1] 다이쇼 데모크라시 시대의 정치

1. 다이쇼 데모크라시

 제1차 세계대전 후 민주주의 사상이 유럽을 중심으로 확산되었다. 그러한 움직임은 일본에도 영향을 미쳤다. 특히 쌀소동 이후 일본사회는 문화면에서도 정치면에서도 일찍이 예상하지 못했던 격동의 시기를 맞이하였다.
 새로운 변화에 가장 빨리 대응한 세력은 제1차 세계대전 중에 중국 침략과 시베리아 출병을 지지했던 정치가들이었다. 그들은 국민을 단결시켜서 대륙침략의 원동력으로 삼으려고 했던 세력이었다. 쌀소동이 일어나자 그들은 보통선거를 실현하는 방향으로 운동 방향을 전환하였다. 노동자까지 보통선거운동에 끌어들였다. 그들은 한편으로 보통선거운동을 주도하면서 다른 한편으로는 정부의 대외정책을 비판하였다. 하지만 그들의 정치사상은 점차로 민중의 지지를 잃었다.

민중은 정치를 움직일 수 있을 만큼 성장하였다. 1914년 3월 야마모토 곤베에山本權兵衛 내각이 해군 비리사건에 격분한 야당의 공격과 대중운동의 압력으로 붕괴되었다. 민중은 군벌관료의 독재에 반대하고 민주화를 요구하기 시작했던 것이다. 이러한 움직임은 제1차 세계대전 이후에 활발해진 노동운동을 배경으로 하였다. 민주화를 요구하는 시대적 조류는 정치에 직접적인 영향을 미쳤다.

1916년 10월 군벌의 지지를 배경으로 데라우치 마사타케寺內正毅 내각이 성립되었다. 데라우치는 조슈長州 출신 육군 원수로 육군대신과 초대 조선총독을 역임한 실력자였다. 그는 관료를 중심으로 초연주의 내각을 구성하였다. 정부가 정당의 언동에 제약되지 않고 초연하게 정책을 실현해 나간다는 것이 초연주의였다. 그것은 결과적으로 정당과 민중의 요구를 무시하는 것이었다. 실제로 데라우치 내각은 야당과 민중의 뜻을 존중하지 않았다. 대외적으로 대륙침략 정책을 추진하고 대내적으로 민본주의民本主義 풍조를 압살하기 위해 언론을 탄압하였다. 노동운동의 탄압도 강화하였다. 그 결과, 데라우치 내각은 쌀소동이라는 전대미문의 국민적 저항에 부딪쳐 총사직하지 않을 수 없었다.

1916년에 창당된 헌정회憲政會는 이미 민중의 힘을 자각하고 있었다. 헌정회는 미쓰비시三菱 재벌의 지원을 받는 정당임에도 불구하고 헌정 옹호와 내각책임제를 주장하면서 "국가의 정치를 항상 국민적 기초 위에서 운용한다."고 선언하였다. 헌정당 당수는 데라우치 총리대신이 설립한 임시외교조사위원회에도 불참하였다. 물론 헌정회가 정부와 대립각을 세운 것은 정권을 장악하기 위한 책략이기도 했지만, 민중이 군벌에 염증을 느끼고 있다는 것을 간파했기 때문이다.

이 무렵 민본주의라는 말이 유행하였다. 민본주의는 "입헌" "헌정"이라는 말과 함께 데모크라시를 의미하는 신조어로 사용되기 시작하였다. 그러나 민본주의라는 말이 명확하게 정의되었던 것은 아니었다. 민본주의가 정확한 의미를 갖게 된 것은 도쿄대학 교수 요시노 사쿠조吉野作造가 일본의 국체國體[75]를 전제로 데모크라시를 민본주의로 번역하면서부터였다. 요시노는 천황제와 모순되지 않는 범위 내에서 민주화를 주장하였다.

요시노는 『주오코론中央公論』1916년 1월호에 「헌정의 본의를 설해 유종의 미를 거두는 길을 논함」이라는 제목으로 논문을 발표해 주목을 끌었다. 요시노는 이 논문에서 정치의 목적과 방침의 결정, 정치체제와 그 운용에 논의의 축을 두고 유럽 각국의 역사・사회를 사례로 들면서 민본주의론을 전개하였다. 그는 입헌정치의 근본을 이루는 것이 민본주의인데, 민본주의란 일반 민중의 이익과 행복을 목표로 하고 민중의 의사를 존중하는 정치라고 강조하였다. 또 그는 부국강병론을 구시대의 유물이라고 단언하면서 "새로운 국가생활에서 가장 중요한 것은 인간의 능력을 자유롭게 전개하는 것"이라고 주장하였다.

요시노는 민본주의 관점에서 전제적인 제도의 개혁과 민중의 권리신장에 힘을 기울였다. 또 국가주의 세력의 뿌리라고 할 수 있는 군부를 비난하였다. 군대가 통수권의 독립을 방패로 내각도 마음대로 움직이는 또 하나의 정부가 되고 있다고 지적하였다. 귀족원의 개혁과 추밀원의 폐지도 요구하였다. 일본제국주의 침략, 특히 조선의 식민지화, 중국 침략, 시베리아 출병 등에 대해서도 비판하였다.

---

[75] 일본의 국가 및 민족의 본질을 의미하는 용어이다. 국체론은 에도 시대 중기 이후에 성립된 복고사상의 내용이 발전한 것으로, 일본과 일본 민족의 본질은 '만세일계萬世一系' 천황의 전통적 권위에 뿌리를 두고 있다는 주장이다. 근대에 이르러 초국가주의의 이론적 근거가 되었다.

하지만 요시노는 제국헌법을 정면으로 비판할 수 없었다. 주권이 민중에게 있다는 주장을 펴지 못하였다. 주권이 민중에게 있는 민주주의는 군주국 일본에 적합하지 않다고 물리쳤다. 민본주의는 주권의 존재 문제가 아니고 주권의 운용 차원의 개념이라고 하였다. 요컨대 주권이 천황에 있다는 것을 전제로 민중을 위한 정치, 민중의 의견을 중시하는 정치를 강조하였다. 보통선거, 정당내각제 등은 천황제 아래서도 시행할 수 있는 것이라고 하였다. 특히 요시노는 선거를 중요시하였다. 투표는 국민의 운명을 가르는 것이며, 투표는 국가를 위해 하는 것이라고 역설하였다. 이런 주장은 겨우 목소리를 내기 시작한 민중의 공감을 이끌어냈다.

1918년 12월 요시노는 게이오대학慶応大学 교수이며 경제학자 후쿠다 도쿠조福田德三와 함께 여명회黎明會를 조직해 민본주의 사상의 보급에 힘썼다. 여명회는 세계의 대세에 역행하는 위험한 사상을 없애야 한다고 주장하는 단체였다. 여명회는 군벌관료에 대항하는 세력에게 이론적 근거를 제시하였다. 민본주의는 호헌운동護憲運動과 보통선거운동을 통해 더욱 확대되었다. 다이쇼大正 시대의 이러한 데모크라시 풍조를 다이쇼 데모크라시라고 한다.

2. 하라 내각의 성립

쌀소동 이후 쌀값을 비롯한 물가가 반값 이하로 하락하였다. 쌀소동이라는 미증유의 사건을 경험한 민본주의자들은 여론을 배경으로 정부를 공격하기 시작하였다. 정당에 거부감을 갖고 있던 원로들도 민중의 힘을 무시할 수 없다는 것을 자각하였다. 쌀소동은 다이쇼 데모크라시의 서곡이었다고 할 수 있다.

1918년 9월 27일 일본에서 처음으로 작위爵位가 없는 중의원 의원으로 입헌정우회立憲政友會 총재였던 하라 다카시原敬가 총리대신이 되었다. 9월 29일 하라 총리대신은 육군대신·해군대신·외무대신 이외의 모든 각료를 입헌정우회 회원으로 임명하였다. 일본 최초의 본격적 정당내각이 실현된 것이다. 정국의 일신을 학수고대하고 있던 민중은 "평민재상"이 이끄는 정당내각의 탄생을 환호하였다.

하라 내각이 탄생하는데 가장 큰 공헌을 한 것은 쌀소동이라고 해도 과언이 아니었다. 쌀소동이 일어나자 하라는 자신이 총리대신이 될 수도 있다는 것을 예감하였다. 하라는 신중하게 행동하였다. 쌀소동이 정점에 달했을 때, 하라는 고향으로 내려가서 9월 초까지 도쿄에 돌아오지 않았다. 하라는 쌀소동에 참가하는 사람들에게 눈길도 주지 않았다. 원로와 군벌 세력의 눈치를 살피고 있었다.

9월 4일 하라는 데라우치 마사타케寺內正毅 총리대신이 사임을 결심하였다는 정보를 입수하고 비로소 도쿄로 돌아왔다. 그리고 정계의 실력자들을 차례로 만났다. 당시 새로운 총리대신 후보로 사이온지 긴모치西園寺公望나 기요우라 게이고淸浦奎吾가 물망에 올라 있었다. 평민 신분인 하라가 총리대신이 되는 것에 저항감을 느꼈던 정치가가 많았다. 그런데도 하라가 총리대신이 되었다.

당시 원로들의 영향력이 점차로 약화되고 있었다. 야마가타 아리토모山縣有朋를 추종하는 세력도 분열의 기미가 보였다. 데라우치와 같은 충실한 추종자조차 원로들이 모든 정치에 간섭하는 것에 불만을 품고 있었다. 관료들 또한 막후에서 정치를 조종하는 원로들의 뜻에 따르려고 하지 않았다. 정당의 영향력은 점점 커지고 있었다. 젊은 관료들은 원로들의 눈치를 살피기보다는 여론의 지지를 받고 있는 정당에 접근하였다. 상황이 변화하자 원로들도 정당정치를 인정하지 않을 수 없었다.

야마가타 아리토모는 1917년 4월 총선거에서 제1당이 된 입헌정우회가 반정부의 기치를 내걸고 민중을 선동하면 정치위기가 도래할 수도 있다고 생각하였다. 그러나 야마가타는 관료들 중에서 사태를 수습할 수 있는 적임자를 찾을 수 없었다. 그래서 사이온지 긴모치가 입헌정우회 총재 하라 다카시를 추천했을 때 동의하지 않을 수 없었다.

하라가 총리대신으로 지명된 것은 단지 여론의 힘만은 아니었다. 여론 이외에 세 가지 요인을 들 수 있다. 첫째 원로들을 추종하는 인물 중에 누구도 총리대신 직책을 맡으려고 하지 않았다는 점, 둘째 하라가 다수당의 총재였다는 점, 셋째 정당에서 총리가 나오지 않을 경우 정당 세력이 의회에서 정부를 공격할 위험성이 있었다는 점 등이다. 원로들은 대세에 밀려 하라를 총리대신으로 추천하였다. 하지만 원로들이 권력을 포기한 것은 아니었다. 정당내각이 성공하기를 바라지도 않았다. 원로들은 내심 정당 지도자들이 실수를 범해 관료를 중심으로 하는 내각체제로 회귀하기를 진심으로 바라고 있었다.

3. 선거법 개정과 총선거

쌀소동을 계기로 일본인은 정치에 눈을 떴다. 직접 정치에 참여하기를 원하는 민중의 열망은 보통선거운동으로 표출되었다. 민중은 직접 거리로 나섰다. 1919년 2월 도쿄대학을 비롯한 10여 개 대학 학생들이 조직한 전국학생동맹회 3,000여 명이 데모를 하였다. 같은 시기 교토에서는 보통선거를 위한 노동자대회가 개최되었다. 3월 1일에는 도쿄의 히비야 공원에 5만 명이 모여 보통선거 촉진대회를 열었다. 보통선거운동은 전국의 주요 도시로 확산되었다.

1920년에는 헌정회와 국민당이 보통선거법을 국회에 상정하였다. 이미 1919년 말에 서부 일본에서 보통선거를 위한 노동연맹이 결성되었고, 1920년 1월에는 도쿄에서 전국보통선거연합회가 결성되었다. 도쿄의 노동단체는「치안경찰법」철폐를 요구하는 노동연맹을 조직하고 본격적으로 보통선거운동에 들어갔다. 2월에는 수만 명이 참가한 집회가 도쿄에서만 3회나 개최될 정도였다. 보통선거운동의 열기는 한층 고조되었다.

그러나 민중의 기대를 한 몸에 모으며 총리대신이 된 하라 다카시는 정작 보통선거 실시에 반대하였다. 그는 보통선거가 실시되면 위험한 사상, 즉 사회주의 사상이 확대될 것이라고 생각하였다. 하라 내각은 1919년 3월「중의원 의원 선거법」을 개정하였다. 1920년 2월 26일 헌정회가 보통선거법안을 중의원 본회의에 상정했을 때 하라 총리대신은 입헌정우회 의원들과 한마디 상의도 없이 국회를 해산하였다. 그리고 1920년 5월 14회 총선거를 실시하였다.

하라 내각은 선거법을 개정하고 군제郡制를 폐지해 입헌정우회의 기반을 다졌다. 보통선거운동에 대해서는 선거권의 일부를 확대하는 것으로 호응하였다. 1919년 5월 선거법을 개정하였다. 선거 자격을 세금 10엔 이상 납부한 자에서 3엔 이상 납부한 자로 정하였다. 유권자 수는 143만 명에서 286만 명으로 증가하였다.

소선거구제가 도입되었다. 하라는 소선거구제를 도입하는 것이 "위험한 사상의 전파를 방지하는 유일한 방법"이라고 말하였다. 그런데 소선거구제 도입은 정우회 세력을 확대하기 위한 술책이었다. 새로이 선거권을 갖게 된 사람들은 대부분이 지방 농촌의 소지주나 상층 농민이었다.

유권자 수의 증가는 곧 전국 농촌에 정우회 세력이 확대되는 것을 의미하였다. 14회 총선거 결과 정우회 소속 의원이 162명에서 282명으로 늘어났다. 정우회는 중의원 과반수를 점하였다. 한편, 헌정회는 118석에서 108석으로, 국민당은 31석에서 29석으로 줄었다. 보통선거운동은 큰 타격을 입었다.

하라 내각은 일본에서 처음으로 성립된 정당내각이었다. 그래서 민중의 지지를 얻고 있었고, 또 정우회의 적극정책이 각 지방 민중의 지지를 얻는 데 성공하였다. 바로 이점이 14대 총선거에서 정우회가 크게 승리할 수 있었던 원인이었다. 14대 총선거 결과는 이미 하라 내각이 1919년 가을에 실시된 부현회의원府縣會議員 선거에서 정우회가 의석의 55퍼센트를 얻은 것에서도 어렵지 않게 추측할 수 있었다.

4. 하라 다카시의 정치

하라 다카시는 원로와 군벌세력의 동의가 없었다면 결코 총리대신이 될 수 없었다. 그런 사정을 잘 아는 하라는 데라우치 마사타케 내각의 정책을 충실히 계승하였다. 하라 내각은 정당과 여론을 배경으로 군벌관료 세력과 대립각을 세우려 하지 않았다. 민중의 성장에 위기감을 느끼고 있던 군벌관료 세력과 타협하였다.

하라 내각은 4대 정강을 마련하였다. 교육시설의 개선 · 교통기관의 정비 · 산업 및 통상무역의 진흥 · 국방의 충실이 그것이었다. 하라 내각은 교육 · 교통 · 산업 · 국방의 균형적 발달을 꾀하려고 하였다. 제1차 세계대전 후의 세계정세에 능동적으로 대처하기 위한 것이기도 하였다.

하라 내각은 중등 · 고등교육을 강화하였다. 고등학교 · 실업학교 · 전문학교를 신설하고 상업학교를 단과대학으로 승격시켰다. 학문이

다양화되면서 대학 학부의 증설도 허용하였다. 도쿄제국대학에 경제학부가 신설되었다. 중학교가 늘어나면서 학생 수가 급증하였다. 1918년 12월 「대학령」을 공포하였다. 그동안 전문학교였던 게이오대학慶応大学・와세다대학早稲田大学・메이지대학明治大学・호세대학法政大学이 이때부터 대학이라고 불리게 되었다.

하라 내각은 지방 명망가에게 이익이 돌아가는 정책을 적극적으로 추진하였다. 자본가의 요구를 충족시키면서 각 지역 명망가를 입헌정우회로 끌어들이기 위한 책략이었다. 실제로 효고현兵庫県에서는 헌정당을 지지한 지방 명망가가 하천의 제방을 보수하는데 필요한 자금을 지원받기 위해 입헌정우회를 지지하였다.

하라 내각은 전신・전화 사업의 확대, 도로의 신설・개축, 항만의 수축, 하천의 정비 등과 같은 사업을 추진하였다. 「철도부설법」을 개정하고 방대한 철도부설계획을 입안하였다. 1921년에 제출된 철도부설법 개정안은 149선 6,349마일의 노선을 부설한다는 방대한 것이었다. 각종 사업을 위해 발행한 국채는 1916년 24억7,000만 엔에서 1921년 40억8,000만 엔으로 급증하였다.

하라 내각은 재정 팽창에 의한 적극정책을 추진하였다. 군비 확대도 데라우치 내각을 상회하는 규모로 추진하였다. 1920년 7월에는 가상 적국 미국의 해군 군비확대에 대항하기 위해 전함 8척, 순양함 8척을 1927년까지 완성한다는 방침이 결정되었다. 1920년에는 군사비가 일반회계에서 점하는 비율이 48퍼센트, 1921년에는 49퍼센트에 달하였다. 또 시베리아 출병을 계속하는 등 군사전략 면에서도 강경정책으로 일관하였다.

1919년 8월 조선・타이완 총독부 관제가 개정되었다. 총독 무관 규정이 철폐되고 총독이 보유한 병권도 해제되었다. 조선에서 악명이 높았던 헌병경찰제도가 폐지되었다. 비록 제한적이기는 하지만 언론・

출판·집회의 자유도 용인되었다. "사상이 건전한" 조선인부터 식민지 지배체제에 편입시키는 계획이 실행되었다. 하지만 소위 문화통치는 허울뿐이었다. 헌병 대신에 경관이 대거 투입되었다. 문관이 조선 총독에 임명되는 일은 결코 없었다.

하라 내각은 사회문제를 정책적으로 해결하는 길을 모색하였다. 내무성에 설치된 사회과를 사회국으로 승격시켜 사회정책과 협조정책을 전담하도록 하였다. 「결핵예방법」과 「건강보호법」을 제정하였다. 1922년에는 「소년법」을 공포하였다. 「소년법」은 18세 미만 소년의 보호절차 및 형사처분에 관한 규정이었다. 사회문제와 사회운동에 대처하면서 민중의 요구를 수용하려고 노력하였다.

방면위원 제도가 창설되었다. 이것은 각 지방에 위원을 두고 그 지역 빈곤자의 생계·생활조사를 실시하거나 상담하는 제도였다. 방면위원에는 지역의 상공업자나 자산가가 주로 임명되었다. 방면위원은 도움이 필요한 자를 사회시설에 연락하거나 지역 빈민층을 감시해 사회문제를 사전에 해결하는 역할을 담당하였다. 지방자치단체에서 마을금고·공설식당·직업소개소를 운영하는 것도 사회사업의 일환이었다.

사회사업은 자연스럽게 교화사업으로 연결되었다. 1919년 3월 내무성은 민력함양운동을 개시하였다. 이 운동의 목적은 천황에 충성하고, 헌법을 준수하고, 애국심이 투철한 국민을 육성하는 것이었다. 저축을 장려하고, 시간을 잘 지키고, 의식주를 개량하고, 혼례·장례를 개선하는 일도 추진되었다. 국가가 앞장서 사생활 영역까지 합리화하는 정책을 추진했던 것이다. 문부성에서 추진한 생활개선운동도 민력함양운동과 유사한 것이었다.

하라 총리대신은 많은 업적을 남겼지만 인기는 갈수록 하락하였다. 민중이 하라를 지지한 것은 평민 출신인 그가 민중의 권익을 보호할 것으로 기대했기 때문이다. 그러나 하라는 오히려 민중의 역량을 과소

평가하였다. 그는 민중의 보통선거 요구를 묵살했고, 「치안경찰법」에 의한 쟁의행위금지를 철폐하라는 사회주의자의 요구를 거부하였다. 쟁의가 발생한 공장 내에서 노동자가 행한 행위에는 「치안경찰법」을 적용하지 않았지만, 노동조합이 쟁의를 지도하면 「치안경찰법」을 적용하였다. 노동운동에 대한 탄압도 계속되었다.

하라는 사회주의운동에 대한 선입견을 갖고 있었다. 사회주의운동이 확대되는 것은 일부 지식인이 민중을 선동하기 때문이라고 생각하였다. 민중의 사회적·정치적 요구가 반영된 것이라고 생각하지 않았다. 그래서 지식인에 대한 사상탄압에 정책의 초점을 맞췄다. 하라 총리대신에 대한 민중의 분노가 쌓이기 시작하였다.

민중을 더욱 허탈하게 한 것은 하라 내각과 입헌정우회가 부정부패 사건에 깊숙이 관련되었다는 사실이다. 1919년 말 아편을 단속하는 공무원이 아편 밀매에 연관된 사건, 1920년 5월 남만주철도회사 부사장이 공금으로 석탄과 선박을 비싼 값에 구입하는 조건으로 입헌정우회에 헌금을 요구한 사건, 각종 공사에 시의원이 관여한 사건 등이 잇달아 드러났다. 궁중에서도 황태자 혼례를 둘러싸고 추문이 돌았다. 민중은 정치에 환멸을 느꼈다. 1921년 11월 4일 하라는 도쿄역 앞에서 한 청년에게 암살되었다. 그 청년은 입헌정우회가 관련된 각종 의혹에 분개하였다고 진술하였다.

[2] 제1차 세계대전의 종결과 일본

1. 제1차 세계대전 전후의 국제환경

제1차 세계대전 이전의 국제 정치체제는 군주제를 용인하였다. 프랑스·미국과 같은 공화국을 제외한 영국·독일·러시아·오스트리아·이탈리아·터키·일본은 모두 군주제를 근본으로 국민을 단결시키는 것이 당연하다고 인식하였다.

제1차 세계대전이 일어났을 때 유럽 각국의 민중은 전쟁이 곧 끝날 것이라고 믿었다. 누구도 19세기의 연장선상에 있는 국제 정치체제가 붕괴하리라고 예상하지 못하였다. 하지만 제1차 세계대전은 누구도 생각하지 못한 방향으로 전개되었다. 전쟁이 곧 끝날 것이라는 예상은 빗나갔다.

각국은 미증유의 동원전·소모전에 빠졌다. 1915년 4월 독일군은 국제조약으로 사용이 금지된 독가스를 사용하였다. 1916년에는 비행기가 전투에 참가해 도시를 공습했고 전차가 등장하였다.

양대 진영은 여러 국가와 민족을 전쟁에 끌어들였다. 인도와 일본이 참전하였다. 미국·영국은 유대인에게 팔레스타인에 국가를 건설할 수 있게 해 주겠다고 약속하였다. 유태인을 전쟁에 끌어들이기 위해서였다. 유럽에서 일어난 전쟁은 세계대전으로 확대되었다.

아무도 러시아 혁명을 예상하지 못하였다. 전쟁이 장기화되고 소모전으로 치달으면서 민중은 극도로 피폐해졌다. 민중은 지배자가 상상하지도 못할 만큼 곤궁해졌다. 그러자 권력이 국민을 장악하는 힘이 상대적으로 약했던 러시아에서 혁명이 일어났다. 역사상 처음으로 노동자·농민을 주체로 하는 정치체제가 성립되었다. 거대한 영토를 가진 러시아는 자본주의 세계에서 이탈하였다.

　전쟁으로 궁핍해진 독일의 노동자계급도 급진적 성향을 띠었다. 1918년 11월 독일은 왕조를 타도하고 바이마르 공화제를 수립하였다. 오스트리아에서도 노동자들이 앞장서 왕조를 무너뜨렸다. 영국·이탈리아에서도 노동자들이 조직적인 투쟁을 전개하였다. 유럽 각국은 미증유의 사회변동을 경험하였다.

　민중의 목소리가 커지면서 민주주의 세력이 비약적으로 성장하였다. 국가주의 가치와 제국주의 체제를 전제로 한 군국주의와 그 이데올로기는 의미를 상실하였다. 제국주의 국가는 이전과 같이 행동할 수 없었다. 제국주의 이데올로기 또한 이전과 같이 기능할 수 없었다. 전쟁과 혁명을 거치면서 군주제는 거의 소멸하였다. 열강 중에서 전제적 성격을 갖춘 군주국은 일본뿐이었다. 천황제와 일본제국주의도 위기감을 느끼지 않을 수 없었다.

　제1차 세계대전으로 유럽 열강이 해체되거나 약체화된 데 비해 미국은 더욱 강력한 힘을 갖추었다. 세계대전 초 중립을 지키던 미국의 무역이 급증하였다. 세계대전 전에는 50억 달러가 넘는 채무국이던 미국은 1920년까지 170억 달러 이상의 수출초과를 달성하고 각국에 100억 달러 이상을 빌려 주는 채권국이 되었다. 민간자본의 해외 투자도 100억 달러에 달하였다.

　미국의 발언권은 막강한 경제력을 배경으로 하였다. 연합국을 대표하는 국가가 된 미국은 동아시아의 경제와 정치에도 영향력을 행사하였다. 미국은 일본의 행동에 제동을 걸었다. 1915년 일본이 중국에 제안한 21개조 요구를 비난했고, 1918년 11월 이후 일본의 시베리아 출병 방식에 대해서도 항의하였다. 1919년 베르사유 회의에서 일본의 중국 침략에 이의를 제기하였다. 일본과 미국의 관계는 냉각되었다. 태평양을 사이에 두고 일본과 미국은 해군력 증강 경쟁을 벌였다. 일본과 미국이 곧 전쟁을 할 것이라는 소문이 떠돌기도 하였다.

2. 파리강화회의와 베르사유조약

1918년 11월 제1차 세계대전이 끝났다. 1918년 3월부터 독일은 대대적인 반격을 했지만 작전은 실패로 돌아갔다. 그러자 독일은 연합군에 항복하였다. 11월 11일 독일이 연합국과 휴전협정을 맺으면서 4년간에 걸친 전쟁이 끝났다. 러시아에 이어서 독일도 전쟁이라는 무거운 부담을 견디지 못하고 스스로 무너졌던 것이다.

1919년 1월 18일 연합국은 프랑스 파리 베르사유 궁전에서 강화회의를 열었다. 일본은 원로 사이온지 긴모치西園寺公望를 수석 전권대사, 추밀원 고문 마키노 노부아키牧野伸顯를 차석 전권대사로 파견해 강화회의에 임하였다. 영국 주재 일본대사·프랑스 주재 일본대사·이탈리아 주재 일본대사도 강화회의에 합류하였다.

일본은 마키노 전권대사에게 다음과 같은 훈령을 내렸다. 첫째 중국 산둥성山東省의 독일 이권과 북태평양에 있는 독일령 제도를 획득할 것, 둘째 직접 이해관계가 없는 문제에는 일체 관여하지 말 것, 셋째 연합국과 공통의 이해관계가 있는 문제에는 협조할 것 등이었다. 강화회의에서 일본대표는 정부의 훈령대로 행동하였다.

강화회의는 미국 대통령 윌슨W. Willson이 제창한 평화 14개조를 기초로 토의가 진행되었다. 강화회의의 주도권은 미국·영국·프랑스가 장악했고 이탈리아와 일본은 발언에 소극적이었다. 중국 대표는 산둥성에 있는 독일의 권익은 중국에 반환되어야 마땅하다고 주장하였다. 중국도 독일에 선전포고를 했기 때문이다. 중국 대표가 주장을 굽히지 않자 일본은 마키노 전권대사에게 산둥 문제에 관한 일본의 요구가 관철되지 않으면 조약에 조인을 하지 말라는 훈령을 내렸다. 일본이 강경한 태도로 나오자 윌슨 대통령은 중국 측의 요구를 무시하고 일본의 손을 들어주었다. 미국·영국·프랑스는 중국에서 독일이 보유한 이권을 일본이 승계하는 것을 승인했고, 적도 이북에 산재한 독일령 제도를 사실상 일본이 지배하도록 결정하였다. 일본은 얻을 수 있는 것을 다 얻었다.

1919년 11월에 강화조약이 체결되었다. 이것을 베르사유조약이라고 하고, 새로이 형성된 국제질서를 베르사유 체제라고 한다.

베르사유조약의 주요 내용은 다음과 같았다. 독일이 재기하는 것을 두려워한 영국·프랑스는 독일 국토의 6분의 1을 빼앗고, 독일이 해외에서 점유한 영토를 몰수하였다. 독일이 보유할 수 있는 육군은 10만 명, 해군은 1만5,000명으로 제한하였다. 거액의 배상금도 부과하였다. 그리고 민족자결의 원칙을 채택하였다. 세계대전 원인 중의 하나가 약소민족의 독립 문제였기 때문이다. 그 결과, 동유럽 여러 나라의 독립이 인정되었다. 윌슨의 민족자결주의는 한반도에서 3·1운동이 일어나는 원인이 되었다.

1920년 윌슨의 제안으로 국제연맹이 설립되었다. 국제연맹은 가맹국의 군비축소, 영토 보전, 정치적 독립의 존중과 국제 분쟁의 평화적 해결 등을 목적으로 하는 최초의 세계기구였다. 본부는 스위스 제네바에 두었다. 총회·연맹이사회 등의 기관이 설치되었다. 일본은 영국·프랑스와 더불어 상임이사국이 되었다. 영국·프랑스가 국제연맹의 운영을 주도하였다. 국제연맹의 영향력은 그렇게 크지 않았다. 무엇보다도 미국·소련이 국제연맹에 가입하지 않았고, 참가국이 자국의 이익에 집착했기 때문이다.

3. 워싱턴체제의 성립

제1차 세계대전 중 일본은 총리대신을 의장으로 하고 육군대신, 해군대신, 외무대신, 오쿠라대신, 참모총장, 군령부장 등으로 구성된 국방회의를 열었다. 이 회의에서 육군을 25개 사단으로 늘리고, 해군은 전함 8척과 순양함 8척으로 늘리는 소위 8·8함대를 갖추기로 결정하였다. 미국도 일본·영국을 가상 적국으로 해군의 전력을 증강하는 계획을 세웠다. 영국도 1921년 2월 순양함 4척을 건조하기로 결정하였다. 세계 3대 해양강국이 경쟁을 시작했던 것이다.

군사비 지출이 늘면서 각국은 재정난에 시달렸다. 1920년경 미국·영국의 군사비는 세출의 20퍼센트를 넘었다. 일본의 군사비는 세출의 40퍼센트를 넘었다. 그러자 각국에서 군비를 축소하려는 분위기가 조성되었다. 세계평화라는 이상을 기치로 내걸고 안전보장과 군축을 목표로 하는 회의가 자주 개최되었다.

제1차 세계대전 후 국제정치의 주도권을 장악한 미국은 열강의 군비 확장 경쟁을 억제하려고 하였다. 특히 일본의 중국 침략을 견제하였다. 1921년 7월 11일 미국은 일본·영국·프랑스·이탈리아에 워싱턴회의를 제의하였다. 군비 축소와 태평양·극동 문제를 논의하기 위해서였다. 벨기에·네덜란드·포르투갈도 워싱턴회의에 참가하기로 하였다.

일본은 미국과의 관계를 개선할 수 있는 기회라고 판단하였다. 해군대신 가토 도모사부로加藤友三郎를 수석대표로 임명하였다. 귀족원 원장과 주미대사도 회의에 참석하도록 하였다. 1921년 11월 12일 워싱턴회의가 개최되었다. 회의가 열리자마자 미국 국무장관은 군축안을 제시하였다. 함대 건조계획을 모두 폐기하고 미국·영국이 각각 5, 일본이 3의 비율로 군축을 하자는 것이었다.

가토 수석대표는 결단을 내렸다. 태평양의 방위를 현재의 상태로 유지하는 것을 전제로 미국의 제안을 수락하였다. 일본의 국력이 미국·영국에 비해 크게 차이가 난다고 판단했기 때문이다. 수행원 중에는 미국이 제시한 비율에 동의하지 않는 자도 있었다. 일본 국내에서도 강경론이 우세하였다. 그러자 가토 수석대표는 다음과 같이 말하였다. "국방은 군인의 전유물이 아니다. 전쟁 또한 군인만으로 수행할 수 있는 것이 아니다. 국가가 총동원되지 않으면 목적이 달성되기 어렵다. 따라서 한편으로 군비를 충실히 하고 동시에 민간의 공업 수준을 높이고 무역을 장려해야 한다. 진정한 국력을 갖추지 않는다면 전쟁은 불가능한 것이다."

 가토 수석대표의 판단은 냉정하였다. 군인들은 군비 증강만을 생각하였다. 그러나 가토는 경제력의 중요성을 깊이 인식하였다. 실제로 서구 열강과 일본의 선철 생산량을 비교해 보면 국력의 차이를 실감할 수 있었다. 1919년 당시 미국의 선철 생산량은 3,151만3,000톤, 영국은 816만4,000톤, 프랑스는 334만4,000톤이었다. 이에 비해 일본은 59만6,000톤이었다. 사정이 이런데도 가토 수석대표의 태도가 비굴하다고 비난하는 자들이 많았다. 일본의 국력을 과대평가하고 국제협조의 필요성을 인식하지 못했기 때문이다.

 미국은 일영동맹이 일본의 팽창정책을 부추겼다고 판단하였다. 영국에게 일영동맹을 폐기하라고 요구하였다. 워싱턴회의에서 먼저 미국·영국·프랑스·일본이 4개국조약을 맺어 태평양의 여러 섬들을 현 상태로 영유하고 서로 이권을 존중하기로 약속하였다. 4개국조약이 성립되자 영국과 일본은 동맹관계를 끝내기로 하였다. 1902년 1월 30일 런던에서 조인된 후 몇 번이나 갱신하면서 20년간 일본 외교의 기축이던 일영동맹이 폐기되었다.

 미국·영국·프랑스·이탈리아·일본의 5개국은 해군군축조약을 맺었다. 그 내용은 주력함의 건조를 10년간 중지하고 보유량을 미국·영국이 5, 일본이 3, 프랑스와 이탈리아가 각각 1.67의 비율로 제한하는 것이었다. 이상의 5개국에 중국·벨기에·네덜란드·포르투갈 등 4개국을 추가해 9개국조약을 맺었다. 그 내용은 중국의 주권·독립·영토 보전의 존중, 중국에 대한 무역의 기회균등, 문호개방 등의 원칙을 확인하는 것이었다.

1922년 2월 4일 일본은 산둥 반도의 조차지를 중국에 반환하고 중국은 그곳을 개방한다는 조약에 조인하였다. 또 중국에 대한 21개조 요구 중에서 가장 비난을 받았던 제5호를 철회하였다. 일본은 만주·몽고에 투자하는 데 일본이 우선권을 갖는다는 조건도 철회한다는 성명을 발표하였다. 워싱턴조약이 체결되면서 이시이石井·랜싱Lansing 협정이 폐기되었다.

워싱턴회의 결과 동아시아에서 미·영·일 3개국의 협력관계를 축으로 하는 새로운 국제질서가 형성되었다. 그러나 해군군축조약을 맺은 국가들은 순양함, 구축함, 잠수함 등 조약에서 제외된 보조함을 경쟁적으로 건조하기 시작하였다. 그것은 또 다른 긴장을 유발하는 요인이 되었다.

1927년 미국은 제네바 회의를 제안하였다. 일본은 사이토 마코토斎藤実를 전권대사로 파견하였다. 프랑스와 이탈리아는 총톤수 제한안이 거부된 것을 이유로 회의에 불참하였다. 그래서 미국·영국·일본만이 회의에 참석하였다. 워싱턴회의에서 군축 대상에서 제외되었던 1만 톤급 이하 보조함 제한에 관해 논의하였다. 하지만 의견의 일치를 보지 못해 회의는 실패하고 말았다.

1928년 8월 27일 미국·프랑스의 제안으로 파리조약이 체결되었다. 파리조약은 부전조약不戰條約이라고도 한다. 미국, 영국, 프랑스, 독일, 일본 등 15개국이 국가 정책 수단으로서 전쟁을 하지 말자고 약속했기 때문이다. 이 조약은 원래 프랑스가 미국에 양국조약의 형태로 제안한 것이었으나 미국은 국제조약의 형태로 조인해야 마땅하다고 회신한 것이 실마리가 되어 추진되었다. 회의에서 국제분쟁이 발생하면 전쟁이 아닌 평화적인 방식으로 문제를 해결하기로 하였다.

일본에서는 파리조약 문건 중에 "인민의 이름으로"라는 구절이 문제가 되었다. 입헌제정당立憲帝政黨이 그 문제로 정부를 공격하자 우익과 군부가 동조하였다. 1929년 6월 의회는 "인민의 이름으로"라는 문구가 일본에는 적용되지 않는다는 조건을 달아서 비준하였다. 국가체제 문제가 정쟁에 이용되었던 것이다.

[3] 정당정치의 발달

1. 1920년대 전반의 정치와 사회

하라 다카시 총리대신이 암살된 후, 원로 사이온지 긴모치의 추천으로 다카하시 고레키요高橋是淸가 후계자로 정해졌다. 1921년 11월 13일 다카하시 고레키요는 입헌정우회 총재가 되어 내각을 구성하였다. 그러나 다카하시는 입헌정우회 내에서 하라 다카시와 같은 지도력을 발휘하지 못하였다. 내무대신 도코나미 다케지로床次竹次郎 · 문부대신 나카하시 도쿠고로中橋德五郎 · 철도대신 모토다 하지메元田肇 등 당의 간부들과 대립하였다. 다카하시 총리대신은 내각을 개편해 입헌정우회의 체질을 개선하려고 하였다. 그래서 법제장관法制長官인 요코타 센노스케橫田千之助를 간사장으로 하고, 1922년 5월 전 각료에게 사표 제출을 요구했으나 각료들이 저항하였다. 그러자 6월 6일에 다카하시 내각이 총사직하고 말았다.

이어서 워싱턴 회의에 일본의 수석대표로 참석했던 가토 도모사부로加藤友三郞가 입헌정우회의 지지를 배경으로 총리대신이 되었다. 1915년 제2차 오쿠마 내각 때부터 해군대신을 역임한 가토 도모사부로는 총리대신이 된 후에도 해군대신을 겸임하면서 워싱턴 회의에 기초한 해군의 군축을 실현하는 정책을 추진하였다.

가토 내각은 시베리아 출병 중의 군대를 철병하였다. 그동안 시베리아에 출병한 일본군은 러시아 민중이 조직한 유격대, 즉 빨치산의 활동으로 큰 피해를 입었다. 일본 영사관원과 일본인 거류민이 빨치산에게 목숨을 잃었다. 소비에트 혁명군의 반격으로 일본의 시베리아 침략 목적도 달성되지 못하였다. 더구나 연합국이 일본의 독주를 견제하기 시작하였다. 국내 여론도 철군 쪽으로 기울었다. 1922년 6월 12일 일본은 철군을 결정하고 10월 15일까지 철군을 완료하였다.

7만 명이 넘는 대군이 4년 동안 시베리아에 주둔하면서 일본은 10억 엔의 비용과 약 3,500명의 병사를 희생시켰다. 일본의 시베리아 출병은 선전포고도 없이 다른 나라를 침략한 전쟁이라는 선례를 남겼다. 여러 나라가 시베리아를 침략했지만 가장 오랫동안 머물면서 국제적으로 비난을 받은 나라는 일본뿐이었다. 일본의 시베리아 출병은 명분도 없고, 목적도 없고, 명확한 적도 없고, 사명감도 없는 전쟁이었다.

중국의 외국우편국을 1923년 1월 1일까지 철폐해야 한다는 워싱턴 회의 결의를 실행하는 것도 가토 내각의 과제였다. 일본 정부는 베이징에서 중국 측과 접촉하고 12월 8일 우편물 교환에 관한 약정을 체결하고 1923년 1월 1일부터 실시하기로 하였다. 그러나 추밀원 의원과 강경파 의원들 사이에서 가토 내각의 대중국 정책에 대한 불만이 높아졌다.

가토 내각은 재정정리를 비롯한 행정개혁에도 힘을 기울였다. 1921년 말에 소집된 제46회 의회에 제출된 예산안 총액은 전년에 비해 1억 3,600만 엔 감소한 것이었다. 한편, 내부성의 사회국을 확충하고 「중앙도매시장법」·「산업조합중앙금고법」을 제정하고, 「공장법」을 개정하였다. 가토 내각은 의회에서 다수를 점하는 입헌정우회의 지원을 받으면서 거의 모든 법안을 성립시켰다. 소련과도 통상관계를 위한 교섭에 임하는 등 외교적인 면에서 성과를 거두었다. 그러나 1923년 8월 24일 가토 도모사부로 총리대신이 재직 중에 사망했기 때문에 내각이 총사직하였다.

1923년 8월 28일 천황은 야마모토 곤베에山本權兵衛에게 내각을 구성하라는 명령을 내렸다. 사쓰마 출신의 거물인 야마모토 곤베에가 다시 내각을 구성하였다. 시멘스 사건으로 9년 전에 갑자기 퇴진할 수밖에 없었던 야마모토가 사쓰마 파벌을 등에 업고 다시 정권을 잡았던 것이다. 야마모토는 고토 신페이後藤新平와 제휴하면서 입헌정우회 출신 이외의 세력과 손을 잡고 거국일치내각을 수립하려는 계획을 세웠다. 8월 29일 야마모토는 각 정당의 당수, 귀족원 간부 등과 차례로 접촉하면서 협력과 입각을 요청하였다. 그러던 중 9월 1일 관동대진재關東大震災가 일어났다. 야마모토는 서둘러 조각을 마무리하고 9월 2일 내각을 출범시켰다.

야마모토 총리대신은 내무대신에 고토 신페이, 오쿠라대신에 이노우에 준노스케井上準之助, 육군대신에 다나카 기이치田中義一, 해군대신에 다카라베 다케시財部彪, 체신 겸 문부대신에 이누카이 쓰요시犬養毅, 농상무 겸 법무대신에 덴 겐지로田健治郞 등을 입각시켰다. 이어서 9월 6일에 히라누마 기이치로平沼騏一郎가 법무대신, 19일에는 이주인 히코키치伊集院彦吉가 외무대신에 취임하였다. 야마모토 내각에서 주목되는 인물은 혁신클럽革新俱樂部[76]의 대표격인 이누카이의 입각이었다. 이누카이는 입헌제의 완성을 목표로 하는 정치가였으며, 제1차 호헌운동에서 번벌과 관료의 배척을 주장했던 인물이었기 때문이다.

내무대신에 취임한 고토 신페이는 관료 정치가 중에서 이색적인 인물이었다. 그는 민중적 인기를 배경으로 일찍부터 총리대신 후보로 거론되었으며, 1923년 초에는 혁명으로 외교관계가 단절된 소비에트연방의 극동대표를 초청해 국교회복을 협의하기도 하였다.

덴 겐지로는 1919년에 타이완 총독에 임명되었다. 원로 사이온지 긴모치는 덴 겐지로를 장래 총리대신 후보의 한 사람으로 여기고 있었다. 덴 겐지로는 고토와 함께 야마모토 내각의 주요 각료로 영입되었다.

1923년 9월 1일 11시 58분 관동대진재가 발생하였다. 도쿄와 접한 사가미만相模湾의 서북부를 진앙지로 하는 규모 7.9의 대지진이었다. 피해는 도쿄를 비롯해 도쿄 주변의 8개 현에 걸쳐서 발생하였다. 피해는 가나가와현神奈川県이 가장 심했고,[77] 다음으로 도쿄가 큰 피해를 입었다. 도쿄는 화재 피해가 심하였다. 지진에 의한 압사자는 2,000여 명이었으나 사망자 중 5만7,000여 명은 모두 화재로 숨진 자들이었다. 사망자와 행방불명자는 14만3,000명이었고, 붕괴되거나 소실된 가옥은 70만 호에 달하였다. 피해액은 60억 엔이 넘었고, 이재민은 4백30만 명에 달하였다. 갈 곳이 없는 이재민들은 도쿄 각지에 모여서 두려움에 떨었다.[78]

---

[76] 1922년 현상타파를 주장하는 국회의원들이 결성하였다. 이누카이 쓰요시를 사실상의 당수로 하고 의회 내의 자유주의적 급진파로 활동하였다. 1925년 치안유지법 찬반을 둘러싸고 분열하면서 결국은 해체되었다.
[77] 가나가와현에서 붕괴된 주택이 10만호 이상이었다. 요코하마横浜는 전시가지가 불바다로 변했고, 가마쿠라鎌倉를 비롯한 사가미만 연안에 쓰나미가 덮쳤다.
[78] 도쿄 시내의 피난민의 상황은 천황 궁전 앞 광장에 30만 명, 우에노上野 공원에 50만 명, 아사쿠사浅草 경내에 7만 명, 시바공원芝公園에 5만 명, 야스쿠니신사靖国神社 경내에 5만 명, 스사키洲崎 매립지에 5만 명 등 이었다.

야마모토 내각은 계엄령을 펴고 진재복구에 진력하였다. 조난자 구제를 위한 「물자징발령」을 시행하고, 구휼자금 960만 엔을 긴급 지출하고, 기한에 쫓기는 수표나 어음에 대한 「지불유예령」을 내리는 등 응급조치를 취하였다. 그 밖에도 피난민 구제, 식량 확보, 유체 수습, 화재 복구 등 긴급하게 처리해야 할 일이 산적하였다. 9월 7일 폭리 행위 단속과 치안유지 등의 긴급칙령이 발포되었다. 9월 12일 제도복흥帝都復興에 관한 칙령이 발령되었다. 정부는 고토 신페이 내무대신을 중심으로 제도복흥심의회를 설치하였다. 9월 27일 제도복흥원 관제가 공포되었다. 11월 15일 제도복흥원은 도로의 정비, 공원 및 시장, 방화지구 및 건축조성, 토지구획 정리, 항만과 운하 등을 망라하는 복흥안을 복흥원심의회에 제출하였다. 약 10억 엔의 예산이 상정되었다.

1923년 12월 27일 관동대진재 복구에 총력을 기울이던 야마모토 내각이 예기치 않은 사건에 직면하였다. 도라노몬사건虎ノ門事件이었다. 이 사건은 당시 셋쇼攝政로서 다이쇼 천황大正天皇을 대신해 정치를 관장하던 히로히토 친왕裕仁親王이 도라노몬 부근을 지날 때 저격당한 사건이었다. 탄환은 빗나가서 히로히토는 무사하였다. 범인은 무정부주의자 나니와 다이스케難波大助였다. 그는 현장에서 체포되어 다음 해에 사형되었다. 이 사건으로 야마모토 내각이 총사직하였다.

2. 제2차 호헌운동과 호헌3파 내각의 성립

야마모토 내각이 총사직하자, 1924년 1월 원로인 사이온지 긴모치는 추밀원 의장 기요우라 게이고清浦奎吾를 추천하고, 조각을 귀족원 연구회 간부에게 일임하였다. 당시 기요우라 게이고는 76세의 고령이었다. 기요우라는 귀족원 의원들과 잇달아 접촉한 후 귀족원을 중심으로 조각하기로 합의하였다. 그 결과, 육군대신 우가키 가즈시게宇垣一成·해군대신 무라카미 가쿠이치村上格一를 제외하고 모든 대신이 귀족원 출신 의원 중에서 선발되었다. 1924년 1월 7일 기요우라 내각이 출범하였다. 민중은 기요우라 내각을 '귀족내각' '특권내각'이라고 비난하였다.

기요우라 내각은 같은 해 5월에 실시할 예정인 총선거를 공명선거로 치르기 위해서는 정당과 관계없는 내각이어야 한다는 구실로 성립되었다. 기요우라 게이고가 천황의 총리대신 지명 명령이 하달된 직후 귀족원 의원들을 잇달아 접촉하면서 입각을 요청할 때도 5월 총선거에서 공평한 태도를 취하기 위해서라는 명분을 내세웠다. 그러나 기요우라 내각은 정당내각의 성립을 방해하기 위해 성립된 내각이었다. 의회 내에서 정당 내각을 요구하는 목소리가 비등하였다. 비정당 내각이 3대나 계속되었기 때문이다.

여러 정당은 '귀족 내각'의 배격과 정당 내각의 실현을 목표로 단결하였다. 중의원에서는 입헌정우회·헌정당·혁신클럽의 세 정당이 제휴하였다. 입헌정우회는 정당이 분열하면서 내분을 겪었고, 기요우라 내각을 내심 지지하는 의원들이 적지 않았으나, 입헌정우회 총재 다카하시 고레키요高橋是清의 결단으로 기요우라 내각에 반대한다는 방침을 정하였다. 이리하여 입헌정우회 총재 다카하시 고레키요·헌정회 총재 가토 다카아키加藤高明·혁신클럽 당수 이누카이 쓰요시 등을 선두로 특권 내각의 타도와 보통선거 즉시 실시를 슬로건으로 내걸고 헌정옹호운동(제2차 호헌운동)을 전개하였다.

1월 30일 헌정옹호대회가 오사카중앙공회당大阪中央公會堂에서 개최되었다. 헌정옹호운동을 주도한 3당 당수와 오자키 유키오尾崎行雄가 1만 명이 운집한 민중을 상대로 연설에 나섰다. 오자키는 1890년 제1회 총선거에 출마한 이래 25회 연속 당선된 중의원으로 오쿠마 내각에서 문부대신과 법무대신을 역임하였다. 오자키는 입헌정치 옹호에 진력하였다. 그래서 '헌정憲政의 신'으로 추앙되던 인물이었다. 헌정옹호운동에 동참해 기요우라 내각의 사퇴를 외치는 민중의 기세에 두려움을 느낀 정부는 급기야 3당 당수가 탑승한 열차를 전복시키려는 사건을 일으키기도 하였다.

1월 31일 입헌정우회 의원 하마다 구니마쓰浜田国松가 3당 당수 열차 전복기도 사건을 폭로하였다. 그러자 정부는 긴급 각료회의를 소집해 당일 의회를 해산하였다. 선거일은 5월 10일로 결정되었다. 모든 정당은 일제히 선거 준비에 들어갔다. 2월 1일 입헌정우회는 전당대회를 열어 선거대책을 협의한 후, 농촌의 진흥을 비롯한 5개 항목의 정책을 결정하였다. 하지만 보통선거도 귀족원개혁도 거론하지 않았다. 입헌정우회 내부에 보통선거나 귀족원개혁에 반대하는 의원들이 적지 않았기 때문이다. 한편, 헌정회는 보통선거 단행, 귀족원령 개정, 행정재정의 근본적인 정리를 강령으로 발표하였다. 혁신클럽도 헌정회와 입장을 같이 하였다. 입헌정우회와 헌정회·혁신클럽은 정책적으로 일치하지 않는 면이 있었지만, 기요우라 내각 타도라는 점에는 3파가 단결하였다.

1924년 5월 10일 치러진 제15회 총선거에서 호헌 3파가 283석을 확보해 압승하였다. 283석 중에서 헌정회가 151석, 입헌정우회가 102석, 혁신클럽이 30석을 확보하였다. 특히 헌정회가 크게 약진하였다. 이에 비해 여당인 정우본당은 112석을 차지하는데 그쳤다. 그 밖에 군소정당인 실업동지회가 8석, 무소속이 50석의 의석을 확보하였다.

6월 7일 기요우라 총리대신은 내각의 목적이었던 공정한 선거가 무난하게 종료되었음을 선언하고 총사직하였다. 기요우라 내각은 비록 단명했지만, 그동안 종래의 정부관계 위원회를 모두 폐지하고 제국경제회의를 설립하였다. 제국경제회의는 제1차 세계대전 후의 새로운 상황에 대한 금융·무역·공업·농업·교통·통신·경제와 관련된 국가의 대계를 수립하는 기관이었다. 또 의무교육 연한을 연장하고, 통일된 중학교 교과서를 편찬하는 업적을 남겼다.

기요우라 내각이 총사직한 다음 날인 6월 8일 사이온지 긴모치는 천황에게 차기 총리대신으로 가토 다카아키를 추천하였다. 다음 날 천황은 가토 다카아키에게 새로운 내각을 구성하라는 명령을 내렸다. 가토는 입헌정우회와 혁신클럽 총재를 방문해 제휴를 요청하면서 입각을 권유하였다. 헌정회로서는 연립내각이 부담스러웠다. 하지만 적지 않은 의석을 확보한 입헌정우회의 협력이 절실하였다. 그런데 입헌정우회의 내부 사정은 복잡하였다. 무엇보다도 가장 먼저 헌정옹호를 선언하고 기요우라 내각에 반대하는 방침을 정하면서 적지 않은 내홍을 겪었지만, 정치의 주도권을 헌정회에 빼앗겼다는 불만이 표출되었다. 그렇지만 가토 다카아키의 요청을 거절할 수 없는 일이었다.

6월 10일 입헌정우회 총재 다카하시 고레키요는 요코타 센노스케橫田千之助와 함께 입각하기로 결심하였다. 입헌정우회의 태도를 지켜본 혁신클럽의 이누카이 쓰요시도 입각 제의를 수락하였다. 이리하여 가토 다카아키를 총리대신으로 하는 내각이 성립되었다. 외무대신에 시데하라 기주로幣原喜重郎, 내무대신에 와카쓰키 레이지로若槻礼次郎, 오쿠라대신에 하마구치 오사치浜口雄幸, 육군대신에 우가키 가즈시게, 해군대신에 다카라베 다케시, 법무대신에 요코타 센노스케, 문부대신에 오카다 료헤이岡田良平, 농상대신에 다카하시 고레키요, 체신대신에 이누카이 쓰요시 등이 취임하였다. 육군과 해군 대신 이외에는 모든 각료가 3파의 당원으로 구성되었다. 이리하여 호헌삼파護憲三派 내각이 성립되었다. 이후 1932년 5월 이누카이 내각이 붕괴하기 전까지, 입헌정우회와 헌정회가 중의원 의석의 다소에 따라서 내각을 조직하는 것이 관행으로 정착하였다. 8년간에 걸쳐서 정당내각이 지속되었다.

3. 보통선거법과 치안유지법

가토 내각은 보통선거 실시를 공약하면서 발족하였다. 총선거의 결과를 보더라도 민중이 보통선거의 실현을 얼마나 원하고 있는지 알 수 있었다. 가토 다카아키 총리대신은 내각이 성립된 직후에 내무성에 보통선거법 입안을 명령하였다. 「중의원 의원 선거법」 개정안은 9월 초에 성립되었다. 그 후 여당 3파의 협의를 거쳐 1924년 11월 6일 정부 3파연합협의회에서 전부 결정되었다. 각 당의 이해가 가장 첨예하게 대립하는 선거구를 나누는 일도 합의하였다.

하지만 보통선거법 개정안은 추밀원의 심의를 거치지 않으면 안 되었다. 그런데 당시 추밀원에는 중의원을 위압하려는 완고한 인물들이 많았고, 특히 헌정회 의원들을 불신하는 분위기였다. 와카쓰키 레이지로 내무대신은 추밀원 고문관들을 일일이 방문해 입법 취지를 설명하였다. 12월 중순 추밀원은 보통선거법 개정안 심의에 들어갔다. 1925년 2월 추밀원은 개정안을 수정해 정부에 회송하였다. 정부는 추밀원의 수정안을 수용해 2월 20일 보통선거법 개정안을 중의원에 제출하였다. 개정안은 귀족원의 재수정을 거친 후 3월 29일 중의원 본회의에서 가결되고 5월 5일 공포되었다.

「보통선거법」은 여성과 식민지인 조선·대만의 주민에게는 해당되지 않는 것이었다. 25세 이상의 일본인 남자에 한해 선거권이 주어졌다. 남자라도 이동이 심한 계절노동자나 생활이 곤궁한 자, 호주가 아

일본 최초의 보통선거(1928. 2. 20)

닌 남자, 주소가 불안정한 자는 제외되었다. 제한이 많은 선거법이었던 것이다. 피선거권은 30세 이상의 남자에 주어졌다. 납세 자격은 철폐되었다. 그 결과, 유권자 수는 이전의 약 4배인 1,240여 만 명으로 증가하였다. 하지만 인구비율로 보면 전체인구의 약 20퍼센트에 불과하였다. 학생에게도 선거권이 주어졌다. 신관·승려·종교지도자·소학교 교사에게 피선거권이 주어졌다. 소선거구제를 중선거구제로 변경하였다. 하지만 선거운동의 제한은 강화되었다. 무산정당의 선거운동을 단속하기 위해서였다.

가토 내각은 보통선거를 실시하는 조건으로 「치안유지법」을 제정하였다. 제1차 세계대전 후 무정부주의와 공산주의 운동이 확산되자, 정부는 과격한 사회주의운동을 단속하는 법안을 구상한 적이 있었다. 그것은 새로운 사상통제와 급진적인 운동을 집중적으로 단속하는 것을 골자로 하였다. 야마모토 내각에서 보통선거법과 치안입법을 연계해서 처리한다는 방침도 정해졌다. 그러나 이 법안은 의회의 심의를 통과하지 못하였다. 하지만 정부는 관동대진재가 일어났을 때 혼란을 틈타서 「치안유지령」이라는 긴급칙령을 시행한 적이 있었다. 「치안유지법」은 그 내용을 골간으로 하였다.

「치안유지법」의 제1조는 다음과 같다. "국체를 변혁하고 사유재산제도를 부인할 것을 목적으로 결사를 조직하거나, 사정을 알고 거기에 가입한 자는 10년 이하의 징역 또는 금고에 처한다. 전항前項의 미수죄도 이를 벌한다." 「치안유지법」은 공산주의 운동을 탄압하는 것을 목적으로 제정된 법이었다. 이 법에는 '국체'라고 하는 애매한 관념이 처음으로 등장하였다. 그것은 해석 여하에 따라서 얼마든지 확대 적용될 수 있는 위험성을 내포하고 있었다.

「치안유지법」이 일단 시행되기 시작하자 공산주의자뿐만이 아니라 사회민주주의자, 진보적 지식인, 종교가, 평화주의자 등 천황제에 유해하다고 인정되는 자에게 모두 적용되었다. 1924년까지 도쿄 경시청에만 설치되었던 특별고등경찰이 오사카, 교토 등 중요한 지역에도 설치되었다. 일본이 패전한 후인 1945년 10월, 「치안유지법」이 폐지될 때까지 이 법에 의해 체포된 사람은 일본에서만도 수십 만 명에 이르렀고, 사상범으로 처벌된 사람만 7만5,000명에 달하였다. 식민지 민중으로 이 법에 의해 희생된 사람은 그 수를 헤아릴 수 없을 정도였다.

「치안유지법」이 적용된 첫 번째 사건은 1925년 말 교토학련사건京都学連事件이었다. 학련은 학원의 민주화 요구, 군사교련 반대, 치안유지법 반대투쟁을 전개하였는데, 특별고등경찰은 학련에 가입한 교토대학京都大學, 도시샤同志社 대학의 학생들을 검거하였다. 이때 경제학자이며 공산주의자였던 노로 에이타로野呂栄太郎, 프롤레타리아 작가 하야시 후사오林房雄, 마르크스주의 헌법학자 스즈키 야스조鈴木安藏, 마르크스주의 사회운동가 이와타 요시미치岩田義道 등이 투옥되었다.

가토 내각은 군사훈련을 정규과목으로 정해 중학교 이상의 학생에게 가르쳤다. 학교에 현역 장교를 배치하였다. 중학교에 진학하지 못한 청년들은 각 지방청에 설치된 청년훈련소에서 의무적으로 군사훈련을 받게 하였다. 학생들과 청년들이 군사훈련을 받게 되면서 소위 예비병이 비약적으로 증가하였다. 육군은 학생을 대상으로 군사훈련을 실시함으로써 국민을 장악하려고 하였다.

제10장

사회운동과 민족해방운동

[1] 사회운동의 전개

1. 학생운동과 사회주의운동

　사회운동이 확산되자 대학생도 운동의 대열에 합류하였다. 사회변혁을 목표로 하는 단체도 모습을 드러내기 시작하였다. 1917년 12월 도쿄에서 우애회友愛會 소속 청년노동자와 대학생이 노학회勞學會라는 모임을 결성하였다. 노학회는 사회문제를 집중적으로 연구하는 모임이었다. 1918년 9월 교토에서도 노학회가 조직되었다.
　1918년 12월 도쿄대학東京大學에서 신인회新人會가 결성되었다. 신인회는 사회의 부조리와 특권계급이 좌지우지하는 사회의 개혁을 목표로 하는 모임으로 노학회 산하 조직이었다. 1919년 2월 와세다대학早稻田大学에서도 민본주의 보급을 내세운 민인동맹회民人同盟會가 조직되었다. 이 조직에서 건설자동맹이 탄생되었다. 1921년 4월에는 와세대대학문화회가 조직되었다. 이 모임은 무능한 교수를 추방하고, 군국주의를 부추기는 강의를 거부하는 운동을 전개하였다. 당시의 학생운동은 사회주의 색채를 띠면서 폭넓은 사회개혁을 목표로 하였다.

사회운동의 확산은 1910년 대역사건大逆事件 이래 질식된 사회주의 사상의 부활에 결정적 영향을 미쳤다. 이미 1912년 오스기 사카에大杉榮가 『긴다이시소近代思想』을 발간했고, 1915년 사카이 도시히코堺利彦가 『신샤카이新社會』를 창간해 활동하였다. 1920년대 말에는 사회주의 자동맹이 결성되어 노동운동과 농민운동의 결합을 시도하였다. 사회주의노동동맹은 학생단체와 대일본노동총동맹우애회 간부들을 끌어들였다.

야마카와 히토시山川均도 무산계급의 통일전선을 주장하였다. 사카이 도시히코·야마카와 히토시를 비롯한 공산주의자들은 공산당의 국제조직 코민테른Comintern의 지시를 받아 활동하였다. 코민테른은 이미 1922년 제4회 대회에서 일본공산당日本共産黨을 코민테른의 일본지부로 승인하였다.

사회주의가 뿌리를 내리면서 학생운동은 각 대학 간 연대를 강화하였다. 1922년 11월 학생연합회가 결성되었다. 학생연합회는 마르크스주의에 경도된 전투적 학생단체 연합회였다. 특히 학생연합회 소속 와세다대학문화동맹은 조직적으로 운동을 전개했는데, 1922년 5월에 군사연구단 발족식을 무산시켰다. 학생들의 투쟁으로 군사연구단은 곧 해체되고 말았다.

그러나 이 사건이 실마리가 되어 와세다대학 강사이며 공산당원 사노 마나부佐野学, 사카이 도시히코 등 공산주의자 29명이 「치안경찰법」

위반 혐의로 체포되었다. 하지만 당시 치안경찰법은 최고형이라도 1년의 금고형이었다. 당국은 공산주의를 탄압하는 법규를 강화할 필요성을 절감하였다.

정부는 사회주의자・무정부주의자를 탄압하기 시작하였다. 극우파들 사이에서 사회주의를 적대시하는 분위기가 형성되기 시작한 것도 이 무렵이었다. 1923년 9월 관동대진재關東大震災가 일어났을 때 사회주의자는 잇달아 경찰에 구속되었다. 사회운동에 앞장선 노동자들도 강제로 구금되었다. 경찰서에 끌려간 노동자가 군인에게 살해당하기도 하였다.

특히 군부는 사회주의자・무정부주의자를 극단적으로 증오하였다. 1923년 9월 관동대진재가 일어난 직후에 발생한 아마카스 사건은 그것을 상징하는 것이었다. 아마카스 사건은 헌병 대위 아마카스 마사히코甘粕正彦가 사회주의운동가 오스기 사카에와 그의 부인 그리고 딸을 헌병대로 연행해 살해한 사건이었다. 아마카스는 많은 사회주의자들이 경찰서로 연행되었는데 가장 위험한 무정부주의 지도자 오스기가 연행되지 않았고, 또 오스기가 사회가 혼란한 틈을 타 민중을 선동할 우려가 있었기 때문에 강제로 끌어다 죽였다고 진술하였다. 아마카스는 사카이 도시히코를 비롯한 사회주의자들도 살해할 계획을 세우고 있었다. 군부는 처음부터 아마카스 사건의 배후를 캐려고 하지 않았다. 군법회의에서 아마카스에게 징역 10년이 선고되었다. 그러나 아마카스는 3년 후에 특사로 출소해서 만주로 건너가 왕성하게 활동하였다.

한편, 교토대학 교수 가와카미 하지메河上肇는 『빈보모노가타리貧乏物語』를 신문에 연재해 반향을 불러일으켰고, 1919년 이후에는 마르크스주의 경제학을 본격적으로 연구하기 시작하였다. 이러한 분위기 속에서 1922년 일본공산당이 비합법적으로 조직되었다. 「보통선거법」이 성립된 것을 기화로 1925년에 농민노동당이 결성되었지만 당일에 금지되었고, 다음 해인 1926년에 노동농민당으로 재건되었다. 노동농민당은 일본공산당의 직접 지도하에 의회해산청원운동·대중국비간섭운동·금융공황대책투쟁 등을 전개하였다. 정부의 조직적인 탄압에도 불구하고, 노동농민당은 1928년 제1회 보통선거에서 19만 표를 얻어 2명의 중의원을 당선시키는 성과를 올리면서 무산정당을 선두에서 이끌었다.

정부는 「치안유지법」을 앞세워 공산당을 철저하게 탄압하였다. 1928년 3·15사건이 일어났고, 1929년에는 4·16사건이 일어났다. 당시 일본은 중국을 본격적으로 침략하려는 계획을 세우고 있었다. 그런데 정치상황이 불안하였다. 일본 국내에서 금융공황이 일어났고, 중국에서는 혁명의 불길이 번지고 있었다. 더구나 제1회 보통선거에서 무산정당이 국회로 진출하였다. 일본공산당은 기관지『적기赤旗』를 창간하고, 당원을 노동농민당 후보로 입후보시키면서 공공연하게 활동하였다. 두려움을 느낀 정부는 특별의회가 소집되기 직전인 1928년 3월 15일 공산당·노동당·평의회·무산청년동맹 관계자 천 수백 명을 「치안유지법」 위반 혐의로 일제히 검거하였다. 이것이 3·15사건이었다.

1929년 4월 16일에는 일본공산당원이 전국에서 일제히 검거되었다. 일본공산당의 재조직운동을 붕괴시키는 것이 목적이었다. 이때 「치안유지법」으로 기소된 자가 339명에 달하였다. 공산당은 간부가 모두 체포되면서 괴멸에 가까운 타격을 입었다. 그 후 공산당은 분열 과정을 겪으면서 쇠퇴하였다.

「치안유지법」은 천황의 긴급칙령으로 개악되면서 최고형을 사형으로 정하였다. 노동농민당 출신 의원 야먀모토 센지山本宣治는 「치안유지법」 개악을 막으려고 분투했는데, 1929년 3월 「치안유지법」 개정안이 의회를 통과하던 날 우익단체 단원에게 살해되었다.

2. 노동운동과 농민운동

　제1차 세계대전 후의 사회·경제변동을 배경으로 노동운동이 정착하기 시작하였다. 1912년 이래 스즈키 분지鈴木文治가 노사협조의 필요성을 절감하고 결성한 우애회友愛會[79]는 노동운동의 모체로 착실하게 세력을 넓혔다. 제1차 세계대전 중에는 자본가의 이윤이 막대하였다. 그래서 노동쟁의는 노동자들이 투쟁에 돌입하기 전에 해결되었다. 설령 투쟁에 돌입했어도 곧 자본가들이 양보해 파업이 단기간에 끝나는 경우가 많았다. 그러나 일본경제가 공황에 진입하면서 노동운동은 종래의 임금인상을 주로 하는 투쟁에서 임금인하·해고의 반대를 주로 하는 방어적 투쟁으로 전환되었다.

　그 사이에 우애회는 전국조직으로 발전하였다. 1919년에 대일본노동총동맹우애회로 개칭하면서 노동조합의 전국조직임을 명확히 하고, 사회를 개조하는 것을 목표로 한다고 선언하였다. 대일본노동총동맹우애회는 노동조합운동의 자유, 8시간 노동, 보통선거, 치안경찰법 개정, 교육제도의 민주화 등 20개 항목을 행동강령으로 채택하였다. 그리고 스즈키 분지 회장 독재체제를 종식시키고 이사회제도를 도입하였다. 25명의 이사 중에 여성 2명이 포함되도록 하는 획기적인 제도를 마련하였다.

　우애회가 전국조직으로 성장하면서 사회주의자의 영향을 받았다. 노동자 조직의 확대와 더불어 노동운동도 과격해졌다. 1920년 5월 2일 일본 최초로 메이데이May Day[80] 행사를 개최하였다. 우애회는 1921

---

79) 스즈키 분지를 중심으로 15명의 노동자가 결성하였다. 노동자를 회원으로 영입하고, 전국의 주요 공업도시에 지부를 설치하였다. 우애회 회원은 노동쟁의에 중심인물로 참가하면서 노동조합의 성격을 띠게 되었다.
80) 1920년 5월 2일 도쿄의 노동단체 약 1만 명이 모여서 개최하였다. 이후 1935년 제16회까지 매년 개최되었다. 메이데이 행사는 언제나 경찰의 감시 하에 진행이 되었고, 경찰과 충돌해 난투를 벌였다. 참가인원은 매년 증가했으나 1930년대에 파시즘

시위에 나선 제사공장 여공들(1927 여름)
오카야 잠사박물관 소장

년에 일본노동총동맹日本勞動總同盟으로 발족하였다. 그리고 서부 일본을 중심으로 단체교섭권을 쟁취하기 위한 운동[81]을 전개하였다. 1921년 7월 고베神戶의 미쓰비시조선소三菱造船所와 가와사키조선소川崎造船所에서는 제2차 세계대전 이전 최대 규모의 쟁의가 발생하였다. 3만 5,000명의 노동자가 투쟁에 참가하였다. 쟁의는 군대가 출동하면서 노동자 측의 패배로 끝났다. 하지만 투쟁 과정에서 노동조합운동이 뿌리를 내렸다. 1921년 10월 대일본노동총동맹우애회는 일본노동총동맹으로 명칭을 변경하였다. 일본노동총동맹의 성립은 노동자와 자본가가 협조해야 한다는 원칙에서 벗어나 진정한 노동조합 태세를 확립하는 계기가 되었다.

일본 정부는 노동운동을 강력하게 탄압하였다. 그러자 급진적 성향

세력이 대두하면서 참가인원이 감소하였다. 1936년 2·26사건이 일어난 이후에는 행사가 금지되었다. 제2차 세계대전이 끝나고 1946년 제17회 메이데이 행사가 열린 이래 지금까지 계속되고 있다.
81) 노동조합의 존재와 임금 등의 노동조건에 대해 교섭권을 기업이 공인할 것을 요구하는 운동.

을 띤 노동자들이 증가하였다. 노동진영은 좌파와 우파로 나뉘었다. 1925년 5월 좌파는 일본노동조합평의회日本勞動組合評議會를 결성하였다. 좌파 노동조합의 전국조직이었던 이 단체는 일본노동총동맹 쇄신파 32개 조합 1만3,000명으로 출범하였다. 일본노동조합평의회는 1926년 악법반대운동·의회해산청원운동, 1927년 건강보험법 반대·임금삭감 및 해고 반대투쟁·법률제정 요구 등 전국적인 투쟁을 전개하였다. 1926년에는 46개 조합 3만2,000명을 거느린 조직으로 발전했고, 공장위원회·공장대표자회의와 같은 조직과 전술을 창안하기도 하였다.

노동운동은 농촌에도 영향을 미쳤다. 불황의 여파는 소작인들을 곤궁하게 했기 때문에 소작쟁의가 빈번하였다. 고율의 소작료를 인하해 줄 것을 요구하는 소작쟁의는 1918년부터 증가하기 시작하였는데, 1920년 공황으로 농산물 가격이 폭등하면서 비약적으로 증가하였다. 전국 각지에서 소작인조합이 설립된 것도 이 무렵이었다. 1922년에는 가가와 도요히코賀川豊彦·스기야마 모토지로杉山元治郎 등이 중심이 되어 일본농민조합을 결성하였다.[82] 일본농민조합은 일본 최초의 전국적 농민조합으로, 제1차 세계대전 후에 전국 각지에 형성된 소작인조합의 통일과 소작인의 지위향상을 목표로 하였다.

일본농민조합은 소작료감면투쟁을 비롯해 소작입법小作立法·보통선거 요구 등 각종 운동을 전개하였다. 조직은 급속도로 확대되었다. 일본농민조합은 1923년 니이가타현新潟縣 기사키무라木崎村의 쟁의를 지도하였다. 그런데 지주와 경찰이 탄압에 나서면서 투쟁이 격화되었다. 이후 농민운동은 점차로 과격하게 변질되었다. 결국 1926년에 우파가

---

82) 1926년 말에는 전국에 957개 지부, 조합원 수 7만 명을 넘는 조직으로 발전하였다. 소작쟁의를 계기로 각지에서 결성된 개별적인 소작조합이 일본농민조합 산하로 결집하면서 조직이 급속도로 확대되었다.

분열해 전일본농민조합동맹을 결성했고, 1927년에는 스기야마 모토지로가 주축이 되어 전일본농민조합을 결성하였다. 전일본농민조합은 오사카大阪·효고兵庫 지역을 중심으로 활동했고, 1928년에 일본농민조합과 통합해 전국농민조합으로 발전하면서 농민조합운동의 주류를 형성하였다.

3. 여성운동과 해방운동

여성운동[83]도 고양되었다. 1911년 히라쓰카 라이초平塚雷鳥[84]를 비롯한 여성들이 세이토샤靑鞜社를 창립하였다. 세이토샤는 젊은 여성들이 결성한 문학단체로, 잡지 『세이토靑鞜』를 간행해 여성의 자각과 인습의 타파를 외치며 여성운동을 전개하였다. 당시에는 젊은 여성들이 활발하게 사회활동을 하는 것만으로도 세상을 떠들썩하게 하는 '사건'이었다.

1920년에는 히라쓰카 라이초·이치카와 후사에市川房枝 등이 신부인협회新婦人協會를 결성하였다. 이치카와 후사에는 교사·신문기자 등을 거쳐서 1919년에 일본노동총동맹 부인부에서 활동하면서 『유아이후진友愛婦人』을 편집하기도 했던 인물이었다. 히라쓰카 라이초와 이치

---

83) 일본 최초의 여성운동은 사회주의운동의 일환으로 일어났다. 초기의 여성운동은 후쿠다 히데코福田英子를 중심으로 전개되었다. 후쿠다는 여성의 자각을 호소하는 운동을 전개하였다. 1907년 후쿠다 히데코는 여성의 정치운동을 요구하는 청원서를 의회에 제출하기도 하였다.
84) 히라쓰카 라이초는 니혼조시대학을 졸업하고 여성운동에 앞장선 사회운동가이며 평론가였다. 그녀가 활동을 시작하자 신여성이 출현하였다고 해 주목을 받았다. 1920년에는 신부인협회新婦人協會를 결성해 여권의 신장을 주창하였다. 전쟁 때는 부인소비조합을 경영하기도 하였다. 전후에는 세계정부운동에 참가해 평화운동에 진력하였다.

카와 후사에가 결합하면서 여성의 지위향상을 위한 운동이 활기를 띠게 되었다. 신부인협회는 1924년에 부인참정권기성동맹으로 발전하였다.

혁신적인 계몽단체도 결성되었다. 1921년에는 야마카와 기쿠에山川菊榮·이토 노에伊藤野枝 등이 세키란회赤瀾會를 결성하였다. 일본공산당 창립 멤버인 야마카와 히토시山川均의 부인이기도 했던 야마카와 기쿠에는 1920년에 일본사회주의동맹에 참가했고, 1921년에는 『샤카이슈기켄큐社會主義硏究』의 경영과 집필에 참여하기도 하였다. 이토 노에는 사회운동가인 오스기 사카에의 부인으로, 남편과 함께 무정부주의운동에 참가하였다. 그들은 사회주의를 표방하며 실천운동에 앞장섰다.

근대사회가 성립되고 신분이 철폐되었음에도 여전히 신분적 차별과 경제적 압박을 받아왔던 피차별부락민被差別部落民들이 진정한 해방을 외치기 시작하였다. 소위 '사민평등四民平等'이 달성된 뒤에도, 일본인은 여전히 피차별부락민을 일상생활 속에서 차별하고 있었다. 정부는 피차별민들이 집단으로 거주하는 부락을 개선하는 대책을 강구하였다. 하지만 정부는 차별의 요인을 부락 측에 요구하고 있었을 뿐이었다.

피차별부락민들은 차별의 부당성을 호소하고, 차별의 철폐를 주장하는 자발적인 해방운동을 전개하였다. 1922년 3월 교토에서 전국수평사全國水平社가 결성되었다. 결성대회에는 전국에서 약 3,000명의 피차별부락민이 참가하였다. 그들은 자주적 해방·경제의 자유·직업의 자유 등을 요구하였다.

전국수평회가 창립된 지 1년 만에 전국에서 약 300개소의 수평사가 성립되었다. 세력이 가장 컸을 때는 전국에 1,100여 개소의 지부가 있었고, 피차별부락민의 60퍼센트 정도가 전국수평회의 직접 지도하에 있었다. 기관지로 『스이헤이신분水平新聞』이 있었다. 처음에는 중앙과 지방의 유기적인 통일성이 결여되어 있었으나, 1925년의 제4회 대회 때부터 사회주의운동과 제휴하면서 전국적인 통일조직으로 성장하였다.

[2] 조선인의 해방운동과 재일조선인

1. 3·1독립운동과 그 영향

1919년 1월 21일 고종이 붕어하였다. 고종의 급작스러운 죽음에 일본이 관련되었다는 소문이 퍼졌다. 조선인은 답답하고 분한 마음을 달래고 있었다. 고종의 국장은 3월 3일에 거행하기로 결정되었다. 비운의 황제를 마지막으로 보내는 데 적어도 수십 만 명의 인파가 모일 것으로 예상되었다.

한편, 고종이 붕어하기 3일 전 프랑스 파리에서 베르사유회의가 개최되었다. 이 자리에서 미국 대통령 윌슨은 민족자결주의를 제창하였다. 각 민족은 정치적 운명을 스스로 결정할 권리가 있으며, 다른 민족의 간섭을 받을 수 없다는 주장이었다. 이 소식을 들은 식민지 조선인의 독립에 대한 욕구가 일시에 폭발하였다.

2월 8일 도쿄에서 조선인 유학생 600여 명이 조선의 독립을 선언하였다. 이 사실은 곧 조선에 전해졌다. 조선인 유학생 독립선언 사건에 자극을 받은 경성의 천도교·기독교·불교 지도자를 비롯한 33명의 민족대표자가 비밀리에 연락을 취하였다. 민족대표자들은 대중화·일원화・비폭력의 원칙을 정하였다. 독립선언서는 최남선崔南善이 쓰기로 하였다.

3월 1일 경성에서 "吾等은 玆에 我朝鮮의 獨立國임과 朝鮮人의 自由民임을 宣言하노라"로 시작되는 독립선언서가 낭독되었다. 조선인 학생, 자영업자, 직공, 점원, 농부 등 모든 계층의 조선인들이 남녀노소를 불문하고 "대한독립만세"를 외치며 길거리로 나섰다. 일본 관헌은 독립선언서에 서명한 민족대표자를 비롯해 150여 명을 체포하였다.

경성에서 "대한독립만세"의 함성이 울려 퍼질 때 평양, 선천宣川, 원산 등 각 지방에서도 "대한독립만세" 소리가 하늘을 울렸다. 사전에 전국 주요 도시에서 동시에 만세운동을 개시하기로 치밀하게 계획되었던 것이다.

주요 도시에서 동시에 시작된 3・1독립운동은 삽시간에 전국으로 확산되었다. 조선인은 지도자의 체포에 반발해 헌병대나 경찰서로 몰려가 거세게 항의하였다. 조선인과 헌병・경찰이 충돌하는 사태가 속출하였다. 평양을 비롯한 전국 각지에서 상점이 문을 닫았다.

조선총독부는 모든 수단을 동원해 "소요"를 막으려고 하였다. 그러나 "소요"는 "점차 북한 및 남한 지방에 만연"하였다. 3・1독립운동은 3월 하순에서 4월 초에 걸쳐서 정점에 달하였다. 도시 뿐만이 아니라 농촌에서도 사람이 모이는 곳이면 어느 곳에서나 "대한독립만세" 소리가 울렸다. 약 2개월 동안 전국 218개 시・군 중 217개 시・군에서 "대한독립만세"의 함성이 울려 퍼졌다. 운동에 직접 참가한 조선인은 적어도 200만 명 이상이었다.

3・1독립운동의 열기는 해외에서도 고조되었다. 중국의 간도間島・상하이, 소련의 시베리아 연해지역・블라디보스토크에 거주하는 조선인, 일본에 거주하는 조선인, 하와이 교포들이 독립운동 대열에 합류하였다. 4월 10일에는 상하이에 대한민국임시정부가 수립되었다. 임시

정부는 마침 프랑스에 머물고 있던 김규식金奎植을 베르사유 회의에 출석시키기로 결정하였다. 일본 정부의 방해로 김규식은 회의에 참석할 수는 없었지만, 대한민국임시정부는 「한국독립승인청원서」를 회의에 제출하였다.

조선인의 거국적인 궐기에 당황한 일본은 군대를 동원하였다. 3월 12일 조선군사령관은 조선 각 지방에 일본군을 출동시켰다. 일본군은 4월 초까지 120개 지역에 파견되었다. 그러나 "소요"를 진압할 수 없었다. 4월 4일 일본 정부는 일본 본토에 있는 군대를 조선에 파견하기로 각의에서 결정하였다. 4월 8일에는 히로시마広島의 제5사단, 히메지姫路의 제10사단이 조선에 급파되었다. 다른 사단도 순차적으로 조선에 파견되었다. 대군이 파견되면서 일본의 헌병·경관·군대는 만세운동에 가담한 조선인을 무자비하게 탄압하기 시작하였다. 조선에 거주하는 일본인, 재향군인, 소방관 등도 조선인 탄압에 앞장섰다. 일부 조선인 친일파들도 독립운동을 내부에서 와해시키기 위해 활동하였다.

경기도 화성시 향남면 제암리에서 벌어진 사건은 일본군의 탄압 실상을 적나라하게 보여주었다. 4월 15일 오후 2시 아리타 도시오有田俊夫 중위가 이끄는 일본군·경찰이 만세운동이 일어났던 제암리에 와서 마을 주민을 제암리교회로 모이라고 하였다. 아무 영문도 모르는 주민 30여 명이 교회로 모였다. 그러자 아리타는 교회의 출입문과 창문을 밖에서 폐쇄하고 집중사격을 명령하였다. 밖으로 나오려는 주민들은 칼로 찔러 죽였다. 그런 다음 교회에 불을 질렀다. 건물 안에서 23명, 건물 밖에서 6명이 죽었다. 교회에 불을 지른 일본군·경찰은 마을 민가 31채에 불을 질렀다.

조선인 희생자는 조선총독부가 남긴 자료만으로도 학살자 7,509명, 부상자 1만5,849명, 구속자 4만6,306명에 달하였다. 체포된 이화학당 출신 유관순은 일본인 판사가 진행하는 재판을 거부하며 투쟁을 전개하다가 모진 고문 끝에 감옥에서 죽었다.

3·1독립운동이 일어난 후 일제는 조선인의 저항에 철저하게 대응하려고 하였다. 1919년 9월 1일에 열린 도지사회의에서 정무총감은 다음과 같이 훈시하였다. "무질서한 자유사상을 창도唱導하고, 방종한 평등주의를 구가하고, 문화운동의 가면을 쓰고 언론을 가지고 작란하고, 남몰래 독립운동을 선동해 곧잘 민심을 동요시키는 자가 없다고 할 수 없다. 이것은 실로 일선융합日鮮融合의 본지에 배치되는 행동일 뿐만이 아니라 사회질서를 파괴하고 민중의 행복을 저해하는 자로서 총독부는 도지사들과 함께 단호하게 그들의 경거망동을 배제하는 데 실책이 없기를 기대한다." 총독부는 3·1독립운동이 외부의 선동으로 일어났다고 보고 그 세력을 철저하게 응징하려고 했던 것이다. 그래서 3·1독립운동 이후에 "언론을 가지고 작란하는 자"와 "독립운동을 선동하는 자"에 대한 탄압이 강화되었다.

3·1독립운동은 비록 실패했으나 다른 세계에 끼친 영향은 매우 컸다. 베르사유조약에서 미국을 비롯한 열강이 일본을 일방적으로 두둔해서 중국의 요구가 거의 관철되지 않았다는 소식이 중국에 전해졌다. 그러자 1919년 5월 4일 중국인 학생 3,000여 명이 천안문광장에 모여서 국권회복과 매국노 타도를 외쳤다. 3·1독립운동의 영향을 받은 것이다. 중국인 학생들은 일본대사관을 비롯한 각국 대사관에 청원하면서 시위를 전개하였다. 친일파를 습격하고, 등교를 거부하고, 파업을 선동하였다. 경찰은 시위대를 무력으로 탄압했으나 운동은 전국으로 확산되었다. 6월 3일 상하이上海에서 수만 명의 노동자가 일제히 파업에 들어갔다. 상인들도 철시하고 일본상품 배척운동을 전개하였다.

일본은 베이징 정부에 항일운동을 탄압할 것을 강요하였다. 일본의 압박에 굴복한 베이징 정부는 앞장서서 항일운동을 억압하였다. 그러나 운동이 전국으로 확산되자 베이징 정부는 위기감을 느꼈다. 정권을 잡고 있던 친일파가 퇴진하지 않을 수 없었다. 5·4운동을 계기로 중국혁명은 새로운 단계로 접어들었다. 같은 해 10월 쑨원孫文은 중국국민당을 결성하였다.

일본의 지식인들은 5·4운동에 대해서도 무관심하였다. 사회주의자를 자칭하며 중국의 신해혁명辛亥革命에 참가했고, 5·4운동 와중에 중국에 체류 중이던 기타 잇키北一輝는 오히려 일본이 중국을 손에 넣어 아시아의 맹주가 되어야 한다고 주장하였다.

2. 재일조선인 사회의 형성

한일합방 후 일본은 가혹한 수탈정책을 추진하였다. 조선의 농촌은 파탄지경에 이르렀다. 1910년부터 1918년에 걸쳐서 실시된 토지조사사업 과정에서 많은 농민이 몰락하였다. 일본이 의욕적으로 추진한 산미증산계획産米增産計劃도 조선인 농민의 몰락을 재촉하였다.

조선을 일본의 미곡생산지로 개발하는 것이 산미증산계획이었다. 그런데 일본은 품종을 개량해 생산을 늘리는 방식이 아니라, 관개시설 정비와 경작지 정리를 통한 증산 방식을 채택하였다. 그런 방식은 대지주에게 유리했으나 자영농에게는 불리하였다. 1920년 이후 일본인 대지주가 급증했고, 50정보 이상 소유한 조선인 지주가 감소하였다. 1정보 미만을 소유한 조선인 자영농과 소작농이 급증하였다.

몰락한 조선인 농민들은 도시 또는 공사장으로 나아가 일용노동자로 전락하였다. 특히 일본인들이 많이 거주하는 도시 변두리에 방대한 빈민층이 형성되었다. 조선인 빈민들은 일본인 거주지를 오가며 잡일을 해서 생계를 유지하였다. 일본어 회화가 가능한 자에게 일할 수 있는 기회가 많이 주어졌다. 도시 주변의 노동자들 중에는 일자리를 찾아 조선을 떠나는 사람들이 많았다.

1914년 제1차 세계대전이 일어나자 일본은 전쟁특수를 누렸다. 호경기로 일본의 경제규모가 확대되었다. 전쟁특수가 지속되면서 일본 본토의 노동력이 부족하였다. 임금이 상승하였다. 그러자 조선인 노동자들이 일본 노동시장에 유입되었다. 제1차 세계대전이 종료되고 만성적인 불황이 지속되었을 때도 일본 노동시장은 조선인 노동자들을 필요로 하였다. 저임금으로 부릴 수 있는 조선인 노동자들이 불황을 타개하는 수단으로 이용되었다.

일본으로 건너간 조선인의 대부분이 남한 출신이었다. 경상도와 전라도에 고향을 둔 사람이 전체의 80퍼센트를 차지하였다. 그들 대부분은 농촌 출신자로 기술을 가진 사람이 거의 없었다. 대부분의 조선인들이 직공, 인부, 잡부 등 육체노동에 종사하였다. 그들은 열악한 생활조건 속에서 일본인 노동자가 받는 임금의 50퍼센트에도 미치지 못하는 낮은 임금을 받으면서 중노동에 종사하였다. 일본 경찰과 지방자치단체는 재일조선인在日朝鮮人들을 조사하고 감시하였다. 그 자료에 의하면 재일조선인은 "생활난"으로 "일을 하기 위해" 일본으로 건너 온 사람이 대부분이었다.

저임금으로 열심히 일하는 조선인 노동자들이 일본 노동시장으로 유입되자 일본인 노동자들이 긴장하였다. 조선인 노동자들이 일본인 노동자의 임금 향상을 억제하는 역할을 했기 때문이다. 일본인 노동자와 조선인 노동자 사이에 갈등이 생겼다.

일본인의 조선인에 대한 차별도 심화되었다. 조선인은 어쩔 수 없이 일본인이 기피하는 일에 종사하는 경우가 많았다. 조선인은 식민지에서 건너온 가난한 인종이었고, 또 일본인과 다른 생활습관과 문화로 인해 조선인을 혐오하는 일본인도 있었다. 일본인은 직업적·인종적·문화적으로 조선인을 차별하거나 멸시하였다.

대부분의 조선인들은 돈을 벌어서 고향으로 돌아갈 목적으로 도일하였다. 그러나 사정이 여의치 않아서 일본에 머물러 사는 경우가 많았다. 재일조선인은 1920년대에 특히 많이 유입되었다. 1910년경에 일본에 거주하는 조선인은 1,000명 미만이었고 그들의 대부분이 유학생이었다. 그런데 1920년경에는 약 3만 명으로 증가했고, 1930년에는 약 30만 명으로 급증하였다. 특히 1920년대 후반에 일본으로 건너가는 조선인이 급증하였다. 1927년에 일본으로 건너간 사람만 18만 3,000명이었다. 그중에서 조선으로 다시 돌아간 사람은 9만 3,000명이었고, 일본에 그대로 정착한 사람은 9만 명이었다.

재일조선인의 대다수는 교토·오사카·도쿄와 같은 대도시와 공업도시에 거주하였다. 어떤 지역에서는 조선인이 집단으로 거주하는 '조선인부락朝鮮人部落'이 조성되기도 하였다. 그들은 가건물·폐선·폐가·폐쇄된 장터에 거적을 둘러치고 생활하는 경우가 많았다. 오사카 '조선인부락'의 경우 한 가구당 평균 거주인원이 18.2명, 한 가구당 평균 거주면적은 5.1평이었다. 그들의 생활은 필설로 형용할 수 없을 만큼 비참하였다.

조선인 노동자는 일본인이 기피하는 토목·광업 분야의 일에 주로 투입되었다. 잡역부는 매일 노동시장에서 일거리를 찾지 않으면 안 되었다. 노동현장을 찾아 전전하는 조선인 노동자 처한 현실은 가혹하였다. 궂은 날에는 일거리를 찾지 못했고, 공사가 끝나면 그대로 실업자가 되었다. 조선인은 탄광에서도 가장 힘든 채탄작업에 집중 배치되었다.

3. 관동대진재와 조선인 학살

1923년 9월 1일 11시 58분 관동대진재關東大震災가 발생하였다. 도쿄 인근을 진앙지로 하는 규모 7.9의 대지진이었다. 도쿄는 아수라장이 되었다. 특히 화재 피해가 심각하였다. 지진에 의한 압사자는 2,000여 명이었으나 5만7,000여 명이 화재로 숨졌다. 사망자와 행방불명자는 모두 14만3,000명이었다. 붕괴되거나 소실된 가옥은 70만 호에 달하였다. 430만 명의 이재민이 발생하였다. 이재민들은 도쿄 각지에 나뉘어 노숙하며 두려움에 떨었다.

일본은 굶주린 민중이 폭동을 일으킬 것을 두려워하였다. 지진이 일어난 날 저녁부터 "사회주의자나 조선인이 불을 질렀다."라든가 "조선인이 습격해 불을 지르고 우물에 독을 넣었다."라는 유언비어가 돌기 시작하였다. 유언비어는 도쿄·요코하마 등 지진의 피해가 특히 컸던 지역에 널리 퍼졌다.

경시청警視廳은 도쿄 전시가지에 조선인이 습격해 온다는 '정보'를 널리 알렸다. 9월 2일 오후 내무성 경보국장이 각 지방자치단체에 전보를 쳤다. "도쿄 부근의 진재震災를 이용해 조선인이 각지에 방화하는 뻔뻔스러운 짓을 하려고 한다. 실제로 도쿄 시내에서 폭탄을 소지하고 석유를 뿌리며 방화하는 조선인이 있다." 경보국장은 조선인 방화에 대한 엄중한 단속을 지시하였다.

경찰력을 보강하고 치안을 유지하기 위해 9월 1일 저녁부터 군대가 출동하였다. 9월 2일 저녁에는 도쿄에 계엄령이 선포되고, 이어서 도쿄 인근 지역에도 계엄령이 선포되었다. 출동한 군대는 조선인을 수색하기 시작하였다. 각 지역의 청년단·재향군인회·소방대를 중심으로 자경단自警團이 조직되었다. 일본인들은 각자 집에 있는 도검을 휴대하고 거리로 나왔다. 도검이 없는 자들은 죽창으로 무장하였다. 자경단은 조선인을 색출하기 위해 통행인을 검문하였다. 군인·경찰·자경단은 서로 협력하면서 조선인을 색출했고 조선인이 발견되면 즉석에서 살해하였다. 이렇게 하루 사이에 일본인에 의해 살해당한 조선인은 공식적으로 확인된 것만도 6,600여 명이었다.

9월 2일 저녁까지 행정을 총괄한 가토 도모사부로加藤友三郎 내각의 내무대신 미즈노 렌타로水野鍊太郎는 1918년 쌀소동 당시 데라우치 마사타케寺內正毅 내각의 내무대신을 지냈고, 그 후 조선총독부 정무총감이 되어 3·1독립운동의 탄압을 총지휘한 인물이었다. 특히 미즈노는 조선인을 극도로 경계했던 인물이었다. 그런 미즈노가 다시 관동대진재라는 미증유의 사태에 직면하였다. 더구나 미즈노는 혼란 수습의 총책임자였다. 조선인에 대한 증오심과 경계심이 과도하게 표출되었을 가능성이 있다. 또 군대와 경찰은 공황 상태의 민중을 선동하는 자가 나타나는 것을 경계했던 것이 사실이었다. 사태를 결정적으로 악화시킨 것은 군대와 경찰이 "조선인 습격"과 관련한 유언비어를 확인하지도 않고 공식적인 통로로 유포하면서부터였다.

며칠 후 유언비어는 사실이 아니라는 것이 판명되었다. 그러나 일본 정부는 언론을 엄중하게 통제해 그 사실이 공표되지 못하도록 하였다. 군대와 경찰이 조선인에 대한 민족적 증오감을 부채질한 것이 엄청난 참화로 이어졌는데도 일본 정부와 일본인은 조선인 학살에 대해 잘못을 인정하려고 하지 않았다. 자경단이 도에 지나친 행동을 하였다고 말했을 뿐이다. 학살에 가담한 자경단은 물론 군대나 경찰에 대해서 아무런 조치도 취하지 않았다. 관동대진재가 발생했을 때 일본인 사회주의자 오스기 사카에가 헌병 대위 아마카스 마사히코에게 살해되자 아마카스를 즉시 체포해 군법회의에 회부하고 지휘 책임을 물어 계엄사령관을 경질하는 등 신속한 조치를 취했던 것과는 대조적이었다.

[3] 조선·조선인과 일본인

1. 조선·조선인을 바라보는 일본인의 눈

1915년 히로시마고등사범학교広島高等師範学校가 편찬한 『대륙수학여행기』가 간행되었다. 이 책은 히로시마고등사범학교 학생들이 1914년 여름에 중국과 조선을 단체로 여행하고 남긴 여행기였다. 학생들은 중국의 상하이上海를 여행하면서 중국인의 생활이 미개하고 더러울 뿐만 아니라, 일본인과 비교하였을 때 "독립자주獨立自主"가 결여되어 있었다고 기록하였다. 또 뤼순旅順에서 러일전쟁 전적지를 둘러보고 천황의 은혜와 일본제국의 영광을 가슴에 새겼다.

조선의 평양을 방문해 청일전쟁의 기억을 더듬은 학생들은 평양 시내를 둘러보았다. 그들은 식민지 조선인의 습속과 생활을 걱정스런 눈길로 바라보면서 일본제국의 위대함을 다시 확인하였다. 학생들의 심정은 1911년 조선의 부산과 대구를 방문한 27살의 청년 시인 다카하마 교시高浜虛子가 "쇠망한 국민" 조선인들을 가련하게 바라보면서 "정말로 일본인은 위대"하다고 외쳤을 때와 같았다. 대국의식大國意識을 애써 숨기려 하지 않았다.

1910년 8월 한국통감韓國統監 데라우치 마사타케寺內正毅 또한 한일합병을 단행하고 왜성대倭城臺에서 시가지 내려다보면서 벅찬 감정을 주체할 수 없었다. 왜성대는 임진왜란 때 한성漢城을 점령한 일본군이 주둔했던 곳이다. 조선사 연구자 아오야기 쓰나타로青柳綱太郎는 1915년 자신이 펴낸 『최근경성안내기』에서 다음과 같이 썼다. "지금 조선총독부는 의연히 왜성대에 터를 잡고 조선 천하를 다스리고 있다. 아침 해가 동쪽에서 밝게 떠올라 왜성대의 일장기를 비출 때, 일본인이라면 누

종로 거리와 전차

구라도 금석지감을 금할 수 없을 것이다. 조선총독의 우쭐한 얼굴을 상상할 수 있을 것이다."

식민지 조선에서 조선인과 일본인 거주지역이 구분되는 경우가 많았다. 경성京城은 청계천을 경계로 북쪽에는 조선인이 거주하고, 남쪽에는 주로 일본인이 거주하였다. 1914년에 경성의 행정구역이 '동洞'에서 '초町'로 변경되었다. 청계천 남쪽의 혼마치本町(=지금의 충무로), 고가네마치黃金町(=지금의 을지로), 메이지초明治町(지금의 명동) 등에는 대부분 일본인이 거주하였다. 일본인들은 거주지에 반드시 신사神社[85]를 지었다.

한일합병 후 한성이 경성으로 개칭되었다. 1905년 일본이 한국을 실질적으로 지배하면서 경성으로 이주하는 일본인들이 급증하였다. 1905년에 7,677명이었던 일본인이 1910년에 3만8,186명, 1914년에

---

85) 신사는 일본인들의 정신을 통합하는 상징적인 장소였다. 1919년 3.1독립운동이 일어난 후에 남산에 조선신사朝鮮神社를 조영하였다. 조선신사는 1925년에 조선신궁朝鮮神宮으로 승격되었다. 조선신궁은 천황의 조상신 아마테라스오미카미天照大神와 메이지 천황明治天皇을 제신祭神으로 모셨다.

진고개(지금의 충무로 2가) 일본인 거주지역

6만6,024명으로 증가하였다. 1914년 당시 경성에 거주하던 조선인은 18만7,236명이었다. 경성 거주 인구의 약 4분의 1이 일본인이었다.

아오야기 쓰나타로는 한일합병 후 경성의 발전상에 대해 다음과 같이 기록하였다. "조선은 세계정세의 변화에 적절하게 대응하지 못하였다. 그래서 경성 시가는 참혹하리만치 침체한 모습을 드러내고 있었다. 조선인은 활기 없고, 생기 없고, 두려움에 떨며 간신히 생명을 유지하고 있었다. 그런데 한반도의 주권이 일본으로 넘어오면서 조선총독이 펼치는 과감한 개혁으로 경성 시가지가 몰라보게 정비되었다. 지금은 사방으로 통하는 평탄한 대로가 동서남북을 관통하고 있다."

조선에서 오래 거주한 경험이 있는 이시하라 루키치石原留吉가 1915년에 『경성안내』라는 책을 펴냈다. 그는 한일합병 전의 조선인은 불결하기 그지없는 환경에서 생활했으나, 조선총독부가 위생기관을 확충하고, 상하수도 시설을 마련하고, 각종 병원을 세우고, 공중변소를 설치하고, 도로를 정비하고, 하천을 청소하고, 집집마다 먼지를 제거하고, 쓰레기를 수거하면서 조선인도 비로소 일본인과 같이 청결하게 생활하게 되었다고 말하였다. 이시하라는 일본의 통치가 없었다면 조선인은 문명생활을 하지 못했을 것이라고 보았던 것이다.

부산은 조선에서 경성 다음으로 규모가 큰 도시였다. 부산은 이미 1876년에 일본인 거류지가 설정되었고, 일본이 실질적으로 한국을 지배하기 시작한 1905년경부터 일본인의 이주가 급증하였다. 1915년경 부산의 인구가 6만여 명이었는데, 그중에 일본인이 3만 명에 가까웠다. 부산 인구의 약 2분의 1이 일본인이었던 것이다. 일본인들은 주로 고토히라초琴平町나 벤텐초弁天町에 집단을 이루어 거주하였다.

1915년 5월 5일 자『도쿄아사히신분東京朝日新聞』에 다음과 같은 부산 탐방 기사가 실렸다. 부산의 일본인 거류지는 "집도 좋고, 도로도 넓고, 게다가 일본적 색채가 농후해 일본의 조그만 도시"와 다르지 않았지만, 일본인 거류지 주변에 형성된 조선인 가옥은 4~5평 정도의 조그만 초가집이었고, "허름한 집안에는 여러 명이 빈둥거리고 있었다." 깨끗하고 풍요로운 일본인 거류지와 초라하고 가난한 조선인 거주지가 극명하게 묘사되었다.

2. 3.1독립운동과 일본의 지식인

3.1독립운동이 일어났을 때, 일본의 대표적인 지식인은 요시노 사쿠조吉野作造였다. 요시노는 민본주의에 동조하는 학자·사상가·언론인들과 함께 여명회黎明會를 결성해 진보적인 사상운동을 선도하였다. 아카마쓰 가쓰마로赤松克麿를 비롯한 요시노 사쿠조의 제자들도 진보적 사상운동 단체를 결성해 활동하였다.

진보적인 지식인들이 왕성하게 활동하고 있던 시점에 3.1독립운동이 일어났으므로 일본의 언론계나 지식인들도 나름대로 반응하였다. 일본의 유력한 언론지 『도쿄아사히東京朝日』, 『오사카아사히大阪朝日』, 『요미우리신문読売新聞』 등에 3.1독립운동 관련 사설과 기사가 실렸다. 여명회 회원들도 강연회를 열고 잡지나 신문에 논설문을 투고하였다.

3.1독립운동 관련 기사나 사설을 보면, 일본 언론인들의 대부분이 3.1독립운동은 일부 불량한 조선인들의 선동으로 일어났다고 보았다. 3.1독립운동의 원인을 조선인의 반일감정에서 나온 것이라고 생각하지 않았다. 독립운동이 극에 달했던 3월 말경에는 일본의 현역 군인이 조선총독이 되어 무단통치를 시행해서 발생했다는 사설이 보이기 시작하였다. 그러다가 일본군이 투입되어 무자비한 진압작전을 전개하면서 3.1독립운동의 기운이 쇠퇴한 5월 이후에 문관을 조선총독으로 보내야 한다는 사설이 등장하였다.

여명회에 소속된 지식인들도 3.1독립운동에 대한 의견과 대책을 제시하였다. 1919년 6월 요시노 사쿠조·후쿠다 도쿠조福田德三를 비롯한 여명회 소속 지식인들이 강연회를 열었다. 그들은 3.1독립운동을 무자비하게 탄압한 일본군의 잔악한 행위를 폭로하고, 조선총독의 전제적인 통치, 조선인에 대한 일본 관리의 차별, 조선의 문화와 조선인의 생활을 억압하는 동화정책 등에 대해 비판하였다.

요시노 사쿠조는 3.1독립운동 후 『주오코론中央公論』에 「조선폭동 선후책」(1919년 4월호), 「조선에서의 언론 자유」(같은 해 6월호) 등 여러 편의 논문을 발표하였다. 요시노는 일본의 가혹한 식민지 지배의 실상을 지적하면서 식민지에 대한 통치방법을 전환하라고 촉구하였다. 그러나 요시노는 한반도에 대한 식민지 통치 자체를 비판한 것이 아니었다. 그는 일본 정부에 합리적인 통치방법을 제안했을 뿐이었다.

여명회에 소속되지 않은 지식인들은 3.1독립운동에 대해 일체 언급하지 않았다. 당시 일본을 대표하는 지식인이라고 할 수 있는 마르크스주의 경제학자 가와카미 하지메河上肇, 와세다대학 교수이며 사회운동가였던 오야마 이쿠오大山郁夫, 도쿄대학 교수이며 헌법학자였던 미노베 다쓰키치美濃部達吉, 역시 도쿄대학 교수이며 민법학자였던 호즈미 시게토穂積重遠, 교토대학 교수이며 법학자였던 사사키 소이치佐々木惣一, 사회운동가이며 목사였던 가가와 도요히코賀川豊彦 등도 아무런 의견을 피력하지 않았다. 일본의 사회주의자들도 3·1독립운동에 대해서만은 침묵으로 일관하였다. 당시 일본의 지식인들은 식민지 민족문제에 대해 무관심했던 것이다.

3. 3.1독립운동 이후 조선통독부의 통치

3.1독립운동이 일어난 후, 2대 조선총독 하세가와 요시미치長谷川好道가 경질되고, 같은 해 9월 사이토 마코토斎藤実가 조선총독으로 부임하였다. 사이토는 무단통치를 '문화통치'로 바꾸겠다고 선언하였다. 사이토는 헌병경찰제도의 폐지, 언론·출판·집회의 자유 보장, 조선인 관리의 증원, 조선의 전통문화 존중, 경제 발전과 교육의 쇄신 등 혁신적인 정책을 제시하였다. 그러나 조선인은 사이토 총독의 약속을 믿지 않았다.[86]

사이토 총독은 기존의 무단통치 방식을 수정하였다. 교사가 도검을 차는 것을 폐지하고, 사이토 자신도 군복 대신 양복을 입었다. 하지만

---

[86] 사이토는 취임하자마자 강우규姜宇奎 열사의 폭탄세례를 받았다. 사이토는 다음과 같은 편지를 일본에 보냈다. "일반 조선인의 감정은 의외로 험악하다. 누구나 독립을 꿈꾸고 있다. 발칙한 놈들이 기회를 노려 음모를 꾸미고, 폭탄으로 총독 이하 고관을 죽이고 총독부를 불태우려고 한다. 일본에 반역한 죄인을 지사志士로 받들고, 옥사獄死한 놈의 장례식에 1만 명이 넘는 추모객이 모인다. 그런데 (천황 탄생일인) 천장절天長節에 일장기를 게양하는 놈은 거의 없다."

그는 여전히 현역 해군대장 신분이었다. 헌병경찰제도는 폐지했지만, 총독이 경찰을 직접 지휘하였다. 경찰 인력은 '문화통치'가 실시된 지 3년간 4배로 증원되었다. 헌병기관도 증강되었고, 형무소도 새로 지었다. '문화통치'의 실상은 무단통치를 강화한 것에 불과하였다.

언론·출판·집회의 자유도 "질서 및 공안公安의 유지에 방해가 되지 않는 한" 보장되었다. 일상적인 감시와 탄압 속에서의 "자유"에 지나지 않았다. 일본제국주의에 충성할 만한 "사상이 건전한 조선인"에 한해 군수나 교감으로 승진시켰다. 일제에 등용된 조선인 관리나 교원 중에는 같은 민족을 탄압하는 데 앞장서는 자들이 적지 않았다. 조선의 전통문화 존중도 일본인의 관점에서 보았을 때 좋은 점을 살리고 나쁜 점을 버리는 것이었다. 경제의 발전이란 식민지 조선의 경제를 일본 경제에 예속시키는 것이었다. 교육의 쇄신이란 조선인을 일본인에 동화시키는 작업이었다.

1920년대 일본경제는 만성적인 불경기에 시달리고 있었다. 이때 식민지 조선은 일본의 상품을 소비하는 시장, 일본에 원료와 식량을 공급하는 기지였다. 제1차 세계대전이 끝나면서 일본의 수출이 급감하였다. 1923년에는 1918년 수출액의 60퍼센트에도 미치지 못하였다. 하지만 식민지 조선에 대한 일본의 수출은 증가했고, 그중에서 50퍼센트가 공업제품이었다. 1920년대 말 식민지 조선의 공업자본금 총액에서 조선인 자본이 점하는 비율은 6.4퍼센트에 불과하였다. 조선총독부는 일본자본이 식민지 조선에 어려움 없이 진출할 수 있도록 하기 위해 「회사령會社令」을 폐지하였다.

식민지 조선은 일본의 가장 중요한 쌀 공급지였다. 1920년대 일본은 국내에서 생산한 쌀만으로는 수요를 충당할 수 없었다. 그런데 급증하는 도시노동자의 임금 상승을 억제하기 위해서 싼값에 쌀을 공급하지 않으면 안 되었다. 그래서 조선총독부는 산미증산계획産米增産計劃을 세웠다. 1920년부터 15년간 식민지 조선의 쌀 생산량은 20퍼센트 증가하였다. 그러나 같은 기간에 일본으로 수송한 쌀은 4배나 증가하였다.

1920년 이후 조선인 한 사람이 소비하는 쌀은 1919년 이전의 2분의 1에 지나지 않았다. 조선총독부는 조선인이 쌀의 소비를 줄이고 잡곡의 소비를 늘리도록 하는 정책을 추진하였다. 당시 조선의 농촌에서 아침에 죽 한사발이라도 먹는 집은 부농이라고 일컬어졌다. 거친 노동을 견뎌야 하는 모내기철에도 좁쌀밥을 먹는 집은 손꼽을 정도였다. 4~5월경 소위 '보릿고개'에는 초근목피草根木皮나 아카시아꽃으로 허기를 달래는 사람이 부지기수였다.

'문화통치'시기에 조선어 신문과 잡지가 잇달아 발행되었다. 대표적인 신문으로『동아일보』와『조선일보』가 있었다. 하지만 신문은 삭제·압수·발행금지·정간을 되풀이하였다. 하지만 조선인은 극도로 제한된 '자유'를 최대한 이용해 활발한 문화 활동을 하였다. 문학 분야에서는 최남선崔南善과 이광수李光洙가 쌍벽을 이루며 활약하였다. 프롤

1920년대 경성의 메이지초 거리(지금의 명동)

레타리아 문학도 뿌리를 내렸다. 음악 분야에서는 홍난파洪蘭坡가 활약하였다. 그가 작곡한 '봉선화'는 조선인이 즐겨 불렀다. 그러자 조선총독부는 '봉선화'의 레코드 발매를 금지하였다.

'문화통치'시기에 공립학교 수가 증가하였다. 하지만 공립 보통학교(지금의 초등학교) 취학률은 20퍼센트에도 미치지 못하였다. 1930년경 식민지 조선에 거주하는 일본인은 약 50만 명이었고, 조선총독부는 일본인 자제들의 교육을 위해 중학교 21개교를 설치하였다. 그러나 2,000만 명이 넘는 조선인을 위한 고등보통학교(지금의 중학교)는 26개교에 지나지 않았다. 식민지 조선에 세워진 유일한 대학인 경성제국대학 학생의 4분의 3이 일본인이었다.

1926년 4월 대한제국의 마지막 황제 순종이 붕어하였다. 순종의 장례식은 6월 10일 거행될 예정이었다. 조선인은 순종의 장례식 때 '제2차 독립운동'을 일으킬 준비를 하였다. 여러 민족운동 단체도 비밀리에 거사 준비를 시작하였다. 조선총독부는 한반도 전역에 비상계엄령을 펴고, 지식인과 민족운동 단체 지도자들을 대대적으로 검거하였다. 6월 10일 조선총독부는 일본군 8만 명을 동원해 경성 각지에 배치하였다. 총동원된 경찰이 순종의 상여가 지나는 도로 양옆에 배치되었다. 삼엄한 경계망 속에서도 "독립만세"를 외치는 4만 명의 조선인들이 순식간에 결집하였다. 하지만 '제2차 독립운동'은 일본군과 경찰에 의해 무자비하게 탄압되었다.

□□□제11장

다이쇼 문화

[1] 교육과 학문

1. 교육

자본주의가 발전하면서 교육이 충실해졌고 각종 연구시설도 늘어났다. 의무교육이 정착되었다. 1920년대에는 거의 모든 아동들이 소학교에 입학하였다. 문자를 해독하지 못하는 사람은 거의 없었다. 이 무렵부터 중학생과 대학생이 증가하였다. 전문학교 이상 학생 수는 1900년에 약 2만5,000명이었으나 1925년에는 약 13만 명에 달하였다.

중학교·고등학교·사범학교의 교육도 점차로 내실화되었다. 특히 봉건사회에서는 경시되었던 여성 교육이 강화되었다. 남자 중학교에 해당하는 고등여학교를 비롯해 고등교육을 위한 여학교가 설립되었다. 여학교의 설립은 여성의 사회적 지위를 향상시키는 계기가 되었다.

1918년 「제국대학령帝國大學令」을 「대학령大學令」으로 개정하였다. 「대학령」으로 종래의 제국대학 이외에 새로운 단과대학 및 공립·사립대학의 설치가 허용되었다. 새로 설립되는 대학이 급증하였다. 대학에서 자유주의 사상과 폭넓은 교양을 쌓은 지식인이 사회로 배출되었다. 그들은 자본가가 설립한 회사에 취직해 일본의 경제발전에 이바지하였다. 본격적인 샐러리맨 시대가 개막되었다.

고등교육기관이 증가하고 지식인이 늘어나면서 새로운 교육운동이 일어났다. 일부 학교와 교사들은 획일적인 교육과 국가주의적인 교육에 반발해 자주적인 교육을 지향하는 신교육운동을 일으켰다. 나라여자고등사범학교奈良女子高等師範学校 부속 소학교에서는 통합학습 프로그램을 운용했고, 도쿄의 세케학원成蹊學園에서는 개성을 존중하고 스스로 공부하는 전인교육을 실시하였다.

1920년대 말에 세이카쓰쓰즈리카타운동生活綴方運動이 전개되었다. 이 운동은 소설가이며 동화작가인 스즈키 미에키치鈴木三重吉가 제창하였다. 스즈키는 아동들이 자기의 생각을 본 대로 느낀 대로 표현할 수 있도록 해야 한다고 주장하였다. 그의 사상은 생활 속에서 진실을 찾으려는 사회적 사실주의 운동으로 발전하였다. 뜻있는 교사들이 이 운동에 호응하였다. 1930년에 도호쿠東北 지방의 교사들이 『호쿠보쿄이쿠北方敎育』를 창간해 세이카쓰쓰즈리카타운동을 전국적으로 확산시켰다. 이러한 운동은 제2차 세계대전 후의 교육에 큰 영향을 미치게 되었다.

2. 학문

시민사회가 형성되면서 니시다 기타로西田幾多郞의 『젠노겐큐善の硏究』와 같은 철학 서적이 많은 독자를 확보하였다. 제1차 세계대전 이후부터 중등교육을 받은 사람들의 수가 급격히 증가했는데, 그들 지식인들이 사회로 배출되면서 방대한 독자층을 형성했던 것이다. 지식인들은 합리성을 존중하면서 자아의 실현을 추구하는 개인주의 성향이 강하였다. 니시다 기타로는 이어서 『자각에서의 직관과 반성自覺における直觀と反省』이라는 저서를 출간해 독창적인 사상체계를 수립하였다. 니시다 기타로의 연구는 일본의 관념론 철학의 도달점이었다. 구와키 겐요쿠桑木嚴翼는 칸트의 철학을 본격적으로 일본에 소개하였다. 도모나가 산주로朝永三十郞가 『근세에서의 나의 자각사近世における我の自覺史』를 저술하였다. 도모나가 산주로는 신칸트파를 형성하였다.

이상주의적·인도주의적 경향은 일본인에게 커다란 영향을 미쳤다. 아베 지로阿部次郞의 『산타로의 일기三太郞の日記』, 구라타 햐쿠조倉田百三의 『사랑과 인식의 출발愛と認識との出發』·『출가한 사람과 그의 제자出家とその弟子』 등의 교양주의적 인생론이 지식인들에게 호평을 얻었다.

도쿄대학 교수 미노베 다쓰키치美濃部達吉는 『겐포사쓰요憲法撮要』라는 책을 저술했는데, 거기에서 천황기관설天皇機關說[87]을 주장하였다. 이것은 통치권은 법인法人인 국가에 있고 천황은 그 최고기관으로서 통치권을 행사하는 존재라는 헌법학설이었다. 미노베 다쓰키치는

---

87) 국가법인설이라고도 한다. 주권은 천황에 있다는 것을 전제로 하면서도 통치권의 주체를 법인으로 규정하고, 천황은 국가의 최고기관으로서 헌법의 각 항에 따라서 통치권을 행사하는 존재라고 주장하는 학설이었다. 이에 대해 통치권은 신성불가침한 천황에게 있으며 그것은 무제한이라고 주장하는 천황주권설의 입장과 대립하였다. 학계에서는 천황기관설이 통설로 인정되고 있었고, 다이쇼 데모크라시와 정당 정치의 이데올로기적 기초가 되었다. 그러나 천황기관설은 쇼와昭和 시대에 들어서 파시즘이 대두되면서 군부·우익으로부터 공격을 받았다.

천황주권설을 주장하는 같은 도쿄대학 헌법학자 호즈미 야쓰카穗積八束·우에스기 신키치上杉愼吉 등과 격렬한 논쟁을 전개하였다. 특히 우에스기 신키치는 정당정치를 부정하는 대표적인 우익사상가였다. 천황기관설은 요시노 사쿠조吉野作造의 민본주의와 함께 다이쇼 데모크라시의 유력한 이론이 되었다.

법제사 분야에서는 나카다 가오루中田薰가 두각을 나타냈다. 나카다 가오루는 1902년 25세에 도쿄대학 조교수에 취임한 이래 일본 고대·중세의 장원莊園에 대한 연구 및 근세·근대에서의 비교 법제사法制史를 연구해 일본 법제사학을 정립하였다.

경제학 분야에서는 후쿠다 도쿠조福田德三[88]를 비롯한 독일계 자유주의 경제학자들이 주류를 이루었다. 사회주의운동이 활발하게 진행되면서 마르크스주의 경제학 연구도 성행하였다. 교토대학 교수 가와카미 하지메河上肇[89]는 1919년에 『사회문제연구』를 발간하고, 마르크스의 저서를 번역하는 등 왕성한 저술활동을 하였다. 다카바타케 모토유키高畠素之는 1920년부터 1925년에 걸쳐서 마르크스의 저서 『자본론』을 번역하였다. 1928년에서 1935년에 걸쳐서 개조사改造社에서 세계 최초로 『마르크스·엥겔스전집』 33권이 간행되었다. 편집은 사키사카 이쓰로向坂逸郎·오모리 요시타로大森義太郎가 담당하였다.

동양사 분야에서는 시라토리 구라키치白鳥庫吉[90]와 나이토 고난内藤湖

---

[88] 후쿠다 도쿠조는 독일 유학시절에 독일 역사학파와 마르크스주의의 영향을 받았고, 게이오대학 교수로 재직하면서 경제이론·경제사·사회정책 등의 학문 분야를 개척하였다. 또 자유주의자로서 논단에서도 활발하게 활동하였다. 다이쇼 데모크라시의 이론적 지도자의 한 사람이었다.

[89] 가와카미 하지메는 인도주의적인 입장에서 빈곤 문제를 거론하는 개량주의자였다고 할 수 있다. 그러나 그의 저서 『자본론입문』, 『경제학대강』에서는 마르크스주의 경제학의 입장을 취하였다.

[90] 도쿄대학을 졸업하고 가쿠슈인대학 교수로 재직하였다. 후에는 도쿄대학 교수를 겸임하였다. 유럽의 각국에서 유학하면서 근대역사학의 연구방법을 익혔다. 1908년에는 남만주철도회사에 만주지리역사조사실滿州地理歷史調査室을 설치해 자료를 수집하였다. 또 동양문고東洋文庫를 설치하는 데 주도적인 역할을 하였다. 동양학 관계

南과 같은 학자들이 배출되어 견실한 실증주의 학풍을 세웠다. 가쿠슈인대학学習院大学의 교수였던 시라토리 구라키치는 근대적 역사연구법으로 아시아 전역, 특히 중앙아시아와 동북아시아 여러 민족의 역사 연구에 큰 업적을 남겼다. 그의 연구는 일본제국주의의 대륙침략에 크게 기여하였다. 나이토 고난은 1907년 교토대학에서 동양사강좌를 담당하면서 중국사 발전과정에 관한 독자적인 견해를 제시하였다.

일본사 분야에서는 와세다대학早稲田大学 교수 쓰다 소우키치津田左右吉가 『고지키古事記』·『니혼쇼키日本書紀』를 실증적으로 연구해 신대설화神代説話는 객관적인 사실이 아니라는 것을 논증하였다. 그의 저서 『문학에 나타난 우리 국민사상의 연구文学に現はれたる我が国民思想の研究』는 노작으로 손꼽힌다. 일본문화사 연구를 개척한 니시다 나오지로西田直二郎는 『일본문화사서설』을 저술하였다. 1932년에서 1933년에 걸쳐서 노로 에이타로野呂栄太郎·오쓰카 긴노스케大塚金之助·야마다 모리타로山田盛太郎 등에 의해 『일본자본주의발달사강좌』가 간행되었다.

민속학 분야에서는 야나기다 구니오柳田国男가 많은 업적을 남겼다. 야나기다 구니오는 특히 민간전승에 관심을 기울였다. 일찍부터 일본 전국을 유람하면서 민간에 전승되는 이야기나 문화를 발굴했고, 연구자들의 결집을 위해 잡지 『향토연구郷土研究』를 간행해 민속학을 발전시켰다. 그는 『이시가미몬도石神問答』·『도오노모노가타리遠野物語』를 비롯한 많은 저작을 남겼다.

야나기 무네요시柳宗悦는 무명의 장인이 제작한 생활용품 속에서 민중의 소박한 미를 발견하려는 민예운동民藝運動을 제창하였다. 그는 특히 조선의 청자·백자의 미적 가치를 발견하고 일본에 널리 소개한 것

학술지인 『동양학보』를 창간하는 등 동양사학의 발전에 기여하였다. 특히 동양문고는 미쓰비시三菱의 후원으로 1924년에 재단을 설립한 이래, 중국은 물론 몽고·터키·티베트 등 아시아 여러 지역의 문헌을 수집하였다. 동양문고는 현재 관련서적 85만 권을 소장하고 있는 세계적으로 유명한 동양학 관계 도서관이다.

으로 유명하다.

[2] 문학과 예술

1. 문학

1) 시라카바파

러일전쟁 후 자연주의 문학이 문단을 지배하였다. 자연주의의 이면에는 자유분방한 개성을 구가하는 사람들이 있었다. 하지만 개성의 표출은 대역사건大逆事件에 의한 사상의 탄압으로 천황제와 대결할 수 있는 길이 차단되었다. 그래서 문학과 예술의 세계에 몰입할 수밖에 없었다. 다이쇼大正 시대에는 교육수준이 향상되고 저널리즘과 출판계가 융성하면서 문학작품이 민중에게 보급되었다. 자유주의와 인도주의 사조가 문학에 영향을 미쳤다.

다이쇼 시대의 사조를 문학에 가장 잘 반영하고 있었던 것은 잡지 『시라카바白樺』를 중심으로 모인 가쿠슈인대학学習院大學 출신 문학자들이었다. 그들은 자연주의에 대항하며 자아를 존중하고, 인간의 가능성을 신뢰하는 인도주의·이상주의의 기풍을 가진 청년들이었다. 그들을 시라카바파白樺派라고 하였다. 시라카바파는 모순 속에서 살아가는 지식인들의 고뇌를 있는 그대로 직시하려고 하였다. 그들의 태도는 당시의 지식인들에게 깊은 감명을 주었다. 무샤노코지 사네아쓰武者小路実篤・시가 나오야志賀直哉・아리시마 다케오有島武郎 등이 대표적인 인물이었다.

무샤노코지 사네아쓰는 철저한 개인주의 입장을 취한 낙관론자였다. 그는 자신이 개인주의자라고 선언하였다. 그에게 가장 중요한 것은 자아였고, 자아의 발전이었다. 다른 것을 위해 자아를 희생하는 것을 거부하였다. 오히려 자아를 위해 어떤 것도 희생할 수 있다고 생각하였다. 그래서 무샤노코지의 작품은 인간에 대한 신뢰와 긍정을 근본으로 하였다. 1918년에『아타라시키무라新しき村』를 발간했고, 미야자키현宮崎県에서 '마을 만들기'를 실천하기도 하였다. 대표작으로는『오메데타키히토お目出たき人』·『소노이모토その妹』·『유조友情』·『닌겐반자이人間万歳』등이 있었다.

도쿄대학을 중퇴한 시가 나오야는 1900년부터 7년간 우치무라 간조內村鑑三에게 사사하고,『시라카바』동인으로 본격적인 작품을 쓰기 시작하였다. 시가는『세이기하正義派』·『오쓰 준키치大津順吉』등의 작품으로 자기 주장을 강렬하게 표현해 재능을 인정받았다. 특히『와카이和解』는 결혼문제 등으로 오랫동안 대립했던 부친과의 불화를 해결한 경험과 편협하지 않은 인생관이 녹아있는 작품이었다. 시가 나오야는 불순을 용서하지 않는 강렬한 정신과 적확한 표현력으로 많은 작가들의 존경을 받았다.

미국의 하버드대학에 유학한 아리시마 다케오는 1917년부터 본격적인 사실주의적 작풍으로 문단의 지위를 확립하였다. 그는 제1차 세계대전 이후에 표출된 사회문제를 가장 심각하게 조명하려고 했던 작가였다. 그는 1917년에서 1919년에 걸쳐서『카인노마쓰에カインの末裔』·『아루온나或る女』,『쿠라라노슛케クララの出家』,『지이사키모노에小さき者へ』등의 작품을 발표하였다. 하층 빈민의 모습을 손에 잡힐 듯하게 묘사해 일약 인기작가의 반열에 올랐다.

2) 신시초파

시라카바파보다 조금 늦게 아쿠타가와 류노스케芥川龍之介・기쿠치 칸菊池寛・구메 마사오久米正雄・야마모토 유조山本有三 등이 이지적이며 기교적인 작품을 『신시초新思潮』에 발표하면서 활동하였다. 이들을 신시초파라고 하였다.

아쿠타가와 류노스케는 도쿄대학 영문과 재학 중에 나쓰메 소세키夏目漱石의 문하에 들어가서 활동하였다. 『하나鼻』라는 작품이 나쓰메 소세키에게 인정을 받으면서 일약 문단의 총아로 부상하였다. 그는 인간의 심리를 예리하게 묘사하면서 현실 문제를 파헤치는 단편을 많이 발표하였다. 특히 역사 현상에 근대적 해석을 가미해 역설적인 인간관을 보여주려고 하는 이지적인 작품을 많이 남겼다. 대표적인 작품으로 『라쇼몽羅生門』・『이모가유芋粥』・『슈킨手巾』・『사이호노히토西方の人』 등이 있었다.

기쿠치 칸은 원래 희곡 작가였으나 1918년에 『무메이삿카노닛키無名作家の日記』라는 작품을 시작으로 소설을 쓰기 시작하였다. 연이어서 『온슈노카나타니恩讐の彼方に』・『도주로노코이藤十郎の恋』 등의 작품을 발표해 일약 유명 작가가 되었다. 1923년에는 『분게이슌주文藝春秋』를 창간해 문학자의 사회적 지위 향상에도 노력하였다.

구메 마사오는 아쿠타가와 류노스케와 함께 도쿄대학 영문과 재학 중에 『규뉴야노쿄다이牛乳屋の兄弟』를 비롯한 희곡을 발표해 재능을 인정받았다. 나쓰메 소세키 문하에 들어가서 활동하였다.

야마모토 유조는 1926년에 소설 『이키토시이케루모노生きとし生けるもの』를 『아사히신분朝日新聞』에 연재하였다. 그 후에는 평이한 문체로 어떻게 살 것인가를 추구한 장편소설을 주로 신문에 발표하며 많은 독자를 얻었다.

3) 프롤레타리아문학

사회주의자 오스기 사카에大杉栄・아라하타 간손荒畑寒村 등은 1912년에 문예잡지『긴다이시소近代思想』를 창간해 민중예술의 필요성을 역설하였다. 그들을 선구로 하는 노동문학은 하야마 요시키葉山嘉樹의『우미니이쿠루히토비토海に生くる人々』에 의해 대성되어 프롤레타리아문학 최초의 업적이 되었다. 하야마 요시키는 와세다대학을 중퇴하고 선원으로 일하면서 노동운동에 입문하였다. 하야마는 직업을 전전하면서 두 차례 투옥되는 경험을 하였다. 1926년에『분게이센센文芸戰線』에 참가하며 작가생활을 시작하였다. 그 밖의 작품으로는『인바이후淫売婦』・『시멘트타루노나카노테가미セメント樽の中の手紙』등이 있었다.

1920년에는 프롤레타리아 문학잡지『다네마쿠히토種蒔く人』가 창간되었고, 1924년에는『분게이센센』이 창간되었다. 1920년대 말기에는 전일본무산자예술동맹全日本無産者藝術同盟이 결성되어 고바야시 다키지小林多喜二・도쿠나가 스나오徳永直・후지모리 세이키치藤森成吉・미야모토 유리코宮本百合子 등이 활동하였다.

고바야시 다키지는 시가 나오야에 사사해 창작을 시작했고, 1927년경에 프롤레타리아 문학 운동에 참가하였다. 1928년에는 정부의 공산당 탄압을 그린『1928年3月15日』을 발표해 실력을 인정받았고, 1929년에는『가니코센蟹工船』을 발표해 유명해졌다. 노동자 출신인 도쿠나가 스나오는 노동현장의 경험을 그린 작품『타이요노나이마치太陽のない街』를 전일본무산자예술동맹의 기관지『센키戰旗』에 연재하며 일약 프롤레타리아 작가로 인정을 받았다. 그러나 정부가 사회주의운동을 탄압하면서 그의 활동은 부진하였다.

1925년에는 호소이 와키조細井和喜蔵가『조코아이시女工哀史』를 간행하였다. 이것은 일본 자본주의의 저변에서 가혹한 노동과 가난한 생활을 강요당했던 방적공장 여공들의 삶을 사실적으로 묘사한 기록문학이었다.

4) 시가

메이지 말기부터 신낭만주의가 꽃을 피웠다. 기타하라 하쿠슈北原白秋・기노시타 모쿠타로木下杢太郎・미키 로후三木露風 등이 유명하였다.
기타하라 하쿠슈는 이국취향과 상징적 작풍을 보여주었고, 단가短歌 분야에서도 이름이 알려져 있었다. 그는 다이쇼 시대 이후에 간결하고 담담한 작풍을 선보이며 독자적인 경지를 개척하였다. 가집歌集으로 『기라라슈雲母集』・『스즈메노타마고雀の卵』, 시집으로는 『스이보쿠슈水墨集』 등을 출간하였다. 기노시타 모쿠타로는 기타하라 하쿠슈와 함께 잡지 『스바루スバル』의 동인으로 활약하였다. 시를 쓰면서 희곡과 소설 분야에도 진출하였다. 미키 로후는 기타하라 하쿠슈와 함께 상징 시인으로 알려졌다. 다이쇼 시대에는 인생과 자연을 영성화靈性化 해 거기에 깃든 고요한 감정을 노래하기에 이르렀다. 시집으로는 『하이엔廢園』・『사비시키아케보노寂しき曙』・『시로키테노료진白き手の猟人』』 등이 있었다.
다이쇼 시대 전반기는 이상주의 경향 속에서 센케 모토마로千家元麿・무로 사이세이室生犀星 등이 활약하였다. 센케 모토마로는 1913년경부터 무샤노코지 사네아쓰와 교류하면서 인도주의적 시풍을 드러내었다. 시집으로는 『지분와미타自分は見た』・『니지虹』 등이 있었다. 무로 사이세이는 다이쇼 시대 중기부터는 소설도 발표하였다.『아이노시슈愛の詩集』・『조조쇼쿄쿠슈抒情小曲集』 등의 작품이 있었다.
다이쇼 시대 후반기에는 예술지상주의 풍조 속에서 다카무라 고타로

高村光太郎・하기와라 사쿠타로萩原朔太郎・노구치 요네지로野口米次郎 등이 활약하였다. 다카무라 고타로는 『스바루』의 동인으로 향락주의를 추구했으나 『시라카바』의 동인과도 접촉하면서 이상주의를 추구하였다. 그는 힘이 넘치는 남성적 시풍을 완성하였다. 시집으로는 『도테이道程』・『덴케이典型』 등이 있었다. 하기와라 사쿠타로는 시를 구어체로 자유롭게 표현하는 데 성공한 근대시를 대표하는 시인이었다. 시집으로는 『쓰키니호에루月に吠える』・『세이뵤青猫』 등이 있었다. 영문학자인 노구치 요네지로는 일본・영국・미국 시인의 시를 한 곳에 모은 『시카슈詞華集』를 출간하였다. 시집으로는 『니주코쿠세키샤노시二重国籍者の詩』가 있었다.

그 밖에 노구치 우조野口雨情・사토 하루오佐藤春夫・사이조 야소西条八十 등도 서정적인 작품을 남겼다. 노구치 우조는 아동문학 운동의 일환으로 민요・동요의 보급에 힘쓰는 한편, 순정적이고 소박한 서정시를 썼다. 사토 하루오는 주로 낭만주의적인 작품을 발표하였다. 사이조 야소는 「카나리아」와 같은 동요, 「도쿄행진곡」과 같은 가요곡, 「히토니기리노하리一握の玻璃」와 같은 시집을 발표하였다.

5) 대중문학

전문 교양을 갖춘 지식인들을 독자로 하는 대중문학이 발달하였다. 순수문학에서 방향을 전환한 기쿠치 칸菊池寛은 현실주의적인 인생관에 입각해 대중과 소통하는 기법으로 많은 작품을 남겼다. 구메 마사오도 점차로 통속소설로 이름을 날렸다.

대중문학의 선구자는 나카자토 가이잔中里介山이라고 할 수 있다. 그는 1906년에 미야코신문사都新聞社에 입사했고, 1909년에 『고오리노

하나氷の花』, 다음 해인 1910년에 『다카노노기진高野の義人』, 1913년에는 『다이보사쓰토우게大菩薩峠』를 『미야코신분都新聞』에 연재해 독자들의 인기를 끌었다.

독자층이 늘어나고 대중소설의 기반이 형성되자, 『분게이슌주』 등의 문학잡지에도 대중작가들의 작품이 소개되었다. 유명한 작가로는 시라이 교지白井喬二・나오키 산주고直木三十五・요시카와 에이지吉川英治・오사라기 지로大仏次郎 등이 있었다.

스즈키 미에키치鈴木三重吉는 아동 문예잡지 『아카이토리赤い鳥』를 창간해 동화의 세계에 새로운 바람을 불어넣었다. 스즈키는 동화・동요의 창작운동을 제창하였다. 시마자키 도손島崎藤村・아쿠타가와 류노스케 등을 비롯한 문학자들이 스즈키 미에키치를 후원하였다. 『아카이토리』는 단순히 이야기를 하는 단계에서 근대적인 아동문학의 세계로 수준을 한 단계 높이는 데 기여하였다.

2. 예술

1) 일본화

미술계에서는 여전히 서양화가 발달하였다. 메이지 시대부터 일본화를 보호하고 육성하는 운동이 꾸준히 전개되었고, 그 운동은 다이쇼 시대에 정점에 달하였다. 그와 함께 아카데미즘에 대한 저항으로 신선한 화풍이 미술계에 선을 보이게 되었다.

일본화 분야에서는 메이지 시대에 이어서 요코야마 다이칸橫山大觀・시모무라 간잔下村觀山・다케우치 세이호竹內栖鳳 등이 활약하였다. 요코야마 다이칸·시모무라 간잔 등은 메이지 말기에 미술진흥을 위해 설립된 문전文展[91]을 탈퇴하고, 1914년에 일본미술원日本美術院을 부흥해 새로운 바람을 일으켰다. 요코야마 다이칸은 독자적인 수묵화 양식을 개발하였다. 시모무라 간잔은 야마토에大和繪·린파琳派·송원화宋元畵도 연구해 온건한 절충화법을 형성하였다. 교토 화단의 중진이었던 다케우치 세이호는 숙달된 필력으로 시조파四条派의 전통적 기법을 근대화하였다.

히라후쿠 햐쿠스이平福百穗·고바야시 고케이小林古徑·야스다 유키히코安田靫彦·가와바타 류시川端龍子 등이 활약하였다. 히라후쿠 햐쿠스이는 도쿄미술학교를 졸업하고 무세이회无声会에 가입해 활동하면서 자연주의를 표방하였다. 고바야시 고케이는 일본미술원전日本美術院展에 「이탄異端」이라는 작품을 발표해 실력을 인정받았다. 그는 야마토에 전통을 계승해 정감과 사실성을 세밀하게 표현하였다. 야스다 유키히코는 1907년 문전文展에 「도요코豊公」라는 작품을 발표하였다. 이 작품은 역사 인물의 개성이 잘 표현되었다. 가와바타 류시는 서양화를 공부하다가 일본화로 전공을 바꾼 인물이었다. 무세이회에 참가했고 원전院展의 동인으로 활동하였다.

2) 서양화

서양화는 문전文展의 양화부를 중심으로 발전하였다. 그러나 1914년

---

91) 문부성에서 주최하는 미술 전람회를 말한다. 이에 대해 일본미술원에서 주최하는 미술 전람회를 원전院展이라고 하였다. 요코야마 다이칸 등이 일본미술원을 부흥하고, 원전을 개최하자 문전도 변화를 모색하였다. 문부성은 제국미술원帝國美術院을 설립하였다. 그 이후 제국미술원에서 주최하는 미술 전람회를 제전帝展이라고 하였다.

에 이시이 하쿠테이石井柏亭 · 아리시마 이쿠마有島生馬 등이 문전을 탈퇴해 니카회二科会를 조직하였다. 그 후 니카회는 다이쇼 시대의 혁신적인 경향을 망라하는 유력한 재야단체가 되었고, 1930년에 독립된 미술협회로 발전하였다. 니카회에는 기시다 류세이岸田劉生 · 야스이 소타로安井曽太郎 · 우메하라 류사부로梅原龍三郎 · 쓰다 세이후津田青楓 등도 참가해 중진 화가를 다수 배출하였다.

이시이 하쿠테이는 부친에게서 일본화를 배우고 아사이 추浅井忠로부터 서양화를 배워서 일본 서양화 화단의 기초를 구축한 인물이었다. 아리시마 이쿠마는 이탈리아와 프랑스에서 유학하고 귀국한 후 인상파 화풍을 구사하였다. 기시다 류세이는 극명한 사실주의를 추구하였다. 다이쇼 시대 말기부터는 초기 우키요에浮世絵 · 송원화宋元畵에도 관심을 보였다. 기시다는 서양화에 일본풍을 접목시켜서 독특한 경지를 개척하였다. 야스이 소타로는 프랑스에서 유학하면서 밀레 · 세잔의 감화를 받고 귀국하였다. 야스이는 프랑스에서 그린 작품을 니카전二科展에 출품해 일약 유명해졌다. 그 후 초상 · 정물 · 풍경화에 사실주의를 기본으로 근대적인 표현을 도입해 자신만의 양식을 확립하였다. 우메하라 류사부로는 아사이 추에게 배우고, 다시 프랑스에 유학해 르노아르에게 배웠다. 매끄럽고 찬란한 색채와 활달한 필치로 많은 작품을 남겼다.

기시타 류세이 · 요로즈 테쓰고로万鉄五郎 등이 슌요회春陽会를 결성하였다. 요로즈 테쓰고로는 퓨전회를 창립해 신흥예술운동에 앞장섰던 인물이기도 하였다. 요로즈는 입체파의 화풍으로 대담한 작품을 발표하였다.

다이쇼 시대 말기에는 입체파 · 미래파 등으로 불리는 새로운 화풍이 일어났다. 이 시기에는 화풍도 객관적인 묘사보다는 내면적인 묘사에 초점을 맞추는 경향으로 변화하였다. 새로운 화풍은 야수파野獸派의 영향을 받았다.

3) 연극

연극 분야에서도 새로운 바람이 불었다. 가부키에서는 모리타 간야森田勘弥·나카무라 기치에몬中村吉右衛門 등이 활약하였다. 모리타 간야는 전통적인 가부키뿐만이 아니라 창작극에서도 두각을 나타내었다. 나카무라 기치에몬은 특히 전통적인 시대물에서 능력을 유감없이 발휘한 가부키 배우였다.

신극 분야에서는 1913년 시마무라 호게쓰島村抱月가 마쓰이 스마코松井須磨子와 함께 예술좌藝術座를 설립하였다. 예술좌는 당초 예술지상주의 입장을 취하고 있었는데, 점차로 예술성과 함께 대중성을 중요시하였다. 예술좌는 톨스토이 원작「부활復活」을 상연해 크게 성공하면서 신극의 보급에 기여하였다. 그러나 예술좌는 1918년 시마무라 호케쓰가 병사하고 다음 해에 마쓰이 스마코가 자살하면서 해산하였다.

예술좌를 탈퇴한 사와다 쇼지로沢田正二郎가 신국극新國劇을 시작하였다. 신국극은 도쿄의 메이지좌明治座에서 무사들의 결투를 주제로 한 시대물을 상연해 확고한 기반을 확립하였다. 메이지좌는 검술을 내세운 시대극뿐만 아니라 전기극傳記劇과 외국 작품을 번안해 상연하기도 하면서 신국극을 대중오락으로 승화하였다. 메이지좌는 사와다 쇼지로가 사망한 후에도 명맥을 유지하였다.

1924년 오사나이 가오루小山内薫·히지카타 요시土方与志 등이 전용극장을 구비한 쓰키지소극장築地小劇場을 설립하였다. 쓰키지소극장은 순수예술주의 입장에서 서구 여러 나라의 연극을 상연하였다. 오사나이는 사실주의, 히지카타는 표현주의를 추구하였다. 쓰키지소극장은 신극을 꿈꾸는 청년의 메카로 일컬어졌다. 그러나 사회주의를 선전하는 연극을 상연했기 때문에 정부의 탄압을 받았다. 오사나이 가오루가 사망하자 좌익左翼 계열과 순수 예술파가 분열되었다.

한편, 1920년대 중반에는 사회모순이 심화되면서 프롤레타리아 연극이 발흥하였다. 1926년에는 아오노 스에키치靑野季吉 · 사사키 다카마루佐々木孝丸가 일본 최초의 프롤레타리아 극단이라고 할 수 있는 전위좌前衛座를 설립하였다. 이어서 1927년에 프롤레타리아극장, 1928년에 좌익극장左翼劇場, 1929년에 신쓰키지극장新築地劇場 등이 설립되었다. 그러나 사회주의 계열의 극장은 정부의 탄압으로 정상적인 상연을 할 수 없게 되었다.

[3] 문화의 대중화와 생활의 근대화

제1차 세계대전 전후부터 쇼와昭和 시대 초기까지의 문화는 소위 다이쇼 데모크라시로 상징되었다. 제1차 세계대전 후, 세계적인 민주주의 풍조와 자본주의의 발전은 도시를 중심으로 하는 시민사회의 형성을 촉진하였다. 민중의 영향력이 커지면서 시민문화가 번영하였다. 다이쇼 시대의 문화는 한마디로 대중문화大衆文化라고 할 수 있었다. 대중문화를 선도한 것은 도시의 지식인 계층이었다.

이 시대에 외래문화가 본격적으로 수용되었다. 메이지 시대에는 개별적이고 특수한 방법으로 외래문화를 수용했다면, 다이쇼 시대에는 매우 원활하고도 폭넓게 외래문화가 수용되었다. 그 결과, 일반 민중의 일상생활에 이르기까지 서양풍의 문화가 침투되었다.

세계적인 민주주의 풍조는 민중의 영향력을 증대시킴과 동시에 다이쇼 데모크라시고 하는 민본주의 풍조를 형성하였다. 민본주의를 기조로 자유주의·인도주의 사조가 성행하였다. 또 사회운동이 고양되고, 사회주의 사상이 뿌리를 내리는 등 사상적으로 매우 자유로운 시기를 맞이하였다.

1. 출판계의 발전과 문화의 상업화

메이지 초기의 출판계는 출판업자가 소매점을 겸하는 경우가 많았다. 1887년에 일본 최초의 전문출판사라고 할 수 있는 하쿠분칸博文館이 창업해 잡지 판매망을 정비하였다. 1990년대 중반 이전에 창업한 출판사로 하쿠분칸을 비롯해 마루젠丸善·유히카쿠有斐閣·슌요도春陽堂·산세이도三省堂·후산보富山房·가와데쇼보河出書房·다이니혼즈쇼大日本図書 등이 있었다. 1900년을 전후해 도요케이자이신포샤東洋経済新報社·신초샤新潮社·주오코론샤中央公論社 등의 출판사가 창업하였다. 1910년을 전후해 다이니혼유벤샤大日本雄弁社·겐큐샤研究社 등의 출판사가 설립되었다. 다이니혼유벤샤는 훗날 고단샤講談社로 사명을 변경하였다.

1920년대에 다이야몬드샤ダイヤモンド社·이와나미쇼텐岩波書店·헤이본샤平凡社·아루스アルス·슈후노토모샤主婦之友社·가이조샤改造社·쇼가쿠칸小学館·분게이슌주샤文藝春秋社·오분샤旺文社 등이 창업하였다. 1920년에 전국서적상조합연합회, 1924년에 일본잡지협회가 성립되어 여러 출판사가 간행한 서적을 전국의 서점에 공급하였다.

다이쇼 시대는 문화가 상업화되는 시기이기도 하였다. 수십만 부씩

판매되는 대중잡지의 출현이 그것을 상징하였다. 1923년 1월에 창간된 월간지 『분게이슌주文藝春秋』는 주로 도시 봉급생활자들이 부담 없이 읽을 수 있는 문학잡지였다. 『분게이슌주』는 발행부수 10만부를 자랑하는 잡지로 성장하였다.

1925년에는 고단샤에서보다 보수적인 생각을 가진 농민이나 중소기업가를 대상으로 월간지 『킹キング』을 발간하였다. 이 잡지의 편집은 주로 에피소드에 초점이 맞춰져 있었다. 하지만 『킹』에는 전통적인 도덕과 입신출세주의가 주입되어 있었다. 『킹』은 발행부수 70만부를 돌파하는 인기를 누렸다.

주간지도 탄생하였다. 일본 최초의 주간지는 1922년에 창간된 『슈칸아사히週刊朝日』였다. 『슈칸아사히』는 독자들이 저렴한 가격에 구매해 재미있게 읽을 수 있는 주간지였다. 잡지는 소중하게 보관하는 책이 아니라 가볍게 읽고 버리는 소비품의 일종이 되었다.

대중에게 인기가 있는 작가가 출현하면서 대중문학이라는 장르가 확립되었다. 특히 시모자와 칸子母沢寛은 신센구미新選組의 실상을 충실하게 묘사해 대중의 호평을 얻었다. 그의 대표적인 작품 『신센구미시마쓰키新選組始末記』는 1928년에 출간되었다. 1920년대 후반에는 서적도 문고판으로 출간되게 되었다. 대중의 독서욕에 부응해 다양한 종류의 서적이 간행되게 되었다.

2. 여성과 잡지

1917년에는 『슈후노토모主婦の友』라는 여성잡지가 창간되었고, 1920년에 『후진클럽婦人クラブ』이라는 여성잡지가 창간되었다. 이미

1903년에 『가테이노토모家庭の友』, 1916년에 『후진코론婦人公論』이라는 여성잡지가 발간되었는데, 1920년대에 들어서면서 여성 독자가 급증하였다. 특히 『슈후노토모』는 20만 부 이상 팔리는 기록을 세웠다. 잡지를 읽는 여성이 급증했던 것이다.

『슈후노토모』의 목차를 살펴보면 '옷을 잘 입는 법', '시간을 활용하는 법', '손을 아름답게 손질하는 법', '따끈

다이쇼 시대에 발행된 잡지들

한 우동 요리', '양복을 개량하는 법' 등 의식주의 실생활에 관련된 읽을거리가 주종을 이루었다. 성생활에 대한 전문가의 의견이 많은 페이지를 장식하고 있는 것도 특징이었다. 여성의 신체구조나 생리주기에 대한 의학적 상식도 자주 소개되었다. 성생활을 적극적으로 장려하고 있는 것도 주목된다. 산아조절에 대해서 의사의 조언이나 독자들의 체험담도 생생하게 실려 있었다.

여성잡지 구독자는 주로 도시에서 생활하는 중류층 여성이었다. 그래서 여성잡지 기사도 이들의 눈높이에 맞춰져 있었다. 남편의 직업은 봉급생활을 하는 관리·교사·회사원·직업군인 등이 많았다. 그들은 학교교육을 통해 사회적 지위를 획득한 신지식인들이었다. 이러한 중

산층 가정의 주부들은 자녀교육에도 관심이 많았다.

1920년대 후반이 되면 사회에 진출하는 여성이 증가하였다. 1923년 창간된 『쇼쿠교후진職業婦人』이라는 여성잡지가 이 시대의 분위기를 잘 반영하였다. 이전에는 방직공장의 여공이 여성의 직업을 대표했지만, 1920년에 들어서면서 여성이 교사·회사원·의사·간호원·점원·타이피스트 직업을 갖게 되었다. 여성이 일할 수 있는 직종이 다양해졌다는 것을 알 수 있다. 여성들은 주로 친척의 소개나 학교의 소개로 직업을 갖게 되었다.

3. 도시화의 진행과 생활의 변화

1920년대에 접어들면 농촌의 인구는 정체했지만 도시의 인구는 급속하게 증가하였다. 농촌의 인구는 1921년에 약 4,600만 명, 1926년에 약 4,700만 명, 1930년에 약 4,900만 명이었다. 같은 시기 도시의 인구는 1921년에 약 1,080만 명, 1926년에 약 1,300만 명, 1930년에 약 1,500만 명, 1935년 약 2,300만 명이었다. 농촌에서 도시로 인구가 유입되었고, 대도시 주변 농촌이 도시로 합병되었다. 도시화가 진행되었다.

도시화가 진행되면서 주택지역이 도시 근교까지 확대되었다. 새로운 교통수단으로 통근용 전차와 노선버스가 발달하였다. 개인주택도 서양식으로 건축되었다. 가스·수도·전기가 보급되었다. 도시에는 수많은 봉급생활자가 출현하였다. 가정주부도 직장을 갖게 되었다. 정부가 교통문제나 주택문제에 관심을 갖게 된 것도 대체로 1920년대부터였다.

1920년대에 도시화·정보화·대중화를 배경으로 민중의 생활양식과 행동양식이 변화하였다. 도시에 거주하는 봉급생활자들을 중심으로 새로운 취미나 유행을 쫓는 현상이 두드러졌다. 1926년 9월부터 1년간 내각 통계국이 실시한 가계조사에 의하면, 봉급생활자는 매월 124엔 34전을 지출했지만, 노동자는 91엔 38전, 농민은 96엔 39전을 각각 지출하였다. 엥겔지수는 봉급생활자가 32.7퍼센트, 노동자가 39.8퍼센트, 농민이 45.7퍼센트였다. 문화비는 봉급생활자가 17엔 15전, 노동자가 10엔 62전, 농민이 10엔 32전이었다. 오락비는 봉급생활자가 6엔 3전, 노동자가 3엔 26전, 농민이 2엔 16전이었다.

다이쇼 시대에 민중의 일상생활이 크게 변화하였다. 도시화가 진행되면서 남성들은 평상복으로 양복을 착용하였다. 직업을 갖는 여성들이 증가하고, 생활개선 운동이 전개되고, 뜨개질이 유행하면서 여성들도 점차로 양장을 하게 되었다. 전통적인 기모노着物는 의식을 거행할 때 입는 옷이 되었다.

식생활도 변화하였다. 정부는 각기병脚氣病을 방지하기 위한 대책으로 잡곡의 소비를 장려했고, 1923년 9월 관동대진재關東大震災의 영향으로 빵의 소비가 급증하였다. 도시화가 진행되고 봉급생활자가 증가하면서 식사 시간이나 식사준비 시간을 줄이지 않을 수 없었다. 특히 도시 주변에서 통근하는 봉급생활자들은 조식으로 빵을 먹은 가정이 증가하였다.

전등·가스·수도 등이 도시를 중심으로 보급되면서 부엌이 개량되었다. 부뚜막이 없어지고 앉아서 불을 때거나 숯을 피워 음식을 조리하는 풍경도 점차 사라지게 되었다. 1920년경에는 가정에서도 중국요리를 하는 것이 유행했고, 일본인의 취향에 맞춘 서양요리도 일반화되었다. 민중의 식생활에서 전통 일본요리, 즉 와쇼쿠和食와 중식中食·양식洋式이 혼재된 퓨전요리가 일본인의 음식문화로 자리잡았다.

메이지 시대의 주택은 상류계급의 일부가 서양식으로 꾸미고 생활하거나 접객 시설로 이용하였다. 중류계급 이하의 주택은 전통적인 목조 건물이었다. 그러나 다이쇼 시대가 되면 가정생활과 개인생활이 중요하게 인식되었다. 부부의 침실과 아이들 방을 따로 꾸미는 집이 증가하였다. 주택개량운동으로 입식 부엌을 설치하는 가정도 늘었다. 지금의 일본풍 주택의 원형은 다이쇼 시대에 형성된 것이었다.

1923년 9월 관동대진재 후 도쿄에 철근콘크리트 빌딩이 건설되면서 도시 경관이 일신되었다. 하지만 도쿄를 비롯한 대도시의 주거환경이 악화되었다. 인구가 급증하면서 봉급생활자들이 거주하는 주택은 평균 15평 정도로 소형화되었다. 1920년을 전후해 아파트를 비롯한 집단주택이 건설되기 시작하였다. 도쿄·오사카 주변에서는 도심으로 통근하는 봉급생활자들을 대상으로 택지를 개발하고 주택을 분양하였다.

4. 영화와 음악

1912년 7월 일본 최초의 영화사라고 할 수 있는 일본활동필름주식회사가 설립되었다. 1914년에는 천연색활동사진주식회사가 설립되었다. 이 시기에 오노에 마쓰노스케尾上松之助가 주연한 검객 영화와 여성 역할을 전문으로 하는 배우 다치바나 데이지로立花貞二郎가 주연한 「카츄샤」가 선풍적인 인기를 끌었다. 당시는 무성영화였기 때문에 활동변사活動辯士라는 영화 설명자의 능력이 흥행에 영향을 미쳤다.

1920년대에 쇼치쿠키네마합명회사松竹キネマ合名會社, 국제활영주식회사國際活映株式會社, 제국키네마연예주식회사帝國キネマ演藝株式會社, 마키노영화제작소マキノ映畫製作所 등이 설립되었다. 이 시기에 미국식 제작 시스템과 촬영기법이 도입되었다. 특히 마키노영화제작소는 사실적이고 박진감 넘치는 시대극을 제작해 영화 제작기술의 혁신에 앞장섰다. 1927년에는 일본 최초로 발성영화가 제작되었다. 1930년에 접어들면서 무성영화는 자취를 감추었다.

1920년대 후반에는 영화계도 쟁의가 빈발하였다. 공산주의자들이 영화제작에 깊숙이 개입하자 정부는 소위 '경향영화傾向映畫'를 적극적으로 탄압하였다. '경향영화'는 만주사변滿洲事變이 일어나고 파시즘이 고개를 들면서 자취를 감추었다. 이런 와중에 영화감독 겸 각본가 오즈 야스지로小津安二郎는 도시 보통사람들의 일상생활을 묘사해 민중의 공감을 불러일으켰다. 시대극은 여전히 인기를 독차지하였다. 오오코우치 덴지로大河内伝次郎, 하야시 조지로林長二郎 등과 같은 스타가 탄생하였다. 현대극에서는 스즈키 덴메이鈴木伝明가 인기를 끌었다.

1910년 전후에 엔카演歌, 즉 애조를 띤 유행가가 등장하였다. 엔카의 유행은 대중가요의 서양화를 부채질하였다. 서양식 음악이 보급되었다. 제1차 세계대전 후에는 세계적인 음악가가 일본에서 공연을 하였다. 일본에서도 작곡가 야마다 고사쿠山田耕筰와 지휘자 고노에 히데마로近衛秀麿가 음향악단을 조직하였다. 대중은 레코드 음악을 감상하기 시작하였다. 1914년에 제작되어 일본 유행가의 신시대를 열었던 「카츄샤의 노래」가 실린 레코드는 약 2만 장이 팔렸다.

일본의 레코드 제작의 역사는 1907년에 창립한 일미축음기주식회사日米蓄音機株式會社로 거슬러 올라가는데, 레코드가 급속도로 보급된 것은 1920년대 중반이었다. 이때 외국에서 레코드 제작 기술이 도입되었고, 외국 회사와 제휴해 대규모 레코드회사가 설립되었다. 레코드 원판을 수입해 국내에서 대량으로 복제할 수 있게 되었다.

1927년에 제작된 프랑스 원곡 「몸바리」와 「하부노미나토波浮の港」는

10만 장을 돌파하였다. 1929년에 제작된「도쿄행진곡」을 비롯해 영화 주제곡으로 선풍적인 인기를 끈 노래도 등장하였다.「도쿄행진곡」을 부른 사토 지야코佐藤千夜子는 일본 최초의 유행가 가수라고 할 수 있다. 1931년에 팔린 레코드는 1,600만 장이 넘었다.

5. 신문의 대중화와 라디오의 보급

문화의 대중화에 기여했던 것은 언론매체였다. 특히 신문이 급속하게 성장하였다. 최신 인쇄시설을 갖추고 수송체계가 합리화되었다. 운영형태도 대규모 영리사업으로 변신하였다. 신문의 발행부수도 증가하였다. 1916년『도쿄마이니치신분東京每日新聞』이 17만부,『도쿄니치니치신분東京日日新聞』이 27만부,『오사카아사히신분大阪朝日新聞』이 26만부,『오사카마이니치신분大阪每日新聞』이 45만부를 발행하였다. 1923년에는『오사카아사히신분』이 58만부,『오사카마이니치신분』이 92만부를 발행하였다. 당시『호치신분報知新聞』,『요로즈초호万朝報』,『고쿠민신분国民新聞』,『지지신포時事新報』등과 같은 신문도 20만부 이상 발행하였다.

1920년대 중반에 오사카 자본이 설립한『도쿄아사히신분東京朝日新聞』,『도쿄니치니치신분』은 종이, 광고료 등에 관해 영업협정을 맺고 경쟁적으로 판매를 확장하였다.『도쿄아사히신분』은 1924년에 41만부, 1930년에 70만부, 1936년에 100만부를 돌파하였다.『도쿄니치니치신분』은 1924년에 69만부를 발행했고 1930년에 100만부를 돌파하였다. 1924년에 5만부를 발행하던『요미우리신분読売新聞』은 1930년에 22만부, 1935년에는 69만부, 중일전쟁 중인 1938년에는 102만부를 발행하는 신문사로 성장하였다.

1920년대 중반부터 유력지의 독과점 현상이 두드러졌다. 발행부수가 늘어나면서 지면의 구성에도 변화가 일어났다. 신문은 점차로 정치면과 사회면의 지면을 늘렸다. 특히 범죄나 엽기적인 사건을 생생하게 취재한 기사의 비율이 높아졌다. 그리고 스포츠·문화면을 신설해 독자층의 요구에 능동적으로 대처하였다. 독자 수를 늘리기 위한 노력이었다고 할 수 있다.

1920년부터 미국에서 라디오 방송이 시작되었다. 일본도 라디오 방송을 위한 준비작업에 들어갔다. 1922년 2월 실험용 방송시설을 설치하고, 법을 정비하고, 체신성遞信省이 나서서 도쿄·오사카·나고야名古屋 등 대도시에 공익법인을 설립하였다. 그리하여 1925년 3월 사단법인 도쿄방송국이 일본 최초로 시험방송을 실시하고, 같은 해 7월 12일 본방송을 개시하였다. 라디오 시대가 개막된 것이다. 오사카방송국과 나고야방송국도 송신을 개시하였다. 청취자는 방송국과 계약을 맺고 방송을 청취하였다. 방송 청취신청을 한 사람은 20만 명에 달하였다.

1926년 8월 정부는 3개 방송국을 해산하고 새로이 사단법인 일본방송협회를 설립하였다. 통신성이 방송국을 감독하였다. 일본방송협회는 전국적인 방송망 건설에 착수해 1928년 11월에 거의 완성하였다. 히로시마廣島·구마모토熊本·센다이仙台·삿포로札幌·가나자와金沢에 방송국을 두고, 교토京都와 후쿠오카福岡에 스튜디오를 설치하였다. 1930년 12월 도쿄東京에 제2방송이 시험방송을 개시하였다. 제2방송을 교육방송의 성격을 지니고 있었다.

1928년부터 일본식 씨름 스모相撲가 실황으로 중계되면서 라디오방송을 청취하는 인구가 급증하였다. 라디오 보급률은 1930년에 6.1퍼센트, 1935년에 17.9퍼센트에 달하였다. 그러자 정부는 라디오방송을 통제하려고 하였다. 방송의 내용을 사전에 검열하였다. 사전에 허가하지 않은 방송은 할 수 없도록 하였다. 정부는 사회질서와 풍속을 어지럽힌다고 여겨지는 내용, 외교·군사의 기밀, 관공서·의회의 비밀 사항 등에 대한 보도를 금지하였다.

□□□제12장

1920년대 후반의 정치와 쇼와공황

[1] 다나카 내각과 동방회의

1. 시데하라의 협조외교

제1차 세계대전을 전후해 일본 자본주의가 본격적으로 중국 시장에 진출하였다. 일본경제의 중국 의존도는 갈수록 높아졌다. 일본은 중국에서 철광석, 석탄, 소금, 콩 등을 수입하고, 중국으로 면사, 면포, 기계, 잡화 등을 수출하였다. 1919년 중국이 수입한 물품 중에서 일본상품이 차지하는 비율은 36퍼센트였고, 1920년에 일본이 중국에 수출한 금액은 5억2,400만 엔으로 일본 수출총액의 약 4분의 1에 해당하였다. 면방직·탄광·전력·제철·철도·은행의 투자액은 1921년 통계로 11억 달러에 달하였다. 그것은 영국에 거의 필적하는 금액으로 일본의 해외 투자액의 대부분을 차지하는 것이었다. 중국인의 저임금・장시간 노동을 착취할 수 있는 자본의 수출은 해가 갈수록 증가하였다.

한편, 중국에서는 일본상품 배척운동을 비롯한 반일투쟁이 전개되었다. 반제국주의 기치를 내건 중국인의 투쟁은 빠른 속도로 확산되었다. 중국인은 주로 일본을 대상으로 하는 투쟁을 전개하였다. 한편, 면방직업과 같은 경공업 분야에서 중국의 민족자본이 성장하였다. 그런데 제1차 세계대전이 종료되면서 미국・영국 자본이 중국으로 복귀하였다. 일본의 대중국 수출이 계속 저하되었다.

1925년 2월 상하이에서 일본자본에 대항하는 파업투쟁이 일어났다. 일본자본이 경영하는 방적공장에서 일본인 감독이 중국인 여공을 폭행한 사건이 실마리가 되었다. 파업은 상하이에 있는 일본자본이 경영하는 공장으로 확산되었다. 당시 일본자본은 중국에서 45개 방적공장을 경영하고 있었다. 일본자본이 경영하는 방적공장은 중국 방적업의 50퍼센트 정도를 점유하고 있었고, 그 공장의 50퍼센트 이상이 상하이에 집중되어 있었다. 상하이에서 발생한 파업투쟁은 제국주의 반대투쟁으로 발전하면서 중국 전역으로 확산되었다.

일본에서는 가토 다카아키加藤高明 내각과 와카쓰키 레이지로若槻礼次郎 내각에서 시데하라 기주로幣原喜重郎가 외무대신을 역임하였다. 당시 일본은 열강의 견제, 국내의 불황, 중국의 반제국주의 투쟁에 직면해 있었다. 시데하라는 그런 상황을 직시하였다. 그는 베르사유조약과 워싱턴조약을 지키면서 미국・영국과 협력관계를 유지하는 데 힘썼다.

1925년 1월 20일 일소기본조약이 조인되었다. 일본과 소련 간의 외교가 회복된 것이다. 우익 세력과 일부 외무성 관리가 소련과 국교를 회복하는 것에 반대했지만 시데하라는 소련과 공존해야 한다는 신념을 버리지 않았다.

시대하라는 중국에 대해서도 무력을 앞세운 내정간섭을 피하고 외교로 일본의 이권을 지켜나가는 정책을 취하였다. 1927년 1월 18일 시데하라는 의회에서 중국에 대한 외교방침을 다음과 같이 밝혔다. (1) 중국의 주권 및 영토의 보전을 존중하고 중국의 내전에 절대 간섭하지 않는다. (2) 일중 양국 간에 공존공영의 관계를 수립하고 경제상의 제휴를 확대한다. (3) 중국인의 정당한 요구에 대해서는 동정과 호의로 수용하고 그 실현을 위해 노력한다. (4) 중국의 현상에는 가능한 인내하고 관대한 태도를 취함과 동시에 일본의 정당하고 중요한 권익은 어디까지나 합리적인 수단으로 지킨다.

당시 중국은 청조 말에 잃어버린 국익을 되찾고 민족주의를 고양시키기 위해 노력하였다. 특히 만주에 진출한 일본 세력을 몰아내기 위해 싸우고 있었다. 이에 대해 일본은 청일·러일전쟁을 통해 손에 넣은 권리를 어떻게든지 지키려고 하였다. 만주·몽고를 중국에서 분리해 일본의 세력 하에 두려는 음모를 꾸미고 있었다. 일본의 식민주의와 중국의 민족주의가 정면으로 충돌한 양상이었다. 바로 이러한 시기에 시데하라는 협조외교 방침을 내세워 난국을 헤쳐 나가려고 했던 것이다.

그러나 시데하라 외교는 결코 동아시아 평화를 위한 것이 아니었다. 어디까지나 일본의 국익을 지키기 위한 것이었다. 협조외교를 표방하면서도 일본의 국익이 침해된다고 판단하면 거리낌 없이 무력을 행사하였다. 1925년 중국에서 제국주의 반대투쟁이 확산되자 시데하라는 군대를 파견해 무력으로 중국인을 제압하였다.

시데하라는 중국 각지에 할거하는 군벌들의 항쟁을 적절히 이용하였다. 표면적으로는 중국의 내정에 간섭하지 않는다는 방침을 내세웠지만, 내면적으로는 일본에 우호적인 군벌을 지원하는 정책을 취하면서 무력행사도 불사한다는 정책을 일관되게 추진하였다. 특히 만주·몽고에서 일본의 권익을 지킨다는 입장은 확고하였다. 1925년 6월 시데하라는 만주 군벌 장쭤린張作霖과 비밀협정을 맺어 일본에 항거하는 조선인 독립군을 압박하였다. 같은 해 가을 장쭤린 세력이 분열되어 내전이 일어났을 때 시데하라는 3,500명의 군대를 파견하였다. 1926년 3월에는 일본 해군이 중국의 국민혁명군 포대에 포격을 가하는 사건을 일으켰다. 모두 만주·몽고의 권익을 지키고 중국 민족을 분열시키기 위한 방책의 일환이었다.

 이 무렵 중국의 정치는 변화기를 맞이하고 있었다. 쑨원이 사망한 후 그 뒤를 이은 장제스蔣介石는 1926년부터 제국주의 열강의 앞잡이 노릇을 하는 화중·화북의 군벌을 타도하기 위해 북벌을 개시하였다. 장제스가 이끄는 국민혁명군은 마오쩌뚱毛澤東이 이끄는 농민군의 도움을 받아 1926년 10월 우한武漢을 점령하였다. 1927년 1월에는 우한의 영국 조계지를 회수하였다. 그러자 영국은 미국·일본에 공동으로 중국 정세에 간섭하자고 제의하였다. 영국은 상하이에 있는 외국인 조계지까지 회수당할 우려가 있다는 점을 내세웠다. 그러나 시데하라는 영국의 제의를 거절하였다. 영국이 중국 시장을 선점하는 것이 일본의 중국 침략에 불리하다고 판단했기 때문이다.

 1927년 3월 장제스의 국민혁명군은 노동자의 무장봉기에 호응하면서 상하이와 난징南京을 점령하였다. 난징은 훗날 국민정부의 수도가 되었다. 국민혁명군이 난징을 점령할 때 영국·미국 함대가 난징 시내를 포격해 많은 사상자를 내는 사건이 발생하였다. 이때도 일본은 영국·미국과 함께 행동하지 않았다. 일본의 국익에 도움이 되지 않는다고 판단했기 때문이다.

 그러나 추밀원과 군부는 시데하라의 협조외교에 불만을 품고 있었다. 야당 입헌정우회는 여론을 선동하면서 시데하라의 외교가 유약하다고 비난하였다. 군부·재벌·정당에 시데하라에 대한 불만이 팽배해 있었다. 노골적으로 대중국 강경책을 바라는 집단이 있었다. 이런 강경파의 배후에는 중국에 거액의 자본을 투자한 재벌이 있었다.

시데하라는 일본의 국력을 냉정하게 인식하였다. 하지만 그는 군부와 독점자본의 압력을 끝내 외면할 수 없었다. 1927년 4월부터 일본군의 중국 침략이 개시되었다. 중국의 공산주의 운동이 만주·몽고에 파급되기 전에 간섭해야 한다는 육군의 의견이 채택되었다. 중국에 상륙한 일본군은 영국·미국·프랑스·이탈리아와 함께 난징 사건에 대한 책임자 처벌, 손해배상 등을 중국에 요구하였다.

장제스는 일본의 압력에 굴복하였다. 장제스는 갑자기 국공합작을 무효화하고 상하이에서 반공쿠데타를 감행하였다. 반공선언을 하고 공산당원을 처형하였다. 그러자 몸을 사리고 있던 군벌 장쭤린도 활동을 재개하였다. 일본이 그처럼 바라던 중국 민족의 분열이 현실화되었던 것이다.

2. 다나카 내각의 강경외교와 장쭤린 폭살 사건

와카쓰키 내각이 붕괴된 후, 1927년 4월 입헌정우회 총재 다나카 기이치田中義一가 총리대신이 되어 내각을 구성하였다. 다나카는 대중국 강경파의 기대를 한 몸에 모으면서 등장하였다. 이 무렵 헌정회는 정우본당과 연합해서 입헌민정당을 조직하였다. 입헌민정당은 입헌정우회와 서로 번갈아가면서 정권을 담당하였다.

1920년대 말 일본경제는 매우 심각한 상황에 직면해 있었다. 다나카 내각은 경제위기를 타개하기 위해서 외교정책의 전환을 모색하였다. 결국 다나카 내각은 군부와 협력하면서 중국 침략을 염두에 둔 강경외교노선을 채택하였다. 그러나 표면적으로는 제네바회의와 파리부전조약에 참가하면서 협조외교를 유지하는 모양을 취하였다. 다나카 총리대신이 외무대신을 겸임하고 있었지만 실질적으로 외무성을 움직이고 있던 인물은 모리 쓰토무森恪 정무차관이었다.

당시 중국에서는 장제스의 국민혁명군이 장쭤린 세력을 압도하고 있었다. 장쭤린은 만주를 손에 넣은 후 베이징으로 진출해 대원수를 칭했지만, 장제스의 북벌군에 밀려 펑톈奉天으로 물러나는 것을 고려하지 않으면 안 되는 상황이었다. 다나카 총리대신은 중국이 장제스의 지배 아래 들어가는 것이 시간문제라고 보았다. 그래서 중국에서 만주를 분리해서 일본의 세력 아래 두는 계획을 서둘러 실행하였다. 일본은 러일전쟁 당시 처형될 위기에 몰린 장쭤린의 생명을 구해준 적이 있었다. 다나카 총리대신은 장쭤린을 일본의 앞잡이로 이용할 수 있다고 믿었다.

한편, 중국에서 국민혁명군의 북벌이 성과를 올리자, 1927년 일본은 거류민과 일본기업의 권익을 보호한다는 구실로 산둥성山東省에 출병하였다. 이것을 제1차 산둥 출병이라고 한다. 이 무렵 장제스는 반공의 기치를 내걸고 중국공산당과 노동조합연합을 탄압하기 시작하였다. 장제스는 제국주의 열강에 협조적인 저장浙江 재벌과 손을 잡았다. 북벌은 일시 중지되었다. 그러자 일본군도 일단 철수하였다.

1927년 6월 27일 일본은 중국 각지의 외교관, 육·해군 대표, 만철 수뇌를 도쿄로 불러들여 동방회의東方會議를 열었다. 다나카 총리대신 겸 외무대신은 회의 첫날 인사만 하고 자리를 떴다. 7월 7일 폐회 때까지 회의를 주관한 것은 정무차관 모리 쓰토무였다. 가장 중요한 의제는 중국에서 만주·몽고를 분리하는 방안이었다. 모리 정무차관과 관동군이 만주·몽고 분리를 강력하게 주장했으나 외무성 주류는 이것에 반대하였다. 외무성은 중국에 대한 9개조조약을 중시하였다. 하지만 동방회의에서 만주·몽고를 중국에서 분리하는 정책이 채택되었다. 그

지난을 점령한 일본군(1928. 4. 25)

목적을 실행하기 위해 외교정책과 경제정책을 기본으로 하는 '내과적 방법'과 무력을 사용하는 '외과적 방법'을 동시에 사용하기로 하였다. 일본은 중국을 분열시켜서 만주·몽고를 일본의 세력 아래 두는 목적을 달성하기 위해서라면 즉시 군대를 파견한다는 방침을 확정했던 것이다.

한편, 장제스는 북벌에 좌절해 일단 하야했지만, 1928년 2월 2일 국민당 제2차 전체회의에서 국민혁명군 총사령관과 중앙정치회의 주석으로 선출되었다. 장제스는 이전보다 더 강력한 정치·군사의 실권을 장악하였다. 장제스는 미국·영국에 접근하면서 일본에 대항하는 자세를 취하기 시작하였다. 이윽고 장제스는 북벌을 재개해 산둥성을 압박하였다.

4월 17일 육군대신은 각의에서 산둥성 출병을 주장하였다. 각의는 육군대신의 의견을 받아들여 산둥성에 5,000명의 군대를 파견하기로 결정하였다. 4월 25일 일본군 제6사단이 지난濟南으로 진격하였다. 이

장제스가 이끄는 국민혁명군을 공격하는 일본군(1928)

것을 제2차 산둥 출병이라고 한다. 한편, 5월 1일 제남으로 진입한 중국의 국민혁명군은 아편을 밀매하던 일본인 거류민 13명을 처형하였다. 일본군은 중국군이 일본인을 300명 이상 학살하였다고 참모본부에 보고하였다. 육군성은 이 '사실'을 언론에 발표해 국민을 선동하였다. 5월 8일 일본은 1개 사단을 증파하기로 결정하였다.

국민혁명군의 진격으로 장쭤린의 패배가 눈앞에 다가왔을 때, 일본은 장쭤린·장제스에게 다음과 같은 통고문을 보냈다. "전란이 만주에 미치는 경우, 일본제국 정부는 만주의 치안을 유지하기 위해 적당하고도 유효한 조치를 취하지 않을 수 없다." 본국의 지시를 받은 중국주재 일본공사는 장쭤린에게 펑톈으로 철수하라고 요구하였다.

한편, 일본의 관동군은 사령부를 뤼순旅順에서 펑톈으로 옮겼다. 일본의 관동군은 원래 만주의 방위와 남만주철도 연변을 보호하는 것을 임무로 하는 군대였다. 만주사변이 발발하기 전까지 관동군은 6개 대대로 구성된 1개 사단 규모였다. 독립수비대 성격을 지닌 관동군은 일본 본토에서 파견되어 교대되었다. 관동군이 사령부를 옮긴 것은 만주로 철수하는 장쭤린 군대를 무장해제 시키기 위해서였다. 단 국민혁명군이 철수하는 장쭤린 군대를 추격하지 않을 경우에는 무장해제를 강행하지 않는다는 방침을 정하였다.

일본은 다시 거류민을 보호한다는 구실로 만주에 군대를 파견하였다. 하지만 그것은 그야말로 구실이었고 실질적으로 중국 침략을 개시한 것이었다. 그러자 중국인의 반제국주의 투쟁 칼날은 일본을 겨누었다. 중국인의 반일감정이 높아지면서 일본의 대중국 무역도 부진하였다. 동시에 미국·영국과 일본의 대립도 심화되었다.

사태가 불리해지자 일본은 중국 침략을 위한 '작업'을 본격적으로 추진하기 시작하였다. 동방회의에서 정해진 방침에 따라 일본은 장쭤린과 교섭하였다. 일본은 장쭤린을 국민혁명군의 공격으로부터 지켜주는 대신에 만주·몽고에서 일본의 권익을 확대해 줄 것을 요구하였다. 장쭤린은 일본의 제안을 거부하였다. 오히려 국민당과 타협하고 미국·영국에 접근하는 태도를 취하였다. 장쭤린은 일본의 음모를 간파하고 있었던 것이다. 일본의 강경책은 중국인의 반일감정을 불러일으켰다. 장제스도 장쭤린과 타협하는 길을 모색하고 있었다. 이러한 정보를 입수한 일본은 장제스와 장쭤린을 이간하고 만주를 직접 지배하려고 하였다.

1928년 6월 4일 새벽 5시 베이징北京에서 철수하는 장쭤린의 특별열차가 펑톈 부근에서 폭파되었다. 철교에 설치된 200킬로그램의 화약이 일시에 폭발하면서 특별열차가 산산조각이 났다. 치명상을 입은 장쭤린은 곧 사망하였다. 이 작전을 지휘한 자는 관동군 고급참모 고모토 다이사쿠河本大作 대좌였다. 고모토는 장쭤린이 죽고 만주의 치안이 혼란해진 틈을 노려 만주를 중국으로부터 분리시키려고 하였다. 일본은 장쭤린을 일본의 앞잡이로 이용하는 것으로 만족하지 않았던 것이다.

관동군은 사전에 계획한대로 범인은 국민혁명군의 스파이라는 성명을 발표하였다. 그러나 이미 중국인들 사이에 열차 폭발 사건은 일본의 음모라는 소문이 돌았다. 장쭤린의 장남 장쉐량張學良은 장쭤린의 사망 사실을 숨기고 중상이라고 발표하였다. 그래서 관동군의 책략에 놀아나지 않고 중일 양군의 충돌을 슬기롭게 피하였다. 고모토 대좌의 음모는 보기 좋게 실패하였다. 오히려 항일의 기치를 올린 장쉐량은 국민당 세력이 만주 깊숙이 침투하도록 도왔다. 1928년 12월 29일 오전 7시를 기해 만주 전역에 국민당의 청천백일기가 게양되었다. 관동군의 장쭤린 폭살은 중국인들을 단결시켰고, 국민혁명군이 크게 승리하도록 하는 계기가 되었다.

장쭤린 폭살 사건은 만주모중대사건으로 불렸다. 일본은 이 사건의 진상을 국민에게 알리지 않았다. 그러나 국제적인 비난에 직면하자 사건을 더 이상 방치할 수가 없었다. 난처해진 다나카 총리대신은 장쭤린 폭살 사건의 책임자를 처벌하려고 하였다. 그러자 육군이 크게 반발하였다. 특히 참모본부 작전부장은 여당 의원들을 상대로 사건 진상의 공표를 저지하는 공작을 벌였다. 군부의 공작으로 체신대신·철도대신·농림대신이 사건의 공표에 반대하였다.

1929년 6월 28일 다나카 총리대신은 천황에게 "관동군은 장쭤린 폭살 사건과는 무관하지만 경비를 소홀히 한 것으로 책임자를 행정처분할 것"이라고 보고하였다. 그리고 주모자 고모토 대좌를 정직시키고, 관동군사령관을 대기시키고, 관동군 참모장과 독립수비대장은 근신 처분하는 것으로 사건을 마무리하였다. 1929년 7월 2일 다나카 기이치 내각은 사건의 책임을 지고 총사직하였다.

3. 위기에 직면한 협조외교

1929년 7월 2일 입헌민정당 총재 하마구치 오사치浜口雄幸가 다나카의 뒤를 이어서 총리대신이 되었다. 하마구치 총리대신은 소극정책을 선언하고 10대 정강을 내세웠다. 금본위제 확립, 긴축재정, 산업합리화, 영국·미국과 협조 등이 그것이었다. 이미 협조외교를 추진한 적이 있는 시데하라 기주로를 다시 외무대신으로 기용하고, 일본은행 총재 이노우에 준노스케井上準之助를 오쿠라대신에 임명하였다.

시데하라를 외무대신으로 기용한 것은 협조외교를 부활시킨다는 뜻이었다. 협조외교는 결코 일본이 중국을 침략하는 방침을 포기하는 것이 아니었다. 중국 침략 방침은 군부·추밀원의 주류를 이루고 있는 대중국 강경외교파와 다르지 않았다. 다만 군사적인 모험은 가능한 피하고, 미국·영국과 타협하면서 유연한 방법을 모색하는 방침을 취했기 때문에 협조외교라고 했던 것이다.

10월 7일 영국은 미국·프랑스·이탈리아·일본을 1930년 1월에 런던으로 초빙해 해군의 군축회담을 개최하고 싶다고 제안하였다. 1929년 10월 16일 일본은 런던회의에 참가하겠다는 뜻을 밝혔다. 총리대신을 역임한 와카쓰키 레이지로가 런던회의 수석대표로 임명되었다. 런던 군축회의는 제네바회담에서 실패한 보조함의 제한을 목적으로 하는 것이었다. 11월 26일 일본 각의에서 보조함은 미국의 70퍼센트로 한다는 방침이 결정되었다.

런던회의에서 보조함을 미국의 70퍼센트로 하겠다는 일본과 60퍼센트로 하라고 요구하는 미국·영국이 격론을 벌였다. 이윽고 일본 협상단은 대형순양함 60.23퍼센트, 잠수함 100퍼센트, 경순양함 및 구축함 70.15퍼센트 등으로 하는 타협안을 마련하였다. 전체적으로 미국의 69.75퍼센트의 비율이었다. 3월 14일 일본 협상단은 정부에 훈령을 요청하였다.

일본 협상단이 마련한 타협안을 놓고 해군성과 군령부가 대책을 협의하였다. 해군성은 타협안에 대체적으로 찬성하는 분위기였다. 그러나 군령부는 70퍼센트로 해야 한다고 주장하였다. 군령부장은 겨우 10퍼센트 문제로 협상이 결렬된다면 세계는 일본을 동정할 것이고, 나아가 영국과 일본이 접근하게 될 것이라고 예견하였다. 군령부장은 영국과 미국의 특수한 관계를 전혀 인식하지 못했고, 만약 일본이 미국과 전쟁을 할 경우 영국도 적대해야 한다는 냉엄한 현실을 무시하였다.

하마구치 총리대신은 협상단이 마련한 타협안을 승인하기로 결심하였다. 하마구치는 런던회의를 결렬의 위험에 빠뜨릴 수 없다고 생각하였다. 해군 수뇌부를 불러 다음과 같이 말하였다. "이것은 내가 정권을 잃어도, 민정당을 잃어도, 또 내 목숨을 잃어도 물러설 수 없는 굳은 결심이다." 원로 사이온지 긴모치西園寺公望도 하마구치 총리대신의 입장을 지지하였다.

런던회의에 참가한 일본 협상단의 안에 반대하는 무리들이 방해공작을 벌였다. 군령부 차장은 독단으로 "해군당국의 성명"을 발표하였다. 성명의 요지는 미국의 제안을 도저히 승인할 수 없다는 것이었다. 반대파 장교들이 하마구치 총리대신을 항의 방문하였다. 하마구치 총리대신은 다음과 같이 말하였다. "국가의 큰 틀에서 심사숙고한 것이다. 협상단이 마련한 안을 기초로 회담을 성사시켜 회의의 결렬을 방지하고 싶은 마음이다." 하마구치 총리대신의 결심이 확고하다는 것을 확인한 반대파 장교들은 결국 타협안에 동의하였다.

1930년 4월 22일 3개국이 런던군축조약에 서명하였다. 워싱턴조약에서 정한 주력함 건조 정지 기간을 1936년까지 5년 연장하고, 보유 톤수 비율을 미국·영국이 15, 일본이 9로 개정하였다. 일본은 미국·영국에 대해 대형 순양함 60퍼센트, 경순양함·구축함 70퍼센트, 잠수함은 동률로 하는 타협안이 성립되었다.

하마구치 총리대신은 조약이 국제평화와 친선에 공헌하는 정신적인 효과가 매우 클 것이라고 자찬하였다. 시데하라 외무대신은 런던 군축회의의 성공은 "평화 및 협력정신의 승리"라고 말하였다. 그 배후에는 정계의 원로 사이온지 긴모치와 재벌자본가들의 강력한 지지가 있었다. 여론도 하마구치 내각의 군축정책에 호의적이었다. 『오사카마이니치신분大阪每日新聞』은 사설에 다음과 같이 썼다. "이번 미국 · 영국에 제시한 우리의 회답 취지는 국민의 의견을 대표한 진실의 말이었다."

그러나 조약의 결과에 대한 대중국 강경파의 비난과 공격이 잇달았다. 우익단체와 정우회가 맹렬하게 반대하였다. 특히 강경파의 아성이라고 할 수 있는 해군 · 추밀원은 정부가 군부의 반대를 무시하고 조약을 맺은 것은 천황의 통수권을 침범하는 일이라고 공격하였다.

통수권은 대일본제국 헌법 제11조에 "천황은 육해군을 통수한다."라고 규정한 것을 말한다. 넓게 해석하면 제12조 "천황은 육해군의 편제 및 상비병액을 정한다."고 규정한 부분까지 통수권에 포함시키는 경우도 있었다. "편제 및 상비병액"은 제국의회에서 심의해 성립되는 예산과 불가분한 관계가 있었다. 그래서 국무대신의 보필을 받는 것이 당연하다고 여겨졌다. 하마구치 내각이 국방병력량 결정은 내각의 보필사항이라고 해석했던 것은 지극히 타당한 것이었다. 더구나 조약을 체결하기에 앞서 내각과 군령부가 협의를 거친 사안이었다.

그런데 해군은 화력의 결정도 통수권의 범위 내에 있는 것이라고 확대 해석해 정부를 공격하였다. 국가주의단체와 야당 정우회도 해군의 입장에 동조하였다. 반대파들은 내각이 해군 군령부의 주장을 억압하였다고 비판하였다. 하지만 하마구치 내각은 강경파의 반대를 무릅쓰고 조약의 비준에도 성공하였다. 그것은 정당과 자본가가 결합한 세력이 군부의 의견을 누른 결과였다.

런던군축조약을 계기로 군부의 별동대라고 할 수 있는 우익단체 세력이 급속하게 대두하였다. 일본의 우익은 중국에 대한 침략을 열렬하게 주장하는 국가주의 단체로 성장하였다. 주요 단체로 유존사猶存社, 국본사國本社, 흑룡회黑龍會, 행지사行地社 등이 있었다. 우익단체들에 의한 파쇼적 행동도 격화되었다. 1930년 11월 하마구치 총리대신이 우익 청년에게 저격당하는 사건이 발생하였다. 협조외교가 위기를 맞이하였다.

[2] 공황과 일본의 사회경제

1. 1920년대 일본의 경제동향

일본경제는 국내시장이 협소하기 때문에 공황이 발생할 가능성이 컸다. 자본주의 경제 하에서 생산력의 확대는 기업이 독자적으로 판단한다. 기업이 구매력과 유효수요를 잘못 판단하면 생산력이 상대적으로 과잉되는 현상이 초래하기도 한다. 그러면 상품이 적체되기 시작하고 조업단축과 자본감소라는 과정을 거쳐서 기업이 도산하게 된다. 기업이 도산하면 자금을 대출해 준 은행이 자금을 회수할 수 없게 되고, 자금 흐름이 경색되면 경제 질서가 무너진다. 불경기의 여파는 상점·생산회사·은행이라고 하는 계통을 따라서 연쇄적으로 확산된다. 이런 현상을 패닉Panic, 즉 공황恐慌이라고 한다. 일본은 이미 1890년에 공황을 처음으로 경험한 적이 있었고, 그 후에도 자주 공황을 경험하였다. 그러나 1920년대에 경험한 공황은 매우 심각한 것이었다.

서구 열강이 제1차 세계대전으로 전란에 휩싸여 있을 때 일본은 미증유의 호황을 누렸다. 일본상품이 아시아 시장은 물론 서구 열강이 독점하고 있던 아프리카 시장까지 독식하였다. 전쟁이 장기화될 것으로 예측한 일본의 산업계는 과대한 시설투자를 했고, 정부도 적극적인 재정정책을 추진하였다. 그러나 세계대전은 예상 밖으로 빨리 종결되었다. 전쟁이 끝난 후 서구 열강이 침체된 경제를 회복하고 다시 아시아·아프리카 시장으로 진출하면서 일본경제가 침체되기 시작하였다. 수출이 감소하고 해외시장이 위축되었다. 만성적인 불황이 지속되었다.

전쟁 특수경기로 일시적으로 나타났던 수출 초과는 서서히 수입 초과로 전환되었다. 더구나 수입품 중에는 생산을 확대하기 위한 설비투자용 원자재가 차지하는 비중이 높았기 때문에 그 자체가 이미 공황의 원인을 내포하고 있었다. 주가는 제1차 세계대전 당시에 비해 2분의 1 내지 3분의 1로 하락하였다. 특히 면사 가격이 폭락하였다.

1920년 3월 주식이 폭락하면서 공황이 일본경제를 덮쳤다. 급격하게 팽창한 생산력에 공황의 원인이 있는 만큼 사태는 심각하였다. 이전에 발생했던 공황과는 비교가 안 되는 대규모 경제공황이 도래하였다. 특히 생사와 면사 가격이 폭락하면서 일본경제는 위기에 직면하였다. 공업생산은 20퍼센트, 광업생산은 40퍼센트 감소하였다. 수출은 40퍼센트, 수입은 30퍼센트가 각각 감소하였다. 특히 농산물 가격의 하락폭이 컸다. 농산물 가격의 폭락은 빈농과 자영농은 물론 자주에게도 큰 타격을 입혔다.

공황의 여파로 무역상·생산회사·은행을 중심으로 하는 기업의 도산이 속출하였다. 기업의 합병·도산 지표인 해산자본액이 1920년에 1억9,000만 엔이었지만 1921년에는 5억7,000만 엔, 1922년에는 6억3,000만 엔으로 증가하였다. 대부분의 기업이 일본은행의 특별융자금과 오쿠라성大蔵省의 구제자금으로 겨우 파산을 면하는 형편이었다. 일본은행의 융자는 국가재정의 지출이었으며 오쿠라성 자금의 대부분은 우편저금이었다. 정부가 도산에 직면한 회사를 살리기 위해 국민의 돈을 사용했던 것이다.

기업은 공황에 대한 대책을 세웠다. 임금을 인하하고 종업원을 줄이고 공장 문을 닫았다. 그러자 각지에서 노동쟁의가 빈발하였다. 1920년에만 282건의 노동쟁의가 발생하였다. 노동자는 임금인하 반대를 외치며 투쟁하였다. 쟁의기간이 장기화되고 데모에 참가하는 노동자가 점점 늘어났다.

1920년 가장 주목되는 노동쟁의는 국영기업 야하타제철소의 파업이었다. 2만2,000명의 노동자들이 일으킨 파업이 장기화되었다. 지방의 노동단체가 야하타제철소의 파업을 지원하였다. 위기감을 느낀 정부는 경찰·헌병·재향군인·우익단체까지 총동원해 노동자들을 탄압하였다.

은행·상점·회사의 파산이 속출하였다. 사회운동이 일어났다. 일본 자본주의는 위기에 처하였다. 정부는 일본은행의 자금을 대출해 일시적으로는 공황을 극복하려고 하였다. 하지만 그것은 근본적인 대책이 아니었다. 1922년에는 지방은행에서 금융공황이 일어났다. 만성적인 불황 상태가 지속되었다.

1923년 9월 1일 관동대진재關東大震災가 발생하였다. 일본경제는 또 다시 공황상태에 빠졌다. 대지진이 일어난 다음 날 성립된 제2차 야마모토 곤베에山本權兵衛 내각은 파산에 직면한 은행을 구제하기 위해 일본에서 처음으로 30일 기한의「지불유예령」을 선포하였다. 많은 피해를 입은 간토關東 지방 일대에 대지진 이전에 발행한 어음의 손실 보상을 위해 수표를 발행하였다.

야마모토 내각이 취한 응급조치는 어디까지나 임시방편적이었고, 또 자본가를 구제하는 데 초점이 맞춰져 있었다. 장기적인 안목으로 서민

생활의 재건을 위한 정책을 추진할 필요가 있었다. 정부는 도쿄 복구계획을 마련하였다. 50억 엔을 투입해 관동대진재로 소실된 지역을 전부 매입해 구획정리를 한다는 구상이었다. 그러나 재정이 충분하지 못해 계획이 축소되었다. 최종적으로 확정된 복구계획 예산 규모는 약 6억 엔이었다.

일본은 전후 공황, 시베리아 출병, 관동대진재 등의 영향에서 벗어나려고 노력하였다. 1924년부터 지진으로 소실된 지역의 토지구획정리 사업이 추진되었다. 하지만 자금이 계속 방출되면서 일본경제는 거품이 발생했고 피해복구를 위한 비용이 급증하였다. 일본은 만성적인 경제위기에서 쉽사리 벗어나지 못하였다. 서구의 여러 나라 경제는 거의 회복되었지만 일본은 여전히 구조적인 불황에 시달리고 있었다. 하지만 독점자본에 의한 산업지배는 한층 강화되었다.

2. 금융공황과 은행법

1926년 심각한 경제위기와 함께 쇼와昭和 시대가 개막되었다. 가토 다카아키 총리대신이 사망한 후, 1926년 1월 헌정회 총재 와카쓰키 레이지로若槻礼次郎가 총리대신이 되었다. 당시는 만성적인 불황이 더욱 심화되고 있었고 사회운동도 격화되고 있었다. 와카쓰키 내각은 사회정책과 협조외교를 정강으로 내세우고 경제를 재건하려고 하였다. 무엇보다도 관동대진재 이후의 만성적인 불황을 극복하는 것이 당면과제였다.

일본은 제1차 세계대전 중에 급팽창한 불량 기업을 전후공황戰後恐慌 후에도 정리하지 않고 방치하였다. 또 관동대진재로 기업과 은행이 큰 타격을 입자 정부는 일본은행을 통해 4억3,082만 엔의 특별융자를 실시했는데, 1926년 당시 2억 엔 이상이 결재가 되지 않은 채로 남아 있었다. 일본경제는 위험한 폭탄을 안고 있는 형국이었다.

와카쓰키 내각은 관동대진재 때 지불하지 못하게 된 어음 중 아직 정리되지 않은 2억 엔을 공채로 보상해서 금융의 안정을 꾀하려고 하였다. 1927년 3월 의회에 어음법안을 제출하였다. 정부는 은행을 구제하고 국제경쟁력을 회복시키기 위해 필요한 조치라고 해명하였다. 그러나 법안은 일본은행이 떠안고 있는 재난 때 발행한 수표를 정부가 인수해 정리하는 것이었다. 야당 입헌정우회는 정부가 스즈키상점鈴木商店과 타이완은행을 구제하기 위한 법안이라고 비난하였다. 실제로 일부 은행이 재난 때 발행한 수표를 부진한 경영에 충당하였다는 사실이 드러났다.

1927년 3월 14일 법안을 심의하는 중에 가타오카 나오하루片岡直温 오쿠라대신이 와타나베은행渡辺銀行의 파산을 발설하고 말았다. 그러자 예금자가 도쿄의 와타나베은행에 몰려들어 예금을 일시에 인출하는 소동이 벌어졌다. 와타나베은행은 물론 와타나베은행과 거래하는 은행도 다음 날 영업을 하지 않았다. 뒤이어 도쿄와 요코하마의 중소 은행들이 잇달아 휴업에 들어갔다. 그러자 상황은 걷잡을 수 없이 확산되어 금융공황이 일어났다. 공황은 순식간에 지방의 중소 은행으로 파급되었다. 일본은행이 급하게 4억 엔을 대출해 일단 위기를 넘겼다.

그러나 일본의 금융공황은 나날이 심각해지고 있었다. 은행과 기업이 연이어 도산하는 가운데, 1927년 4월 5일 고베神戸의 종합상사 스즈키상점이 신규 거래 중지를 선언하고 도산하였다. 스즈키상점은 미쓰이·미쓰비시에 버금가는 회사였다. 제1차 세계대전 때 쌀·설탕·철·비료를 매점매석하면서 재벌로 성장해 60여 개의 자회사를 거느리고 있었다. 스즈키상점의 도산은 일본경제에 큰 충격을 안겨주었다.

스즈키상점이 도산하면서 타이완은행도 위기에 직면하였다. 설상가상으로 스즈키상점에 거액을 대출한 타이완은행의 부정대출 사건이 폭로되었다. 타이완은행은 은행권 발행의 특권을 갖고 있는 중앙은행이었다. 타이완은행은 제1차 세계대전 이후 일본 본토에 있는 기업에 대한 대출을 늘렸다. 특히 스즈키상점에 자금을 방만하게 대출하였다.

와카쓰키 내각은 위기에 처한 타이완은행을 비롯한 금융기관을 구제하기 위해 2억 엔의 국고를 비상 대출하기로 결의하고 추밀원에 긴급칙령을 요구하였다. 그러나 추밀원은 이것을 거부하였다. 추밀원이 와카쓰키 내각의 요구를 거부한 것은 특정한 자본가를 구제하기 위해 국고를 지원하는 것은 옳지 않다는 대의명분에 따른 것이 아니었다. 와카쓰키 내각의 협조외교에 불만을 품고 있던 추밀원이 와카쓰키 내각을 사실상 불신임한 것이었다. 와카스키 내각 불신임 배경에는 중국에 대한 정책을 둘러싼 의견대립이 있었다. 4월 17일 와카쓰키 내각이 총사직하였다.

와카쓰키 내각이 붕괴되자 경제계가 혼란에 빠졌다. 타이완은행은 휴업에 들어갔고, 그 여파는 다른 은행의 파산으로 이어졌다. 화족이 출자한 주고은행十五銀行을 비롯한 37개 은행이 방만한 대출이 원인이 되어 휴업에 들어갔다. 1927년에 휴업한 은행은 45개소에 달하였다. 휴업하거나 도산한 은행의 예금자나 그 은행과 거래하던 중소기업도 위기에 처하였다. 정상적으로 영업하는 대형 은행에서도 예금을 인출하는 사람이 줄을 이었다.

1927년 4월 20일 다나카 기이치田中義一 내각이 성립되었다. 내각에는 미쓰이 재벌과 친밀한 인사가 포진하였다. 다나카 내각은 재정·금융계의 장로격인 다카하시 고레키요高橋是清를 오쿠라대신으로 기용해 사태를 수습하려고 하였다. 4월 22일 다카하시 오쿠라대신은 우선 3주간의 지불유예(모라토리엄)를 선언하였다. 그리고 일본은행을 통해

21억 9,000만 엔을 대출해 금융공황을 진정시켰다. 와카쓰키 내각이 시행하려다가 추밀원의 불신임으로 총사직할 수밖에 없었던 일을 재벌과 유착된 다나카 내각은 어렵지 않게 처리할 수 있었다.

금융공황은 일단 수습되었지만 심각한 후유증을 남겼다. 중소 은행의 대부분이 파산하였다. 그러자 중소 은행에서 융자를 받은 중소기업도 금융난에 직면하였다. 특히 지방 중소 은행과 밀접한 관계를 유지하던 제사업, 직물업, 영세한 공장 등이 타격을 입었다. 금융공황은 취약한 중소기업의 자금줄이던 중소 은행의 취약성을 적나라하게 드러냈다. 와카쓰키 내각은 1926년에 설치된 금융제도조사회金融制度調査會의 답신에 근거해 1927년 3월에 「은행법」을 제정하였다.

「은행법」은 자본금의 최저한도를 100만 엔으로 하고, 5년의 유예기간을 둔 뒤, 최저 자본금을 확보하지 못한 은행의 영업을 불허하고, 동시에 무자격 은행의 증자도 인정하지 않는 정책이었다. 자격이 미달된 은행은 다른 은행에 합병되었다. 그 결과, 금융공황 직전인 1926년 말에 1,417개였던 보통은행이 「은행법」이 시행되고 5년이 지난 1932년 말에는 462개로 감소하였다. 보통은행의 3분의 2 이상이 자취를 감췄던 것이다.

금융공황과 「은행법」의 강력한 시행으로 예금이 대형 은행으로 집중되었다. 미쓰이三井・미쓰비시三菱・스미토모住友・야스다安田・다이이치第一의 5대 은행의 예금고가 급증하였다. 금융구조가 재편되면서 독점자본 계열의 은행이 지배적 지위를 확립하였다. 액수가 적은 금액은 신용이 보장되는 우편저금으로 집중되는 경향이 나타났다. 결국 재벌과 국가의 자본력이 강화되었다.

3. 세계공황과 일본의 사회경제

1929년 10월 미국에서 시작된 공황은 소련을 제외한 전 세계로 확산되었다. 자본주의 사회가 크게 동요하였다. 일본에서는 인플레이션이 진행되고 일본제품의 국제경쟁력이 약화되었다. 외환시세의 변동으로 엔의 가치가 하락하였다. 수입품 가격이 상승하고 수출이 불안정해졌다.

1930년 1월 일본은 금 수출 금지조치를 해제하였다. 그러나 수출이 부진하면서 일본경제가 더욱 침체되었다. 수출입 총액은 1929년 46억 엔을 정점으로 1930년에 32억 엔, 1931년에는 24억 엔으로 감소하였다. 1930년 3월부터 세계공황의 여파가 일본을 강타하였다. 대공황의 진원지는 일본의 주요 수출국 미국이었다. 일본의 금 수출 해제와 물가 인하 정책의 효과가 전혀 나타나지 않았다. 1930년에 도산한 기업 수는 823개에 이르렀다. 모든 산업이 조업단축을 실시하고 카르텔을 형성하였다.

일본의 물가도 하락했지만 미국·영국의 물가는 더욱 하락하였다. 일본이 미국으로 가장 많이 수출하던 생사 1고리俵 당 가격이 공황 직전에는 1,400엔이었으나 1년 후에는 500엔으로 폭락하였다. 생산지수도 공황전의 3분의 1 수준으로 낮아졌다. 금이 대량으로 유출되었다. 공업생산은 70퍼센트까지 줄었고 무역은 40퍼센트 가까이 감소하였다. 정부의 통계에 의하면 공업생산 총액은 1929년에 77억 엔에서 1930년 60억 엔, 1931년 52억 엔으로 감소하였다. 물가가 폭락하면서 중소기업이 도산하고 임금이 삭감되었다.

1931년 일본은 「중요산업통제법」을 제정하였다. 공황을 극복할 수 있는 대책 마련에 부심하였다. 그러나 정부의 대책은 카르텔에 의한 통제를 조장하는 결과를 초래하였다. 같은 해 12월 일본은 다시 금의 수출을 금지하였다. 그러자 독점자본은 외국시장을 확보하기 위해서 노동자에게 가혹한 노동조건을 강제하면서까지 싼 가격으로 상품을 수출하는 현상이 일어났다. 수출은 증가했지만 이른바 덤핑 행위는 국제적인 문제가 되었다.

공황의 여파는 농촌을 강타하였다. 농촌에서 도시로 진출한 노동자들이 일자리를 잃고 고향으로 돌아왔다. 농민의 생활이 더욱 궁핍해졌다. 미국을 최대 시장으로 하는 생사의 수출이 격감하면서 생사 가격이 50퍼센트 이상 폭락하였다. 양잠농가가 큰 타격을 입었다. 면사 가격도 40퍼센트 이상 폭락하였다. 쌀값도 30퍼센트 이상 폭락해 농업공황에 직면하였다. 설상가상으로 1931년 도호쿠東北 지방에 극심한 흉년이 들었다. 기아가 농촌을 엄습하였다.

쌀값이 폭락하고 흉년이 들어도 농민이 부담하는 조세나 비료 가격은 변화가 없었다. 농민은 생산량을 높이기 위해 콩깻묵이나 물고기를 말린 금비金肥를 많이 사용하고 있었다. 과산화수소나 유안을 원료로 하는 화학비료 사용량도 급증하였다. 국산만으로는 금비의 수요를 충족시키지 못하자 해외에서 금비를 수입하였다. 경작에 필요한 경비가 급증하면서 빈농이 몰락하였다. 소작료 납부도 지체되었다. 도호쿠 지방 농촌에서는 끼니를 잇지 못하는 아동이 대량으로 발생하였다. 자녀를 매매하는 경우도 있었다. 소작료 인하 요구와 소작권을 둘러싼 쟁의가 격화되었다.

대공황은 아시아의 식민지나 반식민지에 더욱 큰 타격을 입혔다. 제국주의 열강은 공황의 피해를 식민지에 전가하였다. 식민지 민중의 희생으로 본국 경제를 회복시키고자 하였다. 특히 식민지 농업이 큰 타격을 입었다. 지주들의 수탈로 토지를 잃고 농촌을 떠나는 소작인들이 급증하였다. 일본의 미곡상들은 식민지 조선에서 쌀을 헐값으로 매입해 일본으로 들여왔다. 조선의 농촌경제는 조그마한 충격에도 붕괴될 수밖에 없는 상태에 놓여졌다.

만성적인 불황과 하마구치 내각의 산업합리화 정책으로 노동자의 생활이 더욱 비참해졌다. 조업단축과 대기업의 인원정리 여파로 실업자가 300만 명이 넘었고 반실업상태에 처한 인구도 급증하였다. 실질임금도 낮아져서 노동쟁의가 빈발하였다. 1931년에 발생한 노동쟁의는 2,456건이었다. 소작쟁의 건수도 매년 증가했고 쟁의에 참가하는 소작인도 수만 명에 달하였다.

노동쟁의는 산업합리화 반대투쟁이 주종을 이루었다. 특히 일본의 수출을 주도한 섬유산업 분야에서 대량 해고와 임금 인하에 반대하는 쟁의가 빈발하였다. 그중에서도 쟁의가 가장 격렬했던 곳은 미쓰이 재벌이 경영하는 가네보방적鐘紡紡績이었다. 전국 36개 공장에서 약 2만 5,000명의 노동자가 쟁의에 참가하였다. 정부는 쟁의에 참가한 노동자를 가혹하게 탄압하였다. 정부의 탄압과 내부 분열로 무산정당과 노동자·농민단체가 붕괴되었다. 초조해진 노동자는 더욱 격렬한 노동운동을 전개하였다. 정부는 노동운동을 철저하게 탄압하는 방침을 정하였다.

일본에 거주하는 조선인 노동자들도 노동쟁의에 참가하였다. 일본공산당과 전국노동조합협의회는 조선인 노동자들을 쟁의에 끌어들여 투쟁의 강도를 높이려고 하였다. 조선인 노동자들은 재일본조선노동총동맹을 해산하고 전국노동조합협의회 산하로 들어갔다. 그러나 일본의 노동자 사회에도 조선인에 대한 차별 감정이 뿌리 깊게 남아있었다. 민족적 편견이 청산되지 않은 상황에서 조선인 노동자의 단결된 힘은 발휘될 수 없었다.

일본경제가 침체되자 일부 국가주의자와 젊은 장교들 사이에 무력으로 국가를 개조하려는 움직임이 일어났다. 중국을 전전하다가 귀국한 국가주의자 이노우에 닛쇼井上日召는 승려가 되어 이바라키현茨城県에

호국당을 세우고 자신을 추종하는 농촌 청년·해군비행학교 학생·도쿄대학 학생에게 국가주의를 주입시켰다. 이노우에는 추종자들에게 무력에 의한 국가혁신의 방향을 제시하였다. 해군의 젊은 장교와도 긴밀한 관계를 맺었다.

[3] 공황의 여파와 파시즘의 대두

1. 중국의 동향과 만주청년연맹

1926년경부터 장제스가 이끄는 국민혁명군이 북벌을 감행하였다. 당시 중국공산당은 좌절을 거듭하면서 농촌을 중심으로 세력을 확대하고 있었다.

장쭤린 폭살 사건은 일본 관동군의 기대와는 달리 역효과를 냈다. 중국인은 사건이 관동군에 의해 저질러졌다는 사실을 잘 알고 있었다. 더구나 그 사건을 계기로 장쭤린의 후계자 장쉐량이 일본과 싸우기로 결심하였다. 당시 중국 국민당 세력이 만주까지 진출해 있었다. 1928년 12월 장쉐량은 국민정부의 장제스와 제휴하였다. 그러자 중국에서 일본에 빼앗긴 만주의 권익을 회복하려는 기운이 조성되었다.

중국의 요령국민외교협회遼寧國民外交協會는 일본에 다음과 같은 4개조의 요구서를 보내왔다. (1) 뤼순旅順·다롄大連의 조차지를 회수한다. (2) 남만주철도를 회수한다. (3) 영사재판권을 철회한다. (4) 일본에 의한 철도 부설과 푸순탄광撫順炭鑛의 작업구역 확장에 반대한다. 국민외교협회는 일본인이나 조선인에 집이나 토지를 임대한 중국인에게 집세나 소작료를 올리고 계약의 갱신을 거부하라고 압력을 가하였다.

중국은 1927년 12월에 타호산打虎山과 퉁랴오通遼를 연결하는 타퉁선打通線을, 1929년 7월에는 지린吉林과 하이룽海龍을 연결하는 길해선吉海線을 개설하였다. 두 철로는 모두 만철과 평행선을 이루었다. 만주 북부에서 산출되는 콩은 만철의 중요한 화물이었다. 그런데 중국이 철도를 부설하면서 그 화물의 대부분이 중국 기차로 운반되었다. 남만주철도회사의 경영이 점점 어려워졌다. 1930년에는 인원을 대폭 삭감하지 않을 수 없었다.

중국의 민족주의가 만주·몽고에서 일본의 권익을 침해한다는 소식을 들은 일본인들은 위기감을 느꼈다. 만주·몽고에 진출한 일본인들이 행동에 나섰다. 1928년 11월 남만주철도회사 간부를 중심으로 만주청년연맹이 결성되었다. 회원은 만철에 근무하는 일본인 젊은이, 만주에 진출한 일본기업에 근무하는 젊은이들로 약 3,000명이었다. 이 단체의 목적은 만주에서 일본의 권익을 옹호하는 데 있었다.

만주청년연맹은 만주·몽고의 여러 민족들과 손을 잡고 그 지역의 자치를 제창하였다. 1931년 6월 만주청년동맹은 "만주에 거주하는 여러 민족이 서로 평화롭게 협동하는 것"을 목표로 정하였다. 그러나 만주청년연맹의 궁극적인 목적은 관동군사령부에 협조하면서 만주·몽고 지역을 중국에서 분리하는 것이었다.

1931년 7월 만주청년연맹은 자신들의 뜻을 담은 선전문을 작성해 배포하였다. 그리고 선전대를 조직해 일본으로 보냈다. 선전대는 일본 각지에서 연설하면서 자신들의 뜻을 널리 알렸다. 연설의 목적은 관동군이 만주를 본격적으로 침략하기 위한 여론을 조성하는 것이었다. 만주청년연맹은 일본 우파와 손을 잡고 정부에 압력을 가하는 역할을 하였다.

2. 이시와라 간지의 전쟁사관

일본 육군사관학교 21기 출신 이시와라 간지石原莞爾는 일찍이 정토종淨土宗의 일파 니치렌종日蓮宗의 종말론을 신봉하였다. 그는 종교적인 종말론에 독일 유학 중에 접한 헤겔의 철학과 마르크스주의를 접목시켜 독자적인 전쟁사관을 수립하였다.

관동군 참모였던 이시와라는 1927년에 결성된 사조직 목요회 회원이었다. 목요회는 나가타 데쓰잔永田鉄山・도조 히데키東条英機를 비롯한 쟁쟁한 인물들로 구성된 육군 엘리트 조직이었다. 1828년 2월 이시와라는 자신의 전쟁사관의 관점에서 전망한 「우리 국방계획」을 목요회에서 발표하였다.

이시와라의 구상은 1931년 4월에 「현재 및 장래 일본의 국방」이라는 제목의 인쇄물로 제작되어 관동군조사반에 배포되었다. 이시와라 구상은 모두 5장으로 구성되었다. 이시와라는 과거의 전쟁을 분석하고 미래를 전망하였다. 인류 최후의 전쟁은 동양문명을 대표하는 일본과 서양문명을 대표하는 미국이 벌이는 처참한 세계대전이 될 것이라고 하였다. "인류 최후의 전쟁"은 항공기를 이용한 철저한 파괴 전쟁이 될 것이고, 그 다음에 일본 천황을 중심으로 하는 평화시대가 도래할 것이라고 전망하였다. 그런데 미국과의 전쟁에서 일본이 승리하려면 만주・몽고를 먼저 지배해야 하고, 그러기 위해서는 가장 중요한 공격용 병기인 항공기를 개발하는 데 힘써야 한다고 역설하였다.[92]

---

[92] 제1장에서 "세계의 대세"를 다음과 같이 전망하였다. 서양문명이 미국에 집중되고 있다. 일본이 일본문화를 대성하고 있다. 과학자는 양국 전쟁에 필요한 무기를 제작하고 있다. 이것은 우연한 일이 아니고 신의 뜻이다. 동양과 서양 간에 미증유의 전쟁이 일어날 것이다. 그런 다음에 비로소 인류문명이 통일되어 진정한 평화 시대로 나아가는 첫걸음을 내딛게 된다. 니치렌日蓮이 "전대미문의 대전쟁"이라고 예언한 것은 바로 이것을 의미하며, 마르크스가 "인류의 역사는 그 전기를 종료"한다고 한 것도 같은 의미이다. 제2장은 일본의 사명에 관한 내용이다. 이시와라는 다음과 같

이시와라 구상은 날카로운 통찰도 포함되어 있었다. 하지만 이시와라는 현실을 직시하지 않고 자기의 주장을 합리화하는 데 급급하였다. 예를 들면 당시 만주에 거주하는 인구의 90퍼센트 이상이 한족漢族이었다. 이시와라는 이러한 사실을 애써 외면하고 일본이 만주·몽고를 영유할 권리가 있을 뿐만이 아니라 만주를 중국에서 분리해야 하는 의무가 있다는 식의 괴변을 늘어놓았다. 이시와라는 중국인의 능력을 극도로 경시했고, 중국인의 통치능력도 부인하였다. 그는 일본이 중국을 영유할 운명을 가진 국가라고 주장하고 싶었던 것이다.

하지만 일본이 "최후의 전쟁"에서 승리한다는 이시와라의 주장은 많은 장교들을 매료시켰다. 이시와라는 곧 다가올 세계대전에 대비해 군사력을 양성해야 한다고 일관되게 주장하였다. 먼저 동양에서 전쟁을 치루고, 그 전쟁을 통해 전투력을 길러야 하는데, 그러기 위해서는 공업을 육성하고 국력을 배양해야 한다고 하였다. 구체적으로는 먼저 만주국을 세우고 나아가 중국을 일본의 지배 아래 두는 것이었다. 그런 다음에 일본은 무력을 배경으로 중국경제를 발전시켜서 미국과의 결

이 말하였다. 일본문명은 매우 빈약하다. 일본인조차도 일본의 고유 문명이 존재하지 않는다고 믿는 사람이 있을 정도이다. 하지만 모든 문명을 생성하고, 그것을 보존하고 육성하며, 더욱이 그것을 녹여서 화합하는 국가는 이 세상에서 일본뿐이다. 일본문명이 세계의 모든 문명을 통합해서 인류가 갈망하는 절대평화를 부여하는 것이 하늘이 일본에 부여한 사명이다. 제3장은 전쟁의 현재 및 장래에 대한 내용이다. 이시와라는 다음과 같이 말하였다. 고대부터 섬멸전략이 있었다. 프리드리히 대왕이 소모전략을 완성했고, 나폴레옹과 독일의 전략가가 섬멸전략을 전개하였다고 요약할 수 있다. 구미의 대전은 소모전략에 역행했지만, 장래에 일어날 전쟁에서는 항공기를 중심으로 하는 섬멸전략이 실현될 것이며, 그것이 인류 최후의 전쟁이 될 것이다. 제4장은 일본의 국방에 대한 내용이다. 이시와라는 다음과 같이 말하였다. 일본이 살아남을 수 있는 유일한 길은 만주·몽고를 지배하면서 개발을 단행하는 것이다. 만주족·몽고족은 한족漢族보다 일본인에 더 가까운 인종이다. 따라서 만주·몽고는 중국의 영토가 아니다. 오히려 일본과 밀접한 관계가 있는 지역이다. 제5장은 일본 장래의 국방에 대한 내용이다. 이시와라는 다음과 같이 말하였다. 가장 중요한 공격용 병기인 항공기를 연구하는 데 온 힘을 기울여야 할 것이다. 방어능력을 기르기 위해 국민이 자각할 수 있게 해야 한다. 무엇보다도 집단으로 훈련하는 것이 필요할 것이다.

전에 대비해야 한다고 하였다. 요컨대 일본이 최후의 승리를 쟁취하기 위해서는 먼저 동양의 패권을 확립할 필요가 있고, 만주국 수립은 그 출발점이라는 것이다.

이시와라 간지의 강연록 메모를 참고하면, 그의 목표는 만주국을 수립한 후에 창춘長春에 본부를 두고 군정을 실시하는 것이었다. 입법·사법도 본국과 완전히 분리해야 하며 "만주군 사령관이 통괄하면서 본국의 간섭을 받아서는 안 된다."고 주장하였다. 또 만주국의 재정도 완전히 자급자족해야 한다고 주장하였다. 점령지를 개척해 군사작전에 필요한 각종 자원을 자력으로 확보할 수 있도록 하고, 나아가 일본 본토의 경제에 도움이 되도록 해야 한다고 주장하였다.

이시와라에 있어서 만주는 군사적으로도 경제적으로도 중요한 근거지였다. 일본 본토의 식량문제·인구문제 그리고 조선인 처리 문제 등을 일거에 해결할 수 있는 광대한 영토였다. 그리고 처절한 세계대전에서 일본이 최후의 승리를 쟁취하기 위해서 무리를 해서라도 반드시 일본의 수중에 넣어야 하는 전략적 요충지였다.

이시와라의 전쟁론은 일부 군인들의 마음을 사로잡았다. 무엇보다도 만주·몽고를 점령해서 장차 다가올 "최후의 전쟁"에 대비해야 한다는 주장은 만주 문제로 고민하는 군인과 과격한 일본인의 가슴을 뛰게 하였다. 특히 전쟁으로 일본의 상공업 발전의 기반을 구축하고, 전쟁으로 오히려 국가경제의 진보를 이룩한다는 낙관적인 관측은 경제를 잘 모르는 군인들에게 용기를 주었다. 실제로 만주사변 이후 일본은 이시와라 간지가 예언한 길을 걸었다. 그러나 "최후의 전쟁"에서 승리한 것은 일본이 아니라 미국이었다.

3. 우익세력과 청년장교의 동향

사회주의 국가 소련은 세계공황의 영향을 받지 않았다. 하지만 자본주의 국가는 세계공황에 대처하기 위해 고심하였다. 미국 대통령 루스벨트F. Roosevelt는 뉴딜정책을 추진하였다. 건설 사업을 일으키고 국내 시장을 확대해 불황을 극복하려고 노력하였다. 영국과 프랑스는 자신들의 경제권에 외국상품이 들어오는 것을 저지면서 본국과 식민지 간의 불록경제를 형성하였다.

이탈리아는 제1차 세계대전 때 연합국의 일원이었지만 배상도 충분히 얻어내지 못했을 뿐만 아니라 자원이 빈약한 국가였다. 재정난으로 일시 공산당이 세력을 확대하기도 하였다. 1921년에 파시스트당을 결성해 공산당에 대항하던 무쏘리니가 다음 해에 수상이 되어 정권을 장악하였다. 독일에서는 히틀러가 나치의 전신인 노동자당을 결성하였다. 히틀러는 베르사유체제 타파를 부르짖었다. 그는 독일이 인플레이션에 빠져 혼란스러운 틈을 이용해 세력을 확대하였다. 1932년 노동자당은 제1당이 되었고, 다음 해에는 히틀러 내각이 성립되었다. 독일 의회는 히틀러의 독재를 승인하였다.

1920년에 들어서면서 일본의 우익 세력은 국가사회주의 입장에서 적화방지운동을 전개하였다. 세계공황 후에는 국내 혁신을 부르짖으며 활동하기 시작하였다. 1921년 야스다 재벌의 창립자 야스다 젠지安田善次가 암살되었고, 1930년 천황의 통수권 간섭 문제로 하마구치 오사치 총리대신이 저격되었다. 부상을 입은 하마구치 총리대신은 다음 해에 사망했고, 그 뒤를 이어서 입헌민정당 총재 와카쓰키 레이지로가 다시 총리대신이 되어 제2차 와카쓰키 내각을 구성하였다.

육군의 젊은 장교는 농촌 출신 병사와 접촉하면서 불황에 시달리는 농촌의 비참한 현실을 알게 되었다. 그런데 정치인과 재벌은 민중의 사정을 아랑곳하지 않고 부정부패를 일삼고 있다는 사실에 분개하였다. 젊은 장교들은 무력에 의한 국가개조를 심각하게 고민하였다. 그들은 우익과 손을 잡고 비상수단으로 난국을 타개하려고 하였다. 1930년 육군의 중견 간부들이 사쿠라회桜会를 조직해 국가개조를 의논하였다.

1930년 5월 100명이 넘는 중좌 이하 사쿠라회 회원이 모였다. 그들은 일본인이 처한 현실을 돌아보지 않고 오로지 정권의 유지와 사리사욕에 몰두해 있는 위정자들을 성토하였다. 위로는 천황의 눈을 가리고 아래로는 국민을 얕보는 자들을 질타하였다. 그리고 정국의 부패가 정점에 달하였다는 사실에 인식을 같이하였다.

사쿠라회와 비슷한 성격을 지닌 단체로 천검당天劍黨이 있었다. 천검당은 1927년 7월 니시다 미쓰구西田税를 중심으로 결성된 단체였다. 니시다는 육군사관학교 재학 중에 기타 잇키北一輝의 국가개조법안에 감명을 받았다. 1925년 니시다는 결국 군에서 물러나 국가혁신운동에 전념하였다. 천검당은 다음과 같이 선언하였다. "우리 당의 목적은 위로는 천황에게서 통치의 대권을 빼앗고 아래로는 국민 위에서 불의하고 교활하게 설치는 망국적 무리들로부터 국가를 탈환하는 것이다." 구체적으로 천검당은 헌법을 정지하고, 의회를 해산하고, 전국에 계엄령을 펴고, 새로운 국가를 건설하려고 하였다.

천검당은 니시다가 몇몇 젊은 장교들에게 접근해 결성한 조직이었다. 100여 명의 회원을 거느린 사쿠라회와는 본질적인 차이가 있었다. 그러나 비분강개한 마음을 드러냈다는 점, 구체적인 정강을 갖고 있지 않았다는 점이 흡사하였다. 사쿠라회나 천검당의 활동을 통해 당시 일본사회의 내면을 들여다 볼 수 있다. 당시 일본사회에는 정치를 근본적으로 혁신해야 한다는 분위기가 형성되어 있었다.

1931년에 들어서면서 국가의 혁신을 부르짖는 불온한 분위기가 더욱 짙게 조성되었다. 3월에 사쿠라회 간부, 육군성 군무국장, 참모본부

제1부장, 우익 성향의 민간인, 사회민주당 당원 등이 모여서 쿠데타를 모의하였다. 민간인과 사회민주당 당원이 민중을 동원해 의회를 포위하면 혼란을 틈타 육군 간부들이 계엄령을 선포하고 군대를 의회에 난입시킨다는 계획이었다. 쿠데타가 성공하면 육군대신 우가키 가즈시게宇垣一成를 수반으로 하는 군부 내각을 수립하는 것이 최종 목적이었다. 그러나 쿠데타는 우가키의 변심으로 미수에 그쳤다. 이것이 3월사건이었다.

1931년 10월 사쿠라회 장교들과 우익 민간인들이 협심해서 만주사변에 호응하는 형태로 쿠데타를 결행하기로 모의하였다. 이것을 10월사건이라고 한다. 결행 계획은 다음과 같았다. 10월 24일 오전 3시에 병력을 동원해 정부기관을 장악하고, 각 대신, 정부 수뇌, 몇몇 실업가, 원로, 내대신 등을 일시에 살해한다. 육군 고급장교도 감시하거나 살해한다. 병력은 보병 23연대를 동원하고, 기관총 60정, 독가스, 비행기 등의 장비를 동원한다. 경시청, 신문사 등도 점령한다. 점령에 동원되는 병력은 전부 사쿠라회 중·소위가 인솔한다. 부대는 각각 중대와 소대로 구분해서 그 지휘관에게 별도 명령을 하달한다.

쿠데타가 성공하면 아라키 사다오荒木貞夫 중장을 수반으로 하는 군부 내각을 수립하는 계획을 수립하였다. 당시 경무총감부 본부장이던 아라키는 청년장교들의 눈에 혁신적 사상을 갖고 있는 것으로 비쳐졌다. 그러나 아라키는 국가·사회의 혁신에 관한 아무런 정견도 갖고 있지 않았다. 단지 사쿠라회 혁신파 군인들과 친분을 유지했던 인물에 지나지 않았다.

10월사건 계획은 사전에 정보가 유출되었다. 10월 중순 참모본부가 거사 관련 정보를 입수하였다. 하지만 미나미 지로南次郎 육군대신은 쿠데타 가담자들을 체포하지 않고 아라키 사다오에게 무마하라고 지시하였다. 당시 육군 내부에서는 동기가 순수하면 쿠데타에 가담해도

벌할 수 없다는 분위기가 우세하였다. 아라키는 쿠데타 주모자들을 음식점에서 만나 설득하였다. 결국 주모자들은 쿠데타 계획을 중지하였다. 주모자들은 형식적으로 헌병대에 구속되었으나 헌병대장 관사에서 헌병대장 부인과 딸에게 술과 음식을 대접받고 귀가하였다. 10월사건의 관대한 처분은 훗날 군부 쿠데타를 조장하는 원인이 되었다.

제13장

대외 위기와 군부의 대두

[1] 만주사변과 만주국

1. 만주사변의 개시

　1930년경부터 중국은 이른바 혁명외교라는 경직된 외교자세를 표방하였다. 혁명외교란 과거 청국이 열강과 체결한 조약은 무효라고 선언하는 것이었다. 서구 열강은 중국의 태도를 달갑지 않게 생각하였다. 이러한 정세를 주시하고 있던 일본의 관동군은 군사력을 앞세워 중국의 국권회복운동이 만주까지 파급되는 것을 저지하려고 하였다. 그런데 일본은 "중국의 주권·독립 및 영토적·행정적 보존을 보장한다."는 9개국조약과 "자위 이외의 전쟁을 부인한다."는 부전조약不戰條約을 체결한 국가였다. 관동군은 형식적으로 두 조약에 저촉되지 않으면서 무력으로 만주를 중국에서 분리해 지배하려는 계획을 세웠다.

1931년 6월 27일 일본의 첩보원 나카무라中村 대위가 중국에서 암살되는 사건이 일어났다. 7월 2일 조선인 농민과 중국인 농민이 충돌한 만보산사건萬寶山事件이 일어났다. 일본은 이러한 일련의 사건을 만주 침략의 분위기를 조성하는 데 이용하려고 하였다. 정부는 언론을 통해 중국이 불법 행위를 저질렀다고 대대적으로 선전하기 시작하였다.

일본은 만주를 본격적으로 침략하려는 계획을 세웠다. 미나미 지로南次郎 육군대신은 그 계획을 공식적으로 책정하였다. 일본은 먼저 장쉐량 정권을 전복시킨 다음에 친일 정권을 수립하고, 최종적으로 만주를 직접 지배한다는 3단계 계획을 세웠다. 그 계획은 참모본부 제2부장의 지휘로 추진되었다. 일본은 만주 침략을 위한 사전 작업에 들어갔다.[93] 8월 2일과 4일 임시 군사령관 회의와 사단장 회의가 개최되었다.[94] 일본이 곧 만주에 군대를 파견한다는 소문이 퍼졌다.

관동군은 일본군 수뇌부 및 조선군 일부 장교와 긴밀하게 연락하였다. 그들은 일거에 만주를 일본의 세력 아래 넣어서 국내 모순을 해결하려고 하였다. 모든 계획은 관동군 참모 이시와라 간지石原莞爾를 중심으로 추진되었다. 이시와라는 중국이 먼저 도발하는 모양을 만들면 부

---

93) 사실 만보산사건도 일본의 첩보원이 개입했을 가능성이 컸다. 만보산사건이 일어나기 며칠 전, 도쿄에서 조선철도주식회사, 남만주철도주식회사, 참모본부 관계자 등이 모여 교통연락회의를 개최하였다. 그때 만철 담당자는 비상시 교통운반계획이 필요하다고 역설하였다. 관동군의 만주 침략이 가까워졌음을 실토했던 것이다. 7월 17일 육군사관학교 28기에서 42기까지의 사쿠라회 회원 53명이 격문을 작성해서 원로 사이온지 긴모치西園寺公望에게 보냈다. 7월 하순에는 만주청년연맹이 선전대를 일본 본토로 보내 만주·몽고 독립에 관한 팸플릿을 배포하였다.
94) 회의에서 미나미 지로 육군대신이 중요한 훈시를 하였다. "무책임한 위치에 있는 자, 또는 국방에 관심이 없는 자"가 군부를 공격하고, 군축을 열렬히 주장하고, 국책에 불리한 언론을 조장하는 현상을 지적하였다. 그리고 이러한 "잘못된 언론을 시정"할 것을 촉구하였다. 육군대신의 담화가 발표되자 『아사히신문朝日新聞』은 "만주·몽고의 외교를 일부 군인의 생각대로 끌고 가려고 애쓰는 의도가 엿보이는 표현"이라고 비판하였다.

전조약을 피해 갈 수 있고, 또 만주 민족이 자율적으로 국가를 건설하는 형식을 취하면 9개국조약을 위반하였다는 비판도 피해 갈 수 있을 것이라고 생각하였다.

1931년 9월 18일 밤 10시 20분경 관동군 독립수비보병 제2대대 제3중대 소속 장교가 펑톈奉天 북방의 류탸오후柳條湖에서 남만주철도를 폭파하였다. 폭파는 매우 미미한 정도로, 폭파 직후에 급행열차가 사고 지점을 무사히 통과했을 정도였다. 일본은 이 사건을 중국군의 소행이라고 선전하면서 전쟁의 실마리를 만들었다. 독립수비보병 제2대대 병영 내에는 이미 24센티 대포 2문이 준비되어 있었다. 관동군은 이미 중국군을 공격할 준비를 마치고 남만주철도를 폭파했던 것이다.

만주 침략을 구상한 것은 관동군 작전참모 이시와라 간지였지만, 실질적으로 침략군을 지휘했던 인물은 관동군 고급참모 이타가키 세이시로板垣征四郎 대좌였다. 이타가키·이시와라를 비롯한 관동군 참모들은 혼조 시게루本庄繁 사령관에게 펑톈에 있는 장쉐량의 진영을 습격하자고 압박하였다. 그들은 사태가 지연되는 것이 두려웠다. 1928년 장쭤린 폭살 사건 때와 같이 정부와 군 수뇌부의 견제로 계획이 용두사미로 끝날 수도 있다고 생각하였다.

관동군사령관으로 막 부임한 혼조는 9월 18일 랴오양遼陽의 제2사단 사령부를 시찰하고 밤 10시경에 뤼순의 군사령부에 도착하였다. 그 무렵 관동군 독립수비보병 제2대대는 대포로 펑톈 성내에 있는 중국군 진지에 맹렬한 포격을 가하였다. 장쉐량은 중국군의 철퇴를 명하였다. 그러자 일본군 독립수비보병이 펑톈을 점령하였다. 이타가키·이시와라는 혼조 사령관에게 긴급 전문을 보냈다. "중국군이 남만주철도를 폭파하고 일본군을 공격해 우리 수비대와 충돌했다는 보고를 받고 펑톈 독립수비보병 제2대대가 현지로 출동하는 중임." 그 시각이 11시 6분이었다.

모든 것이 이타가키·이시와라의 음모라는 사실을 몰랐던 혼조 사령관은 당황하였다. 이타가키·이시와라는 관동군이 출동해야 한다고 주장하며 혼조 사령관을 설득하였다. 9월 19일 새벽 0시 28분 "전투가 확대되고 있는 중"이라는 전보가 전달되었다. 전보를 본 혼조 사령관은 이윽고 일본군에게 공격 명령을 내렸다. 새벽 3시 30분 혼조 사령관은 뤼순을 출발하였다. 혼조는 도중에서 일본인들의 환영을 받으며 펑톈에 도착하였다. 일본군이 펑톈을 점령한 것을 확인한 혼조 사령관은 육군대신과 참모총장에게 전보를 쳤다. "사태가 이렇게 된 이상 이 절호의 기회를 이용해 먼저 군대가 적극적으로 만주 전역의 치안 유지에 임하는 것이 가장 긴요하다고 믿는다. 그러기 위해서 3개 사단의 증원이 필요하다."

이미 랴오양의 제2사단이 펑톈 전투에 투입되어 있었다. 일본군은 일제히 작전을 전개해 19일 오전 중에 펑톈 인근 지역을 점령하였다. 조선군이 진입하는 길목을 확보해 두기 위해서였다. 이시와라는 처음부터 조선군의 응원을 전제로 계획을 수립했고, 조선군사령부도 이미 이타가키·이시와라와 뜻을 같이 하기로 약속되어 있었다.

일본의 참모본부는 긴급회의를 열었다. 고이소 구니아키小磯国昭 군무국장을 비롯한 육군 수뇌부는 관동군의 행위가 지당하다고 말하였다. 그리고 병력을 파병할 필요가 있다는 데 의견의 일치를 보았다. 하야시 센주로林銑十郎 조선군사령관도 이미 출동준비를 완료한 상태였다.

각료회의가 소집되었다. 미나미 육군대신은 관동군이 자위권을 행사한 것이라고 보고하였다. 그러나 시데하라 기주로幣原喜重郎 외무대신은 관동군의 모략일 가능성이 있다고 지적하였다. 심사숙고 끝에 와카쓰키 레이지로若槻礼次郎 총리대신은 사태 불확대 방침을 정하였다.

참모총장은 조선군에게 천황의 칙허가 있기 전에는 만주로 출병하지 말라는 명령을 내렸다. 19일 12시 30분이었다. 이 명령이 지켜졌다면

제13장 대외 위기와 군부의 대두 463

만주사변은 좌절되었을 것이다. 그러나 하야시 센주로 조선군사령관은 이미 출병하기로 결심하고 있었다. 9월 21일 오후 조선군 보병 제39여단이 압록강을 건너서 관동군사령관의 지휘 아래 들어갔다. 그 후 조선군이 계속 증파되었다. 일본군은 순식간에 만주의 요충지를 점령하였다.

일본의 언론들은 일본군의 전쟁 상황을 신속하게 보도하고, 일본군의 행동을 칭송하고, 애국심을 고취하는 데 앞장섰다.[95] 일본인은 열광하였다. 정부의 사태 불확대 방침은 전쟁을 부추기는 여론에 밀려 지지를 상실하였다.

2. 관동군사령부의 독주

1931년 9월 22일 만주 일대를 점령한 일본군은 간부회의를 열어서 만주 문제를 해결하기 위한 「만몽문제해결책안」을 제시하였다. 그 내용에는 "일본의 지지를 배경으로, 동북 4성省 및 몽고를 영역으로 하고 선통제宣統帝를 우두머리로 하는 정권을 수립해 만주·몽고 여러 민족의 안락한 영토로 한다."는 방침이 제시되었다.[96] 관동군은 만주에 새

---

95) 일본의 유력한 신문들은 일제히 일본군의 행동을 칭송하는 기사와 사진으로 지면을 덮었다. 대중잡지는 전쟁터에서의 영웅담으로 지면을 구성하였다. 라디오 방송도 전쟁 상황을 자세하게 보도하였다. 일본의 언론은 류탸오후 사건은 중국군이 꾸민 사건이라고 단정적으로 보도하면서 중국을 비난하였다. 정부에 강경한 태도로 전쟁에 임하라고 촉구하기도 하였다. 현지에서 전송되는 사진을 실은 호외가 발행되고, 뉴스영화를 통해 만주 각지를 계속 점령하는 일본군의 모습이 일본인에게 생생하게 전해졌다.

96) 구체적인 "요령"은 다음과 같다. "첫째 국방·외교는 신정권의 위탁으로 일본이 장악해 관리하고, 주요한 교통·통신도 일본이 관리한다. 내정과 그 밖에 것에 대해서는 신정권이 스스로 통치한다. 둘째 국방·외교 등의 경비는 신정권이 부담한다. 셋째 지린吉林, 헤이룽黑龍, 타오난洮南, 러허熱河 지방 등의 치안을 유지하기 위해 5명

로운 정권을 수립하기 위한 공작을 개시하였다.

이시와라를 비롯한 관동군 참모는 일본 국내와 조선군 내부의 동지들과 협력하면서 만주를 중국에서 분리하는 작업을 착착 진행하였다. 와카쓰키 내각은 이미 지도력을 상실하였다. 이미 통수권의 독립을 내세우며 멋대로 행동하는 관동군 참모들을 통제할 힘이 없었다.

류탸오후 사건이 발생했다는 보고를 받은 펑톈 주재 일본 총영사가 관동군 참모들에게 외교 교섭을 통한 평화적 해결이 필요하다고 말하였다. 그러자 이타가키 고급참모가 거칠게 말하였다. "이미 통수권이 발동한 것을 보고도 총영사관은 통수권에 간섭하려고 하는 것인가?" 동석한 한 소좌는 도검을 뽑아들고 영사를 위협하였다. "통수권에 간섭하는 자는 용서할 수 없다." 군인이 통수권을 내세우면 일본인 누구도 손을 쓸 수 없었다. 통수권은 이미 무소불위의 권력으로 작용하였다.

사태가 급박하게 돌아가자, 1931년 9월 21일 중국은 일본이 만주를 불법으로 침략하였다고 국제연맹에 제소하였다. 일본은 영국·프랑스·독일·이탈리아와 함께 국제연맹의 상임이사국이었다. 그때까지 국제연맹은 이 사건을 대수롭지 않게 여겼다. 당시 영국은 금본위제에서 이탈하지 않을 수 없을 만큼 경제적으로 어려움을 겪고 있었다. 국제연맹에 가입하지는 않았지만 강력한 영향력을 행사하던 미국도 일본 관동군의 위험성을 제대로 인식하지 못하고 있었다.

만주 일대를 점령한 관동군은 이어서 하얼빈을 점령하는 계획을 추진하였다. 그러나 소련과의 충돌을 우려한 일본군 수뇌부는 관동군이 하얼빈으로 진출하는 것을 허락하지 않았다. 9월 24일 일본 정부는 만

의 중국인을 기용해 진수사鎭守使로 삼는다. 넷째 지방 행정은 성省 정부가 담당하고 신정권이 현장縣長을 임명해 다스린다." 요컨대 「만몽문제해결책안」은 새로운 정권의 국방과 외교는 일본이 장악한다는 것, 새로운 국가의 영토를 중국의 국민정부에서 분리한다는 점을 분명히 한 것이었다.

주사변이 확대되지 않도록 노력할 것이며, 만주에서 어떤 영토적 욕망을 갖고 있지 않다는 취지의 성명을 발표하였다.[97] 군대를 처음 주둔했던 장소로 철수시킬 것이라고 거듭 강조하였다. 9월 30일에 개최된 국제연맹 이사회는 결의안을 채택하고 폐회하였다.[98]

국제연맹 이사회의 결의안이 지켜졌다면 사태는 수습되었을 것이다. 일본 정부는 물론 육군대신·참모총장도 결의안을 지지하였다. 하지만 관동군은 전혀 다른 뜻을 품고 있었다. 만주국 수립 공작을 은밀히 추진하였다. 일본군 수뇌부의 고급 장교들 중에도 관동군의 행동에 동조하는 세력이 있었다. 관동군은 만주·몽고를 독립국으로 하고, 그것을 일본의 보호국으로 한다는 방침을 확정하고, 그 방침을 실행에 옮기는 방안을 강구하였다. 관동군은 다음과 같이 결의하였다. "만일 정부가 우리들의 방침을 수용하지 않을 경우에는 만주에 있는 뜻있는 군인들이 일시에 일본의 국적을 이탈해 목적을 달성하기 위해 돌진할 것이다."

관동군사령부는 독자적인 행동을 취하기 시작하였다. 10월 3일 장쉐량을 응징할 것이라는 성명을 발표하였다. 또 관동군은 새로운 정권수립 운동에 관여하지는 않겠지만 만주·몽고 민족이 같이 번영하는 영토가 하루빨리 실현되기를 충심으로 바란다는 취지의 성명을 냈다. 10월 6일에는 혼조 시게루 관동군사령관이 만철 총재를 만나서 관동군의 정책에 협조해 달라고 당부하였다.

---

[97] 9월 25일 국제연맹 이사회 의장의 통고에 일본은 다음과 같이 회답하였다. "일본군은 사건 발발 초기부터 스스로를 지키고 철도 및 거류민의 안전을 확보하는 행동을 취했을 뿐이다. 일본 정부도 사건의 확대·악화를 방지하는 방침을 견지하고 있다. 양국 간의 교섭으로 하루라도 빨리 사건을 평화적으로 해결하려고 한다. 금후에도 이러한 방침을 변경할 의사는 추호도 없다."
[98] 결의안의 내용은 다음과 같았다. "일본 정부는 자국 국민의 안전 및 재산을 확보한 다음 일본군을 철도부속지 안으로 철수해야 한다. 이미 시작된 군대의 철수를 가능한 빠른 시일 내에 속행해야 할 것이다. 가장 빠른 시간 내에 위와 같은 뜻을 실현하기를 희망하는 취지의 일본대표 성명을 받아들인다."

10월 8일 관동군은 비행기를 동원해 진저우錦州를 폭격하였다. 장쉐량이 진저우에서 병력을 결집시키고 있다는 정보를 입수했기 때문이다. 진저우 폭격은 관동군이 만주를 군사적으로 제압하겠다는 선언이었다. 진저우 폭격은 중국군에 심각한 타격을 입혔을 뿐만 아니라 관동군의 의지가 얼마나 확고한 지를 일본 정부에 보여 준 사건이기도 하였다.

관동군은 만주·몽고 각지의 유력자를 친일파로 포섭하면서 만주청년동맹이 작성한 「지방자치지도부 설치요령」에 근거해 11월 10일 자치지도부를 창설하였다. 11월 24일 펑톈 지방 치안유지위원회는 펑톈·지린·헤이룽쟝黑龍江·러허 각 성의 대표자회의를 개최하기로 결의하였다.

관동군은 북만주 일대로 진출하는 계획을 추진하였다. 관동군은 헤이룽쟝성黑龍江省의 철도를 수리한다는 구실로 군사행동을 개시하였다. 참모본부는 관동군의 계획을 승인하면서 헤이룽쟝성 이북으로는 진출하지 말고 하루라도 빨리 철수하라고 명령하였다. 그러나 관동군은 철도 폭파범을 추격한다는 구실로 북만주로 진입하였다. 그리고 헤이룽쟝성에 대한 정치공작에 심혈을 기울였다.

1932년 1월 1일 관동군은 헤이룽쟝성이 중국에서 독립한다고 선언하게 하였다. 만주를 중국에서 독립시키기 위한 실마리를 만든 관동군은 1월 3일에 진저우를 점령하였다. 관동군은 만주 전역을 사실상 일본의 지배 아래 두는 데 성공하였다. 2월 16일 만주의 유력자들이 모여서 건국회의를 열었다. 이 회의에서 만주·몽고 지역에 새로운 국가가 성립되었다고 선언하였다. 독립선언의 배후에는 관동군이 있었다.

3. 만주국 건국과 일본의 국제연맹 탈퇴

　1931년 12월 11일 관동군을 통제하는 데 실패한 와카쓰키 레이지로 내각이 총사직하였다. 그 뒤를 이어서 입헌정우회 총재 이누카이 쓰요시犬養毅가 총리대신이 되어 내각을 조직하였다. 이누카이 내각은 군부에 동조하면서도 그들의 급격한 행동만은 저지하려고 하였다. 이누카이는 혁신파 장교들의 신망을 얻고 있던 아라키 사다오荒木貞夫 중장을 육군대신에 임명하고, 군부와 유착해 만몽권익확보책을 추진한 경력이 있는 모리 쓰토무森恪를 내각서기관장에 임명하였다.

　12월 20일경 이누카이 총리대신은 특사를 중국 난징南京에 파견하였다. 일본 특사는 국민정부 수뇌부와 접촉해 중국의 주권을 인정하고 만주에 자치정권을 수립하는 협상안을 마련하였다. 이 협상안이 실현되었다면 일본은 실질적으로 만주를 지배하는 것과 다름없는 권한과 영향력을 갖게 되었을 것이다. 그러나 만주·몽고를 완전히 장악하고 직접 지배하려고 했던 관동군과 그 동조자들은 이누카이 총리대신의 협상을 방해하였다. 군부는 정당·재벌의 부패를 비판하면서 국민을 선동하였다.

　만주사변이 일어났을 때 국제연맹은 일본의 사태 불확대 방침을 믿었다. 그러나 일본군은 계속적으로 침략을 감행하였다. 1932년 1월에는 만주 전역을 점령하였다. 그러자 국제사회는 일본을 불신하기 시작하였다. 국제연맹의 분위기는 순식간에 경직되었다. 중국인의 반일운동도 격화되었다.

　중국은 일본의 무력침략 실상을 국제연맹에 호소하였다. 국제연맹에서 일본대표는 "중국은 질서가 문란한 나라이며 치안을 유지할 수 있는 능력이 없다."고 매도하였다. 일본군의 행동을 정당화하는 발언도 하였다. 그러자 중국 대표는 일본에 경고하였다. "자국의 군대도 통제할 수 없는 일본이야말로 무질서한 나라이며 위험한 나라이다."

관동군은 국제연맹의 결의와 중국의 경고를 무시하였다. 1932년 3월 1일 일본은 만주국 정부의 이름으로 건국을 선언하였다. 이날은 청조 淸朝의 기원절이 되었다. 관동군은 청조의 마지막 황제 푸이溥儀를 중국에서 탈출시켜 집정執政에 앉혔다. 일본은 푸이를 꼭두각시로 내세우고 사실상 만주를 지배하였다. 군사·외교는 물론이고 내정의 실권도 관동군과 일본인 관리가 장악하였다. 관동군의 모략으로 인구 3,400만 명의 괴뢰국가 만주국이 탄생했던 것이다.

푸이의 탈출 공작은 이미 1931년 10월부터 시작되었다. 관동군은 10월 10일 첩보장교를 텐진天津으로 파견하였다. 11월 13일 관동군은 텐진의 일본 조계에 숨어 있던 푸이를 무사히 탈출시켜 보호하였다. 관동군은 만주국을 제정으로 할 것이냐 공화제로 할 것이냐 격론을 벌였지만 관동군 고급참모 이타가키 세이시로 대좌가 공화제로 하기로 결정하였다. 푸이는 황제가 되기를 희망했지만 이타가키의 뜻에 따르지 않을 수 없었다.

국제연맹은 만주의 실태를 조사하기 위해 영국의 리튼Lytton을 단장으로 하는 조사단을 파견하였다. 조사단은 1932년 4월부터 6월까지 만주를 방문해 조사를 실시하였다. 1932년 10월 국제연맹은 만주에 관한 조사보고서를 공표하였다. 1931년 9월 18일의 류탸오후 철로 폭파사건에 대해 "일본군의 군사행동은 정당한 자위수단이라고 인정할 수 없다."고 단언하였다. 만주국 성립 사정에 대해서도 만주·몽고 민족이 스스로 독립을 쟁취하였다고 보기 어렵고 일본이 계획적으로 지원하였다고 결론지었다. 하지만 만주에서 일본의 특수한 권익은 인정하였다.

일본은 국제연맹이 보고서를 공표하기 직전인 1932년 9월 15일 「일만의정서」를 체결해 만주국을 정식으로 승인하였다. 「일만의정서」는

만주국 건국. 중앙은 집정에 취임한 푸이(1932)

일본과 만주국 사이에 체결한 기본조약이었다. 일본은 괴뢰국가 만주국을 전폭적으로 원조한다는 방침을 내외에 천명하기 위해 조약을 체결하는 형식을 취했던 것이다. 관동군 내부에서는 만주 지역을 일본의 영토로 합병해야 한다는 의견이 대두되었다. 그러나 일본 정부는 그 의견에 반대하였다. 결국 일본은 만주를 일단 중국에서 분리해 독립국으로 만드는 방침을 취하였다.

일본과 국제연맹의 대립은 피할 수 없는 상황이었다. 일본은 국제연맹 이사회 및 임시총회 수석에 정우회 소속 국회의원 마쓰오카 요스케松岡洋右를 임명하였다. 11월 21일에 개최된 이사회에서 리튼 보고서의 심의가 있었다. 12월 15일 19인위원회는 미국·소련이 참가하는 조정위원회를 설치하기로 하였다. 그러나 일본은 국제연맹의 결정을 무시하고 군사행동을 계속해 점령지역을 확대하였다. 그러자 국제연맹의 태도가 경직되었다.

1933년 2월 14일 국제연맹은 만주에 대한 중국의 주권을 승인하고,

일본군은 철도부속지로 철수하라고 권고하였다. 2월 21일 권고안을 심의하기 위한 국제연맹 임시총회가 개최되었다. 2월 24일 일본군의 철수를 요구하는 권고안이 42대 1로 가결되었다. 반대 1표는 물론 일본이 던진 표였다. 권고안이 가결되자 일본은 국제연맹에서 탈퇴하였다.[99] 일본이 상임이사국의 지위를 버리지 못할 것이라고 생각했던 국제연맹 회원국은 큰 충격을 받았다.

1934년 7월 온건파로 알려진 오카다 게이스케岡田啓介가 총리대신이 되어 내각을 구성하였다. 오카다 내각은 소장파 장교들을 중심으로 형성되고 있던 국가개조운동을 억압하려고 하였다. 외무대신으로 취임한 히로타 고키広田弘毅는 중국의 화북 지방에 대한 일본의 경제적 진출을 가장 중요한 과제로 삼고 그 이외는 중국과 협조한다는 방침을 정하였다.

히로타 외무대신의 협조외교는 일본이 만주국을 손에 넣기 위한 방편이었다. 히로타 외무대신은 일본이 만주를 사실상 지배하기 위해서는 중국과 협력하는 모양을 취하는 것이 유리하다고 판단했던 것이다. 실제로 히로타의 협조외교는 일본이 조선인의 항일운동을 탄압하는 데 큰 도움이 되었다.

히로타 외무대신은 중국의 국민정부가 공산당 세력이 확산되는 것을 경계하고 있다는 것을 알았다. 히로타는 국민정부에 공산당을 함께 몰아내자고 제안하였다. 국민정부는 우선 공산당과 대결한다는 방침을 정하고, 만주국과 「중만우정협정」을 체결하였다. 국민정부가 만주국을

---

99) 권고안이 가결되자 마쓰오카 일본대표는 결연히 자리에서 일어나서 말하였다. "일본은 총회의 결의에 대해 심심한 유감과 실망을 금할 수 없다. 일본은 극동의 평화를 유지하기 위해 최선의 노력을 다했는데, 이제 일본은 평화 유지에 다른 국제연맹 가맹국과 심대한 견해차가 있다는 것을 인정하지 않을 수 없다. 이제까지 일본은 국제연맹과 협력하기 위해 최선을 다했지만, 금후에도 가능한 극동의 평화 유지와 세계평화에 기여할 것이다." 말을 마친 마쓰오카는 일본대표단을 이끌고 총회에서 퇴장하였다.

사실상 인정하면서 일본의 만주국 지배가 안정되었다. 일본군은 충분한 시간을 갖고 본격적인 중국 침략을 준비할 수 있었다.

[2] 일본의 우경화와 정당내각의 종언

1. 상하이사변

1932년 1월 3일 일본의 관동군사령부는 진저우錦州를 점령하였다. 일본군의 동향에 미국이 민감하게 반응하였다. 미국 국무장관 스팀슨 Henry L. Stimson은 1월 7일 "미국은 워싱턴 9개국조약을 침해하고 부전조약을 위반한 모든 행위와 협정을 승인하지 않는다."고 선언하였다. 미국은 영국·프랑스와 함께 일본의 중국 침략에 압력을 가할 계획이었다. 그러나 영국이 미국과 보조를 맞추지 않고 일본의 만주침략을 방관하였다. 영국의 이러한 태도의 배경에는 "1932년 1월부터 일체의 치외법권을 철폐한다."는 중국 혁명정부의 일방적인 선언이 있었다.

미국과 영국이 만주침략 문제를 놓고 반목하자, 일본 정부는 만주문제를 해결할 방도를 찾을 수 있는 절호의 기회라고 생각하였다. 고노에 후미마로近衛文麿는 "다행히 만주문제가 호전되고, 각국의 분위기도 나쁘지 않다."고 현상을 인식하였다. 내무대신 마키노 노부아키牧野伸顯도 "만주문제의 해결은 예상외로 좋은 방향으로 진행되고 있다."고 평가하였다.

1932년 1월 18일 중국 상하이에서 일본인 승려가 중국인에게 습격당해 사망하는 사건이 일어났다. 당시 일본의 저본가는 만주사변 이래 중국에서 일어난 일본상품 불매운동으로 곤경에 처해있었다. 일본의 해군은 군사력을 동원해 일본상품 불매운동을 종식시키려고 획책하고 있었는데, 마침 영국이 일본의 만주 침략을 용인하는 듯한 태도를 취하자 한껏 고무되었다. 군사력을 동원해도 큰 문제가 되지 않을 것이라고 판단하였다. 일본 군부는 상하이 침략을 계획하고, 침략의 구실을 만들기 위해 중국인을 시켜 일본인 승려를 살해했던 것이다. 이것이 상하이사변上海事變이었다.

일본군은 상하이를 침략하였다. 일본 해군의 육전대 1,800명이 상하이에 상륙하자 그곳에 거주하던 일본인들이 열광하였다. 하지만 그것도 잠시, 일본 정부는 궁지에 몰렸다. 당시 상하이는 공동조계共同租界, 프랑스조계, 중국인 거주지로 나뉘어져 있었다. 일본군이 복잡한 조계지역에서 서양 각국의 조계지를 침범하지 않고 작전을 전개한다는 것은 불가능하였다. 특히 일본이 만주사변에 유화적인 태도를 취한 영국·프랑스와 충돌할 경우 사태가 급변할 수 있었다. 더구나 일본군은 중국 국민혁명군 제19로군의 반격으로 수세에 몰렸다.

상황이 급박해지자, 일본 해군은 노무라 기치사부로野村吉三郎를 사령관으로 하는 제3함대를 편성했고, 일본 정부는 2월 2일 각의에서 육군 제9사단의 파병을 결정하였다. 그러나 상하이 침략에 제9사단을 앞세우려는 육군과 전력을 외교교섭의 수단으로 이용하려는 해군의 전략이 충돌해 효과적인 공동작전을 수행하지 못하였다. 일본 정부는 다시 육군 2개 사단을 증파해 전력을 강화하였다. 대대적인 작전을 개시한 일본군은 3월 1일 중국군을 상하이 조계지에서 20킬로미터 밖으로 몰아내고 3월 3일에 정전을 발표하였다. 일본군이 서둘러 작전을 종료한 것은 다음 날 3월 4일에 만주문제를 논의하기 위한 국제연맹 임시총회가 개최될 예정이었기 때문이다.

일본이 상하이를 침략하고 있을 때, 1932년 2월 20일 일본에서 총선거가 있었다. 이누카이 총리대신이 이끄는 정우회가 선거에서 압승하였다. 입헌정우회는 301석을 얻었고 민정당은 146석을 얻었다. 정국이 안정되는 듯하였다. 그러나 극우파의 테러가 잇달아 발생하였다.

2. 혈맹단사건과 5·15사건

1931년 3월사건과 10월사건이 미수에 그친 후, 급진적인 젊은 장교나 국가주의자들 사이에서 테러를 감행해 국가개조의 실마리를 만들려는 움직임이 있었다. 1932년 2월 오쿠라대신을 역임한 이노우에 준노스케井上準之助, 3월에는 미쓰이 합명회사 이사장 단 다쿠마団琢磨가 극우단체 혈맹단의 조직원에게 암살되는 사건이 일어났다. 범인이 체포되면서 혈맹단의 암살계획이 세상에 알려졌다. 혈맹단원 12명이 체포되었다. 우두머리 이노우에 닛쇼井上日召를 비롯한 3명은 무기징역, 나머지는 징역형에 처해졌다.

혈맹단은 국가혁신이라는 목표를 달성하기 위해서 한 사람이 한 명씩 죽인다는 계획을 세웠다. 혈맹단에는 농촌 청년, 초등학교 교사, 학생 등도 포함되어 있었다. 그들의 암살 예정자 명부에는 이노우에 준노스케와 단 다쿠마 이외에도 원로 사이온지 긴모치를 비롯한 정계·재계 인사 20여 명의 이름이 올라 있었다.

이누카이 쓰요시 내각은 만주사변이 일어나면서 군수 인플레정책을 추진하였다. 이 정책으로 일본은 일시적으로 호황을 누렸다. 그러자 힘을 얻은 우익단체는 대륙침략과 군수 인플레정책을 더욱 강력하게 추진할 것을 정부에 요구하였다. 그리고 이러한 정책에 기꺼이 동조하지 않는 정계·재계의 지도자에게 테러를 감행했던 것이다. 테러를 감행한 자들에게 갈채를 보내는 일본인들이 많았다.

1932년 5월 15일 해군의 젊은 장교와 민간 우익 세력이 총리대신 관저를 습격해 이누카이 쓰요시 총리대신을 사살하는 사건이 일어났다. 범인들이 침입했을 때 이누카이는 식당에 있었다. 범인은 이누카이를 권총으로 쏘았으나 총알이 발사되지 않았다. 이누카이는 태연하게 범인들에게 말을 걸면서 응접실로 자리를 옮겼다. 이누카이는 그곳에서 범인들과 대화를 하려고 했으나 범인들은 끝내 이누카이를 권총으로 사살하였다. 오후 11시 20분이었다.

5·15사건을 주도한 해군 장교들은 부패한 지배층을 타도해 국민의 각성을 촉구하려고 하였다. 이 사건은 군부가 독재로 치닫는 계기가 되었다. 이 사건 또한 앞서 발생한 3월사건, 만주사변, 10월사건 때와 같이 범행의 동기가 순수하고 애국심에서 일어난 사건이라는 점이 강조되었다.

사건 발생 후에 공표된 사법·육군·해군성의 공동성명은 다음과 같았다. "근래 우리나라 정세는 정치, 외교, 교육, 사상, 군사 등 모든 방면에서 정돈停頓 상태에 빠지고, 국민정신 또한 퇴폐하였다. 현상을 타파하지 않으면 제국이 멸망할까 두려웠다. 그런데 정돈 상태에 빠진 근본 원인은 정당·재벌 및 특권계급이 서로 결탁해 오로지 사리사욕에만 몰두하고, 국방을 경시하고, 국가의 이익과 국민의 복지를 생각하지 않고, 부패하고 타락한 것에 기인한 것이었다. 그 근본 원인을 제거함으로써 국가의 혁신을 달성하고 진정한 일본을 건설해야 할 필요가 있었다."

아라키 사다오 육군대신은 다음과 같은 담화를 발표하였다. "순진한 청년들이 그러한 행동으로 나온 심정을 생각하면 눈물을 흘리지 않을 수 없다. 진정으로 이것이 황국皇國을 위한 것이라고 믿고 행한 것이다. 이 사건을 계기로 다시 생각하고 거듭 반성해 피고의 뜻이 헛되지 않기를 간절히 바란다."

사법부도 피고들을 관대하게 처분하였다. 범행을 주도한 수괴는 금고 15년, 범행에 가담한 다른 사관후보생들은 금고 4년에 처해졌다. 보통 일본인들은 피고들에게 더욱 동정적이었다. 피고들을 칭송해 감형을 이끌어 내자는 운동이 전개되었다. 피고들은 의사義士로 받들어졌다. 전국에서 피고들을 격려하는 편지와 선물이 쇄도하였다. 피고와 결혼하겠다고 나서는 여성도 많았다. 일본이 무엇에 홀린 것 같은 분위기였다.

3. 학문 자유의 탄압

1933년 이후 우익 세력에 유리한 분위기가 조성되면서 공산주의자들의 전향이 속출하였다. 우익 세력이 결집해서 자유주의·민족주의·개인주의를 비난하기 시작하였다. 1933년에 다키가와滝川 사건이 일어났다.

1933년 4월 하토야마 이치로鳩山一郎 문부대신은 교토대학 총장에게 같은 대학 법학부 교수 다키가와 유키토키滝川幸辰의 파면을 요구하였다. 다키가와 교수의 저서와 강연 내용이 마르크스주의 학설에 입각한 것으로 일본의 전통적인 도덕규범에 위배된다는 것이 이유였다.[100] 교토대학 법학부 교수회의에서는 문부성의 요구를 거부하기로 의결했지

---

100) 1932년 10월 사법관이 공산주의 사상에 경도된 사건이 일어났을 때, 사법관 시험 위원이던 다키가와 교수가 우익 세력의 공격을 받았다. 우익 성향의 국회의원들이 앞장서 다키가와 추방운동을 전개하였다. 급기야 정부가 나서서 다키가와 교수의 저서 『형법독본刑法讀本』을 발매 금지함과 동시에 파면을 요구하기에 이르렀던 것이다.

만, 결국 다키가와 교수는 1933년 5월에 학교를 떠났다. 다키가와 사건으로 교토대학 교수들이 분열하였다. 학생운동은 경찰의 탄압을 받았고 대학의 자치는 붕괴되었다.

1933년 6월 7일 형무소에 수감되어 있던 일본공산당 중앙위원장 사노 마나부佐野学가 전향한다고 선언하였다. 이어서 일본공산당 간부들이 잇달아 전향 의사를 밝혔다. 1933년 7월까지 50일 간 548명의 공산당원이 공산주의 이론을 비판하면서 전향하였다. 일단 전향한 공산당원들은 우익의 혁신론에 동조하고, 군국주의를 찬양하고, 대륙침략에 협조하였다.

코민테른은 천황제 타도를 목표로 하였다. 그러나 공산당이 천황제 타도를 외치면 외칠수록 군주제에 익숙한 일본인들은 공산당을 외면하였다. 특히 국수주의가 기승을 부리는 1930년대에 들어서면서 공산당에 대한 일본인의 반감이 고조되었다. 급기야 사노를 비롯한 많은 공산당원이 시류에 편승해서 일본의 팽창정책에 협력하였다.

1934년에는 『일본자본주의발달사강좌』 간행의 중심인물 노로 에이타로野呂栄太郎가 경찰에 체포되어 살해되었다. 노로는 마르크스주의 경제학을 연구하면서 소위 강좌파講座派 이론을 주도한 학자였다. 일본공산당 당원이기도 했던 그는 1932년부터 지하활동을 하면서 공산당 중앙부의 재건을 위해 노력하던 중이었다.

1935년에는 미노베 다쓰키치美濃部達吉의 천황기관설天皇機關說이 다시 문제가 되었다. 군부와 국가주의 단체가 천황기관설이 국가체제에 위반되는 학설이라고 미노베를 공격하기 시작하였다. 천황기관설은 일찍부터 국가주의자들의 공격을 받고 있었다. 미쓰이 고시三井甲之, 미노다 무네키簑田胸喜 등과 같은 국가주의자들은 1925년에 『겐리닛폰原理日本』이라는 잡지를 창간해 학계의 사상을 공격하는 데 앞장섰다. 1935년 2월 귀족원 의원 기쿠치 다케오菊池武夫는 국회에서 천황기관설이 국체에 반하는 것이라고 규탄하였다. 정우회 의원들이 기쿠치의 발언을 적극 지지하였다. 그들의 목적은 오카다 게이스케岡田啓介 내각을 붕괴시키는 것이었다. 사이토 마코토와 오카다 게이스케는 모두 해군 장로 출신이었다. 그들이 연이어서 총리대신이 되자 육군에서 불만이 터져 나왔다. 그래서 육군 출신 의원들이 작심하고 오카다 내각을 붕괴시키고자 했는데, 정국을 흔들 수 있는 소재로 해묵은 천황기관설을 다시 꺼내들었던 것이다.

육군의 급진파, 정우회 국회의원, 민간 우익단체, 재향군인회 등은 천황기관설 배격운동을 전국으로 확산시켰다. 천황기관설을 따르는 헌법학자를 불경죄로 고발하기도 하였다. 시류에 편승한 우익 국회의원들은 미노베의 학설을 단속하라고 외쳤다. 천황기관설을 공격하는 분위기가 고조되자 정부는 미노베의 저서『겐포사쓰요憲法撮要』를 발매금지하고 "통치권의 주체는 천황에게 있다."고 하는 소위 국체명징國體明徵에 관한 성명을 발표하였다. 오카다 내각은 원래 천황기관설에 반대하는 입장은 아니었지만, 집요한 공격이 계속되자 천황기관설을 배격하는 성명을 발표하지 않을 수 없었다. 천황기관설이 공식적으로 부정된 것이다. 중의원과 귀족원에서도 통치권의 주체는 천황 개인에게 있다는 결의를 만장일치로 채택하였다. 정당이 입헌정치의 근본을 부정하는 결의안을 채택한 것이다. 당시 귀족원 의원이던 미노베 다쓰키치는 의원직을 사임하였다. 이 사건으로 대학에서만큼은 인정되던 학문의 자유가 탄압을 받았다.

1937년에는 야나이하라 타다오矢內原忠雄 사건이 일어났다. 도쿄대학 교수 야나이하라는 일본의 식민정책을 실증적으로 연구하면서 식민정책 강좌를 담당하였다. 그는 1937년에 군부의 전쟁정책을 비판한 논문을『주오코론中央公論』에 게재했는데, 도쿄대학 경제학부 내 국가주의 성향 교수들이 야나이하라의 사상이 의심스럽다며 사직할 것을 강요하였다. 문부성도 도쿄대학 총장에게 야나이하라 교수를 추방하라고 압력을 가하였다. 결국 야나이하라는 1937년 말 사직하고 말았다.

4. 정당내각의 종언

5·15사건으로 임시 겸임 총리대신의 직무를 수행하게 된 다카하시 고레키요高橋是清는 1932년 5월 16일 내각의 총사직을 결정하고 차기 총리대신 선정 작업에 들어갔다.

종래에는 테러에 의해 정권교대가 될 때는 여당에서 새로 선출된 당수가 새로운 총리대신이 되는 경우가 일반적이었다. 게다가 입헌정우회는 중의원 의석 300석이라는 압도적인 다수를 점하고 있었다. 입헌정우회의 새로운 총재가 차기 총리대신이 되는 것이 당연한 일이었다. 5월 17일 스즈키 기사부로鈴木喜三郎가 입헌정우회 총재로 선출되었다. 스즈키는 "천황의 명령이 있으면 반드시 정우회 단독으로 내각을 구성하겠다."는 포부를 밝혔다.

5월 16일 기도 고이치木戸幸一 내대신 비서관장이 원로 사이온지 긴모치에게「시국수습대강時局收拾大綱」을 제출하였다. 기도는 거국일치내각의 필요성을 역설하며 내각의 수반으로 사이토 마코토를 추천하였다. 하지만 원로 사이온지는 스즈키 입헌정우회 총재를 수반으로 하는 거국일치내각을 구성하는 것도 방책이라고 생각하고 있었다.

한편, 육군 내부에서는 군부를 옹호하면서 정당에 대해 반감을 갖고 있던 히라누마 기이치로平沼騏一郎 추밀원 부원장이 총리대신으로 취임하기를 기대하고 있었다. 나가타 데쓰잔永田鉄山·스즈키 데이이치鈴木貞一 등은 정당에 의한 단독 내각이 성립되는 경우에는 육군대신의 취임이 어려울 것이라고 공언하였다. 육군은 정당내각을 단념하거나 히라누마 정권을 수립하라고 압박하고 있었던 것이다.

5월 20일 원로 사이온지 긴모치는 다카하시 고레키요 임시 겸임 총리대신, 구라토미 유사부로倉富勇三郎 추밀원 의장, 마키노 노부아키牧野伸顯 등과 회담하였다. 마키노는 사이온지에게 역대 총리대신은 물론 군부의 원수 도고 헤이하치로東鄕平八郎·우에하라 유사쿠上原勇作와도 회담을 하는 것이 좋을 것이라고 권고하였다. 사이온지는 마키노의 의견을 받아들였다. 사이온지는 1924년에 유일한 원로가 된 후 총리대신을 선정하면서 역대 총리대신이나 군부 원로들의 의견을 들은 적이 없었다. 사이온지가 5.15사건 이후의 사태를 얼마나 심각하게 인식하고 있었는지 알 수 있다.

5월 21일 원로 사이온지는 역대 총리대신과 원수들을 잇달아 접촉하면서 거국일치내각 구성 방침을 정하였다. 5월 22일 사이온지는 사이토 마코토 전 조선총독을 차기 총리대신으로 천황에게 주청하였다. 사이토는 다음 날부터 조각에 착수해 군부, 관료, 정당, 귀족원 등 각계에서 적임자를 선발해 이른바 거국일치 내각을 조직하였다. 내무대신에는 민정당民政黨의 장로 야마모토 다쓰오山本達雄, 오쿠라대신에는 입헌정우회 장로 다카하시 고레키요가 취임하였다. 그러나 육군대신에는 소장파 장교와 극우파가 지지하는 아라키 사다오荒木貞夫가 유임되었다.

거국일치 내각의 조직으로 8년 동안 계속되던 정당 내각이 종언을 고하였다. 군부와 우익의 발언권이 강화되었다. 정부는 농촌을 재건하기 위한 정책을 추진하였다. 재벌은 사회사업에 기여하면서 우익들의 눈치를 살피지 않으면 안 되었다. 1932년 7월에는 사회민중당과 전국노농대중당이 통합해 사회대중당을 결성하였다. 사회대중당은 군부에 적극 협조하였다.

[3] 군부파시즘의 확립

1. 육군 내부의 파벌 대립

1931년 이후 3월사건, 10월사건, 만주사변 등을 거치면서 군부의 발언권이 상상 이상으로 강화되었다. 군부의 목소리가 커지면서 육군 내부에서는 황도파皇道派와 통제파統制派가 주도권을 장악하기 위해 암투를 벌였다.

황도파는 조슈長州 출신이 육군을 지배하는 현실에 대항하기 위해 조슈 출신이 아닌 우에하라 유사쿠上原勇作를 중심으로 형성된 파벌이었다. 우에하라는 교육총감, 참모총장, 육군대신 등의 요직을 두루 거친 인물이었다. 황도파 인맥은 후에 전국의 젊은 장교를 거느린 파벌로 성장하였다. 황도파의 중심인물은 육군대신을 지낸 아라키 사다오와 교육총감 마사키 진자부로真崎甚三郎였다. 특히 다변한 정신주의자 아라키는 제국헌법의 입헌적 해석에 반대하고 천황은 신격화된 대원수라고 공공연히 주장하였다. 아라키를 추종하는 장교들은 황도라는 말을 입에 달고 다녔다. 그래서 그들이 황도파라고 일컬어졌다.

그러자 황도파에 반대하는 그룹이 형성되었다. 1934년 7월에 성립된 오카다 게이스케 내각에서 육군대신을 지낸 하야시 센주로를 비롯한 장교들이 황도파의 월권을 저지하려고 하였다. 그래서 황도파를 견제하는 세력이라는 의미에서 통제파統制派라고 불렀다. 통제파는 육군성과 참모본부의 젊은 장교를 중심으로 인맥을 형성했고, 국가총동원계획의 실현을 가장 중요한 목표로 삼았다. 이 파벌에 속한 유명한 인물로는 나가타 데쓰잔永田鉄山, 와타나베 조타로渡辺錠太郎, 도조 히데키東条英機 등이었다.

황도파와 통제파는 정치개혁의 내용과 군부의 역할을 둘러싸고 첨예하게 대립하였다. 황도파 아라키 사다오가 육군대신에 취임하자, 전임 육군대신 우가키 가즈시게 일파를 요직에서 추방하고 자신을 추종하는 무리를 요직에 임명하면서 파벌을 형성하였다. 아라키를 비롯한 황도파는 "천황의 친정"과 "상무정신을 숭앙하는 일본"을 외치며 정치개혁을 주장하였다. 천황기관설 배격의 선봉에 서기도 하였다. 그러나 그들의 정신주의는 현실과 동떨어진 관념에 치우쳐 있었다. 하지만 황도파의 정신주의는 쿠데타를 통한 국가개조를 꿈꾸던 젊은 장교들이 지지하고 있었다.

통제파는 황도파의 복고주의를 비판하였다. 과학적으로 정책을 수립하고 군대를 일사분란하게 통제하려고 하였다. 그러려면 총력전체제를 구축할 필요가 있었다. 그래서 무력에 의한 국가개조 방식보다는 합법적인 방법으로 패권을 수립하려고 하였다. 통제파는 계획적으로 정계와 재계에 접근하였다. 육군의 세력을 배경으로 정치적 발언권을 강화하고, 나아가 고도의 국방국가를 목표로 혁신정책을 실현하려고 하였다. 통제파는 황도파 젊은 장교들의 쿠데타 계획이 군의 질서를 어지럽히는 행위라고 공격하였다.

1933년 7월 신병대사건神兵隊事件이 일어났다. 애국근로당 당원·대일본생산당 당원·육군 장교를 중심으로 하는 그룹이 항공기를 동원해서 총리대신 관저, 경시청, 각 정당 본부 등을 폭격하고, 3,600명이 일시에 각료·중신·정당 당수·재벌 총수를 암살하고 혁신적인 내각을 수립하려는 계획을 추진하였다. 그들은 국난을 타개하고 국방을 튼튼히 한다는 명분을 내걸었다. 하지만 그들의 계획은 사전에 누설되었다. 쿠데타 지도부가 일본청년관에 모였을 때 일제히 검거되었.

1934년 황도파 아라키 사다오의 뒤를 이어 하야시 센주로가 육군대신에 취임하면서 통제파가 우세를 점하였다. 하야시는 만주사변 당시 조선군사령관이었다. 당시 그는 천황의 명령도 없이 조선군을 만주로 파병한 소신파였다. 목숨을 내놓고 소신에 따라 행동한 하야시는 일약 영웅으로 떠올랐다. 일본인들은 그에게 "월경越境 장군"이라는 별명을 붙여주었다. 하지만 하야시는 아라키와 같은 정치에 능한 장교가 아니었다. 신중하게 처신하였다. 하야시는 관계와 정계의 두터운 신임을 얻고 있었다.

하야시는 나가타 데쓰잔을 군무국장으로 등용해 군을 통제하였다. 하야시의 목적은 군을 본연의 임무에 충실하도록 하는 데 있었다. 황도파를 탄압하는 한편, 젊은 장교들의 과격한 행동을 저지하였다. 그 과정에서 1934년 11월 황도파 젊은 장교와 사관후보생이 쿠데타를 모의하였다는 죄목으로 체포되는 사건이 일어났다. 이 사건은 사관학교사건 또는 11월사건이라고 한다. 사관학교사건으로 체포된 자들은 군법회의에 회부되었으나 모두 증거불충분으로 불기소 처분되었다. 하지만 장교는 6개월 정직, 사관후보생은 강제 퇴교되었다. 황도파는 「숙군에 관한 의견서」를 발표해 사관학교사건이 통제파의 음모라고 주장하였다.

황도파는 천황기관설 문제를 부각시켜 군부를 선동하려고 하였다. 1935년 4월 황도파 마사키 진자부로 교육총감이 천황기관설을 배격하는 내용의 훈시를 전군에 전달하였다. 하야시 육군대신과 나가타 군무국장은 8월의 육군 정기인사에서 황도파를 일소하려고 하였다. 마사키 교육총감이 크게 반발하였다. 그러자 7월 16일 나가타 데쓰잔 군무국장은 마사키 교육총감을 전격 경질하였다.

황도파와 통제파의 대립은 마사키 교육총감을 경질하면서 격화되었다. 황도파 젊은 장교들은 통제파를 비난하는 괴문서를 만들어 배포하였다. 육군 내부의 파벌다툼은 이전투구 양상을 보였다. 8월 12일 검도의 달인이며 황도파에 심취해 있던 아이자와 사부로相沢三郎 중좌가 육군성에서 나가타 군무국장을 도검으로 살해하였다.

1935년 9월 5일 아이자와 사건으로 하야시 육군대신이 사직하였다. 다음 해 1월부터 시작된 아이자와 중좌 공판을 둘러싸고 황도파와 통제파의 대립은 정점에 달하였다. 아이자와 사건은 2·26사건의 실마리가 되었다.

2. 2·26사건과 히로타 내각의 성립

통제파의 탄압으로 수세에 몰린 황도파 젊은 장교들은 쿠데타로 군부 내각을 수립하려는 뜻을 품게 되었다. 때마침 제1사단을 만주로 파병한다는 발표가 있었다. 그러자 황도파 젊은 장교들이 쿠데타를 계획하였다.

1936년 2월 26일 새벽 제1사단 제1연대와 제3연대를 주력으로 하고 근위사단 일부를 포함한 약 1,500명의 반란군이 도쿄 시내의 일부 지역을 점령하였다. 반란군의 병력은 장교 21명, 견습사관 3명, 하사관 91명, 병사 1,358명이었다.

반란군은 총리대신 관저, 육군성, 경시청 등을 점거하고, 오쿠라대신 사저, 내대신 사저, 시종장관 관저, 교육총감 사저를 습격하였다. 그 과정에서 오카다 게이스케 총리대신은 기적적으로 난을 피할 수 있었으나, 오쿠라대신 다카하시 고레키요·내대신 사이토 마코토·교육총감 와타나베 조타로가 살해되었다. 시종장 스즈키 간타로鈴木貫太郎, 내대신을 역임한 마키노 노부아키牧野信顯 등은 중상을 입었다. 반란군은 거사의 목적이 간신군적奸臣軍賊을 처단하기 위한 것이라고 선언하였다. 그러나 사실은 황도파를 중심으로 하는 내각을 구성하기 위한 것이었다.

반란군은 '쇼와유신昭和維新'을 외치며 육군 상층부에 국가개조의 단행을 요구하였다. 육군 당국은 계엄령을 폈지만 수습책을 강구하지 못하였다. 반란 당일 오후 8시 육군성은 사건의 경과를 발표하였다. 당일 아침부터 일어난 일을 시간 순으로 설명하였다. 그리고 장교들의 신분을 거론하면서 다음과 같이 말하였다. "취의서에 의하면 이들 장교가 궐기한 목적은 국내외적으로 중대한 위기에 직면한 시기에 원로, 중신, 재벌, 군벌, 관료, 정당 등 국체를 파괴하는 원흉을 제거해서 대의를 바로 세우고 국체를 옹호하는 데 있었다." 육군성은 쿠데타를 반란이라고 규정하지 않았다. 오히려 반란군의 애국심과 진정성을 선전하는 모양이 되었다.

육군 수뇌부 내에서는 한때 젊은 장교들의 행동을 인정하려고 하는 움직임이 있었다. 반란이 일어나자 가장 먼저 반란군에게 달려간 것은 마사키 진자부로 육군 대장이었다. 마사키를 만난 반란군 장교가 말하였다. "각하, 통수권에 간섭한 간사한 적을 치기 위해 궐기했습니다. 정황을 알고 계십니까?" 마사키가 대답하였다. "드디어 궐기했는가? 너희들의 마음은 잘 알고 있다." 이 말을 들은 반란군은 자신들의 충정을 천황도 알아줄 것이라는 희망을 갖게 되었다.

육군 수뇌부가 모여서 다음과 같은 육군대신 고시를 마련하였다. "(1) 궐기의 뜻이 하늘에 달하였다. (2) 여러 병사들의 진정한 뜻은 국체를 빛내고자 하는 지극한 마음에서 나온 것임을 인정한다. (3) 국체의 현상에 대해서는 두려움을 금할 수 없다. (4) 우리는 모두 위의 취지에 따라 매진하자고 뜻을 모았다. (5) 이 이상은 전적으로 폐하의 뜻에 따른다." 분명히 반란을 승인하고 반란군에 동조하는 내용이었다. 당시 일본 육군 수뇌부의 분위기를 미루어 짐작할 수 있다. 하지만 해군·정계·재계는 쿠데타를 지지하지 않았다.

도쿄 시내를 행군하는 반란군(1936. 2. 28)

 반란이 일어나자 육군은 우왕좌왕하였다. 내각이 사실상 기능하지 못하는 상황이었기 때문에 육군대신이 앞장서 사태를 수습할 책임이 있었다. 그러나 육군대신은 아무런 조치도 취하지 않았다. 당일 오전 9시 반란군의 궐기문을 천황 앞에서 낭독한 것이 전부였다. 천황 히로히토는 노발대발하였다. 반란군을 진압하라고 직접 명령하였다. 2월 26일부터 27일에 걸쳐서 수시로 시종무관장을 불러 진압을 재촉하였다.

 군부의 압력을 받은 시종무관장은 2월 27일 천황에게 다음과 같이 상신하였다. "행동부대 장교의 행위는 폐하의 군대를 마음대로 움직인 것으로 통수권을 범한 것도 이만저만한 일이 아닙니다. 원래 용서할 수 없는 일입니다. 하지만 그 정신은 폐하의 나라를 생각한 데서 나온 것입니다. 반드시 책망할 일만은 아닙니다." 천황이 말하였다. "짐이 총애하는 신하를 살육하였다. 그런 흉포한 장교들을 어찌 용서할 수 있겠는가?"

 2월 28일 육군대신이 시종무관장에게 반란군 처리방안을 제시하였다. "장교들은 육군대신 관저에서 자결하는 조건으로 죄를 용서하고,

하사관 이하는 원래 부대로 복귀하도록 할 것이다. 그러니 칙사를 보내 장교들이 영광스럽게 죽도록 해 달라." 시종무관장은 천황에게 보고하였다. 하지만 천황은 칙사 파견 요청을 단호하게 물리치고 진압을 명령하였다.[101]

천황이 직접 반란 진압을 지시하자 상황이 급변하였다. 2월 29일 도쿄 주변 부대에 동원령이 내려졌다. 봉기한 부대를 처음으로 반란군이라고 규정하였다. 육군은 반란군에게 항복을 권유해서 진압하는 데 성공하였다. 반란을 주도한 일부 장교는 현장에서 자살했고 나머지 장교는 체포되었다. 하사관 이하 병사는 귀순하였다. 반란을 주도한 장교와 민간인 기타 잇키北一輝·니시다 미쓰구西田税는 군법회의에 회부되었다. 범인들은 다음 해에 사형에 처해졌다.

이 사건으로 황도파가 일시에 몰락하였다. 하지만 2·26사건을 일으킨 주동자의 행동에 동조한 육군 장교들은 처벌되지 않았다. 육군은 여전히 오만하였다. 1936년 3월 5일 히로타 고키広田弘毅가 총리대신에 내정되어 조각에 착수하자 군국주의에 편승한 세력이 활개를 치기 시작하였다. 히로타 총리대신은 육군대신에 데라우치 히사이치寺内寿一 대장을 내정하였다. 육군성은 재빨리 히로타 총리대신의 조각 방침과 입각 내정자 명단을 입수하였다. 3월 6일 아침 육군성에서 데라우치 대장을 중심으로 수뇌회의를 열어 육군이 취해야 할 태도에 대해 협의하였다. 그리고 다음과 같은 결론을 내렸다. "히로타 총리대신의 시국 인식은 군부와 상당히 차이가 난다. 도저히 동조할 수 없으므로 데라우치 대장의 입각 요청을 받아들일 수 없다."

---

101) 시종무관장 일기에 다음과 같이 기록되어 있다. "폐하는 매우 불만스러워하셨다. 자결한다면 그냥 두면 되는 것이다. 그런 자에게 칙사를 보내자고 한다니 당치도 않다고 말씀하셨다. 또 사단장이 적극적으로 나서지 않는다면 직접 책임을 물을 것이라고 말씀하셨다. 아직까지 본 적이 없는 노기를 띤 얼굴로 엄중히 문책하시며 즉시 진압하라고 이르라는 엄명을 내리셨다."

데라우치 대장은 하야시 센주로를 비롯한 전직 육군대신을 차례로 방문해 의견을 구한 후 3월 6일 오후 군부의 뜻을 전하고 입각을 사퇴하였다. 데라우치 대장의 담화문에는 다음과 같은 내용이 포함되어 있다. "미증유의 시국 타개라는 중책을 맡아야 하는 새로운 내각은 국내외에 걸쳐서 진실로 시폐의 근본적 쇄신, 국방 충실 등 적극적이고도 강력한 국책을 수행하려는 기백과 실행력을 갖추는 것이 절대적으로 필요하다. 여전히 자유주의적 색채를 띠고 현상유지 또는 소극적인 정책으로 타협하고 퇴보하는 것이 되어서는 안 될 것이다. 적극적인 정책으로 국정을 일신하는 것이 전군의 일치된 요망이다."

데라우치 대장은 입각 예정자 중에서 군부가 자유주의자로 분류한 인물, 천황주권설을 신봉하지 않는다고 판단한 인물을 일일이 실명으로 거론하면서 그들의 입각에 반대하였다. 히로타 총리대신은 군부의 압력에 굴복하고 말았다. 조각 작업은 원점에서 다시 시작되었다. 결국 히로타 총리대신은 육군의 요구를 모두 수용하였다. 히로타 고키 내각은 준전시 내각이라고 일컬어졌다.

3. 준전시체제 구축

히로타 내각이 성립되면서 군부 독재체제가 확립되었다. 군부의 정치적 발언권이 강화되었다. 오래 전에 폐지되었던 군부대신 현역무관제가 부활되었다. 이 제도는 육군·해군대신의 취임 자격을 현역 중장·대장으로 하는 것이었다. 히로타 내각은 정강에 준전시체제 확립을 목표로 하는 광의국방국가廣義國防國家 건설을 내세워서 방대한 군사예산을 편성하였다. 육군은 서정일신을 요구하며 정치에 깊숙이 관여하였다.

1935년 8월 만주사변을 기획했던 이시와라 간지 대좌가 참모본부 작전과장으로 승진하였다. 그는 소련과의 전쟁에 대비해야 한다고 주장하였다. 이시와라는 일본군과 소련군의 전력 차이가 매우 크다는 것을 알고 있었다. 그는 일본의 중화학공업이 비약적으로 발전하지 않으면 소련과의 대결이 불가능하다고 단언하였다. 이시와라는 재정경제연구소를 설립해 생산력을 비약적으로 향상시킬 수 있는 방안을 찾으려고 노력하였다. 1937년부터 1941년까지 5년 동안 자동차·강철·알루미늄 생산량을 3배 가까이 늘리는 계획을 세웠다. 이시와라의 구상에 관심을 갖는 정계·재계의 인사들이 많았다.

1936년 6월 히로타 내각은 「제국국방방침」·「용병강령」을 개정하였다. 그 내용은 미국·소련을 일본의 가상적국으로, 육군은 50개 사단과 항공 142개 중대, 해군은 전함 및 항공모함 12척과 항공 65개 중대를 필요한 병력으로 정하였다. 하지만 경제적으로 미국·소련의 상대가 되지 않는 일본이 두 나라를 동시에 적대하기에는 현실적으로 무리였다. 더구나 일본은 이미 수중에 넣은 만주를 기지로 삼아 중국으로 침략의 마수를 뻗치려고 하는 중이었다. 최악의 경우 일본은 미국·소련·중국에 포위될 위험성이 있었다.

1936년 8월 히로타 내각의 총리대신·외무대신·육군대신·해군대신이 「제국외교방침」을 결정하였다. 이어서 여기에 오쿠라대신이 참가한 회의에서 「국책의 기준」을 결정하였다. 동아시아 대륙에서 제국의 기반을 확보함과 동시에 동남아시아와 태평양으로 "진출·발전"하는 것이 일본의 목표였다. 그 목표를 달성하기 위해서 소련의 군사력에 대항할 수 있는 만주·조선의 육군 군사력을 충실히 하고, 미국 해군에 대항하면서 서태평양의 제해권을 장악할 수 있는 해군 전력을 갖추기로 하였다. 일본은 미국·소련을 동시에 상대하는 계획을 세웠던 것이다.

 오쿠라대신은 예산편성에 관한 권한을 갖고 있었다. 오쿠라대신이 반대한다면 군비의 증강은 불가능하였다. 그런데 오쿠라대신 바바 에이이치馬場鍈一는 군부를 견제하는 역할을 하지 못하였다. 바바는 군부와 맞서다 2·26사건 때 살해당한 전임 오쿠라대신 다카하시 고레키요와는 근본적으로 달랐다. 바바는 군부의 독주를 저지하려는 의지가 전혀 없었다. 바바는 14억 엔의 육군·해군성 비용을 포함한 30억 엔의 예산을 편성해서 항공기·전차·항공모함·대전함을 비롯한 병기의 건조에 박차를 가하였다.

 1937년 1월 정우회의 하마다 구니마쓰浜田国松 의원이 육군을 비판하고 나섰다. 데라우치 히사이치 육군대신은 하마다 위원이 육군을 모욕하였다고 몰아세웠다. 그러자 하마다 의원이 목소리를 높였다. "속기록을 조사해서 내 발언 중에 육군을 모욕한 내용이 포함되어 있다면 나는 배를 가르겠다. 만약 포함되어 있지 않다면 육군대신이 배를 갈라라." 이 사건으로 중의원은 정회했고 데라우치 육군대신은 중의원의 해산을 요구하였다. 하지만 정당 출신 각료는 데라우치의 주장에 반대하였다. 그러자 히로타 내각이 총사직하였다.

제14장

중일전쟁과 일본제국

[1] 중일전쟁의 개시

1. 국공합작과 소련의 동향

1933년 4월 10일 일본의 관동군은 중국의 만리장성을 넘어 화북 지방 침략을 개시하였다. 5월 7일에는 참모본부도 관동군의 침략을 승인하였다. 5월 21일 일본군은 퉁저우通州를 점령하고 북경을 압박하였다. 다음날 중국군이 북경에서 물러났고, 5월 25일부터 일본과 중국이 정전을 위한 교섭에 들어갔다. 5월 31일 탕구塘沽 정전협정이 성립되었다. 이 협정은 만리장성 이남에 비무장지대를 설정하고 중국군과 일본군이 동시에 철군하기로 하는 것이었다. 일본은 만주국 성립을 기정

사실화하면서 중국을 본격적으로 침략할 수 있는 길을 열었다.

7월 3일 일본과 중국은 다롄大連에서 회담하였다. 이 회담에서 비무장지대 처리 문제, 만주와 중국 간의 철도개설 문제 등이 논의되었다. 11월 7일에는 베이징北京에서 회담을 열어 비무장지대를 중국이 관리하기로 합의하였다. 일본군의 화북 지방 침략이 잠시 정지되었다. 하지만 일본군 내부에서는 화북 지방을 침략해야 한다는 분위기가 식을 줄 몰랐다.

일본은 화북 지방에 괴뢰정부를 세우겠다는 뜻을 분명히 하였다. 일본은 중국의 화북 지방을 중원 침략을 위한 전진기지로 삼으려고 했던 것이다.

한편, 총통과 행정원장을 겸하는 권력을 장악한 장제스는 영국자본을 끌어들여 화폐개혁을 추진하였다. 화폐개혁의 목적은 중국을 경제적으로 통일하고 나아가 일본의 중국 침략에 대항하기 위한 것이었다. 그런데 일본이 장제스가 추진하는 화폐개혁을 노골적으로 방해하였다. 1933년 11월 9일 일본 외무성은 중국의 화폐개혁에 반대한다는 성명을 발표하였다. 일본군은 군사력을 행사해서라도 화폐개혁을 저지하겠다고 공언하였다.

1935년 6월 일본의 관동군과 국민정부의 장제스가 협정을 맺었다. 협정은 화북 지방의 심장부 베이징과 톈진天津에서 국민당 군대를 철수시킬 것, 반일운동을 중국이 스스로 단속할 것, 차하르성察哈爾省의 일부를 비무장지대로 설정할 것 등을 내용으로 하였다. 이미 마오쩌둥이 이끄는 중공군을 공격하기 시작한 장제스는 정권을 유지하기 위해서 일본에게 굴욕적인 자세를 취했던 것이다.

1935년 11월 25일 일본은 만리장성 이남의 비무장지대에 지둥冀東방공자치위원회를 성립시켰다. 이 조직은 일본군이 뒤에서 조종하는 괴뢰정권이었다. 일본은 친일파 인루경殷汝耕을 방공자치위원회 위원장으로 삼았다. 일본은 방공자치위원회를 앞세워 화북 지방을 사실상 직접 지배하였다. 12월 18일에는 지둥 정무위원회를 출범시켰다.

일본은 만주를 거점으로 화북 지방 상인들과 밀무역을 하였다. 아편이 가장 중요한 밀무역 상품이었다. 일본의 밀무역으로 중국은 관세를 제대로 징수할 수 없었다. 일본은 방공의 필요성과 거류민이 증가하였다는 구실로 톈진에 주둔하는 일본군을 증강하였다. 일본이 노골적으로 중국 침략을 자행하자 중국인은 격렬한 항일운동을 전개하였다. 각지에서 일본인 살해사건이 일어났다.

1936년 1월 13일 일본은 「북중국처리요강」을 확정하였다. 일본 정부는 톈진 주둔군사령관에게 일본군이 직접 나서서 화북 지방 민중의 자치활동을 지원하라고 명령하였다. 말이 자치활동을 지원하라는 것이지 사실은 화북 지방을 중국에서 분리해서 사실상 일본이 직접 지배할 수 있는 기반을 조성하라는 명령이었다.

한편, 국민정부군에 편성되어 중국공산군 토벌에 참가하고 있던 장쉐량張學良은 일본의 중국 침략에 소극적으로 대응하는 장제스의 태도에 불만을 품고 있었다. 1936년 12월 장쉐량은 공산당 토벌작전을 독려하기 위해 시안西安을 방문한 장제스를 유폐하였다. 이른바 시안사건이었다. 장쉐량은 장제스에게 중국공산당이 주장하는 내전의 중지와 항일민족통일전선의 결성, 그리고 국민정부의 개혁 등 8개 항목을 요구하였다. 장제스는 장쉐량의 요구를 들어주기로 약속하고 석방되었다. 10년 만에 다시 국공합작이 성립된 것이다. 그 후 장제스는 공산군과 대결을 피하고 일본군 타도에 전력을 기울였다.

소련은 제1차 5개년계획에 성공하였다. 특히 중화학공업이 발달하였다. 군비근대화계획도 차질 없이 진행되었다. 일본은 소련의 남하에 대항하기 위해서 만주를 전진기지로 활용하는 계획을 수립하였다. 특히 만주에 중화학공업과 항공기산업을 육성하는 방안이 마련되었다.

관동군의 전력은 소련의 극동군에 비해 열세였다. 육군 수뇌부는 관동군의 전력이 소련의 극동군에 대항할 수 있을 만큼 충실해질 때까지 중국과의 전쟁을 피하는 것이 상책이라고 판단하였다. 관동군의 전력 강화는 본격적인 중국 침략을 위한 준비작업이기도 하였다.

1937년 2월 히로타 내각이 붕괴하자, 육군 대장 우가키 가즈시게宇垣一成가 총리대신으로 추대되었으나 군부의 반대로 조각에 실패하였다. 우가키가 육군의 군비를 축소한 전력을 문제 삼아 육군 간부들이 반대했기 때문이다. 우가키에 대신해 육군 대장 하야시 센주로林銑十郎가 총리대신이 되었다.

육군 통제파는 하야시 센주로 내각에 파쇼 체제 강화를 요구하였다. 하야시 총리대신은 정치인을 한 사람도 입각시키지 않았다. 그리고 정당을 숙정해야 한다는 구실로 의회를 해산하였다. 정당 정치에 타격을 입히기 위해서였다. 하야시 총리대신의 폭력적인 조치는 일본인의 반감을 샀다. 총선에서 정우회, 민정당 등 반정부 세력이 압승하고 여당은 불과 41석을 확보하는 데 그쳤다. 정부와 의회 사이가 냉각되었을 뿐만이 아니라 군부의 지지도 상실하게 된 하야시 내각은 4개월 만에 총사직하였다.

2. 고노에 후미마로의 등장

하야시 내각이 붕괴되고, 1937년 6월 4일 고노에 후미마로近衛文麿가 총리대신에 임명되었다. 고노에는 귀족 출신 정치가였다. 천황 가문과도 친밀한 관계를 맺고 있었다. 그는 이전부터 만주사변은 어쩔 수 없는 선택이었다고 평가하였다. 그래서 군부는 물론 정당·경제계·언론계도 고노에 내각에 거는 기대가 컸다. 고노에는 천황의 주변 인물, 정계·재계의 인사들과도 폭넓게 교류했고, 황도파 군인·우익 인사 와도 좋은 관계를 유지하였다. 고노에가 군인 출신이 아니라는 것도 장점으로 작용하였다. 고노에는 육군 내부의 파벌을 해소하고 각계각층의 세력을 통합해 강력한 거국일치 내각을 구성할 수 있는 유일한 인물로 평가되었다.

고노에 내각 앞에는 2·26사건 이후 실타래처럼 뒤엉킨 어려운 문제들이 산적해 있었다. 특히 경직된 일중관계의 타개, 군부와 정당 간의 대립을 완화하는 일이 시급을 요하였다. 고노에는 군부·관계·재계·정당으로부터 인재를 발탁하였다. 고노에 내각의 임무는 전쟁체제를 확립하는 것이었던 만큼 군수산업을 발전시켰다. 통제경제를 강화하는 방도도 모색하였다. 생산력 확충, 국제수지의 개선, 물자수급 조절 등을 근간으로 하는 이른바 '재정 경제 3원칙'이 제시되었다.

고노에 내각이 성립되었을 무렵 식민지 조선에 대한 일본의 경제적 수탈과 정치적 탄압이 절정에 달해 있었다. 국경지대에서는 항일무장투쟁이 전개되고 있었다. 반일감정이 점차로 심화되고 있었다. 대륙에서는 일본이 중국의 민족자본을 압박하고 있었다. 1935년경 텐진天津의 중국계 방적회사 대부분이 파산하거나 일본계 회사에 흡수되었다. 일본인이 주도하는 밀무역이 중국 시장을 교란시켰다.

1937년 7월 7일 베이징 교외의 노구교盧溝橋에서 야간연습을 하던 일본군 1개 중대와 중국군 제29군 소속 부대가 충돌하였다. 그러자 일본의 스기야마 하지메杉山元 육군대신은 일본 국내의 3개 사단과 조선에 주둔하는 1개 사단, 그리고 만주의 2개 여단을 중국에 파견해야 한다고 주장하였다. 한편, 중국군 간부들은 전투가 확대되는 것을 막기 위해 부심하였다. 중국은 "책임자를 처벌하고 반일단체를 단속하라."는 일본의 요구를 수락해 정전협정에 조인하였다.

정전협정이 체결되던 7월 11일 각의에서 일본군 5개 사단을 중국으로 파견하기로 결정하였다. 고노에 총리대신은 일본이 출병을 결정하고 강경한 전의를 과시하면 중국이 반드시 굴복할 것이라고 믿었다. 즉시 조선과 만주에 주둔하는 군대에 출동명령이 내려졌다. 고노에 총리대신은 침략군 파병에 따른 '중대결의'에 관한 성명을 발표하였다. 그리고 정계·재계·언론계의 대표들을 관저로 불러 일본 정부의 입장을 설명하고 협력을 요청하였다.

이 무렵 일본군 내부에서 전쟁 확대파와 불확대파가 대립하고 있었다. 만주사변을 주도했던 참모본부 작전부장 이시와라 간지石原莞爾는 전쟁 불확대 방침을 고수하였다. 소련과의 전쟁에 대비하는 것이 중요하다고 판단했기 때문이다. 이에 대해 전쟁 확대파는 본격적인 중국 침략을 개시하자고 주장하였다. 확대파는 중국인의 민족주의와 항일 정신을 과소평가하였다. 그러나 이시와라는 중원을 침략하는 것은 폭거라고 단정하며 전쟁의 확대를 저지하려고 노력하였다. 전쟁 확대파는 이시와라 작전부장을 격렬하게 비난하였다.

일본의 중원 침략이 임박하자, 7월 17일 장제스는 루산盧山에서 국가의 존속을 위해서 결사적으로 항전할 것을 다짐하는 비장한 성명을 발표하였다. "만약 최후의 기로에 직면한다면 국가를 지키기 위해서 모든 국민의 생명을 걸 수밖에 없다. 또 다시 최후의 기로에 직면한다면 우리들은 끝까지 희생하고 끝까지 항전할 수밖에 없다." 장제스는 화북 지방의 군대를 보강하였다.

3. 중일전쟁의 개시

 1937년 7월 25일 조선에서 파견된 일본군 제20사단이 화북 지방에 도착해서 중국군과 충돌하였다. 7월 26일 일본 본토에 주둔하는 제5·제6·제10사단의 파병이 결정되었다. 7월 28일 전열을 가다듬은 일본군은 선전포고도 없이 총공격을 개시하였다. 8월 4일에는 베이징과 톈진을 점령하고 이어서 상하이上海를 공격하였다. 일본군은 순식간에 중국의 심장부를 장악하였다.
 일본군은 화력·조직력·전투력 모든 면에서 중국군을 압도하였다. 8월 13일 해군대신 요나이 미쓰마사米內光政의 요청으로 제3·제11 사단의 상하이 파병이 각의에서 결정되었고, 9월 10일에는 제9·제13·제101 사단이 추가되어 5개 사단이 상하이 전선에 투입되었다. 1937년 9월부터 중국 연안 해역은 일본 해군에 의해 봉쇄되었다. 화북 지방에서 침략을 개시한 일본군은 1937년 말까지 중국의 산시성山西省 북부, 산둥성山東省, 허베이성河北省을 비롯한 광대한 지역의 요충지와 철

만리장성 연변을 행군하는 일본군

도망을 장악하였다. 일본군이 요충지를 계속 점령하는 상황에서도 일본 정부는 전쟁의 확대를 원치 않는다는 말을 되풀이하였다.

중국군은 처절하게 저항하였다. 상하이 전투에 일본군 5개 사단이 투입되었어도 중국군의 방어망을 돌파하지 못하였다. 11월까지 일본군의 전사자는 9,000여 명, 전상자는 3만여 명에 달하였다. 당황한 일본은 11월 5일 제6·제18·제114 사단으로 구성된 제10군단으로 하여금 캉저우만杭州灣 상륙작전을 전개하도록 하였다. 대대적인 공세로 일본군은 끝내 중국군의 방어망을 붕괴시켰다.

일본군은 퇴각하는 중국군을 추격해 12월 13일에 난징南京을 점령하였다. 일본군은 난징에서 1주일 동안에 중국군 포로의 집단학살, 민간인 살육, 물자의 약탈을 자행하였다. 그 과정에서 30여만 명의 중국인이 살해되었다. 하루에 중국인을 누가 많이 죽이는지 내기를 하는 일본군 병사들도 있었다. 중국인을 하루에 120명 이상 살해한 병사들의 "자랑스러운 무용담"이 사진과 함께 무슨 잡지에 실리기도 하였다.

일본군은 난징을 점령한 후 베이징에 중화민국임시정부라는 괴뢰정권을 세웠다. 일본은 중국에 (1) 중국의 만주국 승인, (2) 중국 북부에 비무장지대 설치, (3) 화북·내몽고·화중에 일본군 주둔 보장, (4) 일본·만주·중국이 함께 자원개발, (5) 일본·만주·중국의 경제협력 등을 요구하였다. 중국 북부의 식민지화와 중국 남부의 반식민지화를 노린 휴전 조건이었다. 그러나 장제스는 수도를 난징에서 충칭重慶으로 옮기면서 결사항전 의지를 다졌다.

일본은 전쟁을 확대해 일거에 중국을 항복시킬 속셈으로 의회에 25억 엔이 넘는 막대한 군사비를 요구하였다. 정우회·민정당은 물론 무산정당인 사회대중당까지 일치단결해 군사비 지출을 승인하였다. 1937년 9월 제72회 의회에서「군수공업동원법」,「임시자금조정법」,「임시조치법」등 3개 법안을 가결시켰다. 전시 통제경제의 기반이 마련된 것이다. 특히 「임시자금조정법」은 군수공업을 육성하기 위해 제정된 법률이었다. 이 법률이 제정됨으로써 일본 정부는 자금의 흐름을 인위적으로 조정할 수 있게 되었다. 긴급하지 않은 경공업으로 자금이 공급되는 것을 줄이고 자금을 군수공업으로 돌리는 것이 가능해졌다.

[2] 일본인의 일지단결

1. 국가총동원 체제 성립

1) 국민정신총동원운동

만주사변 이후 일본은 군사비 팽창을 공채로 충당하는 군수인플레이션 정책을 추진하였다. 중화학공업을 중심으로 하는 군수공업 발전과 만주에 자본을 투하함으로써 경제가 활성화되었다. 정부의 군수공업 육성정책으로 일본의 재벌은 또 한 번 비약할 수 있는 기회를 얻었다. 재벌에 의한 군수공업 독점체제가 진전되었다.

일본 정부는 정계·재계·군부·정당의 대표로 구성된 전쟁수행을 위한 자문기구를 설치하였다. 산업과 경제를 국가의 직접통제 아래 두었다. 정부는 전쟁수행을 위해 국민들에게 사생활을 희생할 것을 강요하였다. 총력전에 대비하기 위한 준비가 완료되었다. 1937년 9월 고노에 내각은 전 국민이 전쟁에 협력하도록 교화하는 국민정신총동원운동을 시작하였다.

일본 정부는 국민정신총동원운동의 3대 목표로 거국일치·진충보국・견인지구堅引持久를 내세우고 국민정신총동원중앙연맹을 결성하였다. 회장에는 아리마 료키쓰有馬良橘 해군대장이 선출되었고, 이사에는 정계・관계・재계의 유력자 15명, 평의원 74명이 선출되었다. 정부는 민간단체에도 정신운동에 참여할 것을 요청하였다. 10월 말에는 재향군인회, 각종 교화단체, 일본노동조합회의 등 74개 단체가 정신운동에 참가하였다. 도쿄・교토・오사카・홋카이도 그리고 전국 각 현에는 국민정신총동원지방실행위원회가 설립되고 지방관청이 협력하도록 하였다. 각 부현府縣의 지사가 실행위원회 회장에 취임했고, 위원에는 자치단체장, 지방의회 의원, 각종 단체대표, 신문・방송사 대표, 실업가, 종교가, 사회사업가 등 소위 지방의 유력자와 명망가가 총동원되었다. 초기에는 정신운동으로 시작된 국민정신총동원운동은 점차로 전쟁경제에 협력하는 운동으로 변질되었다.

2) 국가총동원법의 시행

일본은 중일전쟁이 발발하기 전부터 군부를 중심으로 총력전에 대비할 필요가 있다고 선전하였다. 현대의 전쟁은 군대가 전쟁의 주역이었던 옛날과 달리 정치・경제・사회 모든 분야에서 국가가 총력을 기울여 전쟁을 수행하지 않으면 안 되는데, 특히 국민이 스스로 전쟁에 협력하려는 의지가 총력전의 승패를 결정하는 최대의 요인이라고 강조하였다.

1937년 10월 일본은 엘리트 관료들을 엄선해 기획원企劃院을 설립하였다. 기획원은 "국가총동원의 중추기관"으로서 "생산력의 확충, 수요의 조절, 공정한 배급, 국제수지의 균형을 꾀해" 국력을 확충하는 데 기여하는 것을 임무로 하는 기관이었다. 1938년 2월 기획원은 국가총동원법안을 완성해 국회에 제출하였다.

국가총동원법안은 노무·물자·시설·사업·물가·출판 등에 대해 실로 광범위한 국가 통제를 규정하였다. 총동원법이란 "전시에 국방목적을 달성하기 위해서 국가의 힘을 가장 유효하게 발휘할 수 있도록 인적·물적 자원을 통제하는 것을 말한다(제1조)"라고 규정하고, 제4조에서 제27조까지 통제의 내용을 열거하였다. 예를 들면, "정부는 총동원에 필요하다면 국민을 징용할 수 있다(제4조)" "고용과 임금 등 노동조건에 대해 명령할 수 있다(제6조)" "물자의 생산·수리·배급·처분·사용·소비·소지·이동에 대해 명령할 수 있다(제8조)" "필요한 물자를 사용하거나 수용할 수 있다(제10조)" "가격·운임·보관료·보험이자에 대해 명령할 수 있다(제19조)" "출판물의 게재를 제한·금지·발매 및 반포를 금지할 수 있다(제20조)" "직업능력의 신고를 명령할 수 있다(제21조)" 등의 내용이었다.

1938년 4월에 「국가총동원법」이 제정되었다. 정부는 자본·물자·노동력·금융·생산·물가 등 모든 인적·물적 자원을 전쟁수행을 위해 국가의 통제 아래 둘 수 있게 되었다. 또한 정부는 고도의 국방국가를 건설하기 위해서 의회의 동의 없이도 법령으로 인적자원을 포함한 모든 자원을 동원할 수 있는 권한을 행사할 수 있게 되었다.

정부에게 모든 권리를 백지위임한 것과 같은 「국가총동원법」의 성립으로 의회의 권한은 부정되었다. 노동조합도 사회대중당과 같은 무산정당도 「국가총동원법」 제정에 적극 협력하였다. 사회대중당 의원 니시오 스에히로西尾末広와 같은 자는 국가총동원법안에 찬성하는 연설을 하면서, 고노에 내각과 국민을 향해 "히틀러나 무솔리니처럼 확신을 가지라."고 훈계할 정도였다.

일본의 지배층과 자본가들은 노동자도 전쟁체제에 편입시키려고 하였다. 1938년 4월 대기업 대표, 귀족원 의원, 총동맹 산하 노동조합 대표가 모여서 경영자와 노동자가 합심해서 산업보국의 길로 나아가자고 결의하였다. 3개월 후에는 산업보국연맹이 결성되었다. 내무성 경보국장과 사회대중당 간부들이 산업보국동맹 이사가 되었다. 1939년 4월까지 전국에 3,874개의 산업보국회가 결성되었다.

고노에 총리대신은 중일전쟁 중에는 「국가총동원법」을 발동하지 않겠다고 공약하였다. 그러나 「국가총동원법」은 제정된 지 3개월 만에 발동되기 시작하였다. 노동자의 통제, 군수용 원자재 수입에 대한 특혜, 민간수요 섬유제품의 제조·판매 금지, 휘발유의 배급제 실시 등 모든 물자를 국가가 통제하기 시작하였다.

2. 언론의 선동과 일본인

중일전쟁이 발발하자 일본의 지배층은 민중을 선동해서 중국에 대한 적개심·분노심·투쟁심을 불러일으키려고 힘썼다. 민중이 전쟁을 적극 지지하도록 분위기를 유도하였다. 그러한 역할을 담당했던 것은 국민의 의식형성에 커다란 영향력을 미치는 언론매체였다.

전쟁에 대한 신문의 태도는 군부나 정부보다도 오히려 강경하였다. 신문은 연일 중국을 단호하게 응징하라고 선동하였다. 일본군이 총공격을 감행하자 전쟁확대론을 전개하였다. 정부와 군 당국이 발표하는 것을 가감 없이 보도하였다. 일본의 중국 침략은 어쩔 수 없는 것이었으며 자위권의 발동이라는 논지를 폈다. 일본의 중국 침략 목적은 중국이 일본에 적대행위를 하지 못하도록 함과 동시에 동양평화를 지키기 위해서라는 점을 강조하였다. 연일 초라한 중국인의 모습과 용감하게 진격하는 일본군의 모습을 담은 기사와 사진으로 지면을 채웠다. 신문사들은 애국운동을 제창하였다. 군용기 헌납 모금, 폐품 수집, 군가 선정 등 다양한 사업을 전개하였다.

전쟁에 적극적으로 협력한 것은 신문뿐만이 아니었다. 신문보다도 오히려 국가권력이 장악하기 쉬웠던 방송이 민중을 선동하는 데 효과적이었다. NHK는 사실상 국가의 선전기관이었다. 매스컴이 연일 전쟁 상황을 보도하고 애국심을 고취시키는 프로그램을 신설하였다. 그 목적은 민중이 전쟁을 열렬하게 지지하도록 유도하는 데 있었다.

민중은 전쟁에 고무되어 육군성·해군성·관청·신문사에 국방헌금을 내고 위문품을 보냈다. 국방헌금납부운동에는 유치원생, 학생, 점원, 부인 등 일반 민중에서 저명한 실업가에 이르기까지 동참하였다. 자원해서 군대에 입대하는 자들이 급증하였다. 혈서를 쓰고 입대하는 청년의 이야기, 이미 군복무를 마친 예비군이 다시 군에 입대하는 '미담'이 중국 전선에서 싸우는 '황군皇軍'의 무용담과 함께 소개되었다. 가두에는 언제나 일장기가 펄럭였고 무운장구를 기원하는 현수막이 범람하였다.

정부는 전쟁을 비판하는 언론과 사상을 탄압하였다. 내무성은 국익을 해치는 일, 전쟁 반대, 군부 비판, 대외정책을 침략주의라고 의심하는 기사 등을 신문에 게재하지 못하도록 감시하였다.

문부성은 교학국教學局을 신설하였다. 교학국은 학생들에게 천황주의와 군국주의를 주입시키고 전쟁에 반대하는 사상을 통제하는 일을 전담하였다.

정부는 사상·언론과 함께 노동운동도 탄압하였다. 정부의 탄압이 시작되자 노동운동 지도자들이 잇달아 전향해서 정부와 군부를 지지하고 나섰다. 1937년 10월 일본노동조합총동맹은 대회를 열어 자진해서 모든 산업분야에서 동맹파업을 하지 않겠다고 결의하였다. 합법적인 무산정당 연합이라고 할 수 있는 사회대중당社會大衆黨도 정부를 지지하고 전쟁목적에 협력하겠다고 결의하였다. 사회대중당 소속 국회의원들은 일본군을 위문하기 위해 중국전선을 방문하기도 하였다.

3. 전쟁의 장기화와 일본의 중국 분열공작

일본은 중일전쟁이 단기간에 끝날 것이라고 확신하였다. 난징만 점령하면 중국이 반드시 항복할 것이라고 낙관하였다. 일본의 지도자들은 중국인을 멸시하고, 중국군의 전투 역량을 과소평가하였다. 육군대신 스기야마 하지메杉山元는 천황에게 "중국은 2개월이면 항복할 것"이라고 보고하였다.

그러나 중국인의 항일태세는 견고하였다. 1937년 8월 21일 중국의 국민정부는 소련과 중소불가침조약을 체결하였다. 그리고 중국공산당군을 국민혁명군 제8로군第八路軍으로 개편해 군사적으로도 협동하는 체제를 정비하였다. 9월 23일 장제스는 중국공산당의 지위를 정식으로 승인하였다. 광범위한 항일민족통일전선(제2차 국공합작)이 형성되었다.

중국군의 항전 의지는 의연하였다. 1938년 4월 중국군은 산둥성에서 일본군 제10사단을 맹렬하게 공격해 일본군의 단기결전 계획을 무산시켰다. 일본군은 궁지에 몰렸다. 4월부터 5월에 걸친 쉬저우徐州 작전에 소련군과 대치하는 병력을 투입하는 비상수단을 취하지 않을 수 없었다. 전쟁은 이미 장기화 조짐을 보이고 있었다.

중국인의 항일투쟁이 점점 격렬해지자 일본 지도층 내부에서 의견이 대립하였다. 참모본부는 소련과의 대결을 위해 국민정부와 교섭해야 한다고 주장했고, 고노에 후미마로 내각은 괴뢰정권을 이용해 중국문

난징을 점령하고 환호하는 일본군(1937. 12. 13)

제를 해결하자는 의견을 개진하였다. 중국 본토에 대한 총공격으로 얻은 성과에 현혹된 고노에 총리대신이 오히려 강경노선을 선택하였다. 고노에 총리대신의 든든한 지원자 기도 고이치木戸幸一 문부대신은 다음과 같이 말하였다. "패전국과 같은 태도로 이쪽에서 먼저 조건을 제시해 이런 정도로 강화하면 어떤가라고 말하는 것은 연전연승하는 나라가 취할 태도가 아니다."

하지만 고노에 내각은 참모본부의 의견을 끝내 무시할 수 없었다. 은밀하게 중국을 상대로 소위 '평화공작'을 추진하였다. 독일을 중재자로 내세워 중국의 항복을 받아내려는 공작이었다. 그러나 일본의 공작은 국민정부의 거부로 성공하지 못하였다.

일본은 중국을 협박하는 전술을 구사하였다. 1938년 1월 16일 일본은 이른바 고노에 성명을 발표하였다. 일본은 평화적인 해결을 모색하지 않을 것이며 또 국민정부를 상대하지도 않을 것이라고 선언하였다. 괴뢰정부를 내세워 중국문제를 해결한다는 방침을 세웠다. 1938년 3월 일본은 난징에 중화민국 유신정부라는 괴뢰정권을 세웠다. 일본은 일단 강경책을 쓰면서 중국인의 반응을 지켜보았다.

고노에 총리대신은 자신이 평화적인 해결의 길을 차단한 장본인임에도 사태를 수습할 방도를 찾지 못하였다. 모든 잘못을 육군대신 스기야마와 그에 동조한 외무대신 히로타 고키広田弘毅에게 돌렸다. 1938년 5월 고노에 총리대신은 내각을 대폭 개편하였다. 스기야마 육군대신의 후임으로 평화교섭파 이타가키 세이지로板垣征四郎, 히로타 외무대신의 후임으로 우가키 가스시게宇垣一成를 임명하였다. 그러나 이타가키 육군대신은 부하의 강경론을 대변하는 데 급급한 인물이었다. 우가키 외무대신도 중국의 완강한 태도에 속수무책이었다. 평화교섭은 또 실패하였다. 고노에 내각은 장기전에 대비하지 않을 수 없었다.

1938년 10월 일본군은 우한武漢과 광둥廣東을 공략하였다. 전선이 확대되면서 일본군은 전쟁의 수렁에 빠지고 말았다. 우한과 광둥의 작전에 각각 14개 사단과 3개 사단을 투입했으나 점령지역을 간신히 지킬 수 있었을 뿐 더 이상 진격할 여력이 없었다. 일본은 중국전선에 23개 사단 70만 병력을 투입했으나 중국의 지구전 전략에 말려든 일본군은 진퇴양난의 상황에 처해 있었다. 장제스는 일본의 진격에 고전하면서도 영국·프랑스의 지원을 받으며 항전하였다.

일본군은 점령지역에서 세금을 징수하고 노동력을 징발하였다. 전쟁에 필요한 물자를 강제로 조달하였다. 일본군의 행위는 중국인의 반발을 초래하였다. 당황한 고노에 내각은 국민정부를 상대하지 않겠다는 방침을 수정하였다. 1938년 11월과 12월 2회에 걸쳐서 일본·만주·중국의 제휴를 골자로 하는 '동아신질서東亞新秩序의 건설'과 선린우호·공동방위·경제제휴라는 소위 '고노에 3원칙'을 제안하였다. 고노에 내각은 전쟁을 성전聖戰으로 규정하였다. 전쟁이 종료된 뒤에도 중국에게서 어떤 배상금도 받지 않고 영토의 합병도 요구하지 않을 것이라고 하였다. '고노에 3원칙'은 일본의 중국 점령을 전제로, 일본을 맹주로 하는 동아신질서를 건설하자는 것이었다. 요컨대 중국이 항일전을 포기하고 일본의 동아신질서 구상에 협력한다면 국민정부를 상대하겠다는 내용이었다.

한편, 참모본부는 국민정부 부주석 지위에 있는 왕자오밍汪兆銘을 이용해 중국인의 분열을 조장하는 공작을 추진하였다. 왕자오밍이 고노에 성명에 호응하면서 신정권을 수립하도록 하는 것이었다. 일본은 왕자오밍에게 만주국 승인, 치외법권 철폐, 화북 지방 개발, 일본과 중국의 제휴, 영국·소련에 대한 공동전선 구축 등을 선언하게 할 계획이었다. 1938년 12월 18일 일본의 계획에 따라 충칭重慶을 탈출한 왕자오밍은 일본과 제휴해야 한다고 역설하였다. 하지만 왕자오밍을 따르는 중국인 지도자는 없었다.

오히려 중국인은 국민정부의 장제스를 중심으로 더욱 굳게 단결하였다. 장제스는 끝까지 투쟁할 것을 천명하였다. 1939년 말 국민정부군이 동계공세를 폈다. 1940년 여름에는 화북 지방의 공산당군이 일본군에게 일제히 반격을 가하였다. 전선은 교착상태에 빠졌다. 군사력으로 전쟁을 끝낼 수 있는 가망성은 점점 멀어졌다. 1939년 1월 중일전쟁을 수습할 수 있는 돌파구를 마련하지 못한 고노에 내각이 총사직하였다.

1940년 3월 일본은 왕자오밍으로 하여금 난징정부南京政府를 수립하게 하였다. 11월 30일 일본은 왕자오밍 정권과 일중기본조약을 체결하였다. 조약안은 일본 측이 마련한 것으로, 일본에 광범위한 군사·정치·경제의 특권을 부여하는 것이었다. 중국의 치안이 회복되면 일본군이 철병한다고 규정되어 있었으나 그 후에도 일본군이 특정 지역에 군대를 계속 주둔할 수 있는 권리를 인정하는 것이었다. 중국인이 왕자오밍 괴뢰정부를 지지할 리 없었다. 중국인의 항일태세는 더욱 강화되었다.

[3] 제2차 세계대전의 개시와 고노에 신체제

1. 세계정세의 변화와 일본의 대응

 1930년 전후 유럽에서는 국제협력주의 파탄과 독재주의 대두라는 새로운 분위기가 조성되고 있었다. 사회주의 국가로 성장을 거듭하던 소련이 국제연맹에 가맹하였다. 이탈리아에서는 파시스트당의 무쏘리니가 정권을 장악하였다. 1935년 무쏘리니는 에티오피아를 침략하였다.
 독일도 새로운 국면을 맞이하였다. 1933년에 히틀러가 이끄는 나치스당이 독일 민족의 우월성을 부각시키면서 정권을 장악하였다. 총통이 된 히틀러는 의회·정당·노동조합의 존재를 부정하였다. 독일은 자본가의 전폭적인 지지를 배경으로 국제연맹에서 탈퇴하였다. 1935년에는 베르사유조약을 파기하고 재무장을 선언하였다. 1936년 히틀러는 독일의 서남부 비무장지대에 군대를 진주시켜서 베르사유체제를 붕괴시켰다.
 파쇼체제를 확립한 독일·이탈리아와 파시즘에 반대하는 국가들이 대립하였다. 코민테른은 민주주의와 사회주의를 지키기 위해서 파시즘과 투쟁할 것이라고 선언하였다. 파시즘에 저항하기 위한 인민전선이 구축되었다. 인민전선은 사회주의 정당·노동조합·지식인이 단결하는 형식으로 조직되었다. 1936년에는 스페인과 프랑스에서 인민전선 내각이 탄생하였다. 같은 해에 일어난 스페인 내란에서 독일·이탈리아는 프랑코 총통이 이끄는 세력을 원조했고, 영국·프랑스·소련은 스페인 인민전선 내각을 지원하였다.
 스페인 내전을 계기로 독일과 이탈리아가 동맹을 맺었다. 일본은 독일과 이탈리아에 접근하였다. 1936년 11월 일본과 독일은 소련을 가상적국으로 하는 일독방공협정을 맺고, 1937년 11월에는 이탈리아를 포함해 일·독·이 삼국방공협정을 체결하였다. 일본·독일·이탈리아는 자유주의국가와 사회주의국가를 동시에 대적하게 되었다. 이 무렵부터 파시즘 제국은 노골적으로 침략을 자행하였다. 1938년 독일이 체코의 일부를 병합하려고 했을 때 세계대전이 발발할 위기에 처했으나 뮌헨회담에서 영국이 독일에 양보해 위기를 회피하였다.

한편, 소련과 불가침조약을 맺은 독일이 폴란드를 침략하였다. 그러자 폴란드와 동맹을 맺은 영국·프랑스가 독일에 선전포고를 하면서 제2차 세계대전이 일어났다. 전쟁 초기에는 영국·프랑스 대 독일·이탈리아라는 구도로 전개되었다. 당시 중국을 공략하는 것만으로도 힘에 부쳤던 일본은 처음부터 전쟁에 개입하지 않겠다고 선언하였다. 일본은 중일전쟁에 전념하기 위해서 소련과의 마찰을 피하는 한편, 미국과도 관계개선을 모색하고 있었다.

1940년 4월 독일이 덴마크와 노르웨이를 침략하였다. 5월에는 벨기에·네덜란드·룩셈부르크·프랑스를 침공하였다. 6월에는 파리를 점령하였다. 독일군은 기습전으로 승리를 거두었다. 유럽에서 독일이 눈부신 승리를 거두자 일본인은 흥분하였다. 일본 정부와 군부는 독일의 군사력을 과대평가하였다. 군부는 정부에 방공협정을 군사동맹으로 격상시키라고 요구하였다. 삼국동맹을 맺어 미국을 견제하면서 무력으로 동남아시아를 침공하는 방안이 급부상하였다.

일본이 노골적으로 중국을 침략하자, 소련은 중국을 적극적으로 지원하기 시작하였다. 소련은 만주 국경 주변의 군대도 증강하였다. 만주 국경 주변은 경계가 명확하게 정해지지 않은 곳이 많았다. 그런 탓으로 분쟁이 자주 일어나면서 일본과 소련의 관계가 악화되었다. 장고봉사건張鼓峰事件과 노몽한사건ノモンハン事件이 대표적인 사례였다.

장고봉은 한반도와 소련의 국경이 인접하는 지역이었다. 일본은 소련군의 전투능력을 시험해 보려고 하였다. 1938년 7월 조선에 주둔하는 1개 사단과 관동군의 일부 병력을 동원해서 의도적으로 소련군 진영을 공격하였다. 그러자 소련군은 일본군을 압도하는 병력과 근대화된 병기로 반격해서 일본군에게 큰 타격을 입혔다. 일본은 이미 생각해 둔 수순으로 정전협정을 체결하고 철군하였다.

일본의 관동군은 국경선이 분명하지 않은 지역에서는 지구사령관이 자주적으로 국경선을 정하도록 하였다. 또 국경선 분쟁이 발생했을 경우에 일시적으로 국경선을 넘어도 좋다는 「국경분쟁처리요강」을 정한 바 있었다. 관동군 참모들은 때마침 약화된 일영관계를 회복하기 위해서도 소련군에게 일격을 가하는 것이 필요하다고 생각하고 있었다. 그런데 1939년 5월 11일 만주와 몽고의 접경지역 노몽한에서 일본군과 소련군이 충돌하는 사건이 발생하였다. 관동군은 5만6,000명의 병력을 동원해 소련군을 공격하였다. 항공기와 탱크도 투입되었다. 7월 1일 소련군에 대한 일본군의 대공세가 개시되었다.

일본군이 몽고의 후방 기지를 폭격하자, 몽고와 상호원조조약을 맺은 소련이 공군과 기계화부대를 앞세워 일본군에게 큰 타격을 입혔다. 일본군은 1개 사단 이상의 병력을 잃었다. 당황한 일본은 서둘러 정전협정을 맺어 분쟁을 마무리하였다. 일본은 소련의 군사력이 상상했던 것보다 강력하다는 것을 알았다. 그동안 군부에서 일관되게 주장하던 대소개전론이 힘을 잃게 되었다.

관동군 정예부대도 소련군에 대적할 수 없다는 것이 백일하에 드러나자 일본군은 세균전細菌戰을 구상하였다. 731부대가 만주에 설치되었다. 이 부대는 세균전 전문부대로 많은 연구진을 거느리고 있었다. 731부대는 살아있는 인간을 대상으로 다양한 실험을 하였다. 특히 살아있는 인간의 몸에 세균을 직접 주사해서 어떤 결과가 나오는 지 관찰하였다. 731부대원들은 생체실험용 인간을 마루타라고 불렀다. 납치된 중국인이나 독립운동을 하다가 체포된 조선인이 마루타로 희생되었다.

일본이 중국을 본격적으로 침략하자 중국에 이권을 갖고 있던 열강이 긴장하였다. 미국·영국도 중국에 이권을 갖고 있었지만 될 수 있는 한 일본과 마찰을 일으키지 않으려고 노력하였다. 일본은 미국·영국과 원만한 관계를 유지하고 있었기에 과감하게 중국을 침략할 수 있었다. 하지만 일본이 '신동아질서의 건설'이라는 성명을 내고 동아시아의 맹주를 자임하고 나서자 미국·영국이 일본을 견제하기 시작하였다.

2. 정당의 쇠퇴와 신체제운동

1939년 1월 고노에 후미마로 내각이 총사직하고 히라누마 기이치로 平沼騏一郎 내각이 성립되었다. 하지만 히라누마 내각은 고노에 내각의 연장에 불과하였다. 고노에 내각의 각료 7명이 유임하고 고노에 후미마로도 입각하였다. 히라누마 총리대신은 8개월 동안 재임하면서 독일과 군사동맹을 체결하는 데 힘을 기울였다. 독일은 일본·독일·이탈리아 3국 군사동맹 체결을 일본에 요구하였다. 그러나 일본은 독일의 제안을 선뜻 수용할 수 없었다. 육군과 해군이 군사동맹 체결을 둘러싸고 대립했기 때문이다.

일본은 은밀히 영국과의 관계를 개선하려고 하였다. 중국에 이권을 갖고 있던 영국은 일본의 중국 침략을 사실상 용인하지 않을 수 없었다. 일본은 영국의 약점을 잘 알고 있었다. 영국과 친밀해지는 것이 중국문제를 푸는 데도 도움이 된다고 판단하였다. 그러나 미국은 일본이 영국에 접근하는 것이 못마땅하였다. 1939년 7월 미국은 일미통상항해조약이 만기가 되자 일본에 조약의 파기를 통보하였다. 중국문제를 둘러싼 일본·영국 간의 교섭을 방해하기 위한 전략이었다. 미국의 개입으로 일영회담이 결렬되었다.

　1939년 8월 23일 독일과 소련이 불가침조약을 맺었다. 일본은 충격을 받았다. 일본은 얼마 전까지 전쟁을 하던 독일과 소련이 갑자기 조약을 맺는 현실을 이해할 수 없었다. 중일전쟁은 더욱 깊은 수렁에 빠지고, 설상가상으로 노몽한사건으로 궁지에 몰린 히라누마 내각은 그동안 추진하던 독일과의 군사동맹 교섭을 중단하고 퇴진하였다. 일본은 이미 외교적으로 대응력을 상실하고 있었다.

　히라누마 내각의 뒤를 이어서 육군대장 출신 아베 노부유키安部信行가 총리대신이 되었다. 아베 내각은 제2차 세계대전에 개입하지 않는다는 성명을 내고 미국·영국·소련과 협조외교를 추진하였다. 중국에 대해서는 왕자오밍을 내세워 난징에 괴뢰정부를 수립하는 공작을 추진하면서 중일전쟁의 수습에 매달렸다.

　영국·미국이 장제스의 국민정부를 더욱 적극적으로 원조하기 시작하였다. 일본군은 영국·미국의 원조물자가 통과하는 이른바 원장援蔣루트를 차단하기 위한 작전을 전개하였다. 일본군이 작전을 벌인 원장루트는 인도차이나반도를 지나 중국의 귀주성貴州省으로 연결되는 수송로였다. 일본군은 1939년 11월에서 다음 해 봄까지 작전을 전개하였다. 그러나 일본군은 약 1만 명의 사상자를 내고 패퇴하였다.

　일본에서는 식료·의료·일상용품 결핍이 심각하였다. 정부는 9월부터 물가·임금·소작료를 동결했지만 민중의 생활은 여전히 곤궁하였다. 계속되는 전쟁으로 일본인은 매우 지쳐있었다. 아베 내각이 국내외적으로 산적한 문제를 해결하지 못하자 정당에서 내각 불신임운동이 일어났다. 육군도 아베 내각을 불신임하였다. 1939년 12월 아베 내각이 총사직하였다.

1940년 1월 해군대장 출신 요나이 미쓰마사米內光政 내각이 성립되었다. 당시 일본의 지배층과 군부는 초조해 하는 기색이 역력하였다. 민정당 국회의원 사이토 다카오斎藤隆夫가 일본군의 전쟁방식을 비판하자 국회의원들이 들고 일어나 사이토를 제명하였다. 사회대중당의 몇몇 의원이 사이토 제명에 반대하자, 사회대중당은 그들을 제명하였다. 야당조차도 전쟁을 비판할 수 없는 분위기가 형성되었던 것이다.

1940년 6월 유럽에서 독일이 대승리를 거두자 일본에서는 독일과 제휴를 강화해야 한다는 분위기가 조성되었다. 동남아시아의 석유, 고무, 광석 등 주요 물자를 획득하기 위해서는 미국·영국과 충돌할 각오로 남방으로 진출해야 한다는 여론도 형성되었다.

일본 군부는 독일을 모방해서 강력한 독재체제를 수립하려고 하였다. 6월 24일 고노에 후미마로가 신체제新體制 수립을 선언하였다. 군부는 신체제운동을 전개하였다. 신체제운동의 목적은 전쟁에 미온적인 요나이 미쓰마사 내각을 붕괴시키고 군부가 주도하는 신당을 만드는 것이었다. 신당의 총재로 고노에 후미마로가 추대되었다.

일본인들은 자유주의체제에 비해 전체주의체제가 우월하기 때문에 독일이 반드시 승리할 것이라고 믿었다. 그래서 나치를 모방한 개혁을 목표로 해서 소위 신체제운동이 추진되었다. 신체제운동이란 강력한 정치력을 갖는 유일한 전체주의 정당을 구축하자는 운동이었다. 육군은 이 운동을 적극적으로 후원하였다. 때마침 고노에 후미마로가 추밀원 의장직을 사직하고 신체제운동에 전념하겠다는 성명을 발표하였다. 그러자 여러 정당이 자진해서 당을 해산하고 신체제운동에 참여하였다. 일본에서 정당이 모습을 감추었다.

군부는 요나이 총리대신을 집요하게 공격하였다. 요나이가 미국·영국에 호의적이라는 소문이 돌자, 군부와 극우파 단체들이 들고 일어났다. 여론이 분열되고 갈등이 첨예화되었다. 분위기가 무르익자 군부는 요나이 내각의 퇴진을 요구하였다. 요나이 내각은 총사직하지 않을 수 없었다. 1940년 7월 22일 제2차 고노에 후미마로 내각이 성립되었다.

고노에 총리대신은 도조 히데키東条英機를 육군대신, 요시다 젠고吉田善吾를 해군대신, 마쓰오카 요스케松岡洋右를 외무대신에 임명하였다. 마쓰오카는 남만주철도회사 총재를 역임한 외교가이며 정치인으로 도조 히데키와 각별한 사이였다. 고노에는 주로 이들과 상의해서 새로운 내각의 방침을 결정하였다.

3. 대정익찬회와 민중지배의 강화

신체제의 조직화는 여러 세력 간의 갈등과 관료의 소극적인 태도로 성과를 거두지 못하였다. 군부가 주장하는 강력한 일당독재체제는 우익과 천황 측근이 반대하였다. 무가정권武家政權 시대의 막부幕府와 같이 자칫 천황을 압박하는 권력으로 발전할 가능성이 있다는 것이었다. 관료들도 신체제의 조직화를 반대하였다. 국민을 조직화하면 자칫 반정부운동으로 발전할 소지가 있다는 것이었다. 결국 신체제는 천황을 중심으로 단결하자는 정신운동으로 끝나고 말았다.

1940년 10월 고노에 내각은 해산한 여러 정당원들을 흡수해서 대정익찬회大政翼贊會를 발족시켰다. 이것은 신체제운동의 연장선상에 있는 조직이었다. 대정익찬회 총재는 총리대신이 겸임했고 지부장은 각 부현府縣의 지사가 겸임하였다. 본부나 지부의 임원으로는 퇴직 군인·관료를 중심으로 하는 사회단체의 지도자가 위촉되었다. 중요한 부서는 관료들이 장악하였다. 결국 대정익찬회는 내무성의 통제를 받는 어용기관의 성격을 띠게 되었다.

대정익찬회는 국민을 통제하고 지배하는 데 앞장섰다. 정당은 물론 모든 민간단체가 해산되고 사회생활의 전 영역이 조직화되었다. 10호 정도의 일본인을 한 단위로 하는 도나리구미隣組가 조직되었다. 도나리구미를 기반으로 해서 농촌에는 부락회部落會, 도시에는 정내회町內會를 두었다. 식민지 조선에도 일본의 도나리구미와 같은 성격의 애국반愛國班을 말단조직으로 하는 전국 규모의 조직이 정비되었다. 말단조직은 민중의 일상생활을 서로 감시하는 역할을 하였다. 정부는 조직을 통해 반공사상을 고취하고, 전선으로 이동하는 군인의 전송, 식량 배급, 군수물자 수집, 의연금 모집 등 각종 행사에 민중을 동원하였다.

대정익찬회는 대일본산업보국회大日本産業報國會를 설립하였다. 대일본산업보국회는 전국의 공장과 기업에 조직되어 있던 산업보국회를 통합한 것으로 회원이 450만 명에 달하였다. 부인단체도 해산시켜서 애국부인회와 국방부인회에 편입시켰다. 애국부인회와 국방부인회는 다시 대일본부인회로 통합되었다. 농민단체도 해산해서 농업보국회로 조직되었다. 그 외에 직능별로 일본연합청년단, 대일본문학보국회, 대일본언론보국회 등이 조직되었다. 모

팔굉일우 탑. 미야자키현 소재

든 단체는 모두 대정익찬회의 산하단체로 편입되었다.

1940년 11월 대정익찬회는 기원 2600년제를 성대하게 거행하면서 「실천강령」을 발표하였다. 이 제전에 전국의 학생 대표 5만 명을 동원해 천황 궁성 앞 광장에서 "조국肇國의 정신" "팔굉일우八紘一宇"를 외치며 천황에 충성을 맹세하게 하였다. "조국의 정신"이란 일본의 건국 정신을 되돌아보고 천황제를 수호하자는 뜻이고, "팔굉일우"란 전 세계가 한 집이라는 뜻으로 일본의 해외침략을 정당화시키기 위한 표어였다.

종교단체도 재편성하였다. 종교도 어떤 식이든 전쟁에 도움이 되는 역할을 하도록 하는 것이 목적이었다. 특히 기독교를 억압해서 천황제를 찬양하고 침략전쟁에 협력하도록 강요하였다. 조선에서도 기독교 신자들에게 신사참배神社參拜를 강요하였다. 이를 거부하는 목사나 신자들을 박해하였다. 일본의 탄압으로 문을 닫은 교회나 학교도 있었다.

「치안유지법」이 더욱 강화되었다. 전향하지 않은 사상범은 형기가 만료되어도 석방하지 않고 계속 감옥에 가두는 「예방구금제도」가 마련되었다. 「국방보안법」도 제정되었다. 이 법은 국가기밀을 탐지하거나 전파한 사람을 중형에 처하도록 한 법률이었다. 국가의 정책을 비판한 전력이 있거나 침략전쟁에 부정적인 사람으로 분류되면 집필활동도 할 수 없었다.

학생 군사훈련이 강화되었다. 중학교 이상 학교에서 군사훈련이 정식 과목으로 채택되었다. 소학교小學校가 국민학교國民學校로 명칭이 변경되었다. 천황에 충성하는 국민을 육성하기 위해서였다. 교과내용도 개편되어 국가주의 색채가 뚜렷해졌다.

대정익찬회는 정당이 아니었다. 독일의 나치스를 모방한 국민조직으로 국가에 협력하는 것을 목적으로 하는 단체였다. 1941년에 원내 단체로 익찬의원연맹이 결성되었다. 다음 해 총선거에서 익찬의원연맹이 추천한 후보가 많이 당선되었다. 익찬의원연맹은 익찬정치회로 발전하였다.

4. 경직되는 일미관계

1940년 7월 27일 대본영정부연락회의에서「세계정세의 추이에 따른 시국처리요강」이 결정되었다. 일본은 독일 · 이탈리아와 정치적 결속을 강화하고 동남아시아로 무력침공을 추진하기로 결정하였다. 마쓰오카 요스케 외무대신은 참모본부보다도 더욱 강력하게 동남아시아 무력침공의 필요성을 주장하였다. 마쓰오카는 일본이 동남아시아에 진출하면 중국 침략도 유리하게 전개될 것이고, 일본이 강력한 의지를 표명한다면 미국도 쉽사리 개입하지 못할 것이라고 주장하였다. 고노에 후미마로 총리대신도 마쓰오카의 주장에 동조하였다.

일본이 동남아시아 지역으로 진출해야 한다는 이른바 남진론南進論은 메이지 시대부터 제기되었다. 타이완을 침략할 때나 제1차 세계대전 중에 태평양에 있는 독일령 섬을 침략할 때도 남진론이 제기되었다. 그러나 영국 · 프랑스 · 미국 등이 이미 식민지로 삼은 지역으로 진출하는 것은 결코 쉬운 일이 아니었다. 그런데 중일전쟁이 확대되면서 동남아시아 진출론이 다시 부각되었던 것이다.

일본은 독일 · 이탈리아 · 일본의 삼국동맹을 추진하였다. 마쓰오카 외무대신은 제2차 세계대전이 끝나면 세계는 동아시아, 소련, 유럽, 미국으로 나누어질 것으로 예상하였다. 그래서 동아시아의 지도 세력 일본과 유럽의 지도 세력 독일 · 이탈리아가 밀접하게 제휴할 필요가 있다고 주장하였다. 마쓰오카의 정책에 육군은 동조했으나 해군은 미국

과의 관계가 악화되는 것을 우려하였다

 1940년 9월 16일에 열린 어전회의에서 대미관계가 악화되면 중요한 물자를 수급하는 데 문제가 발생할 수 있다는 의견이 제시되었다. 그러나 일본·독일·이탈리아의 삼국동맹안에 전원이 동의하였다. 9월 26일 추밀원 회의에서 삼국동맹안이 가결되었고, 다음 날 베를린에서 삼국동맹이 체결되었다. 일본은 유럽에서 독일·이탈리아의 지도적 지위를 승인하고, 독일·이탈리아는 아시아에서 일본의 지도적 지위를 승인하였다. 제3국 특히 미국과의 무력 충돌이 발생할 경우에 일본·독일·이탈리아는 서로 군사적 지원을 하기로 하였다.

 삼국동맹의 가장 큰 목적은 미국이 제2차 세계대전에 참전하는 것을 저지하는 것이었다. 고노에 총리대신·마쓰오카 외무대신·군부는 일본이 삼국동맹을 맺고 동남아시아를 침공하면 붕괴 직전인 영국의 저항력이 급속하게 약화될 것이고, 영국과 친밀한 미국은 두려워서 전쟁에 참가하지 않을 것이라고 믿었다. 그러나 그것은 일본의 오산이었다. 일본의 기회주의적 태도는 오히려 미국을 자극하였다. 일미관계는 급속하게 냉각되었다.

 독일은 런던 대공습에도 영국이 굴복하지 않자 대영제국을 붕괴시키려고 하였다. 프랑코가 이끄는 스페인으로 하여금 지브롤터 해협, 이탈리아로 하여금 수에즈 운하, 일본으로 하여금 싱가포르를 각각 공격하게 하면 대영제국이 붕괴되면서 영국 본토의 방위망이 쉽게 무너질 것이라고 믿었다. 또 독일·이탈리아·일본이 단결을 과시하면 원래 전쟁을 꺼려하는 미국은 참전하지 않을 것이라고 믿었다. 그러나 그것은 독일의 오산이었다. 미국은 참전을 구체적으로 생각하기 시작하였다.

 일본이 중일전쟁을 승리로 이끌려면 영국·프랑스·미국이 장제스의 국민정부를 지원하는 원장 루트를 차단할 필요성이 있었다. 원장 루트는 해로海路 이외에도 프랑스령 인도차이나 반도 루트와 미얀마 루트가 있었다. 남방 진출 방침을 정한 일본은 즉시 군사행동을 개시하였다.

　1940년 9월 23일 프랑스령 인도차이나 반도 북부에 군대를 주둔시켰다. 원장 루트를 차단한다는 구실이었다. 마침 프랑스가 독일에 항복한 후였기 때문에 일본은 프랑스령 인도차이나 반도에 군사기지를 건설할 수 있었다. 일본은 영국이 위기에 처한 상황을 이용해 미얀마를 경유하는 무기 수송을 금지하라고 영국에 요구하였다.

　마쓰오카 외무대신은 소련과의 제휴를 추진하였다. 소련도 일본의 제안에 관심을 보였다. 소련은 제국주의 국가 사이의 모순을 이용하려고 하였다. 일본도 독일과 소련이 발칸 반도를 둘러싸고 대립하면 일본에게 유리할 것이라고 생각하였다. 그래서 일본은 소련과 불가침조약보다는 중립조약을 체결하는 쪽으로 방향을 바꾸었다. 1941년 3월부터 교섭을 시작한 일본과 소련은 4월 13일에 일소중립조약을 체결하였다. 5년 기한의 이 조약은 일본과 소련 중 어느 한 쪽이 제3국과 전쟁에 돌입했을 경우에 중립을 지키기로 하는 것이었다. 일소중립조약은 중국을 봉쇄하려는 일본의 전략이기도 하였다. 실제로 소련은 중국에 대한 군사원조를 중단할 수밖에 없었다. 그러나 일본이 노린 가장 중요한 목적은 삼국동맹과 일소중립조약을 배경으로 미국과의 협상을 유리하게 전개하는 것이었다. 그런데 일본의 기회주의적인 태도는 오히려 미국을 자극하였다.

　일본이 인도차이나 반도 남부를 침략하자 미국이 매우 긴장하였다. 일본이 동남아시아 지역으로 세력을 뻗치면 미국이 지배하는 필리핀도 안전하다는 보장이 없었다. 미국은 일본을 본격적으로 견제하기 시작하였다. 필리핀에 극동군사령부를 설치하고 영국·중국과 긴밀히 협력하면서 일본을 경제적으로 압박하기 시작하였다.

　일본이 인도차이나 반도에 군대를 주둔시키기 시작했을 무렵 타이와 인도차이나 사이에 국경문제가 재발하였다. 그러자 일본은 타이에 유리하게 국경분쟁을 중재하였다. 타이 지역으로 세력을 확대하기 위해서였다. 타이와 우호관계를 맺은 일본은 인도차이나와 교섭해서 중요 군수물자를 확보하려고 했으나 만족할만한 성과를 거두지 못하였다. 그러자 동남아시아 지역을 일본의 세력 아래 두고 중요 물자를 확보해야 한다는 의견이 힘을 얻게 되었다.

한편, 독일군은 1941년 3월부터 그리스·유고슬라비아로 진격해 발칸 반도를 제압하였다. 같은 해 6월에는 독일군 주력부대가 선전포고도 없이 핀란드에서 루마니아에 이르는 국경선을 넘어서 일제히 소련을 침략하였다. 영국은 소련과 군사협정을 맺었다. 미국도 소련에 무기 원조를 개시하였다. 마쓰오카 외무대신은 소련과 맺은 중립조약을 파기하고 독일 편에 서서 소련을 침략하자고 주장하였다.

1940년 9월 이탈리아는 이집트와 그리스를 침공하였다. 지중해 지역에서 영국 세력을 몰아내는 것이 목적이었다. 영국의 유일한 우방은 미국이었다. 1941년 3월 미국은 영국을 비롯한 우방에 "무조건 또는 전폭적인 원조"를 제공할 수 있는「무기대여법」을 제정하였다. 4월에는 영국에 군수물자를 지원할 수 있는 해로를 확보하기 위해서 그린란드를 미국의 보호령으로 삼았다. 6월에는 미국 내의 독일영사관 및 선전기관의 폐쇄를 명령하였다. 하지만 미국은 아직 유럽과 동아시아에서 동시에 전쟁을 수행할 수 있는 준비가 되어있지 않았다.

1941년 4월 미국의 헐C. Hull 국무장관은 노무라 기치사부로野村吉三郎 주미 일본대사와 교섭을 개시하였다. 미국이 제2차 세계대전에 참전해도 일본이 삼국동맹을 발동하지 않는다면 미국도 양보할 의사가 있다는 뜻을 내비쳤다. 5월 12일 일본은 미국에 요구조건을 제시하였다. (1) 미국은 세계대전에 참전하지 말라. (2) 미국이 독일을 적대하면 일본은 삼국동맹의 의무를 다할 것이다. (3) 미국은 중국의 국민정부 지원을 중단하고, 국민정부에 일본의 요구에 응하라고 권고하라. 일본이 미국에 제시한 내용은 매우 고압적이었다. 미국은 일본의 요구를 물리쳤다.

1941년 7월 2일 독일의 소련 침략과 관련한 어전회의가 열렸다. 이 회의에서 독·소 전쟁에서 독일이 유리해지면 소련을 공격함과 동시에 인도차이나 반도를 침략하기로 결정하였다. 경우에 따라서는 미국·영국과도 전쟁을 할 수 있다는 방침도 정해졌다.

일본은 어전회의에서 결정한 대로 관동군을 증강하는 계획을 추진하였다. 관동군 특별연습이라는 구실로 30만 명의 관동군을 70만 명으로 증강시키고, 16개 사단과 육군항공대의 2분의 1, 기계화부대의 대부분, 탄약의 2분의 1을 만주에 집결시키는 작전을 전개하였다. 일본군 창설 이래 최대 규모의 작전이었다.

일본이 동남아시아로 진출하려는 움직임을 보이자 미국은 영국·중국·네덜란드와 함께 이른바 ABCD포위망을 구축해서 일본에 대한 경제봉쇄를 강화하였다. 그러자 1941년 7월 14일 일본은 프랑스를 협박해 일본군이 인도차이나 반도 남부로 진주할 준비를 하였다. 7월 26일 미국은 국내에 있는 일본 자산을 동결하였다. 영국·네덜란드도 같은 조치를 취하였다. 7월 28일에 일본군이 프랑스령 인도차이나 반도에 본격적으로 상륙하기 시작하였다. 8월 1일 미국은 일본에 대한 석유 수출을 금지하였다. 일본의 남진정책을 더 이상 용인하지 않겠다는 강력한 의사를 표시한 것이었다. 미국의 석유 수출 전면금지와 경제봉쇄는 일본에 커다란 충격을 안겨 주었다. 미국과의 전면전쟁이 불가피하다는 분위기가 조성되었다.

□□□제15장

태평양전쟁과 일본제국

[1] 일미교섭과 태평양전쟁의 개시

1. 제3차 고노에 내각과 일미교섭

1941년 8월 일본 해군은 동남아시아를 본격적으로 침략할 준비를 마쳤다. 모든 함정이 전투준비 태세에 돌입하였고, 물자를 수송하기 위해 민간 선박도 징발하였다. 육군도 관동군을 극비리에 동남아시아 방면으로 이동시키기 시작하였다. 육군과 해군의 공동작전 계획이 수립되었다.

1941년 7월 31일 일본의 군령부軍令部 총장은 일미관계에 대해 천황에게 다음과 같이 보고하였다. "국교의 조정이 불가능하게 되어 석유의 공급원을 잃게 된다면 큰일입니다. 현재 비축된 석유는 2년분이 있을 뿐입니다. 전쟁이 일어난다면 1년 반이면 다 소비되는 분량입니다. 차라리 이번에 공격으로 전환하는 것 이외에 다른 방법이 없습니다."

하지만 군부는 가능하다면 미국과의 전쟁을 회피하려고 하였다. 8월 8일자 대본영 전쟁일지에 다음과 같은 기록이 있다. "영국·미국과 싸워야 하는가? 굴복해야 하는가? 전쟁을 하지 않고, 또 굴복도 하지 않고 타개할 수 있는 길은 없는가? 미국을 상대로 장기전은 피해야 한다." "일미전쟁을 가능한 지연시킬 방책은 없는가? 적어도 독일의 영국 공격이 더욱 격화될 때까지 미국의 발목을 잡아두고 석유를 입수할 방법은 없는가? 정말로 국난이 도래하였다."

전쟁을 할 수밖에 없는 상황이라면 치밀한 계획을 수립할 필요가 있었다. 8월 16일에 해군이 제출한「국책수행방침」에는 10월 하순까지 교섭과 전쟁준비를 병행하고, 타협 가능성이 없으면 전쟁에 돌입한다는 내용이 포함되었다. 육군도 대책을 마련하였다. "10월 하순까지 전쟁준비를 완료하고, 영국을 상대로 외교를 전개해서 일본의 요구를 관철시키고, 9월 하순이 되어도 일본의 요구가 관철되지 않을 경우에는 전쟁에 돌입한다."는 방침이 정해졌다. 해군과 육군은 9월 3일 연락회의에서 다음과 같은 방침을 정하였다. "10월 상순까지 일본의 요구가 관철된다는 전망이 보이지 않을 경우 즉시 전쟁을 결심한다."

1941년 9월 6일 어전회의가 열렸다. 천황은 외교에 성심을 다하라고 당부하였다. 그래서 외교 우선의 방침이 확정되었다. 일본은 미국에 다음과 같이 약속하기로 하였다. "미국이 중일전쟁에 개입하지 않고 일본이 필요한 물자를 획득하는 데 협조한다면 일본은 프랑스령 인도차이나 반도와 중국 이외의 지역으로 진격하지 않을 뿐만 아니라 필리핀의 안전을 보장하겠다." 그리고 10월 상순까지 일본의 요구가 관철될 가망이 없을 경우에는 미국과의 전쟁에 돌입한다는 것을 내용으로 하는 「제국국책수행요령」이 결정되었다. 「제국국책수행요령」에는 10월 하순까지 대미전쟁 준비를 완료하는 한편, 일미교섭도 병행한다는 방침이 명기되었다. 별지에는 협상과정에서 미국에 양보할 사항이 기재되었다.

2. 개전 결심과 고노에 내각의 퇴진

어전회의가 열린 날 밤, 고노에 총리대신은 그루J.C Grew 주일 미국대사와 만찬을 함께 하면서 3시간에 걸쳐서 이야기를 나눴다. 고노에 총리대신은 조속하게 미국 대통령을 만나고 싶다는 뜻을 전하였다. 그리고 합의된 내용은 반드시 지킬 것이라고 약속하였다. 그루는 고노에 총리대신의 뜻을 워싱턴에 전하면서 일미수뇌회담의 실현을 촉구하였다.

노무라 주미 일본대사는 어전회의에서 결정된 내용을 미국의 헐 국무장관에게 전하였다. 일본이 필리핀의 안전을 보장할 터이니 미국은 중국문제에 개입하지 말고 일본의 물자 획득에 협조하라고 요구하였다. 헐은 일본의 제안에 냉담하였다. 미국은 일본에 양보하면서까지 전쟁을 회피할 생각이 없었다.

한편, 도조 히데키 육군대신은 일미교섭에 대해서 부정적인 견해를 갖고 있었다. 그는 미국이 일본을 일단 독일·이탈리아에서 분리시켜 삼국동맹 체제를 와해시키고, 독일·이탈리아가 멸망한 후에 일본을 공격하는 전략을 구사하고 있다고 생각하였다. 도조는 일본 앞에 오로지 전쟁이라는 막다른 길이 놓여 있을 뿐이라고 주장하였다.

도조 육군대신의 예상대로 고노에 총리대신의 교섭은 점점 가능성이 희박해졌다. 9월 25일에 열린 연락회의에서 늦어도 10월 15일까지는 일미교섭의 가부를 판단해야 한다는 결정이 내려졌다. 일미교섭은 미국에 굴복하는 것이라는 분위기가 형성되었다. 9월 18일 고노에 총리대신이 우익에게 피격되었다.

외무성은 미국·영국·중국·네덜란드의 포위망이 일본의 멸망을 획책하고 있다는 국방위기론을 전파해 일본인의 적개심을 불러일으켰다. 재벌을 대변하는 관료들이 앞장서 경제 통제를 강화하였다. 자금·자재·노동력을 독점자본 위주로 배분하였다. 원료 부족과 인플레이션으로 고전하던 독점자본은 일본의 동남아시아 침략을 지지하였다.

천황 히로히토 - 일본군 대원수의 사열

9월 28일 일본은 다시 그루 주일 미국대사에게 수뇌회담을 원한다는 뜻을 전하였다. 그루는 헐 국무장관에게 일본의 군부독재를 억제하기 위해서도 일본과 미국의 수뇌회담이 필요하다는 의견을 상신하였다. 그러나 미국의 수뇌부는 조급한 수뇌회담이 미국에 오히려 불리하다고 판단하였다. 그래서 중요 문제에 대해 합의를 도출하지 않는 회담은 열지 않겠다는 뜻을 분명히 하였다. 10월 2일 미국의 헐 국무장관은 노무라 주미 일본대사에게 문서를 전달하였다. 헐은 일본이 중국에 무기한 주둔하는 것을 비난하면서 삼국동맹에 대한 일본의 태도를 보다 명확히 할 것을 요구하였다.

10월 15일이 되어도 일비교섭은 진전되지 않았다. 그동안 고노에 총리대신은 네 번에 걸쳐서 도조 육군대신과 이야기를 나누었다. 그러나 9월 6일에 결정된 대로 전쟁을 해야 한다고 주장하는 도조 육군대신을 설득하는 데 실패하였다. 하지만 도조는 대미전쟁의 주역은 해군인 만큼 해군이 거부하면 육군은 그 결정에 따를 수밖에 없다고 양보하였다. 그러자 고노에는 해군을 설득하였다.

10월 12일 고노에 사저에서 육군대신·해군대신·외무대신·기획원 총재가 모여서 회의를 열었다. 고노에는 해군대신에게 대미전쟁에 반대하라는 메모를 보냈다. 그러나 해군대신은 모든 것을 총리대신에게 일임하겠다고 애매하게 대답하였다. 해군은 내심 대미전쟁에 반대하고 있었다. 총리대신이 먼저 반대의사를 표명하면 동조하겠다는 뜻을 완곡하게 전했던 것이다. 그런데 고노에는 끝내 대미전쟁에 반대한다는 뜻을 밝히지 않았다. 그 배경에는 천황이 이미 작전계획을 승인하기로 마음을 정했다는 사실과 어전회의 결과를 번복해야 한다는 부담감이 있었다. 10월 16일 고민에 고민을 거듭하던 고노에는 총사직을 결심하였다.

고노에는 장문의 사표를 남겼다. 그는 솔직한 심경을 토로하였다. "가장 난관이라고 생각하는 철병 문제도 명분을 버리고 실리를 취한다는 생각으로, 형식은 상대에게 양보한다는 태도로 협상에 응한다면 여전히 타협의 가능성은 있다고 믿었다. 일중전쟁이 아직 해결되지 않은 마당에 더욱 앞날이 불투명한 큰 전쟁에 뛰어든다는 것은 일중전쟁이 일어난 이래 중대한 책임을 통감하는 본인이 도저히 감당하기 어려운 것이었다." 고노에는 간곡하게 충고하였다. "지금이야말로 멀리 뛰기 위해 몸을 움츠리고 국민으로 하여금 와신상담하고 더욱 국가를 위해 매진하도록 하는 것이 긴요하다." 고노에는 완곡하게 대미전쟁 반대 의견을 표명했던 것이다.

3. 도조 내각의 성립과 개전

고노에 내각이 총사직한 후 도조 육군대신은 새로운 총리대신에 황족을 임명하는 것이 군부를 누르고 어전회의 결정을 번복할 수 있는 유일한 방책이라고 생각하였다. 그러나 내대신 기도 고이치木戸幸一는 도조의 의견에 반대하였다. 장차 전쟁 책임이 천황에게 돌아갈 수 있다는 이유였다. 천황도 기도의 의견에 동조하였다. 기도의 건의로 천황은 도조 히데키를 총리대신으로 지명하였다. 도조야말로 군부를 효과적으로 통제할 수 있는 적임자라고 판단했던 것이다. 군인이 총리대신으로 임명되면 예편하는 것이 관례였으나 도조는 현역 신분으로 총리대신·육군대신·내무대신을 겸하는 막강한 권력을 장악하였다.

천황은 도조 히데키에게 당부하였다. "헌법의 규정을 준수하도록 하라. 시국이 극도로 중대한 사태에 직면해 있다는 생각이 든다. 육군·해군은 더욱 협력해야 한다는 것을 유의하라." 내대신 기도는 천황의 집무실에서 나온 도조를 따로 불러 말하였다. "국책의 대본을 결정할 때는 9월 6일의 어전회의에 구애되지 말고 내외의 정세를 다시 넓고 깊게 검토해서 신중하게 고찰하는 것이 필요하다는 말씀이다. 천황의 명령에 따라서 그 뜻을 전한다."

도조 총리대신이 조각을 완료하였다. 도고 시게노리東鄉茂德가 외무대신으로 입각하였다. 그는 도조 총리대신이 입각을 권유했을 때 육군이 너무 전쟁을 고집한다면 교섭을 계속하는 것이 무의미하다며 거절하였다. 도조 총리대신은 교섭을 마무리하고 여러 문제에 대해 재검토한다는 데 이의가 없다고 말하였다. 그제야 도고는 입각에 응하였다. 오쿠라대신에 취임한 가야 오키노리賀屋興宣도 가능하면 외교로 결말을 낼 심산이라는 도조 총리대신의 말을 믿고 입각하였다.

도조 내각은 대미 개전을 재검토하였다. 1941년 10월 24일부터 30

일까지 정부·통수부연락회의가 매일 열렸다. 정부에서는 총리대신·육군대신·해군대신·외무대신·오쿠라 대신·기획원대신, 통수부에서는 육군·해군총장이 출석하였다. 간사로는 정부의 서기관장, 육해군의 군무국장, 육군·해군차장이 참석하였다. 연일 회의가 계속되었으나 이렇다 할 결론에 도달하지 못하였다.

도조 총리대신은 초조해졌다. 11월 1일 도조는 (1) 전쟁을 회피하고 미국의 요구에 따른다. (2) 즉시 개전을 결심한다. (3) 전쟁준비를 하면서 외교를 병행한다. 이상의 3개 안 중에서 결론을 내라고 정부·통수부연락회의에 통고하였다.

오전 9시부터 시작된 정부·통수부연락회의는 저녁때가 되어서야 본론에 들어갔다. 도조 총리대신은 적어도 미국이 유럽 전쟁에 참가할 때까지 사태를 관망하는 것이 득책이라고 말하였다. 이에 비해 군부는 ABCD 경제봉쇄가 지속되면 일본은 앉아서 당할 수밖에 없다는 점을 강조하였다. 특히 석유는 1년이면 고갈되고, 석유가 고갈되면 해군은 기능을 상실한다는 의견을 개진하였다. 그리고 영국·미국의 압박이 더욱 거세질 경우 일본은 그 압박에서 벗어날 힘이 없다고 말하였다. 영국·미국에게 완전히 굴복할 수밖에 없다면 일본이 아직 힘이 남아 있을 때 전쟁을 결심할 필요가 있고, 작전의 수행이라는 관점에서 본다면 11월 말에는 개전해야 한다고 강조하였다. 이에 비해 가야 오쿠라 대신, 도고 외무대신은 승리의 확신이 없는 전쟁을 일으키는 것에 반대하였다. 도조 총리대신도 개전 2년 동안은 일본이 전쟁을 유리하게 이끌어 나갈 수 있으나 3년 이후는 불분명하다는 점을 강조하였다. 격론 끝에 제2안은 제외되고 기한을 정해 교섭을 진행한다는 제3안이 채택되었다. 일미교섭의 기한은 12월 1일 0시로 결정되었다.

연락회의에서 결정된 제3안을 기조로 「제국국책수행요령」이 마련되었고, 11월 4일에는 노무라 주미 일본대사에게 전달되었다. 노무라 대사는 본국 정부의 훈령을 받고 미국과 교섭을 시작하였다. 그러나 미국의 태도는 냉담하였다. 당시 미국은 이미 전쟁을 준비하고 있었다. 중국의 장제스에 대한 지원을 확대하면서 소련에 대한 원조도 개시하였다. 일본이 스스로 '대동아신질서' 구상을 전격적으로 포기하지 않는 한 타협의 여지는 없었다.

11월 5일 어전회의가 열렸다. 도조 총리대신은 이제까지 군부에서 논의된 내용과 미국이 일본에 요구할 것으로 여겨지는 정보를 갖고 회의에 임하였다. 일본은 중국에 집착하였다. 재벌의 이익을 대변하는 가야 오쿠라대신은 중국에 진출한 일본기업을 지원하기 위해서도 일본군이 중국에 주둔할 필요가 있다는 점을 강조하였다. 도조 총리대신은 만약 일본군이 중국에서 철수한다면 만주국과 조선통치에 미칠 영향이 심각하다는 점을 강조하였다. 어전회의에서 미국이 만약 일본군을 중국에서 철수하라고 요구한다면 절대로 용납할 수 없다는 결론을 내렸다. 일미교섭이 12월 초순까지 타결되지 않을 경우에는 즉시 개전한다는 방침도 정해졌다. 미국의 파격적인 양보가 없는 한 대미개전은 피할 수 없는 상황이었다.

11월 25일 루스벨트 미국 대통령은 대일본 방침을 정하였다. "미국이 너무 큰 위험에 처하지 않도록 주의하면서 일본이 먼저 공격하지 않을 수 없도록 한다." 다음 날 헐 국무장관은 노무라 주미대사에게 10개 항목에 달하는 미국의 제안을 전달하였다. 내용은 일본군이 중국과 프랑스령 인도차이나 반도에서 완전히 철수할 것, 즉 만주사변 이전의 상태로 복귀할 것, 삼국동맹을 파기할 것 등을 요구하는 강경한 것이었다. 미국은 이미 전쟁 준비를 마친 상태였다. 일본은 교섭을 단념하였다.

[2] 태평양전쟁의 전개

1. 일본의 진주만 기습과 초기의 전국

 일본은 12월 1일 어전회의를 열었다. 천황은 대미·대영 개전을 최종적으로 승인하였다. 야마모토 이소로쿠山本五十六가 지휘하는 일본의 연합함대는 이미 11월 26일에 홋카이도를 출발해 하와이의 진주만으로 향하고 있었다. 나구모 주이치南雲忠一가 이끄는 기동함대는 항공모함 6척, 순양함 3척, 구축함 9척, 전함 2척, 수송함 7척, 잠수함 3척 등 30여 척으로 구성되었다. 기동함대는 12월 1일 0시까지 일미교섭이 성립되면 즉시 귀항하기로 되어 있었다. 그런데 12월 1일 나구모 사령관에게 "니이다카야마노보레1208"이라는 전보가 하달되었다. 12월 8일에 예정대로 진주만을 공격하라는 암호였다. 일본의 기동함대는 이

진주만 기습
그림엽서 / 해군성 발행

미 날짜변경선을 넘어서고 있었다. 기동함대는 하와이 북쪽에서 남하해서 12월 8일 새벽에 350기의 항공기로 진주만을 기습하였다.

진주만에 정박해 있던 미국의 전함 8척 중에서 4척이 침몰하고 4척이 파손되었다. 항공기는 188기가 불타고 291기가 파손되었다. 2,400여 명의 미군이 전사하거나 행방불명되었고 600여 명이 부상하였다. 일본군의 피해는 거의 없었다. 일본은 기습이 성공한 다음에야 미국·영국에 선전을 포고하였다. 12월 11일 독일·이탈리아도 미국에 선전을 포고하였다. 전쟁은 명실상부하게 세계대전으로 확대되었다. 루스벨트 미국 대통령은 의회에 나아가 전쟁의 승인을 요청하면서 일본의 비열한 기습을 비난하였다. 미국 국민은 일본에 대한 적개심을 불태웠다.

일본군은 진주만 공격과 동시에 동남아시아 및 태평양에 있는 여러 섬을 침략하기 시작하였다. 일본군은 중국·베트남에 있는 군사기지를 활용해서 기습작전을 개시하였다. 일본 해군은 항공기 300대로 구성된 항공부대의 지원 아래 말레이시아 반도 동부에 상륙하였다. 12월 10일에는 해군의 항공부대가 말레이시아 해전에서 영국의 동양함대 주력을 괴멸시켰다. 개전과 동시에 중국 각지의 영국 조계租界에 일본군이 진주했고 12월

필리핀 점령
성조기를 내리고 일장기를 게양하는 마닐라 시민

25일 홍콩이 함락되었다. 1942년 2월 15일에는 영국의 동아시아 거점 싱가포르를 점령하였다.

12월 8일 일본군은 500대로 구성된 항공부대의 지원 아래 필리핀 공격을 개시하였다. 일본 해군의 항공부대가 먼저 미군의 항공기를 격멸하고 난 다음 육군이 상륙하는 대규모 작전이 전개되었다. 일본군 선발대는 10일 루손 섬 북부에 상륙했고, 1942년 1월에는 마닐라를 점령하였다. 미군·필리핀군은 마닐라를 버리고 달아났다. 일본군은 병력을 증강해서 5월에 필리핀 전 지역을 장악하였다. 일본은 필리핀을 공략하면서 남태평양의 여러 섬들, 즉 남양군도南洋群島에 대한 공격도 병행해서 1942년 3월까지 전략적 요충지를 거의 점령하였다.

일본은 네덜란드에도 선전을 포고하였다. 일본이 동남아시아를 침략한 최대의 목적은 네덜란드령 동인도의 전략물자를 탈취해서 완전한 전략체제를 확립하는 것이었다. 1942년 1월에는 보르네오·세레베스·수마트라의 거의 전 지역을 점령하였다. 3월 9일에는 연합군이 일본군에게 항복하였다.

일본군은 미얀마를 통과하는 원장 루트를 차단하기 위한 작전을 전개하였다. 일본은 먼저 타이와 동맹을 맺었다. 타이는 일본군에게 길을 열어주었다. 일본군은 타이의 영토를 통과해서 1942년 3월 8일 미얀마의 수도 랭군을 점령하였다. 5월에는 미얀마의 거의 전 지역을 장악하였다. 일본이 미얀마를 점령함으로써 미얀마를 거쳐 중국으로 운반되던 영국·미국의 원조물자 수송이 불가능해졌다.

일본군은 예상보다 빠르게 동남아시아와 태평양의 여러 섬을 점령하였다. 일본군은 선전포고도 없이 기습했기 때문에 연합군 측은 그야말로 속수무책이었다. 더구나 일본군은 미국의 태평양함대 주력군을 괴멸시키고 영국의 동양함대 주력군을 격파한 후 제해권과 제공권을 장악한 상황이었다. 우세한 해군과 공군의 지원에 힘입어 일본 육군은

1942년 4월까지 미국과 영국의 주요 거점을 모두 점령하였다. 모든 것이 개전 초기에 계획했던 대로 순조롭게 진행되었다. 일본은 순식간에 광대한 동남아시아의 풍부한 자원과 태평양에 산재한 여러 섬을 장악해서 전략적으로 유리한 국면을 조성하였다. 작전에 동원된 육군은 52개 사단 중 12개 사단이었다. 육군의 주력 37개 사단은 여전히 중국에 집중되어 있었다.

2. 미군의 주도권 장악과 일본군의 전력 저하

1) 미드웨이 해전

일본은 서전에서 승리를 거두었지만, 일본군의 진주만 기습은 비열한 전쟁이라는 비판을 면할 수 없었다. 미국은 바로 그 점을 선전했고 미국 국민은 일본의 만행에 분개하였다. 숙연한 분위기 속에서 군대에 자원하는 젊은이들이 줄을 이었다. 미국은 본격적인 전쟁준비에 들어갔다. 1942년 여름에는 미국의 기술과 방대한 물자, 그리고 생산 역량이 총동원되어 일본을 공격하기 위한 준비를 완료하였다.

한편, 초전에서 승리한 일본군은 2단계 작전계획을 수립하는 과정에서 육군과 해군이 대립하였다. 해군은 연합함대로 미국의 주력함대와 태평양에서 결전해 단기간 내에 전쟁을 종결시키려고 하였다. 이러한 해군의 입장과는 달리 육군은 소련과의 전쟁에 대비하려고 하였다. 육군은 이미 점령한 동남아시아 지역의 자원을 전력화해서 장기전 태세를 확립해야 한다는 입장이었다. 결국 육군과 해군의 의견이 절충되어 작전계획이 수립되었다. 2단계 작전부터는 어쩔 수 없이 전투지역이 확대될 수밖에 없는 상황이었다. 전투지역 확대는 지구전 역량이 결여되어 있는 일본군에게 치명적이었다.

일본 육군은 동남아시아 침공을 완료하고, 그 전력을 이용해서 중국의 국민정부를 굴복시키려는 계획을 세웠다. 육군은 태평양전쟁을 중일전쟁의 연장으로 생각하였다. 그런데 1942년 4월 18일 미국의 B-25폭격기 16대가 일본 동쪽 해상의 항공모함에서 발진해 일본 본토를 폭격하고

B-25 폭격기

중국으로 날아간 사건이 발생하였다. B-25폭격기는 도쿄東京・요코하마橫浜・나고야名古屋・오사카大阪를 폭격하였다. 기습에 놀란 일본은 일본 본토에 대한 기습을 피하기 위해 알류샨 열도에 대한 작전을 전개하였다. 그리고 미드웨이 섬, 뉴칼레도니아와 뉴기니 섬의 포트모르즈비 항을 점령하는 계획을 세웠다.

미국 폭격대의 본토 공격으로 충격을 받은 일본은 미국 항공기가 중국의 항공기지에 착륙하였다는 사실을 중시하였다. 대본영은 미군이 중국의 항공기지를 이용할 수 없게 하려고 하였다. 1942년 5월부터 8월까지 저장성浙江省・장시성江西省의 비행장과 군사시설을 철저하게 파괴하였다.

태평양전쟁 초기 작전이 순조롭게 진행되자, 일본은 국민정부의 수도 충칭重慶을 직접 침공하는 작전을 구상하였다. 1942년 9월 대본영

은 침공 작전 준비를 지시하였다. 그런데 바로 그 무렵 과달카날 섬 공방전이 일본에게 불리하게 전개되었다. 그러자 일본은 중경 침공작전을 중지하였다. 중국전선에서의 군사행동이 태평양 지역 전투와 연계되어 있었던 것이다.

일본 해군은 이제까지 점령한 지역 외곽의 전략 지점을 장악함으로써 방어체제를 강화하려는 계획을 세웠다. 그 대상은 뉴칼레도니아·피지 제도, 사모아 제도, 뉴기니, 알류샨 열도 등이었다. 하지만 작전 계획대로 성공한 것은 알류샨 열도 서쪽에 자리한 키스카 섬과 애투 섬 공략뿐이었다.

1942년 1월 일본 대본영은 뉴기니 공략을 지시하였다. 3월 일본군은 뉴기니 동부를 점령하였다. 5월에는 제4함대가 호위하는 일본군 수송선단이 연합군의 주요 거점 포트모르즈비 공략에 나섰다. 필리핀에서 오스트레일리아로 물러난 서남태평양연합군총사령관 맥아더가 지휘하는 미국·오스트레일리아·뉴질랜드 연합군과 태평양 지역에 배치된 미군의 연락을 차단하기 위해서였다. 그런데 미국 함대가 산호해에서 기다리고 있다가 일본군을 공격하였다. 5월 7일부터 8일에 걸친 해전은 사상 최초로 항공모함끼리의 전투였다. 미국 측은 항공모함 1척이 침몰하고 1척이 손상을 입었다. 일본 측은 항공모함 1척이 침몰하고 1척이 대파되었다. 전술적으로는 일본군이 조금 우세한 전투였다. 하지만 일본군은 포트모르즈비 공략작전을 연기할 수밖에 없었다.

초기 작전 종료 후 잇달아 공세를 늦추지 말자고 주장했던 일본 해군은 미드웨이 섬 침공 작전을 세웠다. 1942년 6월 일본의 연합함대는 거의 모든 항공모함과 전함을 동원해 미드웨이 섬 침공에 나섰다. 반격에 나선 미군 주력 함대를 격멸해 미국의 전력에 심각한 타격을 입히는 것이 목적이었다. 두 달 전에 일어난 미국 B-25폭격대의 일본 본토 공습도 미드웨이 공략작전에 큰 영향을 미쳤다. 미국의 기습적인 공습으로 체면이 손상된 일본 해군은 미국 기동함대가 다시 공격하지 못하게 일본 본토의 경계망을 더욱 동쪽으로 밀어내려고 하였다. 전초기지를 확보하기 위해서도 미드웨이 섬 침공 작전은 반드시 성공할 필요가 있었다.

그러나 미드웨이 해전에서 일본군은 전멸에 가까운 패배를 당하였다. 일본 해군은 미드웨이 침공 작전에

침몰하는 요크타운호(1942. 6. 5)

항공모함 4척을 투입하였다. 그런데 일본군의 암호를 해독한 미군은 일본 함대의 진로를 상세히 파악하였다. 미군은 3척의 항공모함을 길목에 배치하고 일본군을 기다리고 있었다. 6월 5일 일본군의 미드웨이 섬 공습으로 전투가 개시되었다. 전투는 일본군에게 유리하게 전개되었다. 그런데 미국 해군의 폭격대가 일본의 항공모함을 급습하였다. 일본의 항공모함 3척이 순식간에 격침되었다. 남은 일본 항공모함 1척은 미국 항공모함을 공격해 큰 피해를 입혔다. 그러나 일본의 항공모함도 미군 폭격대의 공격으로 침몰하였다. 전투는 일본군의 대패로 끝났다. 특히 이 전투에서 일본의 우수한 전투비행사가 많이 전사하였다.

진주만 기습작전의 대승으로 자만한 일본 해군은 정찰능력이 없었고, 암호해독 등 정보전에서도 미국에 뒤졌다. 또 일본의 항공모함은 피폭되었을 때 손해를 복구할 수 있는 장비와 시스템을 갖추지 못하고 있었다. 일본군은 대응능력에서 미군의 상대가 되지 않았다. 미드웨이 해

전에서 주력 항공모함을 모두 잃은 일본은 제공권은 물론 제해권도 미국에게 빼앗겼다. 미드웨이 해전에서 승리한 미국은 전쟁의 주도권을 장악하였다.

2) 전선의 확대와 일본군

1942년에 들어서면서 미군의 반격이 본격화되었다. 그러나 일본은 여전히 중일전쟁의 수렁에서 벗어나지 못하고 있었다. 일본 육군 병력의 30퍼센트 정도가 중국전선에 배치되어 있었다. 만주의 관동군까지 포함하면 50퍼센트 정도의 병력이 대륙에 배치되어 있었다. 이에 비해 태평양전선에 배치된 병력은 20퍼센트 정도였다. 1943년에 들어서면서 태평양전선에 배치된 병력이 32퍼센트로 증가하였다. 그래도 중국전선에는 여전히 23퍼센트의 병력이 배치되어 있었다. 그래도 일본은 넓고 넓은 중국전선을 겨우 지키기에도 벅찼다.

중국전선에 배치된 일본군의 군기문란 실태는 심각한 지경이었다. 하극상, 탈주, 근무지 이탈, 강간, 약탈, 자해, 병기 분실 등 군대 조직이 가장 두려워해야 마땅한 사고가 자주 발생하였다. 일본 육군은 전선이 확대되면서 소규모 독립부대가 늘어난 점을 이유로 들었다. 즉 간부의 지도·감독이 소홀한 부대가 늘어나면서 사고가 증가하였다는 것이다. 그러나 고참병의 폭행, 병사의 체력저하 문제도 일본군의 사기와 밀접한 관련이 있었다.

군대에서 발생하는 각종 사고는 병영 내에서 행해지는 고참병의 폭행과 깊은 관련이 있었다. 일본군은 폭행을 사적 제재라고 하였다. 폭행은 원칙적으로 금지되어 있었으나 장교·하사관들은 그것을 사실상 묵인하였다. 병사는 폭력을 견디면서 단련되고 강해진다고 믿고 있었기 때문이다. 그러나 중국전선에서 폭행당한 초년병들이 공포심을 견디지 못하고 탈주하는 사례가 빈발하자 육군은 폭행의 심각성을 인식하기 시작하였다. 1941년 12월 7일 육군차관은「사적 제재 근절에 관한 건」이라는 공문을 예하부대에 보냈다. "사적 제재가 군대의 단결을 파괴하고 하극상, 도망, 근무지 이탈 등의 중요한 동기를 조성한다. 또 군대와 민간인을 이간하는 요인이 되는 것은 말할 필요도 없다."

군기를 가장 문란하게 하는 것은 하극상이었다. 부대 내에 통제할 수 없는 고참병이 한 사람이라도 있으면 부대의 군기가 문란해졌다. 당시 중국전선에서 중대장이 고참병을 장악하지 못하였다. 1942년 12월 북중국방면군 제59사단 독립보병 제42대대 제5중대 고참병 여러 명이 중대장을 습격한 사건이 군기문란의 실태를 적나라하게 말해준다. 1943년 2월 북중국방면군 사령관은 예하부대에 사령관 훈시를 하달하였다. "전쟁이 장기간 지속되면서 군대가 내부적 요인으로 스스로 붕괴되는 수가 있다. 역사가 그것을 가르쳐주고 있다."

중일전쟁이 태평양전쟁으로 확대되면서 일본군이 급격하게 팽창하였다. 일본군 총수는 중일전쟁이 일어나던 1937년에 63만이었는데, 1938년에 115만, 1939년에 162만, 1941년에 240만, 1942년에 283만, 1943년에 380만, 1944년에 536만, 1945년에 720만으로 급증하였다. 전쟁이 막바지로 치달으면서 병력 수요가 급증하자 조선·타이완 식민지 청년들을 강제로 징집하였다. 징집된 병사들은 기초훈련도 제대로 받지 못하고 전선으로 투입되었다. 강하기로 유명한 일본군은 급격하게 약화되었다.

장교의 질도 저하되었다. 이미 1939년경에는 정규교육을 받은 현역 장교의 비율이 36퍼센트 정도였다. 그것이 1945년에는 15퍼센트까지 저하되었다. 대부분의 장교들은 강제로 소집된 예비역이었다. 더구나 정규학교 출신이 아닌 간부후보생 출신 예비역장교가 대부분이었다.

전쟁이 막바지로 치달을수록 통솔력이 없는 장교, 체력과 기력이 없는 장교, 병사를 제압할 수 없는 장교가 늘어났다. 1940년경부터 육군사관학교 교육기간이 크게 단축되었다. 19세에 사관학교를 졸업하고 소위로 임관한 장교가 있을 정도였다. 병사보다 나이가 한참 어린 장교가 탄생하게 된 것이다. 병사는 연령도 낮고 경험도 없는 장교의 명령에 진심으로 복종하지 않았다.

병력 수요가 급증하면서 병사의 체력이 크게 저하되었다. 징병검사는 장병을 갑종, 을종, 병종, 정종, 무종으로 분류하였다. 병종까지 합격이고, 정종은 불합격, 무종은 다음 해 다시 징병검사를 받도록 하였다. 갑종은 현역병, 을종은 보충역, 병종은 국민병으로 복무하도록 하였다. 1937년까지 갑종합격자만 현역병으로 입대하였다. 을종은 보충역으로 편성되었으나 사실상 병역면제나 다름이 없었다. 그런데 중일전쟁이 장기화되면서 제1을종까지 현역병으로 징집되었다. 1940년 육군은 신체검사 규칙을 개정하였다. 징병검사 합격 기준이 크게 낮아졌다. "질병자 및 신체·정신에 이상이 있는 자도 근무하는 데 지장이 없다고 판단되는 자"는 원칙적으로 합격으로 처리되었다. 체력이 약하거나 병약한 병사가 급증했고, 연령이 많은 병사도 늘어났다.

3. 연합군의 반격

미드웨이 해전에서 승리한 연합군은 일본이 예상했던 것보다 빨리 일본 본토를 향해 진격하였다. 1942년 8월 7일 미군은 대규모 반격작전을 개시하였다. 일·미 양군은 남태평양의 최전선이라고 할 수 있는 솔로몬 제도의 과달카날 섬에서 사투를 벌였다. 일본 해군은 과달카날

미군의 과달카날 섬 공습 (1942. 7)

섬 근처에서 1942년 8월부터 11월까지 5회에 걸쳐서 미국 해군과 전투를 벌였다. 제공권을 상실한 일본군은 항공모함 1척을 잃었다.

이 무렵 미군은 레이더를 사용하기 시작하였다. 미군은 야간에도 조명을 비추지 않고 사격할 수 있게 되었다. 일본은 과달카날 섬 탈환작전을 전개하였다. 일본군은 제2·제38사단 3만이 넘는 병력을 투입해 3차에 걸쳐서 총공격을 감행하였다. 그러나 미군의 화력은 일본군의 그것과 차원이 달랐다. 일본군의 작전은 모두 실패하였다. 더구나 일본의 수송선이 미국 공군의 공격으로 대부분이 격침되었기 때문에 굶어죽는 일본군이 속출하였다. 12월 31일 일본의 대본영은 과달카날 섬 탈환작전을 중지하기로 결정하였다. 1943년 2월 1일부터 8일까지 가까스로 1만1,000명의 병력을 철수시켰다. 과달카날 섬에서 2만 명의 사망자를 냈다. 사망자의 70퍼센트 이상이 병에 걸리거나 굶어죽었다.

일본이 점령한 동남아시아 여러 지역에서 일본 본토로 물자를 수송하는 선박은 대부분이 강제 징용된 상선이었다. 그런데 제공권과 제해권을 빼앗긴 일본 해군은 수송선단을 제대로 보호하지 못하였다. 일본의 수송선단은 미국의 항공기나 잠수함의 공격에 노출되었다. 그래서 동남아시아 침략의 가장 큰 목적인 석유·철광석을 일본 본토로 운반하기 어려웠다. 이에 비해 미국의 군수생산은 비약적으로 향상되었다.

일본과 미국의 공업생산력은 날이 갈수록 심한 차이를 보였다. 일본의 항공기 생산량은 1943년에 1만7,000대에서 1944년에는 2만 8,000대로 증가하였다. 하지만 전쟁 중에 파괴되거나 실종된 항공기가 많았고, 또 미국의 생산량이 증가하면서 일본이 보유한 항공기는 미국이 보유한 것보다 상대적으로 열세를 보였다. 항공기 보유량은 1941년도에 일본이 3,200대 미국이 3,500대, 1944년도에 일본이 4,050대 미국이 11,400대, 1945년도에는 일본이 4,600대 미국이 18,000대였다.

하지만 일본은 여전히 광대한 점령지를 지키려고 하였다. 특히 과달카날 섬에서 패배한 일본 육군은 뉴기니 전선에서 만회하려고 하였다. 대본영은 뉴기니 방면을 수비하는 제18군에 3개 사단을 증강하기로 결정하였다. 제20사단과 제41사단이 뉴기니로 급파되었다. 그러나 병력 보충이 가장 절실했던 뉴기니 동부전선으로 향하던 제51사단이 연합군의 공격으로 큰 피해를 입었다. 1943년 3월 미국·오스트레일리아 연합군 항공기는 비스마르크 해협을 지나는 일본의 함선을 공격하였다. 이 전투에서 일본의 수송선 8척, 구축함 4척이 격침되었다.

비스마르크 해협에서 일본군에게 타격을 입힌 연합군은 뉴기니를 본격적으로 공략하였다. 뉴기니는 세계에서 두 번째로 큰 섬이다. 섬의 중앙에는 4,000미터가 넘는 산맥이 동서로 가로지르고 정글이 섬 전체를 덮고 있다. 교통로는 거의 정비되지 않았다. 일본군은 섬 여러 곳에 포진한 수비대에게 군수물자와 식량을 공급할 수 없었다. 일본군은 전투로 사망한 것이 아니라 대부분이 굶어죽었다. 뉴기니에서 약 10만 명의 일본군이 사망했는데, 그 중에서 9만 명이 굶어죽은 것으로 추정된다.

1943년 4월 18일 일본의 연합함대사령관 야마모토 이소로쿠山本五十六가 솔로몬 제도 시찰 중에 연합군의 공격으로 전사하였다. 미군은 일본군의 암호를 해독하였다. 야마모토 사령관의 전선시찰 사실을 미리 알고 있던 미군은 16대의 전투기를 보내 야마모토 사령관이 탄 항공기를 격추시켰던 것이다.

연합군은 서남태평양, 중부태평양, 미얀마 전선에서 동시에 일본군에 대한 공격을 개시하였다. 총반격을 개시한 연합군은 일본이 점령한 태평양의 여러 섬들을 차례로 탈환하였다. 섬에 고립되는 일본군이 증가하였다. 하지만 일본은 고립된 섬에 수비대를 남겨 놓은 채 아무런 지원도 하지 않았다. 연합군의 공격으로 태평양의 여러 섬에 고립된 일본군 수비대는 거의 전멸하였다.

1943년 5월 애투 섬에 미군 1개 사단이 상륙하면서 일본군 수비대 2,500명이 전멸하였다. 11월에는 길버트 제도의 마킨 섬과 타라와 섬에 각각 미군 1개 사단이 상륙하면서 일본군 수비대 5,700명이 전멸하였다. 미군은 이 두 섬을 기지로 삼아 중부태평양 일본군 기지에 폭격을 개시하였다. 1944년 2월 미군이 마셜 제도를 공략하면서 일본군 수비대 7,000명이 전멸하였다.

1943년 9월 30일 어전회의에서 전선을 축소하고 후방의 중요 지역을 지키기로 결정하였다. 일본은 지시마千島 · 오가사와라小笠原 · 서부 뉴기니 · 미얀마를 연결하는 절대국방권을 설정하였다. 일본은 연합군이 절대국방권을 침범하면 기동함대와 각 지역에 주둔하는 항공부대가 긴밀하게 연락하면서 결전에 임하는 전략을 구상하였다.

그러나 일본의 절대국방권 구축은 지지부진하였다. 일본의 절대국방권 방위태세가 갖추어지기도 전에 연합군이 빠른 속도로 진격하였다. 일본의 대본영은 사태가 심각하다고 판단하였다. 당시 중국에는 일본군 24개 사단, 16개 혼성여단이 주둔하고 있었다. 1943년 10월부터 일본은 사단 단위의 병력을 태평양 전선으로 이동시키는 계획을 세웠다. 그러나 1944년 1월부터 일본군이 중국에서 대대적인 작전을 전개했기 때문에 중국전선에서 병력을 이동시키는 계획이 중지되었다. 그 대신에 일본은 1944년 2월부터 소련과의 전쟁을 대비하기 위해 만주에 배치한 병력을 태평양 방면 전선으로 이동시키기 시작하였다.

1944년 2월 미군은 마셜 제도에 잇달아 상륙하였다. 일본군 수비대는 전멸하였다. 이어서 미군은 캐롤라인 제도에 있는 일본의 해군기지를 맹폭격하였다. 제공권을 장악한 미군은 함대를 출동시켜 함포사격을 가하였다. 이 전투에서 일본군은 항공기 270대, 함선 40여 척을 잃었다. 3월에는 연합군이 캐롤라인 제도에 상륙할 준비를 하기 시작하였다. 그러자 일본의 연합함대사령관을 비롯한 해군 간부들이 항공기를 타고 필리핀으로 도망가다가 실종되었다.

1944년 6월 15일 미군이 일본군 제34사단이 수비하는 마리아나 제도의 사이판 섬 상륙작전을 개시하였다. 일본의 연합함대는 대형 항공모함 3척, 소형 항공모함 6척을 전투에 투입하였다. 미군은 대형 항공모함 7척, 소형 항공모함 8척으로 맞섰다. 이 전투에서 미군이 일방적인 승리를 거두었다. 6월 19일 미국 기동함대를 발견한 일본이 원거리에서 항공대를 발진시켜 선제공격을 가하였다. 그러나 이미 레이더로 일본군의 내습을 탐지한 미국 항공대의 공격으로 일본 항공기가 잇달아 격추되었다. 미국 항공모함에 접근한 일본의 전투기도 미군의 거미줄 같은 대공포 사격으로 격추되었다. 이 해전에서 일본군은 대형 항공모함 2척, 소형 항공모함 1척을 잃었다. 항공대는 전멸하였다. 미군은 대형 항공모함 1척, 소형 항공모함 1척이 손상을 입었을 뿐이다. 마리아나 전투는 사실상 일본 기동함대의 마지막 전투라고 할 수 있었다.

지상전에서도 미군의 함포사격과 항공대의 지원을 배경으로 한 미군의 공격으로 일본군은 전투능력을 상실하였다. 7월 7일의 전투에서 일본군 방어선이 붕괴되었다. 사이판에서 일본군 4만4,000명이 전사하였다. 강제로 연행된 조선인을 포함한 민간인 사망자 수도 1만 명에 달하였다. 미군에게 포로로 잡히면 모욕을 당한다고 교육받은 일본인 여성들이 사이판 섬 북쪽에 있는 절벽에서 차례로 투신해 죽었다.

 7월 22일 미군은 사이판 섬의 남쪽에 있는 괌 섬, 24일에 티니안 섬 상륙을 개시하였다. 배수진을 친 일본군 수비대는 격렬하게 저항하였다. 그러나 8월 2일 티니안 섬 전투에서 일본군 5,000명이 전멸했고, 강제로 연행된 조선인을 포함한 민간인 3,000명이 사망하였다. 8월 10일 괌 섬 전투에서 일본군의 90퍼센트에 해당하는 2만 명이 사망하였다.

 1944년 9월 미군은 필리핀 근처에 있는 캐롤라인 제도의 패릴리우 섬과 앙가우르 섬을 공격하였다. 이곳은 일본군 제14사단이 수비하였다. 10월 19일 전투에서 앙가우르 섬의 일본군이 전멸하였다. 패릴리우 섬의 일본군은 완강하게 저항했지만 10월 27일 전투에서 괴멸에 가까운 타격을 입었다. 이 전투를 마지막으로 중부태평양 지역 전투는 사실상 종료되었다. 그동안 중부태평양 전투에서 전사한 일본군은 모두 9만1,000명이 넘었다. 강제로 연행되어 사망한 조선인은 숫자조차 파악되지 않고 있다.

 미얀마 전선에서도 연합군의 반격이 개시되었다. 1943년 12월부터 영국군이 미얀마 북부에 진출하였다. 1944년에 들어서면서 중국 국민정부군이 미얀마의 일본군을 압박하였다. 서부에서는 영국·인도군이 공격을 개시하였다. 1944년 3월 제15군사령관 무다구치 렌야牟田口廉也는 3개 사단을 동원해서 인도 동북부의 임팔 공략작전을 개시하였다. 미얀마 서쪽의 방위태세를 확립하기 위해서는 영국·인도군의 진출로를 일본군이 장악할 필요가 있었던 것이다.

그러나 일본군은 보급을 무시하고 작전을 전개하였다. 더구나 항공기·전차·중화기로 무장한 영국·인도군을 경장비만 휴대한 보병으로 공격하려고 하였다. 일본군은 처음부터 무모한 작전계획을 세웠던 것이다. 일본군은 천신만고 끝에 임팔 부근까지 접근했으나 이미 반수 이상의 병력을 잃었고 탄약과 군량도 바닥을 드러냈다. 6월이 되자 일본군은 사실상 전투능력을 상실하였다. 7월 4일 결국 대본영은 작전의 실패를 인정하고 작전의 중지를 명령하였다. 일본군은 퇴각하기 시작했으나 굶주림과 병마, 그리고 영국·인도군의 공격으로 사상자가 속출하였다. 작전에 참가한 일본군 10만 명 중에 3만 명이 사망하고, 4만 5,000명 이상이 부상하거나 질병에 걸리는 괴멸에 가까운 타격을 입었다. 8월부터 미얀마 북쪽에서 중국 국민정부군이 일본군을 집요하게 공격하였다. 국민정부군의 공격으로 일본군 2,900명이 사망하였다. 그 후 일본군은 퇴각에 퇴각을 거듭하였다.

4. 궁지에 몰린 일본군

　1944년 여름이 되면서 일본군은 전의를 상실하였다. 특히 사이판 섬 전투에서 일본군의 전력이 미군에 상대가 되지 않을 정도로 약하다는 것이 증명되었다. 일본군의 사기는 땅에 떨어졌다. 일본군은 이미 싸우려고 하지 않았다. 일본군 군영에서는 염전분위기가 팽배하였다. 사이판 섬 전투 이후 일본군은 절망 속에서 싸우고 있었다.

　도조 총리대신을 열렬하게 지지하던 민중도 점차로 등을 돌리기 시작하였다. 전쟁 동안 도조 총리대신은 천황의 권위를 배경으로 막강한 권력을 행사하면서 총리대신 자리를 지켜왔다. 그러나 마리아나 제도가 함락되면서 도조의 권력에 균열이 가기 시작하였다. 도조 자신도 이미 전국을 만회할 수 없다는 것을 알고 있었다. 그래서 그런지 도조는 극도로 과민해졌고 그의 언행은 극단적인 정신주의에 치우쳐 있었다.[102]

마리아나 제도의 함락은 도조 내각에 결정적인 타격을 입혔다. 도조의 정치력에 의구심을 품는 세력이 늘어나면서 고노에 후미마로 전 총리대신이 다시 주목을 끌기 시작하였다. 다양한 정치세력이 고노에 주변으로 몰렸다. 그들은 마리아나 제도의 함락을 계기로 도조 내각 타도 공작에 나섰다. 1944년 7월 18일 도조 내각이 붕괴되고 고이소 구니아키小磯国昭 내각이 성립되었다.

1944년 9월 서남태평양에서 북상한 미군과 중부태평양에서 서진한 미군이 필리핀에서 합류하였다. 10월 10일 미국의 기동함대가 처음으로 오키나와沖縄를 공격하였다. 그 후 미국은 타이완과 필리핀의 루손섬에 공격을 가하였다. 규슈와 타이완에 기지를 둔 일본의 항공대는 사력을 다해 반격하였다. 일본과 미국의 항공대는 타이완 근해에서 치열한 공중전을 벌였다. 일본군은 미국의 순양함 2척을 격침시켰으나 항공기 300대 이상을 잃었다. 훈련이 부족한 일본의 전투비행사들은 공중전에서 제대로 기량을 발휘하지 못하고 전사하였다.

10월 20일 미군은 필리핀 중부에 있는 레이티 섬에 상륙하기 시작하였다. 일본의 연합함대는 레이티 만에서 미국 함대와 전투를 벌였다. 일본군은 항공모함 4척, 전함 3척, 순양함 10척, 구축함 11척, 잠수함 1척 모두 29척의 함선이 격침되는 괴멸에 가까운 타격을 입었다. 이

---

102) 1944년 5월 도조는 육군항공사관학교를 시찰하였다. 도조는 한 생도에게 물었다. "적의 항공기는 무엇으로 떨어뜨리는가?" 생도가 "기관포"라고 대답하였다. 도조는 말하였다. "아니다. 적의 항공기는 정신력으로 떨어뜨린다." 도조는 직원과 생도를 모아놓고 훈시하였다. "죽기를 각오하는 기백을 함양하자. 교육은 만사 정신주의여야 한다."

단계에서 일본의 해상전투력은 거의 소멸되었다고 할 수 있다. 항공기 수도 격감하였다. 궁지에 몰린 일본군은 극단적인 방법을 동원하기 시작하였다. 이 무렵부터 항공기를 몰고 적의 함선으로 돌진하는 특별공격대가 등장하였다.

  일본의 수송선은 이미 80퍼센트가 격침되었다. 일본은 이미 군수물자와 보급품을 수송할 수 없었다. 필리핀에 주둔한 일본군의 병기·탄약은 이미 바닥을 보이고 있었다. 레이티 섬의 일본군은 이러한 악조건 속에서 상상을 초월하는 화력을 갖춘 연합군과 싸워야 하였다. 레이티 섬 전투에 참가한 8만4,000명의 일본군 중에 8만 명이 전사하였다. 레이티 결전의 패배로 일본군의 필리핀 방어벽이 무너졌다. 12월 15일 미군이 민도로 섬에 상륙하였다. 1945년 1월 9일에는 루손 섬에 상륙하기 시작했고, 2월 23일에는 마닐라를 탈환하였다. 일본군의 전력으로는 미군의 공세를 저지할 수 없었다. 필리핀 전선에서 37만 명의 일본군이 전사하였다. 병사나 군속으로 강제 동원된 조선인 사망자는 숫자조차 파악되지 않고 있다.

  유럽에서는 연합군이 독일을 압박하였다. 이미 1943년 9월 삼국동맹의 일원인 이탈리아는 무쏘리니를 몰아내고 무조건 항복했고, 1944년 6월에는 미국·영국군이 프랑스의 노르망디에 상륙하였다. 10월에는 소련군이 프로이센에서 국경을 넘어 독일로 진격하였다. 1945년 3월에는 미군이 드디어 라인 강을 넘기 시작하였다.

  하지만 일본의 고이소 총리대신은 세계정세를 제대로 파악하지 못하고 있었다. 고이소는 내각은 1억 총무장을 선언하면서 징집 연령을 17세로 낮추었다. 일본은 이미 조선에서 징병제를 실시하고 있었는데, 1944년 말에는 타이완에서도 징병제를 실시하였다. 그리고 최고전쟁지도회의를 설치하였다. 군부를 통합해서 일사분란하게 전쟁을 지휘하기 위해서였다. 그러나 전쟁은 점점 일본에 불리하게 전개되고 있었다.

1945년 2월 19일 미군은 오가사와라 제도의 남단에 있는 이오도硫黃島에 약 6만 명의 군대를 상륙시켰다. 일본군은 결사항전 자세로 전투에 임하였다. 그러나 3월 17일까지 약 2만 명의 일본군 수비대가 전멸하였다. 이오도를 손에 넣은 미군의 전투력은 비약적으로 향상되었다. 이오도는 마리아나 기지에서 발진하는 B-29폭격기를 호위하는 전투기 기지와 고장이 나거나 피해를 입은 B-29폭격기의 불시착 기지로 사용되었다. 이오도는 오키나와 일본 본토를 공격하는 해군기지로도 이용되었다.

미국 최신 장거리 폭격기 B-29가 처음으로 일본 본토를 폭격한 것은 1944년 6월 15일 규슈 북부의 야하타제철소八幡製鉄所 폭격이었으나 본격적으로 일본 본토를 폭격하기 시작한 것은 마리아나 제도를 탈환하면서부터였다. 1944년 11월 24일 마리아나 공군기지에서 발진한 100대 이상의 B-29가 처음으로 도쿄를 폭격하였다. 그 후 B-29폭격기는 일본 본토를 계속 공습하였다. 일본군의 대공포는 B-29폭격기까지 도달하지 못하였다. 미국 공군은 거의 무방비 상태나 다름없는 일본의 하늘을 왕래하면서 공습하였다.

1945년 3월 10일 B-29폭격기 334대가 도쿄 대공습을 감행하였다. 시가지 밀집지역에 융단폭격을 하였다. 이어서 3월 11일에 나고야名古屋, 3월 13일에 오사카, 3월 16일에 고베神戸, 3월 18일에 다시 나고야를 공습하였다. 4월부터는 B-29폭격기가 오키나와 작전에 투입되었기 때문에 공습이 잠잠해졌다. 하지만 5월 29일 요코하마橫浜 공습을 시작으로 중소도시에 대한 공습이 잇달아 감행되었다. 6월부터 8월 15일 패전에 이르기까지 119개 도시가 공습의 피해를 입었다.

1945년에 들어서면서 일본은 연합군이 중국에 상륙할 가능성이 있다고 판단하였다. 일본군은 화중·화남의 해안에 집결하였다. 만주에서는 소련의 남침 가능성이 높아졌다. 일본은 5월부터 중국전선에 배치되어 있던 병력을 만주로 이동시켰다. 7월에는 재향군인 25만 명을 동원하였다. 식민지 조선에서도 조선인 25만 명을 강제로 동원하였다.

　1945년 3월부터 오키나와 본도에 대한 연합군의 공습과 함포사격이 본격화되었다. 4월 1일에는 연합군이 본도의 비행장 일부를 점령하였다. 4월 6일 일본이 아끼던 세계 최대의 항공모함 야마토大和 이하 10척의 함선이 편도 연료만 넣고 출진하였다. 그러나 다음 날 연합군 항공기의 공격으로 전함 야마토를 비롯한 연합함대는 제대로 싸워보지도 못하고 규슈의 서남방에서 침몰하고 말았다. 6월 23일 절망한 오키나와 주둔군사령관이 자결하였다. 오키나와를 사수하던 약 10만 명의 일본군은 미군의 상상을 초월하는 화력 앞에서 거의 전사하였다.

　오키나와 전투에서 일본군의 전의는 완전히 상실되었다. 미군이 상륙하기 전부터 현지에서 동원된 병사들 중에 도망병이 급증하였다. 미군이 상륙한 뒤에는 스스로 투항하는 병사가 많았다. 6월 말까지 미군에 투항한 일본군 포로는 7,000명이 넘었다. 민간인이라고 속여 투항한 병사도 있었으므로 그 숫자까지 합하면 포로 수는 더욱 늘어난다.

　오키나와 전투에서 일본군 전사자와 거의 같은 수의 민간인이 사망하였다. 오키나와현 자료에 의하면 일본군 전사자는 9만4,136명이고, 민간인 사망자는 9만4,000명이다. 사망자 중에는 강제로 연행된 조선인들도 많이 포함되어 있었다. 일본은 오키나와 전투를 본토 결전체제를 정비하는 데 시간을 벌기 위한 작전으로 이용하려고 하였다. 오키나와 방위가 전투의 목적이 아니었다. 미군에게 결정적인 타격을 입히는 것이 목적이었다. 그런 다음에 일본은 좀 더 유리한 입장에서 종전 협상의 길을 모색하려고 하였다. 일본은 처음부터 민간인 피난 계획과 안전 대책을 세우지 않았다.

　오키나와 전투의 특징은 일본군에 살해된 민간인이 많았고, 또 집단

자살이 많았다는 점이다. 일본군은 미군의 스파이라고 판단한 오키나와 주민을 현장에서 살해하였다. 뿐만 아니라 일본군은 미군의 폭격이 시작되자 참호 속에 숨어 있는 주민들을 몰아냈다. 일본군의 은신처를 마련하기 위해서였다. 주민들은 미군의 융단폭격에 그대로 노출되었다. 일본군은 미군에 투항하려는 민간인을 사살하거나 주민들에게 수류탄을 나누어 주고 미군에게 발각되면 자폭하라고 강요하였다. 여성에게는 미군의 포로가 되면 치욕을 당하니 자살하라고 권유하였다.

일본군은 특공전술로 연합군과 대결하였다. 일반적으로 가미카제특공대神風特攻隊로 알려진 특공대원은 폭탄을 실은 항공기를 몰고 미군 함정으로 돌진해서 장렬하게 전사하였다.

특공작전은 1944년 10월에 필리핀에 부임한 제1항공함대사령관 오니시 다키지로大西瀧治郎 해군중장이 처음으로 고안한 작전이라고 알려져 있다. 오니시가 레이티 만 해전에서 처음으로 특공대 출격을 명령한 것은 사실이었다. 그러나 특공작전을 처음 구상한 것은 해군본부였다.

출격하는 특별공격대 대원

1944년 2월 26일 해군은 해군공창 어뢰실험부에 인간어뢰 제작을 명령하였다. 8월 16일 해군은 특공대를 위한 항공기지 건설을 개시했고, 10월 1일에는 제721해군항공대가 창설되었다.

육군은 1944년 7월경에 두 종류의 특공기를 제작하였다. 하나는 경폭격기를 개조한 항공기였고, 또 하나는 중폭격기를 개조한 항공기였다. 일본은 실전 결과를 검토해서 특공기 성능을 개선하였다. 대형폭탄을 탑재하기 위해서 항공기 내부를 개수했고, 2톤 정도의 폭약을 항공기 전면에 장착한 특공기도 개발하였다. 같은 해 11월 육군이 만타대萬朶隊와 부악대富嶽隊를 조직하였다. 만타대는 경폭격기, 부악대는 중폭격기를 운용하는 특공대였다.

1945년 4월 미군이 오키나와 본도 상륙작전을 전개할 때 일본은 특공대 항공기 약 2,000대를 출격시켰다. 일본이 패색이 짙어지면서 특공대 공격이 더욱 강화되었다. 항공기를 이용한 특공대 이외에 모터보트를 이용한 수상특공대, 인간이 어뢰를 직접 몰고 적의 함선으로 돌진하는 수중특공대가 있었다.

오키나와 결전이 임박했을 때 특공대가 매일 규슈의 항공기지에서 오키나와로 향하였다. 20세 전후의 청년으로 구성된 특공대원들은 모든 물건을 내려놓았다. 물자를 하나라도 아끼기 위해서였다. 하지만 일본도만큼은 가슴에 품었다. 일본도는 단지 도검이 아니었다. 특공대원이 생애 마지막을 함께하는 일본혼이었다. 그들이 탈 항공기에는 돌아오는 데 필요한 연료를 넣지 않았다. 기름 한 방울이라도 아껴야 했기 때문이다. 침묵 속에서 전우들의 무거운 환송을 받은 특공대원은 죽음을 향한 마지막 비행을 하였다. 당시 신문에서는 특공전술을 "몸을 던져서 국가를 구하는 숭고한 전법"이라고 극찬하였다.

[3] 전쟁과 민중생활

1. 전시체제의 강화와 민중생활

태평양전쟁에 돌입하면서 군사비가 증가하였다. 군사비는 거액의 공채와 국민의 부담으로 충당되었다. 1944년의 군사비는 약 735억 엔으로 중일전쟁 시기의 10배에 달하였다. 1945년에는 국가의 지출이 국민소득의 약 2배에 달하였다. 국민의 부담으로 마련된 국가의 자금은 군수공장에 집중 투하되었다. 군수공업은 발전을 거듭하였다. 민간 공장도 잇달아 군수공장으로 전환되었다. 그 결과, 1930년에 6 : 4였던 경공업과 중공업의 비율이 1942년에는 3 : 7로 역전되었다.

남자는 병역 적령자의 90퍼센트가 소집되었다. 불구자 또는 중증 병자가 아닌 청년은 빠짐없이 군대에 동원되었다. 1943년에는 20세 이상의 학생에 대한 징병면제를 원칙적으로 철폐했고, 같은 해 12월 1일에는 학도병學徒兵 출진이 개시되었다. 징병 연령도 1살 낮추어 19세로 개정하였다. 1945년에는 45개 사단이 신설되었다. 본토결전군 300만 명이 편성되었다.

젊은이가 모두 군대에 동원되자 군수공업에 투입될 노동력이 부족하였다. 일본은 이미 1939년 7월에「국민징용령國民徵用令」을 발령하였다. 군수품 생산과 직접 관련이 없는 업종은 폐업·전업시키고 종업원은 군수공업의 노동력으로 전환시켰다.「국민징용령」으로 노동자 약 160만 명이 강제로 징용되었다. 강제동원과 주민통제는 지역별로 조직된 도나리구미隣組·부락회部落会·정내회町内会를 통해 이루어졌다. 징병의 강화로 노동력 부족현상이 심각해지자 남성의 직업을 제한하였다. 정부는 여성도 일할 수 있는 이발사, 차장, 사무원 등 17종의 직종에 남성이 취업하지 못하도록 통제하였다.

　군수산업에 필요한 노동력을 조달하기 위한 제도가 시행되었다. 1941년 11월 「국민노동보국회협력령」이 공포되었다. 14세부터 40세까지의 남자와 14세부터 25세까지의 미혼여성의 근로봉사 의무가 법제화되었다. 1943년 6월 부녀자와 연소자도 광산의 갱내작업에 동원할 수 있도록 법령을 개정하였다. 대학교·고등학교·청년학교의 학생에게도 「근로동원령」이 내려졌다. 1944년 3월에는 중학생도 동원되었다. 중학생 이상의 학생 약 300만 명이 근로사업에 동원되었다. 1944년 8월에는 「여자정신근로대령女子挺身勤勞隊令」이 공포되었다. 지역별로 47만 명의 미혼여성으로 여자정신근로대가 결성되었다. 여자정신근로대는 주로 군수공장으로 동원되었다.

　전쟁 말기에는 원료가 잘 공급되지 않았고, 숙련노동자의 부족 현상이 날이 갈수록 심각해졌다. 모든 생산이 군수공업에 초점이 맞춰지면서 원재료를 생산하는 공업의 기초가 부실해졌다. 휴업하거나 폐업하는 공장이 속출하였다. 생산이 이루어지더라도 불량품이 많았다. 그러나 대자본의 이익금은 증가하였다. 1940년 이후 군수품을 생산하는 회사의 이익금이 매년 3배 이상 증가하였다.

　정부는 언론을 통제하고 국민을 감시하였다. 내각정보국을 중심으로 신문·잡지·방송에 대한 검열과 지도를 강화하였다. 전쟁은 '성전聖戰'으로 미화되었다. 언론은 대본영이 발표하는 대로 전황을 국민에게 알리는 것이 고작이었다. 실제 전장에서 무슨 일이 일어나고 있는지 아무도 몰랐다. 대부분의 국민은 일본군이 패전과 잔혹행위에 대해 전혀 알지 못한 채 무모한 전쟁에 협력할 수밖에 없었다. 헌병대는 풍문과 유언비어를 단속하고 전쟁에 반대하는 목소리를 탄압하였다.

　전쟁이 계속되면서 물자가 군수산업으로 집중되고 생활용품이 부족해서 물가가 상승하였다. 물가 상승의 근본 원인은 물품의 부족에 있었으므로 정부는 배급제를 도입하지 않을 수 없었다. 1940년 11월부터 설탕과 성냥이 통제되었다. 1941년 4월부터 대도시에서 미곡이 배급되었다. 1942년부터는 소금·간장·된장이 배급되었다. 1944년에는 모든 식품이 배급되었다.

1942년 2월 정부는 「식량관리법」을 제정하였다. 농민은 전량의 미곡을 국가에 공출供出하였다. 공출된 미곡은 국가를 통해 국민에게 배급되었다. 성인의 1일 배급량은 미곡 2홉 3작으로 정하였다. 미곡이 부족해지자 점차로 보리·콩·옥수수·고구마가 배급되었다. 1945년에는 배급량을 10퍼센트 줄여서 2홉 1작으로 하였다. 고구마·호박·밀가루를 주로 하는 대용식이 당연시되었다. 배급소에는 냄비를 손에 든 민중의 행렬이 줄을 이었다. 주식에 이어서 장작·사탕·성냥·밀가루·소금도 배급제가 실시되었다. 물고기·채소와 같은 부식도 마을의 자치조직을 통해 배급되었다. 배급량은 점차로 감소되었다. 1943년 도쿄에서 배급되는 채소는 1인당 격일제로 오이 3개, 7~8호로 구성된 1개 도나리구미 당 호박 2개·무우 5개가 고작이었다.

미군의 공습이 잦아지면서 1943년 8월부터 대도시의 국민학교 학생을 집단으로 농촌이나 산간 지방으로 분산시켰다. 부모와 이별한 국민학교 중·고학년 학생들은 지방의 여관이나 사원에서 집단생활을 하였다. 일반 주민들도 고향이나 연고지를 찾아서 농촌으로 이주해서 생활하였다. 도시에 남아 있는 성인들은 폭격으로 인한 화재에 대비하기 위해 강제로 소방훈련을 실시하였다. 미군의 본토 상륙에 대비해서 여자들도 사격훈련이나 죽창으로 찌르는 훈련을 실시하였다.

2. 전쟁과 조선·조선인

　일본은 1920년대부터 조선의 쌀을 일본으로 들여와 일본인에게 공급하고 있었다. 1939년 일본에 가뭄이 들어 식량이 부족하게 되자 조선에서 대량의 쌀을 강제로 공출해 일본으로 들여왔다. 조선인에게는 만주에서 들여온 보리, 밀, 콩 등 잡곡을 식용하도록 조치하였다. 하지만 조선도 천재지변으로 쌀 생산량이 급감해 공출할 수 있는 쌀도 많이 줄었다. 그래도 조선에서 매년 500만 석 정도의 쌀이 일본으로 보내졌다. 조선총독부는 식민지 조선인에게 면화와 마의 재배, 양잠을 장려하였다. 일본에서 절대적으로 부족한 섬유원료를 싼값에 확보하기 위해서였다.

　조선에서 생산되는 광산물은 일본 군수자원의 상당 부분을 차지하였다. 만주사변 이후 조선총독부는 금광개발을 독려하였다. 일본이 외화 부족에 시달리자 일본 정부는 1937년 9월 「조선산금령朝鮮産金令」을 제정하고, 산금5개년계획을 세워서 금을 확보하기 위해 광분하였다. 태평양전쟁이 일어나면서 텅스텐, 코발트, 니켈, 형석螢石, 석면, 흑연 등을 비롯한 광물자원의 개발이 장려되었다.

　조선은 일본이 중국을 침략하기 위한 병참기지로 개발되었다. 한반도 북부에 질소공장, 군수공장, 대규모 수력발전 시설이 들어섰다. 일본의 대자본은 조선의 저임금 노동력을 이용해 막대한 이윤을 얻었다. 조선은행은 장진강수력발전, 압록강수력발전, 조선송전朝鮮送電, 남선합동전기南鮮合同電氣, 북선합동전기, 서선합동전기, 조선질소, 일본질소, 조선이연금속朝鮮理研金屬, 조선경금속, 조선무연탄, 조선방직, 조선유지朝鮮油脂, 삼척개발三陟開發, 삼척철도 등에 적극적으로 자금을 지원하였다.

　조선총독부와 만주국 정부가 협력해 압록강에 수풍발전소水豊發電所

를 건설하였다. 수풍발전소는 1941년부터 발전을 개시하였다. 조선총독부는 「조선전력관리령」을 제정해 전력을 직접 관리하기 시작하였다. 1943년 8월 조선전업주식회사가 설립되었다. 총독부가 직영하는 이 회사는 압록강 수계水系를 제외하고, 한반도 전역의 전기사업을 총괄하였다.

철강업 분야에서는 1941년 청진淸津에 미쓰비시공장三菱工場·1942년에 닛테쓰공장日鉄工場을 비롯한 철강공장이 조업을 개시하였다. 1942년 소형 용광로에 의한 선철증산계획의 약 40퍼센트가 조선에서 시행되었다. 중국이나 동남아시아에서 수입하던 철광석이 급감하자 일본 정부는 조선의 무산茂山을 비롯한 광산을 집중 개발하였다. 알루미늄은 흥남興南의 일본질소와 진남포鎭南浦의 이연금속에서 생산하였다. 1943년 6월부터 미쓰이경금속三井輕金屬도 조업을 개시하였다. 그러나 일본 정부는 기계공업만은 한반도로 이전하지 않았다.

1938년 일본과 거의 같은 시기에 국민정신총동원조선연맹이 발족하였다. 일본제국주의 전쟁에 협력하기 위한 어용단체가 결성되었다. 목요회木曜會, 대동일진회大東一進會, 조선문인협회, 시중회時中會, 시국대응전선보국연맹時局對應全鮮報國聯盟, 내선일체실천사內鮮一體實踐社 등이 그것이었다. 국민정신총동원조선연맹은 1940년에 국민총력조선연맹으로 개칭하면서 조선총독부의 경제통제에 앞장섰다.

식민지 조선에서는 조선인의 민족의식을 말살하기 위한 황민화교육皇民化敎育이 강화되었다. '황국신민皇國臣民'이라는 용어를 처음 사용한 곳은 일본 본토가 아니라 바로 조선이었다. 1938년 조선총독부는 「조선교육령」을 제정해 학교에서 조선어를 가르치지 못하도록 하였다. 교사들은 일본어로 수업을 진행하였다. 조선인 학생들에게 '국어'인 일본어만 사용하도록 하고 '방언'인 조선어를 사용하지 못하도록 하였다. 교사들은 '방언'을 사용하는 조선인 학생들을 적발하기 위해 학생들이 서로 감시하는 방법을 활용하였다.

1939년에는 조선인 고유의 성을 버리고, 일본식 성명을 사용하도록 하는 창씨개명創氏改名을 강요하였다. 어용단체들은 조선인이 일본식 성명을 사용하면 진정한 내선일체가 이루어지는 것이라고 선동하였다. 또 조선총독부는 매월 1일을 애국의 날로 정해서 신사에 참배하는 행사를 거행하였다. 경성京城의 학생들은 단체로 남산에 있는 조선신궁에 가서 참배하였다. 조선신궁에는 일본 천황의 조상신인 아마테라스 오미카미天照大神와 한국을 식민지로 삼은 메이지 천황明治天皇의 위패가 봉안되어 있었다.

1940년 조선어로 발간하던 『동아일보』와 『조선일보』가 강제로 폐간되었다. 조선어로 발행되는 신문은 조선총독부가 발행하는 『매일신보每日新報』뿐이었다. 당시 조선에서 12개 언론사가 일본어로 된 신문은 발행하고 있었다. 조선어로 된 출판도 금지되었다. 서점에서도 조선어로 써진 책이 점차로 모습을 감추었다. 일본에서 3류 문학자들이 조선으로 건너와서 '황민문학皇民文學'을 선도하였다. 그들과 함께 활동하는 조선인이 증가하였다. 일본의 전통시가인 와카和歌나 하이쿠俳句를 짓는 것이 유행하였다. 문학적으로도 조선은 완전한 식민지로 전락하였다.

1939년 10월 일본은 「국민징용령」을 공포해 식민지 조선인을 강제로 연행하였다. 조선인은 국내뿐만 아니라 일본 내의 탄광·군사시설·공사장, 동남아시아 각지의 전쟁터와 건설현장으로 연행되었다. 징용령으로 연행된 조선인 수만 113만 명에 이르렀다. 연행된 조선인은 탄광·광산·항만·공사장의 노무자로 배치되었다. 광산이나 탄광으로 연행된 조선인은 건강하다는 이유로 중노동에 속하는 운반부나 채탄부로 집중 배치되었다.

연행된 조선인이 어떠한 노동환경에서 사역되었는지 알 수 있는 대표적인 곳이 나가노현長野県 마쓰시로松代의 대본영大本營 지하시설 굴착사업이었다. 이 사업은 1944년 11월부터 일본이 패전한 다음 해 8월까지 연장 약 10킬로미터의 거대한 지하도시를 건설하는 작업이었다. 이곳에 강제연행 된 조선인 약 7,000명이 투입되었다. 조선인은 하루 14시간 중노동에 시달렸다. 식사는 밀가루만 뭉쳐서 찐 빵 한 개와 끓인 물 한 컵이 전부였다. 중노동, 영양실조, 감독의 구타 등으로 조선인 사망자가 속출하였다. 1945년 4월 일본 군부는 비밀시설 공사에 동원된 조선인 46명을 집단 살해하였다. 기밀의 누설을 방지하기 위해서였다.

일본은 조선인을 전쟁에 동원하였다. 처음에는 조선인을 일본군에 편입시키는 것에 신중하였다. 그러나 1938년부터 육군지원병제도를 도입해서 "사상이 건전한" 집안의 자제를 선별적으로 일본군에 편입시켰다. 천황에 충성할 자질이 있다고 판단한 조선인 청년을 사관학교에 입학시켜 장교로 육성하기도 하였다.

1941년부터 조선인을 군속으로 징용하였다. 군속은 군부軍夫, 공원工員, 용인傭人 등의 이름으로 전쟁에 투입되었다. 조선인 군속은 주로 전쟁터에서 군사기지를 건설하거나 진지를 구축하는 작업에 투입되었다. 포로감시원으로 배치되기도 하였다. 군인으로 동원된 조선인은 약 20만 명, 군속으로 동원된 조선인은 약 15만 명이었다.

1943년 말부터 조선인 학생이 학도병으로 동원되기 시작하였다. 고이소 구니아키小磯国昭 조선총독은 "한사람도 예외 없이 지원하라."는 성명을 발표하고 지원하지 않는 학생을 '비국민非國民'으로 차별하는 운동을 전개하였다. 고이소 조선총독은 학도병으로 지원하지 않는 학생은 전원 탄광으로 강제 연행한다고 협박하기도 하였다. 조선인 저명인사·교수·교사들 중에는 조선인 학생에게 학도병 지원을 권유하거나 선동한 자들이 적지 않았다.

학도병 출진식(1943. 10. 21)

　전쟁이 막바지로 치닫자 식민지 조선인에 대한 징병제가 본격적으로 실시되었다. 조선총독부는 여러 지역에 청년특별연성소를 설립하고 징병예정자를 소집해 일본어 교육·군사훈련·황민화교육을 실시하였다. 1944년 4월 1일 제1차 징병이 실시되어 만주에 거주하는 조선인을 포함해 14만 명 이상의 조선인이 징집되었다. 제2차 징병은 1945년 1월부터 실시되었다. 지원병·학도병·징병으로 연행된 조선인은 병영 내에서 가혹행위의 대상이 되었다.

　일본은 젊은 조선인 여성들을 군위안부로 연행하였다. 가정이 어려운 여성에게 접근해 좋은 일자리를 알선해 주겠다고 속여서 유인한 후 군위안부로 연행하는 경우도 있었다. 군위안부는 보안을 유지하기 위해서 '군수품'으로 분류되거나 암호로 표기되었기 때문에 정확한 숫자를 파악할 수 없었다. 하지만 상당히 많은 조선인 여성들이 군위안부로 연행됐을 것으로 추정된다. 일본군은 중국 침략을 개시할 때부터 위안소를 설치하고 운영하였다. 위안소의 운영은 주로 민간업자에게 위탁했으나 일본군이 관리하였다.

3. 대동아공영권의 실상

　일본은 동남아시아를 본격적으로 침략하면서 일본의 침략전쟁을 '성전'으로 미화하였다. 일본의 전쟁은 동남아시아 여러 나라를 유럽·미국의 제국주의 지배에서 해방시키기 위한 것이며, 아시아 민중이 함께 잘 살 수 있는 '대동아공영권大東亞共榮圈'을 건설하기 위해 전쟁을 하지 않을 수 없다고 주장하였다. 그러나 그것은 일본의 침략을 용이하게 하기 위해 내세운 속임수에 불과하였다.

　1943년 3월 도조 히데키東条英機 총리대신은 중국 난징南京에 일본이 세운 괴뢰정부를, 같은 해 4월에는 만주를 방문해 역시 일본이 세운 괴뢰국가 만주국의 수뇌부와 회담하였다. 이어서 5월에는 필리핀을 방문하였다. 이때 역시 일본이 필리핀 대통령으로 삼으려고 했던 라우렐 Jose P. Laurel로 하여금 대동아경제회의 개최를 제안하도록 하였다. 이리하여 일본은 대동아회의 개최의 실마리를 만들었다. 같은 해 4월 시게미쓰 마모루重光葵가 외무대신에 취임하면서 이른바 「대동아헌장」의 중요성을 강조하였다.

　같은 해 7월 4일 타이를 방문한 도조 히데키는 비븐Phibun 타이 수상에게 말레이시아 및 미얀마의 실지회복을 약속하였다. 도조는 다음 날 싱가포르로 가서 열병식에 참석하였다. 도조는 이곳으로 미얀마의 바마우Ba Maw 장관을 불러서 미얀마 독립에 대해 회담하였다. 7일에는 바타비아를 방문해 스카르노A. Sukarno, 하타M. Hatta 등을 만나고 그들이 주최하는 국민대회에 참석하였다.

도조 히데키가 동남아시아 각국의 지도자들과 잇달아 접촉한 후, 같은 해 11월 5일부터 2일간 일본의 제국의회 의사당에서 대동아회의가 개최되었다. 이 회의에 일본의 도조 히데키, 괴뢰정부 만주국의 징징후이張景惠 국무총리, 일본이 세운 중국 괴뢰정부 왕자오밍汪兆銘 행정원장, 필리핀의 라우렐 대통령, 타이의 비븐 수상 대리, 버어마의 바마우 수상 등이 참석하였다. 회의 첫째 날은 주로 태평양전쟁 완수와 대동아 건설의 방침에 관해 각국 대표의 의견이 개진되었고, 둘째 날에는 대동아공동선언이 채택되었다.

선언문은 다음과 같았다. "대저 세계 각국이 각기 자립하고 서로 도우며 모든 나라가 같이 번영하는 것이 세계평화 확립의 요체이다. 그러나 미국과 영국은 자국의 번영을 위해 다른 국가 다른 민족을 억압하고, 특히 동아시아에 대해서는 끊임 없는 침략과 착취를 행해 동아시아 예속화의 야망을 드러내 동아시아의 안정을 뿌리부터 흔들려고 하였다. (일본의) 대동아전쟁의 원인은 여기에 있는 것이다. 동아시아 각국은 서로 제휴해 대동아전쟁을 완수해 동아시아를 미국과 영국의 질곡桎梏에서 해방해 그 자존자위自存自衛를 완수하고 다음과 같은 강령綱領에 기초해 동아시아를 건설함으로써 세계평화의 확립에 기여하고자 한다. 하나, 동아시아 각국은 협동해 동아시아의 안정을 확보하고 도의에 근거해 공존공영共存共榮의 질서를 건설한다. 하나, 동아시아 각국은 상호 자주독립을 존중하고 서로 친밀하게 동아시아의 화친을 확립한다. 하나, 동아시아 각국은 상호 전통을 존중하고 각 민족의 창조성을 신창伸暢하고 동아시아 문화를 앙양한다. 하나, 동아시아 각국은 서로 긴밀히 제휴해 경제발전을 꾀하고 동아시아의 번영을 증진한다. 하나, 동아시아 각국은 모든 나라와 교의交誼를 돈독히 하고 인종적 차별을 철폐해 널리 문화를 교류하고 나아가 자원을 개발해 세계의 진운進運에 공헌한다."

일본이 태평양전쟁을 일으켜 동남아시아로 진격할 때, 동남아시아 각국이 미국과 영국의 침략과 착취에서 해방시키기 위해서 군사행동을 한다고 선언하였다. 실제로 일본은 동남아시아 각국의 독립운동을 지원하기도 하였다. 그러나 일본이 동남아시아 각국의 독립운동을 지원한 것은 일본군이 동남아시아 각 지역에 순조롭게 진주하기 위한 책략이었다. 대동아공동선언문에 있는 것 같은 "상호 자주독립을 존중하고" "상호 전통을 존중하고" "공존공영의 질서를 건설하고" "인종적 차별을 철폐"하는 데 일본이 기여한 것은 없었다. 미국과 영국이 "동아시아 예속화 야망"을 드러냈다면, 일본 역시 그 야망을 이루기 위해 동아시아 각국 민족을 기만한 점령군이었을 뿐이다.

중일전쟁이 개시된 이래 2,200만 명 이상의 중국인이 일본군에게 살해당했거나 상해를 입었다. 일본군은 특히 중국의 화북 지방에서 이른바 삼광작전三光作戰을 전개하였다. 삼광작전은 모두 죽이고, 불태우고, 약탈하는 작전이었다. 중국의 난징을 점령했을 때 여성・노인・아동을 포함한 30만 명이 넘는 중국인을 학살하였다.

동남아시아 지역을 점령한 일본군은 특히 화교華僑를 가혹하게 탄압하였다. 중국의 국민정부를 외곽에서 압박하기 위한 작전의 일환이었다. 당시 화교 세력은 중국의 국민정부와 연락하면서 항일운동을 지원하고 있었다. 1942년 2월 15일 싱가포르를 점령한 일본군은 화교를 일제히 검거하였다. 약 20만 명의 화교가 검거되어 강도 높은 조사와 고문을 받고 그중에서 5만 명 이상이 학살되었다. 또 화교에게 인명과 재산을 보호해준다는 구실로 5천만 달러의 헌금을 강요하기도 하였다.

필리핀은 일본군이 침략하면서 생산기반이 붕괴되었다. 일본군이 필리핀을 점령하는 과정에서 필리핀 농촌이 많은 피해를 입었다. 필리핀 민중의 게릴라 단체가 전국적으로 항일투쟁을 전개하면서 농촌이 파괴되기도 하였다. 유통망이 붕괴되면서 경제 질서가 극도로 혼란해졌다. 다른 나라보다 미곡 생산량이 많은 필리핀이었지만 식량이 부족해서 굶어죽는 사람이 속출하였다. 사정이 이런데도 일본군은 조직적으로 물자를 수탈하였다. 일본 정부가 일본군에게 점령지에서 "중요한 국방자원 획득"하고, "현지에서 자활"하도록 명령했기 때문이다. 일본군의 가혹한 수탈이 지속되면서 필리핀은 동남아시아 여러 국가 중에서 반일감정이 가장 강한 지역이 되었다.

인도네시아 민중은 일본군의 선전에 현혹되어 일본군을 '해방군'으로 맞아들였다. 처음에는 일본군도 수카르노와 같은 민족주의자를 정치적으로 이용하였다. 그러나 1944년에 들어서자 일본군은 미곡을 강제로 수탈하고 30만 명이 넘는 민중이 강제로 연행하였다. 연행된 인도네시아 민중은 일본군을 위한 군사기지 건설과 토목공사에 투입되었다. 그들의 대부분이 공사현장에서 사망하였다.

미얀마 민중도 처음에는 일본군의 선전에 현혹되었다. 하지만 일본군이 폭압적인 군사지배를 강화하고 물자를 강제로 수탈하기 시작하자 저항하기 시작하였다.

일본군은 베트남에서도 미곡, 옥수수, 석탄 등을 수탈해서 일본으로 운반하였다. 일본군의 수탈로 베트남 민중은 기아에 허덕이게 되었다. 베트남 민중은 호치민을 중심으로 단결해서 일본군에 저항하였다.

일본군이 점령한 홍콩, 필리핀, 말레이시아, 수마트라, 자바 등은 일본 육군이, 네덜란드령 보르네오와 태평양에 있는 여러 섬들은 일본 해군이 군정을 실시하였다. 이 지역은 일본군이 전쟁을 수행하기 위한 자원을 수탈하는 곳이었다. 보크사이트 · 생고무 · 석유 · 삼마 등의 산물이 일본으로 운반되었다.

전쟁이 막바지로 치달으면서 '대동아공영권'의 실상이 적나라하게 드러났다. 타이완과 조선은 일본이 중국 · 동남아시아로 침략하기 위한 병참기지로서 전략적 가치가 부각되었고, 인적 · 물적 자원의 공급지로서 중요시되었다. 타이완에서는 설탕과 미곡이, 조선에서는 철광석과 미곡을 비롯한 각종 산물이 일본으로 운반되었다. 특히 타이완은 일본군의 남진기지로 이용되었다.

제16장

일본제국의 해체

[1] 연합국군의 점령통치

1. 일본의 무조건 항복

1945년 2월 크리미아 반도의 얄타에서 루스벨트 · 처칠 · 스탈린이 회담을 열었다. 회담에서 독일이 항복한 후 전후처리 문제와 전후에 미국 · 영국 · 소련의 협조 방향에 대해 논의하였다. 이 회담에서 소련도 일본과의 전쟁에 참가하도록 하는 비밀협정을 맺었다. 소련은 러일전쟁에 패배해 일본에게 빼앗긴 사할린 남부의 반환, 뤼순 조차권의 회복, 동중국 · 남만주철도의 우선적 지위 보장 등을 요구하였다. 지시마千島 열도의 할양도 원하였다. 미국과 영국은 스탈린의 요구를 모두 양해하였다.

 이미 1943년 11월 27일 루스벨트 미국 대통령, 처칠 영국 수상, 장제스 중화민국 주석이 카이로선언을 하였다. 세 나라의 정상은 일본이 무조건 항복할 때까지 함께 싸울 것이고, 그동안 일본이 빼앗은 태평양의 모든 섬을 박탈하고, 만주·타이완을 중국에 돌려줄 것이며, 조선의 독립을 승인한다고 선언하였다. 얄타회담에서는 카이로선언을 전제로 해서 전쟁 후 소련의 이권을 보장했던 것이다.

 전쟁 상황이 급박하게 돌아가자 천황 주변에서도 국면의 타개를 꾀하려는 움직임이 표면화되었다. 천황도 직접 중신들의 의견을 물었다. 1945년 2월 7명의 중신들이 차례로 천황과 독대해서 전쟁에 대한 의견을 피력하였다. 당시 고노에 후미마로近衛文麿는 전쟁을 종결시켜야 한다는 의견을 명확하게 제시하였다. 고노에는 일본의 패전이 확실하다고 예견하였다. 그리고 천황제를 유지하는 것을 전제로 생각할 때, 패전보다도 더 두려운 것은 패전 후에 몰아닥칠 공산혁명이라고 말하였다. 혁명에 의한 천황제 붕괴라는 최악의 사태를 피하기 위해서도 즉시 전쟁을 끝낼 수 있는 방법을 찾아야 한다고 진언하였다.

 하지만 천황은 현실을 직시하려고 하지 않았다. 천황은 전투에서 "한 번의 확실한 승리"에 집착하였다. 천황은 다가올 결전에서 일본군이 미군에게 큰 피해를 입히고 조금이라도 유리한 조건으로 강화교섭에 나서려는 생각을 갖고 있었다. 천황은 일선에서 일본군이 어떠한 상황에 처해 있는지 그 진상을 파악하려고 하지 않았다. 오로지 패전했을 때 일본군의 무장해제와 전쟁책임자 처리 문제에만 관심을 갖고 있었다. 제2차 세계대전이 일어난 후 연합국 수뇌들이 전쟁책임자를 처벌할 것이라고 공언했기 때문이다. 천황은 전쟁책임자의 우두머리였다. 일본군이 무장해제 되면 동아시아에서 소련의 영향력이 확대될 것이고 그러면 천황 자신의 신변이 위험해질 수 있었다. 천황은 그것이 두려웠다. 그래서 끝내 승리에 대한 미련을 버리지 못했던 것이다.

그러나 "한 번의 확실한 승리"에 대한 천황의 기대는 현실에서 점점 멀어지고 있었다. 미군은 일본 본토를 향해서 파죽지세로 전진하고 있었다. 1945년 3월 3일 마닐라를 점령했고, 3월 25일에 일본 본토의 턱밑에 있는 이오도硫黃島를 점령했고, 4월 1일에는 오키나와沖繩에 상륙하였다.

일본이 전쟁에서 승리할 수 있는 가능성이 없어지자 고이소 구니아키小磯国昭 내각은 은밀하게 전쟁을 종결시킬 수 있는 길을 찾기 시작하였다. 중국의 장제스 정부와 평화 교섭을 추진하였다. 하지만 천황이 나서서 평화 교섭에 반대했고, 군부는 본토 결전 의지를 꺾으려고 하지 않았다. 전국 타개의 전망은 점점 흐려지고 있었다.

1945년 4월 고이소 내각이 총사직하였다. 고이소 내각의 뒤를 이어서 해군대장 출신 스즈키 간타로鈴木貫太郎가 총리대신이 되었다. 스즈키는 오랫동안 시종장을 지냈기 때문에 천황이 깊이 신뢰하는 인물이었다. 하지만 스즈키 총리대신은 이미 79세의 노인이었다.

제2차 세계대전은 독일이 패망하면서 종말로 치달았다. 1945년 5월 1일 패전이 현실로 다가오자 히틀러가 자살하였다. 5월 7일 독일은 무조건 항복하였다. 이 무렵 천황이 그렇게 기대했던 오키나와 결전도 일본군의 참패로 끝났다. 일본은 여전히 결단을 내리지 못하고 있었으나 일본이 승리할 가능성은 전혀 없는 상황이었다. 일본 정부는 겉으로 최후의 1인까지 싸우다 죽자고 국민을 선동했으나 속으로는 여전히 평화 교섭의 가능성을 찾고 있었다. 계속되는 패전으로 군부의 정치적 발언권이 약해지자 원로와 천황 측근들이 주도권을 장악하였다. 천황도 더 이상 "한 번의 확실한 승리"를 고집할 수 없는 상황이었다.

6월 8일 어전회의가 개최되었다. 천황을 포함한 어느 누구도 전쟁의 종결과 관련한 의견을 제시하려고 하지 않았다. 그 결과, 「금후 취해야 할 전쟁지도의 기본요강」이 결정되었다. "충성의 신념을 자원으로, 지리의 이점과 인화로, 끝까지 전쟁을 완수해 국체를 지키고 영토를 보호해서 전쟁의 목적을 달성한다." 일본 본토에서 연합군과 결전한다는 방침이 정해진 것이다. 그것은 일본군과 미군의 전력 차이를 무시한 무모한 본토결전론이었다. 이 결정은 일본인의 멸망을 건 죽음의 행군이었다. 일본 정부와 군부는 "본토결전" "철저항전" "1억옥쇄" 등의 구호를 외치면서 민중을 전쟁의 구렁텅이로 몰아넣었다.

일본 전국에서 본토결전 준비가 진행되었다. 6월 22일 「전시긴급조치법」이 공포되었다. 6월 23일 「의용병역법」이 공포되었다. 이미 1945년 3월 각의에서 국민의용대 결성이 의결되었는데, 국민의용대는 사실상 군부의 지시를 받으며 방공·피해복구·진지구축·수송·경비 등의 활동을 하였다. 「의용병역법」이 제정되면서 15세 이상 60세 이하의 남자, 17세 이상 40세 이하의 여자가 전투원으로 병역에 복무하게 되었다.

이 무렵 천황 측근들은 결사항전 태세에 위기감을 느꼈다. 소련과 접촉해서 평화 교섭을 개시하자는 분위기가 형성되었다. 천황도 소련을 중재자로 내세우는 것에 동의하였다. 고노에 후미마로가 특사로 파견되어 소련과 접촉하였다. 그러나 이미 참전 준비를 하고 있던 소련은 일본의 요구를 거부하였다.

7월 16일 미국의 뉴멕시코 사막에서 인류 최초의 원자폭탄 실험이 성공하였다. 미국은 원자탄제조계획에 10억 달러를 투입하였다. 얄타회담 당시 미국은 소련의 참전에 큰 기대를 걸었으나 원자폭탄 실험에 성공하자 그것을 사용해 일본을 항복시키기로 결심하였다. 미국은 동아시아에서 소련의 영향력이 확대되는 것을 두려워하였다. 그래서 미국이 주도해서 일본을 항복시키는 방법을 택했던 것이다.

7월 17일부터 미국의 트루먼·영국의 처칠·소련의 스탈린이 베를린 교외의 포츠담에 모여서 전후처리에 대해 회담하였다. 7월 26일 일본과 전쟁을 하는 미국·영국·중국 3개국 원수의 이름으로 포츠담선언을 발표해 일본에 무조건 항복을 권고하였다. 항복의 조건으로서 군국주의 제거, 연합국군에 의한 일본 점령, 일본 영토의 축소, 일본군의 무장해제, 전범의 엄벌, 배상금 지불, 군수산업 금지 등을 제시하였다. 포츠담선언은 독일의 항복 조건 보다 완화된 것이었다. 천황제 폐지 요구도 포함되어 있지 않았다. 일본의 항복을 조기에 유도하기 위해서였다. 그러나 일본은 포츠담선언을 묵살하였다.

연합국은 일본의 '묵살'을 사실상의 거부로 받아들였다. 8월 6일 8시 15분 B-29폭격기 1대가 히로시마広島 상공에 나타나 원자폭탄 1개를 투하하였다. 원자폭탄은 1,500미터 상공에서 섬광을 발하고 낙하해 580미터 상공에서 폭발하였다. 시가지는 뜨거운 광선과 폭풍으로 파괴되었다. 12킬로미터 정도 높이까지 버섯구름이 치솟으면서 화재가 발생하였다. 오후에는 '검은 비'가 내렸고, '검은 무지개'가 떴다. 8월

원자폭탄 투하 후의 히로시마(1945. 8. 6)

만주로 진격하는 소련군(1945. 8. 9)

9일 나가사키長崎에서 같은 비극이 되풀이되었다.

8월 8일 소련이 만주로 진격하기 시작하였다. 원자폭탄이 투하되고 소련이 참전하자, 일본 정부는 포츠담선언을 수락하기로 결심하였다. 8월 9일 심야에 개최된 최고전쟁지도회의에서 도고 시게노리東鄕茂德 외무대신은 국체호지, 즉 천황의 신변보장을 유일한 조건으로 항복할 것을 주장하였다. 군부는 천황의 신변보장 이외에 자주적인 무장해제, 전범재판을 일본이 행할 것 등 4개의 조건을 내세웠다. 양자의 주장은 정리되지 않은 채 어전회의에 넘겨졌다.

8월 10일 아침 일본은 중립국 스위스와 스웨덴을 통해 미국·소련·영국·중국 4개국에 천황의 신변만 보장된다면 포츠담선언을 수락하겠다는 뜻을 전하였다. 이에 대해 연합국은 "일본의 통치형태는 일본인의 자유의사에 따라 결정한다."고 회답하였다. 명시하지는 않았지만 천황의 신변은 보장한다는 언질이었다.

포츠담선언 수락을 결심한 일본은 각의에서 공문서 파기를 결의하고 소각명령을 내렸다. 참모본부, 육군, 해군, 행정부, 지방자치단체, 말단

천황 궁전의 방공호에서 열린 어전회의(1945. 8. 9)
시라카와 이치로 그림 / 스즈키 간타로 기념관 소장

행정기관에 이르기까지 공문서 소각 작업이 일제히 실시되었다. 특히 작전일지, 징병과 소집관련 자료들이 철저하게 소각되었다. 전국의 관공서에서 문서를 소각하는 연기가 3~4일간이나 하늘을 덮었다. 강제연행 자료나 군위안부 관련 자료들도 이때 대부분 소각되었을 것으로 여겨진다.

2. GHQ의 점령정책

1945년 8월 14일 천황 히로히토裕仁는 어전회의에서 자신의 신변보장을 내세운 외무성의 안을 지지하는 "성스러운 결단"을 내렸다. 포츠담선언을 수락하는 형태로 항복한 것이다. 8월 15일 정오 천황은 라디오를 통해 일본의 무조건 항복 사실을 국민에게 알렸다. 소위 '옥음방

제16장 일본제국의 해체 571

송'이었다. 스즈키 간타로 내각은 무조건 항복을 실현하고 총사직하였다.

제2차 세계대전이 끝났다. 일본의 영토는 러일전쟁 이전의 상태로 한정되었다. 타이완은 중국의 지배하에 들어갔다. 지시마千島 열도와 사할린은 소련이 지배하게 되었다. 일본이 점령했던 남양제도는 미국이 위임통치하게 되었다. 오키나와沖繩는 미국을 시정권자로 해서 국제연합이 신탁통치하기로 하였다. 한반도는 분할되었다. 38도선 이북은 소련이 점령하고 이남은 미국이 점령하였다. 일본은 연합국이 점령하는 모양을 갖췄으나 실제적으로 미국이 단독으로 점령하였다.

미군을 중심으로 하는 연합국 군대가 일본 본토를 차례로 점령하였다. 1945년 8월 28일 미국군 선발대가 일본에 도착하였다. 8월 30일에는 서남태평양방면 연합군총사령관 맥아더D. Macarthur 원수가 일본에 도착하였다. 동시에 미군은 일본 본토 점령을 개시하였다. 9월 2일에는 맥아더가 지켜보는 가운데 일본 측 대표 시게미쓰 마모루重光葵가 정식으로 항복문서에 조인하였다.

같은 해 10월에는 도쿄에 연합국군최고사령관총사령부GHQ가 설치되고, 최고사령관SCAP으로 맥아더가 취임하였다. 맥아더는 연합국군최고사령관이면서 미국태평양육군총사령관이기도 하였다. 미국태평양육군총사령관 산하에 미8군이 있고, 미8군 산하 지방군정부가 일본 각 지역에 주둔하고 있었다. 지방군정부는 일본 정부와 각 지방자치단체를 통제하는 역할을 하였다.

형식상 점령정책의 최고의사결정기관은 워싱턴에 설치된 극동위원회FCC였다. 극동위원회는 미국·영국·중국·소련·오스트레일리아·네덜란드·프랑스·인도·캐나다·뉴질랜드·필리핀의 11개국으로 구성되었다. 극동군사위원회가 점령정책을 결정하고, 그것을 미국을 통해서 연합국최고사령관에게 전달하는 체제였다. 그러나 실질적으로는 미국이 결정한 기본방침으로 점령정책이 시행되었다. 도쿄에 연합국군 최고사령관 자문기구인 대일이사회가 설치되었지만 거의 활동하지 않았다.

점령정책의 기초가 된 것은 포츠담선언이었다. 점령군은 일본의 무장해제, 일본의 민주화, 군국주의를 제거, 인권의 확립, 민주주의 육성 등을 목표로 하는 정책을 시행하였다. 연합국이 일본을 점령했다고 해도 실질적으로는 미국이 일본을 지배하였다. GHQ의 지휘를 받는 연합군의 압도적 다수가 미군이었다. 실질적으로 미군이 단독으로 점령한 것과 마찬가지였다. 그래서 점령정책은 미국의 정치·경제에 유용한 일본을 건설하는 데 초점이 맞춰져 있었다.

일본에서 점령정책을 실시하는 책임자는 연합국군최고사령관 맥아더였다. 미국 대통령이 정책의 방향을 제시했지만 현지에 있는 맥아더가 강력한 발언권을 갖고 있었다. 그리고 워싱턴의 명령과 합동참모본부의 지시를 현실에 적용하는 과정에서 GHQ에 상당한 재량권이 부여되었다. 신헌법 제정, 내무성 해체, 농지개혁, 사회보장제도 개혁, 천황을 전범에서 제외하는 문제 등은 GHQ가 독자적으로 결정한 것이었다.

일본의 통치권을 장악한 연합국군최고사령관 맥아더는 간접지배 방식으로 일본을 통치하였다. 처음에 연합국은 직접 군정을 실시하려고 하였다. 하지만 일본 정부는 맥아더 사령관에게 간접지배 방식으로 통치하는 것이 좋다고 건의하였다. 만약 GHQ가 군정을 실시한다면 일본인이 정부를 신뢰하지 않을 것이고, 그렇게 된다면 사회가 더욱 혼란해질 것이라고 말하였다. 미국도 천황의 권위와 일본 정부를 이용하는 것이 효율적이라고 판단하였다. 그래서 연합국은 간접지배 방식을 택하였다. 일본 정부는 맥아더 사령관의 명령을 받아서 업무를 수행하였다. 맥아더 사령관의 명령은 긴급칙령으로 시행되었다.

1945년 8월 17일 히가시쿠니노미야東久邇宮 내각이 성립되었다. 외무대신에는 요시다 시게루吉田茂가 임명되었다. 천황이 황족을 총리대신으로 임명한 것은 황실의 권위를 이용해서 군대의 동요와 민중의 소요를 미연에 방지하기 위한 것이었다. 히가시쿠니노미야 내각은 전쟁의 책임을 지배층에게 전가하지 말자고 호소하였다. 천황의 자비심으로 전쟁이 종결되었다고 선전하였다.

히가시쿠니노미야 내각의 방침은 전시체제를 평시체제로 전환하는 것이었다. 즉「치안유지법」체제를 전제로 하는 1920년대로 복귀하는 것이었다. 실제로 히가시쿠니노미야 내각은「치안유지법」을 그대로 유지하였다. 특별고등경찰은 여전히 요주의 인물을 감시하였다.「치안유지법」에 의해 투옥된 정치범을 석방해야 한다는 생각조차 하지 않고 있었다. 항일운동으로 수감된 한국인 또한 미군이 진주한 후에도 수감되어 있었다.

히가시쿠니노미야 총리대신은 천황제의 존속을 기대하면서 점령통치가 원활하게 시행될 수 있도록 노력하였다. 그는 아무런 혼란 없이 점령군을 맞이하는 것이 천황제의 필요성을 미국에게 인식시키는 유일한 방책이라고 믿었다. 히가시쿠니노미야 내각은 일본군 병사와 전쟁에 협력한 자들을 위로하면서 국민에게 천황제 수호를 호소하였다.

그러나 점령군은 히가시쿠니노미야 내각이 생각한 것처럼 그렇게 호락호락하지 않았다. 미국은 이미 맥아더에게 일본의 근본적인 개혁을 지시하였다.「항복 후 미국의 초기 대일점령의 기본정책」이 그것이었다. 거기에는 일본군의 무장해제, 일본의 군국주의 요소 제거, 전쟁범죄자 처벌, 개인의 자유 및 민주주의 장려, 경제의 비군사화 등 상당한 개혁 태풍을 예견하는 내용이 포함되어 있었다.

GHQ는 점령정책을 구체적으로 시행하기 위해 일본 정부에 정치, 사회, 종교 등 모든 면에서 민중을 억압하는 규제를 제거할 것을 명령하였다. 그 내용은 첫째 사상·종교·집회·언론의 자유를 제한하는 모든 법령을 철폐할 것, 둘째 10월 10일까지 모든 정치범을 석방할 것, 셋째 내무대신, 경보국장警保局長, 경시총감警視總監, 전국의 경찰부장, 그리고 특별고등경찰 관계자 전원을 파면할 것, 넷째 10월 15일까지 특별고등경찰을 폐지할 것 등이었다.

GHQ의 명령은 천황제 수호를 정책의 근본으로 생각하고 있던 히가시쿠니노미야 내각에게 큰 충격을 안겨주었다. GHQ의 명령이 내려진 다음 날 히가시쿠니노미야 내각은 총사직하였다. GHQ의 명령을 시행하기 보다는 사직하는 길을 선택했던 것이다.

1945년 10월 9일 시데하라 기주로幣原喜重郎 내각이 성립되었다. 외무대신에는 요시다 시게루가 유임되었다. GHQ는 시데하라 내각을 통해서 점령정책을 시행하였다. 시데하라는 1920년대 중반에 외무대신에 취임해 미국과 협조하면서 외교를 추진했던 인물이었다. 그는 나약하고 미국과 가까운 인물로 분류되어 정계에서 그다지 두각을 나타내지 못했는데, 미국이 일본을 점령하면서 다시 주목을 받았던 것이다. 요시다는 맥아더 사령관과 교섭하는 창구 역할을 하면서 외교적 수완을 발휘하였다.

3. 극동국제군사재판

GHQ는 점령정책의 기본방침에 따라서 먼저 일본군을 해체하였다. 그리고 1945년 9월부터 12월에 걸쳐서 도조 히데키를 비롯한 전범들을 차례로 체포하였다. 그중 28명이 A급 전범 용의자로 분류되어 기소되었다. 1946년 5월 3일부터 극동국제군사재판소에서 재판이 시작되었다. 도쿄재판이라고도 하는 극동국제군사재판에서는 침략전쟁을 자행하고 평화와 인도주의에 대해 범죄를 저지른 자들을 심판하였다.

극동국제군사재판에서는 주로 만주사변 이후의 범죄를 추궁하였다. 재판 결과 전직 총리대신 도조 히데키東条英機 · 히로타 고키広田弘毅를 비롯한 7명을 교수형에 처하고, 도조 내각 성립에 결정적으로 기여했던 전직 내대신 기도 고이치木戸幸一 등 16명을 종신형에 처하였다.

하급자들도 심판하였다. 한국인 148명도 B · C급 전범으로 분류되어 재판을 받았다. 한국인 중 23명이 교수형 또는 총살형에 처해졌고, 나머지는 종신형 또는 유기징역에 처해졌다. 한국인 중 129명이 전쟁 중에 포로를 감시한 군속이었다. 그들은 포로를 학대한 '일본인'이라는 이유로 가혹하게 처벌되었다.

전범의 처벌과 관련해 천황 및 천황제를 어떻게 처리할 것인가 하는 문제는 점령정책의 난제였다. 천황은 국군통수권자였다. 더구나 쇼와천황은 전쟁에 적극적으로 개입하였다. 도쿄에서 전범 용의자가 잇달아 체포될 무렵, 외국은 물론 일본에서도 천황의 전쟁책임을 둘러싼 논쟁이 뜨거웠다. 당시 국제 여론은 천황에게 전쟁책임을 물어야 한다는 의견이 압도적이었다. 오스트레일리아, 뉴질랜드, 영국, 중국, 소련 등과 같은 연합국 국민들의 대부분이 천황을 체포해서 재판에 회부해야 한다고 생각하였다. 실제로 소련 · 영국 · 오스트레일리아가 극동국제재판소에 제출한 전쟁범죄자 목록의 맨 앞에는 천황 히로히토가 기재되어 있었다.

미국의 여론조사에서도 천황을 처형하거나 추방해야 한다는 의견이 70퍼센트에 달하였다. 국무성의 관리들 중에서도 천황을 전범으로 처벌해야 한다고 주장하는 사람들이 많았다. 그러나 태평양전쟁 당시 주일 미국대사였던 그루J.Grew와 같은 친일파는 천황을 전범으로 처벌하는 것에 반대하였다. 천황에 대한 공개재판은 오히려 일본인을 자극시켜 사회적 혼란을 야기할 것이라고 주장하였다.

일본에서도 전쟁을 주도한 천황 히로히토가 퇴위해야 한다는 여론이 힘을 얻고 있었다. 실제로 천황 주변 인물들이 여러 차례 천황을 퇴위시키려고 하였다. 천황의 최측근 기도 고이치조차도 천황에게 전쟁책임이 있으니 퇴위하는 것이 옳다고 생각하고 있었다. 천황 자신도 강화조약을 체결할 때 스스로 조상과 국민에게 사죄하고 퇴위하는 것을 고려하고 있었다. 천황의 퇴위를 조건으로 천황제의 존속을 GHQ에 상신하는 구체적인 방안까지 제시되었다.

그런데 맥아더 사령관과 GHQ는 천황이 퇴위하는 방식으로 전쟁에 대한 책임을 지는 것에 반대하였다. 미국은 점점 세력을 확대하는 소련이 두려웠다. 일본에 공산주의가 뿌리를 내리면 미국의 세계전략에 차질이 빚어질 수 있었다. 맥아더는 천황을 그대로 두고 점령정책을 추진하는 것이 효과적이라고 판단하였다. 일본인은 여전히 천황을 존경하고 그의 명령에 복종하였다. 더구나 천황을 추종하는 세력은 공산주의를 극도로 미워하였다. 공산주의가 일본에 발을 붙이지 못하게 하기 위해서도 천황을 살려둘 필요가 있었다. 극동국제군사재판소는 천황을 법정에 세우지 않았다.

4. 천황의 '인간선언'과 군국주의 해체

GHQ는 초국가주의의 상징인 천황과 황실에 대해서 누구라도 비판할 수 있는 자유를 보장하였다. 대부분의 황족에게 성을 사용하고 호적에 편입되게 하였다. 1945년 11월 20일 GHQ는 황실 재산의 동결을 명령하였다. 언젠가 황실 재산을 국유화해서 천황의 경제적 기반을 무너뜨리기 위한 전제 조치였다. 그것은 또한 천황을 신성시하는 일본 국민의 생각을 바꾸기 위한 조치이기도 하였다.

1946년 1월 1일 천황은 조서를 내었다. 이 조서는 천황과 국민은 "상호 신뢰와 경애"로 맺어지는 것이며, "단지 신화와 전설"에 의한 것이 아님을 강조하였다. 그리고 "천황을 살아있는 신으로 받들고, 또 일본인을 다른 민족보다 우월한 민족"이라고 생각하는 것은 "가공의 관념"이라고 말하였다. 이것이 소위 천황의 '인간선언'이었다.

천황의 '인간선언'은 시데하라 총리대신이 먼저 영문으로 써서 맥아더의 승인을 받고, 다시 일본어로 번역해서 천황에게 보여준 다음, 천황의 이름으로 공포한 것이었다. 맥아더는 이 조서를 공포함으로써 일본의 초국가주의 사상의 근원인 천황신앙을 무력화시켰다. 맥아더는 "천황이 일본 국민의 민주화에 지도적 역할을 수행하려고 하였다."고 성명을 발표하였다. 맥아더는 연합국 및 미국의 천황제 폐지론 여론에 선제공격을 가했던 것이다.

"인간선언"으로 신비의 베일을 벗어버린 천황은 비로소 국민 앞에 그 모습을 드러냈다. 1946년 2월 19일 천황은 가나가와현을 시찰하는 것을 시작으로 오키나와를 제외한 전국 각지를 9년에 걸쳐서 순회하였다. 이러한 천황의 행보는 오히려 천황의 존재감을 대내외에 유감없이 각인시켰다.

점령의 가장 큰 목적은 일본의 무장해제였다. 일본이 다시는 다른 나라를 위협하는 일이 없도록 하는 것이었다. 가장 먼저 일본군의 무장을 해제하는 작업이 실시되었다. 외국에 주둔하다가 일본으로 돌아온 병사까지 포함해서 750만 명 정도의 일본군이 무장해제 대상이 되었다. 강제로 군수공장이나 탄광으로 징용된 한국인이 해방되었고, 해외에 거주하는 일본인 150만 명의 귀환도 추진되었다.

1946년 1월 4일 GHQ는 초국가주의 단체를 해산하고 군국주의자를 공직에서 추방하라는 명령을 내렸다. 일본 정부는 군국주의를 상징하는 기관이나 부서를 폐지하였다. 화족제도華族制度와 추밀원樞密院이 폐지되었다. 대정익찬회의 후신 대일본정치회와 같은 단체가 해산되었다. 특별고등경찰도 폐지되었다.

GHQ는 공직에서 추방되어야 마땅한 자들의 기준을 제시하였다. 그것은 전쟁범죄자, 군인, 국가주의 단체, 대정익찬회 간부, 점령지에서 관리를 역임한 자 등이었다. GHQ의 공직추방 명령으로 정치권이 요동쳤다. 진보당 의원 274명 중 260명, 자유당 의원 43명 중 30명, 사회당 의원 17명 중 11명이 추방되었다. 1946년 4월 총선거에서 당선된 국회의원의 80퍼센트 이상이 처음으로 정계에 입문한 정치인이었다. 언론계·경제계에서도 군국주의 성향이 있다고 의심되는 인물 20만 명 이상이 추방되었다.

태평양전쟁 전에 일본 정부와 군부는 천황을 신격화하고 일본인에게 민족적 우월감을 심어주기 위해 신도神道를 이용하였다. 1945년 12월 GHQ는 「국교분리령」을 공포해서 국가가 신사·신도를 보호·지원·감독·홍보하는 것을 금지하였다. 1946년 초 신사를 관리하는 국가기관인 신기원神祇院이 폐지되었다. 신사는 종교법인이 되었다. 이세신궁伊勢神宮과 야스쿠니신사靖国神社도 국가와 무관하게 되었다.

학교교육은 군국주의 체제를 완성하는 산실이었다. GHQ는 군국주의·초국가주의 교육을 금지하라는 명령을 내렸다. 미국은 이미 1942년부터 일본의 교육제도에 대해 연구하고 있었다. 1944년에는 참모본부 소속 전략국이 「일본의 행정과 문부성」이라는 보고서를 제출한 적이 있었다. 거기에 군국주의 정신을 기르는 일본의 교육제도를 폐지해야 한다는 주장이 담겨 있었다. 그 방침이 GHQ에 계승되었다. GHQ는 일본 정부에 교육칙어敎育勅語를 폐지하고, 국정교과서에서 전쟁을 부추기는 내용을 삭제하라고 명령하였다. 학교교육에서 수신修身·일본사·지리 수업이 폐지되었다. 이 과목들은 학생에게 초국가주의를 체계적으로 주입하는 중요한 역할을 했었다. 폐지된 교과서는 정부가 회수해 파기하였다.

  정부는 교직원 조사기관을 설치해서 군국주의자·초국가주의자를 학교에서 추방하였다. 1945년 11월 도쿄대학에서는 시국에 편승한 군국주의자·초국가주의자 교수를 교직에서 추방하고, 전쟁 중에 대학에서 추방되었던 야나이하라 타다오矢内原忠雄를 비롯한 7명의 학자를 복직시켰다. 1946년 2월 교토대학에서는 전쟁 중에 대학에서 추방되었던 다키가와 유키토기滝川幸辰가 복귀하였다. 다른 대학에서도 파쇼 정권에 의해 추방되었던 학자들이 속속 교단으로 복귀하였다.

[2] 민주화 정책

1. 제도의 개혁

  GHQ는 시데하라 내각에 5대 민주화 개혁을 지시하였다. 그 내용은 (1) 선거권을 부여하는 방법으로 여성을 해방하고, (2) 노동조합의 결성을 장려하고, (3) 교육을 자유화하고, (4) 압제적인 제도를 폐지하고, (5) 경제기구를 민주화하는 것 등이었다. 일본의 민주화는 이러한 5대 원칙에 입각해 추진되었다.

  중일전쟁과 태평양전쟁 중에 해체된 여러 정당이 부활하였다. 예전의 무산정당 관계자들이 모여서 일본사회당日本社會黨을 결성하였다. 보수 성향의 일본자유당日本自由黨, 일본진보당日本進步黨, 국민협동당國民協同黨 등이 새롭게 결성되었다. 일본공산당日本共産黨도 활발한 운동을 전개하였다.

모든 권리는 남녀에게 동등하게 부여되었다. 여자에게도 남자와 동등한 참정권이 부여되었다. 선거권은 20세 이상으로 하고, 피선거권은 25세 이상의 남녀에게 주어지는 「개정선거법」이 공포되었다. 1946년 4월 제22회 총선거가 실시되었다. 이 선거에서 공산당이 6

천황 궁전 앞 광장 미군 열병식(1946. 3. 9)

명의 국회의원을 배출했고, 39명의 여성 국회의원이 탄생하였다. 지방정치계에서도 중일전쟁과 태평양전쟁 중에 요직에 있었던 자들이 추방되었다. 지사와 교육위원도 선거를 통해 선출되었다.

미국식 교육제도가 도입되었다. 1946년 일본의 교육 실태를 조사한 미국의 교육사절단이 일본 정부에 소학교 6년 · 중학교 3년의 의무교육을 권고하였다. 권고에 따라 의무교육이 6년에서 9년으로 연장되었다. 1946년 4월부터 미국의 학제를 모방한 6 · 3 · 3 · 4제의 새로운 학제가 도입되었다. 학제는 남녀공학을 원칙으로 하였다. 학제의 변화에 따라 중학교, 고등학교, 대학이 설립되었다.

1947년 3월에 「교육기본법」 · 「학교교육법」이 공포되었다. 신헌법의 이념에 따라 성립된 「교육기본법」은 일본 교육의 기본방향을 정한 것이었다. 다음과 같은 이념이 제시되었다. "교육은 인격의 완성을 목표로 한다. 진리와 정의를 사랑하고 개인의 가치를 존중한다. 근로와 책임을 중시하고 자주적 정신에 넘치는 심신 건강한 국민을 육성한다."

새로운 학제는 학교의 평등화를 지향하였다. 새로운 제도에 의한 고등학교는 태평양전쟁 이전의 중학교와 같은 수준이었다. 태평양전쟁 이전에는 중학교가 취업교육을 주로 하는 직업학교와 진학을 목표로 하는 보통중학교로 구분되었다. 새로운 제도는 직업학교와 보통학교를 통합하고 학구제를 도입해서 고등학교 간의 격차를 없앴다.

국정교과서 제도가 폐지되고 검정제도가 도입되었다. 교과서 검정제도는 교육민주화의 일환으로 성립된 것이었다. 교과서 검정제도는 사상의 간섭을 받지 않는다는 원칙이 세워졌다. 하지만 그 후 교과서에 대한 문부성의 간섭이 강화되면서 검정제도는 오히려 교과서에 대한 국가의 통제를 상징하는 제도가 되었다. 집필자는 문부성의 '지도'에 따르지 않을 수 없었다.

교육행정도 민주화되었다. 전국의 자치단체에 교육위원회가 설치되었다. 교육위원은 주민의 직접선거로 선출되었다. 문부성 중심의 집권적 교육행정이 타파된 것이다. 교육쇄신위원회가 활동하기 시작하면서 새로운 학교 조직・교육행정 조직이 정비되었다. 교육행정 담당자들은 주민의 의사를 교육에 반영시키려고 노력하였다.

지방자치제도가 개혁되었다. 개혁의 목표는 국민의 의사를 정치에 반영시키는 것이었다. 「지방자치법」을 제정해서 선거를 통해 지방자치단체장을 선출하고 국민소환제를 도입하였다. 경찰제도도 개혁되었다. 자치단체 경찰이 중심이 되고 국가 경찰이 보조하는 새로운 제도가 도입되었다. 「국가공무원법」이 시행되었다. 태평양전쟁 전에는 천황을 위해 일하면서 국민 위에 군림했던 공무원이 명실상부한 국민의 공복이 되었다.

2. 경제구조의 개혁

 미국은 태평양 전쟁 때 일본 문제를 각 분야별로 연구하였다. 그 성과에 의하면 일본 농촌의 지주제는 일본사회의 봉건성과 군국주의의 온상이었다. 일본의 재벌은 전쟁을 부추기는 최대의 원동력이었다. GHQ는 철저한 개혁으로 일본의 경제구조를 민주화하려고 노력하였다. 그래서 농지개혁과 재벌의 해체를 단행하였다.
 일본의 농촌은 여전히 봉건시대 체질에서 탈피하지 못하고 있었다. 농촌에는 다수의 기생지주·부재지주와 그들에게 무거운 소작료를 내는 영세한 소작농이 공존하였다. 소작농은 여전히 지주에 예속되어 있었다. 일본 정부는 건실한 자작농을 육성하고 소작농을 보호하기 위해 농지개혁을 단행하였다. 정부가 지주에게서 농지를 강제로 매입해서 그것을 소작농에게 매매하는 방법을 취하였다. 소작농은 지주에게 소작료를 내지 않고 모든 생산물을 자신이 직접 처분할 수 있게 되었다.
 1945년 12월 제1차 「농지개혁안」이 국회에서 의결되었다. 「농지개혁안」은 기생지주·부재지주가 소유한 경작지 중에서 5정보까지는 지주가 직접 소유할 수 있도록 하고, 그 이상의 경작지는 소작농에게 양도하도록 하는 것이었다. 국회의원들은 「농지개혁안」이 너무 과격하다는 이유로 반대하였다. 그러나 GHQ의 압력으로 국회를 통과하였다. 1946년 2월부터 제1차 농지개혁이 실시되었다. 그러나 개혁은 철저하게 관철되지 못하였다.
 대일이사회는 일본 정부에 농지개혁을 철저하게 시행하라고 명령하였다. 제2차 농지개혁은 1946년 10월에 실시되기 시작해서 1949년 3월에 일단 종료되었다. 제2차 농지개혁의 내용은 (1) 농촌에 거주하는 지주의 소작지 보유량을 1정보 이하로 제한하고, 그 이상의 농지는 정부가 일괄 매입해서 싼 값으로 소작인에게 제공한다. (2) 소작료는 수확량의 25퍼센트 이하로 정하고 금납으로 납부하도록 한다. (3) 집행기관인 농지위원회에 소작인 대표가 참가하고, 그 비율은 소작인·지주·자작농이 각각 5:3:2로 정하였다. 이 법의 시행으로 소작지의 80퍼센트가 자작농의 소유로 전환되었다. 소작인은 급감하였다. 그러나 농지의 임대차관계가 잔존하는 한 기생지주 부활의 가능성이 여전히 남아있었다.

1945년 11월 GHQ는 재벌의 해체를 단행하였다. GHQ는 일본 정부에 미쓰이三井, 미쓰비시三菱, 스미토모住友, 야스다安田 등 소위 4대 재벌을 포함한 15대 재벌에 대한 자산동결을 명령하였다. 1946년 정부는 지주회사정리위원회를 발족시켜서 재벌이 자본을 지배하는 기반인 지주회사와 재벌 가족이 소유한 주식·증권을 처분하고, 재벌 가족·재벌 본사·지주회사의 거대한 경제력을 박탈하였다. 재계 인사의 추방도 병행되었다. 1947년에는「독점금지법」과「과도경제력집중배제법」을 잇달아 제정해서 카르텔·트러스트·콘체른의 결성을 비롯해 주식회사의 설립, 회사 임원의 겸임, 주식의 매점, 상품의 독점판매 등 독점행위 일체를 금지하였다.

재벌해체 정책은 어느 정도 성과를 거두었다. 하지만 독점적인 대기업은 여전히 생명력을 유지하였다. 더구나 GHQ는 재벌의 중심축인 재벌계 대형 은행에 끝까지 손을 대지 못하였다. 재벌해체 정책이 철저하게 추진되지 못했던 것이다. 일본의 거대자본은 재벌 가족을 정점으로 하는 낡은 구조에서 탈피해 금융자본과 은행자본을 중핵으로 하는 콘체른 형태의 새로운 구조로 전환하였다.

1945년 10월 GHQ는 노동자의 단결권을 인정하고 보호해야 한다는 명령을 내렸다. 1945년 12월 「노동조합법」이 공포되고 다음 해 3월부터 시행되었다. 이 법은 노동자의 단결권과 단체교섭권을 보장하는 것이었다. 1946년 9월 「노동관계조정법」이 공포되고 같은 해 10월부터 시행되었다. 이 법은 노동쟁의 조정과 쟁의행위 억제에 관한 것이었다. 1947년 4월 「노동기본법」이 공포되고 같은 해 9월에 시행되었다. 이 법은 노동자의 노동권과 생활권을 보호하는 것이었다.

3. 헌법과 법률의 제정

일본의 민주화를 추진하기 위해서는 「대일본제국헌법」을 전폭적으로 개정할 필요가 있었다. 1945년 10월 GHQ는 「대일본제국헌법」의 개정을 시사하였다. 시데하라 내각은 헌법조사위원회를 설치해서 1946년 1월에 시안을 발표하였다. 정당과 민간단체도 시안을 연이어서 발표하였다. 그러나 대부분은 제국헌법의 내용을 부분적으로 수정한 것에 지나지 않았다.

GHQ는 시데하라 내각이 작성한 헌법개정안을 거부하고 스스로 작성한 신헌법 초안을 제시하였다. 신헌법의 기초에 즈음해 맥아더 사령관은 헌법 개정의 3원칙으로 입헌군주제로서의 천황제 승인 · 전쟁의 포기 및 무장의 금지 · 봉건제도의 폐지를 제시하였다. 일본 정부는 GHQ가 작성한 신헌법 초안을 심의 · 수정해서 초안을 완성하였다. 초안은 주권재민 · 인권보장 · 남녀평등의 정신에 기반을 둔 것이었다. 이 초안은 의회에서 심의되어 1946년 11월 3일 「일본국헌법」으로 공포되고, 다음 해 5월 3일부터 발효되었다.

「일본국헌법」은 전문과 11장 103조의 본문으로 구성되었다. 본문은 제1장 「천황」, 제2장 「전쟁의 포기」, 제3장 「국민의 권리와 의무」, 제4장 「국회」, 제5장 「내각」, 제6장 「사법」, 제7장 「재정」, 제8장 「지방자치」, 제9장 「헌법개정」, 제10장 「최고법규」, 제11장 「보칙」으로 구성되었다.

「일본국헌법」의 주된 내용은 국민주권주의를 채용하고 천황을 실권이 없는 상징적인 존재로 규정했다는 점, 원칙적으로 간접민주제를 채택하고 선거로 선출되는 양원제 형식을 취했다는 점, 기본적인 인권을 불가침한 것으로 규정했다는 점, 전쟁과 군비의 포기를 명확히 했다는 점, 계엄 및 비상사태에 관한 제도를 모두 폐지했다는 점, 헌법 개정에 중의원·참의원 의원 3분의 2의 의결에 더해 국민투표라는 직접민주주의 제도를 도입했다는 점 등을 들 수 있다. 그러나 '상징', '공공의 복지' 등 애매한 용어가 많아 해석하기에 따라서 여러 방향으로 운용할 수 있는 가능성이 있다는 문제점이 있었다.

「일본국헌법」은 노동자의 단결권과 파업권의 보장, 국민의 최저생활권 보장 등 인권사상의 내용을 반영하면서도 전쟁포기 규정이 포함되어 있는 세계적으로 유례가 없는 평화헌법이었다. 국가의 최고기관은 국회였다. 내각 총리대신은 국회의 지명으로 선출하고 천황이 임명하도록 하였다. 헌법 개정과 최고재판소 재판관의 임명은 국민투표에 붙여졌다. 재판소에는 위헌입법심사권이 주어졌다.

종래의 가족제도는 가부장제로 호주가 절대적인 권한을 갖고 있었다. 호주는 가족이 혼인 등으로 호적의 변동 사유가 발생했을 경우에 대한 동의권, 가독 상속·유산 상속·재산 증여 등에 대한 독단적인 지정권·동의권이 보장되었다. 그 결과, 가족 개인의 인격이 무시되는 경향이 있었다. 가독은 장남이 상속하는 것이 원칙이었다. 따라서 장남이 존중되었다. 남존여비의 경향이 강하였다.

일본국헌법이 제정되면서 남녀평등·부부평등의 관점에서 호주제도와 가독제도가 폐지되었다. 유산은 처를 비롯해 모든 자손이 평등하게 상속하도록 하였다. 결혼도 당사자의 의견을 존중하게 하였다. 형사소송법이 전면 개정되었다. 간통죄도 폐지되었다.

[3] 전후의 일본사회

1. 식량난과 인플레이션

전쟁이 일본인에게 가져다 준 인적·물적 피해[103]는 컸다. 인적 피해는 사상자가 육군 114만 명, 해군 41만 명, 공습 등에 의한 사망자가 30만 명이었다. 부상 및 행방불명자를 포함해 약 300만 명의 일본인이 희생되었다. 국가재산의 피해는 재산 총액의 약 4분의 1이 손실되었다. 실업자 문제도 심각한 상황이었다. 일본군 720만 내지 760만, 군수공장 징용자 400만, 해외로부터 돌아온 일본인 150만 등 1,300여만 명의 일본인이 생계가 막연한 실정이었다.

일본인은 전쟁 말기부터 식량과 생활용품이 부족해 많은 어려움을 겪었다. 패전 후에는 사정이 더욱 어려워졌다. 제2차 세계대전 이전에

---

103) 피해가 특히 컸던 것은 선박, 공업용 기계, 건축물, 가구자재 등이었다. 다만 철도, 전기, 가스, 전신전화 등의 피해는 의외로 적었다. 생산설비 중에서 특히 철강, 기계, 화학 등 중화학공업의 피해가 거의 없었다. 미국은 일본의 철도, 도로, 댐, 발전시설, 공업시설 등 기간시설에 폭격을 하지 않았다. 철도시설의 피해율은 7퍼센트도 되지 않았다. 댐과 수력발전소는 피해를 전혀 입지 않았고, 전국의 공업지대도 거의 파괴되지 않았다. 그래서 일본은 짧은 시간 내에 고도경제성장을 달성할 수 있었다.

도 일본은 식량을 자급하지 못하였다. 쌀은 주로 한반도에서 들여와 수요에 충당하였다. 그런데 일본이 패전하면서 한반도에서 쌀을 들여올 수 없게 되었다. 더구나 패전한 일본은 외국의 농산물을 구입할만한 경제력을 상실하였다. 일본의 식량부족 현상이 일시에 표출되었다.

정부는 식량난을 해결하기 위해서 농민이 보유한 쌀을 공출供出하게 해 수요에 충당하면서 GHQ에 원조를 요청하였다. 한편, 군수공장의 자본가는 패전과 동시에 노동자를 해고하였다. 자본가들은 보유하고 있던 군수물자를 암거래 시장으로 방출하면서 정부에 보상을 요구하는 데 매달렸다. 자본가들이 민간산업으로 복귀해 생산을 재개할 때까지 많은 시간이 걸렸다.

1946년에 접어들어서도 도시에서는 식량배급이 제대로 이루어지지 않았다. 식량위기가 더욱 심각해졌다. 같은 해 5월에 천황 궁전 앞에서 식량을 요구하는 집회가 열릴 정도였다. 패전 전에도 흉작으로 식량사정이 원활하지 않았었는데, 1945년에도 일기가 불순하고, 비료와 노동력이 부족해 벼 수확량은 평년의 3분의 2 수준이었다. 상황이 심각하다고 판단한 GHQ는 긴급하게 식량을 방출하였다.

생산 활동도 정지되었다. 군수품 생산은 말할 것도 없고 일반 공장도 거의가 폐쇄되었다. 주로 강제로 연행된 조선인 노동자의 사역으로 유지되던 석탄생산도 중지되었다. 전력·철강 등 기초산업 분야의 공업생산도 매우 부진하였다. 정부는 1947년 1월에 자금을 마련해 부흥금융금고復興金融金庫를 설치하였다. 그리고 석탄·철강·비료·전력·해운 등의 분야를 중점 부문으로 선정해 자금을 집중 대출하였다. 이것을 경사생산방식傾斜生産方式[104]이라고 하였다. 그러나 이러한 자금지원

---

[104] 경사생산방식은 패전 후, 생산의 정체를 타개하는 것을 목적으로 한 경제정책이었다. 석탄·철광을 중심으로 하는 기초산업 부문에 자재와 자금을 집중 투입해 생산 재개의 실마리를 만들려고 한 것이었다.

방식은 결과적으로 독점자본에 거액의 자금을 집중시키는 결과를 초래하였다.

전쟁 중에도 인플레이션이 진행되고 있었지만, 패전 처리를 위한 적자공채赤字公債가 난발되면서 인플레이션이 폭발적으로 진행되었다. 패전 후 1년간 물가는 약 7배나 폭등하였다. 1946년 2월 시데하라 기주로 내각은「금융긴급조치령金融緊急措置令」을 발동하였다. 이것은 종래의 화폐를 예금하면 새로운 화폐로 1개월에 세대주는 300엔, 세대원은 1인당 100엔씩 인출할 수 있게 하는 것이었다. 예금하지 않은 종래의 화폐는 무효로 처리하였다. 그런데 화폐를 은행에서 흡수해 인플레이션이 계속 진행되었다. 전쟁 중에 국가와 은행이 국민으로부터 모금한 국채나 예금이 가치를 상실하였다. 정부는 물가와 임금을 억제하는 정책을 추진하였지만 효과가 거의 없었다.

당시 중요한 식료는 자유로운 매매가 허용되지 않았다. 생산자는 정부가 정한 공정가격으로, 정해진 절차에 따라서 판매하지 않으면 안 되었다.[105] 하지만 농촌에 필요한 생산 자재는 공정가격으로 제공되지 않았다. 농민은 생산물을 암시장에 판매하고, 그 대금으로 생산 자재를 구입할 수밖에 없었다. 도시의 민중도 암시장에서 구입한 식량으로 겨우 연명하였다.[106] 암시장에서는 도시 민중의 의류와 농민의 식량이 교환되기도 하였다. 정부는 경찰력을 동원해 공출을 강화하고 암시장을 단속했으나 효과가 없었다.

---

105) 식료와 같은 생활필수품 가격이 상승하자 민중의 생활이 파탄에 직면하였다. 정부는 물가를 통제하였다. 그러나 정해진 절차에 따라서, 그것도 공정가격으로 입수할 수 있는 물자로는 필요량을 충당할 수 없었다. 민중은 암시장에서 물자를 구입할 수밖에 없었다. 그런데 암시장에서 거래되는 물건 값은 공정가격보다 훨씬 비쌌다.
106) 1947년 10월 신문에 현직 재판관이 굶어죽었다는 기사가 실렸다. 그는 암시장에서 식료를 구입하지 않고 정상적인 절차에 따라 식료를 구입할 것을 고집하였다고 한다.

2.「경제안정 9원칙」과 독점자본의 부활

미국은 점령지역구제자금과 점령지역경제부흥자금 등으로 일본에 대한 경제적 원조를 실시하였지만 일본의 경제사정이 좋아지지 않았다. 그러자 미국은 인플레이션을 수습해 일본경제를 자립하게 하려고 결심하였다. 1948년 12월 GHQ는 경비의 절약과 예산의 균형화, 징세의 강화, 자금대출 대상의 제한 등을 내용으로 하는「경제안정 9원칙」을 요시다 시게루吉田茂 내각에 지시하였다.

「경제안정 9원칙」은 (1) 균형예산 편성, (2) 세금징수 강화 (3) 엄격한 선별융자, (4) 효과적인 자금안정계획 수립, (5) 물가통제 강화, (6) 외국환 관리 강화, (7) 수출의 증대, (8) 국산원료 및 제품의 증산, (9) 효과적인 식량계획 등의 실시를 내용으로 하고 있었다.

1949년 2월 미국의 특별공사 조셉 도치J. Dodge가 내일하였다. 그는「경제안정 9원칙」을 기본으로 인플레이션의 종식과 수출의 증대에 의한 일본경제의 자립을 목적으로 하는 경제정책을 추진하였다. 도치는 초균형예산을 편성해 부흥금융금고의 융자를 정지하고, 보조금 삭감, 징세 강화, 국채상환 등의 정책을 추진하였다. 국민에게는 내핍생활을 요구하였다. 이것을 도치 라인Dodge's line이라고 하였다. 도치는 또 1달러를 360엔으로 하는 단일환율을 정해 일본경제를 국제경제와 연결시켰다.

1949년 5월에 캘리포니아대학의 칼 샤프를 단장으로 하는 미국 사절단이 내일하였다. 도치 라인에 의한 경제안정의 실현을 세제 면에서 보완하기 위해서였다. 사절단은 3개월 동안 일본에 머물면서 GHQ에 보고서를 제출하였다. 그 내용은 소득세 중심주의 철저, 자본축적을 위한 감세조치, 지방세를 독립세로 전환, 보조금제도의 정지 등을 권고하는 것이었다. GHQ는 칼 샤프의 권고를 기본으로 세제개혁을 단행하였다. 이러한 조치로 인플레이션이 진정되었다. 대기업은 미국의 자금과 기술의 지원에 힘입어 경쟁력을 회복하였다. 그러나 중소기업·노동자·봉급생활자·영세 농민은 여전히 불황에 허덕이고 있었다.

1949년에 「정원법」이 성립되었다. 이 법에 근거해 국유철도 종업원의 대량 해고를 시작으로 공무원이 해고되었다. 공무원의 해고는 민간기업의 해고로 이어졌다. 일시에 실업자가 발생하였다.

재벌해체가 중단되자 대기업은 다시 자본과 생산의 집중을 꾀해 독점자본으로 성장하였다. 대형 은행은 융자라는 방법으로 재벌회사를 지배하면서 실업계에 결정적인 영향력을 행사하였다. 독점자본이 부활한 것이다.

3. 노동조합의 결성

식량 부족, 생산 정체, 실업자 증가, 물가 상승 등으로 임금생활자의 실질 임금이 저하되었다. 상대적으로 가난해진 민중은 한계상황에 직면하였다. GHQ의 재정정책과 세제개혁은 임금생활자를 더욱 궁핍하게 할 뿐이었다. 이러한 상황은 노동운동을 급속하게 확산시키는 토양이 되었다.

노동운동의 발전에는 GHQ의 노동정책이 크게 기여하였다. GHQ는 일본 노동자의 저임금이 국내시장 발달을 저해했고, 결과적으로 일본 제국주의가 다른 세계를 침략하는 요인이 되었다고 판단하였다. 그래서 GHQ는 일본 정부에 진보적인 노동법을 제정하도록 지시하였다. 그 결과, 1946년에 「노동조합법」이 제정되었다. 노동조합이 법의 보호를 받게 된 것이다. 노동자의 단결권·단체교섭권·태업권이 보장되었다. 1947년에는 「노동기준법」이 제정되어 1일 8시간 노동제를 비롯해 노동계약·임금·휴일·휴식·유급휴가·출산휴가·생리휴가·재해보상·기숙사 등 노동조건의 최저기준이 정해졌다.

노동자가 법의 보호를 받게 되면서 노동조합이 연이어 결성되었다. 노동조합에 가입하는 노동자의 수도 급증하였다. 1946년 8월에 전일본산업별노동조합회의全日本産業別勞動組合會議와 일본노동조합총동맹日本勞動組合總同盟이 결성되었다. 전자는 산별産別로 불렸고, 후자는 총동맹으로 불렸다. 이 두 단체가 일본을 대표하는 전국 규모의 노종조합이었다. 이 단체에 가입한 노동자는 660만 명에 달하였다. 1948년에는 조합 수가 3만4,000개, 조합원은 667만 명에 달하였다. 참고로 노동조합이 폐지되기 직전인 1936년 당시 조합원은 42만 명이었다. 노동자들은 임금 증액·직장 민주화·생산 재개 등을 요구하면서 투쟁을 전개하였다.

노동운동의 역사에서 최대의 고비는 2·1스트라이크 계획과 그 좌절이었다. 1947년 2월 1일 관공청노동조합官公廳勞動組合을 중심으로 파업을 단행하려는 계획을 세웠다. 산별과 총동맹 계열의 노동조합도 합세할 예정이었다. 특히 철도·전신전화·관공서를 주축으로 동맹총파업을 실시해 생활의 안정을 위한 임금 인상과 요시다 시게루 내각의 타도를 실현하려고 하였다. 그러나 스트라이크에 돌입하기 10시간 전에 맥아더 사령관이 스트라이크 금지를 명령했기 때문에 불발로 끝났다.

이이 야시로伊井弥四郎 공동투쟁위원장은 NHK 방송을 통해 스트라이크 중지를 지시하였다. 이것은 미국의 점령정책이 노동운동의 육성에서 억압으로 전환했다는 것을 보여주는 것이었다. 이때부터 GHQ는 사회운동과 노동운동을 공공연하게 탄압하였다. 1948년에 맥아더 사령관은 일본 정부에게 「국가공무원법」 개정을 지시하였다. 노동운동의 중핵이었던 공무원은 단체교섭권과 쟁의권을 박탈당하였다.

4. 내각의 변천

1945년 8월부터 3개월 동안 존속한 히가시쿠니노미야 내각과 1945년 10월부터 1946년 4월까지 존속한 시데하라 기주로 내각은 과도기 내각이었다. 원로의 추천에 의해 성립된 내각이었다.

1946년 4월에 실시된 총선거 이후에는 정당이 내각을 구성하였다. 그러나 다수의 정당이 난립했던 1940년대 말에는 단독으로 과반수를 확보한 정당이 없었다. 그래서 내각은 기본적으로 복수의 정당·당파 연합내각 형태로 조직되었다. 각 정당간의 연합을 통해 점차로 다수를 점하는 정당이 형성되었다. 또 전후의 가장 두드러진 특징은 일본공산당이 처음으로 합법화되었다는 점이다. 일본공산당은 노동운동에 결정적인 영향력을 행사하게 되었다.

1946년 4월에 개정선거법에 의한 총선거가 실시되었다. 일본자유당이 제1당이 되었다. 하지만 일본자유당 총재 하토야마 이치로鳩山一郎가 GHQ에 의해 공직에서 추방되었다. 그래서 GHQ와 긴밀한 관계를 유지했던 요시다 시게루吉田茂가 총리대신이 되어 진보당과 함께 연합내각을 구성하였다. 이것이 제1차 요시다 시게루 내각이었다. 요시다 시게루 내각이 신헌법을 공포하였다. 1947년 3월에는 제국의회가 소멸하였다.

1947년 4월에 실시된 총선거에서 요시다 내각의 인플레이션 정책에 대한 반발로 일본사회당이 제1당이 되었다. 일본사회당 위원장 가타야마 데쓰片山哲가 진보당의 후신인 일본민주당과 함께 연립내각을 조직하였다. 가타야마 데쓰 내각은 요시다 내각의 정책을 계승해 쌀값과 임금을 억제하고 노동자에게 내핍을 요구하였다. 경사생산방식도 요시다 내각이 결정하고 가타야마 내각이 실시한 정책이었다. 이러한 정책에 의해 광공업 생산은 회복되었지만 인플레이션이 촉진되었다. 경사생산방식은 결과적으로 서민의 생활을 압박하였다. 가타야마 내각은 결국 노동자의 저항에 직면했고, 사회당 좌파의 반격으로 1948년 2월에 총사직하였다.

　일본자유당은 야당의 제1당에게 정권을 양보하라고 주장하였다. 그러나 사회·민주·국민협동당은 연립내각을 계속 유지하려고 하였다. 또 GHQ의 민정국에서도 요시다 시게루가 이끄는 일본자유당을 못마땅하게 생각하였다. 이러한 상황 하에서 1948년 3월 일본민주당 총재 아시다 히토시芦田均를 총리대신으로 하는 3당 연립내각이 성립되었다. 아시다 히토시는 노동운동에 대처하기 위해 사회당 좌파 인물을 입각시키기도 하였다. 하지만 아시다 내각은 노동조합의 공세에 시달리면서도 공무원의 단체교섭권을 부정하고 쟁의행위를 금지하였다. 6월에는 사회당 좌파의 지도자이며 아시다 내각의 국무대신인 니시오 스에히로西尾末広가 비리에 연루되었고, 부흥금융금고의 융자를 둘러싼 뇌물사건이 표면화되었다. 1948년 10월 아시다 내각이 총사직하였다.

　1948년 10월 제2차 요시다 시게루 내각이 성립되었다. 제2차 요시다 내각은 152명의 중의원을 거느린 민주자유당의 소수 단독내각에 지나지 않았다. 하지만 요시다 시게루는 지도력을 발휘해 정치를 안정시켰다. 요시다 시게루 총리대신은 5년에 걸쳐서 정권을 담당하면서 이케다 하야토池田勇人·사토 에이사쿠佐藤栄作를 비롯한 관료 출신자를 당원으로 영입하는 데 힘썼다.

　요시다 시게루는 미국의 정책 전환을 민감하게 감지하였다. 냉전구조를 영악하게 이용하면서 일본의 보수체제를 구축하였다. 요시다 내각은 미국의 극동정책에 발맞추어 군비를 갖추는 한편, 일본의 독립을 실현할 수 있는 기초를 다졌다.

1949년 1월 총선거에서 요시다 시게루가 이끄는 민주자유당이 중의원 의석 264석을 확보하였다. 민주자유당은 전후 처음으로 중의원 의원 과반수를 거느리는 정당이 되었다. 중도 3당은 모두 참패하였다. 그러나 공산당은 약진하였다. 이전에 중의원 의석 4석에 불과했던 공산당은 의석 35명석을 확보하였다. 공산당의 약진을 지켜본 요시다 시게루는 보수연합 세력을 구축하려고 하였다. 그래서 제3차 요시다 내각에 민주당 의원도 입각하게 하였다.

참고문헌

강좌・통사・개설

日本近現代史辞典編纂委員会 編, 『日本近現代史辞典』, 東洋経済新報社, 1978

安藤良雄 編, 『近代日本経済史要覧』, 第2版, 東京大学出版会, 1979

国史大辞典編纂委員会 編, 『国史大辞典』1~14, 吉川弘文館, 1979~1993

竹内理三 外監修, 『日本史総覧』, 全6巻・補巻1, 新人物往来社, 1983~84

百瀬 孝, 『事典昭和戦前期の日本 制度と実態』, 吉川弘文館, 1990

百瀬 孝, 『事典昭和戦前期の日本 占領と改革』, 吉川弘文館, 1995

佐々木隆爾 編, 『昭和史の事典』, 東京堂出版, 1995

통사

『日本の歴史』, 全26巻・別巻5, 中央公論社, 1965~76

『体系日本歴史』, 全6巻, 日本評論社, 1967~71

『日本の歴史』, 全32巻・別巻1, 小学館, 1973~81

『日本史』, 全10巻, 有斐閣新書, 1977~78

『大系日本の歴史』, 全15巻, 小学館, 1987~89

『昭和の歴史』, 全10巻・別巻1, 小学館, 1982~93

강좌

『岩波講座日本歴史』, 全23巻, 岩波書店, 1962~64

『講座日本史』, 全10巻, 歴史学研究会・日本史研究会編, 東京大学出版会, 1970~71

『岩波講座日本歴史』, 全26巻, 岩波書店, 1975~7

『日本歴史大系』, 全5巻・別巻1, 山川出版社, 1984~90

『講座日本歴史』, 全13巻, 歴史学研究会・日本史研究会編, 東京大学出版会, 1984~85

『岩波講座日本通史』, 全21巻・別巻4, 岩波書店, 1993~1995

테마별 강좌

『日本経済史大系』, 全6巻, 東京大学出版会, 1965

『水平運動史の研究』, 全6巻, 部落問題研究会出版部, 1971~1973

『戦後改革』, 全8巻, 東京大学出版会, 1974~75

『大系日本国家史』, 全5巻, 東京大学出版会, 1975~76

『日本民衆の歴史』, 全11巻, 三省堂, 1974~76

『日本芸能史』, 全7巻, 法政大学出版社, 1981~1987

『日本女性史』, 全5巻, 東京大学出版会, 1982

『日本の社会史』, 全8巻, 岩波書店, 1986~88

『十五年戦争史』, 全4巻, 青木書店, 1988~89

『日本近代思想大系』, 全24, 岩波書店, 1988~92

『近代日本と植民地』(岩波講座), 全8巻, 岩波書店, 1992

『アジアのなかの日本史』, 全6巻, 東京大学出版会, 1992~93

단행본

浅田喬二, 『日本帝国主義下の民族革命運動』, 未来社, 1973

新井信一, 『原爆投下への道』, 東京大學出版會, 1985

荒井信一, 『戦争責任論 ~現代史からの問い』, 岩波書店, 1995

粟屋憲太郎, 『昭和の政党』, 小學館, 1983

家近良樹, 『西郷隆盛と幕末維新の政局』, ミネルヴァ書房, 2011

家永三郎, 『日本近代憲法思想史研究』, 岩波書店, 1967

家永三郎, 『太平洋戦争』, 岩波書店, 1968

石井寛治, 『日本の産業革命』, 朝日新聞社, 1997

石島紀之, 『中国抗日戦争史』, 青木書店, 1984

石田一良, 『日本文化史』, 東海大學出版會, 1989

伊藤之雄, 『大正デモクラシーと政党政治』, 山川出版社, 1987

伊藤 隆, 『昭和初期政治史研究』, 東京大学出版会, 1967

伊藤 隆, 『近衛新体制』, 中央公論社, 1983

稲田正次, 『明治憲法成立史』上・下, 有斐閣, 1960~1962

井上 清・渡部徹編, 『米騒動の研究』全5巻, 有斐閣, 1959~62

井上 清 編, 『大正期の政治と社会』, 岩波書店, 1969

井上 清, 『天皇の戦争責任』, 岩波書店, 1991

井上壽一, 『戦前日本の「グローバリズム」』, 新潮社, 2011

犬丸義一, 『日本共産党の創立』, 青木書店, 1982

入江 昭, 『模索する1930年代』, 山川出版社, 1993

色川大吉, 『明治の文化』, 岩波書店, 1979

宇野俊一 編, 『立憲政治』『論集日本歴史』, 有精堂, 1975

宇野俊一, 『日清・日露』, 小學館, 1976

江口圭一, 『十五年戦争の開幕』, 小學館, 1982

江口圭一, 『十五年戦争小史』, 青木書店, 1986

江口朴郎, 『帝国主義時代の研究』, 岩波書店, 1975

大石嘉一郎, 『自由民権と大隈・松方財政』, 東京大学出版会, 1989

大石嘉一郎, 『近代日本の地方自治』, 東京大学出版会, 1990

大江志乃夫, 『日露戦争と日本軍隊』, 立風書房, 1986

大久保利謙, 『岩倉使節の研究』, 宗高書房, 1976

大沼保昭, 『東京裁判から戦後責任の思想へ』第4版, 東信堂, 1997

大浜徹也, 『天皇の軍隊』, 教育社, 1978

岡 義武, 『転換期の大正』, (日本近代史大系5), 東京大学出版会, 1969

奥平康弘, 『治安維持法小史』, 筑摩書房, 1977

尾花 清, 『道徳教育論』, 大月書店, 1991

加藤 寛, 『福沢諭吉の精神』, PHP新書, 1997

加藤周一, 『日本文学史序説』下, 筑摩書房, 1980

川田 稔, 『原敬～転換期の構想』, 未来社, 1995

神田文人, 『占領と民主主義』, (昭和の歴史8), 小学館, 1994

北岡伸一, 『日本陸軍と大陸政策』, 東京大学出版会, 1978

北岡伸一, 『政党から軍部へ』(日本の近代5), 中央公論新社, 1999

木村 毅, 『文明開化』, 至文堂, 1966

金英達, 『創氏改名の研究』, 未来社, 1997

近代日本史研究会, 『明治維新の革新と連続』, (年報近代日本研究14), 山川出版社, 1992

金原左門, 『大正デモクラシーの社会的形成』, 青木書店, 1967

金原左門, 『大正期の政党と国民』, 塙書房, 1973

金原左門, 『昭和期への胎動』, 小学館, 1983

臼井勝美, 『日中外交史』, 塙書房, 1971

倉田喜弘, 『芝居小屋と寄席の近代』, 岩波書店, 2006

姜在彦, 『朝鮮近代史研究』, 日本評論社, 1970

姜徳相, 『関東大震災』, 中公新書, 1975

姜東鎮, 『日本の朝鮮支配政策史研究』, 東京大学出版会, 1979

後藤 靖, 『自由民権運動の展開』, 有斐閣, 1966

後藤 靖, 『自由民権』, 中央公論社, 1972

小林英夫, 『「大東亜共栄圏」の形成と崩壊』, 御茶の水書房, 1975

酒井哲哉, 『大正デモクラシー体制の崩壊』, 東京大学出版会, 1992

坂野潤治, 『明治憲法体制の確立』, 東京大学出版会, 1971

坂野潤治, 『大正政変』, ミネルヴァ書房, 1982

坂野潤治・宮地正人 編, 『近代日本における転換期の研究』, 山川出版社, 1985

坂野潤治, 『日本憲政史』, 東京大学出版会, 2008

坂野潤治・大野健一,『明治維新』, 講談社現代新書, 2010

坂野潤治,『近代日本の出発』, 新人物文庫, 2010

坂本一登,『伊藤博文と明治国家形成』, 吉川弘文館, 1991

佐々木 克,『戊辰戦争』, 中公新書, 1977

佐々木 克,『大久保利通と明治維新』, 吉川弘文館, 1998

佐々木 克,『幕末政治と薩摩藩』, 吉川弘文館, 2004

佐藤元英,『昭和初期對中國政策の研究』, 原書房, 1992

鹿野政直,『日本近代化の思想』, 講談社, 1986

清水 伸,『明治憲法制定史』全三巻, 原書房, 1971

新名丈夫,『昭和政治秘史』, 三一新書, 1961

隅谷三喜男,『日本労動運動史』, 有信堂, 1966

隅谷三喜男 編,『昭和恐慌』, 有斐閣, 1974

高木惣吉,『太平洋海戦史』, 岩波新書, 1959

高橋秀直,『日清戦争への道』, 東京創元社, 1995

高橋昌郎,『文明開化』, 評論社, 1972

高村直助,『日本資本主義史論』, ミネルウア書房, 1982

竹前榮治,『占領戦後史』, 岩波書店, 1992

田中 彰,『明治維新政治史研究』, 青木書店, 1963

田中 彰,『岩倉使節団』, 講談社, 1977

田中 彰,『明治維新』, 吉川弘文館, 1994

田中新治,『教育運動史考』, 光文堂書店, 1976

田中節雄,『近代公教育』, 社会評論社, 1996

田保橋潔,『近代日鮮関係の研究』復刊版, 原書房, 1966

角田 順,『満州問題と国防方針』, 原書房, 1967

遠山茂樹,『天皇制の政治史的研究』, 校倉書房, 1981

遠山茂樹,『自由民権と現代』, 筑摩書房, 1985

遠山茂樹,『明治維新と天皇』,岩波書店, 1991

藤森照信,『明治の東京計画』,岩波書店, 1982

内藤正中,『自由民権運動の研究』,青木書店, 1964

長尾竜一,『日本憲法思想史』,講談社学術文庫, 1996

中塚 明,『近代日本と朝鮮』,三省堂, 1977

中西 功,『戦後民主変革期の諸問題』,校倉書房, 1972

中村隆英,『昭和経済史』,岩波書店, 1986

中村政則,『近代日本地主制史の研究』,東京大學出版會, 1979

中村政則 編,『占領と戦後改革』,吉川弘文館, 1994

中村政則 外,『世界史のなかの1945年』(戦後日本占領と戦後改革1), 岩波書店, 1995

奈良井雅道,『文明開化』,岩波書店, 1985

西成田 豊,『在日朝鮮人の「世界」と「帝国」国家』,東京大学出版会, 1997

日本史籍協会 編,『木戸孝允日記』復刊, 東京大学出版会, 1976

農民運動史研究会 編,『日本農民運動史』,東洋経済新報社, 1961

長谷川正安,『日本の憲法』第3版, 岩波書店, 1994

波多野澄雄,『大東亜戦争の時代』,朝日出版社, 1988

浜口裕子,『日本統治と東アジア社会』,勁草書房, 1996

林 三郎,『太平洋戦争陸戦概史』,岩波新書, 1959

林屋辰三郎 編,『文明開化の研究』,岩波書店, 1979

林屋辰三郎,『日本文化史』,岩波書店, 1988

原口 清,『日本近代国家の形成』,岩波書店, 1966

ひろた まさき,『文明開化と民衆意識』,青木書店, 1980

藤村道生,『日清戦争』,岩波書店, 1973

藤原 彰,『天皇制と軍隊』,青木書店, 1978

藤原 彰,『太平洋戦争史論』,青木書店, 1982

古屋哲夫,『日露戦争』,中公新書, 1966

古屋哲夫,『日中戦争史研究』,吉川弘文館, 1984

細谷千博,『シベリア出兵の史的研究』復刊版, 新泉社, 1976

升味準之輔,『日本政党史論』第5・6巻, 東京大学出版会, 1979~1980

松尾尊兊,『大正デモクラシーの研究』,青木書店, 1966

松尾尊兊,『普通選挙制度成立史の研究』,岩波書店, 1989

松尾章一,『自由民権思想の研究』,柏書房, 1965

松尾正人,『維新政権』,吉川弘文館, 1995

松本武祝,『植民地権力と朝鮮農民』,社会評論社, 1998

溝江徳明,『日本文芸概説』,八千代出版, 1975

三谷太一郎,『日本政党政治の形成』,東京大学出版会, 1967

三谷太一郎,『新版 大正デモクラシー論』,東京大学出版会, 1995

三谷太一郎,『近代日本の戦争と政治』,岩波書店, 1997

室山義正,『松方財政研究』,ミネルウァ書房, 2004

森山茂徳,『近代日韓関係史研究』,東京大学出版会, 1986

森山茂徳,『日韓併合』,吉川弘文館, 1992

安田 浩,『天皇の政治史』,青木書店, 1998

山住正己,『教育勅語』,朝日新聞社, 1980

山住正己,『日本教育小史』,岩波書店, 1987

山辺健太郎,『日韓併合小史』,岩波書店, 1966

山辺健太郎,『日本の韓国併合』,太平出版社, 1966

山辺健太郎,『日本統治下の朝鮮』,岩波書店, 1971

山本四郎,『評伝 原敬』,東京創元社, 1997

吉田 裕,『昭和天皇の終戦史』,岩波新書, 1992

吉田 裕,『日本人の戦争観』,岩波書店, 1995

吉見義明,『草の根ファシズム』,東京大学出版会, 1987

吉見義明 編,『従軍慰安婦資料集』,大月書店, 1992

연표

1867 에도 막부의 15대 쇼군이 대정봉환 제출함, 왕정복고의 대호령
1868 도바·후사미의 싸움, 보신전쟁 개시, 5개조의 서문 정체서 반포, 에도를 도쿄로 개칭함. 연호를 메이지로 정함, 일세일원제 원칙을 정함
1869 보신전쟁 종결, 판적봉환, 관제개혁, 에조치를 홋카이도로 개칭
1870 대교선포의 조칙
1871 친병 1만 명 징집, 폐번치현, 이와쿠라 사절단 출발
1872 학제공포, 지권 발행, 병부성을 폐지하고 육군·해군성 설치, 유구의 영토화 선언, 국립은행 조례 공포, 태양력 채용
1873 징병령 공포, 지조개정조례, 메이로쿠샤 창립, 내무성 설치, 정한파 하야
1874 민선의원설립건백서 제출, 사가의 난, 타이완 출병,
1875 애국사 결성, 사할린·지시마 교환조약, 신문지조례 제정, 강화도 사건
1876 조일수호조규 체결, 폐도령, 사족의 반란, 지조개정 반대 봉기
1877 세이난 전쟁
1878 오쿠보 도시미치 암살, 참모본부 설치
1879 유구번을 폐하고 오키나와현을 둠
1880 국회기성동맹 결성, 집회조례 제정
1881 국회개설의 조칙, 메이지 14년 정변, 경시청 설치, 자유당 결성
1882 입헌개진당·입헌제정당 결성, 오사카방적회사 설립, 임오군란(조선), 일본은행조례 제정, 후쿠시마 사건 일어남
1883 신문지조례 개정, 메이로쿠칸 준공
1884 화족령 제정, 군마群馬사건·가바산加波山사건·지치부秩父사건
1885 후쿠자와 유키치「탈아론」발표, 텐진조약, 내각제도 창설-초대 총리대신 이토 히로부미, 일본우선회사 창립
1886 제국대학령, 사범·중·소학교령 등 학교령 공포, 제1회 조약개정회의

1887 대동단결운동, 보안조례 공포

1888 추밀원 설치, 시제 · 정촌제 정비, 황실전범 성립

1889 대일본제국헌법 발포, 중의원 선거법 · 귀족원령 공포

1890 제1회 중의원 선거, 교육칙어 발포, 부현제 · 군제 공포

1891 아시오동산 광독문제 발생, 오쓰사건으로 조약개정 교섭 중단

1892 제2회 총선거, 철도부설법 공포

1894 동학농민전쟁(조선), 영일통상항해조약 조인, 청일전쟁 발발

1895 시모노세키 조약, 삼국간섭

1897 노동조합기성회 결성, 금본위제 확립, 대한제국 수립(한국)

1898 일본미술원 창립, 헌정당 결성

1899 문관임용령 개정, 보통선거기성동맹회 결성, 의화단의 난(중국)

1900 산업조합법 공포, 치안경찰법 공포, 입헌정우회 결성

1901 북경의정서 체결(중국), 애국부인회 창립, 야하타제철소 작업 개시

1902 일영동맹 조인

1903 전문학교령 공포, 소학교 국정교과서제도 수립

1904 러일전쟁, 한일의정서 체결, 제1차 한일협약

1905 제2차 일영동맹, 포스머스조약, 제2차 한일협약(을사보호조약)

1906 일본사회당 결성, 철도국유법 공포, 만주에 관동도독부 설치

1907 제1차 일러협약(이후 4차에 걸쳐서 상호특수권익 승인)

1908 6년간 의무교육실시, 아카하타 사건, 동양척식회사 설립,

1909 각의에서 한일합병 확정, 안중근이 이토 히로부미 사살

1910 대역사건, 한일합병, 조선총독부 설치, 제국재향군인회 설립

1911 공장법 공포, 관세 자주권 회복, 조약개정 완성, 신해혁명(중국)

1912 우애회 설립, 조선군사령부 설치, 제1차 호헌운동, 중화민국 성립(중국)

1914 제1차 세계대전에 참가, 적도 이북의 독일령 남양제도 점령

1915 중국의 위안스카이 정부에 21개조 요구

1917 중국에 니시하라 차관 개시, 금본위제 정지, 이시이·랜싱 협정
1918 쌀소동, 시베리아 출병, 하라 다카시 내각 성립, 대학령 공포
1919 파리강화회의, 3·1독립운동, 베르사유조약, 시베리아 철병 개시
1920 국제연맹 발족, 전후공황, 신부인협회 설립, 일본사회주의동맹성립
1921 하라 다카시 암살, 워싱톤회의, 4개국 조약 성립, 일영동맹 폐기
1922 일본 공산당 결성, 해군군축조약, 일본농민조합 결성, 일본공산당 결성
1923 관동 대진재, 조선인 대학살
1924 제2차 호헌운동 개시, 호헌 3파 내각 성립, 소작조정법 공포
1925 일소기본조약 조인, 치안유지법·보통선거법 성립, 라디오 방송 실시
1926 장제스 북벌개시, 일본공산당 재건
1927 금융공황 발생, 중국 산둥성 출병, 동방회의 개최
1928 제1회 보통선거 실시, 3·15 사건, 장쭤린폭살사건, 특별고등경찰 설치
1929 4.16사건, 세계공황 일어남
1930 금본위제 복귀, 런던 해군 군축조약 조인
1931 3월사건, 중요산업통제법 공포, 만주사변 발발, 10월사건
1932 상하이사변, 만주국 건국, 5·15사건, 일만의정서 조인
1933 일본 국제연맹 탈퇴, 다키가와 사건, 히틀러 독일 수상 취임
1934 푸이 만주국 황제 취임, 각의에서 워싱턴해군군출조약 폐지 결정
1935 천황기관설 문제화, 오카타 내각이「국체명징에 관한 성명」발표
1936 2·26사건, 군부대신현역무관제 부활,「국책의 기준」결정
1937 제1차 고노에 내각 성립, 중일전쟁 개시, 난징 대학살, 제2차 국공합작
1938 「국가총동원법」공포,「전력국가관리법」공포, 동아신질서건설 성명
1939 미곡 배급 통제법 실시, 미국이 미일통산조약 폐기 통고, 제2차 세계대
　　　전 개시. 조선에서 창씨개명 실시, 조선인 강제연행 시작
1940 정우회·민정당 해산, 일·독·이 삼국 군사 동맹 성립, 각의에서 대동
　　　아신질서 등「기본국책요령」결정, 대정익찬회 발족, 대일본산업보국회

창립, 기원2,600년 축하 행사

1941 「국민학교령」 공포, 「생활필수물자통제령」 공포, 일소중립조약 성립, 도조 히데키 내각 성립, 일본해군 하와이 진주만 기습, 태평양전쟁 개시

1942 일본군 마닐라·싱가포르 등 동남아시아 각 지역 점령, 대동아성 설치, 미드웨이 해전, 미군의 반격 개시

1943 대동아회의 개최, 이탈리아 무조건 항복, 카이로회담, 학도출진 개시, 중국인 강제연행 시작

1944 마리아나 해전, 사이판 섬 일본군 전멸, 도조 히데키 내각 총사직, 학동소개 실시, 「학도근로령」·「여자정신대근로령」 공포, 가미카제특공대 출전, B~29 일본본토폭격

1945 미군 오카나와 상륙, 히로시마·나가사키 원폭 투하, 소련 대일선전포고, 일본 포츠담 선언 수락, 항복문서에 조인, GHQ의 일본통치 개시, 일본사회당 결성, 일본자유당 결성, 일본진보당 결성, 「노동조합법」 제정, 「노동기본법」 제정, 「선거법」 개정, 일본공산당 재건

1946 천황의 인간선언, 전쟁협력자 공직 추방, 「농지조정법」 개정, 「금융긴급조치령」 발령, 극동국제군사재판 개시, 일본노동조합총동맹 결성, 「일본국헌법」 공포

1947 2·1스트라키 중지, 「교육기본법」·「학교교육법」 공포, 「경찰법」 공포, 「과도경제력집중배제법」 공포, 「국가공무원법」 공포

1948 민주자유당 결성, 해상보안청 설치, GHQ 「일본경제안정9원칙」 발표

1949 닷지 라인 발표, 유카와 히데키 노벨물리학상 수상

1950 한국동란, 경찰 예비대 창설

색인

ㄱ

가고시마 42, 43, 91, 111, 116, 119, 121
가네코 겐타로 143
가라후토 258, 259
가마이시광산 191
가바산 사건 137
가쓰 가이슈 30
가야 오키노리 527
가와카미 소로쿠 217
가와카미 하지메 377, 398, 405
가쿠슈인대학 405, 406, 407
가타야마 데쓰 593, 594
가토 다카아키 154, 237, 248, 257, 324, 368, 370, 429, 444
가토 도모사부로 360, 365, 392
가토 히로유키 72, 73, 74, 125
강화도조약 106, 109, 112
개정선거법 581, 593
게이오기주쿠 47, 75, 290, 299
고노에 3원칙 506
고노에 후미마로 472, 494, 504, 511, 513, 517, 546, 566, 568
고등사범학교 47, 287, 393, 403
고무라 주타로 71, 179, 199, 232, 251, 253, 279
고바야시 다키지 410

고이소 구니아키 463, 546, 567
고토 쇼지로 25, 27, 123, 133, 150
고토쿠 슈스이 207, 209, 239, 302
곤지키야샤 301, 310
공동운수회사 187
공부성 62, 69, 180, 195, 307
공산당 376, 383, 410, 432, 450, 471, 493, 504, 580, 593, 595
공장법 207, 208, 365
관동군 260, 433, 437, 451, 460, 461, 466, 470, 472, 491, 510, 521, 537
관동대진재 365, 372, 377, 391, 422, 423, 443,
관동도독부 260, 321
관부연락선 259
관영사업 131, 180, 182, 192
교육기본법 581, 582
교육칙어 72, 285, 293, 297, 579
구가 가쓰난 293
9개국조약 362, 460.462, 472
구니키다 돗포 303, 304
구로다 기요다카 95
구마모토성 120, 121
구메 구니타케 83, 289
국가공무원법 582, 592
국가총동원법 500, 501, 502

색인 607

국경분쟁처리요강 510
국교분리령 579
국민정신총동원운동 499, 500
국민징용령 552, 557
국민학교 516, 554
국민혁명군 431, 433, 434, 435, 436, 437, 451, 473, 504
국수주의 293, 296, 310, 477
국제연맹 248, 359, 465, 468, 471, 473, 508
국책수행방침 523
국회기성동맹 128, 134, 604
군령부 166, 360, 439, 440, 522
군마 사건 137
군인칙유 167
극동국제군사재판 575, 576, 577
근로동원령 553
금융공황 340, 378, 443, 447
기노시타 모쿠타로 305, 411
기도 고이치 479, 505, 527, 577
기도 다카요시 27, 32, 35, 36, 39, 47, 78, 80, 82, 87, 92, 103, 112, 120, 122, 126
기미가요 164, 286
기생지주제 58, 185, 202
기요우라 게이고 257, 349, 368
기쿠치 칸 409, 412
기타 잇키 388, 457, 487
기타자토 시바사부로 291
기타하라 하쿠슈 302, 305, 411
기획원 500, 526, 528

ㄴ

나가타 데쓰잔 453, 479, 481, 483
나구모 주이치 530
나쓰메 소세키 305, 306, 409
나야가시라 194, 204
나이토 고난 405, 406
나카다 가오루 405
난징정부 507
남만주철도회사 249, 260, 261, 263, 264, 280, 321, 335, 355, 405, 452, 514
남진론 517
낭만주의 302, 411, 412
노구치 히데요 291
노동기준법 592
노동조합기성회 206, 208
노동조합법 209, 585, 591
노로 에이타로 373, 406, 477
노몽한사건 509, 512
노무라 기치사부로 473, 520
농지개혁안 583
니시다 기타로 289, 404
니시다 나오지로 406
니시무라 시게키 73, 293
니시하라 차관 331, 606
니이지마 조 47, 72
니혼간교은행 199
니혼제철소 191
니혼진 203, 293

ㄷ

다구치 우키치 130, 207, 290

다나카 기이치 320, 365, 432, 446
다나카 쇼조 204, 205
다니 다테키 172, 174
다이쇼 데모크라시 345, 348, 404,
　　　　405, 417, 418
다이쇼 천황 325, 367
다카시마탄광 193, 203, 204
다카하마 교시 303, 393
다키가와 유키토키 476
대동아공영권 560, 563
대동아회의 560, 561
대륙낭인 320, 321
대역사건 211, 254, 302, 376, 407
대일본산업보국회 515, 606
대일본제국헌법 144, 585
대정익찬회 514, 515, 579
데라우치 마사타케 165, 248, 255,
　　　　321, 331, 346, 352, 392
데라지마 무네노리 141, 169, 170
덴 겐지로 365, 366
도고 시게노리 527, 570
도고 헤이하치로 240, 480
도라노몬사건 367
도미오카제사장 181
도사번 25, 27, 28, 30, 33, 124,
　　　　125, 140, 187
도시샤 47, 72, 373
도요지유신분 129
도조 히데키 453, 481, 514, 524,
　　　　527, 560, 561, 575, 576
도치 라인 590
도쿄니치니치신분 425

도쿄대학 47, 69, 71, 144, 156,
　　　　239, 285, 287, 288, 289,
　　　　291, 292, 294, 297, 305,
　　　　306, 307, 333, 347, 350,
　　　　375, 398, 404, 405, 408,
　　　　409, 451, 478, 479, 580
도쿄마이니치신분 425
도쿄미술학교 307, 308, 414
도쿄요코하마마이니치신분 133
도쿄음악학교 309
도쿄포병공창 181
도쿄행진곡 412, 425
도쿠가와 요시노부 23, 30
도쿠토미 소호 72, 293
독점금지법 584
동맹진공조 206
동방회의 428, 433, 436
동양척식회사 259, 314, 315
동학농민전쟁 218, 219

ㄹ

라디오 방송 426, 464
러일전쟁 72, 168, 191, 196, 198,
　　　　201, 237, 246, 254, 260,
　　　　261, 280, 305, 316, 320,
　　　　323, 329, 335, 393, 407,
　　　　430, 433, 565, 572
로쿠메이칸 172
뤼순항 240
류탸오후 462, 464, 465, 469
리훙장 103, 214, 221, 233

색인　609

ㅁ

마르크스 · 엥겔스전집 405
마사오카 시키 301, 303
마사키 진자부로 481, 483, 485
마쓰오카 요스케 470, 514, 517
마쓰카타 마사요시 149, 151, 155, 176, 184, 223
마에지마 히소카 132, 194
마키노 노부아키 358, 472, 480, 484
만국공법 33, 89, 90
만보산사건 461
만주사변 424, 435, 455, 458, 460, 472, 481, 489, 494, 496, 529, 555, 576
만주청년연맹 451, 452, 461
만한교환론 237, 239
맥아더 535, 572, 585, 592
메가타 다네타로 259
메이로쿠샤 73, 74, 75, 293
메이지대학 47, 353
메이지 천황 24, 25, 32, 34, 82, 143, 146, 150, 161, 177, 284, 286, 394, 557
면사방적업 188, 190
모리 쓰토무 433, 468
모리 아리노리 64, 87, 103, 284
모리야마 시게루 99, 103
모리 오가이 15, 302, 305
모토다 에이후 141, 174, 284, 285
무다구치 렌야 544
무샤노코지 사네아쓰 407, 411

무성영화 423, 424
무쓰 무네미쓰 55, 150, 173, 178, 179, 217, 221, 237
문관임용령 155, 156, 256
문명개화 63, 64, 66, 67, 71, 73, 74, 75, 90, 299, 307
문부성 46, 68, 285, 307, 354, 414, 476, 503, 579
문예협회 310
미나미 지로 458, 461
미노베 다쓰키치 398, 404, 477
미드웨이 해전 533, 536, 539
미쓰비시우편기선회사 187
미쓰비시 재벌 201, 204, 339, 340
미쓰이 재벌 201, 339, 446, 450
미우라 고로 229
미이케탄광 193
미즈노 렌타로 392
민본주의 346, 376, 396, 405
민선의원설립건백서 110, 123
민 왕후 228, 229, 231
민주자유당 594, 595

ㅂ

발성영화 424
발틱함대 240, 241, 242, 243
번벌정부 43, 131, 147
병부성 43, 74, 164
병학료 166, 280
보신전쟁 29, 50, 111, 120, 162
보아소나드 171, 172
보안조례 138, 605

보통선거법 209, 351, 371, 377
부락 49, 343, 383, 390, 515, 552
부전조약 362, 432, 460, 461, 472
북중국처리요강 493
분게이센센 410
분게이슌주 409, 413, 418, 419
비스마르크 72, 89, 90, 541

ㅅ

사노 마나부 376, 477
사실주의 300, 403, 408, 415
사쓰마번 24, 25, 29, 35, 96, 103, 111, 119, 131, 140
사이고 다카모리 25, 28, 39, 80, 91, 111, 121, 165
사이고 쓰구미치 92, 118, 152, 155, 166
사이온지 긴모치 129, 155, 210, 211, 247, 248, 274, 349, 350, 358, 363, 370, 439, 440, 461, 474, 480
사이토 마코토 248, 255, 362, 398, 478, 479, 484
사카이 도시히코 210, 376, 377
사쿠라회 457, 458, 461
사회민주당 72, 209, 458
사회주의 혁명 332, 335
산둥반도 233
산발 63, 64, 65
산조 사네토미 43, 80, 82, 111, 140, 161, 175
삼국간섭 223, 225, 232, 234

삼국동맹 323, 509, 517, 520, 524, 525, 529, 547
3·1독립운동 384, 385, 387, 392, 398
상하이사변 472, 473
선통제 319, 464
세이난 전쟁 117, 120, 122, 126, 127, 128, 183, 196
세이쿄샤 293
세이토샤 382
소작쟁의 202, 381, 450
쇼카손주쿠 114
수풍발전소 555, 556
슈칸아사히 419
스기야마 하지메 495, 504
스즈키 간타로 484, 567, 571, 572
스즈키 분지 379
스즈키상점 336, 341, 343, 445
시가 나오야 407, 408, 410
시데하라 기주로 370, 429, 438, 463, 575, 589, 593
시라카바파 407, 409
시라토리 구라키치 405, 406
시마무라 호게쓰 310, 416
시마자키 도손 302, 304, 413
시멘스사건 256
시모노세키조약 223
시바우라제작소 193, 201, 337
시베리아 출병 331, 334, 347, 353, 357, 364, 444
시부사와 에이이치 51
10월사건 458, 474, 481

색인 611

시종무관장 168, 272, 486
식량관리법 554
식산흥업 52, 59, 112, 180, 183, 185, 186, 290
신기관 43, 197
신문지조례 127, 604
신불분리 295, 296
신시초파 409
신파극 310
신해혁명 316, 320, 321, 388
쌀소동 341, 343, 344, 345, 346, 348, 349, 350, 392
쑨원 318, 319, 331, 388, 431
쓰다 소우키치 406
쓰다 우메코 70, 288
쓰보우치 쇼요 300, 305, 310
쓰시마번 78
쓰키지소극장 416

ㅇ

아라키 사다오 458, 468, 475, 480
아라하타 간손 410
아라히토가미 158
아리시마 다케오 407, 408
아마카스 마사히코 377, 392
아마테라스오미카미 158, 160, 163, 285, 296, 394, 557
아베 노부유키 512
아오키 슈조 175, 178
아이자와 사건 484
아이즈번 24, 29, 31
아쿠타가와 류노스케 409, 413

야나기다 구니오 406
야나기 무네요시 406
야나이하라 타다오 478, 580
야마가타 아리토모 65, 92, 106, 120, 130, 141, 149, 154, 164, 165, 174, 207, 234, 237, 247, 251, 255, 320, 332, 349, 350
야마모토 곤베에 166, 248, 255, 346, 365, 443
야마모토 이소로쿠 530, 542
야마카와 히토시 376, 383
야스쿠니신사 289, 366, 579
야하타제철소 191, 249, 336, 443
어네스트 새토우 31
에노모토 다케아키 31, 166, 177
에토 신페이 110, 112, 124, 125
여명회 348, 396, 397
여자정신근로대령 553
예술좌 416
오가사와라 62, 95, 96, 542, 548
5개조 서문 32, 33
5방의 게시 32, 297
오도리 게이스케 219
오사카방적 186, 188, 189, 263
오사카아사히신문 425
오스기 사카에 211, 376, 377, 383, 392, 410
오쓰사건 176, 605
오야마 이와오 155, 165, 222, 240
오이 겐타로 72, 125, 148, 206
5·15사건 474, 475, 479

오자와 벤조 206
오카다 게이스케 471, 481, 484
오카모토 류노스케 230
오카쿠라 덴신 307, 308
오쿠마 시게노부 35, 39, 60, 68, 112, 122, 134, 136, 152, 172, 174, 183, 257, 324
오쿠보 도시미치 25, 33, 35, 47, 54, 82, 91, 112, 115, 120, 126, 128, 131, 141, 186
오키나와 91, 147, 225, 282, 546, 550, 551, 567, 572, 578
오키나와 전투 549
와세다대학 48, 300, 353, 376, 398, 410
와이한 내각 152, 153, 155
와카쓰키 레이지로 370, 371, 429, 438, 444, 456, 463, 468
와타나베은행 445
요나이 미쓰마사 497, 513
요로즈초호 72, 207, 209, 210, 425
요미우리신분 397, 425
요시노 사쿠조 333, 347, 396, 405
요시다 시게루 574, 575, 590, 592, 593, 594, 595
요코스카 165, 181, 192
요코하마마이니치신분 75, 133
요코하마쇼킨은행 61, 260, 265
용병강령 489
우가키 가즈시게 368, 458, 482
우에하라 유사쿠 255, 480, 481
우치다 사다쓰치 230

우치무라 간조 72, 210, 218, 239, 294, 298, 408
운요호 101, 103, 108
워싱턴체제 360
원자폭탄 568, 569, 570
원장 루트 512, 518, 519, 532
위안스카이 219, 319, 321, 329, 330, 331
육군지원병제도 558
육군포병창 119
은행법 18, 444, 447
을사보호조약 270, 271, 273
의화단 235, 236, 237, 317, 318
이노우에 가오루 36, 54, 103, 130, 154, 169, 170, 174, 226, 237, 324
이노우에 고와시 130, 142, 150, 173, 285
이노우에 닛쇼 450, 474
이노우에 데쓰지로 285, 289, 294
이노우에 준노스케 365, 438, 474
이누카이 쓰요시 132, 256, 365, 366, 370, 468, 474
이세신궁 24, 163, 579
이시와라 간지 453, 455, 461, 462, 489, 496
이시카와 다쿠보쿠 302, 305
이와사키 야타로 51, 187, 201
이와쿠라 도모미 26, 41, 43, 80, 110, 125, 129, 130, 139, 169
이와쿠라사절단 70, 80, 81, 185

색인 613

이치반초교회 298
이타가키 다이스케 72, 80, 91, 111,
　　　123, 127, 128, 133, 138,
　　　148, 150
이타가키 세이시로 462, 469
이토 미요지 139, 143
이토 히로부미 35, 61, 83, 92, 122,
　　　130, 138, 139, 144, 151,
　　　155, 172, 174, 177, 183,
　　　184, 214, 222, 234, 247,
　　　250, 262, 267, 273, 279,
　　　280
인간선언 21, 577, 578
일러협약 250, 279, 280, 317
일본국헌법 585, 586, 587
일본국헌안 129, 139
일본노동총동맹 376, 379, 380
일본농민조합 381, 382
일본미술원 308, 414
일본우선회사 141, 187
일본자유당 580, 593, 594
일세일원제 34
일영동맹 237, 238, 250, 253, 280,
　　　324, 361
임오군란 132, 133, 135
입헌자유당 148
입헌정우회 153, 247, 248, 250,
　　　349, 350, 363, 368, 370,
　　　431, 445, 468, 474, 479

ㅈ

자경단 391, 392

자연주의 304, 311, 407, 414
자유민권운동 52, 72, 91, 123,
　　　129, 132, 133, 137, 298
장고봉사건 509
장쉐량 437, 451, 461, 466, 493
장제스 431, 433, 436, 451, 492,
　　　496, 504, 506, 512, 518,
　　　529, 566, 567
장쭤린 321, 431, 435, 451, 462
재일조선인 384, 388, 389, 390
적기사건 211
전국수평사 383
정미7조약 275, 276
정체서 33, 35, 42
정한론 36, 77, 80, 91, 92, 99,
　　　101, 110, 112, 117, 123
제국국방방침 489
제국국책수행요령 524, 528
제국외교방침 489
제물포조약 214
조선총독부 279, 312, 316, 385,
　　　392, 399, 400, 555, 559
조선회사령 314, 315
조슈번 23, 25, 36, 40, 43, 131,
　　　132, 140, 159, 164
조야신문 75, 299
조약개정 83, 86, 96, 138, 147,
　　　169, 170, 176, 216
조폐료 60, 61
주오코론 75, 347, 397, 418, 478
중일전쟁 425, 491, 497, 500, 512,
　　　523, 534, 537, 552, 562,

580
중화민국 318, 322, 498, 505, 566
지방자치법 582
지유신분 129, 133, 135
지조개정 52, 54, 55, 56, 58, 97,
114, 115, 116, 126
지주회사 339, 340, 341, 584
지치부 사건 137, 138
지쿠호탄광 191, 193
진주만 기습 530, 533, 536
질록처분 49, 50, 112, 114, 183
집회조례 135, 148, 604
징병령 44, 97, 98, 141, 165

ㅊ

참모본부 45, 165, 168, 217, 218,
280, 321, 332, 435, 437,
457, 461, 463, 467, 481,
489, 491, 496, 504, 517,
570, 573, 579
창씨개명 97, 557
천검당 457
천황기관설 404, 477, 482, 483
철도부설법 353
청일수호조규 79, 92, 96, 103
청일전쟁 96, 151, 166, 179, 190,
203, 213, 219, 223, 232,
245, 255, 263, 280, 294,
302, 309, 393
치안경찰법 156, 208, 209, 351,
355, 376, 377, 379
치안유지법 366, 371, 372, 373,

378, 516, 574
칙임관 156
731부대 510, 511

ㅋ

카르텔 200, 448, 584
카이로선언 566
케프론 182
코민테른 376, 477, 508
콘체른 201, 339, 340, 584

ㅌ

타이완 82, 100, 103, 118, 126,
187, 223, 224, 226, 234,
258, 261, 282, 328, 353,
366, 445, 517, 538, 546,
563, 566, 572
타이완은행 258, 445, 446
태정관 33, 35, 43, 44, 54, 55, 61,
69, 130, 140, 170
텐진조약 214, 219, 223
토지조사령 313
통제파 481, 482, 483, 484, 494
트러스트 200, 584

ㅍ

판적봉환 37, 38, 39, 41, 48, 50
폐도 63, 64, 65, 112, 113
폐번치현 39, 52, 62, 86, 103, 110
폐불훼석 296
포츠담선언 569, 570, 571, 573
포츠머스조약 243, 250, 267

색인 615

푸순탄광 261, 451
프롤레타리아극장 417
피차별부락민 49, 383

ㅎ

하라 다카시 248, 249, 349, 350, 351, 352, 363
하마구치 오사치 370, 438, 456
하마다 구니마쓰 369, 490
하세가와 요시미치 276, 398
하야마 요시키 410
하야시 곤스케 267
하야시 센주로 463, 481, 488, 494
하토야마 이치로 476, 593
학교교육법 581
학도병 287, 552, 558, 559
학제 45, 68, 70, 337, 581
한성조약 214
한일의정서 266, 269
한일합병 232, 266, 279, 280, 393, 394, 395
항일민족통일전선 493, 504
해군군축조약 361, 362
해군조병창 181
해외유학생 69, 70
헌병경찰제도 276, 282, 353, 398
헌정본당 153, 248, 253
헌정옹호운동 255, 257, 368
헤르만 뢰슬러 142, 143
헤이민신분 210
현양사 175, 219
혈맹단 474

호법운동 296
혼조 시게루 462, 466
홋카이도개척사 131
화폐법 199
황국신민 556
황도파 481, 484, 487, 495
후쿠다 도쿠조 290, 348, 397, 405
후쿠자와 유키치 47, 65, 71, 73, 74, 75, 133, 222, 290
후타바테이 시메이 300, 301
히가시쿠니노미야 573, 575, 593
히라누마 기이치로 365, 479, 511
히라쓰카 라이초 382
히로타 고키 471, 487, 506, 576
히로히토 367, 486, 525, 571, 577
히비야 폭동사건 245, 246

구태훈

구태훈은 성균관대학교 문과대학 사학과를 졸업하였다. 일본 쓰쿠바대학 대학원에서 일본사를 전공하고 문학 석사·박사학위를 받았다. 현재 성균관대학교 문과대학 사학과 교수로 재직하고 있다. 그동안 성균관대 동아시아역사연구소장,『일본학보』편집위원장, 한국일본학회 회장, 수선사학회 회장 등을 역임하였다. 저서로는『일본역사탐구』(태학사, 2002),『일본 무사도』(태학사, 2005),『일본사 파노라마』(재팬리서치21, 2009),『일본사 키워드30』(재팬리서치21, 2012),『일본근세사』(재팬리서치21, 2016),『일본고중세사』(재팬리서치21, 2016) 등이 있다.

일본근대사

저 자 구태훈

출판원 히스토리메이커
발행인 구자선
발행처 재팬리서치21
주 소 16334 수원시 장안구 대평로 80 9층
　　　 전화 : 02-2277-1055 팩스 02-556-6143(서울사무소)
등 록 제251-2007-37호(2007. 8.30)

디자인 유 라
인 쇄　P&M123

ISBN 978-89-94646-18-3 93910
정 가 36,000원